EUROPA LEHRMITTEL

EUROPA-FACHBUCHREIHE
für metalltechnische Berufe

Josef Dillinger
Hans-Dieter Dobler
Werner Doll
Walter Escherich
Werner Günter
Max Heinzler
Dr. Eckhard Ignatowitz
Stefan Oesterle
Ludwig Reißler
Andreas Stephan
Reinhard Vetter

Metalltechnik Grundbildung

6., überarbeitete Auflage

VERLAG EUROPA-LEHRMITTEL · Nourney, Vollmer GmbH & Co. KG
Düsseldorfer Straße 23 · 42781 Haan-Gruiten

Europa-Nr.: 11117

Autoren:

Dillinger, Josef	Studiendirektor	München
Dobler, Hans-Dieter	Dipl.-Ing. (FH)	Reutlingen
Doll, Werner	Dipl.-Ing. (FH)	Bruchsal
Escherich, Walter	Studiendirektor	München
Günter, Werner	Dipl.-Ing. (FH)	Oberwolfach
Heinzler, Max	Dipl.-Ing. (FH)	Wangen im Allgäu
Ignatowitz, Dr. Eckhard	Dr.-Ing.	Waldbronn
Oesterle, Stefan	Dipl.-Ing.	Amtzell
Reißler, Ludwig	Studiendirektor	München
Stephan, Andreas	Dipl.-Ing. (FH)	Kressbronn
Vetter, Reinhard	Studiendirektor	Ottobeuren

Die Autoren sind Fachlehrer der technischen Ausbildung und Ingenieure.

Lektorat: Josef Dillinger
Bildentwürfe: Die Autoren
Fotos: Leihgaben der Firmen (Verzeichnis Seite 274)
Bildbearbeitung: Zeichenbüro des Verlages Europa-Lehrmittel, Leinfelden-Echterdingen

Das vorliegende Buch wurde auf der **Grundlage der neuen amtlichen Rechtschreibregeln** erstellt.

6. Auflage 2008

Druck 5 4 3 2

Alle Drucke derselben Auflage sind im Unterricht nebeneinander einsetzbar, da sie bis auf korrigierte Druckfehler und kleine Änderungen, z.B. aufgrund neuer Normen, identisch sind.

ISBN 978-3-8085-1146-6

Umschlaggestaltung unter Verwendung eines Fotos der Firma TESA/Brown & Sharpe, CH-Renens

http://www.europa-lehrmittel.de

Satz: Satz+Layout Werkstatt Kluth GmbH, 50374 Erftstadt

Druck: Konrad Triltsch, Print und digitale Medien GmbH, 97199 Ochsenfurt-Hohestadt

Vorwort zur 6. Auflage

Die METALLTECHNIK GRUNDBILDUNG enthält die Grundkenntnisse der Berufe des Handwerks und der Industrie im Berufsfeld Metalltechnik.

Inhalt

Der Inhalt des Buches ist in die rechts angegebenen sieben Hauptkapitel gegliedert.

Das Kapitel Funktionspläne wurde durch GRAFCET ersetzt. Fachmathematik und Arbeitsplanung ergänzen die Technologie an den Stellen, wo sie zum besseren Verständnis der Inhalte beitragen.

Arbeitsbeispiele erfordern ein Denken in größeren Zusammenhängen.

Methodische Konzeption

Ziel des Buches ist es, den Benutzern die Inhalte übersichtlich und einprägsam zu vermitteln. Dazu dient der konsequente zweispaltige Aufbau der Seiten mit dem Text in der linken und den erläuternden Bildern in der rechten Spalte. Bei den Bildern werden Zeichnungen anstelle von Fotografien verwendet, wenn damit das Wesentliche besser dargestellt werden kann.

Das **Sachwortverzeichnis** enthält die technischen Fachbegriffe auch in **englischer** Sprache.

Unterricht nach Lernfeldern

Die lernfeldorientierten Rahmenlehrpläne erfordern handlungsorientierte Unterrichtsformen, durch die der Lernende das erworbene Wissen in die betriebliche Praxis übertragen kann (S. 4). Der Erwerb dieser Fähigkeit wird durch geeignete Lernprojekte und Lernsituationen gefördert.

Obwohl jede Schule eigene Lernprojekte benutzt und Lernfelder dem Leistungsvermögen einer Klasse angepasst werden müssen, wird auf den Seiten 261 bis 269 für die vier Lernfelder der Grundstufe je ein Leitprojekt mit einem Vorschlag für die Umsetzung angeboten.

Die dargestellten fachlichen Inhalte sollten aber noch durch wirtschaftliche, ökologische und sicherheitstechnische Aspekte sowie durch Präsentations- und englischsprachige Übungen ergänzt werden.

Die Autoren und der Verlag sind allen Benutzern der METALLTECHNIK GRUNDBILDUNG für kritische Hinweise und für Verbesserungsvorschläge dankbar.

Herbst 2008 Die Verfasser

Informationen zum lernfeldorientierten Unterrichten

Ziele des lernfeldorientierten Unterrichtens

- Das im Unterricht erworbene Wissen soll in die betriebliche Praxis übertragen werden können.
- Der Theorie-Praxis-Bezug wird durch die Vorgehensweise „Von der Lernsituation zum Tätigkeitsfeld" bzw. „Vom Wissen zum Handeln" gefördert.
- Die Fähigkeit zur Nutzung aller möglichen Informationsquellen wie z.B. Fachbücher, Tabellenbücher, Hersteller-Kataloge und Web-Seiten wird entwickelt.
- Die Fähigkeit zur Problemanalyse und Problemlösung, kooperatives Lernen im handlungsorientierten Unterricht sowie selbstorganisiertes individuelles Lernen werden gefördert.

Merkmale des lernfeldorientierten Lernens

- Die lernfeldorientierten Lehrpläne sind nicht nach Fächern gegliedert, sondern durch die beruflichen Tätigkeitsfelder (Lernfelder) vorgegeben. In diesem Rahmen werden die technischen Kenntnisse und die Handlungskompetenz vermittelt.
- Die Lernfelder beschreiben die Ziele des Unterrichts in den Handlungsfeldern eines Berufes, z.B. Fertigen, Montieren, Instandhalten und Automatisieren im Ausbildungsberuf Industriemechanikerin/Industriemechaniker.
- Geeignete Leitprojekte und Lernsituationen richten sich nach dem regionalen industriellen Umfeld, den Möglichkeiten der Schule und der Lernfähigkeit der Schüler.
- Die Aufteilung des Unterrichts zwischen Klassenraum, Labors und fachpraktischen Räumen sowie die Zusammenarbeit der Lehrer einer Klasse müssen besonders sorgfältig abgestimmt werden.

Grundsätzlicher Aufbau eines Lernfeldes am Beispiel des Lernfeldes 3

Bezeichnung **Ausbildungsjahr** **Zeitrichtwert**	Herstellen einfacher Baugruppen 1. Ausbildungsjahr 80 Stunden
Lernziele (Auszug)	Die Schülerinnen und Schüler bereiten die Herstellung von einfachen Baugruppen vor. Sie unterscheiden Fügeverfahren nach ihren Wirkprinzipien und ordnen sie anwendungsbezogen zu.
Lerninhalte (Auszug)	Teil-, Gruppen- und Gesamtzeichnungen, Stückliste, Montagebeschreibung, Grundlagen des kraft-, form- und stoffschlüssigen Fügens, Normteile, Fertigungsverfahren, Grundlagen des Qualitätsmanagements.
Anmerkung	Die Aufteilung der Gesamtzeit auf die einzelnen Inhalte sowie auf die Klassen- und Fachräume liegt im Ermessen der Schule.

Lernschritte bei der Erarbeitung eines Lernfeldes an Hand eines Leitprojektes

Analysieren des gewählten Projektes. Aufgabenstellung erfassen, Informationsquellen sichten
Planen. Berechnungen durchführen, Werkstoffe auswählen, Arbeitsplan erstellen
Fachkenntnisse vermitteln durch Unterricht, Fachbücher, Herstellerunterlagen, Filme ...
Durchführen. Fertigen, montieren, prüfen, optimieren, in Stand halten
Bewerten. Einhalten der Zeit- und Kostenpläne, Vergleich verschiedener Lösungen
Dokumentieren. Foto, Gesamtzeichnung, Stückliste, Prüfprotokoll, Beschreibung
Präsentieren. Werbend oder informierend, abgestimmt auf die Bezugsgruppe

Auf den Seiten 261 bis 273 werden die Lernfelder 1 bis 4 der Grundbildung und weitere 2 Lernfelder der Fachbildung anhand von Leitprojekten vorgestellt und ihre Erarbeitung stichwortartig skizziert.

1 Längenprüftechnik und Qualitätsmanagement 7

2 Fertigungstechnik 41

3 Werkstofftechnik 133

4 Maschinen- und Gerätetechnik 179

5 Automatisierungstechnik 215

6 Informationstechnik 237

7 Elektrotechnik 253

Lernfelder 261

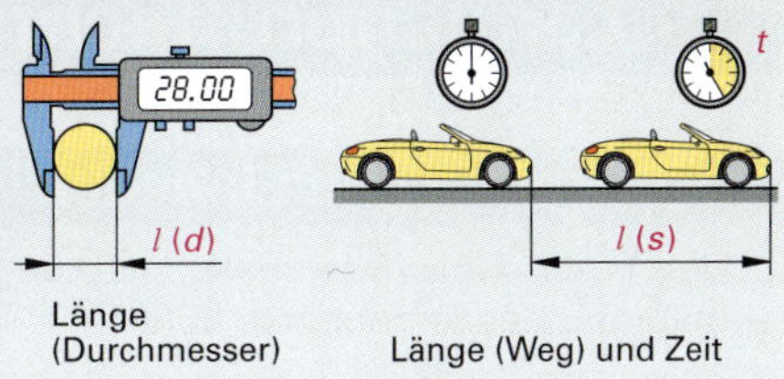
28.00
l (d)
t
l (s)
Länge (Durchmesser)
Länge (Weg) und Zeit

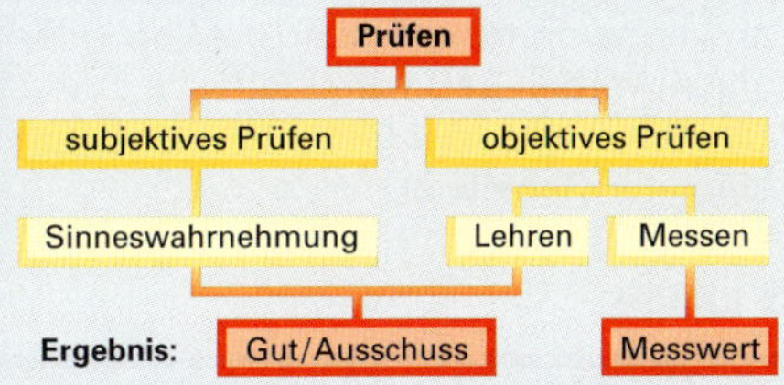
Prüfen
subjektives Prüfen
objektives Prüfen
Sinneswahrnehmung
Lehren
Messen
Ergebnis:
Gut/Ausschuss
Messwert

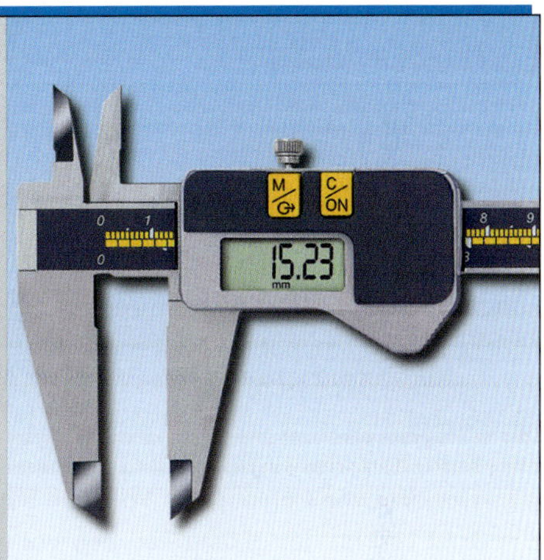
15.23
mm

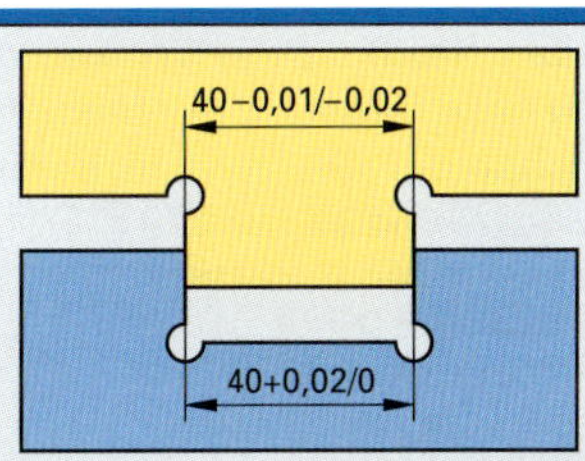
40 −0,01/−0,02
40+0,02/0

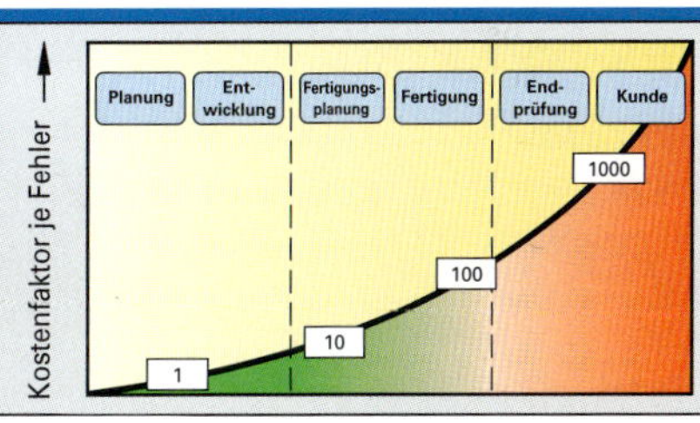
Kostenfaktor je Fehler
Planung
Entwicklung
Fertigungsplanung
Fertigung
Endprüfung
Kunde
1
10
100
1000

1 Längenprüftechnik und Qualitätsmanagement

1.1 Größen und Einheiten

Größen beschreiben Merkmale, z. B. Länge, Zeit, Temperatur oder Stromstärke **(Bild 1)**.

Im internationalen Einheitensystem **SI** (System International) sind Basisgrößen und Basiseinheiten festgelegt **(Tabelle 1)**.

Zur Vermeidung von sehr großen oder kleinen Zahlen werden dezimale Vielfache oder dezimale Teile den Namen der Einheiten vorangestellt, z. B. Millimeter **(Tabelle 2)**.

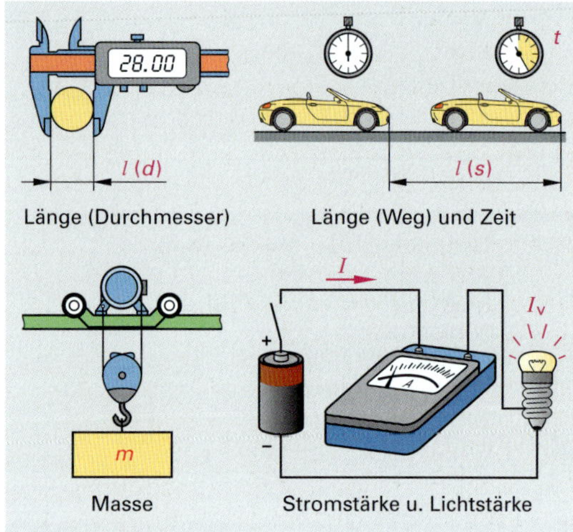

Bild 1: Basisgrößen

Länge

> Die Basiseinheit der Länge ist das Meter. Ein Meter ist die Länge des Weges, den das Licht im luftleeren Raum in einer 299 729 458stel Sekunde durchläuft.

In Verbindung mit der Einheit Meter sind einige Vorsätze gebräuchlich, die zweckmäßige Angaben von großen Entfernungen oder von kleinen Längen ermöglichen **(Tabelle 3)**.

Neben dem metrischen System wird in einigen Ländern noch das Inch-System verwendet.

Umrechnung: 1 Inch (in) = 25,4 mm

Tabelle 1: Internationales Einheitensystem

Basisgrößen und Formelzeichen	Basiseinheiten Name	Zeichen
Länge l	Meter	m
Masse m	Kilogramm	kg
Zeit t	Sekunde	s
Thermodynamische Temperatur T	Kelvin	K
Elektrische Stromstärke I	Ampere	A
Lichtstärke I_v	Candela	cd

Winkel

Die Einheiten des Winkels bezeichnen Mittelpunktswinkel, die sich auf den Vollkreis beziehen.

Ein **Grad (1°)** ist der 360ste Teil des Vollwinkels **(Bild 2)**. Die Unterteilung von 1° kann in Minuten ('), Sekunden ('') oder in dezimale Teile erfolgen.

Der **Radiant (rad)** ist der Winkel, der aus einem Kreis mit dem Radius 1 m einen Bogen von 1 m Länge schneidet (Bild 2). Ein Radiant entspricht einem Winkel von 57,295 779 51°.

Tabelle 2: Vorsätze zur Bezeichnung von dezimalen Vielfachen und Teilen der Einheiten

Vorsatz		Faktor		
M	Mega	millionenfach	10^6	= 1 000 000
k	Kilo	tausendfach	10^3	= 1 000
h	Hekto	hundertfach	10^2	= 100
da	Deka	zehnfach	10^1	= 10
d	Dezi	Zehntel	10^{-1}	= 0,1
c	Zenti	Hundertstel	10^{-2}	= 0,01
m	Milli	Tausendstel	10^{-3}	= 0,001
µ	Mikro	Millionstel	10^{-6}	= 0,000 001

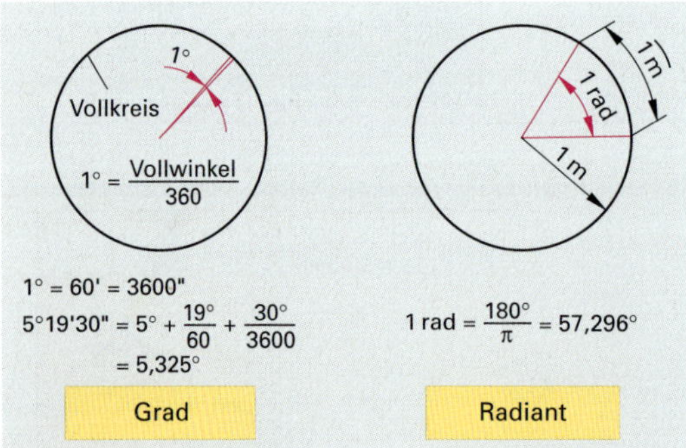

Bild 2: Winkeleinheiten

Tabelle 3: Gebräuchliche Längeneinheiten

Metrisches System		
1 Kilometer (km)	= 1000 m	
1 Dezimeter (dm)	= 0,1 m	
1 Zentimeter (cm)	= 0,01 m	
1 Millimeter (mm)	= 0,001 m	
1 Mikrometer (µm)	= 0,000 001 m	= 0,001 mm
1 Nanometer (nm)	= 0,000 000 001 m	= 0,001 µm

Masse, Kraft und Druck

Die Masse eines Körpers ist abhängig von seiner Stoffmenge. Sie ist unabhängig vom Ort, an dem sich der Körper befindet. Die Basiseinheit der Masse ist das Kilogramm. Gebräuchliche Einheiten sind auch das Gramm und die Tonne: 1 g = 0,001 kg, 1 t = 1000 kg.

Ein Platin-Iridium-Zylinder, der in Paris aufbewahrt wird, ist das internationale Normal für die Masse 1 kg.

> Ein Körper mit der Masse von einem Kilogramm wirkt auf der Erde mit einer **Kraft** (Gewichtskraft) von 9,81 N auf seine Aufhängung oder Auflage **(Bild 1)**.

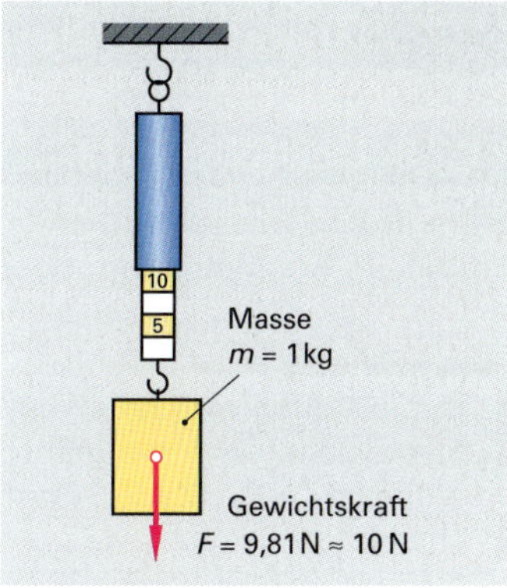

Bild 1: Masse und Kraft

Der **Druck *p*** bezeichnet die Kraft je Flächeneinheit **(Bild 2)** in Pascal (Pa) oder Bar (bar).

Einheiten: 1 Pa = 1 N/m^2 = 0,000 01 bar; 1 bar = 10^5 Pa = 10 N/cm^2

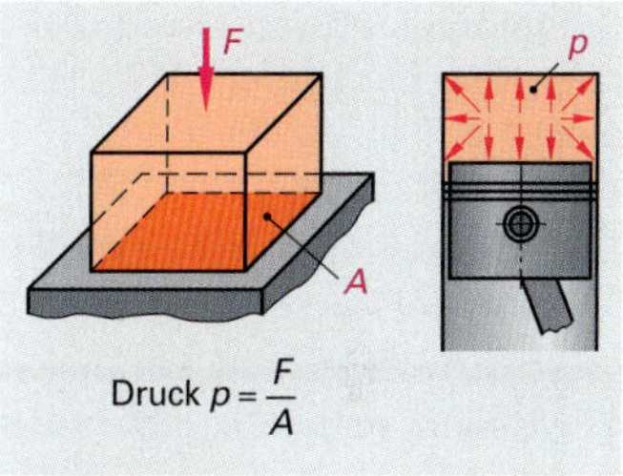

Bild 2: Druck

Temperatur

Die Temperatur beschreibt den Wärmezustand von Körpern, Flüssigkeiten oder Gasen. Das **Kelvin (K)** ist der 273,15te Teil der Temperaturdifferenz zwischen dem absoluten Nullpunkt und dem Gefrierpunkt des Wassers **(Bild 3)**. Die gebräuchlichste Einheit der Temperatur ist das **Grad Celsius (°C)**. Der Gefrierpunkt des Wassers entspricht 0 °C, der Siedepunkt des Wassers 100 °C.

Umrechnung: 0 °C = 273,15 K; 0 K = – 273,15 °C

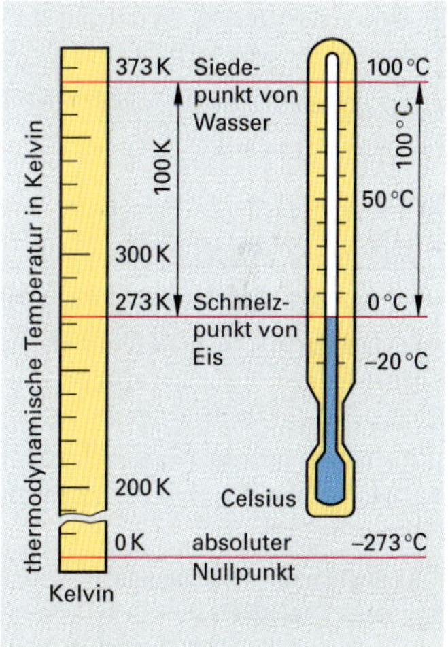

Bild 3: Temperaturskalen

Zeit, Frequenz und Drehzahl

Für die **Zeit *t*** ist die Basiseinheit Sekunde (s) festgelegt.

Einheiten: 1 s = 1000 ms; 1 h = 60 min = 3600 s

Die **Periodendauer *T*,** auch Schwingungsdauer genannt, ist die Zeit in Sekunden, in der sich ein Vorgang regelmäßig wiederholt, z. B. eine volle Schwingung eines Pendels oder die Umdrehung einer Schleifscheibe **(Bild 4)**.

Die **Frequenz *f*** ist der Kehrwert der Periodendauer T ($f = 1/T$). Sie gibt an, wie viele Vorgänge je Sekunde stattfinden. Sie wird in 1/s oder Hertz (Hz) angegeben.

Einheiten: 1/s = 1 Hz; 10^3 Hz = 1 kHz; 10^6 Hz = 1 MHz

Die **Umdrehungsfrequenz *n* (Drehzahl)** ist die Anzahl der Umdrehungen je Sekunde oder Minute.

Beispiel: Eine Schleifscheibe mit dem Durchmesser von 200 mm macht 6000 Umdrehungen in 2 min.
Wie groß ist die Drehzahl?

Lösung: Drehzahl (Umdrehungsfrequenz) $\boldsymbol{n} = \frac{6000}{2\text{ min}} = \mathbf{3000/min}$

Größengleichungen (Formeln)

Formeln stellen Beziehungen zwischen Größen her.

Beispiel: Der Druck p ist die Kraft F je Fläche A.

$$p = \frac{F}{A}; \quad p = \frac{100\text{ N}}{1\text{ cm}^2} = 100\,\frac{\text{N}}{\text{cm}^2} = \mathbf{10\ bar}$$

Beim Rechnen werden die Größen durch Formelzeichen ausgedrückt. Der Größenwert wird als Produkt aus Zahlenwert und Einheit angegeben, z. B. F = 100 N oder A = 1 cm^2. Einheitengleichungen geben die Beziehung zwischen Einheiten an, z. B. 1 bar = 10^5 Pa.

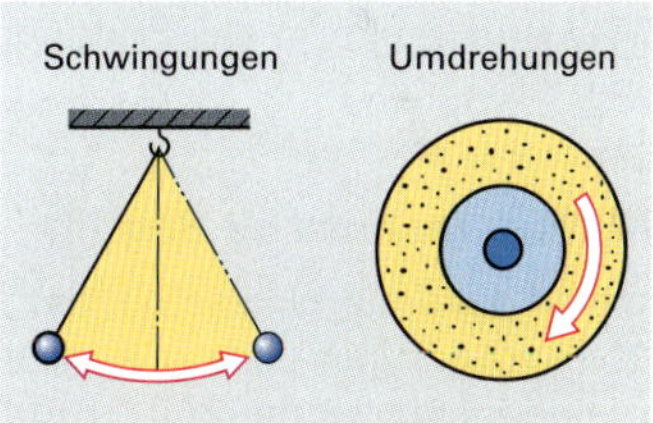

Bild 4: Periodische Vorgänge

1.2 Grundlagen der Messtechnik

1.2.1 Grundbegriffe

Beim Prüfen werden vorhandene Merkmale von Produkten wie Maß, Form oder Oberflächengüte mit den geforderten Eigenschaften verglichen.

Durch Prüfen wird an einem Prüfgegenstand festgestellt, ob er die geforderten Merkmale aufweist, z.B. Maße, Form oder Oberflächengüte.

Prüfarten

Subjektives Prüfen erfolgt über die Sinneswahrnehmung des Prüfers ohne Hilfsgeräte **(Bild 1)**. Er stellt z.B. fest, ob die Gratbildung und Rautiefe am Werkstück zulässig sind (Sicht- und Tastprüfung).

Objektives Prüfen erfolgt mit Prüfmitteln, d.h. mit Messgeräten und Lehren **(Bild 2)**.

Messen ist das Vergleichen einer Länge oder eines Winkels mit einem Messgerät. Das Ergebnis ist ein Messwert.

Lehren ist Vergleichen des Prüfgegenstandes mit einer Lehre. Man erhält dabei keinen Zahlenwert, sondern stellt nur fest, ob der Prüfgegenstand Gut oder Ausschuss ist.

Prüfmittel

Die Prüfmittel werden in drei Gruppen unterteilt: **Messgeräte, Lehren und Hilfsmittel.**

Alle Messgeräte und Lehren bauen auf **Maßverkörperungen** auf. Sie verkörpern die Messgröße z. B. durch den Abstand von Strichen (Strichmaß), durch den festen Abstand von Flächen (Endmaß, Lehre) oder durch die Winkellage von Flächen (Winkelendmaß).

Anzeigende Messgeräte besitzen bewegliche Marken (Zeiger, Noniusstrich), bewegliche Skalen oder Zählwerke. Der Messwert kann unmittelbar abgelesen werden.

Lehren verkörpern entweder das Maß oder das Maß **und** die Form des Prüfgegenstandes.

Hilfsmittel sind z.B. Messständer und Prismen.

Messtechnische Begriffe

Um Missverständnisse bei der Beschreibung von Messvorgängen oder Auswerteverfahren zu vermeiden, sind eindeutige Grundbegriffe unerlässlich **(Tabelle 1 Seite 11)**.

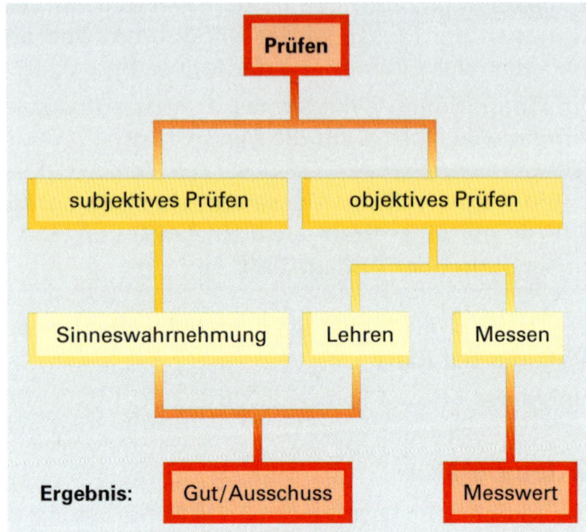

Bild 1: Prüfarten und Prüfergebnis

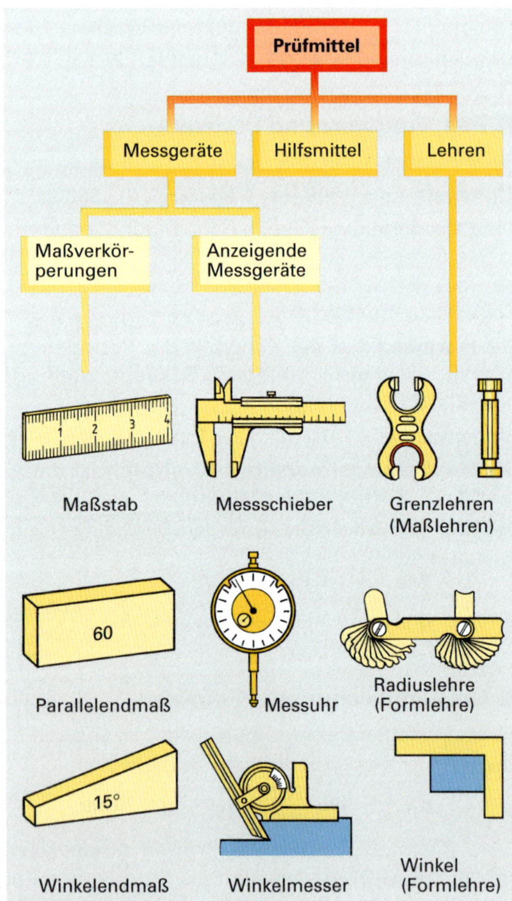

Bild 2: Prüfmittel

Tabelle 1: Messtechnische Begriffe

Begriff	Kurz-zeichen	Definition, Erklärung	Beispiel, Formeln
Messgröße	M	Die zu messende Länge bzw. der zu messende Winkel, z. B. ein Bohrungsabstand oder ein Durchmesser.	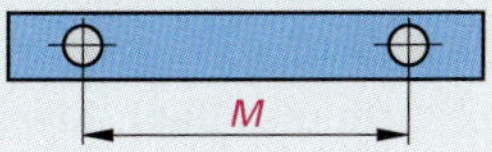
Anzeige	–	Der angezeigte Zahlenwert des Messwertes ohne Einheit (vom Messbereich abhängig). Bei Maßverkörperungen entspricht die Aufschrift der Anzeige.	
Skalenanzeige	–	Kontinuierliche Anzeige auf einer Strichskale	
Ziffernanzeige	–	Digitale Anzeige auf einer Ziffernskale	
Skalenteilungs-wert	Skw	Differenz zwischen den Messwerten, die zwei aufeinander folgenden Teilstrichen entsprechen. Der Skalenteilungswert Skw wird in der auf Skale stehenden Einheit angegeben.	Skalenanzeige $Skw = 0{,}01\,mm$ $x_a = 0{,}31\ mm$
Ziffernschritt-wert	Zw	Der Ziffernschrittwert ist die Änderung der Anzeige um einen Ziffernwert.	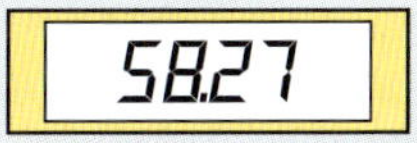
Angezeigter Messwert	x_a $x_1, x_2 \ldots$	Einzelne Messwerte oder Mittelwerte setzen sich aus dem richtigen Wert und den zufälligen sowie systematischen Messabweichungen zusammen.	Ziffernanzeige $Zw = 0{,}01\,mm$ $x_a = 58{,}27\ mm$
Systematische Messabwei-chung	A_s	Die Messabweichung ergibt sich durch Vergleich des angezeigten Messwertes x_a mit dem richtigen Wert x_r (Seite 14).	$A_s = x_a - x_r$
Korrektions-wert	K	Ausgleich von bekannten systematischen Abweichungen, z. B. Abweichung von der Bezugstemperatur	$K = -A_s$ (K – *Korrektion*)
Berichtigtes Messergebnis	y	Messwert, korrigiert um bekannte systematische Messabweichungen	$y = x + K$
Mess-unsicherheit	u	Die Messunsicherheit beinhaltet alle zufälligen Abweichungen sowie die unbekannten und nicht korrigierten Messabweichungen.	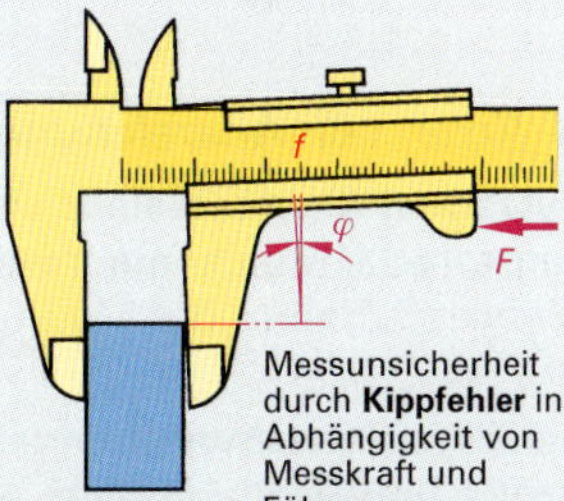
Erweiterte Mess-unsicherheit	U	Die erweiterte Messunsicherheit gibt den Bereich um das Messergebnis an, in dem der „wahre Wert" einer Messgröße erwartet wird. (Die zulässige Messunsicherheit soll 1/10 der Toleranz möglichst nicht überschreiten)	Messunsicherheit durch **Kippfehler** in Abhängigkeit von Messkraft und Führung
Messbereich	Meb	Der Messbereich ist der Bereich von Messwerten, in dem die Fehlergrenzen des Messgerätes nicht überschritten werden.	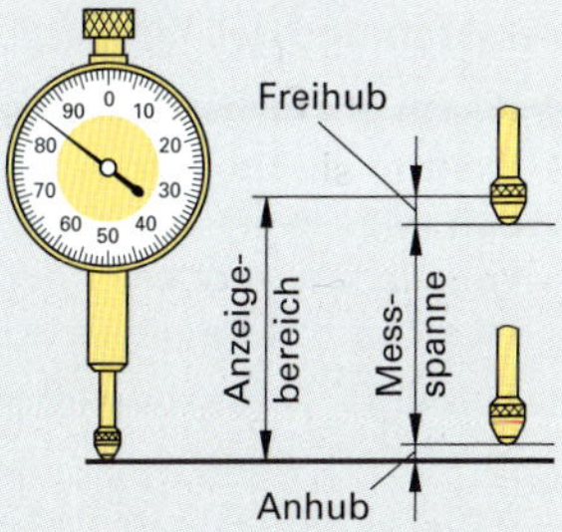
Messspanne	Mes	Die Messspanne ist die Differenz zwischen Endwert und Anfangswert des Messbereiches.	
Anzeigebereich	Az	Der Anzeigebereich ist der Bereich zwischen der größten und der kleinsten Anzeige eines Messgerätes.	

1.2.2 Messabweichungen

Ursachen von Messabweichungen
(Tabelle 1, Seite 13)

Die **Abweichung von der Bezugstemperatur** 20 °C bewirkt immer dann Messabweichungen, wenn die Werkstücke und die zur Kontrolle eingesetzten Messgeräte und Lehren nicht aus dem gleichen Material sind und nicht dieselbe Temperatur haben **(Bild 1)**.

Bereits bei der Erwärmung eines 100 mm langen Endmaßes aus Stahl um 4 °C, z. B. durch die Handwärme, tritt eine Längenänderung von 4,6 µm auf.

> Bei der **Bezugstemperatur von 20 °C** sollen Werkstücke, Messgeräte und Lehren innerhalb der vorgeschriebenen Toleranzen liegen.

Formänderungen durch die Messkraft treten an elastischen Werkstücken, Messgeräten und Messstativen auf.

Die elastische Aufbiegung eines Messstativs bleibt ohne Wirkung auf den Messwert, wenn beim Messen mit gleicher Messkraft wie bei der Nullstellung mit Endmaßen gemessen wird **(Bild 2)**.

> Die Verringerung von Messabweichungen wird erreicht, wenn die Anzeige eines Messgerätes unter gleichen Bedingungen eingestellt wird, unter denen Werkstücke gemessen werden.

Messabweichungen durch Parallaxe entstehen, wenn unter schrägem Blickwinkel abgelesen wird **(Bild 3)**.

Arten von Abweichungen

Systematische Messabweichungen werden durch konstante Abweichungen verursacht: Temperatur, Messkraft, Radius des Messtasters oder ungenaue Skalen.

Zufällige Messabweichungen können hinsichtlich Größe und Richtung nicht erfasst werden. Ursachen können z. B. unbekannte Schwankungen der Messkraft und der Temperatur sein.

> **Systematische Messabweichungen** machen den Messwert unrichtig. Wenn Größe und Vorzeichen (+ oder –) der Abweichungen bekannt sind, können sie ausgeglichen werden.
> **Zufällige Messabweichungen** machen den Messwert unsicher. Unbekannte zufällige Abweichungen sind nicht ausgleichbar.

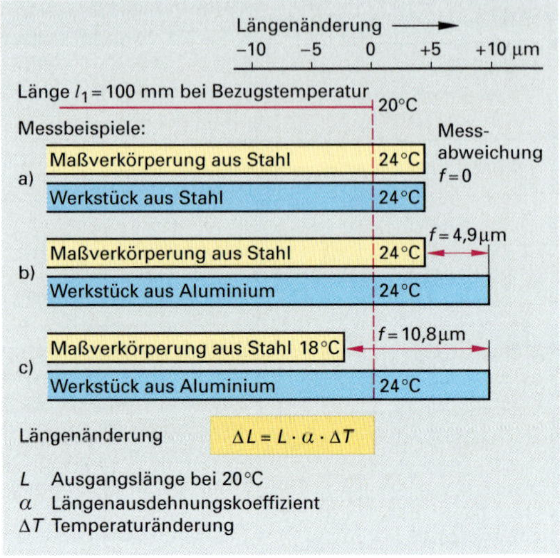

Bild 1: Messabweichungen durch die Temperatur

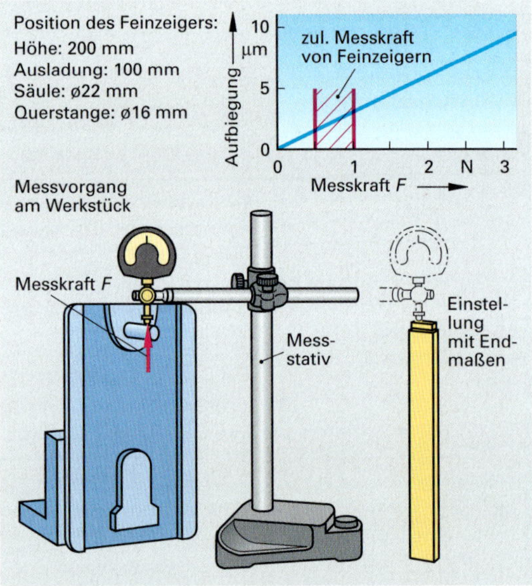

Bild 2: Messabweichungen durch elastische Formänderung am Messstativ durch die Messkraft

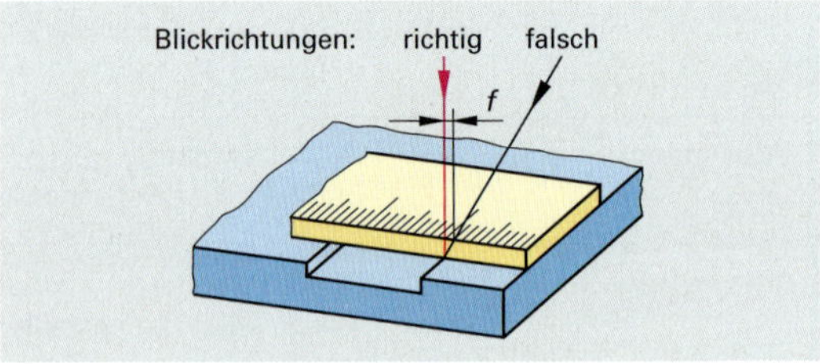

Bild 3: Messabweichung durch Parallaxe

Tabelle 1: Ursachen und Arten von Messabweichungen

Systematische Messabweichungen

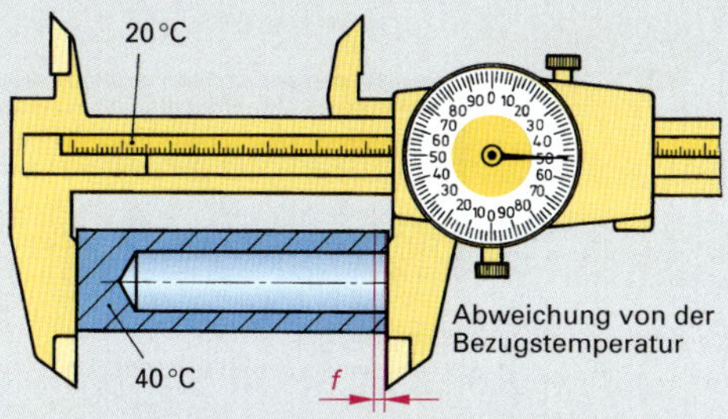

zu großer Messwert durch zu hohe Werkstücktemperatur

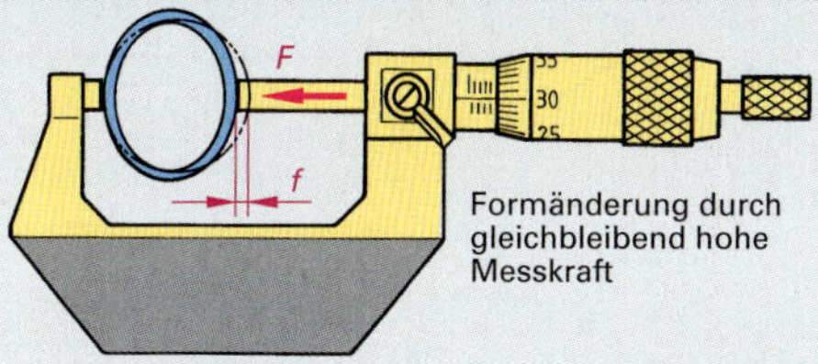

zu kleiner Messwert durch den Einfluss der Messkraft

Messabweichungen durch Abnutzung der Messflächen

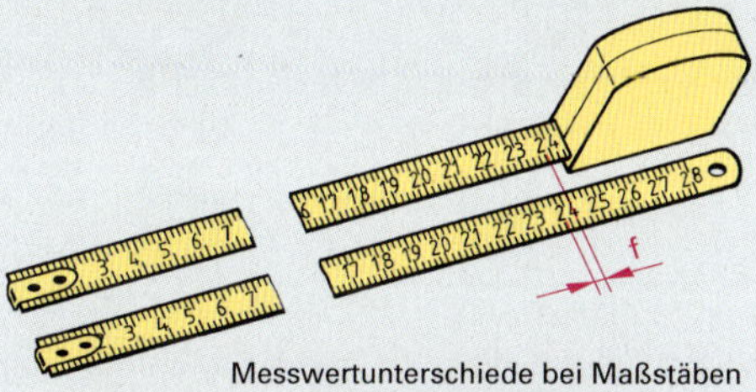

Messwertunterschiede bei Maßstäben

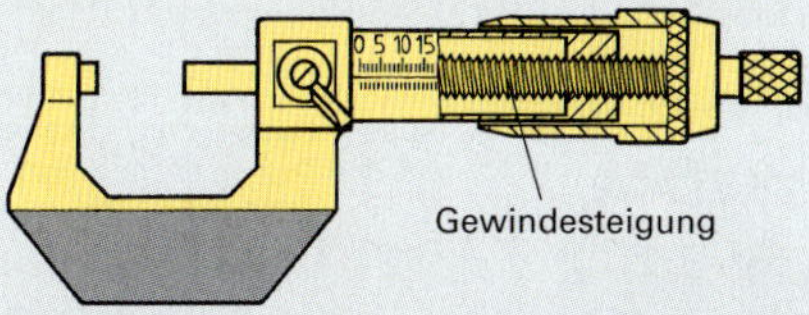

Einfluss von Steigungsabweichungen auf die Messwerte

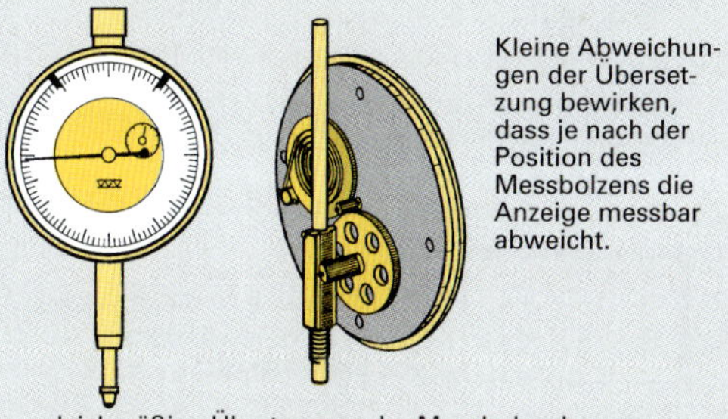

ungleichmäßige Übertragung der Messbolzenbewegung

Zufällige Messabweichungen

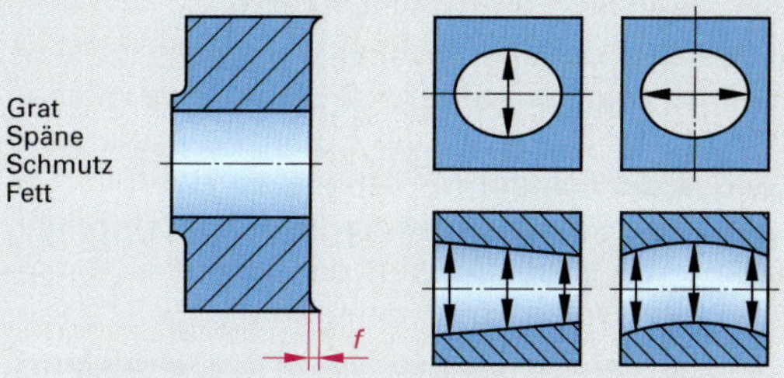

Unsicherheiten durch unsaubere Flächen u. Formabweichungen

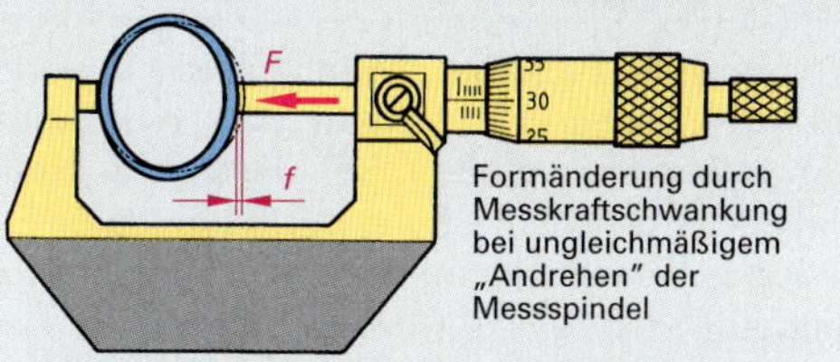

Streuung der Messwerte durch Messkraftschwankung

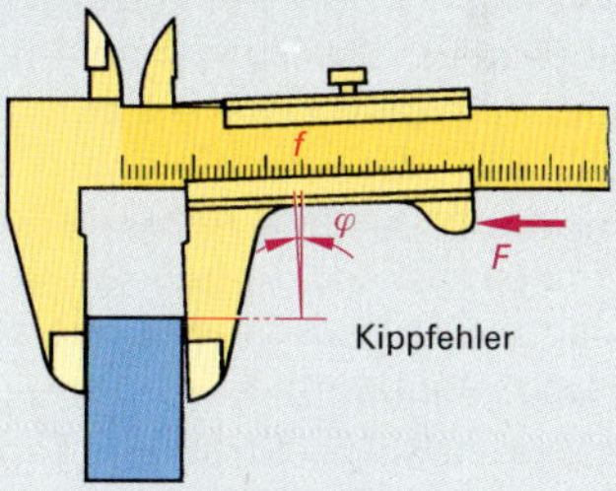

„Kippfehler" in Abhängigkeit von Messkraft und Führungsspiel

unsicheres Ansetzen des Messschiebers bei Innenmessungen

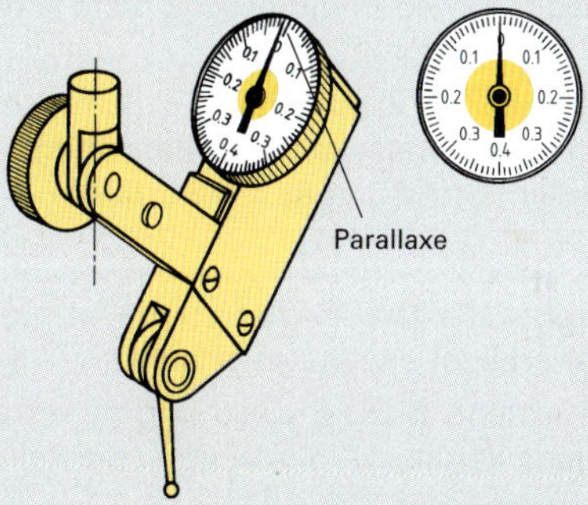

Ablesefehler durch schrägen Blickwinkel (Parallaxe)

Ermittlung der Messabweichungen

Systematische Abweichungen können durch eine **Vergleichsmessung** mit genaueren Messgeräten oder Endmaßen festgestellt werden.

Am Beispiel der Überprüfung einer Messschraube wird die Anzeige mit einem Endmaß verglichen **(Bild 1)**. Der Nennwert der Endmaße (Aufschrift) kann als der richtige Wert angesehen werden. Die systematische **Abweichung A_s** eines einzelnen Messwertes ergibt sich aus der Differenz von angezeigtem Wert x_a und richtigem Wert x_r.

Abweichung = angezeigter Wert – richtiger Wert
$$A_s = x_a - x_r$$

Prüft man die systematischen Abweichungen im ganzen Messbereich, erhält man das Abweichungsdiagramm (Bild 1). Bei Messschrauben erfolgt die Vergleichsmessung mit festgelegten Endmaßen bei verschiedenen Drehwinkeln der Messspindel.

Die Verringerung systematischer Messabweichungen erreicht man durch eine **Nulleinstellung der Anzeige (Bild 2)**. Die Nulleinstellung erfolgt mit Endmaßen, die dem Prüfmaß am Werkstück entsprechen. Bei der nachfolgenden Unterschiedsmessung mit kleinen Anzeigeänderungen werden z. B. Messabweichungen durch Wärmeeinflüsse oder die Messkraft nahezu vermieden.

Zufällige Abweichungen führen zur Streuung der Messwerte. Die zufällige Streuung kann durch Messungen unter Wiederholbedingungen ermittelt werden **(Bild 3)**:

Arbeitsregeln für Messungen unter Wiederholbedingungen

- Die wiederholten Messungen derselben Messgröße, z. B. Durchmesser, am selben Werkstück sollen aufeinander folgend durchgeführt werden.
- Messeinrichtung, Messverfahren, Prüfperson und die Umgebungsbedingungen dürfen sich während der Wiederholmessung nicht ändern.
- Wenn z. B. Rundheits- oder Zylinderformabweichungen die Messstreuung nicht beeinflussen sollen, muss stets an derselben (evtl. markierten) Stelle gemessen werden.

Je geringer die Messwertstreuung ist, umso präziser arbeitet das Messverfahren.

Systematische Messabweichungen werden durch eine Vergleichsmessung festgestellt.

Zufällige Abweichungen können durch Wiederholmessungen ermittelt werden.

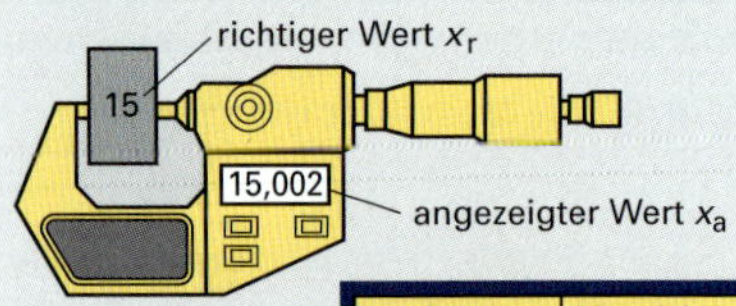

richtiger Wert x_r	Abweichung A_s	Korrektion K
7,700 mm	−2 µm	+2 µm
10,300 mm	0	0
15,000 mm	+2 µm	−2 µm
17,600 mm	+3 µm	−3 µm

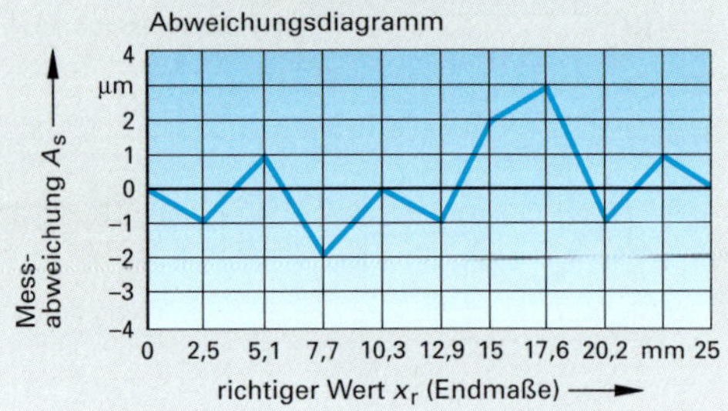

Bild 1: Systematische Abweichungen einer Bügelmessschraube

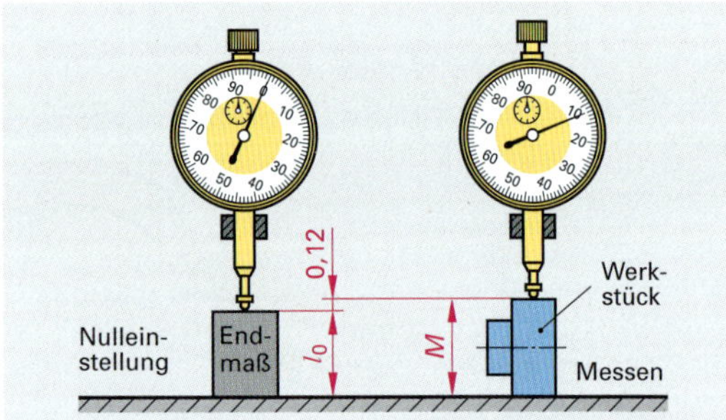

Bild 2: Nulleinstellung der Anzeige und Unterschiedsmessung

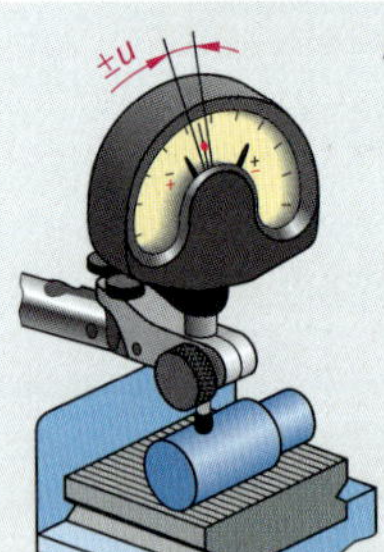

A. Nulleinstellung des Feinzeigers auf den Drehteildurchmesser mit Nennmaß 30,0 mm mit einem Endmaß.

B. 10 **Wiederholmessungen**
Spannweite der angezeigten Werte
$R = x_{a\,max} - x_{a\,min}$
$= 6\,\mu m - 2\,\mu m = 4\,\mu m$

Mittelwert der 10 Anzeigewerte
$\bar{x}_a = \frac{+40\,\mu m}{10} = +4\,\mu m$

Anzeigewerte in µm			
+3	+4	+5	+4
+5	+4	+6	+3
+4	+2		

C. **Messergebnis**
Mittelwert des Durchmessers
$\bar{x} = 30{,}0\,mm + 0{,}004\,mm$
$\bar{x} = \mathbf{30{,}004\,mm}$

Bild 3: Zufällige Abweichungen eines Feinzeigers bei Messungen unter Wiederholbedingungen

1.2.3 Messmittelfähigkeit und Prüfmittelüberwachung

Messmittelfähigkeit

Die Auswahl von Messmitteln richtet sich nach den Messbedingungen am Einsatzort und der vorgegebenen Toleranz der Prüfmerkmale, z. B. Länge oder Durchmesser.

Messmittel gelten als fähig, wenn die Messunsicherheit höchstens 10% der Toleranz beträgt. Je kleiner die Messunsicherheit U ist, um so mehr Messwerte liegen in messtechnisch sicheren Messbereich **(Bild 1)**.

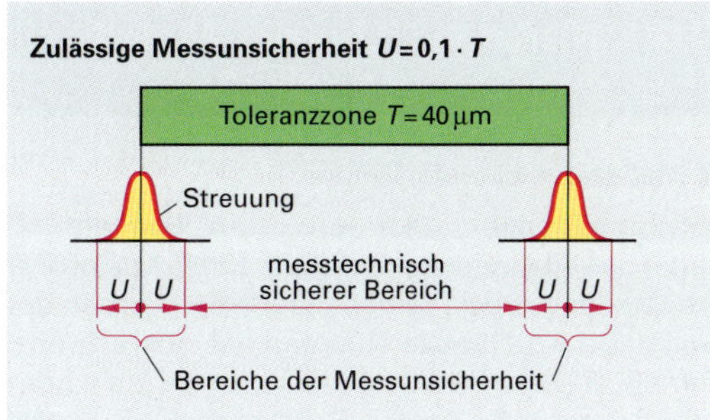

Bild 1: Messunsicherheit im Verhältnis der Toleranz

Die **Beurteilung der Messmittelfähigkeit** ist näherungsweise möglich, wenn die voraussichtliche Messunsicherheit bekannt ist **(Tabelle 1)**.

Unter Werkstattbedingungen beträgt die Messunsicherheit bei neuen oder neuwertigen mechanischen Handmessgeräten etwa einen Skalenteilungswert (1 Skw) und bei elektronischen etwa drei Ziffernschrittwerte (3 Zw).

Messgeräte für die Fertigung werden so ausgewählt, dass im Verhältnis zur Werkstücktoleranz die Messunsicherheit U vernachlässigbar klein ist. Dadurch kann der angezeigte Messwert dem Messergebnis gleichgesetzt werden.

Tabelle 1: Messunsicherheit

Messgerät		Voraussichtliche Messunsicherheit	Fehlergrenze G neuer Messgeräte
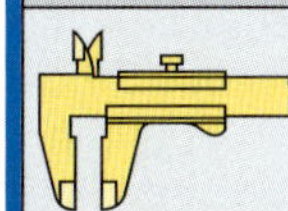	*Skw* = 0,05 mm Messbereich: 0 ... 150 mm	**$U \geq 50$ µm**	50 µm
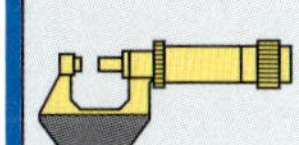	*Skw* = 0,01 mm Messbereich: 50 ... 75 mm	**$U \approx 10$ µm**	5 µm
	*Skw* = 1 µm Messbereich: ± 50 µm	**$U \approx 1$ µm**	1 µm

Prüfmittelüberwachung

Ein Messgerät darf nur eingesetzt werden, wenn die ermittelten Messabweichungen innerhalb der festgelegten Grenzen liegen. Zur Prüfmittelüberwachung werden daher die Messgeräte regelmäßig kalibriert.

Kalibrieren ist das Ermitteln der vorhandenen Abweichung eines Messgerätes vom richtigen Wert. Sind die Messabweichungen größer als zulässig, darf das Messgerät nicht mehr eingesetzt werden.

Die Kalibrierung wird durch einen speziellen Prüfaufkleber bestätigt, der den Termin der nächsten Überprüfung anzeigt **(Bild 2)**.

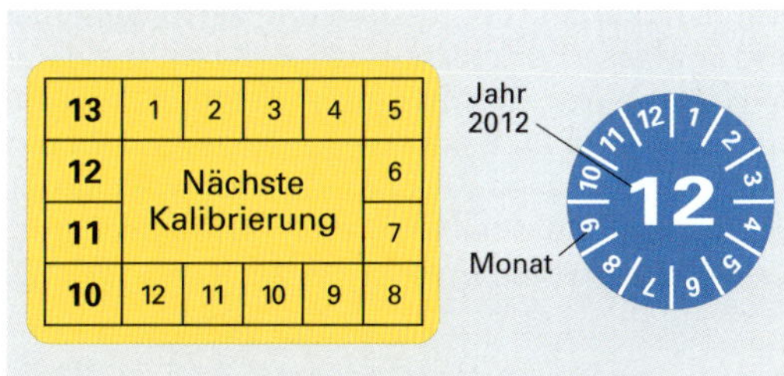

Bild 2: Aufkleber für kalibrierte Messgeräte

Wiederholung und Vertiefung

1 Warum kann bei Werkstücken aus Aluminium eine Abweichung von der Bezugstemperatur besonders hohe Messabweichungen ergeben?

2 Wodurch unterscheiden sich systematische Messabweichungen von zufälligen?

3 Warum ist das Messen dünnwandiger Werkstücke problematisch?

4 Wie viel Prozent der Werkstücktoleranz dürfen die Messabweichungen höchstens betragen, damit sie beim Prüfen vernachlässigt werden können?

1.3 Längenprüfmittel

1.3.1 Maßstäbe, Lineale, Winkel, Lehren und Endmaße

Maßstäbe, Lineale, Winkel

Strichmaßstäbe verkörpern das Längenmaß durch den Abstand von Strichen. Die Präzision der Strichteilung drückt sich in den Fehlergrenzen der Maßstäbe aus **(Tabelle 1)**. Wenn das obere Grenzabmaß G_o eines Maßstabes überschritten oder das gleich große untere Grenzabmaß G_u unterschritten wird, entstehen Messfehler.

Maßstäbe für Wegmesssysteme, z. B. aus Glas oder Stahl, arbeiten nach dem fotoelektronischen Abtastprinzip. Fotoelemente erzeugen entsprechend den abgetasteten Hell-Dunkel-Feldern ein Spannungssignal.

Bei Inkrementalmaßstäben wird der Verfahrweg von Werkzeug- und Messmaschinen durch Aufsummierung von Lichtimpulsen gemessen. Als Maßverkörperung dient ein sehr genaues Strichgitter. Absolutmaßstäbe ermöglichen durch ihre Codierung die Anzeige der augenblicklichen Position des Messkopfes.

Tabelle 1: Fehlergrenzen von Maßstäben der Länge 500 mm

Arten		Grenzabmaße $G_o = G_u$
Vergleichsmaßstab	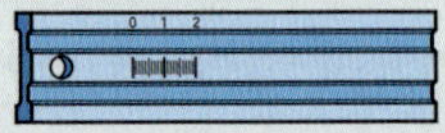	7,5 µm
Arbeitsmaßstab		30 µm
Biegsamer Stahlmaßst.		75 µm
Bandmaßstab		100 µm
Gliedermaßstab		1 mm
Impulsmaßstab	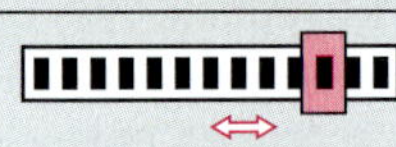	0,5 ... 20 µm
Absolutmaßstab	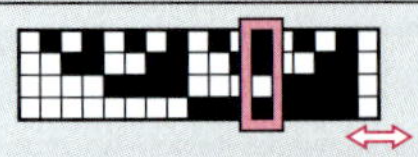	

Lineale werden zum Prüfen der Geradheit und Ebenheit eingesetzt **(Bild 1)**. Haarlineale besitzen geläppte Prüfschneiden mit hoher Geradheit, die es ermöglichen, mit bloßem Auge unterschiedliche kleine Lichtspalte zu erkennen.

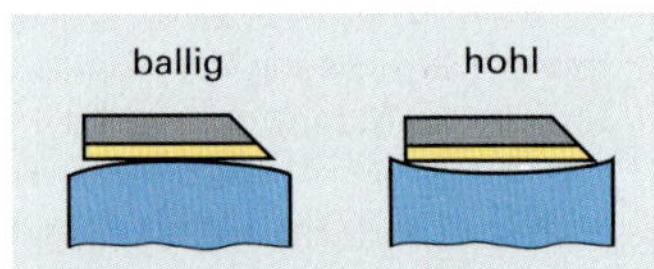

Bild 1: Geradheitsprüfung mit Haarlineal

> Werden Werkstücke mit Haarlinealen gegen das Licht geprüft, erkennt man Abweichungen ab 2 µm am Lichtspalt zwischen Prüfschneide und Werkstück.

Feste Winkel sind Formlehren und verkörpern meist 90°. Haarwinkel bis zur Messschenkellänge 100 x 70 mm mit dem Genauigkeitsgrad 00 haben einen Grenzwert der Rechtwinkligkeitsabweichung von nur 3 µm **(Bild 2)**. Beim Genauigkeitsgrad 0 beträgt der Grenzwert 7 µm. Mit Haarwinkeln kann die Rechtwinkligkeit und die Ebenheit geprüft werden oder es können zylindrische oder ebene Flächen ausgerichtet werden.

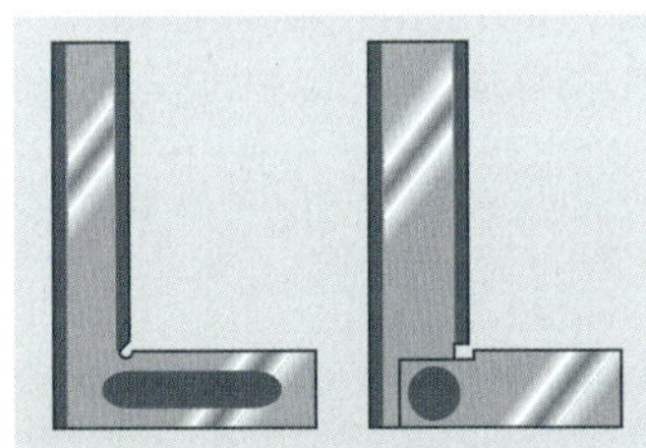

Bild 2: Haarwinkel 90°

Lehren

Lehren verkörpern Maße oder Formen, die in der Regel auf Grenzmaße bezogen sind **(Bild 3)**.

Maßlehren sind Teile eines Lehrensatzes, bei dem das Maß von Lehre zu Lehre zunimmt, z. B. Parallelendmaße oder Prüfstifte.

Formlehren ermöglichen die Prüfung von Winkeln, Radien und Gewinden nach dem Lichtspaltverfahren.

Grenzlehren verkörpern die zulässigen Höchstmaße und Mindestmaße. Manche Grenzlehren verkörpern neben den Grenzmaßen auch noch die Form, um z. B. die Zylinderform einer Bohrung oder das Profil von Gewinden prüfen zu können.

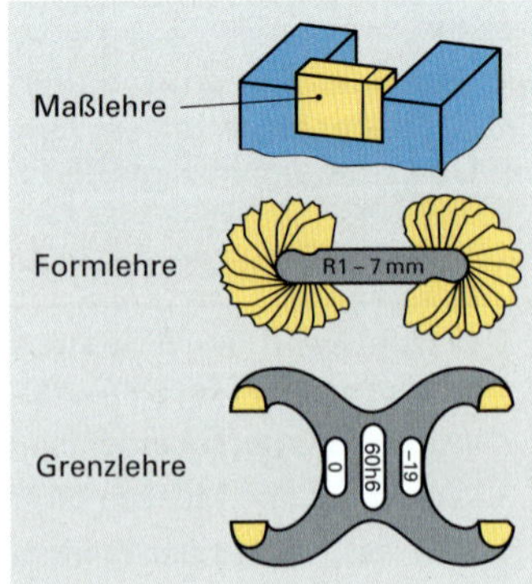

Bild 3: Lehrenarten

Grenzlehren

Die Grenzmaße von tolerierten Werkstücken können mit entsprechenden Lehrdornen bei Bohrungen oder mit Lehrringen bei Wellen geprüft werden **(Bild 1, Bild 2** und **Bild 3)**.

Taylorscher Grundsatz: Die Gutlehre muss so ausgebildet sein, dass Maß und Form eines Werkstückes bei der Paarung mit der Lehre geprüft werden (Bild 1). Mit der Ausschusslehre sollen nur einzelne Maße geprüft werden, z. B. der Durchmesser.

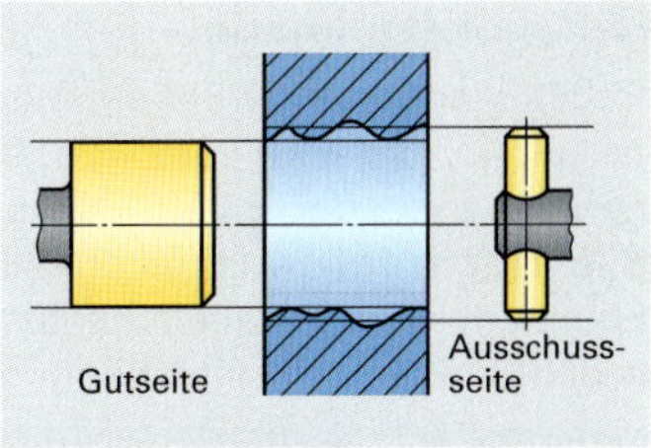

Bild 1: Grenzlehre nach Taylor

> Gutlehren verkörpern Maß **und** Form.
>
> Ausschusslehren sind reine Maßlehren.
>
> - **Gutlehren** verkörpern das Höchstmaß bei Wellen und das Mindestmaß bei Bohrungen.
> - **Ausschusslehren** verkörpern das Mindestmaß von Wellen oder das Höchstmaß von Bohrungen. Ein Werkstück, das sich mit der Ausschusslehre paaren lässt, ist daher Ausschuss.

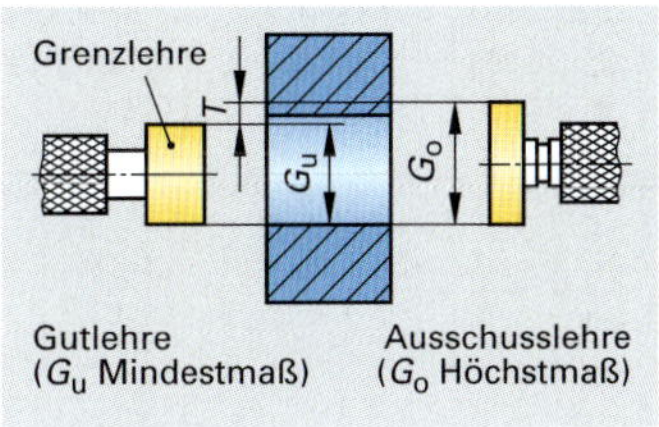

Bild 2: Grenzlehrdorn

Grenzlehrdorne verwendet man zum Prüfen von Bohrungen und Nuten **(Bild 4)**. Die Gutseite muss durch ihr Eigengewicht in die Bohrung gleiten, die Ausschussseite darf nur anschnäbeln. In den längeren Zylinder der Gutseite sind häufig Hartmetallleisten zur Verschleißminderung eingesetzt. Die Ausschussseite hat einen kurzen Prüfzylinder, ist rot gekennzeichnet und mit dem oberen Grenzabmaß beschriftet.

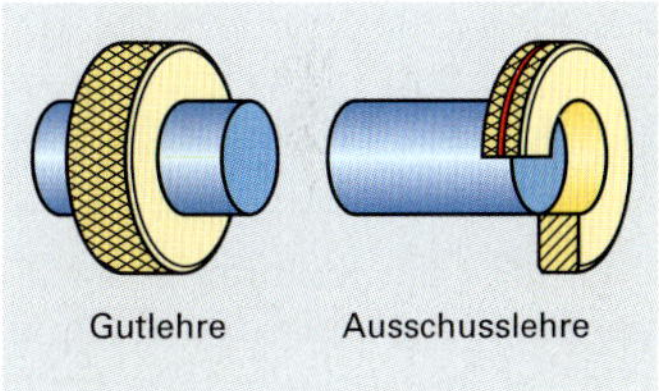

Bild 3: Lehrringe

Grenzrachenlehren eignen sich zur Prüfung von Durchmessern und Dicken von Werkstücken **(Bild 5)**. Die Gutseite verkörpert das zulässige Höchstmaß. Sie muss durch das Eigengewicht über die Prüfstelle gleiten. Die Ausschussseite ist um die Toleranz kleiner und darf nur anschnäbeln. Die Ausschussseite hat angeschrägte Prüfbacken, ist rot gekennzeichnet und mit dem unteren Grenzabmaß beschriftet.

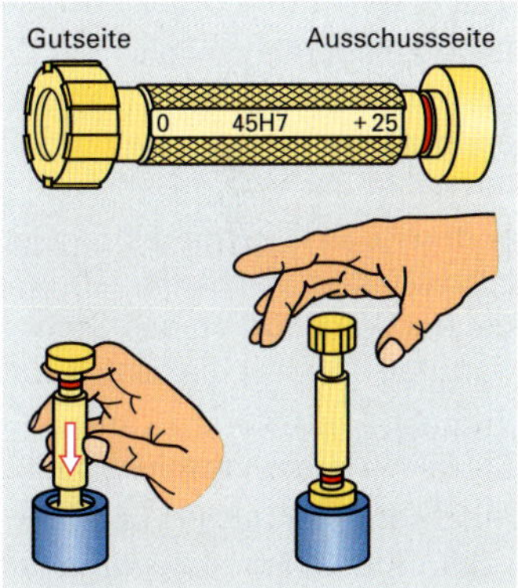

Bild 4: Grenzlehrdorn

> Das Prüfergebnis ist beim Lehren **Gut** oder **Ausschuss.** Da das Lehren keine Messwerte ergibt, können die Prüfergebnisse nicht zur Qualitätslenkung eingesetzt werden.
>
> Prüfkraftschwankungen und der Lehrenverschleiß beeinflussen sehr stark die Prüfergebnisse.
>
> Die Prüfunsicherheit ist beim Lehren umso höher, je kleiner die Maße und Toleranzen sind. Toleranzgrade kleiner 6 (< IT6) sind mit Lehren daher kaum prüfbar.

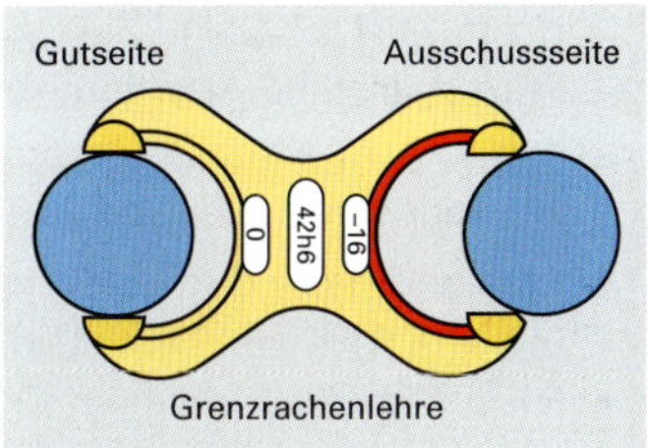

Bild 5: Grenzrachenlehre

Wiederholung und Vertiefung

1 Warum haben Haarlineale und Haarwinkel geläppte Prüfschneiden?

2 Warum eignet sich das Prüfen mit Lehren nicht zur Qualitätslenkung, z. B. beim Drehen?

3 Warum entspricht eine Grenzrachenlehre nicht dem Taylorschen Grundsatz?

4 Woran erkennt man die Ausschussseite eines Grenzlehrdornes?

5 Warum verschleißt die Gutseite einer Grenzlehre schneller als die Ausschussseite?

Parallelendmaße

Parallelendmaße sind die genauesten und wichtigsten Maßverkörperungen zur Längenprüfung. Die Maßgenauigkeit der Endmaße ist abhängig von der Toleranzklasse und vom Nennmaß **(Tabelle 1** und **Bild 1)**. Die Toleranz für die Abweichungsspanne t_v begrenzt die Ebenheits- und Parallelitätsabweichungen und das Grenzabmaß t_e beschreibt die zulässige Längenabweichung vom Nennmaß.

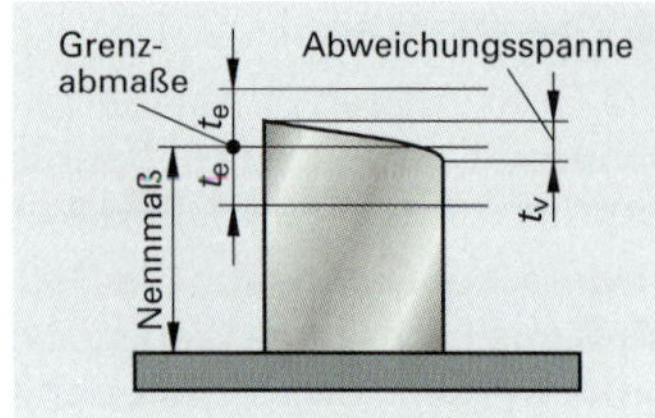

Bild 1: Abmaße von Endmaßen

Tabelle 1: Parallelendmaße (Werte in µm für Nennmaße 10...25 mm)

Toleranzklasse	Toleranz für die Abweichungsspanne t_v	Grenzabmaße der Länge t_e	Verwendung
K	0,05	+ 0,3	Bezugsnormale zum Kalibrieren von Endmaßen u. zum Einstellen präziser Messgeräte und Lehren
0	0,1	+ 0,14	Einstellen und Kalibrieren von Lehren und Messgeräten in klimatisierten Messräumen
1	0,16	+ 0,3	Meistbenutzte Gebrauchsnormale zum Prüfen in Messräumen und in der Fertigung
2	0,3	+ 0,6	Gebrauchsnormale zum Einstellen und Prüfen von Werkzeugen, Maschinen und Vorrichtungen

Endmaße der **Kalibrierklasse K** haben die kleinsten Abweichungen der Ebenheit und Parallelität, was für genaue Messungen und Endmaßkombinationen sehr wichtig ist **(Bild 3)**. Die relativ großen Grenzabmaße der Länge werden durch den bekannten Korrektionswert *K* ausgeglichen (Seite 11). Endmaße der **Toleranzklassen K** und **0** kann man ohne Druck anschieben **(Bild 2)**.

Beim Zusammenstellen einer Endmaßkombination beginnt man mit dem kleinsten Endmaß **(Tabelle 2** und Bild 3). Angeschobene **Stahlendmaße** neigen nach einiger Zeit zum Kaltverschweißen und sollten daher nach dem Gebrauch getrennt werden.

Endmaße aus Hartmetall sind gegenüber Stahlendmaßen 10-mal verschleißfester. Nachteilig ist die um 50% geringere Wärmedehnung, die bei Werkstücken aus Stahl zu Messabweichungen führen kann. Hartmetall besitzt die besten Hafteigenschaften beim Anschieben.

Endmaße aus Keramik haben eine stahlähnliche Wärmedehnung. Sie sind extrem verschleißfest, bruchfest und korrosionsbeständig.

Mit Endmaßen und Prüfstiften werden Meßgeräte und Lehren geprüft **(Bild 4)**. Parallelendmaßsätze sind meist 46-teilig, sortiert in 5 Maßbildungsreihen **(Tabelle 3)**.

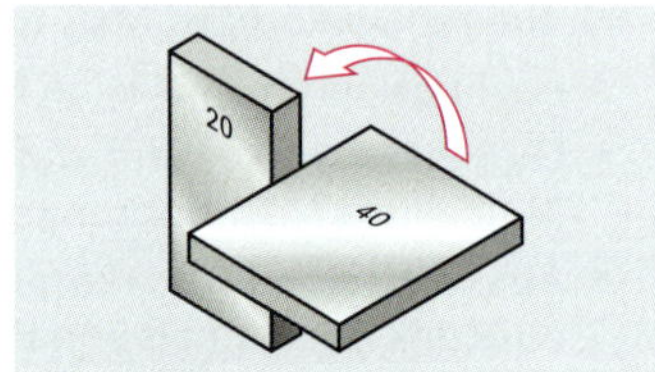

Bild 2: Ansprengen von Endmaßen

Bild 3: Endmaßkombination

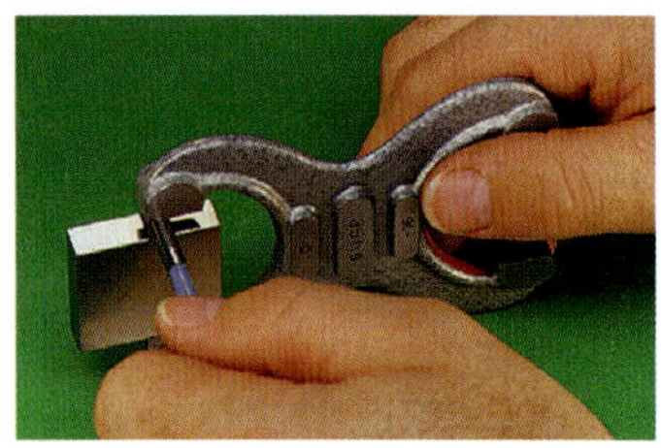

Bild 4: Prüfen von Rachenlehren mit Endmaß und Prüfstift

Tabelle 2: Maßkombination

1. Endmaß	1,003 mm
2. Endmaß	9,000 mm
3. Endmaß	50,000 mm
Maßkombination:	60,003 mm

Tabelle 3: Endmaßsatz

Reihe	Nennmaße mm	Stufung mm
1	1,001 ... 1,009	0,001
2	1,01 ... 1,09	0,01
3	1,1 ... 1,9	0,1
4	1 ... 9	1
5	10 ... 100	10

Arbeitsregeln für den Gebrauch von Endmaßen

- Die Endmaße werden vor Gebrauch mit einem nicht fasernden Stoff (Leinenlappen) sauber abgewischt.
- Endmaßkombinationen sollen wegen der Gesamtabweichung aus möglichst wenigen Endmaßen bestehen.
- Stahlendmaße dürfen nicht länger als 8 Stunden angesprengt bleiben, da sie sonst kaltverschweißen.
- Nach Gebrauch müssen Endmaße aus Stahl oder Hartmetall gereinigt und mit säurefreier Vaseline eingefettet werden.

1.3.2 Mechanische und elektronische Messgeräte

Die so genannten „Handmessgeräte" wie Messschieber, Messuhren oder Feinzeiger werden in der kostengünstigeren mechanischen Ausführung oder mit dem elektronischen Messsystem eingesetzt.

Messschieber

Messschieber sind wegen der einfachen Handhabung beim Messen von Außen-, Innen- und Tiefenmaßen das am meisten verbreitete Messgerät im Metallgewerbe **(Bild 1)**.

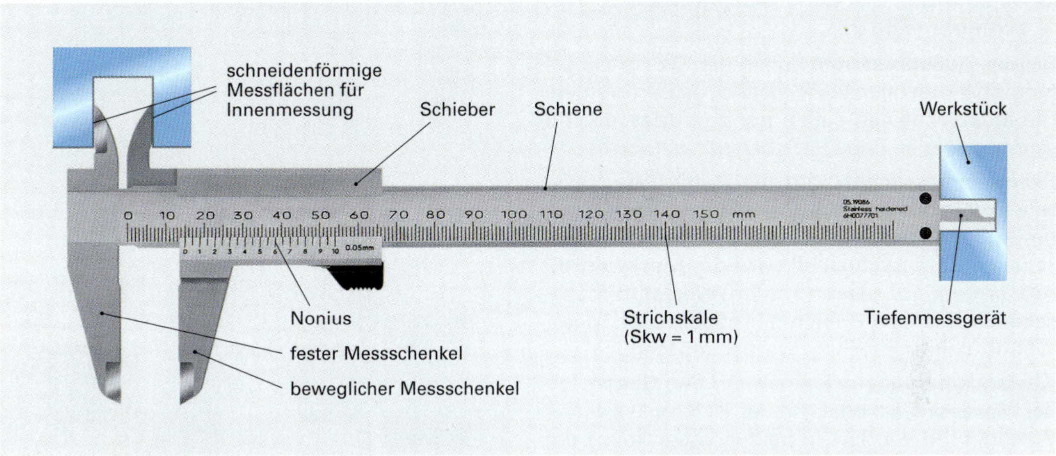

Bild 1: Taschenmessschieber mit Zwanzigstel-Nonius

Der **Taschenmessschieber** besteht aus der Schiene mit Millimeterteilung und einem beweglichen Messschenkel (Schieber) mit dem Nonius (Bild 1). Die Ablesemöglichkeit des Nonius ergibt sich aus dem Unterschied zwischen der Hauptteilung auf der Schiene und der Noniusteilung.

Beim **Zwanzigstel-Nonius** sind 39 mm in 20 Teile geteilt **(Bild 2)**. Dadurch ergibt sich ein **Noniuswert Now = 0,05 mm,** die kleinste Messgrößenänderung, die angezeigt werden kann.

Bei dem **1/50-Nonius** ist die Grenze des Auflösungsvermögens des Auges erreicht **(Bild 2)**. Dies und der Noniuswert 0,02 mm (1/50 mm) führen häufig zu Ablesefehlern.

Zoll-Nonien in der Einheit Inch (1 in = 25,4 mm) gibt es mit **Noniuswert 1/128 in** oder **0,001 in (Bild 3)**.

> Beim Ablesen betrachtet man den Nullstrich des Nonius als Komma (Bild 2). Links vom Nullstrich liest man auf der Strichskale die vollen Millimeter ab und sucht dann rechts vom Nullstrich den Teilstrich des Nonius aus, der sich mit einem Teilstrich der Strichskale am deutlichsten deckt.
>
> Die Anzahl der Teilstrichabstände gibt dann je Nonius die Zwanzigstel- oder Fünfzigstel-Millimeter an.

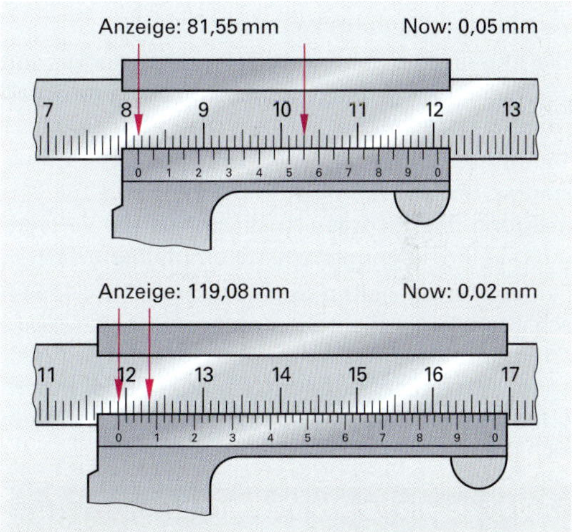

Bild 2: Ablesen von 1/20- und 1/50-Nonien

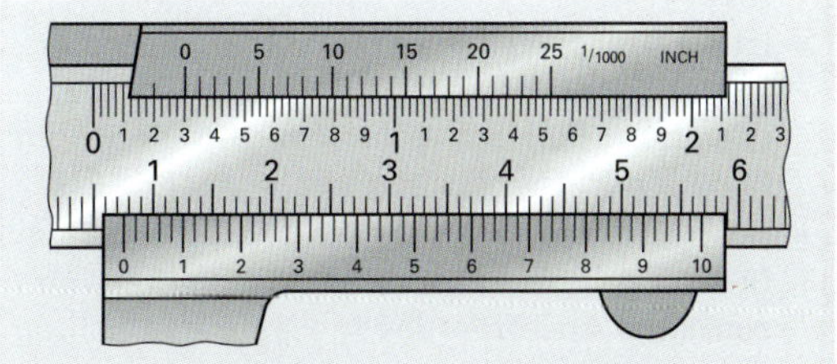

Bild 3: 1/1000-INCH-Nonius und 1/50-Nonius

Messschieber mit Rundskale übersetzen die Schieberbewegung in eine Zeigerbewegung (10 : 1 bis 50 : 1). Gegenüber dem Nonius erreicht man dadurch eine Anzeige, die schneller und sicherer abgelesen werden kann **(Bild 1)**. Die Grobanzeige der Schieberstellung erfolgt am Lineal, die Feinanzeige an der Rundskale mit Skalenteilungswerten von 0,1 mm, 0,05 mm oder 0,02 mm.

Messungen mit dem Taschenmessschieber (Bild 2)

Bei der **Außenmessung** sollen die Messschenkel möglichst weit über das Werkstück geführt werden. Die Messschneiden sollen nur zum Messen von schmalen Nuten und Einstichen benutzt werden.

Bei **Innenmessungen** wird zuerst der feste Messschenkel in der Bohrung angelegt und danach der bewegliche. Durch die sich kreuzenden Messschenkel (Kreuzschnäbel) wird der Messwert direkt angezeigt, während beim Werkstatt-Messschieber noch die Breiten der abgesetzten Messschenkel hinzugerechnet werden müssen.

Abstandsmessungen können mit den Stirnseiten der Messschenkel oder mit der Tiefenmessstange durchgeführt werden. In beiden Fällen muss der annähernd auf Maß eingestellte Messschieber senkrecht angesetzt und die Schieberbewegung vorsichtig ausgeführt werden.

Die abgesetzte Seite der Tiefenmessstange soll am Werkstück liegen, um Abweichungen durch Übergangsradien oder Schmutz zu vermeiden.

Tiefenmessungen erfolgen mit der Tiefenmessstange. Bei abgesetzten Bohrungen und zur Vermeidung des schrägen Ansetzens ist die Verwendung einer Tiefenmessbrücke empfehlenswert.

Fehlergrenzen gelten für Messungen mit Messschiebern ohne Richtungswechsel der Messkraft, z. B. bei reinen Außenmessungen. Sind am gleichen Werkstück Außenmessungen **und** Innen- oder Tiefenmessungen durchzuführen, erhöhen sich die Messabweichungen.

Arbeitsregeln für das Messen mit Messschiebern

- Die Mess- und Prüfflächen sollen sauber und gratfrei sein.
- Ist die Ablesung an der Messstelle erschwert, klemmt man bei den mechanischen Messschiebern den Schieber fest und zieht den Messschieber vorsichtig ab.
- Messabweichungen durch Temperatureinflüsse, zu hohe Messkraft (Kippfehler) und schräges Ansetzen des Messgerätes sollten vermieden werden.

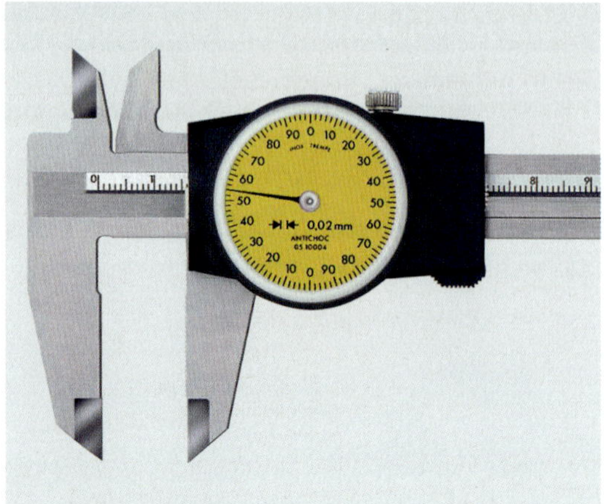

Bild 1: Messschieber mit Rundskale

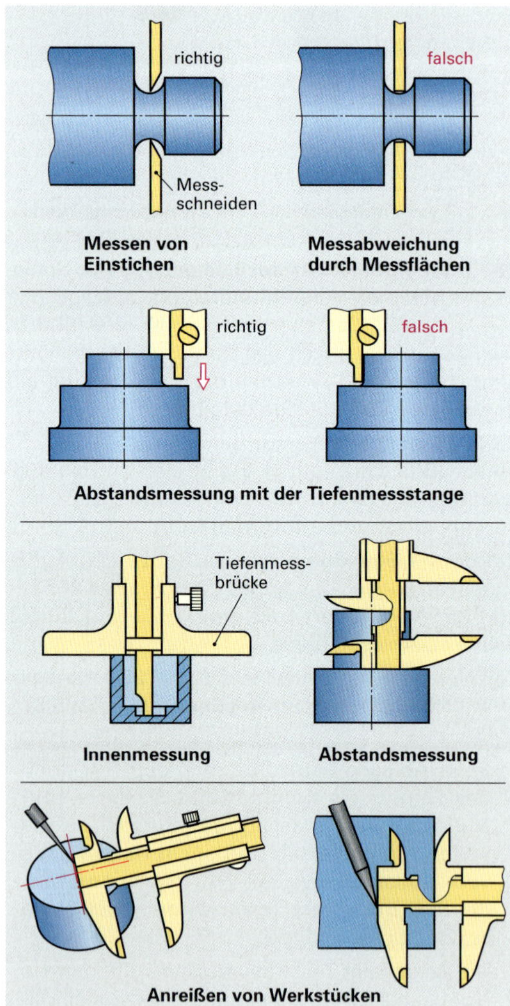

Bild 2: Handhabung von Messschiebern

Elektronische Messschieber sind durch große Ziffern schnell und irrtumsfrei ablesbar **(Bild 1)**. Zusätzlich zur Absolutmessung im ganzen Messbereich sind Unterschiedsmessungen und weitere Funktionen wählbar:

- Ein-/Ausschalten und Nullstellen an beliebiger Stelle, d. h. die Anzeige auf 0,00 setzen (C/ON)
- Funktion wählen (M = MODE), z. B. Umrechnung mm/in (Inch), Absolutmessung oder Unterschiedsmessung, Blockieren der Anzeige usw.
- Voreinstellung von Toleranzwerten (⊖→)

Ein am Messgerät angebrachter Minisender ermöglicht die Infrarotübertragung der Messwerte.

Mit der Funktion „Unterschiedsmessung" und durch Nullstellen der Anzeige an beliebiger Stelle werden viele Messungen einfacher **(Tabelle 1)**: Die Differenz der Messgröße zu einem bekannten Einstellwert oder der Unterschied zwischen zwei Messwerten muss nicht mehr berechnet, sondern kann direkt angezeigt werden.

Eine automatische Sparschaltung und die Abschaltung nach 2 Stunden schonen die Batterie.

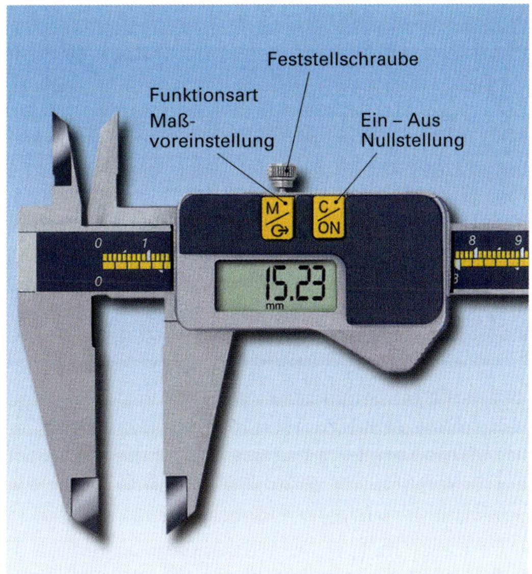

Bild 1: Elektronischer Messschieber

Tabelle 1: Messmöglichkeiten mit elektronischen Messschiebern

Messen von Abmaßen Abmaße von Nennmaßen werden durch Vergleich mit einem Bezugsendmaß vorzeichenrichtig angezeigt.	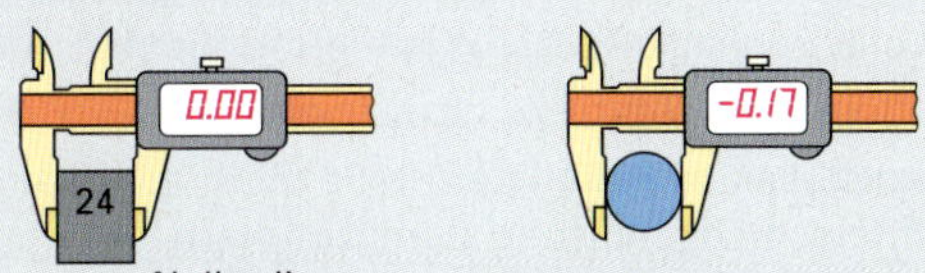
Messen von Passungen (Spiel oder Übermaß) Spiel oder Übermaß werden durch die Vergleichsmessung direkt angezeigt.	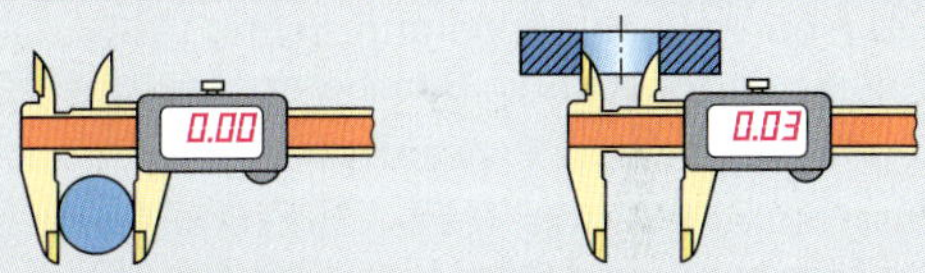
Messen von Bohrungs- und Achsabständen Bei Bohrungen mit gleichem Durchmesser kann der Abstand direkt angezeigt werden, wenn zunächst eine Bohrung gemessen, die Anzeige auf null gestellt und anschließend der größte Abstand der Bohrung gemessen wird.	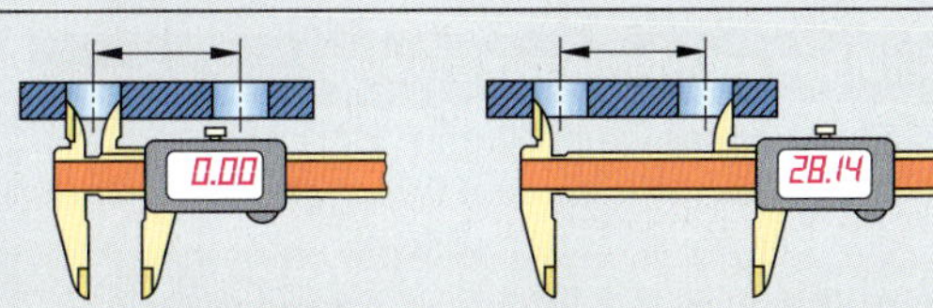
Messen von Wanddicken Die Wanddicke des Bodens wird durch eine Vergleichsmessung mit der Bohrungstiefe angezeigt.	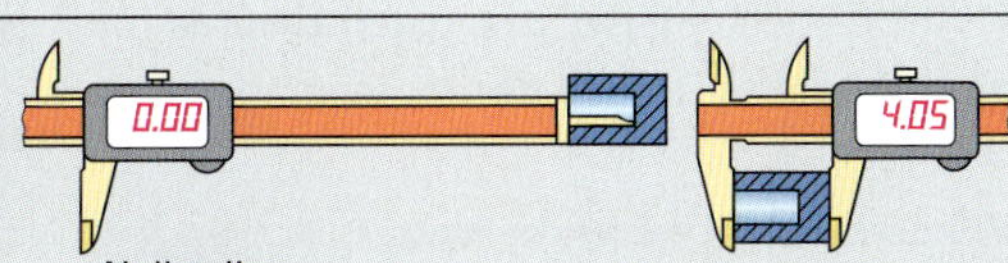
Messen an schwer zugänglicher Stelle Das Blockieren der Anzeige trotz Schließens der Messschenkel ermöglicht das Lesen der Anzeige in blickgünstiger Position.	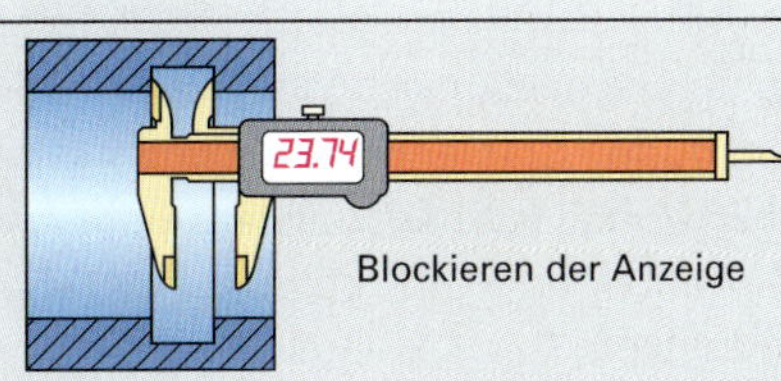

Messschrauben

Das wichtigste Teil der mechanischen Bügelmessschraube ist die geschliffene Messspindel **(Bild 1)**. Sie verkörpert durch die Gewindesteigung das Maß 0,5 mm. Wird die Skalentrommel um einen der 50 Teilstriche gedreht, verschiebt sich die Messspindel um 0,5 mm : 50 = 0,01 mm. Die Hundertstel-Millimeter werden auf der Skalentrommel abgelesen **(Bild 2)**.

> Der Skalenteilungswert beträgt bei mechanischen Bügelmessschrauben meist 0,01 mm.

Durch die Messspindel wird nicht nur die Anzeige vergrößert, sondern auch die Messkraft stark erhöht. Eine Kupplung begrenzt daher die Messkraft auf 5 N bis 10 N, vorausgesetzt man dreht die Messspindel über die Kupplung langsam an das Werkstück heran.

Übliche Messbereiche sind: 0 ... 25 mm (bei elektronischen Bügelmessschrauben 0 ... 30 mm), 25 ... 50 mm, 50 ... 75 mm bis 275 ... 300 mm.

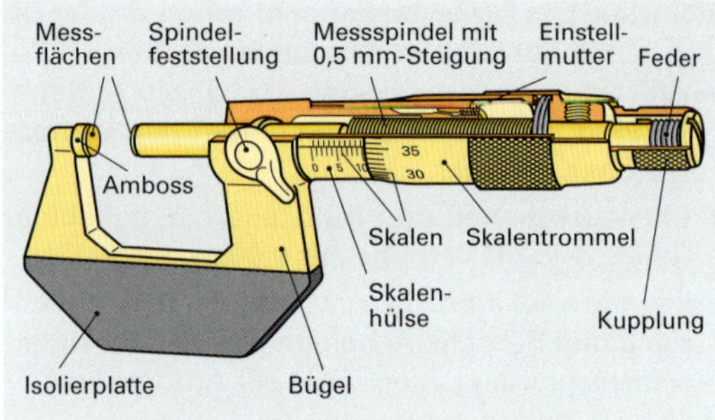

Bild 1: Schnittbild der Bügelmessschraube

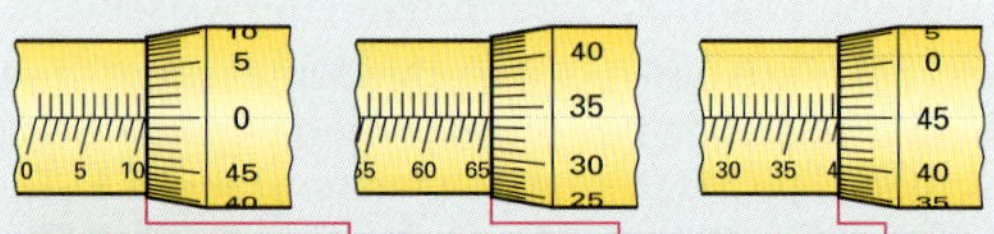

Anzeige an der			
Skalenhülse:	10	65	38
	0,0	0,0	0,5
Skalentrommel:	0,00	0,34	0,45
Messwert in mm:	10,00	65,34	38,95

Bild 2: Ablesebeispiele

Elektronische Bügelmessschrauben (Bild 3)

Das elektronische Messsystem ermöglicht:

- Ziffernschrittwert *Zw* = 0,001 mm
- Nullstellen an beliebiger Stelle (ZERO), um eine Unterschiedsmessung durchzuführen
- Funktionen wählen (M = MODE), z. B. Umrechnung mm/in (Inch), Absolutmessung (ABS) oder Unterschiedsmessung, Blockieren der Anzeige
- Voreinstellung von Toleranzwerten
- Infrarotübertragung (bzw. Funkübertragung) der Messwerte auf Knopfdruck an den PC

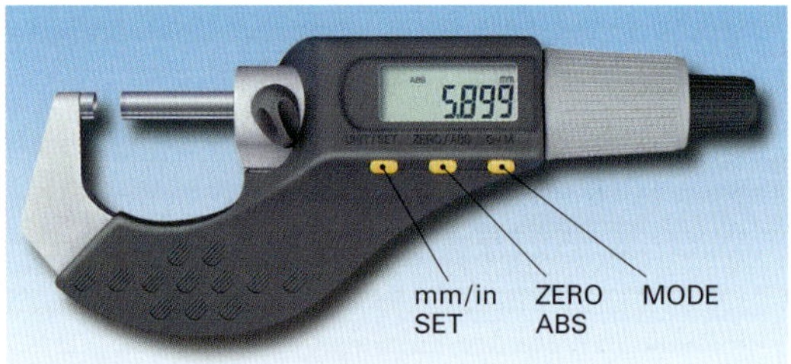

Bild 3: Elektronische Bügelmessschraube

Einflüsse auf Messabweichungen

- Steigungsabweichungen der Messspindel sowie Parallelitäts- und Ebenheitsabweichungen der Messflächen **(Bild 4)**
- Aufbiegung des Bügels durch die Messkraft
- Abweichen von der Bezugstemperatur
- zu schnelles Drehen der Messspindel

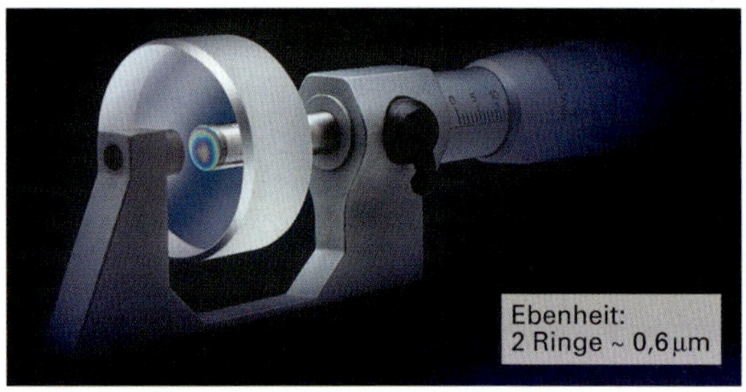

Bild 4: Prüfung von Parallelität und Ebenheit der Messflächen mit planparallelem Prüfglas

Wiederholung und Vertiefung

1 Aus welchen Parallelendmaßen lässt sich das Maß 97,634 mm zusammensetzen?

2 Worin unterscheiden sich Parallelendmaße der Toleranzklasse „K“ und „0“?

3 Warum dürfen Stahlendmaße nicht tagelang angesprengt bleiben?

4 Welchen Vorteil hat das Nullstellen der Anzeige bei elektronischen Messschiebern?

5 Warum sollte man die Messspindel einer Messschraube nicht zu schnell an das Werkstück herandrehen?

Innenmessgeräte

Innenmessschrauben mit 2-Punkt-Berührung können sich zur Bohrungsachse nicht selbsttätig ausrichten **(Bild 1)**. Sie werden daher nur bei großen Innenmaßen eingesetzt, und hier vorzugsweise zum Erfassen ovaler Rundheitsabweichungen. Dagegen führen Rundheitsabweichungen mit drei Bogen, wie sie im Dreibackenfutter entstehen, bei der 2-Punkt-Berührung nicht zu Durchmesserunterschieden, da immer nur ein mittlerer Durchmesser gemessen wird.

Innenmessgeräte mit 2-Punkt-Berührung und **Zentrierbrücke** zentrieren sich durch eine Zentrierbrücke automatisch **(Bild 2)**. Bei der axialen Ausrichtung muss der Umkehrpunkt, d.h. das Kleinstmaß, durch eine Pendelbewegung des Messgerätes gefunden werden.

Innenmessgeräte mit 2-Punkt-Berührung und Zentrierbrücke erreichen eine hohe Wiederholpräzision, d.h. eine kleine Messstreuung.

Durch die breite Zentrierbrücke werden auch Rundheitsabweichungen angezeigt.

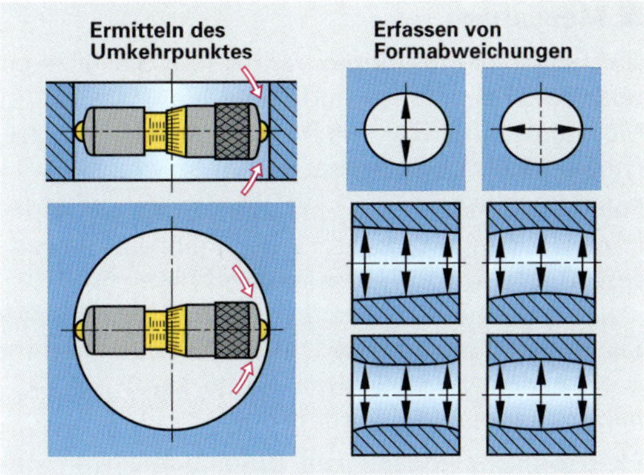

Bild 1: Innenmessschraube (2-Punkt-Berührung)

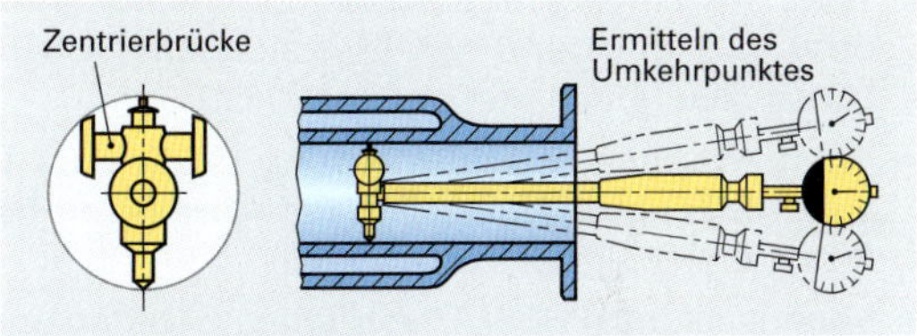

Bild 2: Innenmessgerät mit 2-Punkt-Berührung und Zentrierbrücke

Innenmessgeräte mit 3-Linien-Berührung der Messbolzen haben den Vorteil, dass sie sich in der Bohrung selbst zentrieren und axial ausrichten.

Selbstzentrierende Innenmessschrauben erreichen eine sichere Messbolzenanlage durch ein dreimaliges zügiges Drehen der Messspindel über die Ratsche **(Bild 3)**. **Innenmessgeräte mit Hebelbetätigung,** so genannte Messpistolen oder Einhand-Messgeräte **(Bild 4),** benötigen keine Ratsche, denn die Messbolzen werden mit stets gleicher Messkraft an die Bohrungswand gedrückt. Wegen der Zuverlässigkeit der Messwerte und der Schnelligkeit der Messung sind diese Messgeräte ideal für Serienprüfungen in der Fertigung. Als Anzeigegeräte eignen sich mechanische oder elektronische Messuhren mit einem Skalenteilungswert von 1 µm.

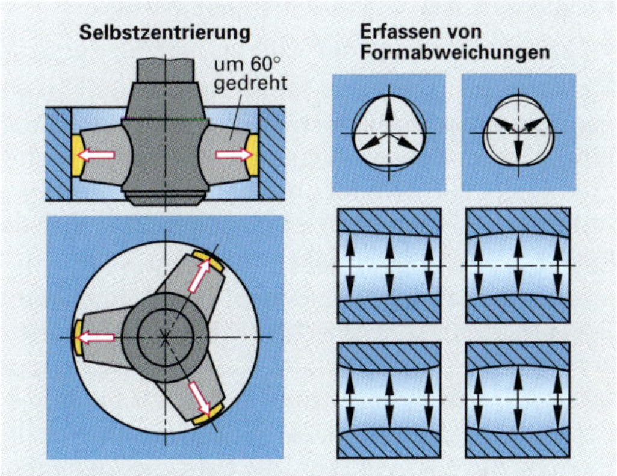

Bild 3: Selbstzentrierende Innenmessschraube mit 3-Linien-Berührung

Die 3-Linien-Berührung ermöglicht eine optimale Selbstzentrierung und Selbstausrichtung in der Bohrung.

Abweichungen der Rundheit oder Zylindrizität ergeben Durchmesserunterschiede.

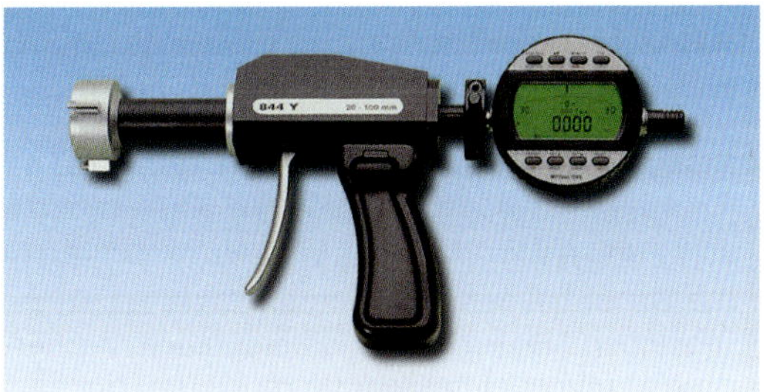

Bild 4: Selbstzentrierendes Einhand-Messgerät mit 3-Linien-Berührung

Mit geläppten Einstellringen wird das Innenmessgerät auf das Nennmaß der Bohrung eingestellt und der gemessene Bohrungsdurchmesser mit dem eingestellten Nennmaß verglichen.

Messuhren

Mechanische Messuhren vergrößern die Anzeige über eine Zahnstange und Zahnräder **(Bild 1)**. Bei Messuhren (mit Skw = 0,01 mm) sind Messbereiche von 1 mm, 5 mm und 10 mm üblich.

Feinmessuhren messen präziser, da sie ein ähnliches Übertragungssystem wie Feinzeiger besitzen. Die kleineren Messabweichungen und der kleine Messbereich von 1 mm ermöglichen den Skalenteilungswert Skw = 1 µm. Zur Nullstellung der Anzeige an beliebiger Stelle kann die Skalenanzeige gedreht werden.

Elektronische Messuhren (Bild 2) besitzen gegenüber den mechanischen Ausführungen viele zusätzliche **Funktionen (MODE)**:

- Wahl des Ziffernschrittwertes (*Zw* = 0,001 mm oder 0,01 mm) und des Messbereichs sowie Umschaltung von mm auf Zoll (Inch)
- Wahl zwischen Absolutmessung (ABS) oder Unterschiedsmessung (DIFF) bzw. Nullstellen der Anzeige an beliebiger Stelle im Messbereich (RESET oder ZERO)
- Voreinstellung (PRESET) von Toleranzwerten und der Zählrichtung (+ bedeutet steigende Anzeige bei hineingehendem Messbolzen)
- Speicherfunktionen; aktueller Messwert, Höchstwert, Kleinstwert, Höchstwert minus Kleinstwert, z. B. bei Rundlaufprüfungen
- Datenausgang zur Messdatenverarbeitung
- Grafische Anzeige der Toleranzlage an der Strichskale

Manche elektronischen Messuhren haben zusätzlich zur Eingabe von Toleranzgrenzen noch mechanisch einstellbare Toleranzmarken (Bild 2). Die Messwertklasse wird durch Leuchtdioden angezeigt, grün für „Gut“, gelb für „Nacharbeit“ und rot für „Ausschuss“. Das Anzeige- und Tastenfeld ist meist um 270° drehbar.

Beim Messen von Rundlauf, Planlauf und Ebenheit bewegt sich der Messwert zwischen Höchstwert und Kleinstwert **(Bild 3)**. Durch die Bewegungsumkehr des Messbolzens entsteht die **Messwertumkehrspanne f_u**, da dieselbe Messgröße bei herausgehendem Messbolzen eine größere Anzeige ergibt als bei hineingehendem Messbolzen. Die Ursache dafür ist bei mechanischen Messuhren die Reibung des Messbolzens, die bei hineingehendem Messbolzen die Messkraft erhöht und sie bei herausgehendem Messbolzen erniedrigt.

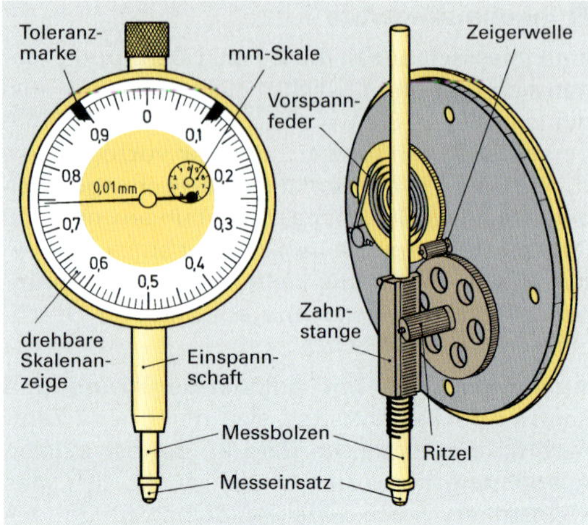

Bild 1: Mechanische Messuhr

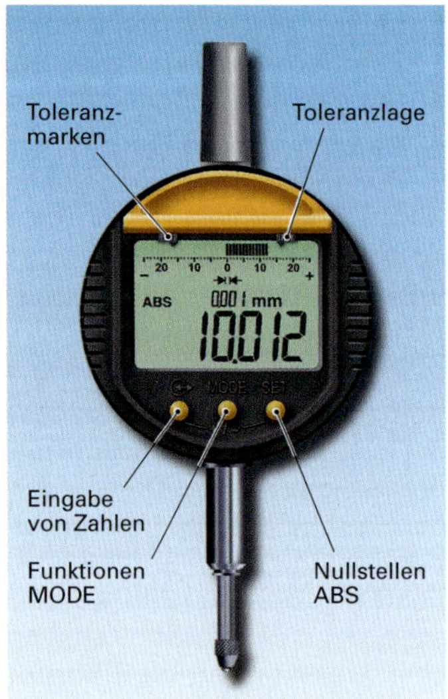

Bild 2: Elektronische Messuhr

Bild 3: Rundlaufprüfung

Arbeitsregeln für das Messen mit Messuhren

- Bei Rundlauf- und Planlaufmessungen sind Messgeräte mit möglichst kleiner Messwertumkehrspanne gefordert. Gut geeignet sind dafür elektronische Messuhren (f_u = 2 µm), Feinmessuhren (f_u = 1 µm) und Feinzeiger (f_u = 0,5 µm).
- Die Messwertumkehrspanne kann vermieden werden, wenn z. B. nur bei herausgehendem Messbolzen gemessen wird. Bei solchen Messungen sind daher auch mechanische Messuhren und Fühlhebelmessgeräte (f_u = 3 µm) gut geeignet.
- Die Messbolzen dürfen weder geölt noch gefettet werden.

Fühlhebelmessgeräte

Fühlhebelmessgeräte sind sehr vielseitig verwendbare Vergleichsmessgeräte **(Bild 1)**. Die Messwertumkehrspanne beträgt wie bei den Messuhren 3 µm. Trotz dieser relativ großen Messwertumkehrspanne sind die Fühlhebelmessgeräte unverzichtbar für Messungen auf der Prüfplatte sowie für Messungen von Form-, Positions- und Lageabweichungen. Durch die automatische Umschaltung im Messwerk kann in zwei Tastrichtungen gemessen werden. Dadurch bleibt die Laufrichtung des Zeigers stets gleich.

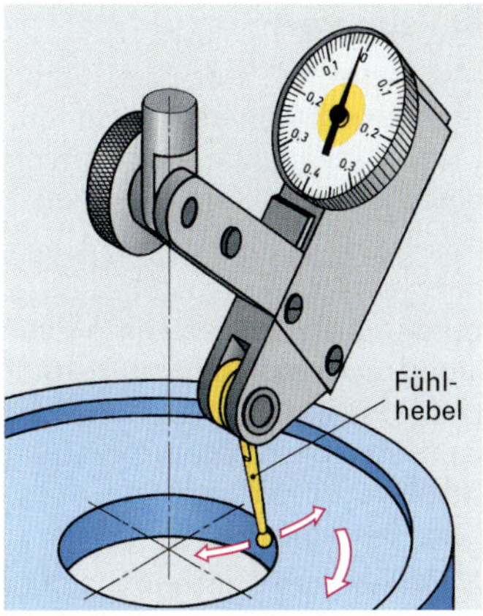

Bild 1: Zentrierung einer Bohrung mit einem Fühlhebelmessgerät

Anwendungen

- Messungen von Abweichungen: Rundlauf, Planlauf, Ebenheit, Parallelität und Position
- Zentrieren von Wellen oder Werkstückbohrungen
- Paralleles oder rechtwinkliges Ausrichten von Teilen oder Messhilfsmitteln.

> Aufgrund des schwenkbaren Tasters eignen sich Fühlhebelmessgeräte gut für Messungen an schwer zugänglichen Messstellen.
>
> Die Messkraft beträgt nur etwa 1/10 der Messkraft von Messuhren. Die geringe Messkraft ist vorteilhaft für Messungen an nicht formstabilen Teilen.

Anwendungshinweise

- Bei Stellung des Tasters parallel zur Prüffläche ist der Messwert ohne Korrektion richtig **(Bild 2)**.
- Bei nicht paralleler Lage ändert sich die wirksame Hebellänge. In Abhängigkeit vom Winkel α sind die angezeigten Werte zu korrigieren (Bild 2).

Beispiel: Der geschätzte Anstellwinkel α des Tasters beträgt 30°, der Korrekturfaktor damit 0,87. Der angezeigte Messwert ist 0,35 mm.

Korrigierter Messwert = 0,35 mm · 0,87 = **0,3 mm**

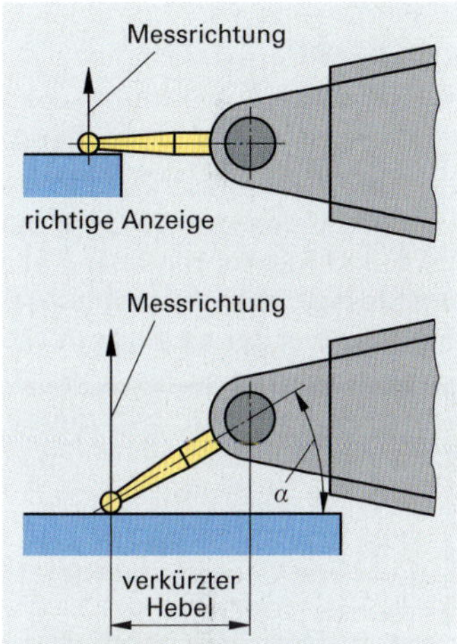

Abweichung der Anzeige

Winkel α	15°	30°	45°	60°
Korr.-Faktor	0,96	0,87	0,7	0,5

Bild 2: Einfluss des Anstellwinkels auf den Messwert

Unterschiedsmessung

Messuhren, Fühlhebelmessgeräte und Feinzeiger werden wegen des kleinen Messbereiches meist nur für Unterschiedsmessungen eingesetzt **(Bild 3)**.

> Unterschiedsmessungen beruhen auf dem Vergleich der Messgröße mit dem eingestellten Nennmaß der Messgröße.
>
> Entsprechend den kleinen Messwegen bei Unterschiedsmessungen sind auch die systematischen Messabweichungen klein.

Zur Unterschiedsmessung müssen die Messgeräte mit Endmaßen oder anderen Normalen auf das Nennmaß der Messgröße am Werkstück eingestellt werden. Nach der Nullstellung der Anzeige sind beim Messen die Maßunterschiede gegenüber dem Nennmaß direkt ablesbar. Die Nullstellung kann über eine Feinstelleinrichtung des Messständers erfolgen, bei elektronischen Messuhren und Feinzeigern durch Tastendruck und bei mechanischen Messuhren durch Drehen der Skalenanzeige.

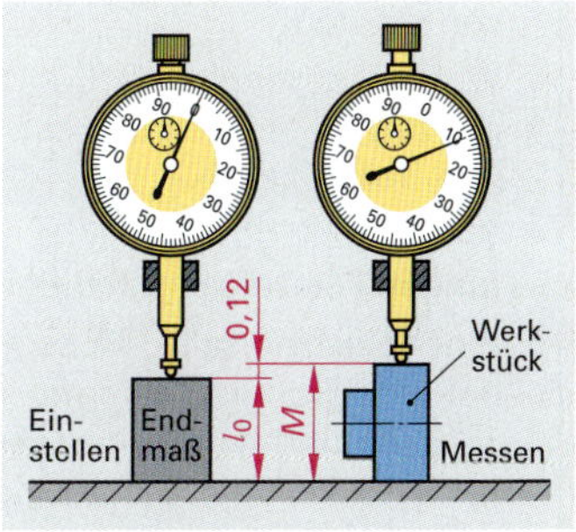

Bild 3: Unterschiedsmessung

Feinzeiger

Mechanische Feinzeiger (Feintaster) eignen sich für Messaufgaben, bei denen die Präzision der Messuhren nicht mehr ausreicht. Sie haben meist einen Skalenteilungswert von 1 µm.

Das bessere Übertragungsverhalten der Feinzeiger gegenüber den Messuhren wird vor allem durch präzisionsverzahnte Zahnradsegmente (als Übertragungshebel) und durch eine Kugellagerung des Messbolzens erreicht **(Bild 1).** Dadurch ist keine volle Zeigerumdrehung, aber eine kleine Messwertumkehrspanne möglich. Der Messbereich beträgt meist 50 µm oder 100 µm.

Elektronische Feinzeiger (Bild 2) haben die gleichen Messfunktionen (MODE) wie die elektronischen Messuhren (Bild 2, Seite 24).

Unterschiede gegenüber Messuhren sind:

- präziseres induktives Messsystem, das Ziffernschrittwerte von 1 µm, 0,5 µm oder 0,2 µm ermöglicht
- eine kleine Abweichungsspanne f_e = 0,6 µm (0,3 µm) und eine entsprechend kleine Messwertumkehrspanne f_u < 0,5 µm

Die Messdaten können bei elektronischen Feinzeigern und Messuhren über Kabel oder über einen am Messgerät angebrachten kleinen Funk- oder Infrarotlichtsender an einen PC übertragen werden.

> Feinzeiger sind die genauesten mechanischen und elektronischen Handmessgeräte. Ihre Messwertumkehrspanne beträgt höchstens 0,5 µm. Sie eignen sich daher besonders gut zum Messen von Rundlauf, Planlauf, Geradheit und Ebenheit.

Wiederholung und Vertiefung

1 Warum kann mit Innenmessschrauben mit 3-Linien-Berührung präziser gemessen werden als mit Innenmessschrauben mit 2-Punkt-Berührung?

2 Warum soll mit Messuhren nur in einer Bewegungsrichtung des Messbolzens gemessen werden?

3 Warum eignen sich Fühlhebelmessgeräte gut zum Zentrieren und zur Rundlaufprüfung von Bohrungen?

4 Warum sind bei Rundheits- und Rundlaufprüfungen Feinzeiger günstiger als Messuhren?

5 Eine elektronische Messuhr (Bild 3) zeigt bei der Rundlaufprüfung den Höchstwert + 12 µm und den Kleinstwert – 2 µm an. Wie groß ist die Rundlaufabweichung ($f_L = M_{wmax} - M_{wmin}$)?

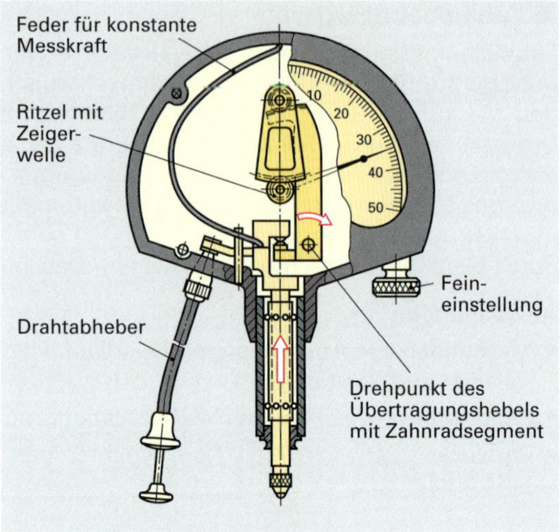

Bild 1: Mechanischer Feinzeiger

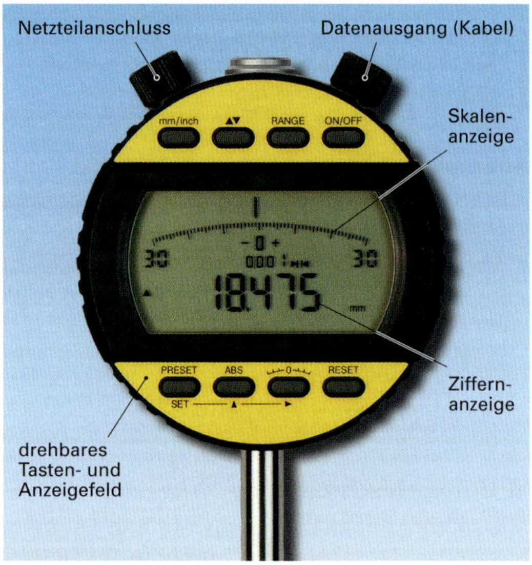

Bild 2: Elektronischer Feinzeiger

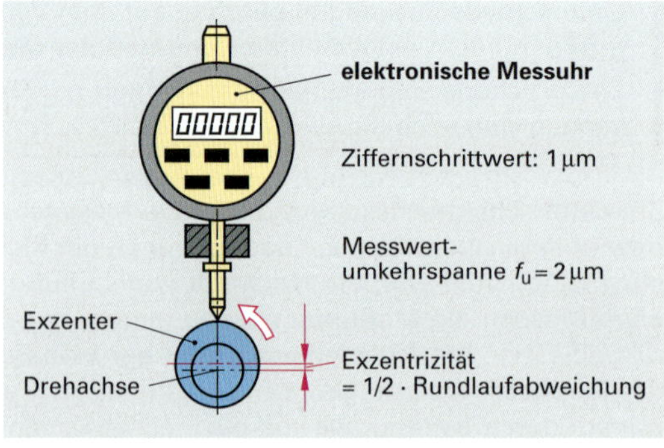

Bild 3: Prüfung von Rundlauf und Exzentrizität

Winkelmessgeräte

Bei der Winkelprüfung wird die Lage von Kanten oder Flächen geprüft.

Einfache Winkelmesser bestehen aus einer Kreis-Skalde mit einer Gradeinteilung 0° bis 180° und einer drehbaren Messschiene mit Zeiger **(Bild 1)**. Durch den Skalenteilungswert Skw = 1° sind nur grobe Winkelmessungen möglich.

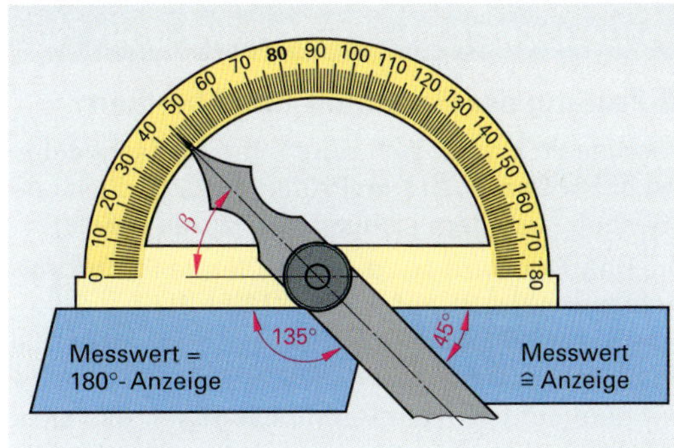

Bild 1: Einfacher Winkelmesser

> Der gemessene Winkel entspricht beim einfachen Winkelmesser und beim Universalwinkelmesser mit Nonius nicht immer der Anzeige: Bei stumpfen Winkeln muss der angezeigte Winkel von 180° abgezogen werden, um den richtigen Winkel zu erhalten.

Universalwinkelmesser (Bild 2 und **Bild 3)**

Universalwinkelmesser haben einen Messbereich von 360° und einen Noniuswert von 5 Winkelminuten (5'). Die Genauigkeit (Abweichungsspanne) beträgt ebenfalls 5 Winkelminuten. Eine Lupe erleichtert das Ablesen des Nonius und eine Feineinstellung ermöglicht das Einstellen auf den gewünschten Winkel.

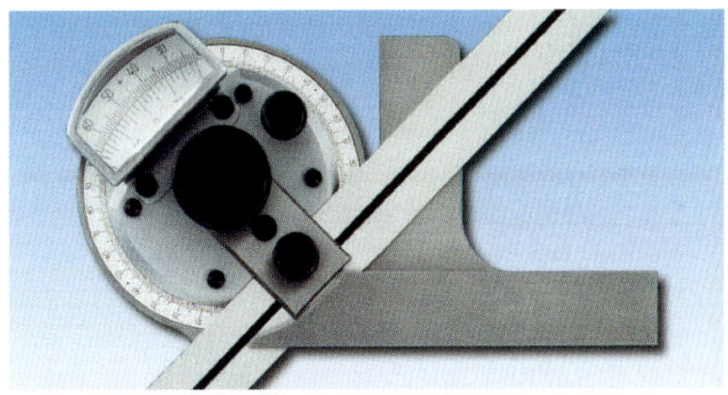
Bild 2: Universalwinkelmesser

Beim Ablesen zählt man zuerst an der Hauptskale von 0° ausgehend bis zum Nullstrich des Nonius die Winkelgrade und liest dann am Nonius in der gleichen Ableserichtung die Minuten ab **(Bild 3)**.

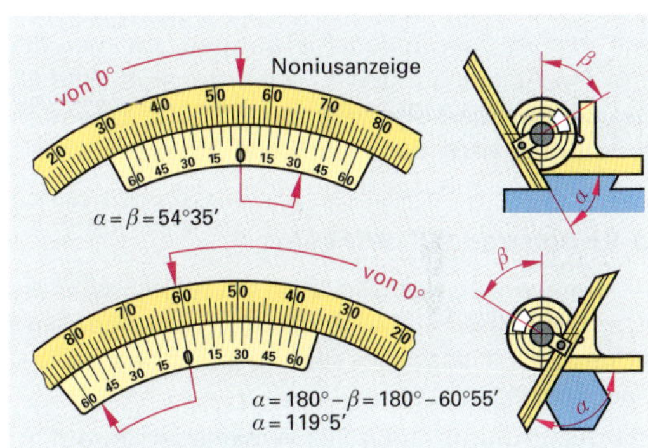

Bild 3: Winkelanzeigen

Universalwinkelmesser mit Ziffernanzeige sind sicher ablesbar und genauer als Winkelmesser mit Nonius **(Bild 4)**. Die Genauigkeit (Abweichungsspanne) beträgt 4 Winkelgrade (4').

Wahlweise können Winkelgrade, Winkelminuten oder Dezimalgrade angezeigt werden. Für die Anzeige der Winkelgrade und Winkelminuten beträgt der Ziffernschrittwert Zw = 0,01° bzw. 1 Winkelminute (0,01').

Durch das Nullstellen in beliebiger Winkelposition können Winkelabweichungen direkt angezeigt werden.

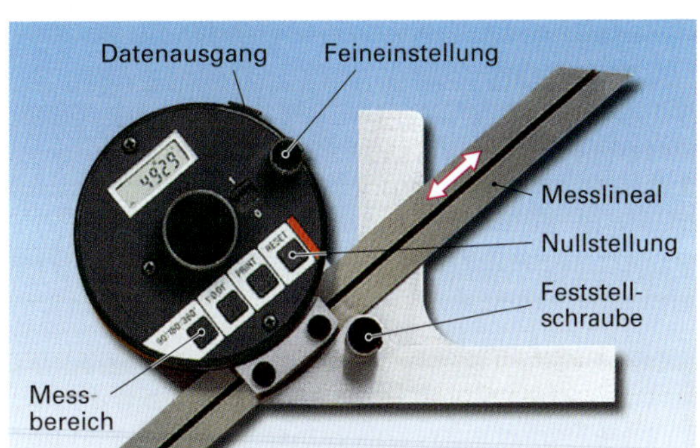

Bild 3: Universalwinkelmesser mit Ziffernanzeige

Arbeitsregeln für die Winkelprüfung

- Die Messschenkel müssen rechtwinklig zu den Prüfflächen stehen.
- Zwischen den Mess- und Prüfflächen soll kein Lichtspalt mehr erkennbar sein.
- Soll die Winkelprüfung an mehreren Stellen erfolgen, ist das Prüfmittel stets abzuheben und neu anzusetzen, da das Verschieben auf den Prüfflächen Verschleiß verursacht.

Arbeitsbeispiel: Prüfen mit dem Haarlineal

Prüfung der Geradheit und Ebenheit

Haarlineale eignen sich durch ihre Prüfschneiden mit hoher Geradheit zum Prüfen der Geradheit und Ebenheit nach dem Lichtspaltverfahren **(Bild 1)**.

Die Haarlinie wird auf die zu prüfende Fläche vorsichtig senkrecht aufgesetzt **(Bild 2)**. Zur Schonung der Prüfschneiden soll es nicht über die Prüffläche gezogen werden. Wenn das Werkstück mit dem aufgesetzten Haarlineal gegen das Licht gehalten wird, sind Abweichungen von der Geradheit am Lichtspalt erkennbar.

Das Auge kann Lichtspalte vergrößert sehen, so dass Lichtspalte ab etwa 2 µm gut erkennbar sind.

Die Prüfung der Geradheit sollte an mehreren Stellen der zu prüfenden Fläche wiederholt werden.

Das Prüfen der Ebenheit ist durch das Prüfen der Geradheit mit dem Haarlineal in festgelegten Richtungen möglich.

Wichtig ist das Prüfen der Geradheitsabweichungen in den diagonalen Richtungen, da hier die größten Abweichungen zu erwarten sind **(Bild 3)**. Um die Ebenheit über die ganze Fläche bewerten zu können, wird das Haarlineal auch mehrmals längs und quer aufgesetzt.

Prüfen von 90°-Winkeln

90°-Haarwinkel besitzen Prüfschneiden wie die Haarlineale **(Bild 4)**. Die Winkelabweichungen sind daher am Lichtspalt besser zu erkennen als bei Flachwinkeln.

Bei der Prüfung eines 90°-Winkels ist darauf zu achten, dass zunächst der Messchenkel ohne Prüfschneide unter 90° an eine der zu prüfenden Flächen angesetzt wird **(Bild 5)**. Danach wird der Messschenkel mit den Prüfschneiden an die zweite Fläche angeschoben.

Mit dem Lichtspaltverfahren können an Werkstücken Abweichungen an 90°-Winkeln vergrößert sichtbar gemacht werden. Kleine Winkelabweichungen können von erfahrenen Prüfern geschätzt werden. Das Prüfverfahren ist bei Außen- und Innenwinkeln anwendbar.

Das Lichtspaltverfahren ermöglicht ein einfaches Prüfen mit relativ hoher Genauigkeit von Geradheit, Ebenheit und Rechtwinkligkeit.

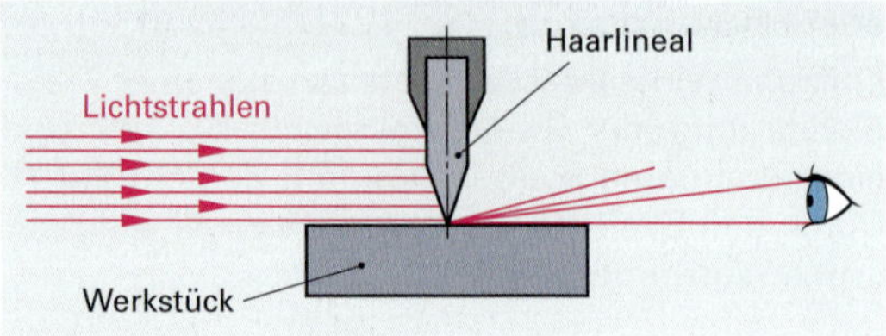

Bild 1: Lichtspaltverfahren

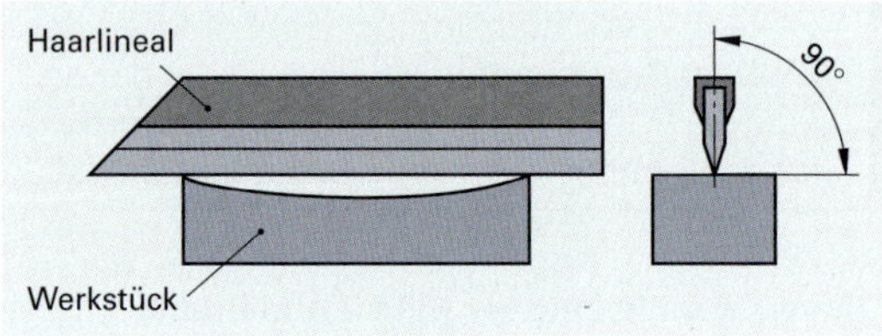

Bild 2: Prüfen der Geradheit

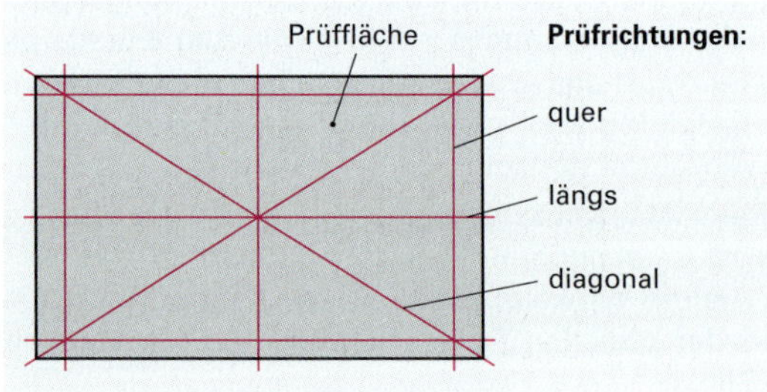

Bild 3: Prüfen der Ebenheit

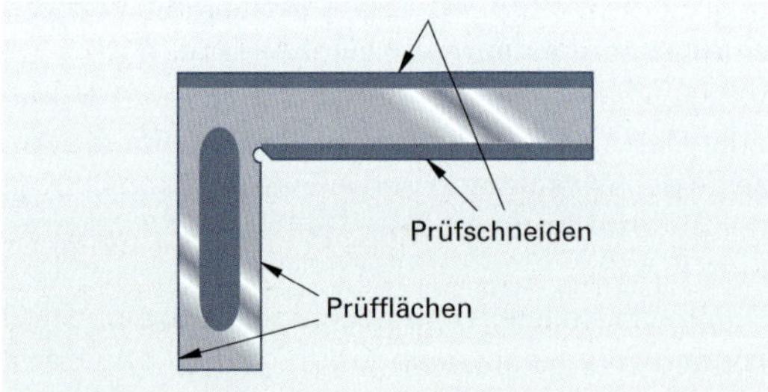

Bild 4: Haarwinkel 90°

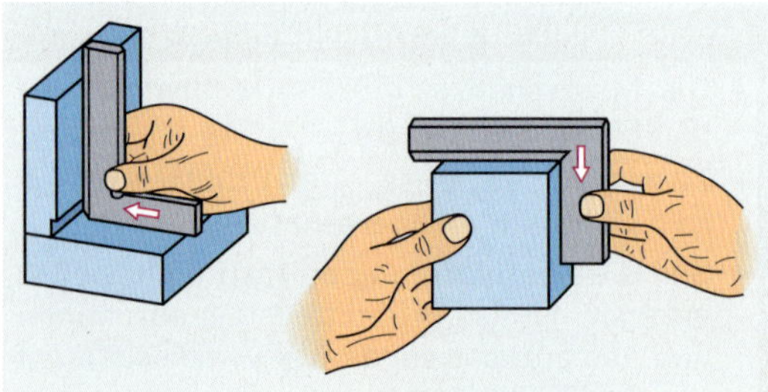
Bild 5: Prüfen von Innen- und Außenwinkeln

Arbeitsbeispiel: Messen mit dem Messschieber

Messen des Mittenabstandes (Bild 1)

Der Mittenabstand von Bohrungen oder Zylinderstiften kann aus dem Außenmaß *a* und dem Innenmaß *b* ermittelt werden.

Mittenmaß $$M = \frac{a + b}{2}$$

Bei Bohrungen oder Zylinderstiften mit gleichem Durchmesser kann mit einem elektronischen Messschieber der Abstand direkt angezeigt werden **(Bild 2)**. Man misst zunächst einen Durchmesser, stellt die Anzeige auf 0,00 und misst dann das Außenmaß *a*.

Messen von Kettenmaßen mit elektronischem Messschieber (Bild 3)

Die Kettenmaße werden alle von einer Bezugsfläche aus gemessen, um ein möglichst genaues Messergebnis zu erhalten.

Die Maßdifferenz jedes Kettenmaßes zum nächsten ist mit einem elektronischen Messschieber einfach messbar und direkt ablesbar **(Bild 4)**. Maßunterschiede müssen daher nicht wie bei mechanischen Messschiebern berechnet werden.

Vor der Messung werden die Messschenkel des Messschiebers geschlossen und die Anzeige auf 0,00 gestellt. Danach wird von der Bezugsfläche aus die Länge mit dem Nennmaß 14 mm gemessen. Die Anzeige zeigt mit 14,08 mm eine vernachlässigbare Maßabweichung. Nach der erneuerten Nullstellung der Anzeige kann die Länge des Absatzes (Nennmaß 4 mm) gemessen werden. Das angezeigte Maß des Absatzes beträgt 3,96 mm. Die Anzeige wird wieder auf Null gestellt und die Länge mit dem Nennmaß 62,8 mm von der Bezugsfläcche aus gemessen. Angezeigt wird das Maß 62,71 mm.

Unterschiedsmessungen (Bild 4)

Vergleichsmaße wie Abstands- oder Kettenmaße können durch Unterschiedsmessungen direkt angezeigt werden. Die Voraussetzung dafür ist, dass eine Nullstellung der Anzeige an beliebiger Stelle des Messbereiches möglich ist. Messgeräte die sich dafür eignen sind die elektronischen Messschieber und Messschrauben sowie z.B. mechanische oder elektronische Messuhren und Feinzeiger (Seite 25).

Durch die Nullstellung der Anzeige wird für die Messung der jeweiligen Maßdifferenz ein Bezugswert gebildet (Anzeige 0,00). Bei Kettenmaßen müssen alle Messungen von der festgelegten Bezugsfläche ausgehen (Bild 3).

> Alle Vergleichsmaße können durch Unterschiedsmessungen direkt gemessen werden.

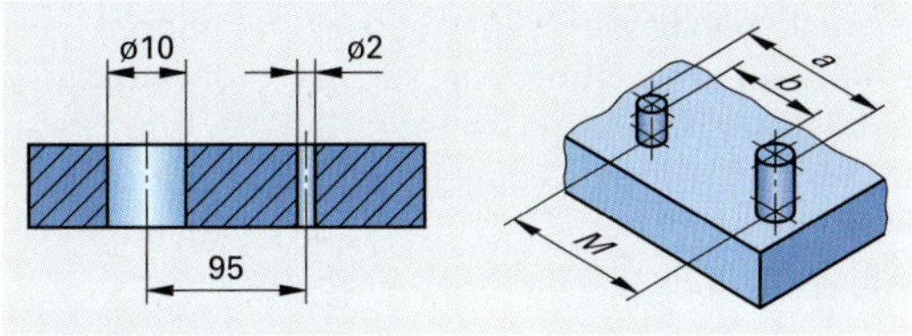

Bild 1: Mittenabstände

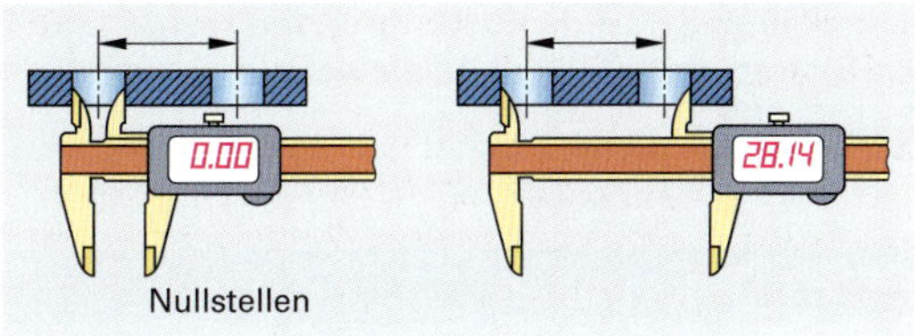

Bild 2: Messen des Mittenabstandes

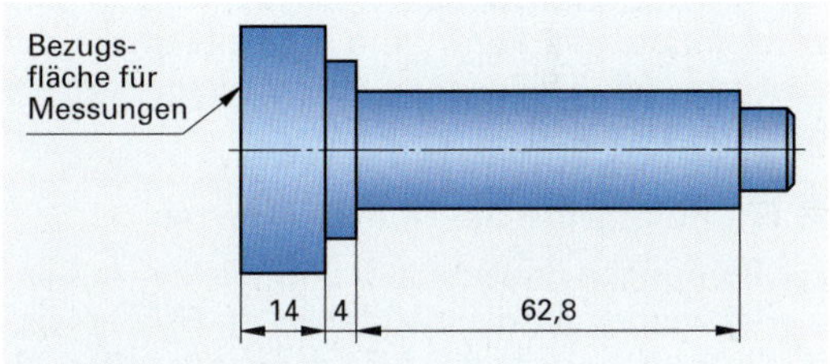

Bild 3: Drehteil mit Kettenmaßen

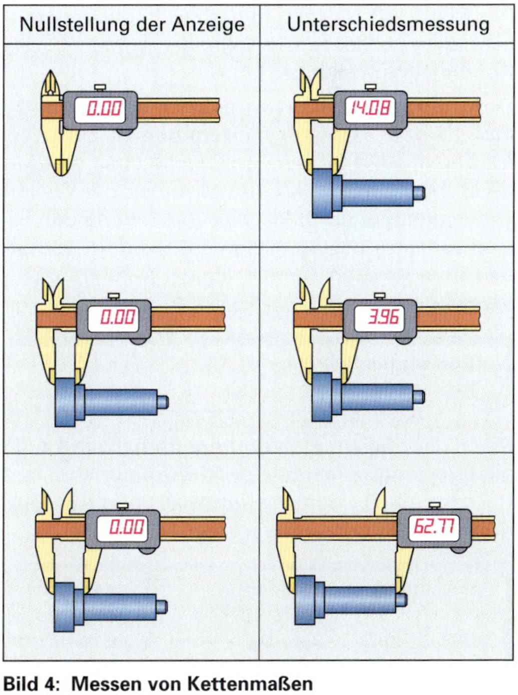

Bild 4: Messen von Kettenmaßen

1.4 Toleranzen und Passungen

Bauteile von Maschinen müssen unabhängig vom Hersteller und ohne Nacharbeit montiert oder ausgetauscht werden können **(Bild 1)**. Ihre Maße dürfen deshalb nur begrenzt von den geforderten Maßen abweichen. Die zulässigen Abweichungen werden durch Toleranzen festgelegt.

> Maßtoleranzen sollen die Funktion der Produkte und die Montierbarkeit von Bauteilen sicherstellen. Aus Kostengründen werden die Toleranzen jedoch nicht kleiner als notwendig gewählt.

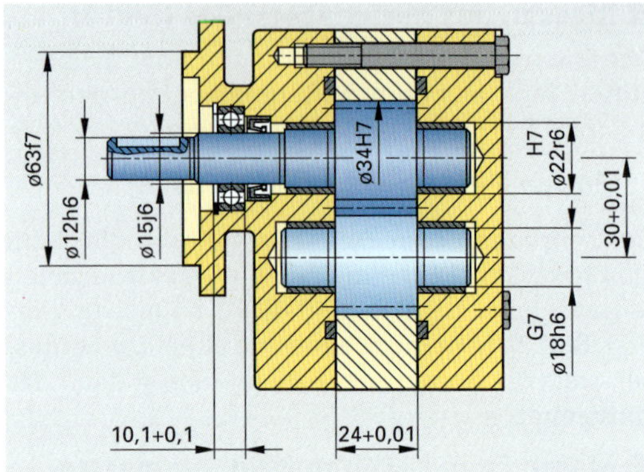

Bild 1: Toleranzen und Passungen bei einer Zahnradpumpe (Auswahl)

1.4.1 Toleranzen

Bei den Toleranzen unterscheidet man zwischen Maßtoleranzen und Form- und Lagetoleranzen. Die Maßtoleranzen beziehen sich auf Längen- und Winkelmaße, die Form- und Lagetoleranzen auf die Form, z. B. die Ebenheit oder die Lage, z. B. die Rechtwinkligkeit.

Grundbegriffe der Maßtoleranzen

Für Bohrungen (Innenmaße) und Wellen (Außenmaße) werden für die maßgeblichen Größen einheitliche, genormte Begriffe verwendet **(Bild 2)**. Die Kurzzeichen sind jedoch nur teilweise genormt.

Das **Nennmaß** *N* ist das in der Zeichnung genannte Maß. In bildlichen Darstellungen entspricht das Nennmaß der **Nulllinie.**

Die Größe der Toleranz wird durch das **obere Abmaß** *ES* bzw. *es* und das **untere Abmaß** *EI* bzw. *ei* festgelegt **(Bild 3)**. Die Großbuchstaben werden bei Bohrungen, die Kleinbuchstaben bei Wellen verwendet. Bei der bildlichen Darstellung der Toleranzen wird der Bereich zwischen dem oberen und dem unteren Abmaß auch als **Toleranzfeld** bezeichnet.

Toleranz der Bohrung	$T_B = ES - EI$
Toleranz der Welle	$T_W = es - ei$

Durch das obere und das untere Abmaß sind auch die **Grenzmaße** festgelegt. Grenzmaße sind das **Höchstmaß** (G_o, oberes Grenzmaß) und das **Mindestmaß** (G_u, unteres Grenzmaß).

Höchstmaß	**Bohrung**	$G_{oB} = N + ES$
	Welle	$G_{oW} = N + es$
Mindestmaß	**Bohrung**	$G_{uB} = N + EI$
	Welle	$G_{uW} = N + ei$

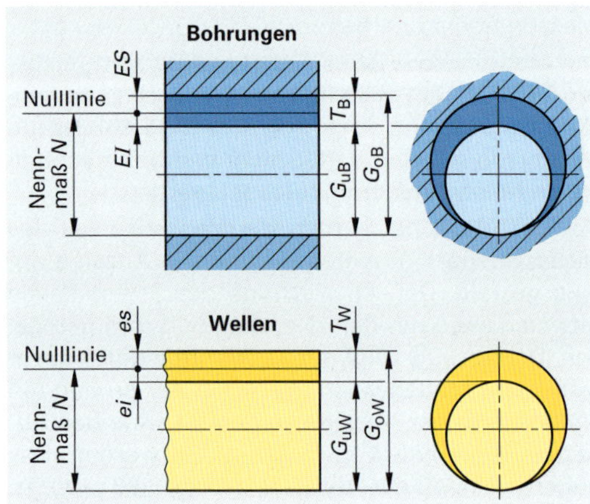

N	Nennmaß	*ES*	Oberes Abmaß (Bohrung)
G_o	Höchstmaß	*EI*	Unteres Abmaß (Bohrung)
G_u	Mindestmaß	*es*	Oberes Abmaß (Welle)
T	Toleranz	*ei*	Unteres Abmaß (Welle)

(französisch: *ES* = **é**cart **s**upérieur, *EI* = **é**cart **i**nférieur)

Bild 2: Begriffe und Kurzzeichen bei Maßtoleranzen

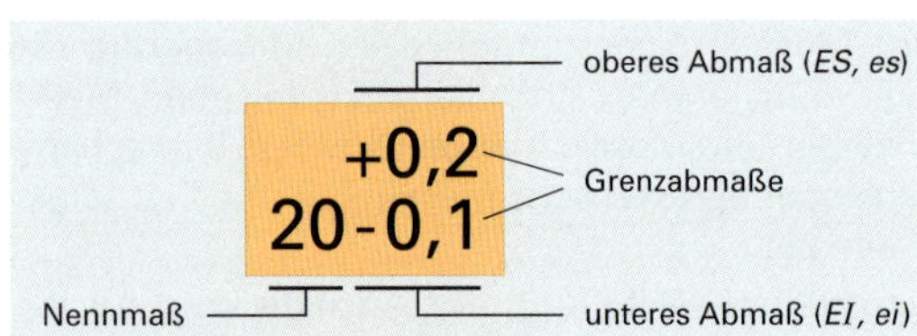

Bild 3: Nennmaße und Abmaße

Der Unterschied zwischen dem Höchstmaß und dem Mindestmaß ergibt wieder die Toleranz:

Toleranz (Bohrung oder Welle)	$T = G_o - G_u$

Lage der Toleranzfelder

Toleranzfelder können oberhalb, unterhalb oder beiderseits der Nulllinie liegen **(Bild 1)**.

Beispiel: Eine Welle mit dem Nennmaß N = 80 mm hat die Grenzabmaße es = – 30 µm und ei = – 60 µm. Zu berechnen sind das Höchstmaß G_o, das Mindestmaß G_u und die Toleranz T.

Lösung: **(Bild 2)**:

Höchstmaß G_o:
$G_o = N + es$
G_o = 80 mm + (– 0,03 mm)
G_o = 79,97 mm

Mindestmaß G_u:
$G_u = N + ei$
G_u = 80 mm + (– 0,06 mm)
G_u = 79,94 mm

Toleranz T:
$T = G_o - G_u$
T = 79,97 mm – 79,94 mm
T = 0,03 mm

oder
$T = es - ei$
T = – 0,03 mm – (– 0,06 mm)
T = 0,03 mm

Das Toleranzfeld liegt beiderseits der Nulllinie. Das Höchstmaß ist größer, das Mindestmaß kleiner als das Nennmaß.

Das Toleranzfeld liegt unterhalb der Nulllinie. Höchst- und Mindestmaß sind kleiner als das Nennmaß.

Bild 1: Lage der Toleranzfelder (Auswahl)

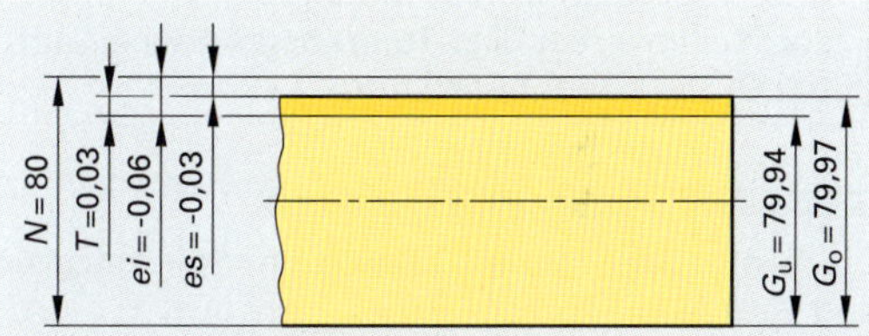

Bild 2: Grenzmaße und Toleranz

Allgemeintoleranzen

Die Allgemeintoleranzen sind so festgelegt, dass sie in der Fertigung normalerweise eingehalten werden können. Man unterscheidet Allgemeintoleranzen für Längenmaße **(Tabelle 1)**, Winkel, Rundungshalbmesser und Fasen sowie Allgemeintoleranzen für Form **(Tabelle 2)** und Lage.

Wird auf einer Zeichnung auf die Verwendung von Allgemeintoleranzen hingewiesen, gelten diese für Längen bzw. für Formen und Lagen, bei denen keine Toleranzen angegeben sind.

Allgemeintoleranzen für Längenmaße gelten somit für die Zeichnungsmaße, bei denen keine Toleranzen eingetragen sind, wenn auf der Zeichnung auf die Allgemeintoleranzen hingewiesen wird, z. B. durch den Eintrag „ISO 2768-m". Allgemeintoleranzen für Längenmaße sind Plus-Minus-Toleranzen.

Die Größe der Allgemeintoleranzen richtet sich nach dem Nennmaßbereich und der Toleranzklasse. Diese sind in die vier Klassen fein, mittel, grob und sehr grob eingeteilt (Tabelle 1).

Beispiel: In einer Zeichnung steht für Maße ohne Toleranzangabe: ISO 2768-m. Welche Grenzmaße sind beim Nennmaß N = 120 mm zulässig?

Lösung: Nach Tabelle 1: ES = +0,3 mm, EI = – 0,3 mm
$G_o = N + ES$ = 120 mm + 0,3 mm = **120,3 mm**
$G_u = N + EI$ = 120 mm – 0,3 mm = **119,7 mm**

Allgemeintoleranzen für Form und Lage umfassen die Toleranzklassen H, K und L. Sie legen die zulässigen Abweichungen von der geometrisch genauen Form oder Lage fest, wenn dafür in der Zeichnung keine Toleranzen angegeben sind. Auf die Anwendung der Allgemeintoleranzen muss aber durch einen Zeichnungseintrag hingewiesen werden, z. B. ISO 2768-K. Gelten gleichzeitig die Allgemeintoleranzen für Längenmaße, können beide Einträge zusammengefasst werden, z. B. zu ISO 2768-mK.

Tabelle 1: Allgemeintoleranzen für Längenmaße

Toleranzklasse	Grenzabmaße in mm für Nennmaßbereich in mm					
	0,5 bis 3	über 3 bis 6	über 6 bis 30	über 30 bis 120	über 120 bis 400	über 400 bis 1000
f fein	± 0,05	± 0,05	± 0,1	± 0,15	± 0,2	± 0,3
m mittel	± 0,1	± 0,1	± 0,2	± 0,3	± 0,5	± 0,8
c grob	± 0,2	± 0,3	± 0,5	± 0,8	± 1,2	± 2
v sehr grob	–	± 0,5	± 1	± 1,5	± 2,5	± 4

Tabelle 2: Allgemeintoleranzen für Form

Toleranzklasse	Toleranzen in mm für Geradheit und Ebenheit für Nennmaßbereiche in mm					
	bis 10	über 10 bis 30	über 30 bis 100	über 100 bis 300	über 300 bis 1000	über 1000 bis 3000
H	0,02	0,05	0,1	0,2	0,3	0,4
K	0,05	0,1	0,2	0,4	0,6	0,8
L	0,1	0,2	0,4	0,8	1,2	1,6

Frei gewählte Toleranzen

Toleranzen können auch durch frei gewählte Abmaße angegeben werden **(Bild 1,** Maße 1,6 und 63), wenn dies wegen der Funktion der Bauteile erforderlich ist. Im Unterschied zu den Allgemeintoleranzen und den ISO-Toleranzen können die Abmaße direkt der Zeichnung entnommen werden. Oft werden alle drei Methoden der Toleranzangabe in einer Zeichnung zusammen angewandt.

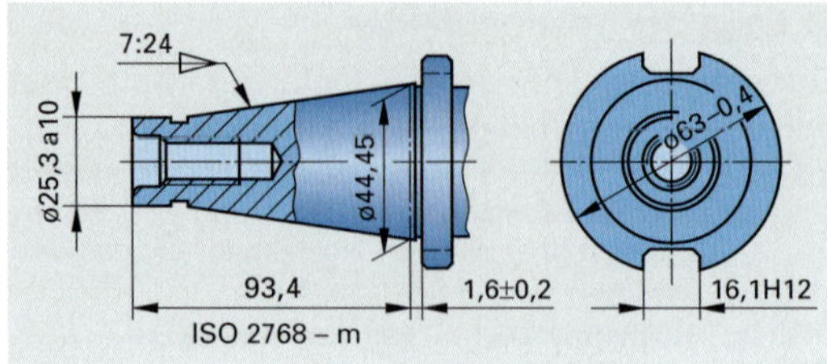

Bild 1: Möglichkeiten der Toleranzangabe

ISO-Toleranzen

Bei den international verwendeten ISO-Toleranzen werden die Größe der Toleranz und ihre Lage zur Nulllinie durch die Toleranzklasse, z. B. H7, verschlüsselt angegeben. Der Buchstabe gibt dabei das **Grundabmaß,** die Zahl den **Toleranzgrad** an.

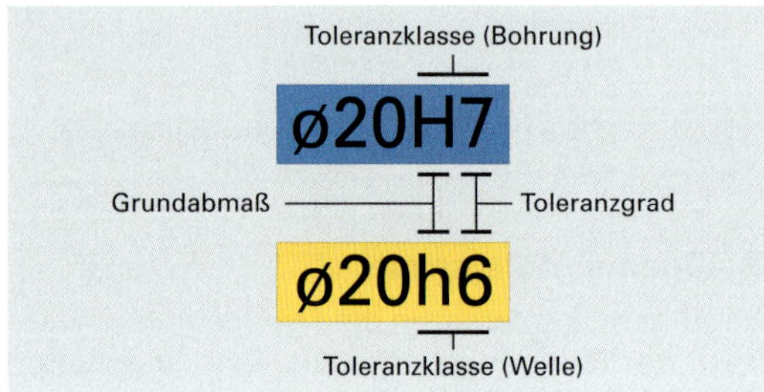

Bild 2: Bezeichnung der Toleranzklasse

> Das **Grundabmaß** legt die Lage der Toleranz zur Nulllinie fest. Der **Toleranzgrad** weist auf die Größe der Toleranz hin.

Größe der Toleranz (Bilder 3 und 4)

Die Größe der Toleranz hängt vom Toleranzgrad und vom Nennmaß ab.

> Die Toleranz ist umso größer, je größer das Nennmaß und je größer der Toleranzgrad ist.

Beispiel:

Einfluss des Nennmaßes	50H8	→	T = 39 µm
	100H8	→	T = 54 µm
Einfluss des Toleranzgrades	100H7	→	T = 35 µm
	100H8	→	T = 54 µm

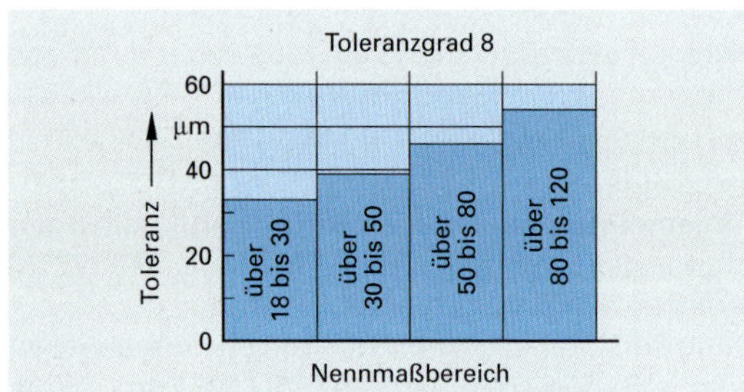

Bild 3: Abhängigkeit der Toleranz vom Nennmaß

Festgelegt sind 20 Toleranzgrade von 01, 0, 1 bis 18 **(Tabelle 1)** und 21 Nennmaßbereiche zwischen 1 mm und 3150 mm.

> Die Größe der Toleranz ist gleich, wenn der Toleranzgrad und das Nennmaß gleich sind.

Diese einheitlichen Toleranzen nennt man Grundtoleranzen. Sie können Tabellenbüchern entnommen werden.

Beispiel:

50H7 =	50 +0,025/0	→	T = 0,025 mm
50G7 =	50 +0,034/+0,009	→	T = 0,025 mm
10h9 =	10 0/–0,036	→	T = 0,036 mm
10d9 =	10 –0,040/–0,076	→	T = 0,036 mm

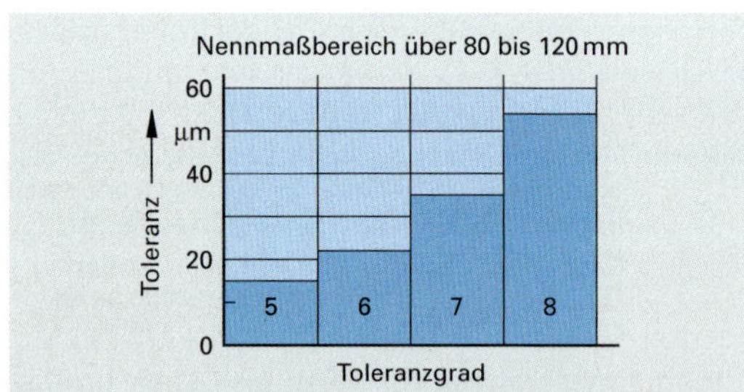

Bild 4: Abhängigkeit der Toleranz vom Toleranzgrad

Tabelle 1: ISO-Toleranzgrade

ISO-Toleranzgrade	01 0 1 2 3 4	5 6 7 8 9 10 11	12 13 14 15 16 17 18
Anwendungsgebiete	Prüfmittel, Arbeitslehren	Werkzeugmaschinen, Maschinen- und Fahrzeugbau	Halbfabrikate, Gussteile, Konsumgüter
Fertigungsverfahren	Feinbearbeitung: Läppen, Honen	Reiben, Drehen, Fräsen, Schleifen, Feinwalzen	Walzen, Schmieden, Pressen

Lage der Toleranzfelder zur Nulllinie

Die Lage der Toleranzfelder zur Nulllinie wird durch das **Grundabmaß** festgelegt. Das Grundabmaß ist das der Nulllinie am nächsten liegende Abmaß **(Bild 1)**.

> Die **Grundabmaße für Bohrungen** (*ES*, *EI*) werden durch die Großbuchstaben A bis Z, die **Grundabmaße für Wellen** (*es*, *ei*) durch die Kleinbuchstaben a bis z benannt.

Für die Toleranzgrade 6 bis 11 werden das Z-Grundabmaß für Bohrungen um die Grundabmaße ZA, ZB und ZC und das z-Grundabmaß für Wellen um die Grundabmaße za, zb und zc erweitert. Die Nennmaßbereiche bis 10 mm besitzen zusätzlich die Grundabmaße CD, EF und FG bzw. cd, ef und fg.

Die Grundabmaße H und h sind null. Die zugehörigen Toleranzfelder beginnen daher an der Nulllinie **(Bilder 2** und **3)**.

Für **Bohrungen** ist das Mindestmaß bei H-Toleranzfeldern gleich dem Nennmaß (Bild 2). Bei **Wellen** dagegen ist das Höchstmaß bei h-Toleranzfeldern gleich dem Nennmaß (Bild 2).

Beispiel: Wie liegen die Toleranzfelder von 25H7 und 25h9 zur Nulllinie?

Lösung: 25H7 = 25 +0,021/0
Das Toleranzfeld liegt oben an der Nulllinie an.
25h9 = 25 0/–0,052
Das Toleranzfeld liegt unten an der Nulllinie an.

Sind oberes und unteres Abmaß gleich groß, liegt die Toleranz symmetrisch zur Nulllinie. Die Grundabmaße für diese symmetrischen Toleranzen werden für Bohrungen mit JS und für Wellen mit js bezeichnet.

Beispiel: Für die Toleranzangabe 80js12 sind die Abmaße zu bestimmen.

Lösung: Aus einer Tabelle für Grundtoleranzen erhält man *T* = 0,3 mm. Damit ist 80js12 = 80 ± 0,15 mm.

> Die **Toleranzfelder** liegen umso weiter von der Nulllinie entfernt, je weiter der Buchstabe im Alphabet von H bzw. h entfernt liegt.

Die Großbuchstaben I, L, O, Q und W und die entsprechenden Kleinbuchstaben werden nicht verwendet, um Verwechslungen zu vermeiden.

Beispiel: Wie liegen die Toleranzfelder von 25k6 und 25r6 zur Nulllinie?

Lösung: 25k6 = 25 +0,015/+0,002
Das Toleranzfeld liegt knapp über der Nulllinie.
25r6 = 25 +0,041/+0,028
Das Toleranzfeld liegt weit über der Nulllinie.

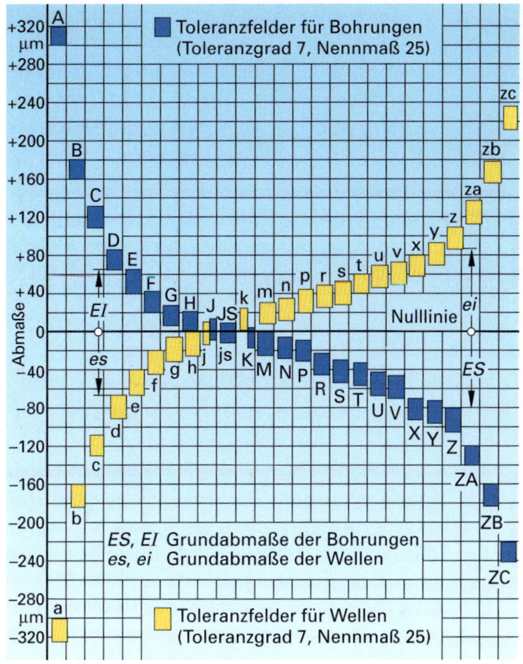

Bild 1: Lage der Toleranzfelder zur Nulllinie, gültig für alle Toleranzgrade

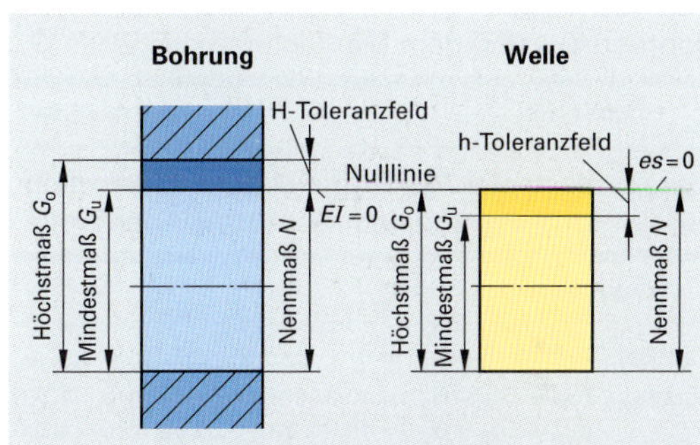

Bild 2: Lage der Toleranzfelder H und h

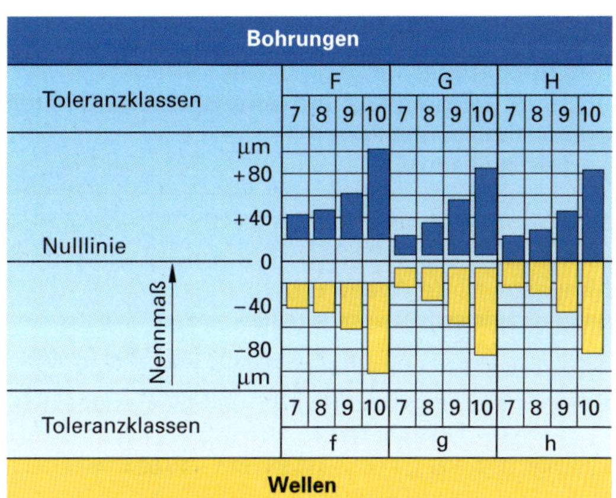

Bild 3: Größe und Lage der Toleranzfelder für das Nennmaß 25

1.4.2 Passungen

Werden zwei Bauteile zusammengebaut, müssen die Maße an der Fügstelle „passen". Bei den Passungen bezeichnet man das Innenteil immer als „Bohrung", das Außenteil als „Welle".

> Passungen werden durch den Unterschied zwischen dem Maß der Bohrung und dem Maß der Welle bestimmt.

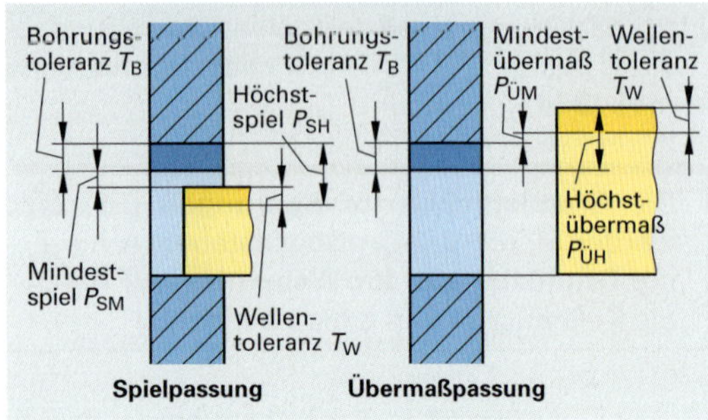

Bild 1: Spielpassung und Übermaßpassung

Passungsarten

Durch die Wahl der Toleranzklassen von Bohrung und Welle ergeben sich beim Zusammenbau entweder Spiel oder Übermaß.

> Bei **Spielpassungen** tritt immer ein Spiel („Luft"), bei **Übermaßpassungen** immer ein Übermaß auf. Kann bei den gewählten Toleranzklassen Spiel oder Übermaß auftreten, spricht man von **Übergangspassungen.**

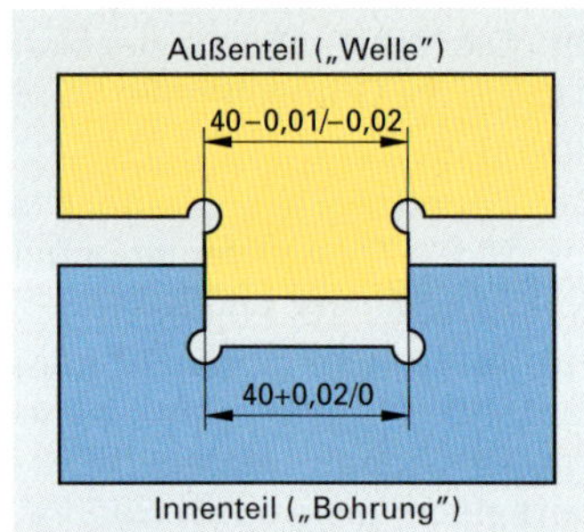

Bild 2: Spielpassung

Spielpassungen. Das Mindestmaß der Bohrung ist immer größer, im Grenzfall auch gleich groß wie das Höchstmaß der Welle **(Bilder 1, 2** und **4).**

Das **Höchstspiel P_{SH}** ist die Differenz zwischen dem Höchstmaß der Bohrung G_{oB} und dem Mindestmaß der Welle G_{uW}.

Höchstspiel	$P_{SH} = G_{oB} - G_{uW}$

Das **Mindestspiel P_{SM}** ist die Differenz zwischen dem Mindestmaß der Bohrung G_{uB} und dem Höchstmaß der Welle G_{oW}.

Mindestspiel	$P_{SM} = G_{uB} - G_{oW}$

Beispiel: Wie groß sind Höchst- und Mindestspiel bei der Passung **Bild 2?**

Lösung: $P_{SH} = G_{oB} - G_{uW} = 40{,}02\text{ mm} - 39{,}98\text{ mm} = \mathbf{+\,0{,}04\text{ mm}}$
$P_{SM} = G_{uB} - G_{oW} = 40{,}00\text{ mm} - 39{,}99\text{ mm} = \mathbf{+\,0{,}01\text{ mm}}$

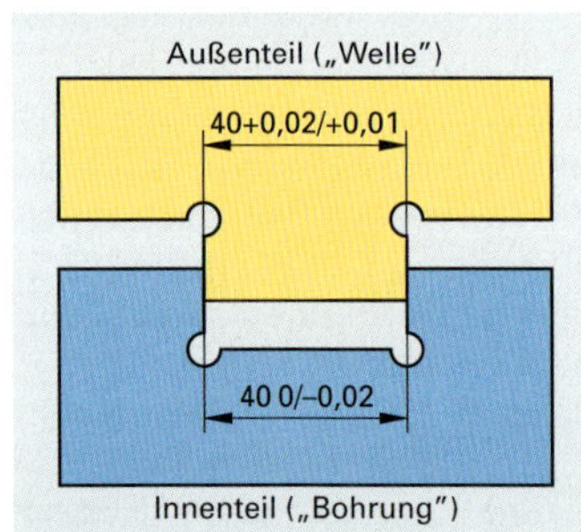

Bild 3: Übermaßpassung

Übermaßpassungen. Das Höchstmaß der Bohrung ist immer kleiner, im Grenzfall auch gleich groß wie das Mindestmaß der Welle **(Bilder 1, 3** und **4).**

Das **Höchstübermaß $P_{ÜH}$** ist die Differenz zwischen dem Mindestmaß der Bohrung G_{uB} und dem Höchstmaß der Welle G_{oW}.

Höchstübermaß	$P_{ÜH} = G_{uB} - G_{oW}$

Das **Mindestübermaß $P_{ÜM}$** ist die Differenz zwischen dem Höchstmaß der Bohrung G_{oB} und dem Mindestmaß der Welle G_{uW}.

Mindestübermaß	$P_{ÜM} = G_{oB} - G_{uW}$

Beispiel: Wie groß sind Höchst- und Mindestübermaß der Passung **Bild 3?**

Lösung: $P_{ÜH} = G_{uB} - G_{oW} = 39{,}98\text{ mm} - 40{,}02\text{ mm} = -\,0{,}04\text{ mm}$

$P_{ÜH} = G_{oB} - G_{uW} = 40{,}00\text{ mm} - 40{,}01\text{ mm} = -\,0{,}01\text{ mm}$

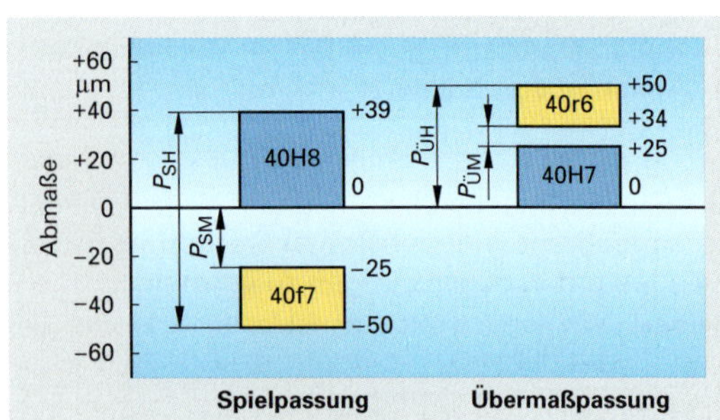

Bild 4: Lage der Toleranzfelder bei Spiel- und Übermaßpassung

Übergangspassungen. Bei einer Übergangspassung entsteht je nach den Istmaßen von Bohrung und Welle beim Fügen entweder ein Spiel oder ein Übermaß **(Bild 1)**.

Beispiel: Für die Passung Ø 20 H7/n6 sind für die Bohrung und die Welle jeweils das Höchstmaß G_o und das Mindestmaß G_u zu bestimmen **(Bild 2).** Wie groß sind außerdem das Höchstspiel P_{SH} und das Höchstübermaß $P_{ÜH}$?

Lösung: **(Bild 3)** Bohrung:

$\boldsymbol{G_{oB}} = N + ES$
$= 20\,\text{mm} + 0{,}021\,\text{mm} = \mathbf{20{,}021\,mm}$

$\boldsymbol{G_{uB}} = N + EI$
$= 20\,\text{mm} + 0\,\text{mm} = \mathbf{20{,}000\,mm}$

Welle:

$\boldsymbol{G_{oW}} = N + es$
$= 20\,\text{mm} + 0{,}028\,\text{mm} = \mathbf{20{,}028\,mm}$

$\boldsymbol{G_{uW}} = N + ei$
$= 20\,\text{mm} + 0{,}015\,\text{mm} = \mathbf{20{,}015\,mm}$

Höchstspiel:

$\boldsymbol{P_{SH}} = G_{oB} - G_{uW}$
$= 20{,}021\,\text{mm} - 20{,}015\,\text{mm} = \mathbf{0{,}006\,mm}$

Höchstübermaß:

$\boldsymbol{P_{ÜH}} = G_{uB} - G_{oW}$
$= 20{,}000\,\text{mm} - 20{,}028\,\text{mm} = \mathbf{-\,0{,}028\,mm}$

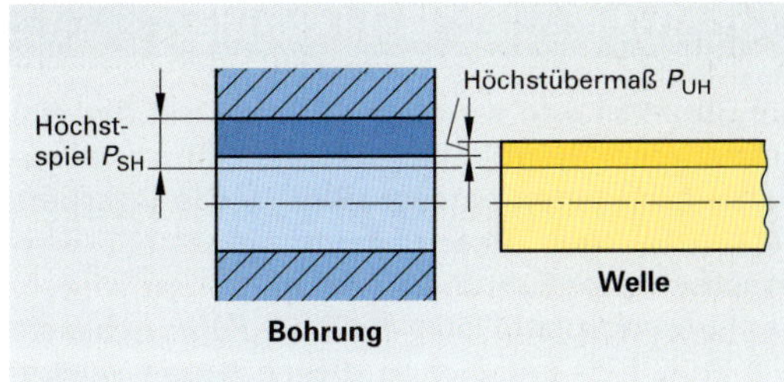

Bild 1: Übergangspassung

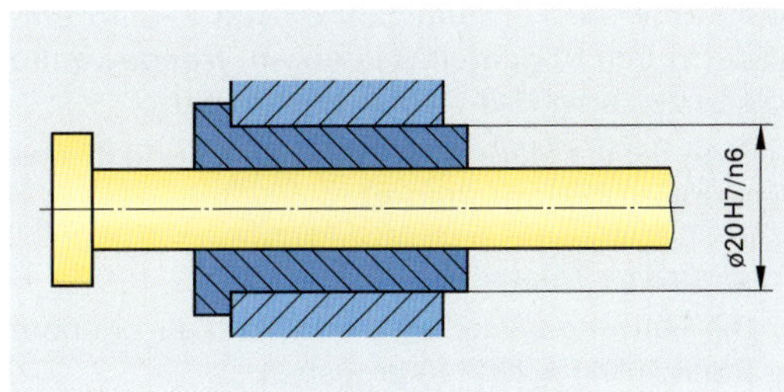

Bild 2: Beispiel einer Übergangspassung

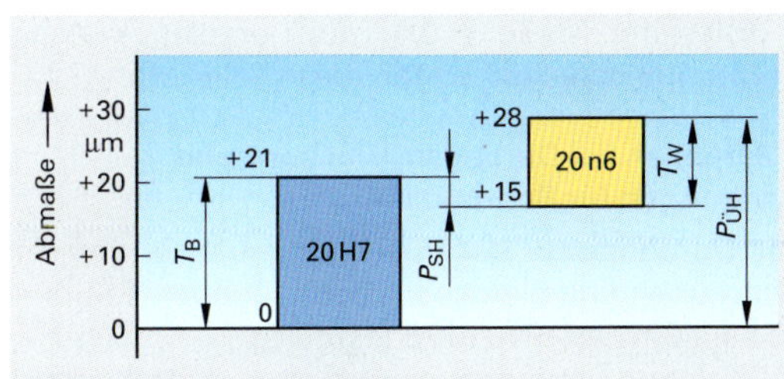

Bild 3: Passung 20 H7/n6

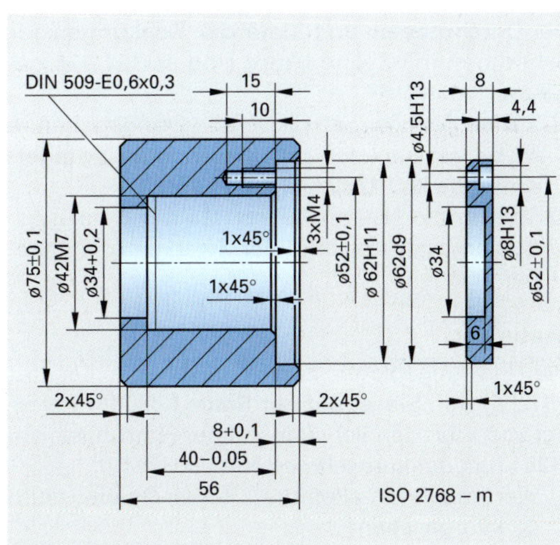

Bild 4: Laufrolle mit Lagerdeckel

Wiederholung und Vertiefung

1 Wie ist bei den ISO-Toleranzen die Lage der Toleranzfelder zur Nulllinie festgelegt?

2 In einer Zeichnung steht für die Maße ohne Toleranzangabe der Hinweis: ISO 2768-f. Welche Grenzmaße darf das Nennmaß 25 haben?

3 Wovon hängt die Größe einer Toleranz ab?

4 Bei welchen Anwendungsgebieten kommen die Toleranzgrade 5 ... 11 hauptsächlich vor?

5 Welche Passungen unterscheidet man?

6 Wodurch unterscheiden sich die Passungsarten „Spielpassung" und „Übermaßpassung"?

7 In einer Gesamtzeichnung ist die Passung ∅40H7/m6 eingetragen. Erstellen Sie mithilfe eines Tabellenbuches eine Abmaßtabelle und berechnen Sie das Höchstspiel und das Höchstübermaß.

8 Für die Laufrolle mit Lagerdeckel **(Bild 4)** sind zu bestimmen

a) die Höchst- und Mindestmaße sowie die Toleranz für sechs Maße nach freier Wahl,

b) das Höchst- und Mindestspiel für die Passung des Deckels in der Laufrolle,

c) das Höchstspiel und das Höchstübermaß zwischen dem Außenring des einzubauenden Wälzlagers und der Bohrung 42M7 der Laufrolle. Der Außendurchmesser des Wälzlagers ist mit 42-0,011 toleriert.

Arbeitsbeispiel: Bohrständer

Bei Bohrständern wird der Schlitten mit der eingespannten Handbohrmaschine durch einen Hebel nach unten bewegt **(Bild 1)**. Die Bohrtiefe kann über den Anschlagstift eingestellt werden, der in der Führungsplatte geklemmt wird. In der Führungsplatte läuft auch die Führungsleiste des Schlittens und sichert diesen gegen Verdrehung.

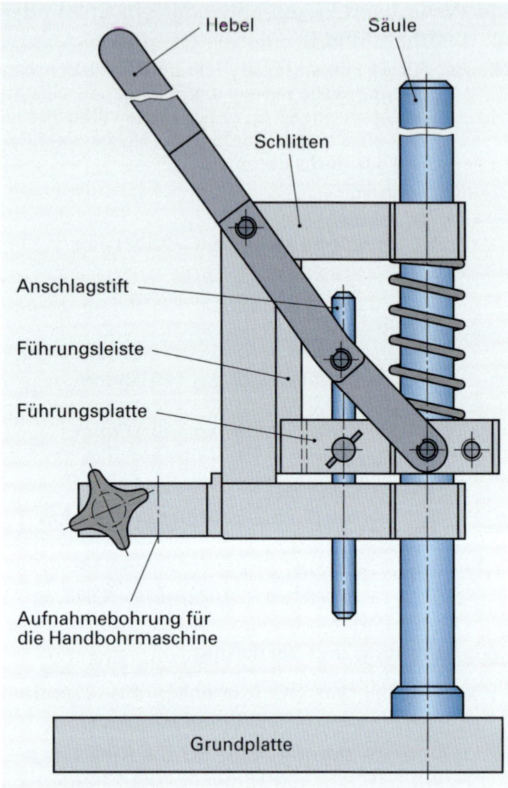

Bild 1: Bohrständer

Toleranzarten

Alle Maße der Führungsplatte **(Bild 2)** sind entweder durch Allgemeintoleranzen, frei gewählte Toleranzen oder ISO-Toleranzen toleriert.

Ordnen Sie die Maße 120, 12H7, 30-0,3 und 81 den genannten Toleranzarten zu.

Fragwürdige Toleranzen

a) Die Führungsplatte wird aus blankgezogenem Stahl 40h11 x 30h11 hergestellt.
   Wie beurteilen Sie dann die Angaben 40-0,3 und 30-0,3 in der Zeichnung?
b) Die Toleranzart „ISO 2768 – m" wird in manchen Zeichnungen durch den Hinweis „Nicht tolerierte Maße ± 0,1 mm" ersetzt. Welche Gründe sprechen gegen diese Tolerierung?

Toleranzen bei Durchgangslöchern und Senkungen für Schraubenn

Die **Durchmesser der Durchgangsbohrungen** für Schrauben und die dabei einzuhaltenden Toleranzen sind in DIN EN 20273 festgelegt.

a) Welcher Genauigkeitsgrad (fein, mittel, grob) wurde in der Zeichnung Bild 2 verwendet?
b) Welche Toleranzklasse gilt für die Durchgangsbohrung ∅ 8,5?

Die **Durchmesser und Tiefe der Senkungen** für Schrauben mit Zylinderkopf sind in DIN 974 genormt.

c) Prüfen Sie nach, ob die in Bild 2 angegebenen Maße der Senkung zur verwendeten Zylinderschraube ISO 4762 – M8x30 passen.
d) Müsste die Toleranzklasse H13 des Senkungsdurchmessers auch in der Zeichnung angegeben werden?

Passungen

Die Führungsplatte nimmt den Anschlagstift (∅12h6) auf. Sie ist auf der Säule (∅30h8) befestigt und führt den Schlitten mit der Führungsleiste (12h11) in der stirnseitigen Nut (12H7x12).

a) Warum sind in allen drei Stellen Spielpassungen vorgesehen?
b) Bestimmen Sie das größte Spiel, das bei jeder der drei Passungen auftreten kann.

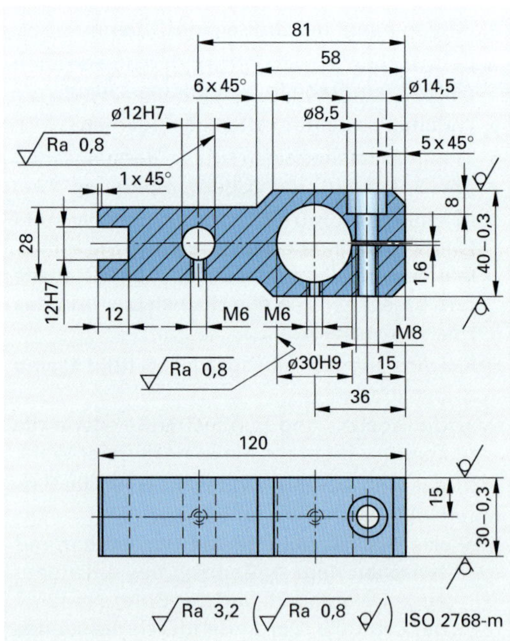

Bild 2: Führungsplatte

1.5 Qualitätsmanagement

Das Qualitätsmanagement umfasst alle Tätigkeiten, welche die Qualitätsziele und Verantwortungen festlegen. Das Erreichen der Qualitätsziele wird durch Pläne und Tätigkeiten unterstützt und der erreichte Qualitätsstand überprüft **(Bild 1)**.

- **Qualitätsplanung** umfasst alle Tätigkeiten, welche die qualitätsbezogenen Ziele und Qualitätsforderungen festlegen. Darin enthalten ist auch das Erstellen von Prüfplänen und das Vorsehen von Qualitätsverbesserungen.
- Die **Qualitätslenkung** begleitet den Fertigungsprozess. Sie umfasst Tätigkeiten zur Überwachung aller Produktionsprozesse sowie zur Beseitigung von Fehlerursachen.
- Die **Qualitätssicherung** soll Vertrauen schaffen und den Nachweis erbringen, dass die festgelegten Qualitätsforderungen im gesamten Entstehungs- und Fertigungsprozess des Produktes erfüllt werden.
- Die **Qualitätsverbesserung** umfasst alls Tätigkeiten mit dem Ziel der kontinuierlichen Verbesserung und der Steigerung der Kundenzufriedenheit.

Der Qualitätskreis **(Bild 2)** veranschaulicht das Ineinandergreifen verschiedener Tätigkeiten zur Erreichung der geforderten Produktqualität.

> Für die Verwirklichung der Qualitätsziele ist jeder Mitarbeiter in seinem Arbeitsbereich verantwortlich.

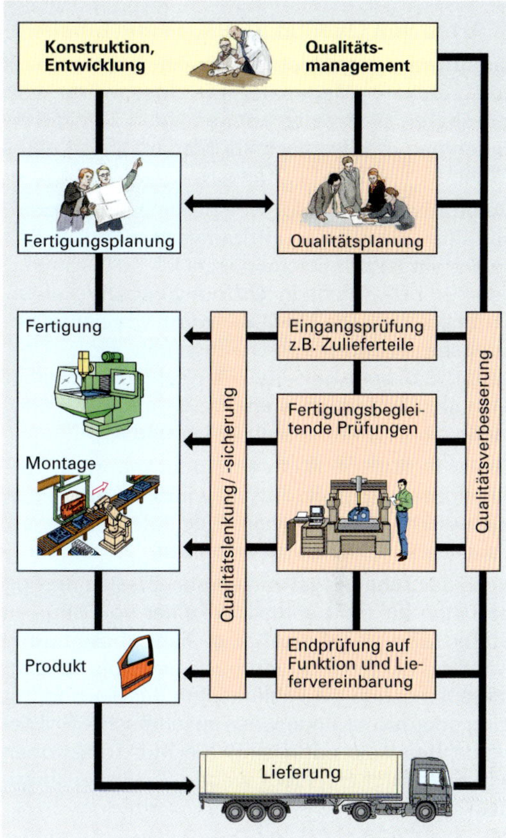

Bild 1: Planung, Lenkung und Überwachung im Entstehungsprozess eines Produktes

1.5.1 Qualitätsforderungen

Die Qualität eines Produktes muss mit den Kundenforderungen übereinstimmen. Darin enthalten sind auch die nicht ausgesprochenen Erwartungen, z. B. an das Design einer Maschine.

> Qualität ist die erreichte Beschaffenheit eines Produktes bezüglich der einzelnen Qualitätsforderungen, die festgelegt oder vorausgesetzt sein können.

Festgelegte oder vorausgesetzte Kundenforderungen:

- Zuverlässigkeit, Funktionsfähigkeit, Instandhaltungsfähigkeit
- Berücksichtigung von Gesetzten und Vorschriften zum Schutz der Sicherheit, Gesundheit und der Umwelt
- Beratung, Betreuung und Kundendienst
- Kurze Lieferzeiten und termingerechte Lieferung

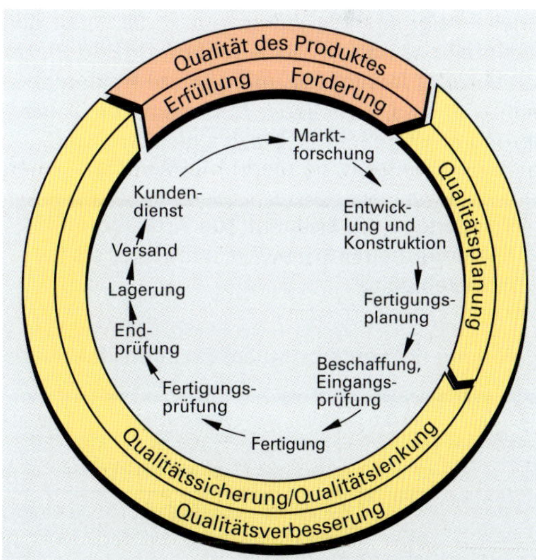

Bild 2: Qualitätskreis mit ineinander greifenden Tätigkeiten zur Erreichung der Produktqualität

1.5.2 Qualitätsmerkmale und Fehler

Arten von Qualitätsmerkmalen (Tabelle 1)

Quantitative (variable) Merkmale sind messbare und zählbare Merkmale. Die Messwerte von messbaren Merkmalen können jeden Zahlenwert annehmen. Der festgestellte Merkmalswert eines Zählmerkmales heißt Zählwert.

Qualitative Merkmale, welche eine Eigenschaft betreffen, nennt man „attributive Merkmale". Beispiele sind Prüfentscheide „i.O." (in Ordnung) oder „n.i.O" (nicht in Ordnung) sowie Fehlersammelkarten. Die Merkmalswerte von einer Ordnungsbeziehung werden häufig auch „Noten" genannt, z.B. sehr gut, gut oder schlecht. In einer Ordnungsbeziehung stehen z.B. auch die Endmaße der Toleranzklassen 2, 1, 0 und K.

Fehler liegen vor, wenn eine oder mehrere Qualitätsforderungen nicht erfüllt werden. Das können Messwerte, die außerhalb der Toleranz liegen, oder auch Funktionsstörungen sein.

Nach der **Zehnerregel** verzehnfachen sich die Folgekosten für nicht entdeckte Fehler von Stufe zu Stufe **(Bild 1).** Kostet die Fehlerbeseitigung während der Entwicklung noch Cent- bis Eurobeträge, so gehen die Fehlerkosten bei der Endprüfung oder beim Kunden ins Tausendfache. Gravierende Beispiele dafür sind die Rückrufaktionen von Fahrzeugherstellern wegen Sicherheitsmängeln.

Durch die **Null-Fehler-Strategie** sollen bei jedem einzelnen Fertigungsschritt Fehler vermieden werden, um am Ende der Fertigungslinie fehlerfreie Teile zu erhalten. Gelingt das von 100 Mitarbeitern einer Fertigungslinie jedem nur zu 99 %, ist das Fertigteil nur noch zu 37 % fehlerfrei **(Bild 2).** Da Nacharbeit, Ausschuss und spätere Reklamationen teuer sind, sollte jeder Mitarbeiter die Aufforderung ernst nehmen: **„Mach's gleich richtig".**

> Produktqualität entsteht aus Arbeitsqualität. Fehlervermeidung ist wirtschaftlicher als Fehlerbeseitigung.

Tabelle 1: Arten von Qualitätsmerkmalen

Quantitative Merkmale		Qualitative Merkmale	
messbare Merkmale	zählbare Merkmale	attributive Merkmale	Ordnungsmerkmale
z.B. Länge, Durchmesser, Ebenheit, Rautiefe	z.B. Umdrehungen, gefertigte Werkstücke je Stunde	z.B. Fehler je Prüfeinheit, Funktion in Ordnung oder „n.i.O"	z.B. Lackierung der Qualität 1, 2 oder 3

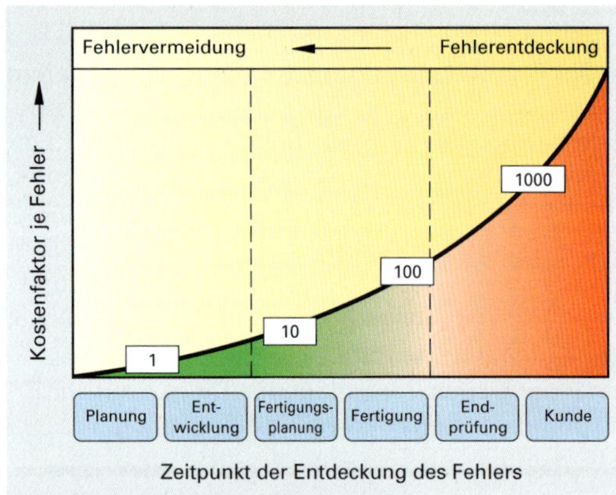

Bild 1: Zehnerregel der Fehlerkosten

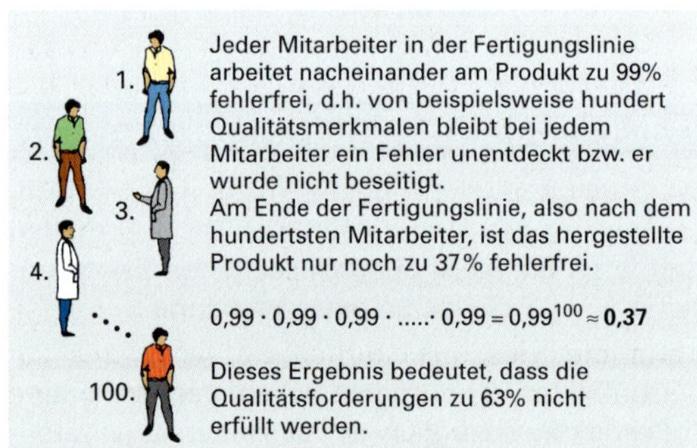

Bild 2: Fehlerzunahme durch Weitergabe fehlerhafter Teile in der Fertigungslinie

Einteilung der **Fehlerarten bei Fertigprodukten** nach ihrer Bedeutung für Sicherheit und Brauchbarkeit.

Kritischer Fehler	Fehler, von dem anzunehmen ist, dass er für Personen gefährliche oder unsichere Situationen schafft, oder dass im Schadensfall mit hohen Folgekosten zu rechnen ist, z.B. defekte Bremse oder Korrosion am Lenksystem eines Autos.
Hauptfehler	Fehler, der voraussichtlich zu einem Ausfall (Unfall) führt oder die Brauchbarkeit für den vorgesehenen Zweck wesentlich herabsetzt, z.B. defekter Scheibenwischer.
Nebenfehler	Fehler, der voraussichtlich die Brauchbarkeit für den vorgesehenen Zweck nicht wesentlich herabsetzt, z.B. Lackfehler oder schwer gängiger Fensterheber.

1.5.3 Qualitätslenkung

Im Vordergrund der Qualitätslenkung stehen Maßnahmen zur Erreichung sicherer Prozesse in allen Bereichen, um fehlerhafte Teile zu vermeiden. Dabei garantiert eine gute Qualitätsprüfung alleine noch keine fehlerfreien Produkte.

Ziel der Qualitätslenkung ist die Erfüllung von Qualitätsforderungen durch vorbeugende, überwachende und korrigierende Tätigkeiten sowie die Beseitigung von Fehlerursachen, damit eine hohe Wirtschaftlichkeit erreicht wird.

Bei der Qualitätslenkung werden in festgelegten Abständen aus der laufenden Fertigung Stichproben entnommen und geprüft **(Bild 1)**. Weichen die Messwerte von den geforderten Werten ab, werden Maßnahmen zur Vermeidung fehlerhafter Teile ergriffen.

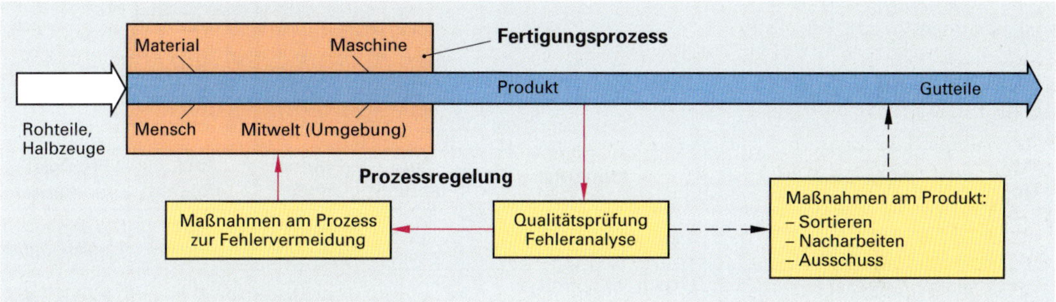

Bild 1: Qualitätslenkung zur Fehlervermeidung

Ziel der Qualitätslenkung bei der Überwachung von Produktionsprozessen ist es, die Streuung von Merkmalswerten in Grenzen zu halten. Die Hauptursachen für die Streuung sind die „5M-Einflüsse". Mensch, Maschine, Material, Methode und Mitwelt/Umgebung **(Tabelle 1)**

Die 5M-Einflüsse werden manchmal auch um weitere Einflüsse wie Money, Marketing, Motivation und Messfähigkeit erwartet. Das gewählte Messverfahren beeinflusst die Messwerte. Ein Messverfahren ist für die Prüfaufgabe geeignet (fähig), wenn die Messunsicherheit im Verhältnis zur Werkstücktoleranz oder zur Fertigungsstreuung vernachlässigbar klein ist.

Tabelle 1: 5 M-Einflüsse auf die Streuung von Merkmalswerten

Mensch	Qualifikation, Motivation, Belastungsgrad, Verantwortungsbewusstsein
Maschine	Steifigkeit, Bearbeitungsstabilität, Positionsgenauigkeit, Gleichförmigkeit der Bewegung, Wärmegang, Werkzeug- und Spannsystem
Material	Abmessungen, Festigkeit, Härte, Spannungen, z. B. durch Wärmebehandlung oder Bearbeitung
Methode	Fertigungsverfahren, Arbeitsfolge, Schnittbedingungen, Prüfverfahren
Mitwelt	Temperatur, Bodenerschütterungen

Maßnahmen zur Qualitätslenkung

- **Qualitätsprüfung** möglichst während oder unmittelbar nach der Fertigung, um fehlerhafte Teile früh zu erkennen
- Unmittelbare **Messwertverarbeitung** zur Produktsteuerung, z. B. Aussortieren fehlerhafter Teile oder Nacharbeit
- Trenderkennung, um Fehler zu vermeiden
- **Prozessregelung** durch Regeleinrichtungen in der Maschine, um gleich bleibende Maße zu erhalten **(Bild 2)**.

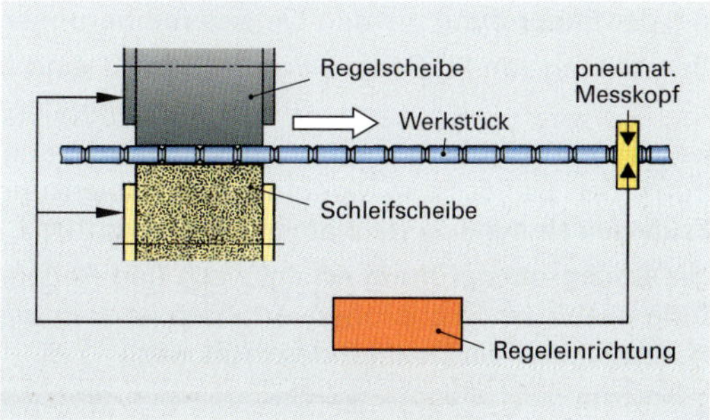

Bild 2: Prozessregelung beim Schleifen

1.5.4 Qualitätssicherung

Hauptziel der Qualitätssicherung ist der Nachweis, dass die Qualitätsforderungen in der Produktion erfüllt werden. Damit schafft die Qualitätssicherung beim Kunden, aber auch firmenintern, das Vertrauen in die Qualitätsfähigkeit des Betriebes. Im Bereich der Qualitätsprüfung überschneiden sich Qualitätssicherung und Qualitätslenkung.

Die **Prüfplanung** legt die zu prüfenden Qualitätsmerkmale fest. Für jede durchzuführende Prüfung wird ein Verfahren beschrieben, wie die Merkmale zu prüfen und wie die Prüfergebnisse zu dokumentieren sind.

Prüfpläne können aus einzelnen Verfahrensanweisungen bestehen, welche die Reihenfolge der Prüfungen von der Wareneingangsprüfung über die Prüfungen in der Fertigung bis zur Endprüfung beschreiben **(Bild 1)**.

Tabelle 1: Prüfplan

Ident-Nr.: 18012 Zeichnungs-Nr.: 241074

Benennung: **Buchse für Gleitlager** Prüfplan-Nr.: 81

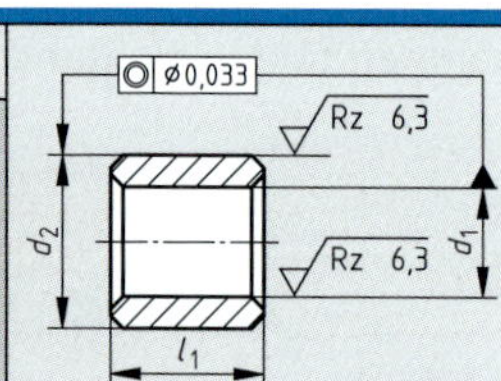

lfd Nr.	Prüfmerkmal	Prüfmittel	Prüfumfang	Prüfmethode[1]	Prüfzeitpunkt	Prüfdokumentation
1	Länge l_1 20 h11 = 20 0/–0,13 mm	Messschieber	n = 1	1/V	jede Stunde	Prüfprotokoll
2	Innendurchmesser d_1 20 E6 = 20 +0,053/+0,040 mm	selbstzentrierendes Innenmessgerät	n = 5	1/V	alle 15 min	Regelkarte
3	Außendurchmesser d_2 26 s6 = 26 +0,048/+0,035 mm	Feinzeiger	n = 5	1/V	alle 15 min	Regelkarte
4	Koaxialität t_{KO} = 0,033 mm	Formmessgerät	n = 1	3/V	jede Stunde	Prüfprotokoll
5	Rautiefe Rz = 4 µm	Oberflächenprüfgerät	n = 1	3/V	alle 30 min	Prüfprotokoll
5	Härte 90 + 10 HB	Brinell-Härteprüfgerät	n = 2 je Los	4/V	vor Serienanlauf	Prüfprotokoll

[1] Prüfmethoden: 1 = Prüfung durch Mitarbeiter; 2 = Prüfung durch QS-Abteilung; 3 = Prüfung durch Messlabor; 4 = Prüfung durch Werkstofflabor
V = variabel (quantitativ, messend ermitteln)
A = attributiv (qualitativ, Eigenschaften ermitteln)
n = Stichprobenumfang

Arten von Prüfungen

Die **Eingangsprüfung** hat die Aufgabe, Merkmale von Materialien und Zulieferteilen zu prüfen, die für die spätere Montage oder die Funktion von Produkten wichtig sind.

Die **Zwischenprüfung,** auch als **Fertigungsprüfung** bezeichnet, stellt fest, ob innerhalb des Fertigungsablaufes die geforderte Qualität erreicht wurde.

Bei der **Endprüfung** werden Liefervereinbarungen von Produkten geprüft.

Beurteilung von Prüflosen: Ein Prüflos ist eine Menge gleicher Werkstücke oder Bauteile. Die Teile müssen aufeinander folgend gefertigt sein, z. B. Drehteile einer Serie.

Bei der **100%-Prüfung** werden alle Werkstücke oder Baugruppen geprüft. Die manuelle 100%-Prüfung ist durch den Einfluss von Monotonie und Ablenkung fast immer fehlerbehaftet und daher nur bei kleinen Prüflosen sinnvoll. Vorteilhaft sind dagegen 100%-Prüfungen mit automatischen Messeinrichtungen.

Die **Stichprobenprüfung** erfolgt nach den Regeln der Wahrscheinlichkeit (Seite 64). Die Qualitätsprüfung nach dem Stichprobenverfahren ist sehr wirtschaftlich und ermöglicht eine ausreichend sichere Aussage über die Qualität des Prüfloses.

Fehlerhafte Werkstücke müssen gesperrt oder nachgearbeitet werden.

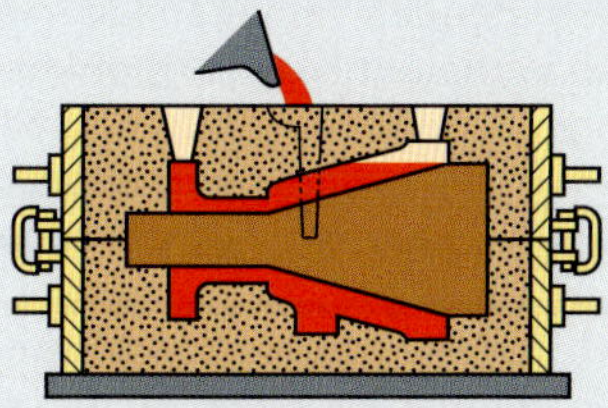

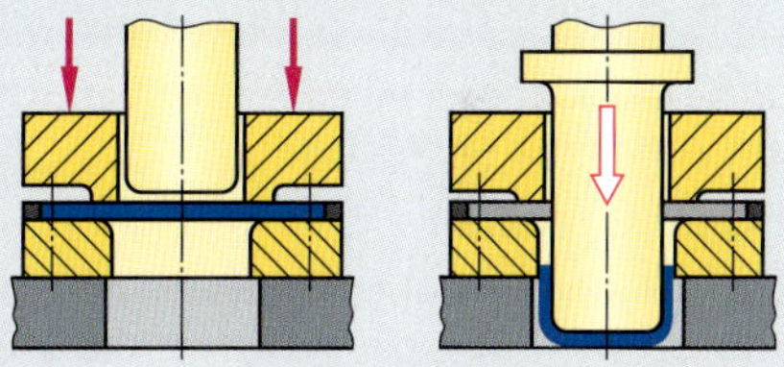

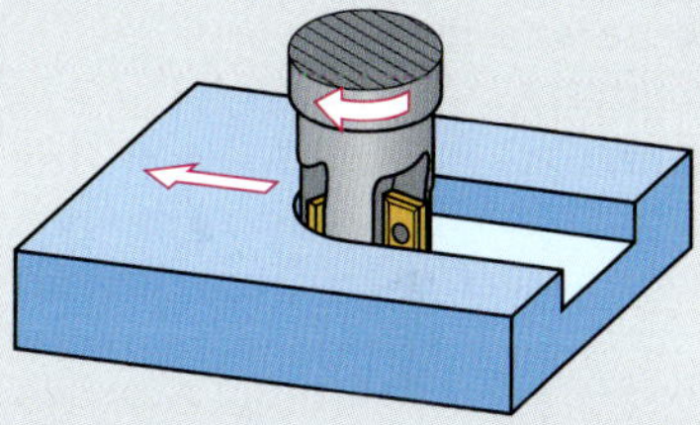

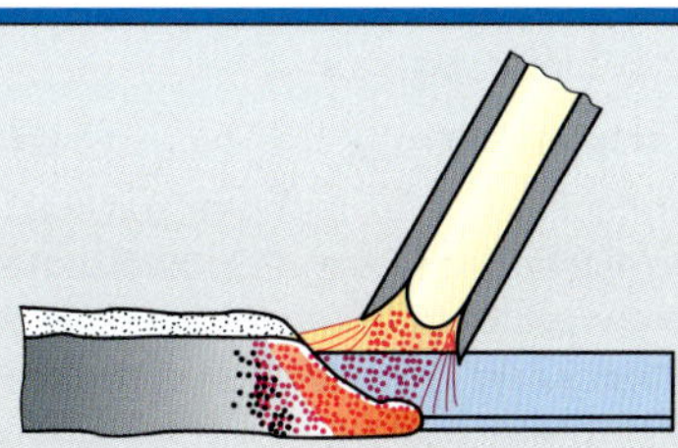

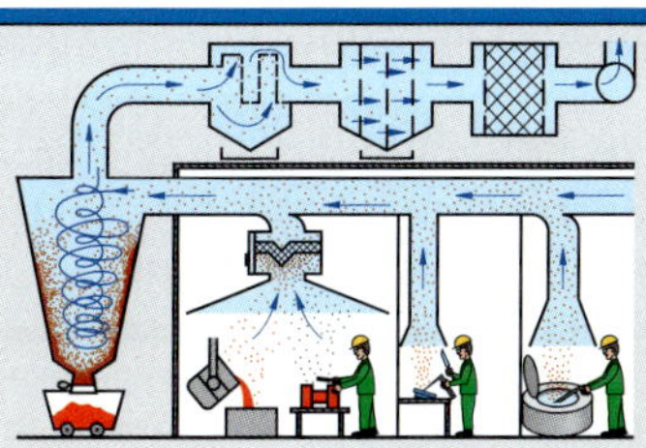

2 Fertigungstechnik

2.1 Arbeitssicherheit

Zur Arbeitssicherheit und damit zur Unfallverhütung gibt es für jeden Berufszweig Unfallverhütungsvorschriften (UVV). Sie werden von den Berufsgenossenschaften erlassen und müssen in jedem Betrieb ausgelegt werden **(Bild 1)**.

Bild 1: Zeichen der gewerblichen Berufsgenossenschaften

Jeder Betriebsangehörige muss diese Vorschriften genau beachten. Unfallverhütendes Verhalten kann man erlernen. Durch sicherheitswidriges Verhalten können Krankheiten, Körper- und Sachschäden entstehen. Sicherheitswidrig verhält sich, wer durch Nichtbeachten von Vorschriften und Sicherheitszeichen sich und seine Mitarbeiter sowie die Anlagen und Einrichtungen des Betriebes gefährdet.

> Durch Unfallverhütung am Arbeitsplatz sollen Menschen und Einrichtungen vor Schaden bewahrt werden.

2.1.1 Sicherheitszeichen

Zur Kennzeichnung eines Arbeitsbereiches benutzt man verschiedene Arten von Kennzeichen.

■ Gebotszeichen

Die kreisförmigen Gebotszeichen in den Farben Blau und Weiß zeigen die gebotenen Schutzmaßnahmen **(Bild 2)**. Sie schreiben bestimmte Verhaltensweisen zwingend vor. So muss z. B. beim Arbeiten am Schleifbock eine Schutzbrille getragen werden.

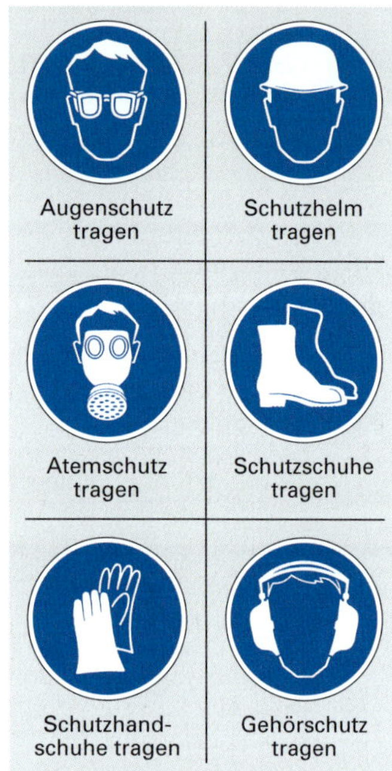

Bild 2: Gebotszeichen

■ Verbotszeichen

Auch diese Zeichen sind rund und zeigen die verbotene Handlung als schwarzes Bild auf weißem Grund **(Bild 3)**. Man erkennt sie durch ihren roten Rand und den roten Querbalken.

Brennbare Flüssigkeiten und Gase sowie fein verteilte Stäube können mit der Luft explosible Gemische bilden. Räume, in denen solche Stoffe, wie z. B. Benzin, Acetylen oder Holzstaub, lagern oder verarbeitet werden, gelten als explosionsgefährdet. In ihnen muss ein Verbotszeichen angebracht werden, das Feuer, offenes Licht und Rauchen untersagt.

Bild 3: Verbotszeichen

■ Warnzeichen

Die dreieckigen Warnzeichen mit nach oben zeigender Spitze sind in den Farben Gelb und Schwarz ausgeführt **(Bild 1 Seite 43)**. An Stellen, wo z. B. giftige oder ätzende Stoffe gelagert sind, weist das entsprechende Warnzeichen darauf hin, dass diese Stoffe nur mit großer Vorsicht und den entsprechenden Sicherheitsmaßnahmen gehandhabt werden dürfen.

■ Rettungszeichen

Rettungszeichen sind quadratisch oder rechteckig in den Farben Grün und Weiß **(Bild 2 Seite 43)**. Sie weisen z. B. auf Rettungswege hin oder kennzeichnen Stellen, an denen Verbandskästen oder Tragen für erste Hilfe bereitstehen.

> Zur Erhöhung der Sicherheit am Arbeitsplatz werden Gebots-, Verbots-, Warn- und Rettungszeichen angebracht.

2.1.2 Unfallursachen

Unfälle werden verursacht durch menschliches Versagen, wie Unkenntnis der Gefahr und Leichtsinn, sowie durch technisches Versagen.

Menschliches Versagen lässt sich trotz gründlicher Schulung und Sorgfalt nicht ganz ausschließen. Durch angebrachte Sicherheitseinrichtungen, z. B. durch Abschrankungen, sollen die Folgen jedoch in möglichst engen Grenzen gehalten werden.

Technisches Versagen kann z. B. durch Werkstoffermüdung oder nichtvorhersehbare Überlastung eintreten. Aber auch im Versagensfall, wenn z. B. an einer Maschine der Spanndruck der Spanneinrichtung abfällt, darf die Maschine nicht anlaufen bzw. muss sofort selbsttätig stillgesetzt werden.

2.1.3 Sicherheitsmaßnahmen

Unfälle müssen durch vorbeugende Sicherheitsmaßnahmen verhindert werden. Dazu gehören die Beseitigung der Unfallgefahren, die Abschirmung und Kennzeichnung von Gefahrstellen sowie die Verhinderung der Gefährdung:

- **Gefahren müssen beseitigt werden.**

  Mängel an Maschinen, Werkzeugen und Anlagen müssen sofort dem zuständigen Mitarbeiter gemeldet werden.

  Verkehrs- und Fluchtwege sind freizuhalten.

  Scharfe und spitzige Werkzeuge dürfen nicht in der Kleidung getragen werden.

  Schmuckstücke, Uhren und Ringe sind vor der Arbeit abzulegen.

- **Gefahrstellen müssen abgeschirmt und bezeichnet werden.**

  Schutzvorrichtungen, Hinweisschilder und Sicherheitseinrichtungen dürfen nicht entfernt werden.

  Zahnrad-, Riemen- und Kettenantriebe sowie ineinander greifende Bauteile sind abzudecken.

  Gefäße mit entzündlichen, explosiblen, ätzenden oder giftigen Stoffen müssen gekennzeichnet und sicher aufgestellt werden.

- **Gefährdung muss verhindert werden.**

  Gegen Funkenflug, Hitze, Lärm und Strahlung muss geeignete Schutzkleidung getragen werden.

  Durch Schutzbrillen, Schutzschilder, Schutzhauben und Schutzschirme werden Gefahren für Gesicht und Augen ausgeschlossen.

  Für elektrische Anlagen und Betriebsmittel gelten besondere Schutzmaßnahmen (Seite 259).

> Wenn es um die Sicherheit von Maschinen, Anlagen und Fertigungsprozessen, vor allem aber auch um Leben und Gesundheit der Mitarbeiter geht, muss jeder mitdenken, mitsorgen und mithelfen.

Wiederholung und Vertiefung

1 Welche Sicherheitszeichen unterscheidet man?
2 Wodurch werden Gefahren für Gesicht und Augen verhindert?
3 Wodurch können Unfälle verursacht werden?
4 Welche Schutzmaßnahmen gelten für elektrische Betriebsmittel?

Bild 1: Warnzeichen

Bild 2: Rettungszeichen

2.2 Gliederung der Fertigungsverfahren

Die industriellen und handwerklichen Fertigungsverfahren können danach eingeteilt werden, ob bei einem Verfahren die Form des Werkstückes geschaffen, geändert oder beibehalten wird. Wird zudem berücksichtigt, ob der Zusammenhalt des Werkstoffes bei der Fertigung erst entsteht oder ob er beibehalten, verkleinert oder vergrößert wird, ergeben sich für die Fertigungsverfahren sechs Hauptgruppen **(Bild 1)**.

Die **Form der Werkstücke** wird durch das Verfahren					
geschaffen	geändert			beibehalten	
Urformen (Hauptgruppe 1)	**Umformen** (Hauptgruppe 2)	**Trennen** (Hauptgruppe 3)	**Fügen** (Hauptgruppe 4)	**Beschichten** (Hauptgruppe 5)	**Änderung der Stoffeigenschaft** (Hauptgruppe 6)
Der **Zusammenhalt des Werkstoffes** wird durch das Verfahren					
geschaffen	beibehalten	verkleinert	vergrößert		beibehalten oder verkleinert oder vergrößert

Bild 1: Hauptgruppen der Fertigungsverfahren

Fertigungsverfahren der einzelnen Hauptgruppen

Urformen

Das Werkstück wird aus formlosem Stoff geschaffen **(Bild 2)**. Der Zusammenhalt des Werkstoffes entsteht beim Ablauf des Fertigungsverfahrens.

Ausgangszustand	Verfahren (Beispiele)
• flüssig	Gießen
• plastisch, teigig	Extrudieren
• körnig, pulvrig	Sintern
• ionisiert	Galvanoplastik

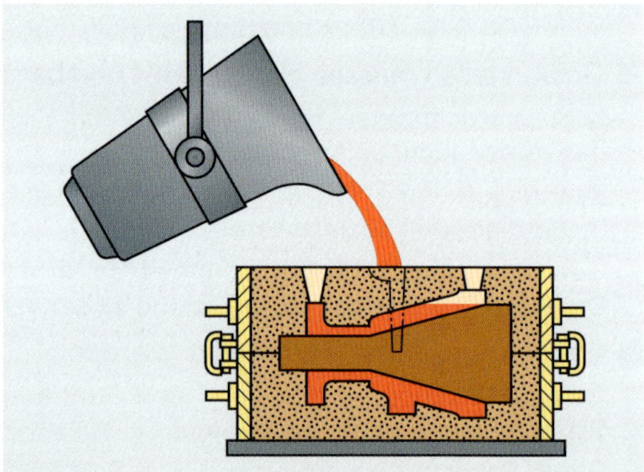

Bild 2: Urformen (Gießen)

Umformen

Die Form eines festen Werkstückes oder eines Vorproduktes wird durch plastisches Verformen geändert **(Bild 3)**. Der Zusammenhalt des Werkstoffes bleibt dabei erhalten.

Vorgang	Verfahren (Beispiele)
• Druckumformen	Walzen, Gesenkformen
• Zugdruckumformen	Tiefziehen
• Zugumformen	Längen, Weiten
• Biegeumformen	Abkanten, Gesenkbiegen
• Schubumformen	Winden einer Druckfeder

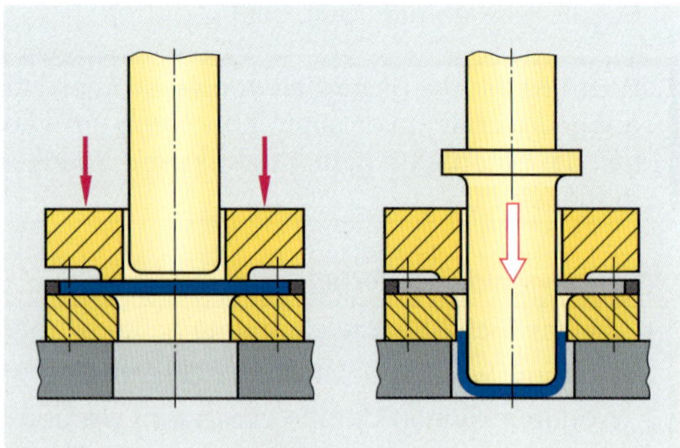

Bild 3: Umformen (Tiefziehen)

Trennen

Durch Trennen werden Werkstücke aus Rohteilen hergestellt **(Bild 1)**. Die Form wird dabei geändert und der Zusammenhang des Werkstoffes im Bereich der Bearbeitung aufgehoben.

Vorgang	Verfahren (Beispiele)
• Zerteilen	Scher-, Strahlschneiden
• Spanen	Fräsen, Schleifen
• Abtragen	Funkenerosion
• Zerlegen	Abschrauben

Bild 1: Trennen (Fräsen)

Fügen

Durch Fügen werden zwei oder mehr Teile lösbar oder unlösbar verbunden **(Bild 2)**.

Vorgang	Verfahren (Beispiele)
• Zusammensetzen	Verschrauben
• Einpressen	Wälzlagermontage
• Schweißen	Schutzgasschweißen
• Löten	Hart-, Weichlöten
• Kleben	mit Reaktionsklebern

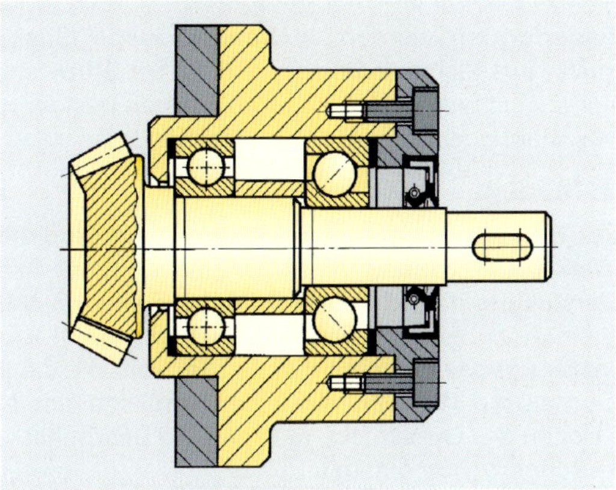

Bild 2: Fügen (Verschrauben)

Beschichten

Beim Beschichten wird formloser Stoff als festhaftende Schicht auf ein Werkstück aufgebracht **(Bild 3)**.

Stoffzustand	Verfahren (Beispiele)
• gas-, dampfförmig	Aufdampfen
• flüssig, pastös	Lackieren
• ionisiert	Galvanisieren
• fest, körnig	Thermisches Spritzen

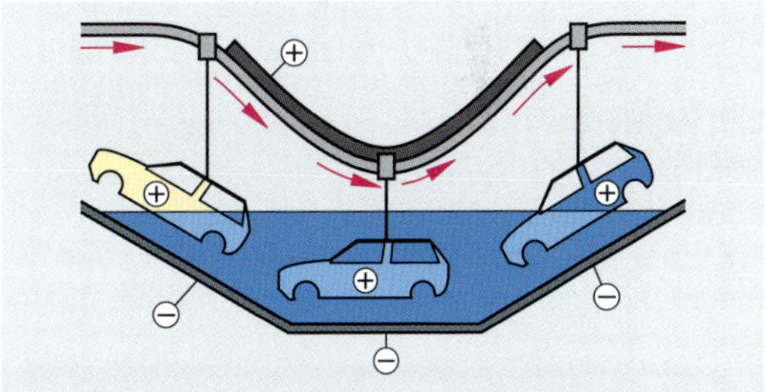

Bild 3: Beschichten (Elektrotauchlackieren)

Ändern der Stoffeigenschaft

Durch Umlagern, Aussondern oder Einbringen von Stoffteilchen werden die Eigenschaften eines Stoffes geändert **(Bild 4)**.

Vorgang	Verfahren (Beispiele)
• Umlagern	Härten, Anlassen
• Aussondern	Entkohlen
• Einbringen	Aufkohlen, Nitrieren

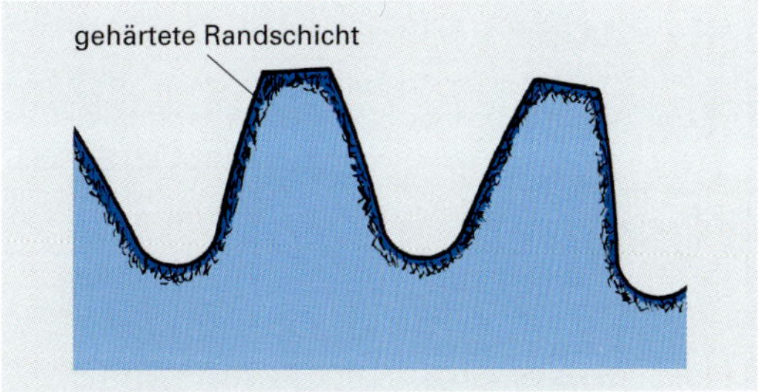

Bild 4: Ändern der Stoffeigenschaft (Härten)

Wiederholung und Vertiefung

1 Welche Hauptgruppen werden bei den Fertigungsverfahren unterschieden?

2 Beschreiben Sie je ein Verfahren einer Hauptgruppe.

2.3 Gießen

Werkstücke werden gegossen, wenn ihre Herstellung durch andere Verfahren unwirtschaftlich oder nicht möglich ist oder wenn besondere Eigenschaften des Gusswerkstoffs, wie z. B. gute Gleiteigenschaften, ausgenutzt werden sollen **(Bild 1)**.

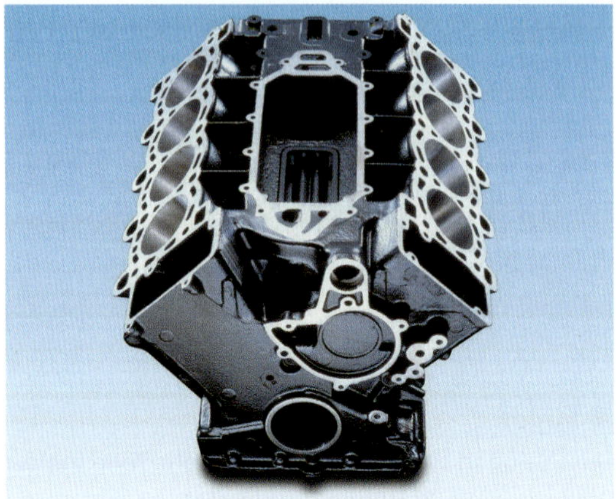

Bild 1: Zylinderkurbelgehäuse eines V8-Dieselmotors

2.3.1 Formen und Modelle

Formen

Zur Herstellung von Gussstücken werden verlorene Formen oder Dauerformen verwendet **(Tabelle 2)**.

Verlorene Formen werden beim Entformen der Gussstücke zerstört. Sie bestehen meist aus Quarzsand und einem Bindemittel.

Dauerformen werden verwendet, wenn Gussstücke aus Nichteisenmetallen in großer Stückzahl hergestellt werden müssen. Die Formen bestehen aus Stahl oder Eisen-Gusswerkstoffen.

Modelle

Zur Herstellung verlorener Formen sind **Modelle** erforderlich. Die Werkstückzeichnung (Bild 1.1, Seite 47) dient als Grundlage für die Herstellung eines Modells (Bild 1.2, Seite 47). Weil die Gussstücke beim Abkühlen schrumpfen („schwinden"), müssen die Modellmaße um das Schwindmaß größer sein als die Maße der fertigen Gussstücke **(Bild 2)**. Außerdem müssen am Modell diejenigen Flächen des Gussstücks, die spanend bearbeitet werden, eine Bearbeitungszugabe erhalten.

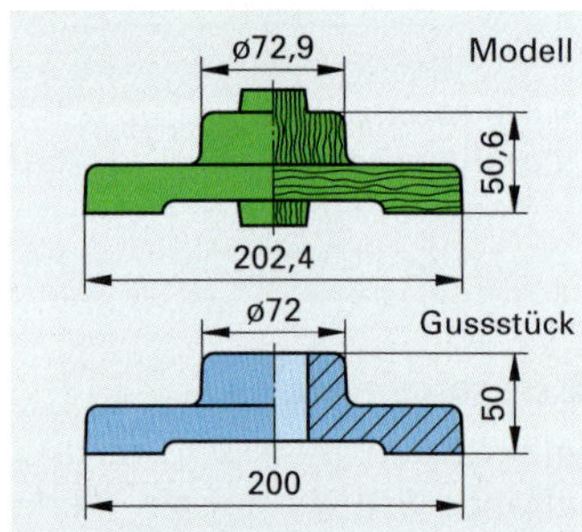

Bild 2: Modellmaße für ein Gussstück aus einer Al-Legierung

Die Schwindmaße sind vom Gusswerkstoff abhängig und betragen, bezogen auf die Modellmaße, bis 2 % **(Tabelle 1)**.

Tabelle 1: Schwindmaße

Gusswerkstoff	Schwindmaß in %
Gusseisen (EN-GJL)	1,0
Stahlguss	2,0
Al- und Mg-Legierungen	1,2

Bei den Modellen unterscheidet man **Dauermodelle** und **verlorene Modelle.** Dauermodelle können wiederholt zur Herstellung von Formen verwendet werden. Verlorene Modelle verbleiben in der Form und werden beim Eingießen des flüssigen Metalls zerstört (Seite 49).

Hohlräume oder Hinterschneidungen in Gussstücken werden durch **Kerne** ausgespart. Sandkerne werden in Kernkästen hergestellt (Bild 1.3, Seite 47). Durch **Kernmarken,** die sich am Modell befinden, erhält man in der Form die Kernlager (Bilder 1.2 und 1.7, Seite 47).

Tabelle 2: Übersicht über Form- und Gießverfahren

- Form- und Gießverfahren
  - Gießen in verlorene Formen
    - mit Dauermodellen
      - Handformen
      - Maschinenformen
      - Vakuumformen
      - Maskenformen
    - mit verlorenen Modellen
      - Feingießen
      - Vollformgießen
  - Gießen in Dauerformen
    - ohne Modelle
      - Druckgießen
      - Kokillengießen
      - Schleudergießen
      - Stranggießen

2.3.2 Gießen in verlorene Formen

2.3.2.1 Formverfahren mit Dauermodellen

Zu den Formverfahren mit Dauermodellen gehören das Hand- und Maschinenformen, das Vakuumformen und das Maskenformen.

Hand- und Maschinenformen

Zum Einformen der Modelle verwendet man zwei- oder mehrteilige Formkästen **(Bild 1)**. Bei großen Gussstücken und bei Gussstücken, die nur in geringer Stückzahl benötigt werden, werden die Gießformen durch **Handformen** hergestellt.

Zum Einformen eines zweiteiligen Modells wird eine Modellhälfte in den **Unterkasten** gelegt. Der eingefüllte Formstoff wird von Hand verdichtet (Bild 1.5). Auf den gewendeten Unterkasten wird der Oberkasten gesetzt, dessen Lage Führungsstifte sichern. Danach wird die andere Modellhälfte eingelegt und eingeformt (Bild 1.6). Nach dem Abheben des Oberkastens vom Unterkasten werden **Lauf** und **Anschnitt** eingeschnitten. Anschließend werden die Modellhälften ausgehoben und der **Kern** eingelegt. Wegen der Auftriebskraft beim Gießen werden Ober- und Unterkasten miteinander verklammert oder durch Gewichte beschwert (Bild 1.7).

Die Form wird durch den **Einguss** gefüllt. Dabei entweicht die Luft über die **Speiser**. Mit flüssigem Metall aus den Speisern wird die Flüssigkeitsschwindung in der Form ausgeglichen. Dadurch werden Schwindungshohlräume (Lunker) vermieden.

Anwendungsbeispiele: Gießen von Turbinenrädern für Wasserkraftwerke und Palettentischen für Bearbeitungszentren.

Beim **Maschinenformen** sind die Arbeitsgänge der Formherstellung dieselben wie beim Handformen, jedoch übernehmen hier Maschinen z. B. das Verdichten des Formstoffs und das Ziehen des Modells. Bei vollautomatisierten Anlagen werden darüber hinaus die gefertigten Formen abgegossen und die Gussstücke nach dem Erstarren entformt. Dadurch werden die Herstellzeiten verkürzt. Maschinenformen ist erst bei mittleren Stückzahlen wirtschaftlich.

> Maschinengeformte Gussstücke sind maßgenauer als handgeformte und besitzen eine bessere Oberfläche.

Anwendungsbeispiel: Gießen von Kurbelwellen für Personenkraftwagen.

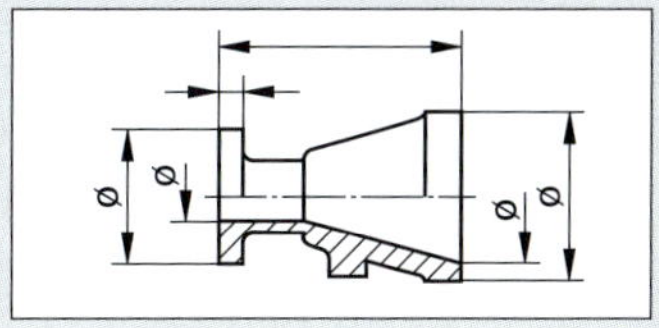

1.1 Werkstückzeichnung

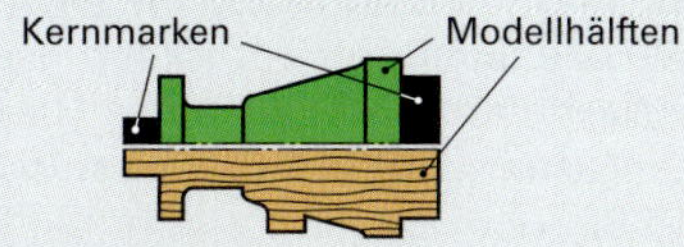

1.2 Modell (zweiteilig)

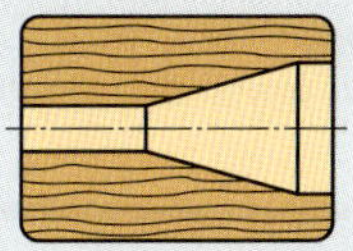

1.3 Kernkasten (zweiteilig)

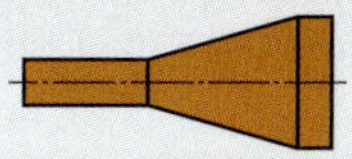

1.4 Ausgeformter Kern

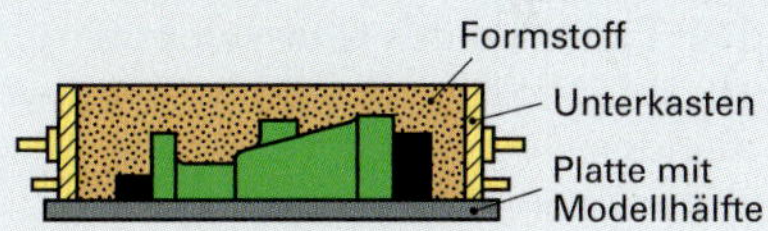

1.5 Eingeformtes Modellunterteil

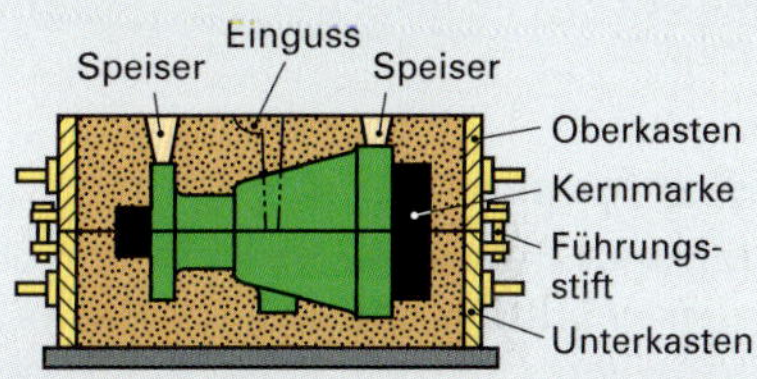

1.6 Eingeformtes Modelloberteil

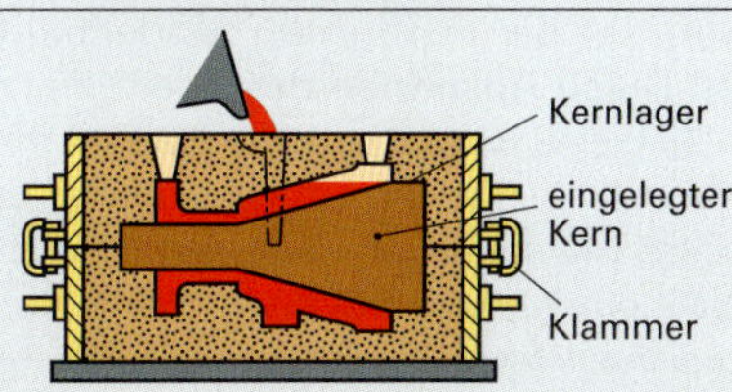

1.7 Abgießen

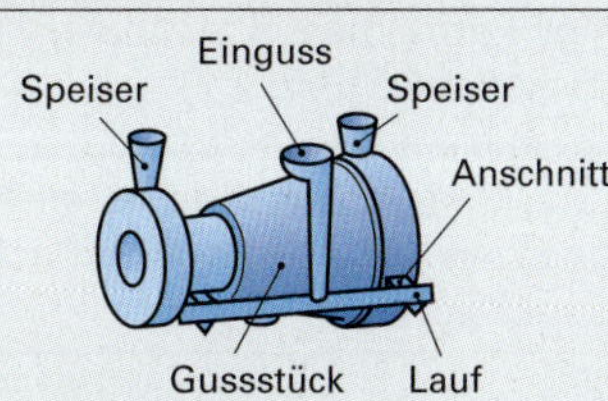

1.8 Ausgeformtes Gussstück

Bild 1: Herstellung eines Gussstücks mit Dauermodell

Vakuumformen

Zum Vakuumformen wird binderfreier Sand verwendet. Die Modellhälften besitzen kleine Bohrungen, welche mit dem Hohlraum des Vakuumkastens verbunden sind **(Bild 1.1)**. Eine Kunststoff-Folie wird auf die Modellhälfte gelegt und durch Wärmestrahlung formbar gemacht. Sie schmiegt sich durch Unterdruck an die Modelloberfläche an (Bild 1.1). Durch Vibrieren wird der Sand vorverdichtet und nach dem Abdecken mit einer zweiten Kunststoff-Folie durch Unterdruck fertigverdichtet (Bild 1.2). Nach dem Abschalten des Unterdrucks im Vakuumkasten wird der Formkasten abgehoben (Bild 1.3).

Nach der Herstellung der zweiten Formhälfte werden beide miteinander verklammert und unter Beibehaltung des Formkasten-Unterdrucks abgegossen (Bild 1.4). Dabei vergast die Kunststoff-Folie.

> Beim Vakuumformen wird der Formhohlraum durch Unterdruck aufrechterhalten.

Nach dem Erstarren des Gussstücks wird der Unterdruck aufgehoben. Dadurch fällt das Gussstück aus dem Formkasten (Bild 1.5). Der Formstoff kann wiederverwendet werden.

Anwendungsbeispiele: Gießen von Tischen für Werkzeugmaschinen und Seitenständern für Druckmaschinen.

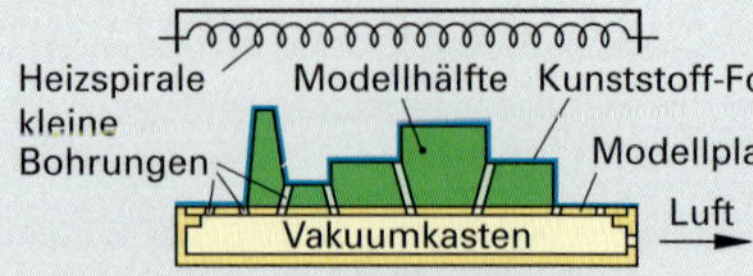

1.1 Vakuumkasten mit Modellplatte und am Boden anliegender Kunststoff-Folie

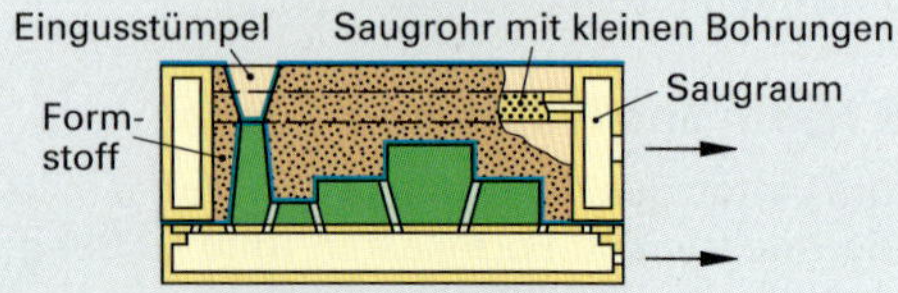

1.2 Gefüllter Formkasten mit zweiter Kunststoff-Folie

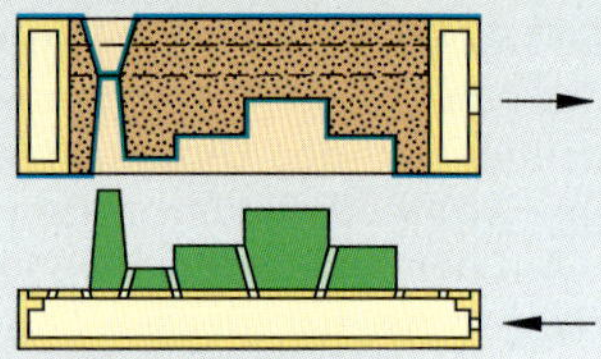

1.3 Abgehobener Formoberkasten

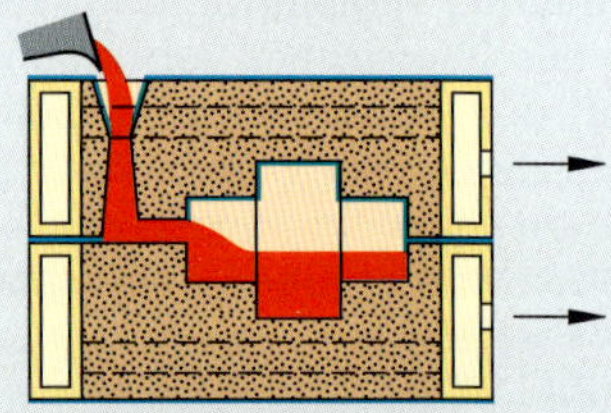

1.4 Zusammengesetzte Formkastenhälften

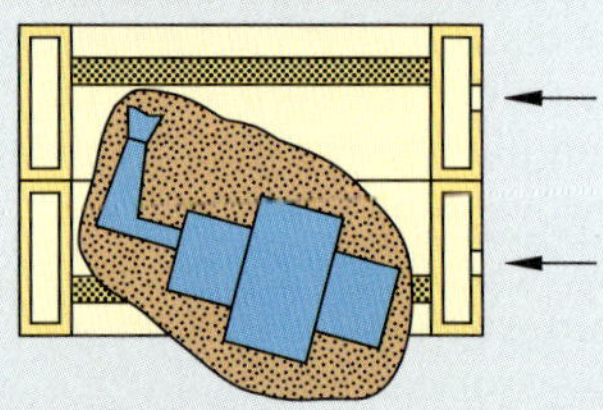

1.5 Ausgeformtes Gussstück

Bild 1: Vakuumformen

Maskenformen

Beim Maskenformen werden nur wenige Millimeter dicke Formmasken und Hohlkerne aus einem Phenolharz-Quarzsand-Gemisch verwendet.

Zur Herstellung von Masken und Kernen wird der Formstoff auf die erwärmten Modellhälften geschüttet. Durch Aushärten des Phenolharzes entsteht in 20 bis 40 Sekunden eine 8 bis 12 mm dicke Schicht, welche die Formmaske bildet **(Bild 2.1)**. Die Formmasken werden nach dem Abheben aus der Modelleinrichtung bei etwa 550 °C ausgehärtet. In gleicher Weise werden die Kerne hergestellt.

Die miteinander verklebten Maskenhälften bilden die gießfertige Form, die z. B. auf einer Sandunterlage abgegossen wird (Bild 2.2).

> Durch Maskenformen hergestellte Gussstücke besitzen eine hohe Oberflächengüte und sind maßgenau.

Anwendungsbeispiele: Gießen von Turbinenrädern für Abgasturbolader und Zylinderköpfen für Kfz-Motoren.

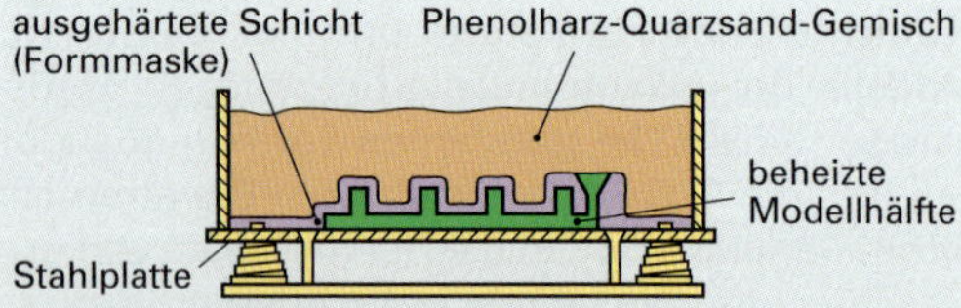

2.1 Herstellung einer Formmaske

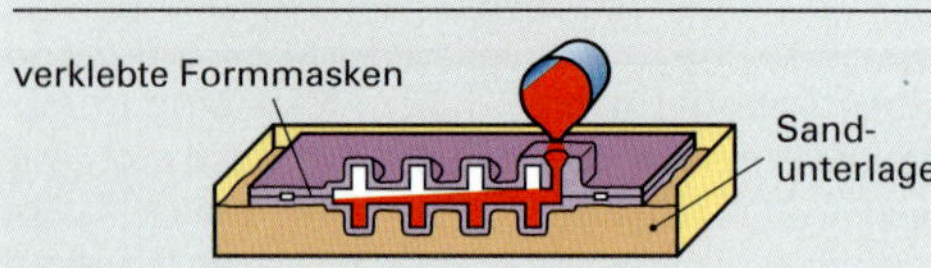

2.2 Abgießen

Bild 2: Maskenformen

2.3.2.2 Formverfahren mit verlorenen Modellen

Zu diesen Verfahren gehören das Feingießen und das Vollformgießen.

Feingießen (Modellausschmelzverfahren)

Beim Feingießen wird das Modell aus einem niedrigschmelzenden Werkstoff, wie z. B. Wachs oder Kunststoff, hergestellt **(Bild 1.1)**. Mehrere Modelle werden zusammen mit Einguss- und Anschnittelementen zu einer Modelltraube zusammengesetzt (Bild 1.2). Durch mehrmaliges Tauchen in eine keramische, breiige Masse und durch Bestreuen mit keramischem Pulver (Bilder 1.3 bis 1.5) erhält die Traube einen feinkeramischen, hochtemperaturbeständigen Überzug, der anschließend getrocknet wird. Dieser Überzug bildet später die Gießform.

Durch Ausschmelzen wird der Modellwerkstoff entfernt (Bild 1.6). Um der Form die für das Gießen notwendige Festigkeit zu geben, wird sie bei etwa 1000 °C gebrannt. Dabei verbrennen gleichzeitig zurückgebliebene Reste des Modellwerkstoffs. Die so erzeugten Formen werden in noch heißem Zustand ausgegossen (Bild 1.7).

> Wegen der hohen Formtemperaturen können durch Feingießen komplizierte und großflächige Gussstücke aus legierten Stählen mit sehr geringen Wanddicken und kleinen Querschnitten hergestellt werden. Die Gussstücke besitzen eine hohe Oberflächengüte und sind maßgenau.

Nach dem Erstarren des Gusswerkstoffs wird der Keramiküberzug entfernt. Anschließend werden die einzelnen Gussstücke vom Eingusssystem abgetrennt (Bild 1.8).

Anwendungsbeispiele: Gießen von Gasturbinenschaufeln und Turbinenlaufrädern für Turbolader.

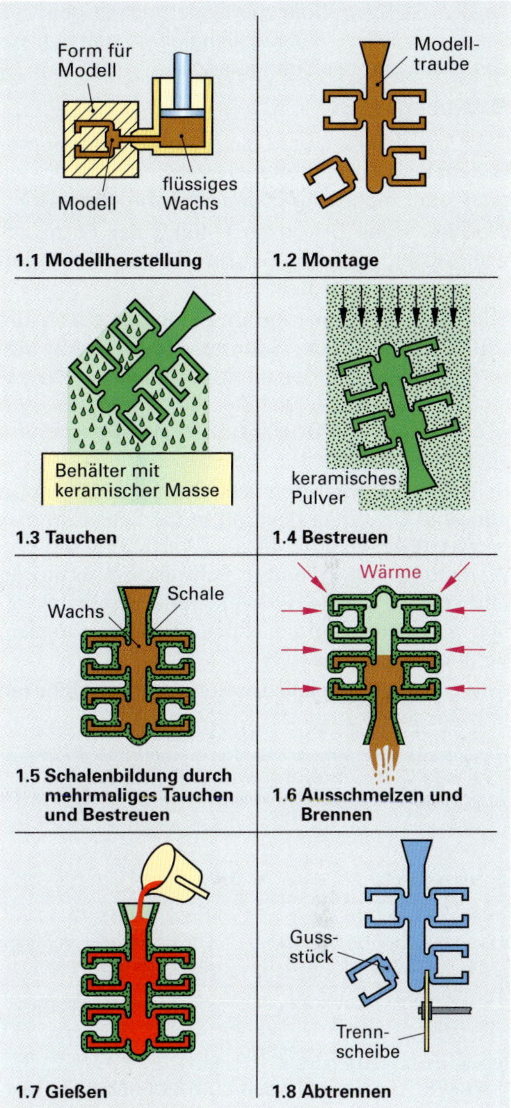

Bild 1: Feingießen

Vollformgießen

Beim Vollformgießen wird ein Modell aus Kunststoff-Hartschaum hergestellt und mit Formstoff eingeformt **(Bild 2)**. Das Modell bleibt nach dem Einformen in der Form und verbrennt bzw. vergast durch die Hitzeeinwirkung beim Gießen.

Die Fertigungszeiten und die Kosten für Schaumstoffmodelle sind geringer als die für Holzmodelle.

> Das Vollformgießen eignet sich besonders für die Herstellung von Einzelstücken und Prototypen.

Anwendungsbeispiele: Gießen von Betten für Werkzeugmaschinen und Planscheiben für große Karusselldrehmaschinen.

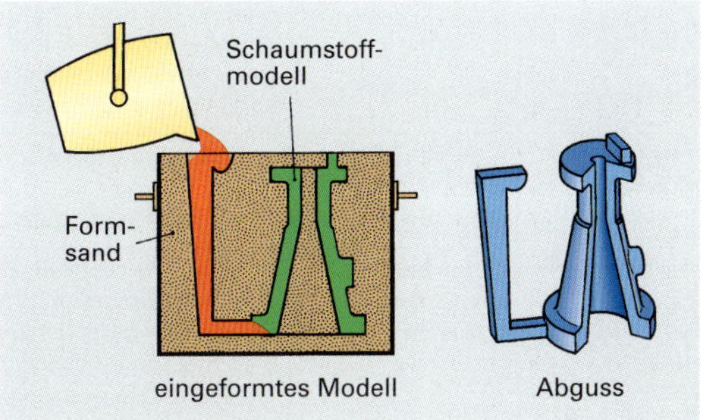

Bild 2: Vollformgießen

2.3.3 Gießen in Dauerformen

Zu den Gießverfahren mit Dauerformen gehören das Druckgießen, das Kokillengießen, das Schleudergießen und das Stranggießen.

Druckgießen

Beim Druckgießen wird die Metallschmelze unter hohem Druck und großer Geschwindigkeit in eine zwei- oder mehrteilige beheizte Form gepresst.

Weil der hohe Druck die Füllung der Form gewährleistet, können Gussstücke mit geringen Wanddicken hergestellt werden.

Beim **Warmkammerverfahren** befindet sich die Druckkammer in der Schmelze **(Bild 1)**. Mit diesem Verfahren werden niedrigschmelzende Werkstoffe und solche, welche die Werkstoffe von Druckkolben und Druckkammer nicht angreifen, vergossen **(Tabelle 1)**.

Beim **Kaltkammerverfahren** wird die Schmelze mit einer Schöpfeinrichtung in die Druckkammer gefüllt **(Bild 2)**. Mit diesem Verfahren werden Werkstoffe mit höheren Schmelztemperaturen und solche, welche die Werkstoffe von Druckkolben und Druckkammer stark angreifen würden, vergossen (Tabelle 1).

Anwendungsbeispiele: Gießen von Motorblöcken und Kurbelgehäusen für Kfz-Motoren.

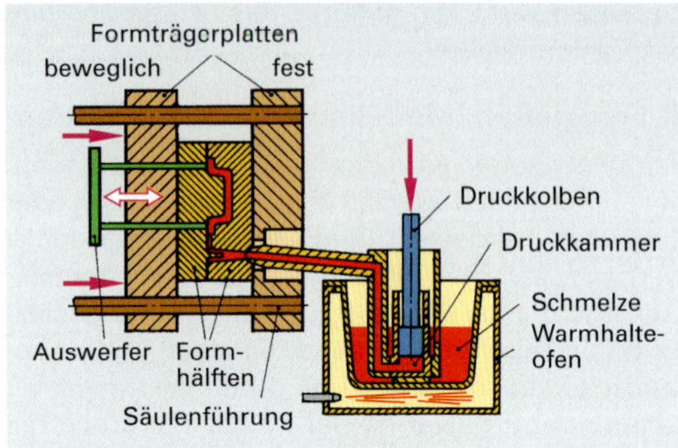

Bild 1: Warmkammer-Druckgießen

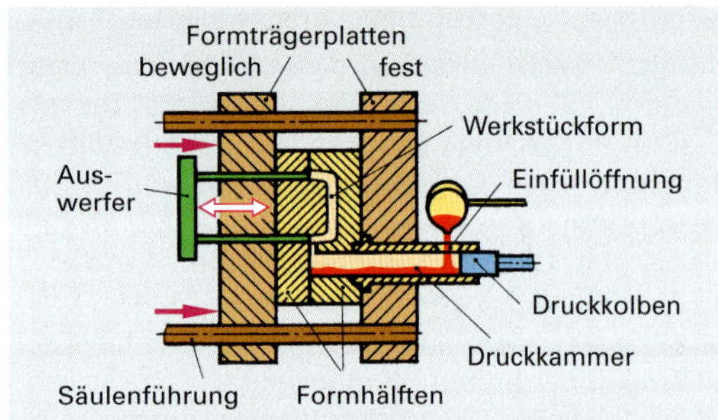

Bild 2: Kaltkammer-Druckgießen

Tabelle 1: Anwendung und Vor- und Nachteile wichtiger Form- und Gießverfahren

Verfahren	Bevorzugte Anwendung	Vor- und Nachteile	Vorwiegend angewendet für die Gusswerkstoffe	Erreichbare relative Maßgenauigkeit[1] in mm/mm	Erreichbare Rauheit in µm
Handformen	Sehr große Gussstücke	Alle Gussstückgrößen herstellbar; teuer, geringe Maßgenauigkeit und Oberflächengüte	EN-GJL, EN-GJS, GS, GT, EN AC, G-Cu	0,00 ... 0,10	40 ... 320
Maschinenformen	Kleine bis mittelgroße Gussstücke; mittlere Serien	Maßgenau, gute Oberflächengüte; begrenzte Gussstückgröße	EN-GJL, EN-GJS, GS, GT, EN AC	0,00 ... 0,06	20 ... 160
Vakuumformen	Mittlere bis größere Gussstücke; Einzelabgüsse und Serien	Wirtschaftliche Fertigung größerer Gussstücke, maßgenau, gute Oberflächengüte; hohe Investitionskosten	EN-GJL, EN-GJS, GS, EN AC, G-Cu	0,00 ... 0,08	40 ... 160
Maskenformen	Kleine Gussstücke; große Serien	Maßgenau, gute Oberflächengüte, geringer Formstoffverbrauch; teure Metallmodelleinrichtung, hohe Formstoffkosten	EN-GJL, GS, EN AC, G-Cu	0,00 ... 0,06	20 ... 160
Feingießen	Ausschließlich kleine Gussstücke; große Serien	Komplizierte Gussstücke mit geringen Wanddicken, maßgenau, hohe Oberflächengüte	GS, EN AC	0,00 ... 0,04	10 ... 80
Druckgießen	Kleine bis mittlere Gussstücke; große Serien	Komplizierte Gussstücke mit geringen Wanddicken, maßgenau, hohe Oberflächengüte; feinkörniges Gefüge mit hoher Festigkeit; nur bei großen Serien wirtschaftlich	Warmkammerverfahren: G-Zn, G-Pb, G-Sn, G-Mg Kaltkammerverfahren: G-Cu, EN AC	0,00 ... 0,04	10 ... 40

[1] als relative Maßgenauigkeit bezeichnet man das Verhältnis von größtem Abmaß zum Nennmaß

2.3.4 Gusswerkstoffe

Gusswerkstoffe müssen außer den Forderungen, die an das gegossene Werkstück gestellt werden, wie z. B. Festigkeit und Dämpfungsfähigkeit, weitere Eigenschaften aufweisen. So müssen Gusswerkstoffe wirtschaftlich erschmelzbar, gut bearbeitbar und dünnflüssig sein.

2.3.5 Gussfehler

Beim Einformen, Gießen und Erstarren können Fehler auftreten.

Fehler beim Einformen

Schülpen. Schülpen sind raue, warzenartige Erhöhungen der Gussstückoberfläche. Sie entstehen, wenn z. B. Restfeuchtigkeit des Formstoffes verdampft. Das Kondensieren der Feuchtigkeit in dahinter liegenden Sandschichten führt zur Erweichung der Formwand. Dadurch können Teile der Formwand ausbrechen **(Bild 1.1)**. Die ausgebrochenen Teile führen zudem zu Sandeinschlüssen im Gussstück.

Versetzter Guss. Versetzter Guss entsteht, wenn beim Gießen die ausgeformten Hohlräume von Ober- und Unterkasten, z. B. wegen schlechter Formkastenführung, gegeneinander verschoben sind (Bild 1.2).

Fehler beim Gießen und Erstarren

Schlackeneinschlüsse. Schlackeneinschlüsse bewirken flache, glatte Oberflächenvertiefungen am Gussstück. Sie werden verursacht durch unzureichendes Entschlacken der Schmelze und durch ein falsches Eingusssystem.

Gashohlräume (Gasblasen). Gashohlräume entstehen, wenn Gase im erstarrenden Metall nicht mehr entweichen können. Durch Einhalten der richtigen Gießtemperatur können Gasblasen weitgehend vermieden werden.

Lunker. Lunker sind Schwindungshohlräume, die beim Abkühlen und Erstarren dann entstehen, wenn vom Speiser durch das Erstarren des dazwischen liegenden Werkstoffs kein flüssiges Metall nachfließen kann (Bild 1.3).

Seigerungen. Seigerungen sind Entmischungen einer Schmelze. Sie entstehen z. B. durch stark unterschiedliche Dichten von Legierungselementen. Durch Seigerungen ergeben sich unterschiedliche Werkstoffeigenschaften innerhalb eines Gussstücks.

Gussspannungen. Durch unterschiedliche Wanddicken und scharfkantige Übergänge sowie durch Konstruktionen, welche die Schwindung behindern, ergeben sich im Gussstück Spannungen. Sie zeigen sich äußerlich durch ein Verziehen des Gussstücks, oft auch durch Rissbildung (Bild 1.4).

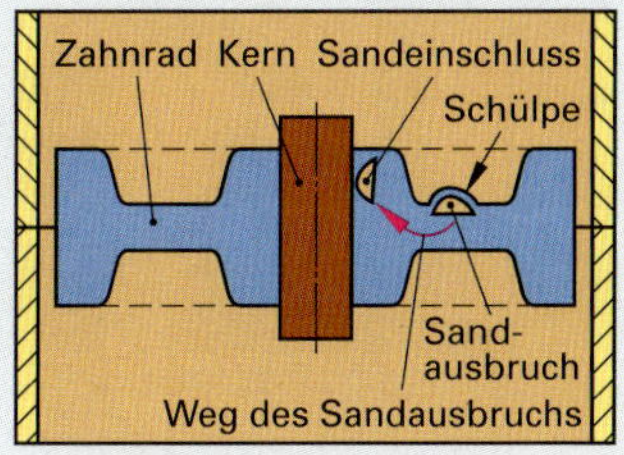

1.1 Schülpen

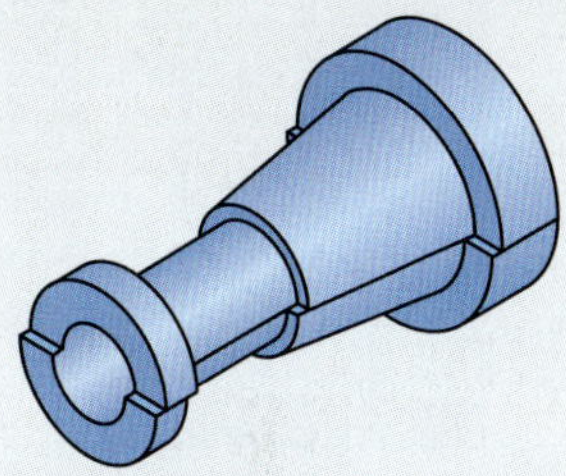

1.2 Versetzter Guss

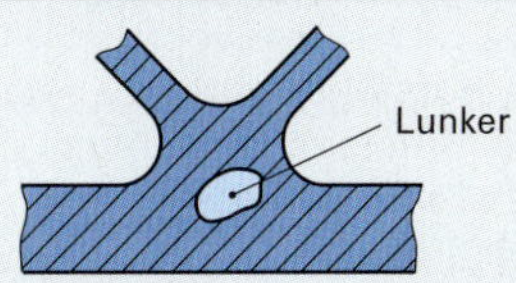

1.3 Lunker

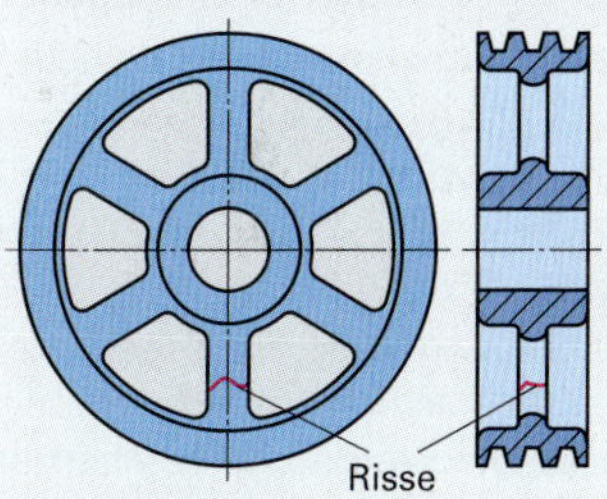

1.4 Rissbildung durch Gussspannungen

Bild 1: Gussfehler

Wiederholung und Vertiefung

1 Aus welchen Gründen werden Werkstücke durch Gießen hergestellt?
2 Warum sind die Modellmaße größer als die Maße des herzustellenden Gussstücks?
3 Wozu benötigt man beim Gießen Kerne?
4 Wodurch unterscheiden sich maschinengeformte Gussstücke von handgeformten?
5 Wie werden die Formen für das Vakuumformen hergestellt?
6 Welches Gießverfahren eignet sich zur Herstellung dünnwandiger Werkstücke aus NE-Metallen bei großen Stückzahlen?
7 Wie werden die Gussstücke durch Feingießen hergestellt?
8 Welche Fehler können beim Einformen, Gießen und Erstarren von Gussstücken auftreten?

Arbeitsbeispiel: Bremsscheibe

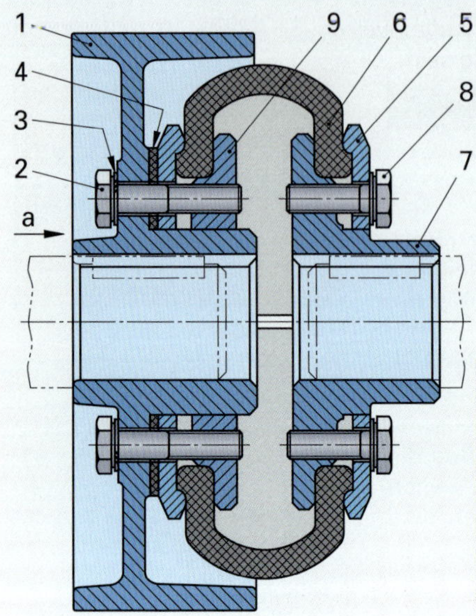

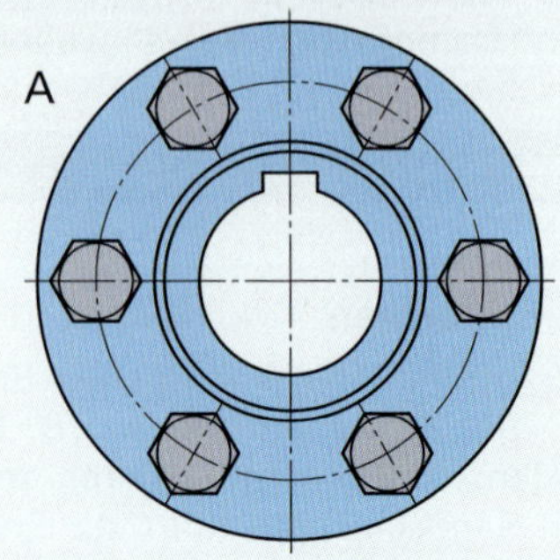

9	1	Flanschscheibe	S235JRG2	ø140x20
8	6	Sechskantschraube	ISO 4014–M10x30–8,8	
7	1	Kupplungsflansch	S235JRG2	ø140x60
6	1	Wulstring	Gummi, gewebeverstärkt	Bezogen v. Fa...
5	2	Andrückscheibe	S235JRG2	ø140x12
4	1	Wärmedämmscheibe	Hgw 2572	ø120xø65x3
3	12	Spannscheibe	DIN 6796-10-FSt	
2	6	Sechskantschraube	ISO 4014–M10x45–8,8	
1	1	Bremsscheibe	EN-GJS-700-2	ø210x70
Pos.-Nr.	Menge Einheit	Benennung	Werkstoff/Norm-Kurzbezeichnung	Rohteilmaße

Bild 1: Elastische Kupplung – Gesamtzeichnung

Ein Hersteller soll 20 elastische Kupplungen **(Bild 1)** liefern. Dazu muss die Abteilung Arbeitsvorbereitung die Fertigung der Bremsscheiben **(Bild 2)** planen.

<u>Hinweis:</u> Zur Beantwortung einiger der folgenden Fragen ist ein Tabellenbuch erforderlich.

Fertigungsplanung für das Gießen

Fertigungsverfahren. Die Bremsscheiben sollen durch Urformen (Gießen) hergestellt werden. Dies ergibt sich u.a. aus dem vorgeschriebenen Werkstoff.

a) Vorausgesetzt, Stahl wäre als Werkstoff verwendbar: Nach welchem Fertigungsverfahren könnten solche Bremsscheiben hergestellt werden?

b) Warum schreibt der Konstrukteur die Herstellung durch Gießen vor?

Werkstoff. Die Bremsscheiben müssen aus EN-GJS-700-2, einem Eisen-Gusswerkstoff, hergestellt werden.

a) Wie hoch ist die Zugfestigkeit dieses Werkstoffs?

b) Ermitteln Sie die Zahlenwerte für die Dehngrenze und die Bruchdehnung von EN-GJS-700-2.

c) Welche Eigenschaften hat EN-GJS-700-2 bezüglich Verschleißfähigkeit, Zähigkeit und Bearbeitbarkeit?

Formverfahren. Die Bremsscheiben müssen aus EN-GJS-700-2, einem Eisen-Gusswerkstoff, hergestellt werden.

a) Welches Formverfahren würden Sie wählen, wenn 200 Bremsscheiben herzustellen wären?

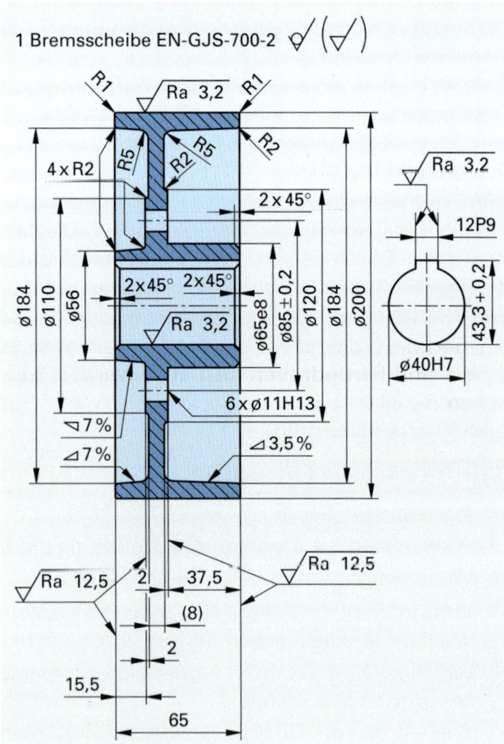

Bild 2: Bremsscheibe

Modell. Die Formen sollen mit Hilfe eines Dauermodells aus Holz hergestellt werden.

a) Warum muss das Modell an der in **Bild 1** gezeigten Stelle geteilt sein?

b) Skizzieren Sie die Bremsscheibe im Schnitt und kennzeichnen Sie diejenigen Flächen, die eine Bearbeitungszugabe aufweisen müssen, mit einem Farbstift.

c) Berechnen Sie den Außendurchmesser des Modells, wenn als Bearbeitungszugabe 4 mm vorzusehen sind.

d) Welche der in **Bild 2** dargestellten Schwindungsarten wird durch das Schwindmaß berücksichtigt?

Kernherstellung. Wegen der vorzugießenden Nabenbohrungen müssen Kerne hergestellt werden.

a) Warum ist ein zweiteiliger Kernkasten erforderlich?

b) Wie wirkt sich das Schwindmaß auf den Herstell-Durchmesser des Kerns aus?

Einformen. Zum Einformen des Modells wird ein zweiteiliger Formkasten verwendet.

a) Warum wird das niedrigere Teil des Modells im Unterkasten eingeformt?

b) Warum müssen die Formkasten vor dem Abgießen miteinander verklammert werden **(Bild 3)**?

Abgießen. Durch den Einguss wird die Form mit Gusseisen-Schmelze gefüllt.

a) Welche Aufgaben haben die Speiser?

b) Warum müssen Speiser am Kranz und an der Nabe angeordnet werden **(Bild 3)**?

Fertigungsplanung für die spanende Bearbeitung

Drehen. Die Bremsscheiben werden auf einer Drehmaschine an den vorgesehenen Flächen bearbeitet. Als Schneidstoff werden beschichtete Hartmetall-Wendeschneidplatten verwendet.

a) Überlegen Sie, wie die Bremsscheiben zum Vor- und Fertigdrehen gespannt werden können. Beachten Sie dabei, dass die Durchmesser 200 und 65 zur Bohrung rund laufen müssen.

b) Ermitteln Sie die Schnittgeschwindigkeit und berechnen Sie die Drehzahl an der Drehmaschine zum Fertigdrehen des Außendurchmessers.

Stoßen und Bohren. Auf einer Stoßmaschine wird zunächst die Nut gefertigt. Anschließend werden die Löcher ∅11H13 mit Hilfe einer Bohrvorrichtung gebohrt.

Konstruieren Sie die im **Bild 4** dargestellte Bohrvorrichtung so um, dass sich nach dem Bohren der Löcher die Mittellinie der Nut genau zwischen zwei Bohrlöchern befindet.

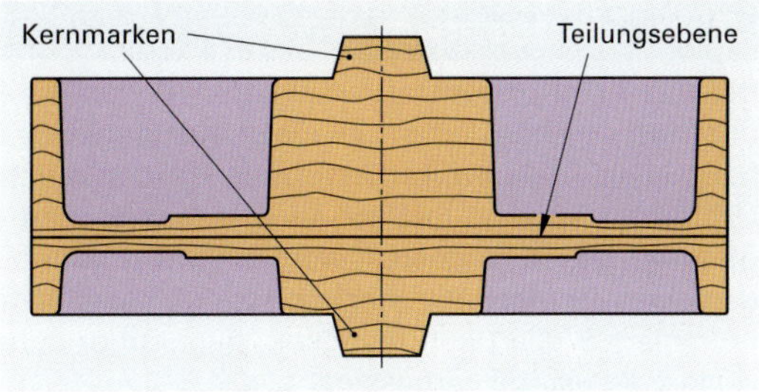

Bild 1: Zweiteiliges Modell

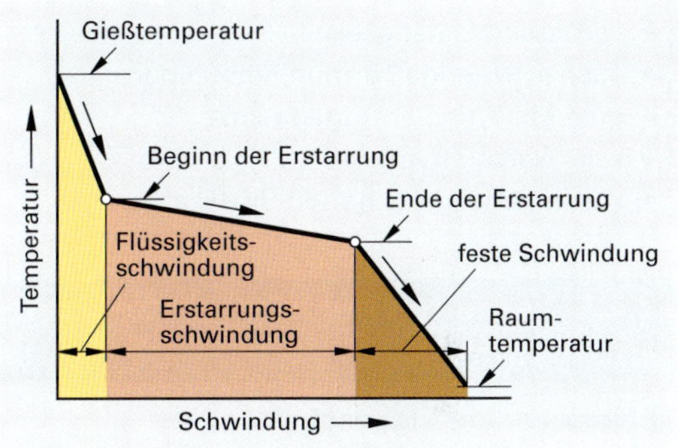

Bild 2: Schwindung beim Abkühlen

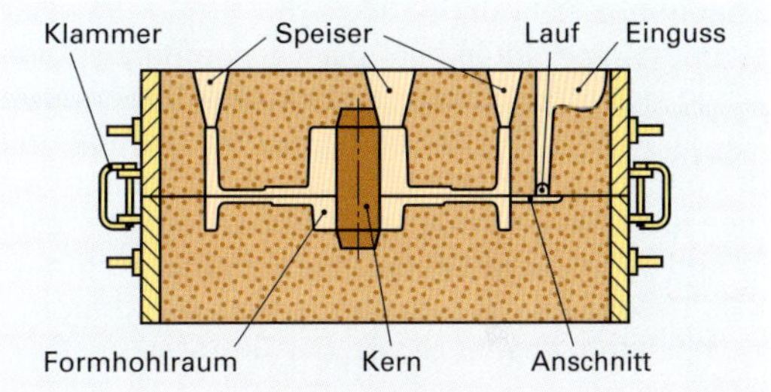

Bild 3: Form vor dem Abgießen

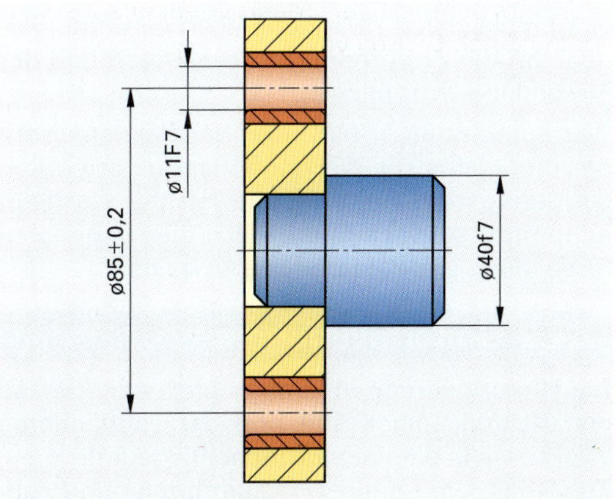

Bild 4: Bohrvorrichtung

2.4 Umformen

Bei allen Umformverfahren werden Werkstücke durch plastisches Verformen eines Ausgangsteiles hergestellt. Viele Werkstückformen können durch Umformen kostengünstiger als mit anderen Fertigungsverfahren hergestellt werden **(Bild 1)**. Außerdem werden meist die mechanischen Eigenschaften, wie z. B. die Dauerfestigkeit, gegenüber dem Ausgangszustand verbessert.

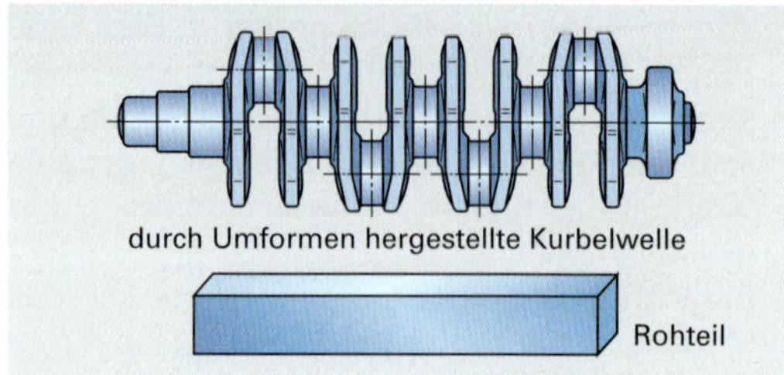

Bild 1: Plastische Verformung beim Umformen

Vorteile des Umformens sind:

- nicht unterbrochener Faserverlauf
- verbesserte Festigkeit
- auch schwierige Formen herstellbar
- gute Maß- und Formgenauigkeit
- kein Werkstoffverlust
- kostengünstig bei hohen Stückzahlen

2.4.1 Verhalten der Werkstoffe beim Umformen

Notwendige Eigenschaften der Werkstoffe

Nur Werkstoffe mit ausreichender Zähigkeit sind umformbar. Aufschluss über die Eignung gibt das Spannungs-Dehnungs-Diagramm **(Bild 2)**. Das Umformen erfolgt in dem plastischen Bereich zwischen der Streckgrenze R_e bzw. der Dehngrenze $R_{p0,2}$ und der Zugfestigkeit R_m. Werkstoffe mit großer plastischer Dehnung lassen sich gut umformen und federn nur wenig zurück. Unlegierte Stähle und Aluminium-Legierungen eignen sich deshalb besonders gut zum Umformen. Die Umformbarkeit hängt aber auch von der Temperatur ab.

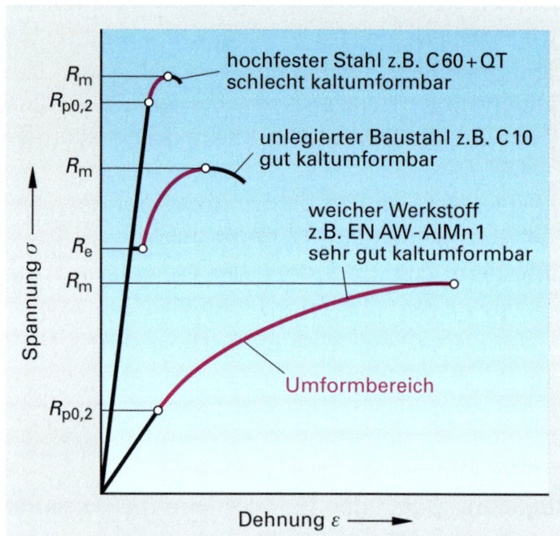

Bild 2: Umformbereiche im Spannungs-Dehnungs-Diagramm

Kalt- und Warmumformen

Kaltumformen erfolgt bei Raumtemperatur. Dabei verfestigt sich der Werkstoff. Diese Kaltverfestigung muss durch Zwischenglühen beseitigt werden, um die Versprödung zu beseitigen und der Rissbildung vorzubeugen.

Warmumformen erfolgt über der Rekristallisationstemperatur. Die Werkstoffe lassen sich durch die geringeren Umformkräfte leichter als beim Kaltumformen verformen. Auch die Neigung zu Rissbildung und Versprödung ist kleiner.

2.4.2 Umformverfahren

Die Umformverfahren können nach der Art und der Richtung der Kräfte und der verwendeten Werkzeuge in die Hauptgruppen Biegeumformen, Zug-Druck-Umformen, Druckumformen und Zug-Umformen eingeteilt werden **(Bild 3)**.

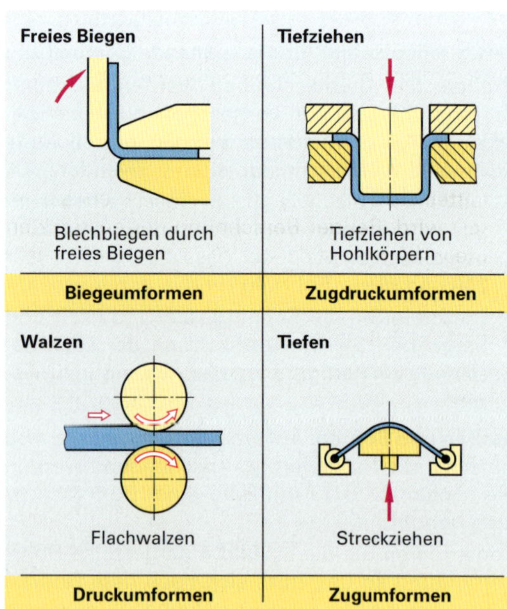

Bild 3: Umformverfahren (Beispiele)

2.4.3 Biegeumformen

Beim Biegen werden die Werkstücke aus Werkstoffabschnitten mit Hilfe von Biegewerkzeugen plastisch umgeformt. Gebogen werden Bleche, Rohre, Profile und Drähte **(Bild 1)**.

Festlegung der gestreckten Länge

Beim Biegen werden die äußeren Bereiche des Werkstückes gestreckt, die inneren dagegen gestaucht **(Bild 2)**. Zwischen beiden befindet sich ein Werkstoffbereich, dessen Länge sich beim Biegen nicht ändert. Dieser Bereich wird als **neutrale Faser** bezeichnet.

> Die gestreckte Länge von Biegeteilen entspricht der Länge der neutralen Faser.

Gestreckte Länge bei Biegeteilen mit großen Biegeradien

Die gestreckte Länge L setzt sich aus den Teillängen l_1, l_2, l_3 ... des Biegeteiles zusammen.

Gestreckte Länge	$L = l_1 + l_2 + l_3 + ...$

Beispiel: Wie groß ist die gestreckte Länge des Hakens **(Bild 3)**?

Lösung: $L = l_1 + l_2 + l_3$ $l_1 = 30$ mm $l_3 = 50$ mm

$$l_2 = \frac{\pi \cdot d \cdot \alpha}{360°} = \frac{\pi \cdot 114\ \text{mm} \cdot 150°}{360°} = 149\ \text{mm}$$

$L = 30$ mm + 149 mm + 50 mm = **229 mm**

Gestreckte Länge bei Biegeteilen mit kleinen Biegeradien

Beim Biegen mit kleinen Biegeradien liegt die neutrale Faser nicht mehr in der Mitte des Querschnittes, da der Werkstoff mehr gestaucht als gestreckt wird. Bei der Berechnung der gestreckten Länge wird dies im Ausgleichswert v berücksichtigt. Der Ausgleichswert wurde durch Versuche ermittelt und kann Tabellen entnommen werden **(Tabelle 1, Seite 56)**.

Um die Berechnung zu vereinfachen, wird bei Biegeteilen mit Biegewinkeln von 90° die gestreckte Länge aus den geraden Teillängen l_1, l_2, l_3 ... und dem Korrekturwert $n \cdot v$ ermittelt **(Bild 4)**.

Dabei gibt n die Anzahl der Biegungen an. Der Wert für v hängt vom Biegeradius r und der Blechdicke s ab (Tabelle 1 Seite 56).

Gestreckte Länge	$L = l_1 + l_2 + l_3 + ... - n \cdot v$

Bild 1: Aus Biegeteilen hergestelltes Werkstück

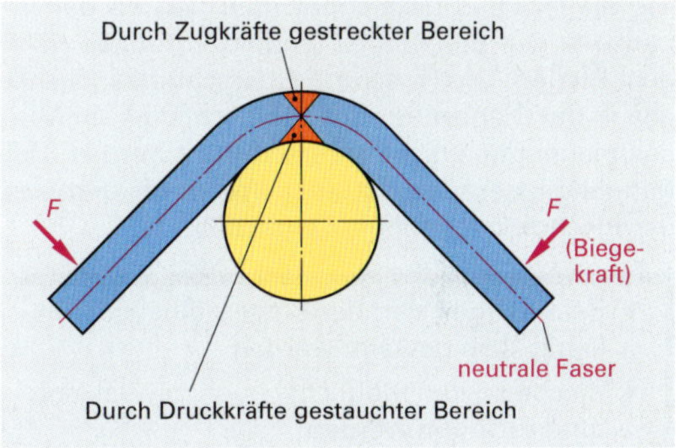

Bild 2: Neutrale Faser beim Biegen

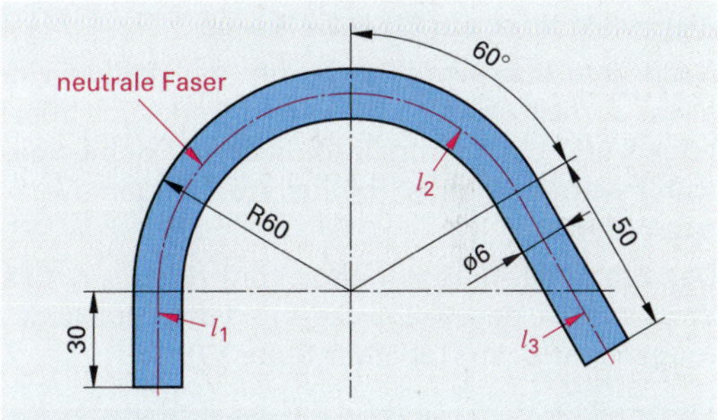

Bild 3: Berechnung der gestreckten Länge bei großen Biegeradien

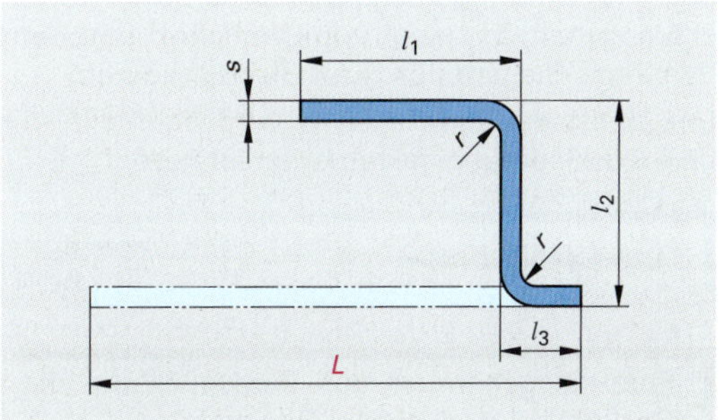

Bild 4: Berechnung der gestreckten Länge bei kleinen Biegeradien

Beispiel: Aus einem Blechstreifen der Dicke $s = 1$ mm wird ein Halter gebogen **(Bild 1)**.

Wie groß ist die gestreckte Länge für dieses Biegeteil?

Lösung: Die Ausgleichswerte für die 90°-Biegungen werden der Tabelle 1 entnommen:

$r = 1 \text{ mm} \Rightarrow v_1 = 1{,}9 \text{ mm}$

$r = 1{,}6 \text{ mm} \Rightarrow v_2 = 2{,}1 \text{ mm}$

$\boldsymbol{L} = l_1 + l_2 + l_3 - n \cdot v_1 - n \cdot v_2$

$= (40 + 60 + 30 - 1 \cdot 1{,}9 - 1 \cdot 2{,}1)$ mm

= 126 mm

Biegeradius

Mindestbiegeradius beim Biegen

Als Biegeradius bezeichnet man den an der Innenseite des Biegeteiles liegenden Radius nach dem Biegen. Um Risse und Querschnittsänderungen in der Biegezone zu verhindern, darf ein Mindestbiegeradius nicht unterschritten werden. Der Mindestbiegeradius ist vom Werkstoff und von der Blechdicke abhängig **(Tabelle 2)**.

- Beim Biegen darf der Biegeradius nicht beliebig klein gewählt werden.
- Bleche sollten möglichst quer zur Walzrichtung gebogen werden.

Festlegung des Biegestempelradius r_1 und des Biegewinkels α_1 am Biegewerkzeug

Nach dem Biegevorgang federn die Werkstücke etwas zurück. Deshalb muss das Werkstück überbogen und der Stempelradius etwas kleiner gewählt werden als der Radius am fertigen Werkstück **(Bild 2)**.

Der Stempelradius r_1 hängt vom Radius r_2 des Werkstückes, der Blechdicke s und dem Rückfederungsfaktor k_R ab **(Tabelle 1 Seite 57)**.

Stempelradius $r_1 = k_R \cdot (r_2 + 0{,}5 \cdot s) - 0{,}5 \cdot s$

Der Rückfederungsfaktor k_R wurde durch Versuche ermittelt. Er hängt vom Werkstoff und dem Verhältnis Biegeradius r_2 zur Blechdicke s ab.

Der Überbiegungswinkel α_1 wird ebenfalls mit dem Rückfederungsfaktor k_R berechnet.

Überbiegungswinkel $\alpha_1 = \frac{\alpha_2}{k_R}$

Beim Biegen muss das Werkstück um die Größe der elastischen Rückfederung nach dem Biegen überbogen werden.

Tabelle 1: Ausgleichswerte v für Biegewinkel $\alpha = 90°$

Biegeradius r in mm	Ausgleichswert v je Biegestelle in mm für Blechdicke s in mm						
	0,4	0,6	0,8	1	1,5	2	2,5
1	1,0	1,3	1,7	1,9	–	–	–
1,6	1,3	1,6	1,8	2,1	2,9	–	–
2,5	1,6	2,0	2,2	2,4	3,2	4,0	4,8
4	–	2,5	2,8	3,0	3,7	4,5	5,2
6	–	–	3,4	3,8	4,5	5,2	5,9
10	–	–	–	5,5	6,1	6,7	7,4
16	–	–	–	8,1	8,7	9,3	9,9
20	–	–	–	9,8	10,4	11,0	11,6

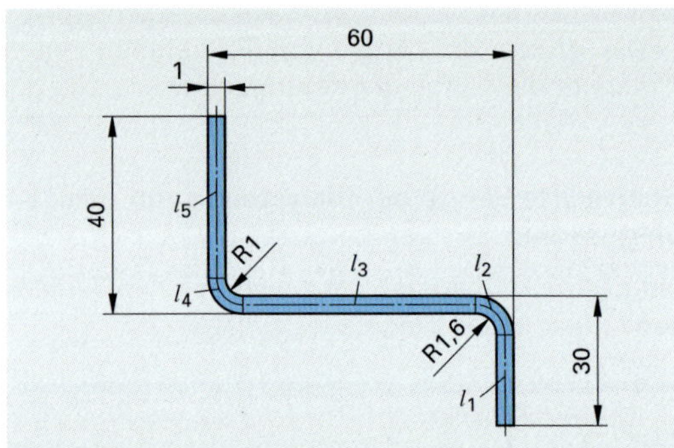

Bild 1: Halter

Tabelle 2: Mindestbiegeradien

Werkstoff	Blech	Rohr
Stahl	1 x Blechdicke	1,5 x Rohr-Ø
Kupfer	1,5 x Blechdicke	1,5 x Rohr-Ø
Aluminium	2 x Blechdicke	2,5 x Rohr-Ø
Cu-Zn-Legierung	2,5 x Blechdicke	2 x Rohr-Ø

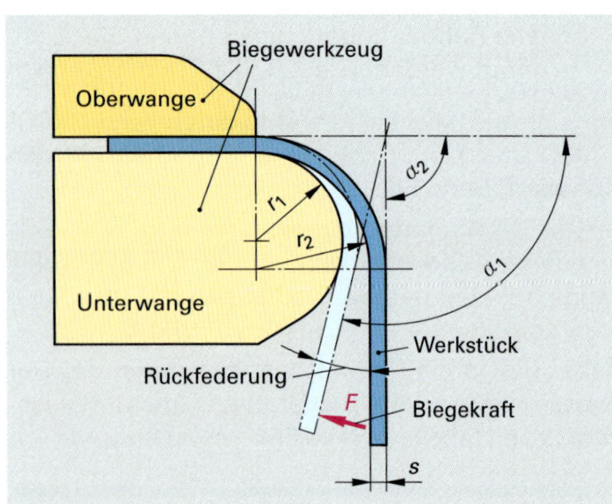

Bild 2: Biegestempelradius und Überbiegungswinkel

Beispiel: Ein Blech aus AlCuMg1 mit der Dicke s = 1,5 mm wird um α_2 = 60° gebogen. Der Biegeradius beträgt r_2 = 3 mm.

Zu berechnen sind:

a) das Verhältnis $r_2 : s$,

b) der Rückfederungsfaktor k_R,

c) der Winkel α_1 am Werkzeug,

d) der Radius r_1 am Werkzeug.

Lösung: a) $\boldsymbol{r_2 : s}$ = 3 mm : 1,5 mm **= 2**

b) $\boldsymbol{k_R}$ **= 0,98** (nach Tabelle 1)

c) $\alpha_1 = \frac{\alpha_2}{k_R} = \frac{60°}{0{,}98} = \mathbf{61{,}2°}$

d) $r_1 = k_R \cdot (r_2 + 0{,}5 \cdot s) - 0{,}5 \cdot s$

$r_1 = 0{,}98 \cdot (3\text{ mm} + 0{,}5 \cdot 1{,}5\text{ mm}) - 0{,}5 \cdot 1{,}5\text{ mm}$

$\boldsymbol{r_1}$ **= 2,93 mm**

Biegeverfahren

Bei einfachen Biegearbeiten oder Reparaturen werden Bleche mit einem Kunststoffhammer um eine Biegebeilage gebogen. Genaue Biegeteile dagegen werden mit Maschinen oder Vorrichtungen hergestellt. Die häufigsten Verfahren dabei sind das Schwenkbiegen und das Abkanten.

Schwenkbiegen. Bei Schwenkbiegemaschinen wird das Blech zwischen Oberwange und Unterwange eingespannt **(Bild 1).** Die schwenkbare Biegewange biegt das freie Blechstück um die Biegeschiene.

Rohre für Hydraulikleitungen oder Leitungen für Kühlschmierstoffe werden in besonderen Rohr-Biegevorrichtungen gebogen **(Bild 2).** Die Stütz- und die Biegerolle besitzen einen bogenförmigen Querschnitt, der auf den Rohr-Außendurchmesser abgestimmt ist. Dadurch wird das Rohr beim Biegen gestützt und Verformungen des Rohrquerschnittes sowie Einknicken vermieden. Der Innendurchmesser der Stützrolle richtet sich nach dem geforderten Biegedurchmesser.

Gebogene Rohrleitungen, die in hohen Stückzahlen benötigt werden, wie z. B. die Bremsleitungen von Kraftfahrzeugen, werden auf numerisch gesteuerten Biegemaschinen hergestellt.

Abkanten. Beim Abkanten wird das Blech vom Biegestempel in das Gesenk gedrückt **(Bild 3).** Ändern sich Biegeradius oder Biegewinkel, müssen beide Werkzeuge ausgetauscht werden. Schwierige Profile, z. B. für Fenster, werden in mehreren Biegevorgängen hergestellt.

Biegen und Schneiden in einem Werkzeug. Biegevorgänge werden oft auch in Schneidwerkzeuge integriert (Verbundwerkzeuge), um Werkstücke durch Schneiden und Umformen in einem Arbeitsgang herstellen zu können.

Tabelle 1: Rückfederungsfaktoren k_R

Werkstoff der Biegeteile	Verhältnis $r_2 : s$							
	1	1,6	2,5	4	6,3	10	16	25
	Rückfederungsfaktor k_R							
DC04	0,99	0,99	0,99	0,98	0,97	0,97	0,96	0,94
X12CrNi18-8	0,99	0,98	0,97	0,95	0,93	0,89	0,84	0,76
CuZn33F29	0,97	0,97	0,96	0,95	0,94	0,93	0,89	0,86
EN AW-AlCu4Mg1	0,98	0,98	0,98	0,98	0,97	0,97	0,96	0,95

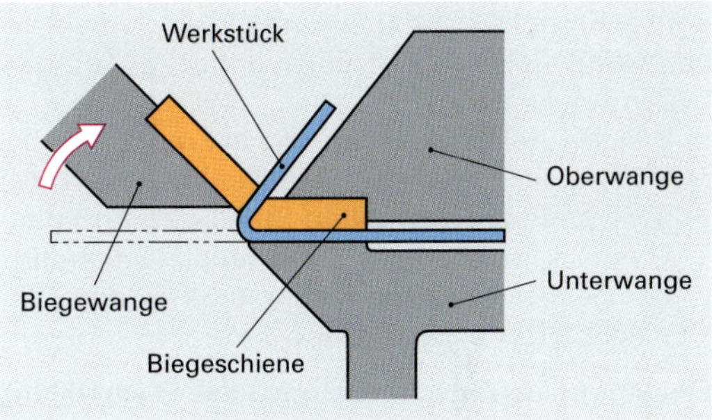

Bild 1: Schwenkbiegen

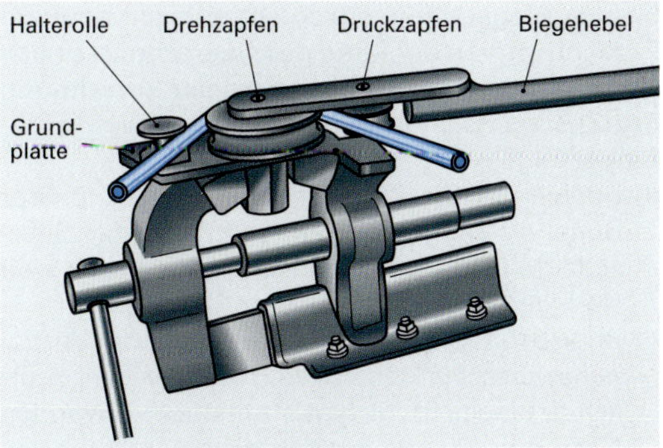

Bild 2: Rohr-Biegevorrichtung

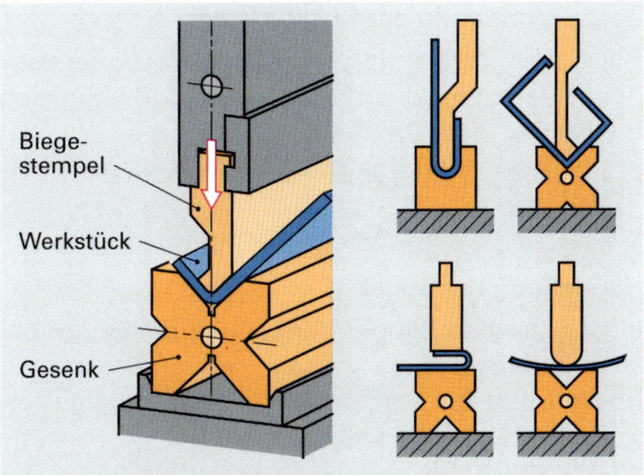

Bild 3: Abkanten mit Beispielen

Arbeitsbeispiel: Bügelsäge

Bei Handbügelsägen zum Trennen von Metallen besteht der Bügel meist aus Flachstahl **(Bild 1)**, bei Sägen zum Trennen von Holz aus einem ovalen Rohr **(Bild 2)**. Beide Bügelarten werden durch Biegen hergestellt. Die beiden Biegevorgänge sollen geplant werden.

Auswahl der Werkstoffe

Beim Biegen wird der Werkstoff in den Biegebereichen plastisch und elastisch verformt. Deshalb verwendet man einen Werkstoff mit ausreichend großer Festigkeit und Dehnung.

a) Warum eignet sich Stahl besonders gut für diesen Anwendungsfall?
b) Welche Stahlsorten kommen in Frage?
c) Prüfen Sie mit Hilfe des Tabellenbuches, ob bei der von Ihnen gewählten Stahlsorte und dem Querschnitt 18 mm x 8 mm des Flachstahles der kleinste zulässige Biegeradius für das Kaltbiegen nicht unterschritten wird.

Festlegung der Ausgangslängen des Flachstahles bzw. des Rohres

Die Ausgangslängen entsprechen bei großen Biegeradien der Länge der neutralen Faser. Bei kleinen Biegeradien verschiebt sich die neutrale Faser etwas von der Mitte des Querschnittes nach innen. Die Verschiebung wird bei der Berechnung der Zuschnittslänge durch Ausgleichswerte berücksichtigt.

a) Berechnen Sie die Zuschnittslängen beider Bügel als Länge der mittleren Faser der Querschnitte **(Bild 3)**. Die berechneten Längen weichen etwas von den genauen Längen ab.
b) Beurteilen Sie deshalb die folgende Vorgehensweise: Für den ersten Bügel wird ein deutlich zu langes Profil- bzw. Rohrstück verwendet. Nach dem Biegen werden die Überstände gemessen. Für die weiteren Bügel liegen damit die genauen Ausgangslängen fest.

Berücksichtigung der Rückfederung

Auch die Rückfederung kann durch Versuche oder durch Berechnung ermittelt werden. Bestimmen Sie für den Flachstahlbügel

a) den Rückfederungsfaktor mit Hilfe eines Tabellenbuches,
b) den Biegewinkel am Werkzeug.

Herstellung der Bügel

a) Beschreiben Sie die Herstellung der Bügel bei Einzelfertigung.
b) Wo muss bei Verwendung von geschweißten Rohren die Schweißnaht liegen?
c) Wie stellen Sie sich die Serienfertigung der Bügel vor?

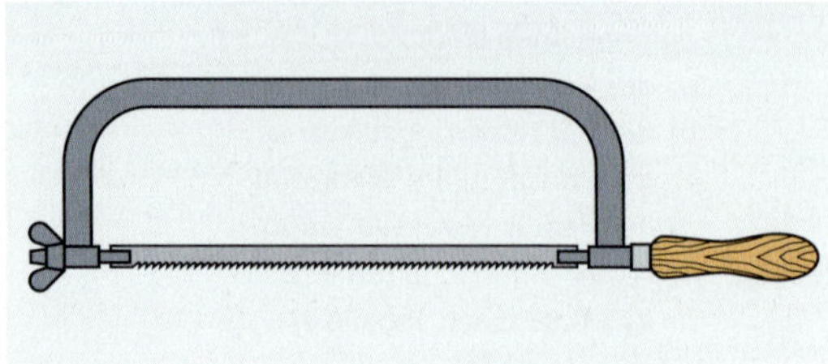

Bild 1: Handbügelsäge mit Flachstahlbügel

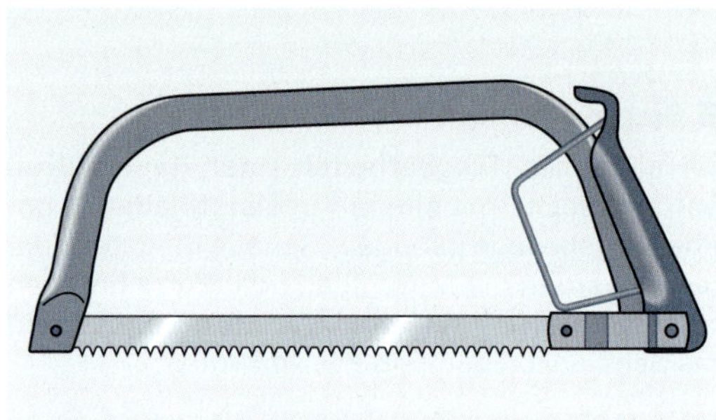

Bild 2: Handbügelsäge mit Rohrbügel

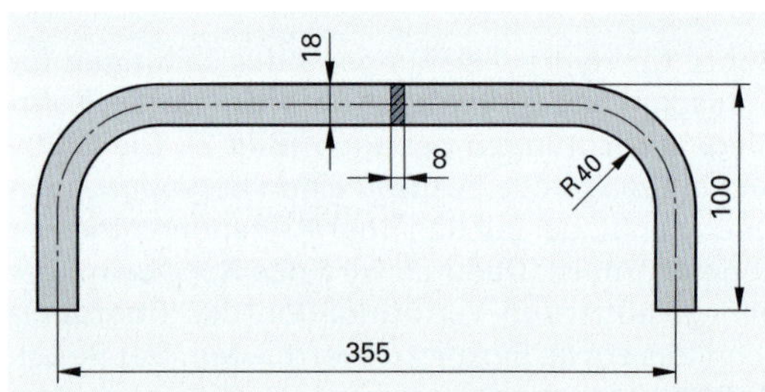

Bild 3: Bügelmaße zur Berechnung der Zuschnittslänge des Flachstahlbügels

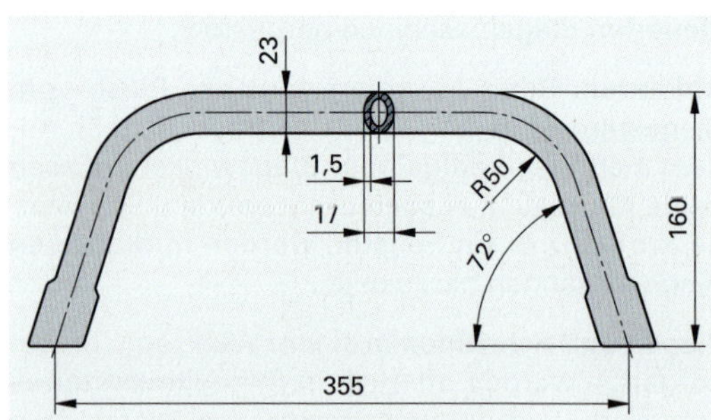

Bild 4: Bügelmaße zur Berechnung der Zuschnittslänge des Rohrbügels

2.4.4 Druckumformen

Beim Druckumformen wird das Werkstück durch Druckkräfte umgeformt **(Bild 1)**. Zum Druckumformen gehören die Fertigungsverfahren Freiformen (Schmieden), Gesenkformen (Gesenkschmieden), Eindrücken und Durchdrücken.

2.4.4.1 Frei- und Gesenkformen

Beim Schmieden werden Werkstücke durch Schlag oder Pressen in glühendem Zustand umgeformt. Durch die Erwärmung des Werkstoffes auf Schmiedetemperatur nimmt die Formbarkeit zu und der Energieaufwand beim Umformen ab.

Schmiedetemperatur

Die Schmiedetemperatur richtet sich nach dem Werkstoff und muss Tabellen entnommen werden. Sie beträgt z. B. für unlegierten Baustahl ca. 1000°C **(Bild 2)**. Unterhalb der Endschmiedetemperatur darf nicht mehr geschmiedet werden, damit sich am Werkstück keine Risse bilden. Bei zu hoher Schmiedetemperatur verbrennt der Stahl.

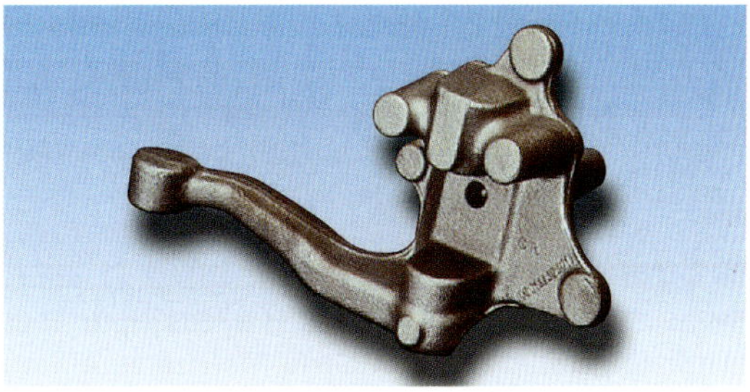

Bild 1: Gesenkgeschmiedeter Achsschenkel

Schmiedbarkeit der Werkstoffe

Die wichtigsten schmiedbaren Metalle sind die Stähle sowie die Aluminium- und Kupfer-Knetlegierungen. Bei Stählen nimmt die Schmiedbarkeit mit zunehmendem Kohlenstoffgehalt ab. Außerdem ist der Temperaturbereich, in dem geschmiedet werden kann, kleiner als bei Stählen mit niedrigem C-Gehalt.

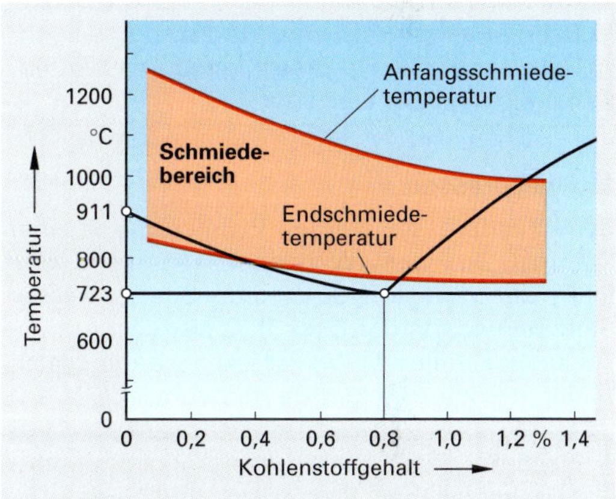

Bild 2: Schmiedebereich unlegierter Stähle

> Beim Schmieden sind die Angaben der Werkstoffhersteller über Anwärmzeiten und Schmiedetemperaturen zu beachten.

Freies Schmieden

Beim freien Schmieden entsteht die Fertigform durch gezielte Schläge aus dem Rohteil. Dabei kann der Werkstoff frei zwischen den Werkzeugen fließen. Durch freies Schmieden werden Einzelstücke und Vorformen von Gesenkschmiedestücken hergestellt.

Gesenkformen

Beim Gesenkformen wird das Schmiedestück in einem zweiteiligen Gesenk aus einem Rohteil geschlagen **(Bild 3)**. Gesenke sind Stahlformen aus warmfestem Werkzeugstahl. Sie sind stark auf Verschleiß beansprucht und müssen nach 10 000 bis 100 000 Werkstücken ersetzt werden.

Vorteile des Gesenkschmiedens sind:

- geringer Werkstoffverlust
- hohe Wiederholgenauigkeit
- günstiger Faserverlauf
- Herstellung schwieriger Formen möglich

Anwendungsbeispiele: Kurbelwellen, Nockenwellen, Pleuelstangen, Schraubenschlüssel.

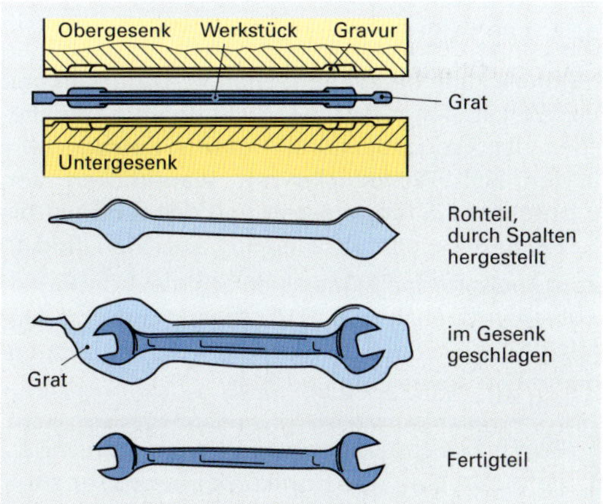

Bild 3: Schmiedegesenk mit Werkstück

2.4.4.2 Eindrücken

Beim Eindrücken unterscheidet man Verfahren mit drehender Bewegung des umformenden Werkzeuges, wie z.B. Rändeln und Gewindeformen, und Verfahren mit geradliniger Bewegung, wie z.B. das Einsenken **(Bild 1)**. Das Einsenken von Innensechskanten oder Kreuzschlitzen in Schraubenköpfe kann bei kaltem oder warmem Werkstoff erfolgen.

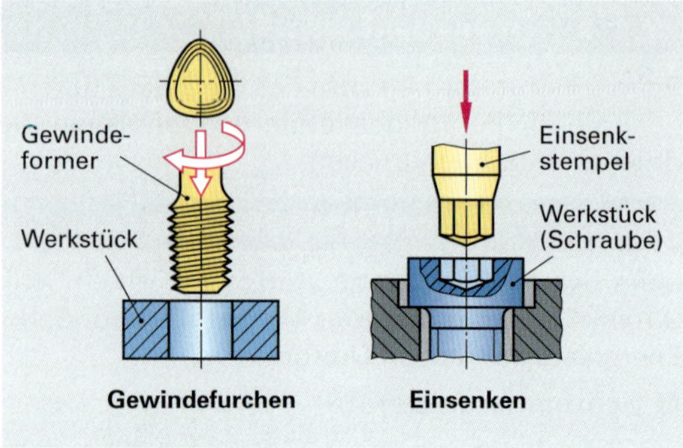

Bild 1: Eindrückverfahren

2.4.4.3 Durchdrücken

Die wichtigsten Verfahren des Durchdrückens sind das Strangpressen und das Fließpressen.

Strangpressen

Beim Strangpressen drückt der Stempel den Werkstoff durch die profilierte Matrize zu einem langen Strang mit vollem oder hohlem Querschnitt **(Bild 2)**.

> Beim Strangpressen wird Werkstoff zu langen Halbzeugprofilen gepresst, die durch Walzen nicht herstellbar sind.

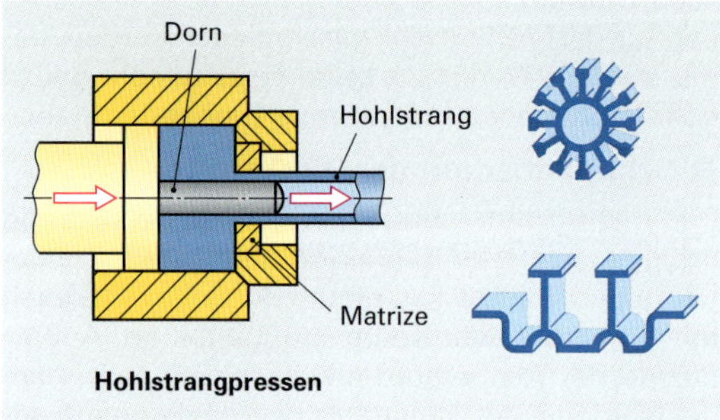

Bild 2: Strangpressen

Fließpressen

Beim Fließpressen werden Platinen durch einen Stempel zu einem Werkstück gepresst. Dabei fließt der Werkstoff durch den Spalt zwischen Stempel und Matrize **(Bild 3)**. Gewindestutzen an Tuben und ähnlichen Werkstücken werden gleichzeitig im Boden der Matrize mitgepresst.

> Nach der Fließrichtung des Werkstoffes unterscheidet man Rückwärts- und Vorwärts-Fließpressen sowie Vorwärts-Rückwärts-Fließpressen.

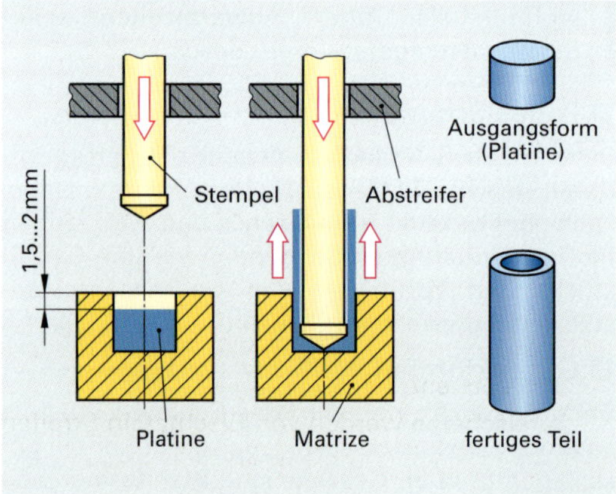

Bild 3: Rückwärts-Fließpressen

Die Länge der durch Fließpressen hergestellten Hohlteile kann bei zylindrischen Werkstücken und bei Werkstoffen mit großer Dehnung bis zum 6fachen des Werkstückdurchmessers betragen. Es lassen sich Werkstücke mit Wanddicken von 0,1 mm bis 1,5 mm pressen und dabei Höhen bis zu 250 mm in einem Arbeitsgang erreichen **(Bild 4)**.

Zum Fließpressen eignen sich Stahl mit geringem Kohlenstoffgehalt, z.B. C10, Aluminium und Aluminiumlegierungen, Kupfer und weiche Cu-Zn-Legierungen sowie Zinn und Blei.

> Durch Fließpressen werden auch schwierig geformte Voll- und Hohlkörper in großen Serien wirtschaftlich hergestellt.

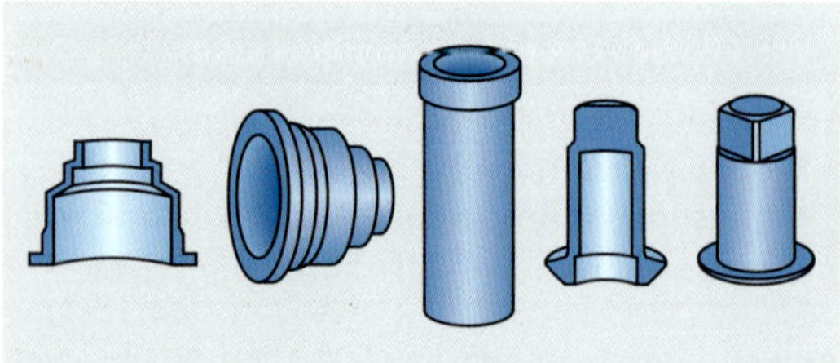

Bild 4: Fließgepresste Werkstücke

2.5 Schneiden

Bleche und Profile können durch Scherschneiden oder durch Strahlschneiden zerteilt werden.

2.5.1 Scherschneiden

Durch Scherschneiden werden vor allem Werkstücke aus Blech hergestellt **(Bild 1)**. Dabei unterscheidet man das Schneiden mit Scheren und das Schneiden mit Schneidwerkzeugen.

2.5.1.1 Schneiden mit Scheren

Hand- und Maschinenscheren werden vor allem zum Abschneiden von Blechteilen eingesetzt. Die beiden Schneiden dringen zuerst in das Blech ein, bevor sie schneiden. Danach wird der restliche Querschnitt vollends abgeschert **(Bild 2)**.

Handscheren

Mit Handscheren können wegen der beschränkten Betätigungskraft nur dünne Bleche geschnitten werden. Außerdem ist die Formgenauigkeit der geschnittenen Kanten gering. Sie werden deshalb nur für Einzelanfertigungen und Reparaturen eingesetzt.

Je nach der zu schneidenden Form werden verschiedene Handscheren verwendet. Mit Durchlaufscheren werden gerade Schnitte, mit Lochscheren gerundete Formen geschnitten.

Maschinenscheren

Nibbelscheren dienen zum Ausschneiden beliebiger Formen in Blechen. Der Werkstoff wird durch einen Stempel mit kurzen, schnell aufeinander folgenden Hüben getrennt **(Bild 3)**. Nibbelwerkzeuge werden auch auf NC-gesteuerten Maschinen für die Formen eingesetzt, die nicht mit den Standardwerkzeugen des Werkzeugmagazins gestanzt werden können. Dabei wird die Blechtafel unter dem Werkzeug so verfahren, dass die gewünschte Form entsteht.

Mit **Tafelscheren** werden von Blechtafeln Streifen abgeschnitten. Damit diese Streifen gratfrei sind und eine senkrechte Schnittkante entsteht, müssen die beiden Schermesser genau geschliffen sein. Vor dem Schneiden wird die Blechtafel durch einen Niederhalter geklemmt, damit das Blech beim Schneiden nicht kippt. Beim Schneiden bewegt sich das Obermesser je nach Bauart entweder senkrecht oder schwingend gegen das Untermesser **(Bild 4)**.

Der Antrieb des Messerbalkens und des Niederhalters erfolgt entweder hydraulisch durch Zylinder oder mechanisch, z. B. durch einen Kurbelantrieb. Für dünne Bleche werden auch handbetätigte Tafelscheren eingesetzt.

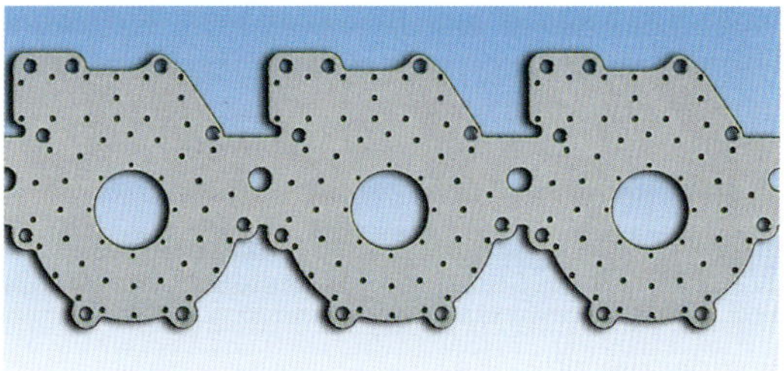

Bild 1: Blechstreifen mit Werkstücken vor dem Abschneiden

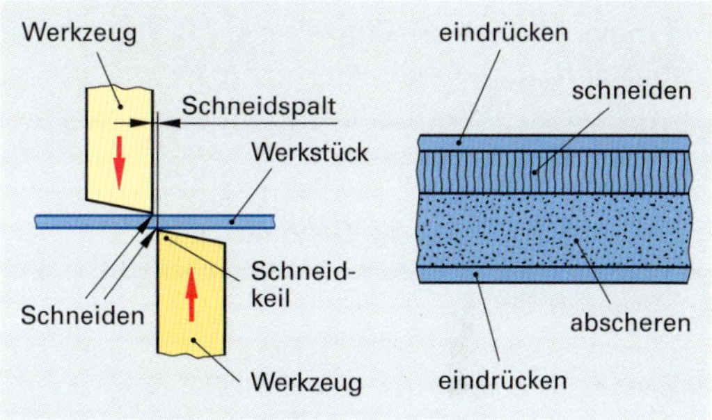

Bild 2: Vorgang beim Scherschneiden

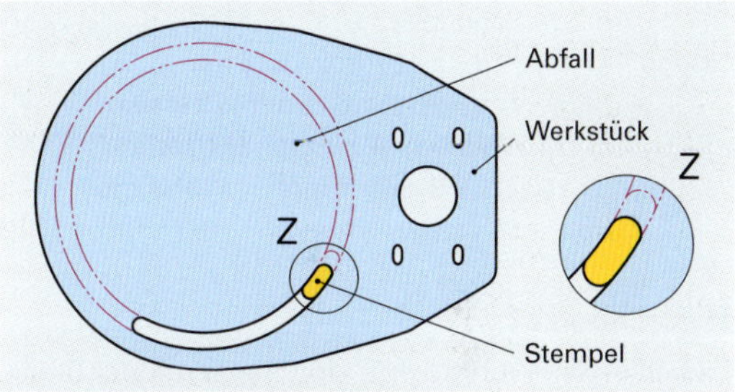

Bild 3: Trennen durch Nibbeln

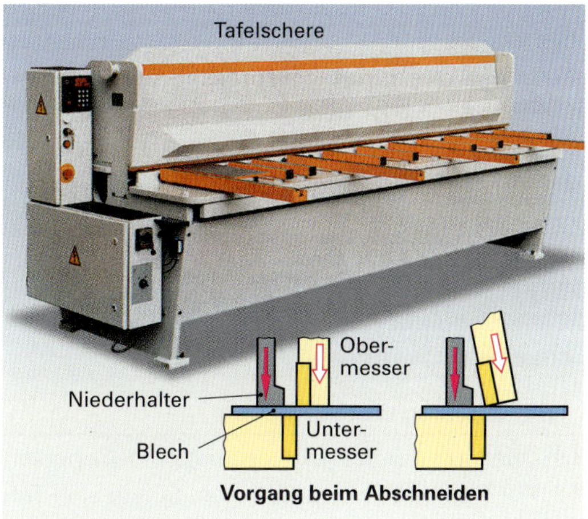

Bild 4: Tafelschere

2.5.1.2 Schneiden mit Schneidwerkzeugen

Viele Werkstücke aus Blech werden in hohen Stückzahlen mit Schneidwerkzeugen hergestellt. Die Schneidwerkzeuge werden dann in Pressen eingesetzt.

Schneidkraft

Die zum Trennen erforderliche Schneidkraft F ist abhängig von der Schnittfläche S und der maximalen Scherfestigkeit τ_{aBmax} **(Bild 1)**. Die Schnittfläche S ist das Produkt aus der Länge l der Schnittlinie und der Blechdicke s.

Schnittfläche	$S = l \cdot s$

Die maximale Scherfestigkeit τ_{aBmax} wird aus der maximalen Zugfestigkeit R_{mmax} berechnet.

Maximale Scherfestigkeit	$\tau_{aBmax} = 0{,}8 \cdot R_{mmax}$

Damit erhält man für die Schneidkraft F:

Schneidkraft	$F = S \cdot \tau_{aBmax}$

Beispiel: Eine Scheibe mit einem Durchmesser d = 20 mm wird aus Stahlblech S275J2 mit der Dicke s = 5 mm ausgeschnitten (Bild 1). Zu berechnen sind:

a) die Länge der Schnittlinie,
b) die Schnittfläche,
c) die maximale Scherfestigkeit,
d) die Schneidkraft.

Lösung:
a) $l = \pi \cdot d = \pi \cdot 20\,\text{mm} = \mathbf{62{,}8\,mm}$
b) $S = l \cdot s = 62{,}8\,\text{mm} \cdot 5\,\text{mm} = \mathbf{314\,mm^2}$
c) Aus Tabellen: $R_m = 410 \ldots 560\,\text{N/mm}^2$
$\tau_{aBmax} = 0{,}8 \cdot 560\,\text{N/mm}^2 = \mathbf{448\,N/mm^2}$
d) $F = S \cdot \tau_{aBmax} = 314\,\text{mm}^2 \cdot 448\,\text{N/mm}^2 = 140\,672\,\text{N} \approx \mathbf{141\,kN}$

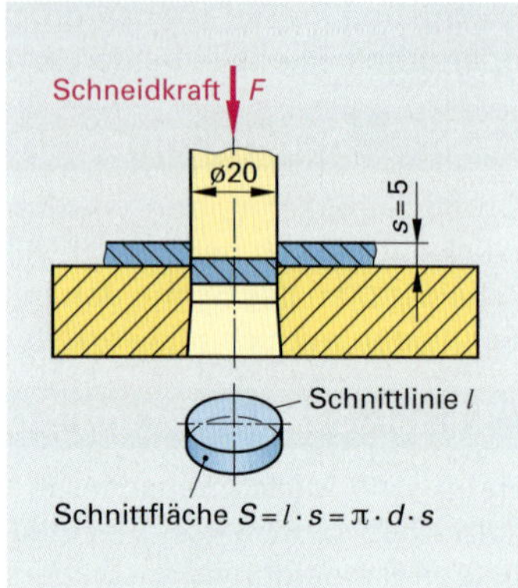

Bild 1: Berechnung der Schneidkraft

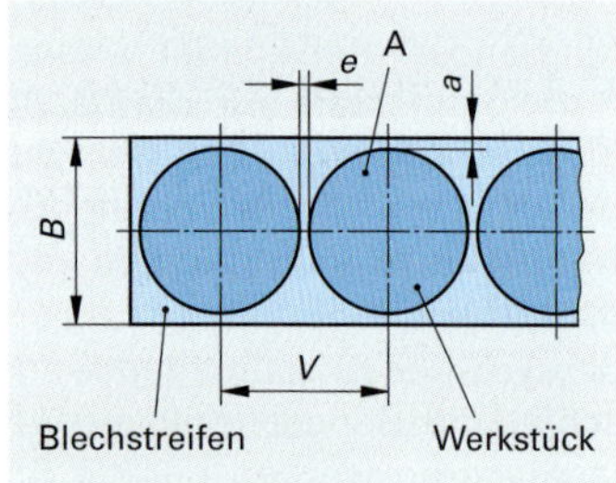

Bild 2: Blechbedarf

Blechbedarf

Zwischen den Werkstücken sind Stege mit der Breite e und am Streifenrand Ränder mit der Breite a notwendig **(Bild 2)**. Bei der Ermittlung des Blechbedarfs A_o je Werkstück aus einem Blechstreifen der Breite B mit dem Streifenvorschub V bleibt der Abfall an den Streifenenden unberücksichtigt.

Blechbedarf je Vorschub	$A_o = V \cdot B$

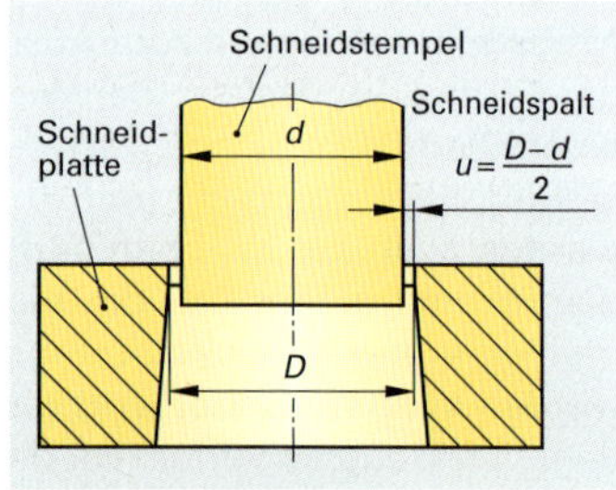

Bild 3: Schneidspalt

Schneidspalt

Zwischen Stempel und Schneidplatte muss ein Schneidspalt vorhanden sein **(Bild 3)**. Die Größe des Schneidspaltes hängt vor allem von der Blechdicke und der Scherfestigkeit des Bleches ab **(Tabelle 1)**. Ist die Schnittfläche rau und zeigt sich ein starker Grat, ist der Schneidspalt zu groß.

Tabelle 1: Größe des Schneidspaltes

Blechdicke s in mm	Schneidspalt u in mm für Scherfestigkeit τ_{aB} in N/mm²	
	250 ... 400	400 ... 600
0,4 ... 0,6	0,015	0,02
0,7 ... 0,8	0,02	0,03
0,9 ... 1,0	0,03	0,04
1,5 ... 2,0	0,04 ... 0,05	0,05 ... 0,07
2,5 ... 3,0	0,06 ... 0,07	0,09 ... 0,10
3,5 ... 4,0	0,08 ... 0,09	0,11 ... 0,13

Wiederholung und Vertiefung

1 Wie läuft der Schneidvorgang beim Scherschneiden ab?
2 Für welche Werkstückformen eignen sich Tafelscheren?
3 Wovon hängt die Schneidkraft beim Blechschneiden ab?

2.6 Spanende Fertigung

2.6.1 Grundlagen

Bei allen spanenden Fertigungsverfahren sind besonders wichtig:

- die Form der Werkzeugschneide und damit die Spanbildung an der Werkzeugschneide
- die auftretenden Kräfte und Temperaturen
- die Verschleißfestigkeit der Schneidstoffe

2.6.1.1 Die Werkzeugschneide

Die Grundform aller Werkzeugschneiden ist ein **Keil (Bild 1)**. Die beim Zerspanen auftretenden Kräfte und Temperaturen verursachen am Schneidkeil Verschleiß. Die Werkzeugschneide muss deshalb auch bei hohen Temperaturen verschleißfest und ausreichend zäh sein.

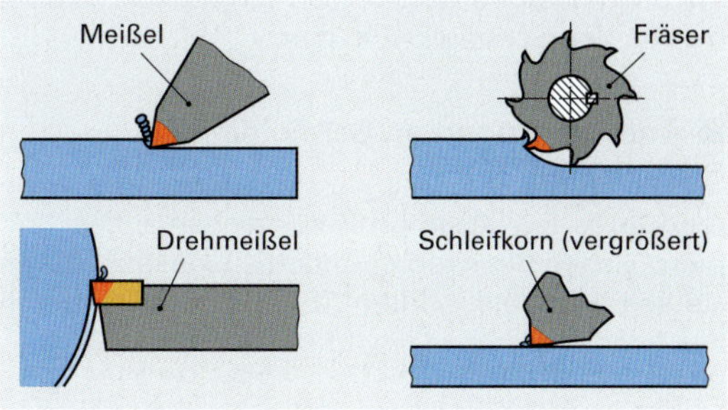

Bild 1: Keilform der Werkzeugschneide

Flächen und Winkel am Schneidkeil

Der in das weichere Werkstück eindringende Schneidkeil wird durch die Spanfläche und die Freifläche gebildet **(Bild 2)**. Der Winkel zwischen diesen beiden Flächen wird als **Keilwinkel** β bezeichnet. Seine Größe richtet sich im Wesentlichen nach dem zu zerspanenden Werkstoff **(Tabelle 1)**.

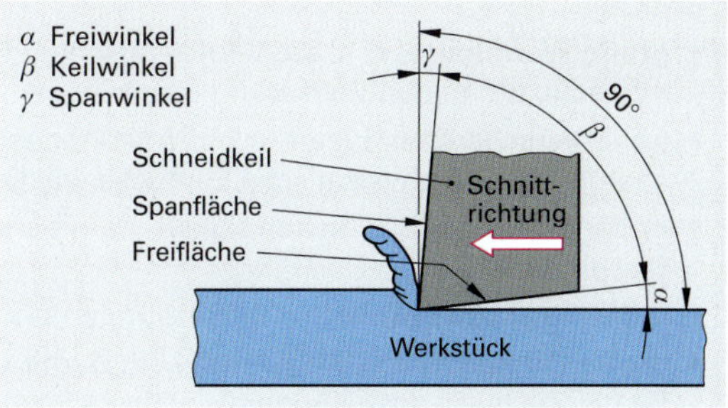

Bild 2: Flächen und Winkel am Schneidkeil

Eine Werkzeugschneide dringt umso leichter in den Werkstoff ein, je kleiner ihr Keilwinkel ist. Damit aber bei der Bearbeitung von Werkstoffen mit höherer Festigkeit die Schneide nicht ausbricht, muss der Keilwinkel genügend groß sein.

Der **Spanwinkel** γ ist der Winkel zwischen der Spanfläche und einer Senkrechten zur Bearbeitungsfläche. Um die auftretenden Kräfte so klein wie möglich zu halten, wird dieser Winkel möglichst groß gewählt. Bei der Bearbeitung härterer Werkstoffe, bei unterbrochenem Schnitt und spröderen Schneidstoffen muss der Spanwinkel klein oder sogar negativ sein, damit die Schneide nicht ausbricht.

Der **Freiwinkel** α zwischen der Freifläche und der bearbeiteten Fläche ist notwendig, um die Reibung zwischen Werkzeug und Werkstück zu vermindern. Man wählt ihn gerade so groß, dass das Werkzeug genügend frei schneidet.

> Der wichtigste Winkel am Schneidkeil ist der Spanwinkel γ, denn er beeinflusst die Spanbildung, die Standzeit und die Schnittkräfte.

Tabelle 1: Größe der Winkel am Schneidkeil

Keilwinkel β		Spanwinkel γ		Freiwinkel α	
groß	klein	klein	groß	klein	etwas größer
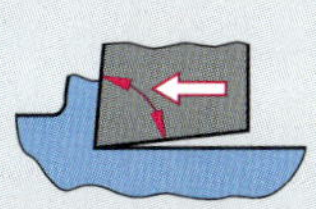	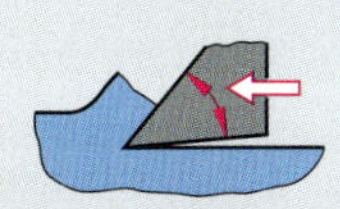	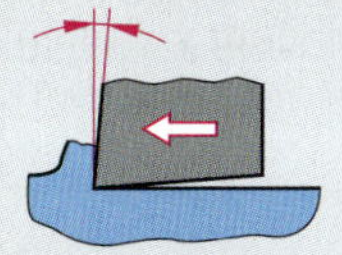	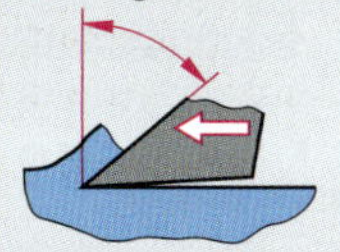	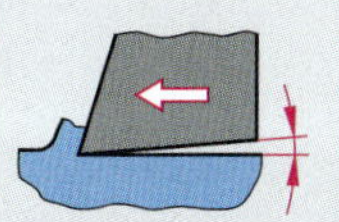	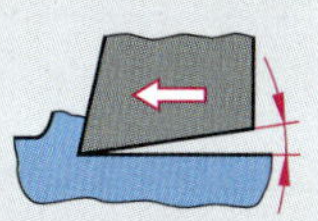
Harte Werkstoffe mit höherer Festigkeit, z. B. hochlegierte Stähle	Weiche Werkstoffe, z. B. Aluminium-Legierungen	Harte und spröde Werkstoffe, bei unterbrochenem Schnitt, beim Schruppen	Weiche Werkstoffe, beim Schlichten	Harte und kurzspanende Werkstoffe, z. B. hochlegierte Stähle	Weiche, plastisch verformbare Werkstoffe, z. B. Kunststoffe

2.6.1.2 Schneidstoffe

Als Schneidstoffe bezeichnet man die Werkstoffe, welche den Schneidkeil bilden.

Anforderungen an Schneidstoffe

Schneidstoffe für Zerspanwerkzeuge sind während ihres Einsatzes großen mechanischen und thermischen Beanspruchungen ausgesetzt, die zu starkem Verschleiß durch Abrieb oder zum Bruch des Schneidwerkzeuges führen können **(Bild 1)**.

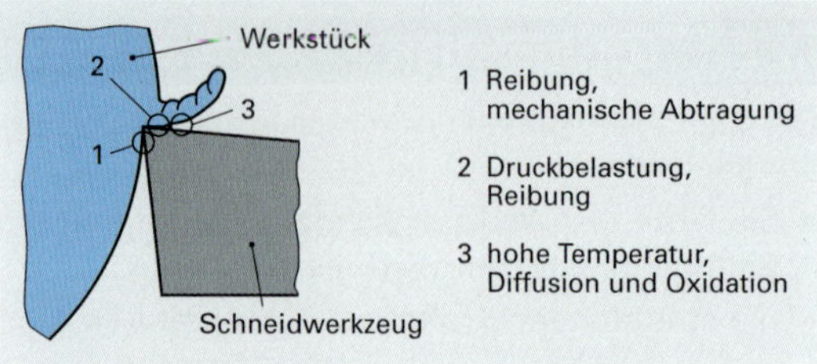

Bild 1: Beanspruchung von Schneidwerkzeugen

Notwendige Eigenschaften der Schneidstoffe

Damit die Schneiden eine möglichst große Standzeit haben, sollten sie die folgenden Eigenschaften besitzen:

- große **Warmhärte,** d. h. die Werkzeugschneide muss auch bei hohen Temperaturen noch hart genug sein, um in den Werkstoff einzudringen
- hohe **Verschleißfestigkeit,** d. h. Widerstandsfähigkeit gegen mechanischen Abrieb sowie gegen chemische und physikalische Einflüsse wie Oxidation und Diffusion
- hohe **Wärmewechselbeständigkeit,** damit sich bei stark wechselnden Arbeitstemperaturen keine Risse bilden
- große **Druckfestigkeit,** um Verformungen und Ausbröckelungen der Schneidkanten zu vermeiden
- große **Zähigkeit** und **Biegefestigkeit,** damit die Werkzeugschneide auch schlagartig auftretende Beanspruchung aushält und die scharfe Schneidkante nicht ausbricht

Auswahl von Schneidstoffen

Die Auswahl des Schneidstoffes richtet sich nach dem Fertigungsverfahren, dem zu zerspanenden Werkstoff und der Wirtschaftlichkeit. Wichtige Eigenschaften für die Auswahl des geeigneten Schneidstoffes sind dessen Verschleißfestigkeit und Zähigkeit **(Bild 2)**. Durch Beschichtungen erhalten HM- und HSS-Schneidstoffe eine wesentlich verbesserte Verschleißfestigkeit.

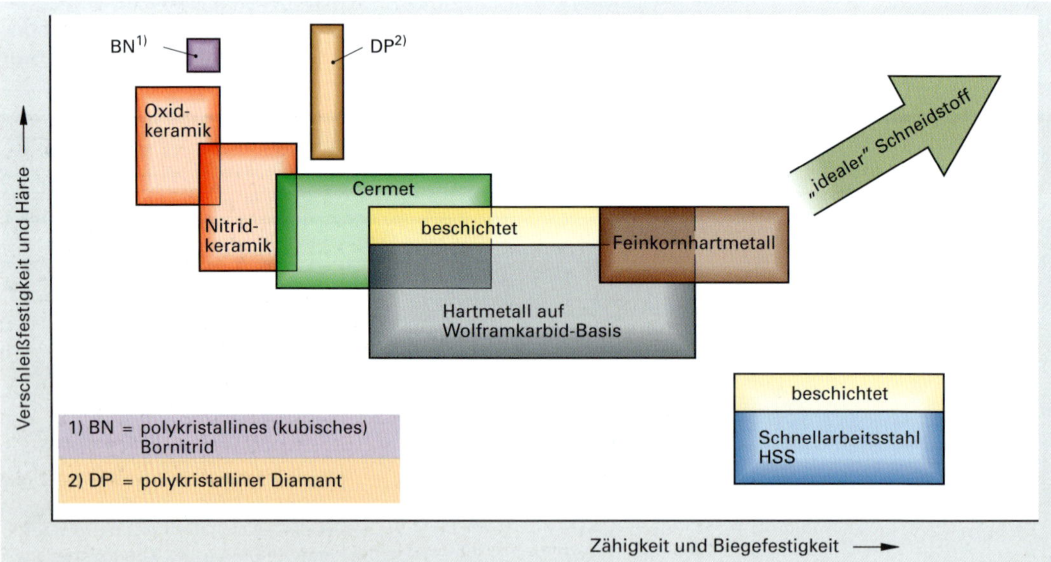

Bild 2: Verschleißfestigkeit und Zähigkeit von Schneidstoffen

Aufgrund ihrer unterschiedlichen Verschleißfestigkeit, Zähigkeit und Kosten haben Schneidstoffe verschiedene Einsatzgebiete.

Schnellarbeitsstahl (HSS)

Schnellarbeitsstahl ist ein hochlegierter Werkzeugstahl, der als Hauptlegierungselemente Wolfram, Molybdän, Vanadium und Kobalt enthält. Schnellarbeitsstahl hat von allen Schneidstoffen die größte Zähigkeit, aber auch die geringste Härte. HSS wird eingesetzt, wenn die Schneidkante sehr scharf sein muss und die Schnitttemperatur nicht zu hoch ist **(Bild 1)**.

Hartmetall

Aufbau. Hartmetall ist ein Verbundwerkstoff, der durch Sintern aus pulverförmigen Grundstoffen hergestellt wird. Dabei werden harte Wolframkarbide mit dem weicheren Bindemittel Kobalt verbunden. Hartmetalle sind durch unterschiedliche Zusammensetzung, Korngröße und Beschichtung für die Bearbeitung nahezu aller Werkstoffe einsetzbar **(Bild 2)**.

Cermet

Hartmetall auf der Basis von Titankarbid anstelle Wolframkarbid und mit Nickel bzw. Kobalt als Bindemittel wird als Cermet (**Cer**amic – **Met**al) bezeichnet. Cermets werden als Wendeschneidplatten zum Drehen und Fräsen eingesetzt.

Schneidkeramik

Keramische Schneidstoffe haben eine sehr große Warmhärte. Heute werden Werkzeuge mit hoher Temperaturbeständigkeit meist aus Siliziumnitrid (Si_3N_4) hergestellt **(Bild 3)**.

Polykristallines kubisches Bornitrid (BN)

Kubisches Bornitrid ist nach Diamant der härteste Schneidstoff und besitzt die größte Warmhärte. BN wird hauptsächlich für die Schlichtbearbeitung harter Werkstoffe eingesetzt **(Bild 4)**.

Polykristalliner Diamant (DP)

Polykristalliner Diamant ist nahezu so hart wie der natürliche, monokristalline Diamant **(Bild 5)**. Er wird aus Kohlenstoff bei großem Druck und hoher Temperatur hergestellt. Die Verschleißfestigkeit ist sehr hoch. Dadurch können hohe Standzeiten erzielt werden.

Anteile der eingesetzten Schneidstoffe

Beschichtete und unbeschichtete Hartmetalle sind aufgrund ihrer vielfältigen Eigenschaften der wichtigste Schneidstoff. Dies wird durch den prozentualen Anteil an den verschiedenen Schneidstoffen deutlich **(Bild 6)**.

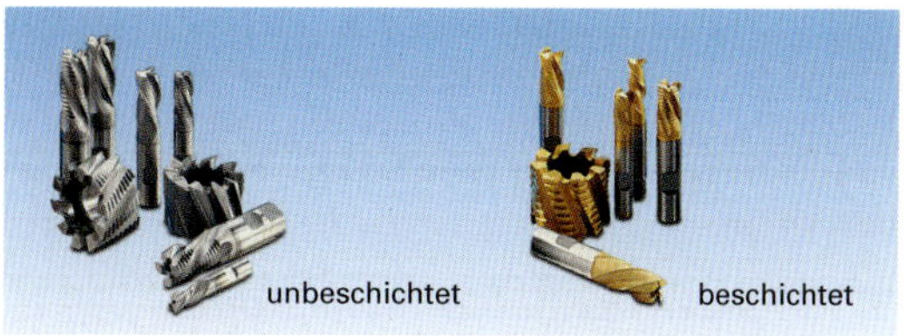

Bild 1: Werkzeuge aus Schnellarbeitsstahl HSS

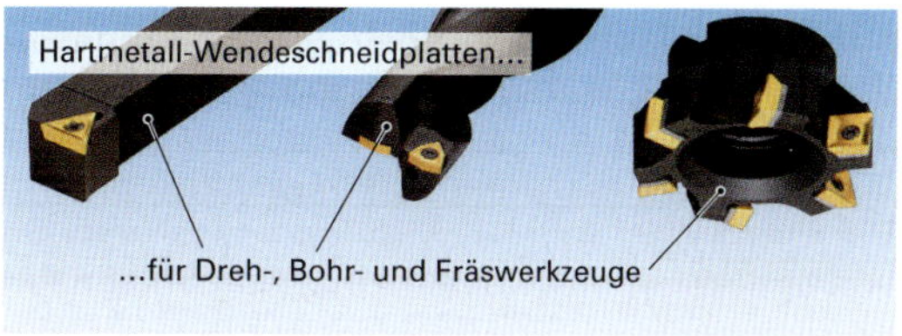

Bild 2: Werkzeuge aus Hartmetall

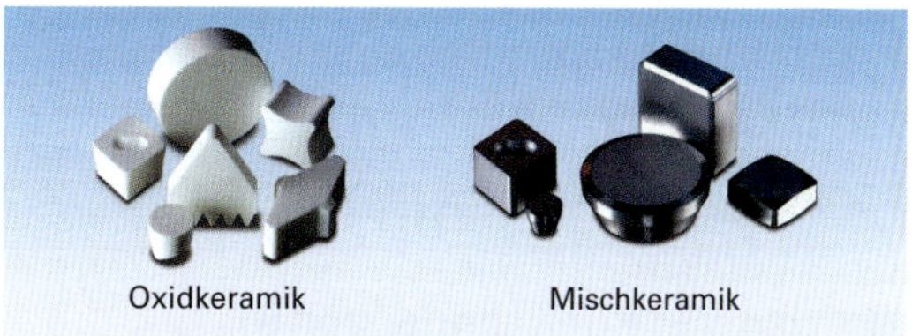

Bild 3: Werkzeuge aus Keramik

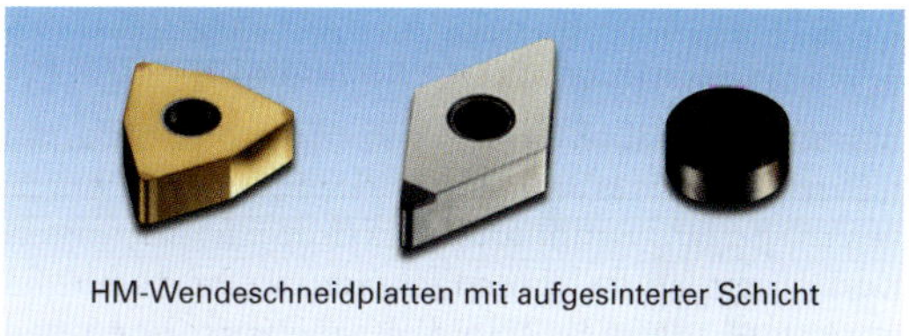

Bild 4: BN-Schneidplatten

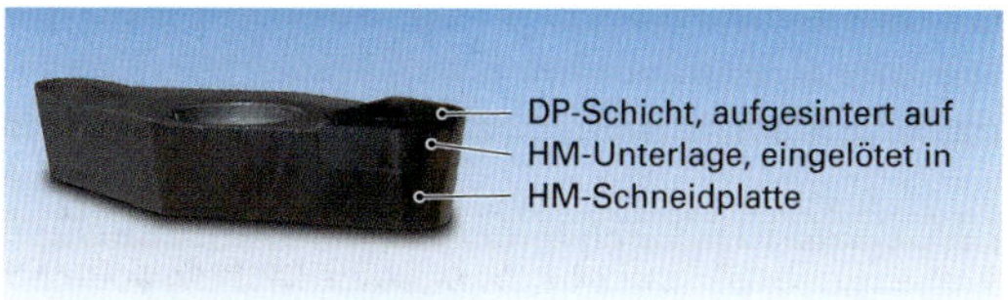

Bild 5: DP-Schneidplatte

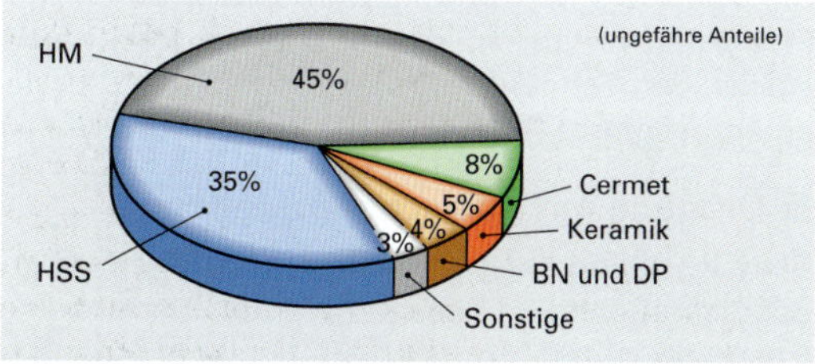

Bild 6: Anteile der Schneidstoffe

2.6.1.3 Kühlschmierstoffe

Kühlschmierstoffe sind Hilfsstoffe, auf die bei der spanenden Fertigung meist nicht verzichtet werden kann.

Aufgaben der Kühlschmierstoffe

Die Hauptaufgabe der Kühlschmierstoffe (KSS) besteht in der Kühlung und Schmierung von Werkstück und Werkzeug. Darüber hinaus erfüllen Kühlschmierstoffe auch noch weitere Aufgaben **(Bild 1)**. Späne und Werkzeugabrieb werden von der Wirkstelle, z.B. aus der Bohrung, weggespült und aus dem Arbeitsraum der Maschine entfernt. Die Bearbeitungsstelle wird gereinigt und die Werkstücke erhalten einen kurzzeitig wirkenden Korrosionsschutz. Eine wichtige Aufgabe ist beim Schleifen neben der starken Kühlung auch die Bindung des Staubes.

Kühlschmierstoffe senken die Temperatur von Werkzeug, Werkstück und Maschine. Sie erhöhen die Standzeit der Werkzeuge und die Oberflächengüte der Werkstücke.

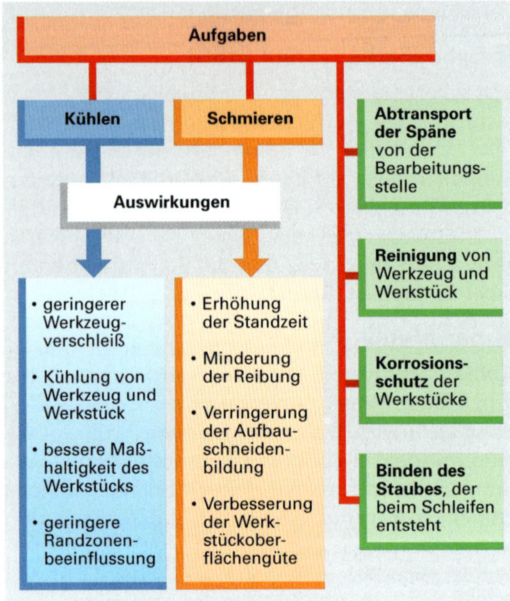

Bild 1: Aufgaben und Wirkungen von Kühlschmiermitteln

Arten von Kühlschmierstoffen

Kühlschmierstoffe lassen sich in zwei Hauptgruppen unterteilen:

- Reine Schneidöle
- Wassermischbare Kühlschmierstoffe

Reine **Schneidöle** sind meist Mineralöle, denen teilweise Zusätze beigemischt werden. Sie besitzen eine hohe Schmierfähigkeit und bieten guten Korrosionsschutz. Ihre Kühlwirkung ist durch die geringere Wärmeleitfähigkeit nicht so hoch wie bei wassermischbaren Kühlschmierstoffen **(Bild 2)**.

Bei **wassermischbaren Kühlschmierstoffen** wird die große Kühlwirkung des Wassers mit der Schmierwirkung von Ölen kombiniert. Damit sich das Öl möglichst fein im Wasser verteilt, muss es unter ständigem Umrühren dem Wasser zugegeben werden. Dadurch entsteht eine **Emulsion,** eine Mischung aus zwei Flüssigkeiten.

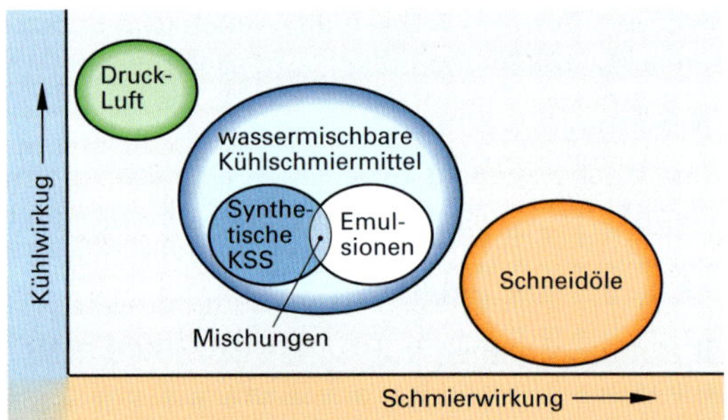

Bild 2: Kühl- und Schmierwirkung von Kühlschmierstoffen

Auswahl der Kühlschmierstoffe

Die Wahl des Kühlschmierstoffs wird durch das Fertigungsverfahren, den Werkstoff des Werkstücks, den Schneidstoff sowie durch die Schnittdaten bestimmt **(Tabelle 1)**.

Tabelle 1: Auswahl des Kühlschmierstoffes

Art	Anwendung
Emulsion Kühlwirkung überwiegt gegenüber Schmierwirkung	• bei hohen Arbeitstemperaturen • beim Drehen, Fräsen, Bohren • bei leicht bearbeitbaren Werkstoffen
Schneidöl Schmierwirkung überwiegt gegenüber Kühlwirkung	• bei niedriger Schnittgeschwindigkeit • bei hoher Oberflächengüte • bei schwer zerspanbaren Werkstoffen

Umgang mit Kühlschmierstoffen

Beim Umgang mit Kühlschmierstoffen müssen Schutzmaßnahmen beachtet werden, damit keine Gesundheitsgefährdung oder Umweltbelastung eintreten.

2.6.2 Sägen

Sägen ist ein spanendes Fertigungsverfahren zum Trennen von Stangenmaterial, Rohren oder zum Aussägen von Konturen und zum Einschneiden von Schlitzen.

Sägen von Hand

Zum Sägen von Hand werden meist Handbügelsägen verwendet. Das Sägeblatt muss so eingespannt werden, dass die Zähne in Vorschubrichtung zeigen **(Bild 1)**.

Zahnteilung. Die Zahnteilung ist der Abstand von Zahn zu Zahn. Zur Kennzeichnung der Zahnteilung wird bei Sägeblättern die Anzahl der Zähne auf ein Zoll (Inch) Länge angegeben. Damit das Sägeblatt nicht einhakt, müssen immer mehrere Zähne im Eingriff sein. Für dünnwandige Werkstücke und Hohlprofile sind deshalb Sägeblätter mit feiner Zahnteilung einzusetzen **(Bild 2)**. Die Zahnlücke muss die entstehenden Späne ohne Pressung aufnehmen können. Bei großer Eingriffslänge muss deshalb ein Sägeblatt mit grober Zahnteilung verwendet werden. Die Zahnteilung des Sägeblattes richtet sich außerdem nach der Festigkeit des Werkstoffes, der gesägt wird **(Tabelle 1)**. Werkstoffe mit höherer Festigkeit erfordern eine feine Zahnteilung, damit mehr Zähne im Eingriff sind. Werkstoffe mit geringerer Festigkeit benötigen einen größeren Spanraum und somit eine grobe Zahnteilung.

Arbeitsregeln

- Die Zähne des Sägeblattes müssen in Vorschubrichtung zeigen.
- Sägeblätter mit grober Zahnteilung werden zum Sägen von weichen Werkstoffen und bei großer Eingriffslänge eingesetzt.
- Sägeblätter mit feiner Zahnteilung werden zum Sägen von Werkstoffen mit höherer Festigkeit und bei dünnwandigen Werkstücken verwendet.

Freischneiden des Sägeblattes

Damit das Sägeblatt nicht in der Schnittfuge klemmt, muss es seitlich freischneiden. Geschränkte, d. h. abwechselnd nach rechts und links ausgebogene Zähne oder eine Wellenschränkung verbreitern die Schnittfuge und verhindern so ein Klemmen des Sägeblattes **(Bild 3)**. Bei feiner Zahnteilung wird meist die Wellenschränkung angewendet.

Das Freischneiden des Sägeblattes wird durch Schränken der Zähne erreicht.

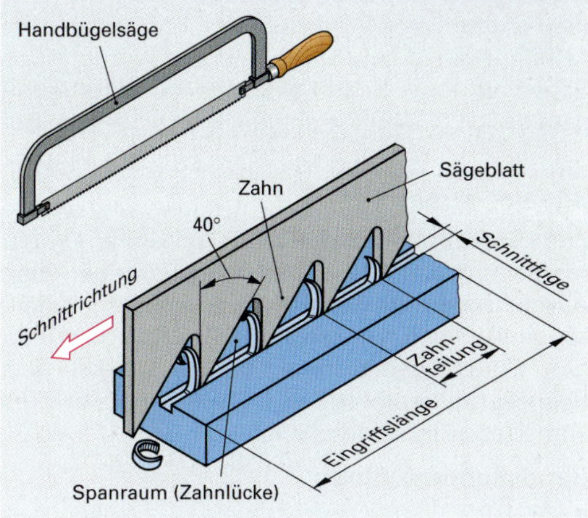

Bild 1: Sägen mit der Bügelsäge

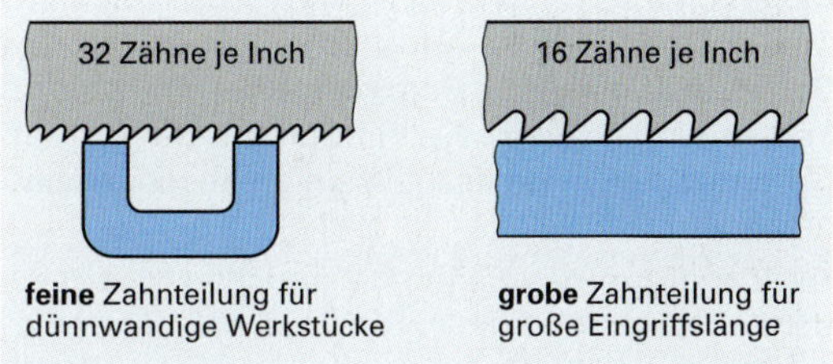

Bild 2: Zahnteilung bei unterschiedlicher Eingriffslänge

Tabelle 1: Zahnteilung zum Sägen von verschiedenen Werkstoffen

Zahnteilung	Werkstoffe
16 Zähne je Inch ≙ grob	Aluminium, Kupfer, Kunststoffe
22 Zähne je Inch ≙ mittel	unlegierte Baustähle, CuZn-Legierungen
32 Zähne je Inch ≙ fein	Legierte Stähle, Stahlguss

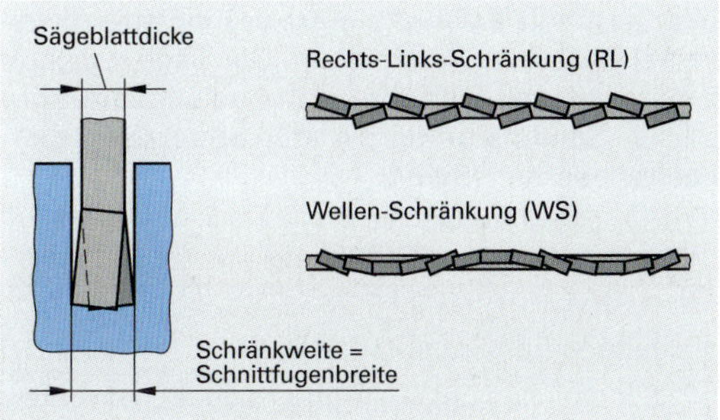

Bild 3: Freischneiden des Sägeblattes

Sägen mit Maschinen

Die zunehmend kleiner werdenden Losgrößen bei der Fertigung von Werkstücken führen dazu, dass flexible Rohteil-Zuschnitte benötigt werden. Das Sägen als erster Schritt einer Werkstückfertigung wird dadurch immer wichtiger. Hierfür werden Bügel-, Band- und Kreissägemaschinen eingesetzt.

Bügelsägemaschinen

Zum Sägen von Halbzeug bis zu einem Durchmesser von 500 mm werden wegen der geringen Anschaffungs- und Werkzeugkosten häufig Bügelsägemaschinen eingesetzt **(Bild 1)**. Das Sägeblatt der Bügelsägemaschine besteht meist aus Schnellarbeitsstahl (HSS). Beim Rückhub wird es vom Werkstück abgehoben.

Bandsägemaschinen

Bandsägemaschinen sind sowohl für kleinere als auch für sehr große Schnittlängen geeignet **(Bild 2)**. Das endlose Sägeband hat eine Banddicke von 0,65 ... 1,3 mm. Dadurch ist die Schnittfuge schmal und der Werkstoffverlust gering. Die Schnittsteifigkeit des Sägebandes ergibt sich im Wesentlichen durch die Bandbreite. Bei großen Schnittlängen muss deshalb ein breites Sägeband eingesetzt werden.

Die Zahnform des Sägebandes richtet sich nach dem zu sägenden Werkstoff und dem Materialquerschnitt **(Bild 3)**. Mit Sägebändern aus Werkzeugstahl mit gehärteten Zahnschneiden können unlegierte und niedriglegierte Stähle gesägt werden. Bei Bimetall-Sägeblättern bestehen die Zähne aus verschleißfestem Werkzeugstahl, das Trägerband aus legiertem Vergütungsstahl. Sägebänder mit Schneiden aus Hartmetall werden für das Sägen von Stählen (bis zu einer Härte von 60 HRC) und von faserverstärkten Kunststoffen eingesetzt.

Kreissägemaschinen

Kreissägemaschinen eignen sich für das Sägen von Halbzeugen bis zu einem Durchmesser von ca. 140 mm, da das Kreissägeblatt nur bis zu einem Drittel des Durchmessers als Arbeitsbereich genutzt werden kann. Sägeschnitte mit den HSS- oder hartmetallbestückten Kreissägeblättern weisen eine geringe Rautiefe auf. Der Sägevorschub kann über eine NC-Vorschubregelung mit konstanter Schnittkraft dem Materialquerschnitt angepasst werden **(Bild 4)**.

Wiederholung und Vertiefung

1 Wonach richtet sich die Auswahl der Zahnteilung von Sägeblättern?

2 Für welchen Einsatz eignen sich die verschiedenen Sägemaschinen?

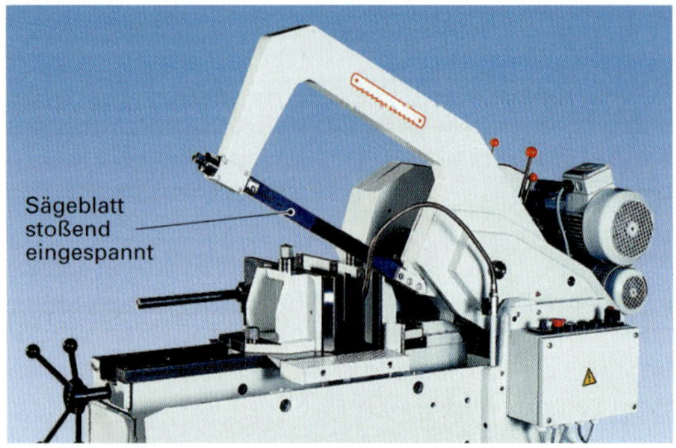

Bild 1: Bügelsägemaschine

Bild 2: Bandsägemaschine

Zahnform	Anwendung
Standardzahn, Spanwinkel 0° 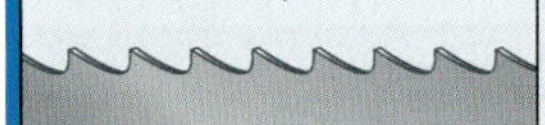	für Stähle mit hohem Kohlenstoffgehalt, bei dünnwandigen Profilen
Klauenzahn, Spanwinkel 5 bis 10° 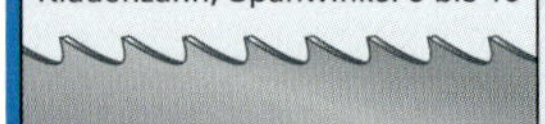	für Stähle mit C-Gehalt < 0,8%, NE-Metalle, für große Querschnitte
Lückenzahn, Spanwinkel 0° 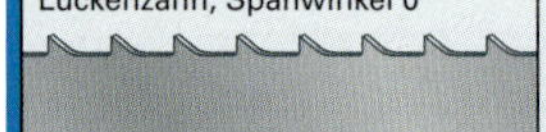	für spröde Werkstoffe, z.B. spröde Cu-Legierungen, für große Querschnitte
Trapezzahn, Spanwinkel positiv 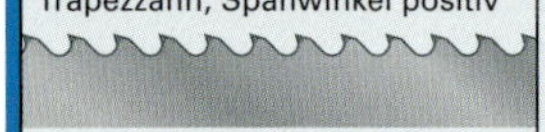	für hohe Zerspanungsleistung, für hartmetallbestückte Sägebänder

Bild 3: Zahnformen von Sägebändern

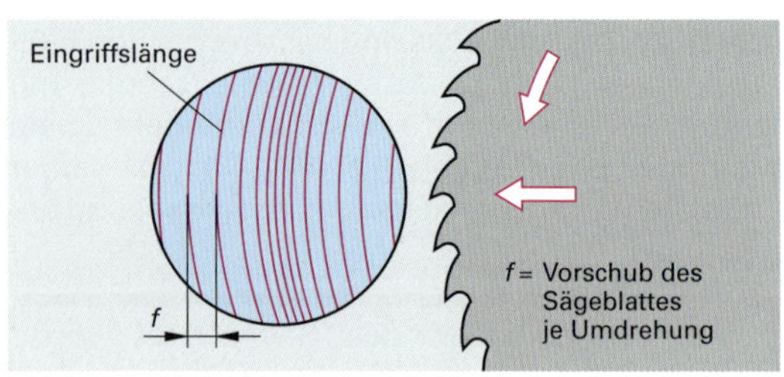

Bild 4: NC-gesteuerte Vorschubbewegung

2.6.3 Feilen

Feilen werden im Maschinen-, Werkzeug-, Formen- und Modellbau für Passarbeiten, zum Schärfen von Sägen sowie bei Reparatur-, Verputz- und Entgratarbeiten eingesetzt.

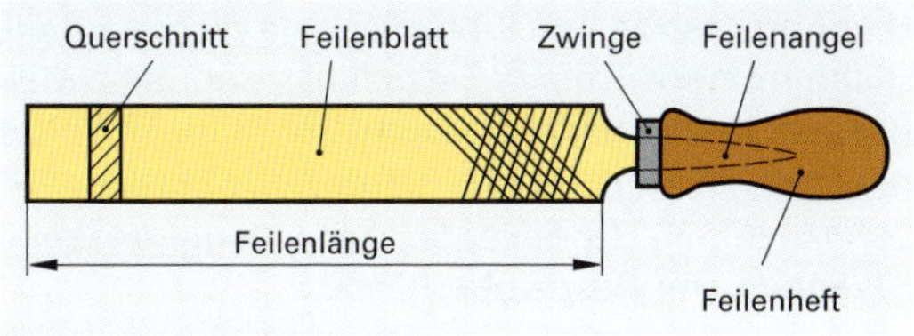

Bild 1: Flachfeile

■ Aufbau der Feile

Feilen sind mehrschneidige, spanende Werkzeuge zum Abtragen geringer Mengen von Werkstoff **(Bild 1)**. Der Feilenrohling wird aus legiertem Werkzeugstahl geschmiedet. Die Zähne werden in das Feilenblatt eingehauen oder eingefräst. Dieses wird anschließend gehärtet. Zur Befestigung des Feilengriffs (Feilenheft) dient die weiche Angel. Die Feilengriffe aus Holz oder Kunststoff sind durch eine Zwinge gegen Aufspalten beim Befestigen auf der Feile gesichert.

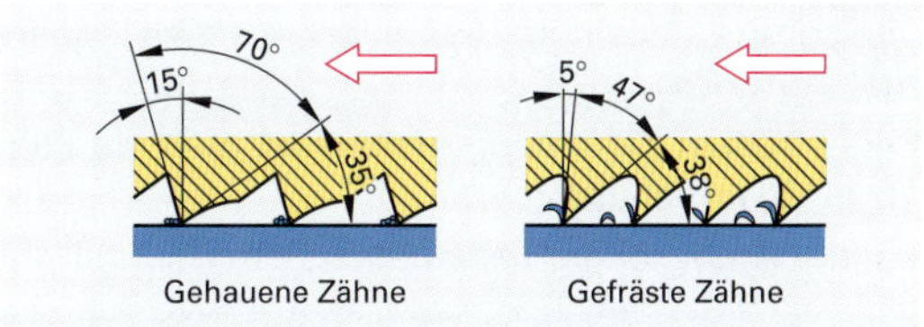

Bild 2: Gehauene und gefräste Zähne

Zahnformen

Gehauene Feilenzähne haben negative Spanwinkel, die je nach Hiebteilung –2° bis –15° betragen **(Bild 2)**.

Gefräste Feilenzähne besitzen einen positiven Spanwinkel bis 16° bei meist großer Zahnteilung **(Bild 2)**.

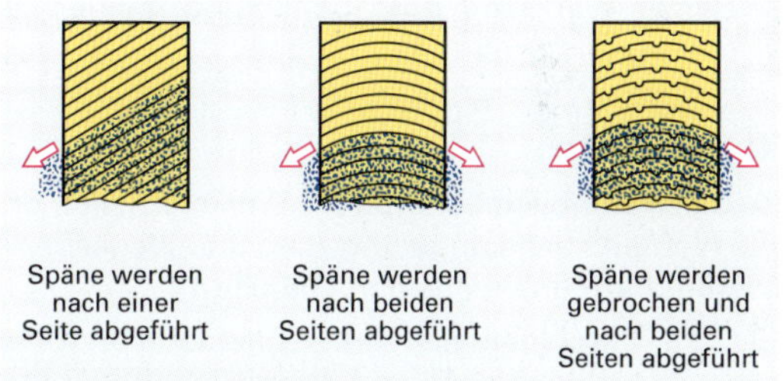

Bild 3: Hiebanordnung

■ Hiebarten

Die linienförmig angeordneten Zähne werden als Hieb bezeichnet. Damit die beim Feilen entstehenden Späne abfließen können, verläuft der Feilenhieb schräg oder bogenförmig zur Feilenachse **(Bild 3)**.

Nach der Hiebart unterscheidet man den Einhieb, den Kreuzhieb und den Raspelhieb **(Bild 4)**.

Der **Einhieb** findet vorwiegend bei gehauenen Feilen zur Bearbeitung weicher Werkstoffe, z. B. Zinn, Zink, Blei, Aluminium und zum Schärfen von Sägen und anderen Werkzeugen Verwendung.

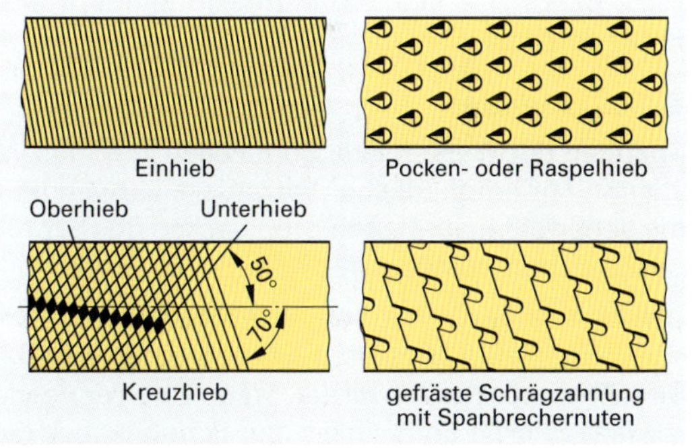

Bild 4: Hiebarten

Der **Kreuzhieb** entsteht durch zweimaliges Hauen des Feilenblattes, wobei der zuerst gehauene **Unterhieb** und der anschließend gehauene **Oberhieb** sich kreuzen. Die Unterhiebteilung ist in der Regel größer als die Oberhiebteilung. Dadurch ergeben sich seitlich versetzt hintereinander angeordnete Zähne. Durch diese Versetzung wird die Riefenbildung beim Feilen vermieden. Kreuzhiebig gehauene Feilen eignen sich zur Bearbeitung härterer Werkstoffe wie z. B. Stahl, Grauguss, Messing und Kunststoffe.

Beim **Raspelhieb** sitzen die punktförmig gehauenen Zähne einzeln und verhältnismäßig weit auseinander. Feilen mit **Raspelhieb** nennt man auch Raspeln. Sie sind geeignet zur Bearbeitung von Holz, Leder, Kork, Gummi, Kunststoffen und Stein.

Gefräste Feilen sind meist kreisgebogen- oder schrägverzahnt, einhiebig und mit quer zum Hieb verlaufenden Spanbrechernuten ausgeführt (Bild 4). Die gefrästen Feilen werden zur Bearbeitung von Holz, Leder, Gummi, Kork, Kunststoff und Stein eingesetzt.

Hiebzahl und Hiebnummern

Je nach Hiebzahl werden gehauene Feilen und Raspeln mit den Hiebnummern 1 bis 8 bezeichnet. Werkstattfeilen werden in den Hiebnummern 1 bis 4, Präzisionsfeilen bis zur Hiebnummer 8 und Raspeln in den Hiebnummern 1 bis 3 und 5 hergestellt.

Die Hiebzahl ist bei Feilen die Anzahl der Hiebe pro cm, gemessen in Längsrichtung der Feile, bei Raspeln die Anzahl der punktförmigen Hiebe pro cm^2 Raspeloberfläche.

Mit steigender Hiebnummer und abnehmender Länge wird bei gehauenen Feilen die Hiebzahl größer, also die Hiebteilung kleiner. Eine kurze Feile mit der Hiebnummer 3 hat eine größere Hiebzahl und somit eine feinere Hiebteilung als eine längere Feile mit gleicher Hiebnummer.

Bei gefrästen Zähnen unterscheidet man die Zahnungen 1, 2 und 3 für grob, mittel und fein.

Für die **Auswahl der Feilen** nach dem Hieb gilt folgende Regel:

> **Weicher Werkstoff oder Schruppen:** Grober Hieb, große Hiebteilung und kleine Hiebnummer.
>
> **Harter Werkstoff oder Schlichten:** Feiner Hieb, kleine Hiebteilung und große Hiebnummer.

Tabelle 1: Querschnittsformen für Feilen

Querschnitt	Benennung
	flachstumpf
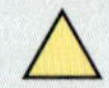	dreikant
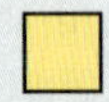	vierkant
	halbrund
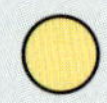	rund
	messerförmig

Feilenarten

Zu den **Handfeilen** gehören die Werkstattfeilen und Präzisionsfeilen. Sie werden nach Länge und Hieb und insbesondere nach der Querschnittsform unterschieden **(Tabelle 1)**.

Bei den **Maschinenfeilen** unterscheidet man rotierende und oszillierende Maschinenfeilen und Bandfeilen. Rotierende Schaftfeilen dienen der Formgebung von innen- und außenliegenden gewölbten Flächen. Oszilliende Hubfeilen werden in Hubfeilmaschinen eingesetzt. Bandfeilen sind auf endlosen Bändern befestigte Feilglieder für Bandfeilmaschinen.

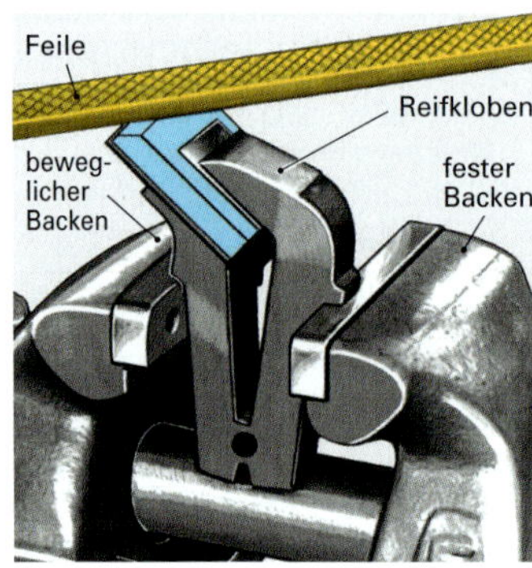

Bild 1: Spannen im Reifkloben

Feilarbeiten

Spannen der Werkstücke. Zum Feilen wird das Werkstück im Allgemeinen in den Schraubstock eingespannt. Für empfindliche Werkstücke verwendet man Schutzbacken, damit das Werkstück nicht durch die gehärteten, geriffelten Stahlbacken des Schraubstocks beschädigt wird. Prismenbacken erleichtern das Spannen zylindrischer Teile.

Bleche spannt man in eine Blechkluppe oder zwischen zwei Winkelprofilen in den Schraubstock und überfeilt waagrecht unter schrägem Winkel zum Blech, um das Federn und Rattern zu vermeiden.

Sind Werkstückkanten abzuschrägen, so verwendet man zum Einspannen den Reifkloben **(Bild 1)**. Er hat schräge Backen und wird in den Schraubstock gespannt.

Feilbewegung. Beim Feilen ist auf die richtige Kraftverteilung und auf die Bewegungsrichtung zu achten. Die Bewegung erfolgt in Richtung Feilenachse, wobei sich die Feile um die halbe Feilenbreite nach rechts oder links verschiebt. Nur während des Vorstoßens der Feile darf auf sie Druck ausgeübt werden.

Reinigen der Feile. Bei grobhiebigen Feilen werden die zwischen den Zähnen festsitzenden Späne mit Hilfe einer Feilenbürste entfernt. Bei feinhiebigen Feilen verwendet man ein Kupfer- oder Messingblech.

Wiederholung und Vertiefung

1 Welche Teile unterscheidet man an der Feile?
2 Weshalb werden Feilen kreuzhiebig gehauen?
3 Welche Unterschiede bestehen zwischen gehauenen und gefrästen Feilen?

2.6.4 Bohren, Senken, Reiben

Bohren, Gewindebohren, Senken und Reiben sind spanende Fertigungsverfahren mit meist mehrschneidigen Werkzeugen und mit ähnlichen Schnitt- und Vorschubbedingungen **(Bild 1)**.

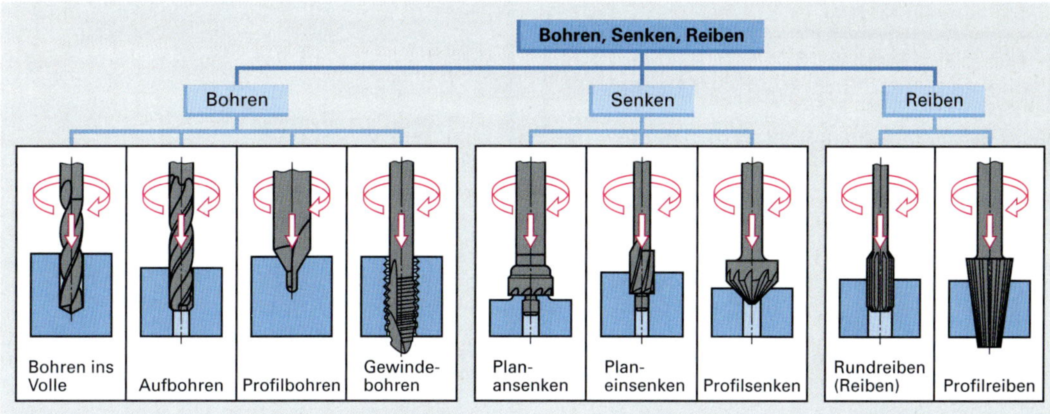

Bild 1: Fertigungsverfahren Bohren, Senken, Reiben

2.6.4.1 Bohren

Bohrvorgang und Spanungsgrößen

Beim Bohren führt meist das Werkzeug eine kreisförmige Schnittbewegung aus, wobei die Vorschubbewegung geradlinig in Richtung der Rotationsachse erfolgt **(Bild 2)**. Durch die Vorschubkraft dringen die Werkzeugschneiden in den Werkstoff ein. Die kreisförmige Schnittbewegung erzeugt die Schnittkraft.

Die Schnittgeschwindigkeit v_c richtet sich nach dem Bohrertyp bzw. dem Bohrverfahren, dem Werkstoff und der geforderten Arbeitsqualität **(Tabelle 1)**. Sie hat den größten Einfluss auf die Standzeit. Wegen der Vielzahl von Bohrertypen, Schneidstoffen und Beschichtungen sind die Richtwerte der Werkzeughersteller zu beachten.

Die **Drehzahl *n*** kann aus Drehzahldiagrammen abgelesen oder aus der Schnittgeschwindigkeit v_c und dem Bohrerdurchmesser *d* berechnet werden.

Drehzahl $$n = \frac{v_c}{\pi \cdot d}$$

Der **Vorschub *f*** in mm je Umdrehung hängt vor allem vom Werkstoff, vom Schneidstoff und Durchmesser des Bohrers, vom Bohrverfahren und der Bohrtiefe ab (Tabelle 1). Er beeinflusst die Spanbildung und den Leistungsbedarf.

Die **Vorschubgeschwindigkeit v_f** in mm/min wird aus der Drehzahl *n* und dem Vorschub *f* berechnet.

Vorschubgeschwindigkeit $$v_f = n \cdot f$$

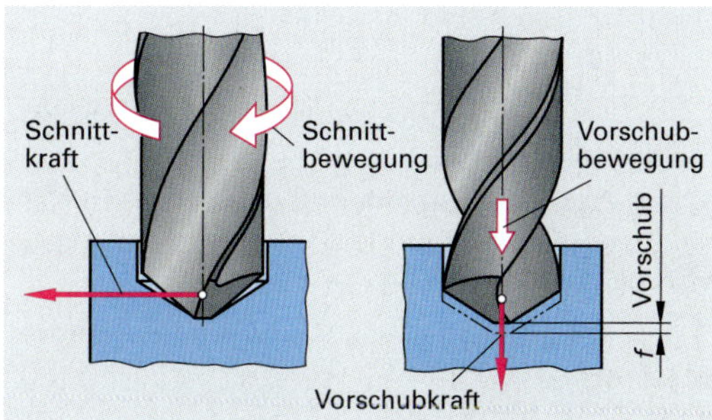

Bild 2: Kräfte und Bewegungen beim Bohren

Tabelle 1: Schnittwertempfehlungen für Spiralbohrer aus HSS bei Bohrtiefen bis 3 × Bohrerdurchmesser

Werkstoff des Werkstücks	v_c in m/min[1]	*f* in mm für Bohrungs-Ø 2 … 5	5 … 10	10 … 16	Kühlung[2]
Stahl $R_m < 700$ N/mm²	25 … 30	0,10	0,20	0,28	E
Stahl $R_m = 700 \dots 1000$ N/mm²	15 … 20	0,07	0,12	0,20	E
Stahl $R_m > 1000$ N/mm²	10 … 15	0,05	0,10	0,15	E, S
Grauguss 120 … 260 HB	25 … 30	0,14	0,25	0,32	E, M, T
Aluminium-Legierung kurzspanend	40 … 50	0,12	0,20	0,28	E, M
Thermoplaste $R_m = 40 \dots 70$ N/mm²	25 … 30	0,14	0,25	0,36	T

[1] Bei beschichteten Werkzeugen kann die Schnittgeschwindigkeit um 20 bis 30 % erhöht werden.
[2] E = Emulsion (10 – 12 %), S = Schneidöl, M = Minimalmengenschmierung, T = trocken, Druckluft

Um Bohrungen fachgerecht herzustellen, müssen die Forderungen an die Genauigkeit der Bohrung sowie technologische (z. B. Schnittgeschwindigkeit, Spannmöglichkeit), wirtschaftliche und Umweltgesichtspunkte berücksichtigt werden.

> Aus der gewählten Schnittgeschwindigkeit und dem Bohrdurchmesser erhält man die Drehzahl und aus der Drehzahl und dem Vorschub die Vorschubgeschwindigkeit.

Beispiel: Ein 30 mm dickes Werkstück aus Vergütungsstahl 34Cr4 soll Bohrungen mit dem Durchmesser d = 10 mm erhalten.

a) Welche Schnittgeschwindigkeit v_c und welcher Vorschub f ist für einen HSS-Spiralbohrer zu wählen?

b) Welche Drehzahl und Vorschubgeschwindigkeit ergeben sich?

Lösung: Gewählt nach Tabelle 1 Seite 71

a) $v_c = 18$ m/min, $f = 0{,}12$ mm

b) $\boldsymbol{n} = \frac{v_c}{d \cdot \pi} = \frac{18\ \text{m/min}}{0{,}01\ \text{m} \cdot \pi} = \mathbf{573/min}$

$\boldsymbol{v_f} = f \cdot n = 0{,}12\ \text{mm} \cdot 573/\text{min} = \mathbf{69\ mm/min}$

Für normale Bohrbedingungen sind die Richtwerte der Werkzeughersteller anzuwenden. Bei abweichenden Bedingungen müssen die Schnittwerte korrigiert werden **(Tabelle 1)**.

Tabelle 1: Bohrbedingungen

normale Bohrbedingungen

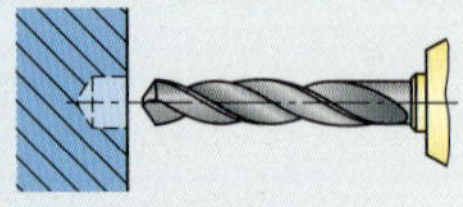

gerade Oberfläche

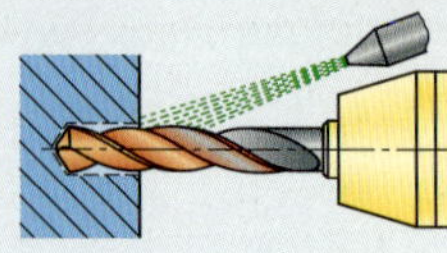

ausreichende Kühlung

Die Richtwerte sind anzuwenden.

angepasste Bohrbedingungen

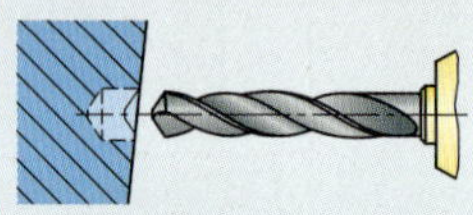

schräger Bohrein- bzw. -austritt

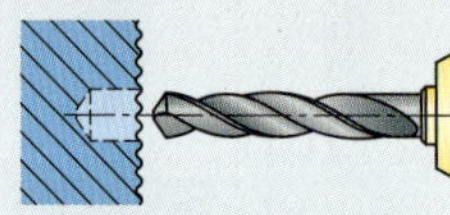

unregelmäßige Oberfläche

Wenn Ein- oder Austrittsfläche bis zu 20° von der Senkrechten zur Bohrerachse abweichen, muss der Vorschub verringert werden, bis der Bohrer mit vollem Durchmesser schneidet, oder die Flächen vorher eben gefräst werden.

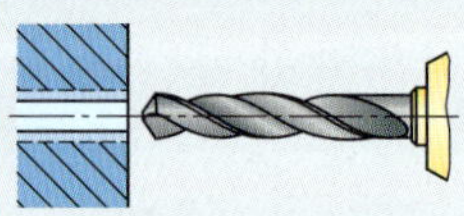

Bohrer in Vorbohrung

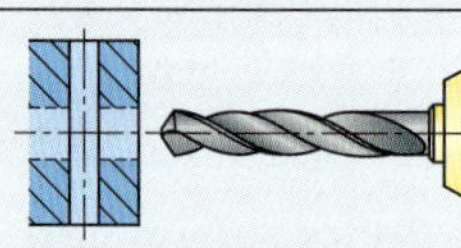

Bohrer in Querbohrung

Vorschub und Schnittgeschwindigkeit müssen reduziert werden.

Spiralbohrer

Für das Bohren im Durchmesserbereich bis 20 mm und bei Bohrtiefen bis 5 × Bohrerdurchmesser ist der Spiralbohrer das am häufigsten verwendete Werkzeug. Der Spiralbohrer besteht im Wesentlichen aus Schaft und Schneidteil mit Bohrerspitze **(Bild 1)**.

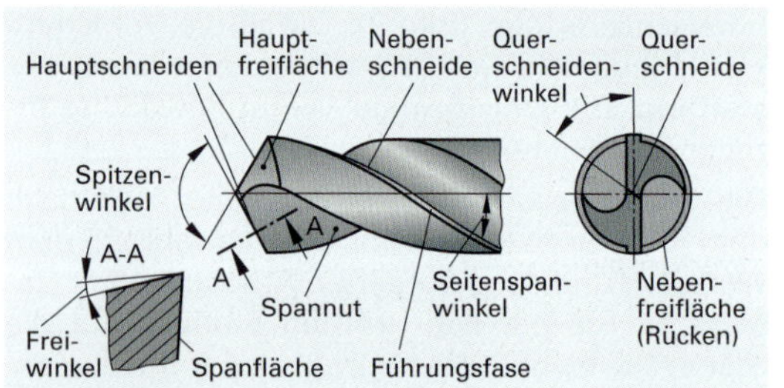

Bild 1: Schneidteil am Spiralbohrer

Schneidengeometrie

Die Grundform der Bohrerschneide ist der Keil. Zwei gegenüberliegende, wendelförmige Spannuten bilden die **Haupt-** und **Nebenschneiden** und die **Führungsfasen.** Die geringfügige Verjüngung des Spiralbohrers von 0,02 mm bis 0,08 mm auf 100 mm Spannutenlänge zum Schaft hin verringert die Reibung der Führungsfase in der Bohrung.

Form und Steigung der Drallnut bestimmen die Größe des **Spanwinkels** γ, der von seinem größten Winkel an der Schneidenecke zur Bohrermitte hin abnimmt und an der Querschneide negativ ist. Als Ersatzmerkmal für den eigentlichen Spanwinkel wird der **Seitenspanwinkel** γ_f herangezogen, der am Umfang dem **Drallwinkel** entspricht. Dieser richtet sich nach dem zu bearbeitenden Werkstoff und wird den **Typen N, H** und **W** zugeordnet **(Tabelle 2)**.

Tabelle 2: Spiralbohrertypen

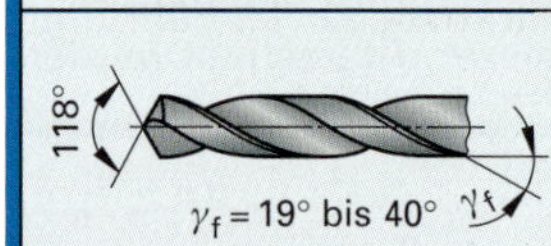	**Typ N** normale Ausführung für weichen Stahl, Grauguss, nichtrostenden Stahl
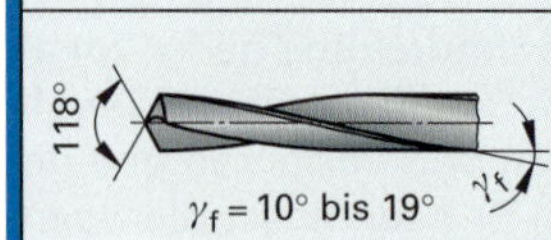	**Typ H** für harte und spröde Werkstoffe, z. B. hochfester Stahl, Schichtpressstoffe
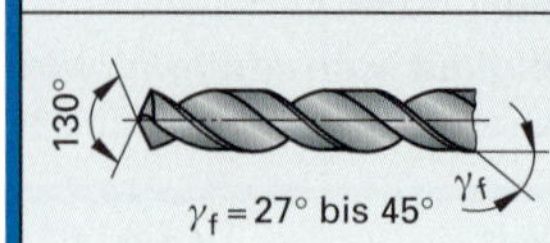	**Typ W** für weiche und zähe Werkstoffe, z. B. Aluminium-, Kupfer- und Zink-Legierungen

Der Winkel zwischen den Hauptschneiden wird als **Spitzenwinkel** bezeichnet. Ein großer Spitzenwinkel führt eher zum Verlaufen des Bohrers, wodurch sich der Bohrungsdurchmesser vergrößert. Ein kleiner Spitzenwinkel gewährleistet zwar eine gute Zentrierung und Wärmeabfuhr, erhöht aber den Schneidenverschleiß. 90° Spitzenwinkel werden für das Bohren harter, meist stark verschleißend wirkender Kunststoffe verwendet. 130° Spitzenwinkel ergeben bei weichen und zähen Werkstoffen eine gute Spanabfuhr. Bei langspanenden Leichtmetallen wird ein Spitzenwinkel von 140° angeschliffen.

Durch Hinterschleifen der Hauptfreiflächen entsteht der **Freiwinkel**. Er muss ausreichend groß sein, damit der Bohrer auch bei großen Vorschüben frei schneidet. Der Freiwinkel darf jedoch nicht größer als erforderlich angeschliffen werden, da dadurch eine Schwächung der Schneide erfolgt und die Neigung zum Rattern vergrößert wird.

Die **Querschneide** erschwert den Spanungsvorgang, da sie den Werkstoff nur quetscht.

> Der richtige Hinterschliff bei Bohrern mit einem Spitzenwinkel von 118° ist daran zu erkennen, dass die Querschneide mit den Hauptschneiden einen Querschneidenwinkel von 55° bildet.

Zur Verringerung der Vorschubkraft und zur Verbesserung des Spanablaufes im Querschneidenbereich gibt es Anschliffformen für spezielle Anwendungen **(Tabelle 1)**. Die einfachste Änderung des Normalanschliffes ist das **Ausspitzen der Querschneide.** Sie soll aber noch mindestens 1/10 des Bohrerdurchmessers betragen, damit die Bohrerspitze nicht zu schwach wird.

Tabelle 1: Anschliffformen bei Spiralbohrern

ausgespitzte Querschneide 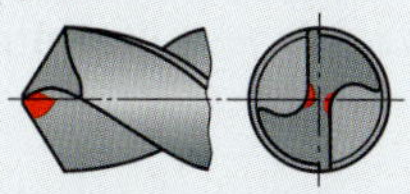	geringere Vorschubkraft, verbesserte Zentriereigenschaften
Ausgespitzte Querschneide mit korrigierter Hauptschneide 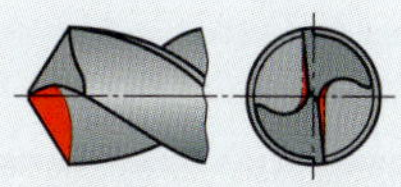	Stabilisierung des Bohrers, verhindert, dass der Bohrer sich in den Werkstoff einhakt und einzieht, ohne zu schneiden
Kreuzanschliff 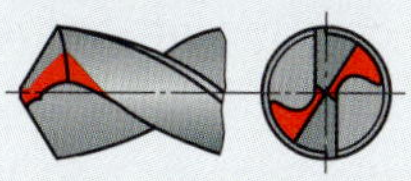	Querschneide wird in zwei Nebenschneiden aufgeteilt, Querschneidenrest 0,3 bis 0,5 mm, Anwendung bei Tieflochbohrern
Anschliff für Grauguss 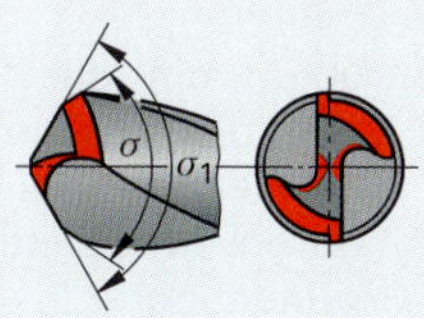	Spitzenwinkel von 118° ist durch einen zweiten von 90° ergänzt, Ausbrechen an der Schneidenecke wird verhindert, die Ableitung der Zerspanungswärme wird verbessert

Tabelle 2: Schleiffehler beim Spiralbohrer

Freiwinkel zu klein 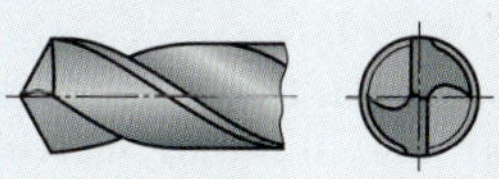	Vorschubkraft zu groß, Bohrerbruch
Freiwinkel zu groß 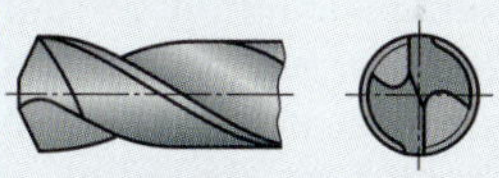	Schneide bricht aus, Bohrer hakt ein
Schneiden ungleich lang 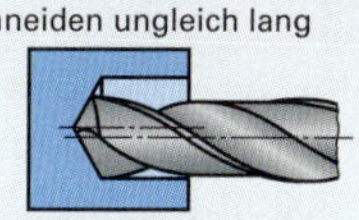	Bohrung zu groß
Winkel ungleich 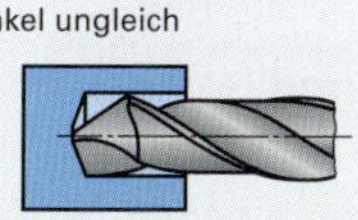	Nur eine Schneide schneidet, sie wird schnell stumpf

Schleifen der Spiralbohrer

Der Bohrer muss an der Freifläche so weit nachgeschliffen werden, bis der Verschleiß an der Haupt- und Querschneide sowie an der Führungsfase beseitigt ist. Wird der Verschleiß an der Führungsfase nicht beseitigt, klemmt der Bohrer.

Schleiffehler wirken sich auf die Maßgenauigkeit und die Oberflächengüte der Bohrung sowie auf die Standzeit des Bohrers aus **(Tabelle 2)**. Um diese Fehler zu vermeiden, müssen die Bohrer sorgfältig nachgeschliffen und mit **Schleiflehren** oder Werkzeugmikroskopen überprüft werden.

Wiederholung und Vertiefung

1 In welche Verfahren wird das Fertigungsverfahren Bohren unterteilt?
2 Wovon hängt beim Bohren die Wahl der Schnittgeschwindigkeit ab?
3 Welche Bohrbedingungen erfordern beim Bohren eine Änderung der Schnittgeschwindigkeit oder des Vorschubes?
4 Bei welchen Bohrtiefen ist der Spiralbohrer das meist verwendete Fahrzeug?

2.6.4.2 Gewindebohren

Innengewinde können mit Gewindebohrern von Hand oder auf Maschinen hergestellt werden **(Bild 1)**.

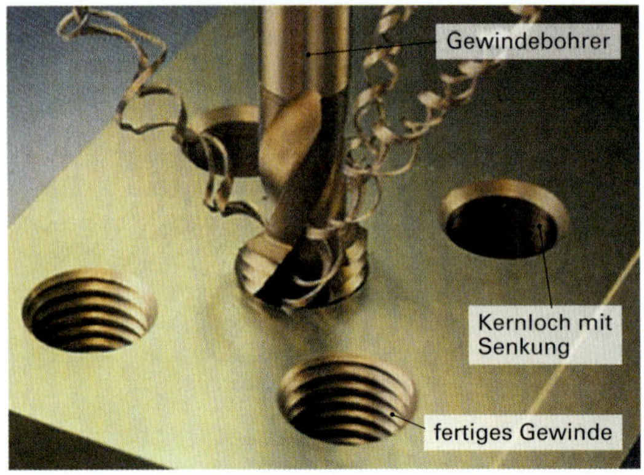

Bild 1: Gewindebohren

Spanungsvorgang

Zum Schneiden von Innengewinden müssen zuerst die Kernlöcher gebohrt werden.

Kernlochdurchmesser $d_k = d - P$

Kernlöcher dürfen nicht kleiner als Nenndurchmesser *d* minus Steigung *P* gebohrt werden. Das erleichtert das Gewindebohren und vermeidet Gewindebohrerbrüche.

Der Gewindebohrer führt die Schnitt- und Vorschubbewegung aus; dabei wird der Vorschub durch die Gewindesteigung bestimmt.

Der kegelförmige Anschnitt übernimmt die Zerspanung **(Bild 2)**. Je nach Größe des Anschnittwinkels wird das Gewinde mit den ersten zwei bis acht Gängen des Gewindebohrers geschnitten. Der Führungsteil führt den Gewindebohrer in den eben entstandenen Gewindegängen.

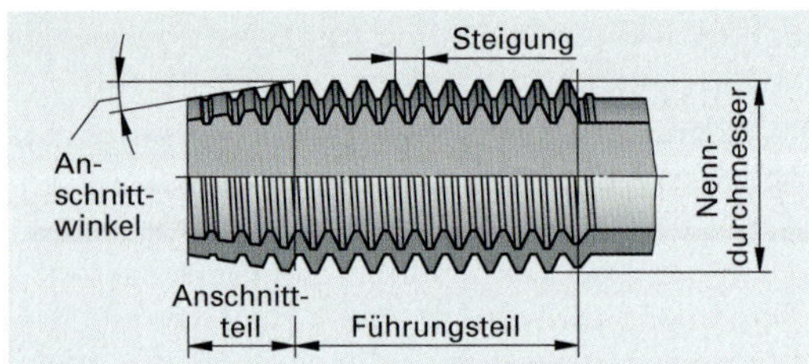

Bild 2: Schneidteil bei Gewindebohrer

Der Gewindebohrer drückt beim Schneiden zähe Werkstoffe etwas nach innen, sodass die Bohrung kleiner wird („Aufschneiden").

Durch das **Ansenken** der Kernlöcher mit einem 90°-Senker erreicht man, dass der Gewindebohrer besser anschneidet und die äußeren Gewindegänge nicht herausgedrückt werden. Für Gewinde, die in **Grundlöcher** geschnitten werden, bohrt man die Kernlöcher tiefer als die nutzbare Gewindelänge, da das Gewinde nicht bis auf den Grund der Bohrung geschnitten werden kann.

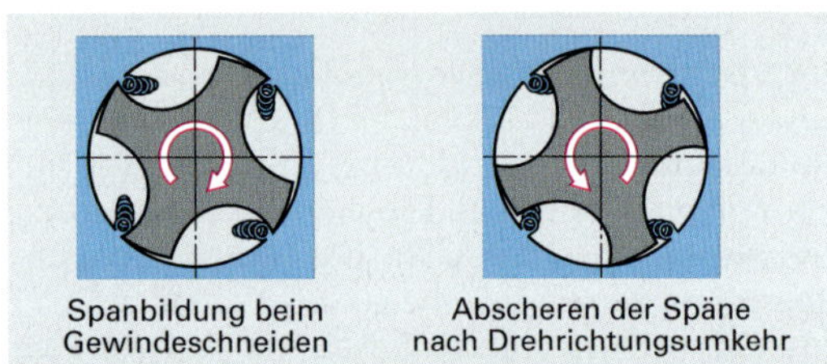

Bild 3: Spanbildung und Abscherung

Zur Erzielung einer guten Oberflächengüte ist für den jeweiligen Werkstoff der geeignete **Kühlschmierstoff** (z. B. Schneidöl für Stahl, Emulsion für Grauguss und Kupfer, Druckluft für Mg-Legierungen und Kunststoffe) zu verwenden.

Gewindebohren von Hand

Der Gewindebohrer muss genau axial in das Kernloch eingeführt werden. Bei langspanenden Werkstoffen und größeren Gewinden brechen durch wiederholtes kurzes Zurückdrehen des Gewindebohrers die Späne ab **(Bild 3)**. Frischer Schmierstoff gelangt dabei an die Schneiden.

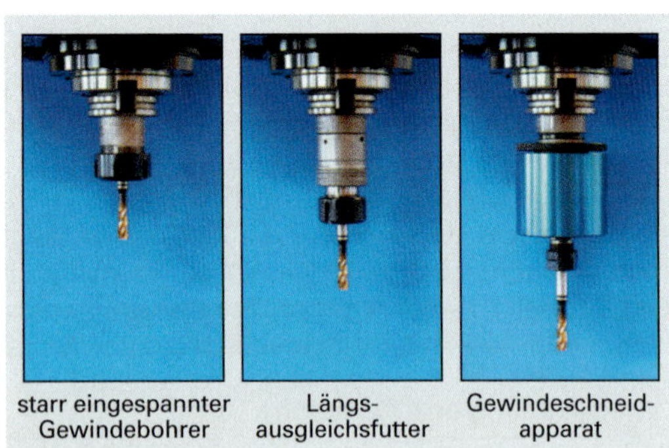

Bild 4: Gewindebohren auf Maschinen

Gewindebohren auf Maschinen

Das Gewindebohren auf Maschinen erfolgt mit starr eingespannten Gewindebohrern, mithilfe eines Gewindeschneidapparates oder eines Längenausgleichsfutters **(Bild 4)**.

Bei **starr eingespannten Gewindebohrern** müssen Spindelumdrehung und axiale Vorschubbewegung **synchronisiert** werden. Dadurch erreicht man gleich bleibend hohe Gewindequalitäten.

Der **Gewindeschneidapparat** arbeitet während des gesamten Schneidvorgangs mit konstanter Drehzahl. Durch ein Wendegetriebe wird die Drehrichtung des Gewindebohrers zum Rücklauf geändert.

Beim Gewindebohren mit einem **Längenausgleichsfutter** wird zu Beginn des Schneidprozesses durch das Ausgleichsfutter eine Axialkraft erzeugt, die zum Anschneiden des Gewindes führt. Nach dem Anschneiden läuft das Ausgleichsfutter mit vermindertem Vorschub. Der Gewindebohrer zieht sich selbst in die Kernlochbohrung.

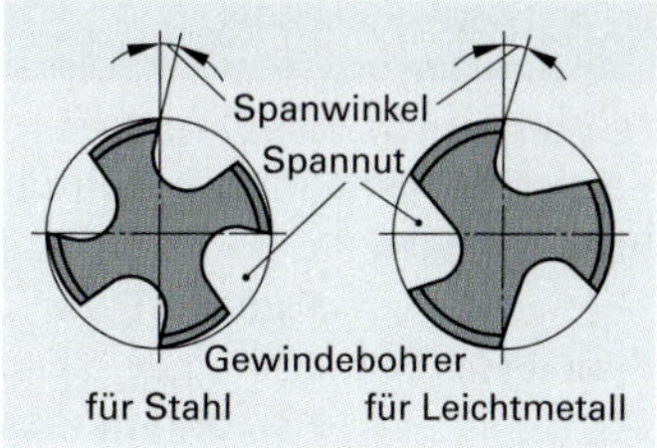

Bild 1: Spannuten am Gewindebohrer

Gewindebohrerarten

Gewindebohrer für weiche, langspanende Werkstoffe, z. B. Leichtmetall- oder Kupferlegierungen, besitzen größere Spanwinkel und Spannuten als Gewindebohrer für Stahl, Gusseisen oder Messing **(Bild 1)**.

Mit dem **3-teiligen Handgewindebohrersatz** schneidet man Gewinde in Grundlöcher oder in lange durchgehende Bohrungen **(Bild 2)**. Dieser Gewindebohrersatz besteht aus **Vor-, Mittel- und Fertigschneider.** Erst der Fertigschneider erzeugt das voll ausgeschnittene Gewinde.

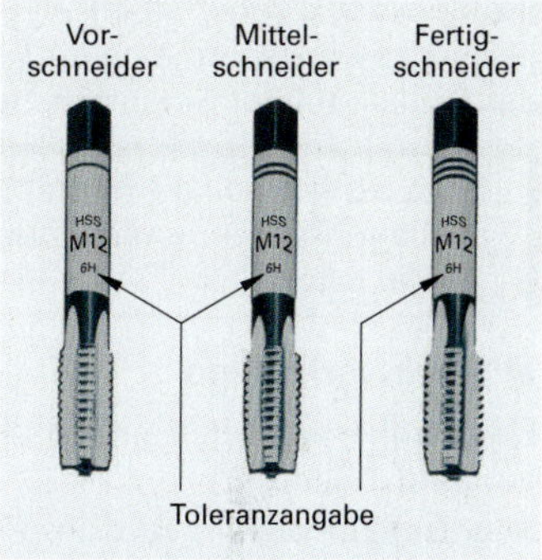

Bild 2: 3-teiliger Gewindebohrer

Der **2-teilige Gewindebohrersatz** besteht nur aus Vor- und Fertigschneider. Man verwendet ihn für Feingewinde und Witworth-Rohrgewinde wegen der geringeren Gewindetiefe als bei Regelgewinden.

Gerade oder gewendelte **Maschinengewindebohrer** schneiden in einem Schnitt ein maßhaltiges Gewinde **(Bild 3)**. Durch den zusätzlichen Schälanschnitt wird eine hohe Spanleistung erzielt. Für Durchgangslöcher können Gewindebohrer mit Linksdrall bei Rechtsgewinden verwendet werden, welche die anfallenden Späne vor sich her aus dem Bohrloch entfernen.

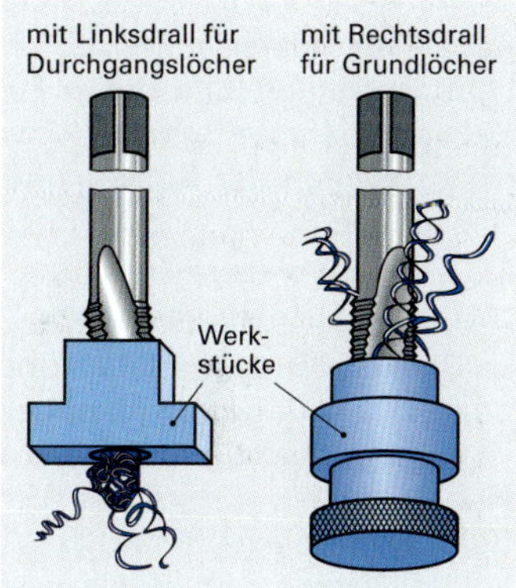

Bild 3: Maschinengewindebohrer

> Mit Maschinengewindebohrern werden Gewinde in einem Schnitt und bei Grundlöchern bis dicht an den Grund geschnitten.

Schneidstoffe

Für Werkzeuge zur Innengewindefertigung werden Schnellarbeitsstähle und Hartmetalle eingesetzt. Zur Steigerung der Verschleißfestigkeit werden die Oberflächen der Gewindebohrer durch Nitrieren, Vaporisieren und Hartverchromen veredelt oder mit einer Hartstoffschicht (z. B. TiN, TiAlCN, TiCN) beschichtet.

Gewindeformer

Das **Gewindeformen** (Gewindefurchen) ist ein spanloses Verfahren zur Herstellung von hochbelastbaren Innengewinden und für Werkstoffe mit geringer Zugfestigkeit. Der Faserverlauf wird dabei nicht unterbrochen. Das Werkzeug hat einen polygonförmigen Querschnitt und weist keine Spannuten auf **(Bild 4)**. Während des Eindrehvorgangs wird das Gewinde ausgeformt, indem der verdrängte Werkstoff in die Zahnlücken fließt. Da das umzuformende Material nicht entfernt wird, muss der Kernlochdurchmesser größer sein als beim Gewindebohren ($d_k = d - P/2$). Die zu bearbeitenden Werkstoffe müssen eine Dehnung von mindestens 10 % aufweisen.

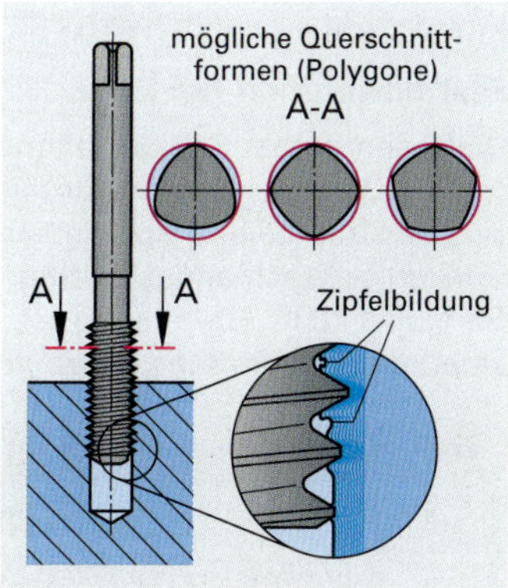

Bild 4: Gewindeformer

Wiederholung und Vertiefung

1 Warum werden Gewindekernlöcher angesenkt?
2 Was versteht man unter Aufschneiden beim Gewindebohren?
3 Wann werden Maschinengewindebohrer eingesetzt?
4 Worauf ist beim Gewindeschneiden in Grundlöchern zu achten?
5 Wann verwendet man den 2-teiligen Gewindebohrersatz?

2.6.4.3 Senken

Senken ist ein Bohrverfahren zur Erzeugung von Profil- oder Kegelflächen in vorhandenen Bohrungen. Man unterscheidet:

Planansenken z. B. der Auflagefläche für den Kopf einer Sechskantschraube

Planeinsenken z. B. einer zylindrischen Einsenkung für den Kopf einer Zylinderschraube

Profilsenken z. B. einer kegeligen Senkung für Senkschrauben

Senkvorgang

Die Senkwerkzeuge haben im Vergleich zu den Bohrern einen kleineren Freiwinkel und eine größere Freifläche. Dadurch „stützt" sich der Senker auf der Schnittfläche auf und verhindert Rattermarken.

Beim Senken soll die Schnittgeschwindigkeit gleich oder kleiner als beim Bohren gewählt werden. Der Vorschub kann bis 50% größer sein.

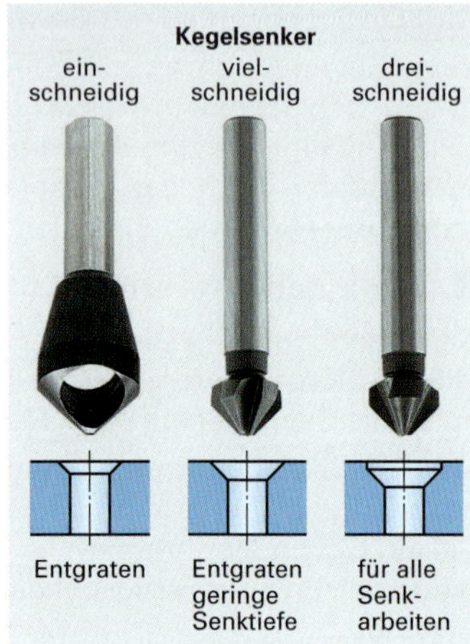

Bild 1: Kegelsenker

Senkwerkzeuge

Flachsenker werden zum Planansenken und Planeinsenken verwendet (Bild 1 Seite 71).

Kegelsenker dienen zum Profilsenken von kegeligen Schrauben- und Nietsenkungen und zum Entgraten von Bohrungen **(Bild 1)**. Die Spitzenwinkel sind genormt, z. B. 60° zum Entgraten, 75° für Nietköpfe, 90° für Senkschrauben und 120° für Blechniete.

Kegel- und Flachsenker gibt es mit festen und auswechselbaren Führungszapfen **(Bild 2)**. Der Führungszapfen führt das Werkzeug in der vorgebohrten Bohrung. Auswechselbare Zapfen erleichtern das Nachschleifen der Senker und ermöglichen den Einsatz bei verschiedenen Bohrungsdurchmessern.

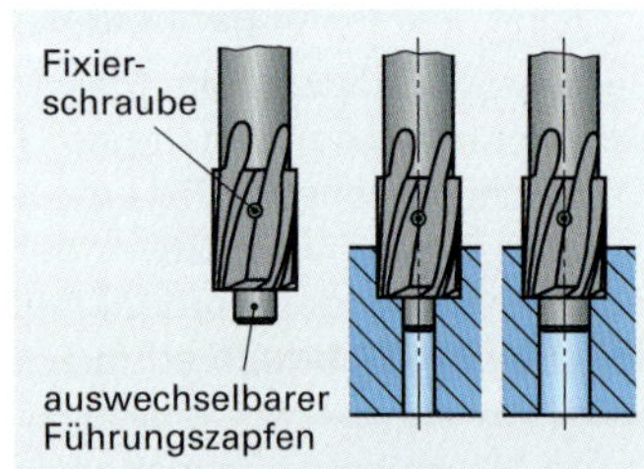

Bild 2: Flachsenker mit auswechselbarem Führungszapfen

Mit **Stufenwerkzeugen** können mehrere Senkungen in einem Arbeitsgang ausgeführt werden.

Im Bereich von Lagerstellen und Bolzensitzen sind planparallele An- oder Einsenkungen im Innenbereich nötig. Rückwärtiges Bearbeiten ist hier mit **Rückwärtssenkern** möglich **(Bild 3)**. Bei Werkzeugen mit festem Plattensitz wird das Werkzeug soweit über das Zentrum der Bohrung herausgefahren, dass es mit seinem größten Durchmesser in die Bohrung einfahren kann.

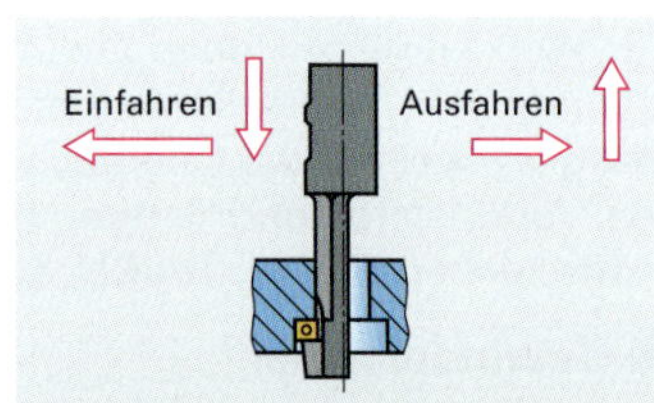

Bild 3: Rückwärtssenker mit festem Plattensitz

Senkwerkzeuge werden aus Schnellarbeitsstahl bzw. Hartmetall gefertigt oder sind mit Hartmetall-Schneidplatten oder Hartmetall-Wendeschneidplatten bestückt.

Maßnahmen bei Senkproblemen

Maßnahmen bei Senkproblemen sind notwendig, wenn Qualitätsmerkmale nicht erreicht werden **(Tabelle 1)**. Ist z. B. die Senkung unrund, so hat die Bohrspindel ein axiales und radiales Spiel oder der Senker ist falsch angeschliffen. Stimmt die Mitte von Bohrung und Senkung nicht überein, so ist der Führungszapfen am Senker zu klein oder die Vorbohrung zu groß.

Tabelle 1: Maßnahmen bei Senkproblemen

Probleme	v_c	f
schlechte Oberfläche	⇑	⇓
Bohrung unrund		⇓
Ausbröckelungen an den Schneiden		⇓
Aufbauschneidenbildung	⇑	
Starker Verschleiß der Hauptschneide	⇓	
Vibration	⇓	⇑

Wiederholung und Vertiefung

1 Welche Vorteile bieten Senker mit auswechselbaren Führungszapfen?

2 Wozu können Kegelsenker verwendet werden?

2.6.4.4 Reiben

Reiben ist ein Aufbohren mit geringer Spanungsdicke zur Herstellung passgenauer Bohrungen bis IT 5 mit hoher Oberflächengüte. Man unterscheidet dabei das Rundreiben und Profilreiben (Bild 1, Seite 71).

Spanungsvorgang

Die Spanungsarbeit wird hauptsächlich vom Anschnitt der Reibahle ausgeführt, während die Schneiden am Umfang die Maßhaltigkeit, Formgenauigkeit und die Oberflächengüte herstellen **(Bild 1)**. Die Bearbeitungszugabe für das Reiben beträgt je nach Bohrungsdurchmesser für gerad- und drallgenutete Reibahlen 0,1 mm bis 0,5 mm, bei Schälreibahlen für langspanende Werkstoffe bis 0,8 mm **(Bild 2)**. Die Schnittgeschwindigkeit ist mit 3 ... 28 m/min etwa halb so groß wie beim Bohren. Der Vorschub je Umdrehung von 0,04 ... 1,2 mm richtet sich nach dem Werkstoff, dem Bohrungsdurchmesser und der geforderten Oberflächengüte.

> Reibzugaben müssen so gewählt werden, dass eine Mindestspanungsdicke gegeben ist, aber keine Überlastung durch eine zu große Spanabnahme erfolgt.

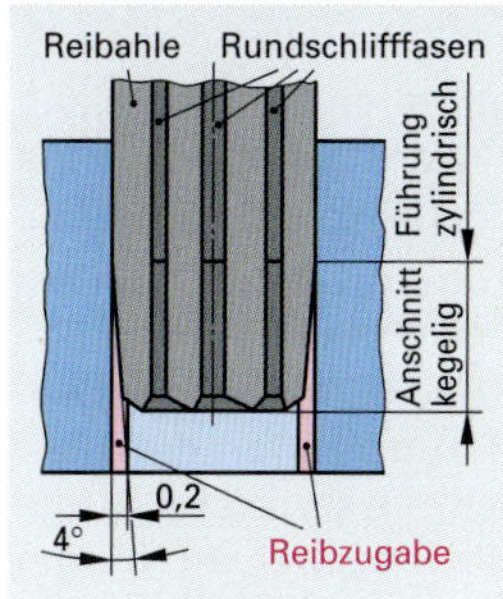

Bild 1: Anschnitt einer Reibahle

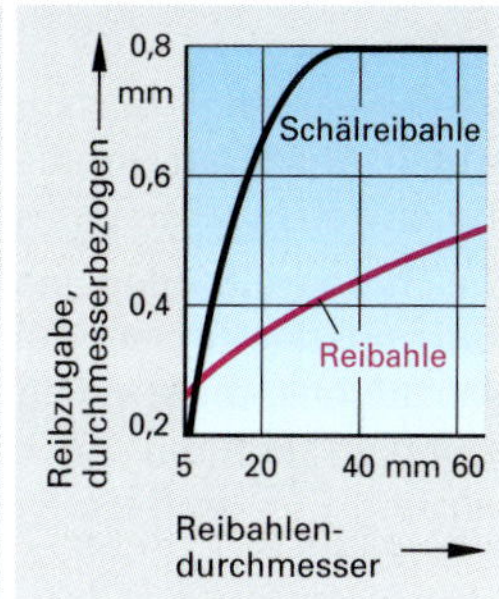

Bild 2: Reibzugabe bei Metallen

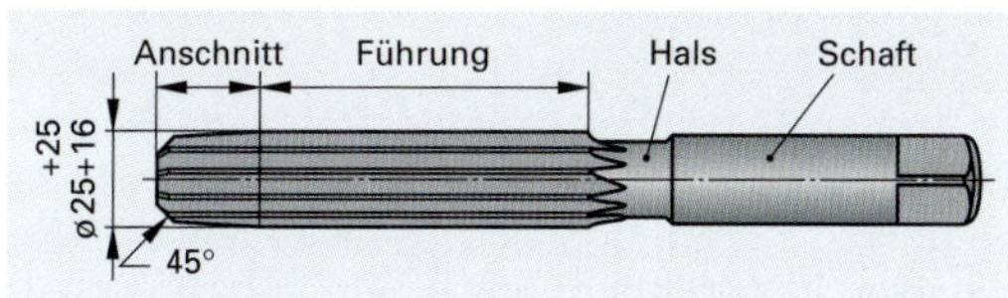

Bild 3: Handreibahle 25 H8

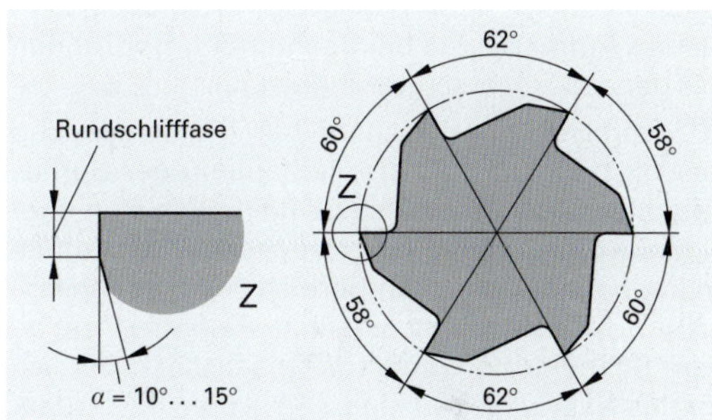

Bild 4: Ungleiche Zahnteilung einer Reibahle

Reibwerkzeuge

Reibahlen bestehen aus Anschnitt, Führung, Hals und Schaft **(Bild 3)**. Sie werden aus Schnellarbeitsstahl, Vollhartmetall, aber auch mit hartmetall- oder polykristallinem Diamant bestückten Schneiden gefertigt. Einige Bauformen besitzen eine innere Kühlschmierstoffzufuhr.

Reibahlen werden in der Regel mit gerader Zähnezahl ausgeführt, um den Durchmesser leichter messen zu können. Durch die ungleiche Zahnteilung, die sich nach dem halben Umfang wiederholt, sollen Schwingungen, Rattermarken und Rundheitsabweichungen vermieden werden **(Bild 4)**.

Die Führungsfasen der Nebenschneiden werden meist als Rundschlifffasen ausgeführt (Bild 4). Je breiter die Fase ist, desto besser wird die geometrische Form, desto schlechter aber die Oberflächengüte.

Die Schneiden der Reibahlen sind entweder gerade genutet oder besitzen einen Linksdrall von 7° oder 15°, bei Schälreibahlen 45° **(Tabelle 1)**.

Bei Reibwerkzeugen unterscheidet man

- mehrschneidige Reibahlen, nicht einstellbar
- mehrschneidige Reibahlen, einstellbar
- einschneidige Reibahlen mit Führungsleisten, einstellbar

Tabelle 1: Anwendung von Reibahlen

geradgenutet 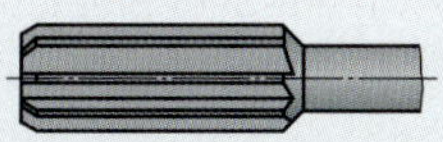	Bohrungen ohne Unterbrechung; harte und spröde Werkstoffe, z. B. Stähle über 700 N/mm², Gusseisen, Messing; Grundlöcher, die bis auf den Grund gerieben werden.
Linksdrall ≅ 7° 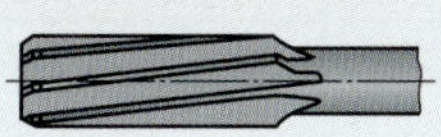 Schälreibahle, Linksdrall ≅ 45° 	Durchgangsbohrungen; Bohrungen mit Schnittunterbrechung, z. B. Schlitze, Kanäle, Querbohrungen. Linksgedrallte Reibahlen sind rechtsschneidende Werkzeuge. Bei einer Rechtswendelung würde das Werkzeug in die Bohrung hineingezogen. Durch den leichten Linksdrall gelangt das Kühlschmiermittel leichter an die Schneiden.

■ **Mehrschneidige, nicht einstallbare** Reibahlen werden als Hand- oder Maschinenreibahlen hergestellt.

Handreibahlen haben zur besseren Führung einen langen Anschnitt von ca. $^1/_4$ der Schneidenlänge und einen längeren Führungsteil (Bild 3, Seite 77).

Maschinenreibahlen sind im Anschnitt und im Führungsteil kürzer, weil die Führung durch die Maschinenspindel erfolgt **(Bild 1)**. Mit Maschinenreibahlen können auch Grundlöcher gerieben werden. Für größere Durchmesser werden Maschinenreibahlen als Aufsteckreibahlen hergestellt **(Bild 2)**.

In der Serienfertigung werden **modulare Einwegköpfe** z. T. mit innerer Kühlschmiermittelzufuhr verwendet. Bei Verschleiß wird nur der abgenutzte Reibkopf ersetzt.

Bei großen Reiblängen oder hintereinander liegenden Bohrungen (z. B. Gabelstück) bewähren sich so genannte „extrem ungleich" geteilte Maschinenreibahlen in Verbindung mit einem Vorschneidteil, meist aus Hartmetall **(Bild 3)**. Die Hauptzerspanung übernimmt der im Durchmesser etwas dünnere Vorschneidteil. Für den Hauptteil verbleibt ein definiertes Aufmaß, was bei fluchtenden Bohrungen das genaue Fluchten gewährleistet.

■ **Mehrschneidige, nachstellbare Reibahlen** sind geschlitzte, nachstellbare Reibahlen oder Spreizreibahlen **(Bild 4)**. Geschlitzte Reibahlen sind über einen Konus, eine Konusbuchse oder Konusschraube im elastischen Bereich zur Kompensation vom Verschleiß nachstellbar. Reibahlen mit einem Schneidring können im plastischen Bereich für das Nachschleifen bis zu 5 % verstellt werden.

■ **Ein- bzw. zweischneidige Reibahlen** mit Wendeplatte besitzen eine bzw. zwei Schneiden und Führungsleisten am Umfang **(Bild 5)**. Die Führungsleisten dienen zur Führung des Werkzeuges in der Bohrung. Sowohl die Wendeschneidplatte als auch die Führungsleisten sind aus Hartmetall.

Kegelreibahlen spanen über die gesamte Schneidenlänge. Sie werden zum kegeligen Profilreiben von Bohrungen verwendet, die z. B. Kegelstifte aufnehmen sollen.

Wiederholung und Vertiefung

1 Wie unterscheiden sich Schnittgeschwindigkeit und Vorschub beim Reiben und Bohren?
2 Wodurch unterscheidet sich eine Hand- von einer Maschinenreibahle?
3 Welche Vorteile haben Reibahlen mit Linksdrall?
4 Warum verwendet man Reibahlen mit gerader Zähnezahl und ungleicher Teilung?

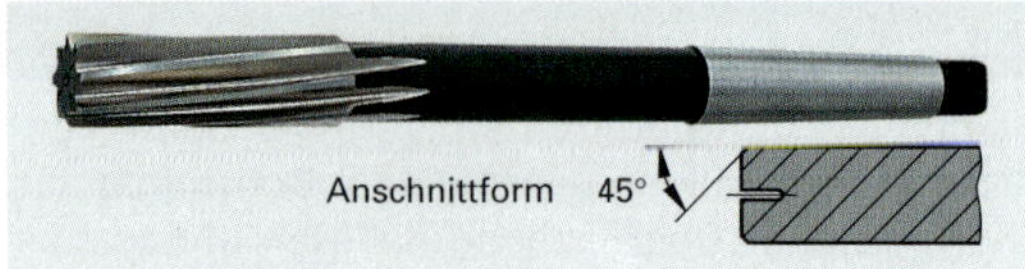

Bild 1: Maschinenreibahle

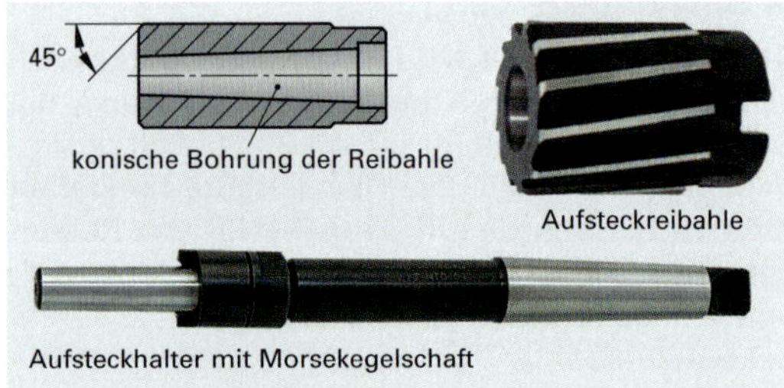

Bild 2: Aufsteckreibahle mit Halter und Morsekegelschaft

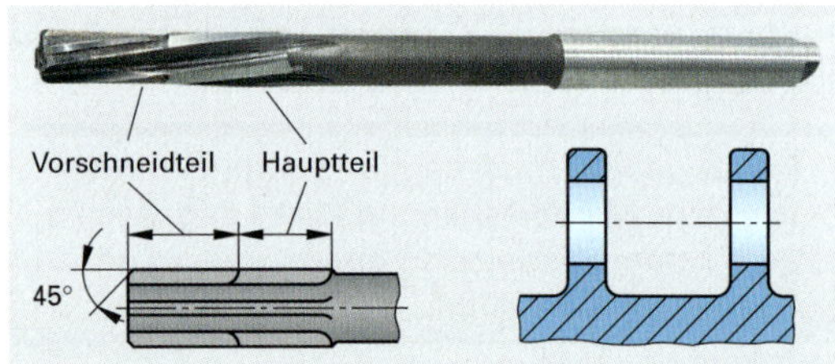

Bild 3: Extrem ungleich geteilte Maschinenreibahle

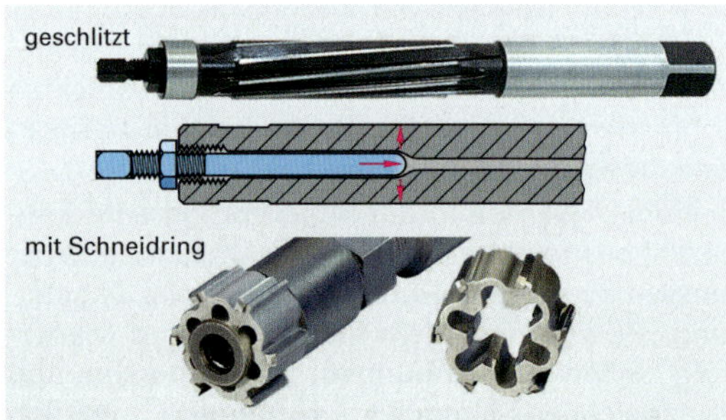

Bild 4: Nachstellbare Reibahlen

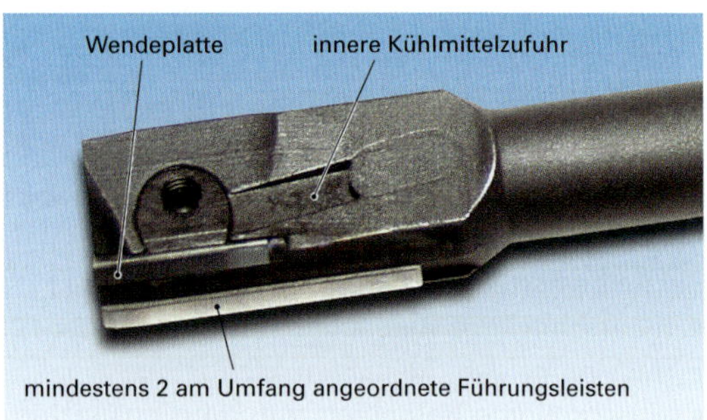

Bild 5: Reibahlen mit Führungsleisten

Arbeitsbeispiel: Bohren, Reiben und Senken eines Auflagewinkels

Auf einer Bohr- bzw. Fräsmaschine soll die spanende Bearbeitung des Auflagewinkels **(Bild 1)** aus Gusseisen mit Lamellengraphit EN-GLJ-HB235 durchgeführt werden. Dafür sind zahlreiche Planungsarbeiten notwendig, von denen Sie nur einige ausführen müssen.

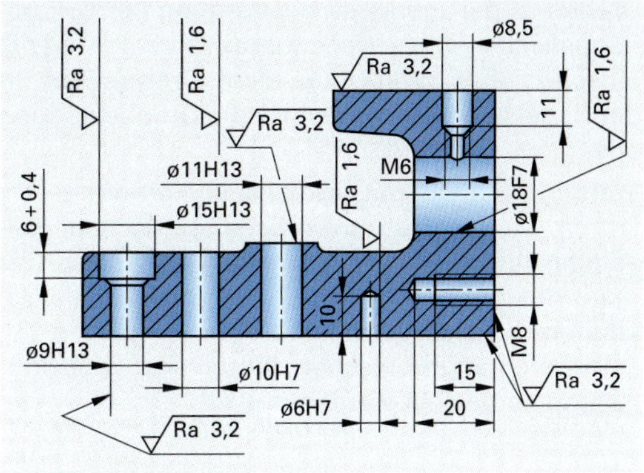

Bild 1: Auflagewinkel

Bohrwerkzeuge

1 Welche Fertigungsverfahren eignen sich für die Anfertigung der Bohrungen?

2 Für die Herstellung der Bohrungen werden Spiralbohrer verwendet.
   a) Welche Schneidstoffe kommen zum Einsatz?
   b) Welche Kühlschmierstoffe können verwendet werden?

3 Bei Spiralbohrern werden 3 Bohrertypen unterschieden.
   a) Welcher Bohrertyp wird bei der Bearbeitung des Auflagewinkels verwendet?
   b) Wie groß ist der Spitzenwinkel dieses Bohrertyps?

Bohren und Reiben

4 Die Bohrung ∅11H13 wird mit TiN-beschichteten Werkzeugen bearbeitet.
   a) Bestimmen Sie die Schnittgeschwindigkeit und den Vorschub!
   b) Berechnen Sie die einzustellende Drehfrequenz bei stufenloser Drehfrequenzregelung!
   c) Berechnen Sie die Vorschubgeschwindigkeit in mm/min!
   d) Für welche Standzeit und Bohrtiefe sind die Schnittdaten ausgelegt?

5 Die Bohrung ∅10H7 wird ebenfalls mit TiN-beschichteten Werkzeugen bearbeitet.
   a) Legen Sie die Arbeitsgänge, die Werkzeuge und die Schnittdaten dafür fest!
   b) Bestimmen Sie die einzustellende Drehfrequenz für eine Bohrmaschine mit Drehzahlstufung.

6 Die Bohrung ∅6H7 wird durch Reiben auf das Fertigmaß gebracht.
   a) Welche Schneideneinrichtung wird gewählt? Begründen Sie Ihre Antwort.
   b) Welcher Typ ist als Reibahle zu verwenden?

7 Die Bohrung ∅18F7 ist bereits mit dem ∅ 14 mm vorgebohrt.
   a) Welche Arbeitsgänge sind für die Herstellung dieser Bohrung noch erforderlich?
   b) Welche Werkzeuge benötigen Sie zur Fertigstellung der Bohrung?

8 Berechnen Sie die einzustellende Drehfrequenz für die Herstellung der Stufenbohrung ∅15H13 für einen Stufenbohrer aus unbeschichtetem Schnellarbeitsstahl, wenn die Schnittgeschwindigkeit um $^1/_4$ niedriger ist als beim vergleichbaren Spiralbohrer.

Gewindebohren

9 Die Gewinde werden durch maschinelles Gewindebohren mit Werkzeugen aus unbeschichtetem Schnellarbeitsstahl hergestellt.
   a) Bestimmen Sie für die Gewindebohrung M8 den Kernlochdurchmesser!
   b) Bestimmen Sie den Vorschubweg bei 1 mm Anlauf!
   c) Welche Schnittgeschwindigkeit wählen Sie?
   d) Welche Kühlschmierstoffe können verwendet werden?

Senken

10 Die oben liegende Anlagefläche von ∅11H13 soll durch Senken hergestellt werden. Welches Senkwerkzeug setzen Sie ein?

2.6.5 Drehen

Drehen ist die spanende Bearbeitung der Umdrehungsflächen eines Werkstückes mit einem meist einschneidigen Werkzeug, dem Drehmeißel. In der Regel führt das Werkstück die Drehbewegung aus.

Werden Drehteile mit zusätzlichen Fertigungsverfahren, wie z. B. Fräsen von Schlüsselflächen, vollständig auf der Drehmaschine gefertigt, so spricht man von Komplettbearbeitung **(Bild 1)**. Hierbei können durch angetriebene Werkzeuge und Zusatzeinrichtungen Flächen, Nuten und Querbohrungen hergestellt werden.

Bild 1: Drehteile

2.6.5.1 Drehverfahren

Nach der Art der erzeugten Fläche unterscheidet man die Drehverfahren Runddrehen, Plandrehen, Gewindedrehen, Stechdrehen, Profildrehen und Formdrehen **(Tabelle 1)**. Eine weitere Unterteilung erfolgt durch die Richtung der Vorschubbewegung quer oder längs zur Drehachse.

Tabelle 1: Drehverfahren

Beispiel/Benennung	Kennzeichen/Einzelverfahren	Beispiel/Benennung	Kennzeichen/Einzelverfahren
Runddrehen 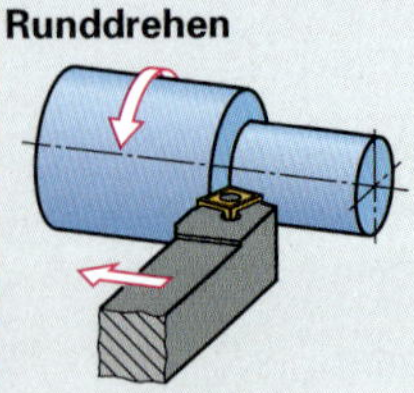	Beim Runddrehen wird eine zylindrische Fläche erzeugt: Längs-Runddrehen (Bild), Breitschlichtdrehen und Quer-Runddrehen	**Plandrehen** 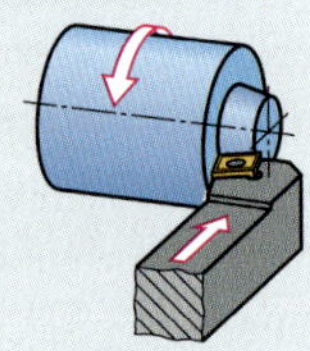	Beim Plandrehen wird eine ebene Fläche senkrecht zur Drehachse des Werkstücks erzeugt: Quer-Plandrehen (Bild) und Quer-Abstechdrehen
Gewindedrehen 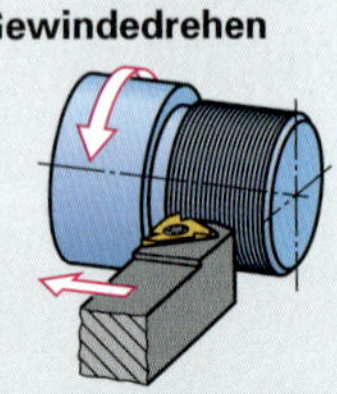	Mit einem Profilwerkzeug werden schraubenförmige Flächen erzeugt: Gewindedrehen (Bild) und Gewindestrehlen (mehrschneidiges Werkzeug)	**Stechdrehen** 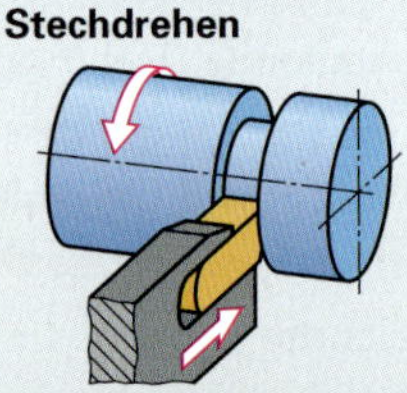	Das Stechdrehwerkzeug führt zur Erzeugung von Einstichen eine Vorschubbewegung quer (Bild) oder längs zur Drehachse aus
Profildrehen 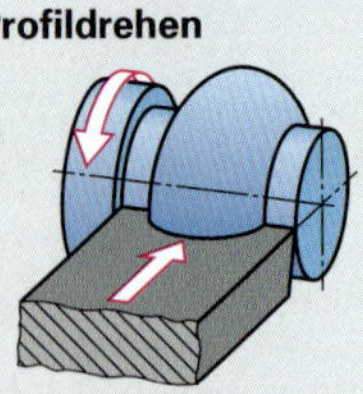	Das Profil des Drehwerkzeuges bildet sich auf dem Werkstück ab: Längs-Profil-Drehen und Quer-Profildrehen (Bild)	**Formdrehen** 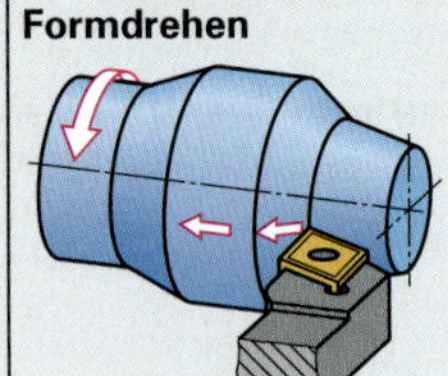	Durch die Steuerung der Vorschubbewegung wird die Werkstückform erzeugt: NC-Formdrehen oder Kopierdrehen (Bild)

Nach der Lage der Bearbeitungsstelle am Werkstück können die Drehverfahren in **Außendrehen** und **Innendrehen** unterteilt werden **(Bild 2)**. Beim Außendrehen ist für das Drehwerkzeug genügend Platz vorhanden. Es kann so groß gewählt werden, dass es durch die auftretenden Schnittkräfte nicht abgedrängt wird. Beim Innendrehen ist die Werkzeugwahl durch die Form des Werkstücks eingeschränkt.

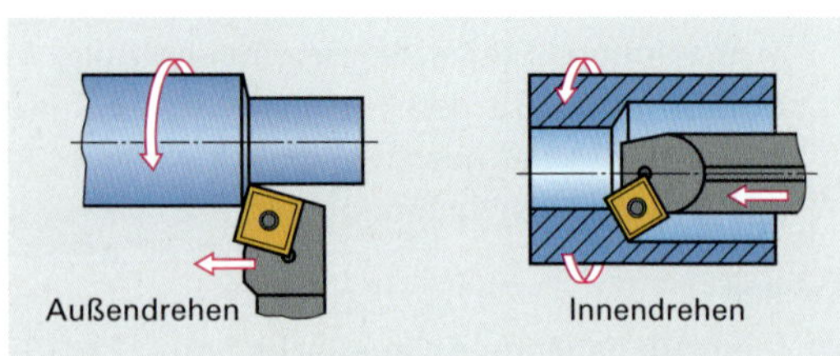

Bild 2: Lage der Bearbeitungsstelle beim Drehen

2.6.5.2 Bewegungen und Spanungsgrößen

Beim Drehen erfolgt die Spanabnahme durch die Schnittbewegung und die Vorschubbewegung **(Bild 1)**.

Die Größe der **Schnittgeschwindigkeit v_c** richtet sich im Wesentlichen nach der Festigkeit des Werkstückstoffes sowie der Verschleißfestigkeit und Warmfestigkeit des Schneidstoffes.

Der **Vorschub *f*** ist der Weg des Werkzeugs bei einer Umdrehung des Werkstücks. Beim Schruppen arbeitet man mit großem, beim Schlichten mit kleinem Vorschub.

Durch die Zustellbewegung wird die **Schnitttiefe a_p** eingestellt.

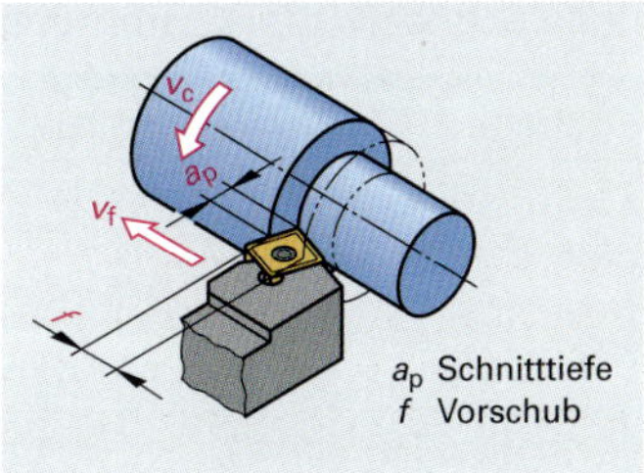

Bild 1: Spanungsgrößen beim Drehen

2.6.5.3 Schneidengeometrie bei Drehwerkzeugen

Der Schneidkeil des Drehmeißels wird durch die Spanfläche und die Freifläche begrenzt **(Bild 2)**. Die Schnittkante der beiden Flächen bildet die **Hauptschneide.** Diese liegt in Vorschubrichtung und leistet die Hauptzerspanungsarbeit. Sie geht über die gerundete Schneidenecke in die **Nebenschneide** über.

Haupt- und Nebenschneide bilden den **Eckenwinkel ε (Bild 3)**. Dieser sollte möglichst groß sein, um die Wärmeabfuhr und die Stabilität des Drehmeißels zu verbessern. Zur Vermeidung von Schneidenausbrüchen ist die Schneidenecke gerundet. Üblich sind Eckenradien von 0,4 mm bis 2,4 mm. Die Größe des **Eckenradius r_ε** und der Vorschub *f* bestimmen die theoretische Rautiefe R_{th} am Werkstück **(Bild 4)**.

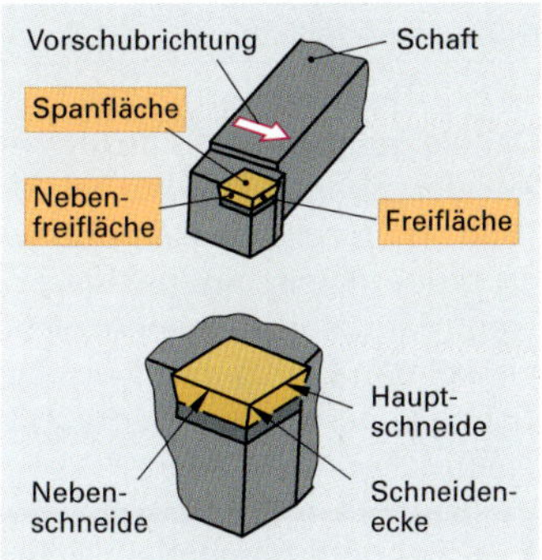

Bild 2: Flächen und Schneiden am Drehwerkzeug

Theoretische Rautiefe $$R_{th} = \frac{f^2}{8 \cdot r_\varepsilon}$$

Beispiel: Welche theoretische Rautiefe R_{th} ist bei einem Eckenradius r_ε = 0,4 mm und einem Vorschub f = 0,1 mm zu erwarten?

Lösung: $R_{th} = \frac{f^2}{8 \cdot r_\varepsilon} = \frac{0{,}1^2}{8 \cdot 0{,}4}$ mm = 0,0031 mm = **3,1 µm**

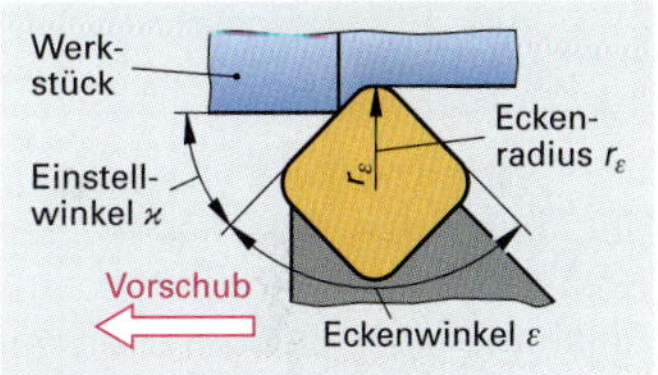

Bild 3: Schneidenecke

> Die Stabilität einer Wendeschneidplatte vergrößert sich mit zunehmendem Eckenwinkel und Eckenradius.

Beim Schruppen ist wegen der hohen Schneidenbelastung mit größeren Eckenwinkeln und Eckenradien als beim Schlichten zu arbeiten. Größere Eckenradien ermöglichen bei gleichem Vorschub höhere Oberflächengüten als kleine Eckenradien. Trotzdem werden bei der Schlichtbearbeitung meist kleine Eckenradien eingesetzt, da in der Regel auch mit kleinem Vorschub gedreht wird. Beim Einsatz größerer Eckenradien wird die Abdrängkraft für das Werkzeug und das Werkstück durch die größere Passivkraft F_p stärker **(Bild 5)**. Dies kann zu Schwingungen und einer Verschlechterung der Oberflächengüte führen.

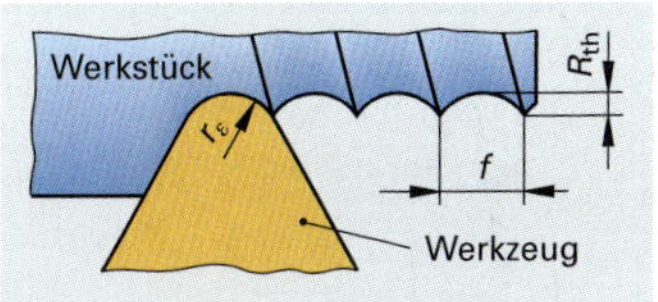

Bild 4: Einfluss des Eckenradius

> Beim Schruppen arbeitet man mit großem Eckenwinkel und großem Eckenradius, beim Schlichten normalerweise mit kleinem Vorschub und kleinem Eckenradius. Bei stabilen Arbeitsbedingungen kann der Eckenradius auch beim Schlichten größer sein.

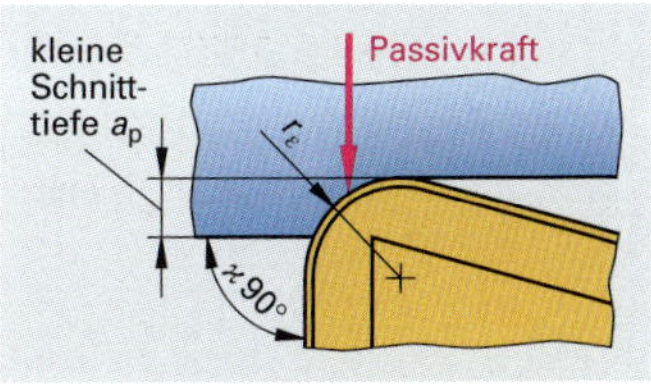

Bild 5: Eckenradius beim Schlichten

Schneidkantenausführung. Der Übergang von der Freifläche zur Spanfläche beeinflusst ganz wesentlich die Standzeit des Drehwerkzeugs. Für unterschiedliche Anwendungen sind daher auch verschiedene Schneidkantenausführungen vorzusehen **(Tabelle 1).**

Tabelle 1: Merkmale und Anwendung verschiedener Schneidkantenausführungen

Scharfkantig 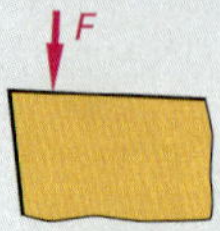 Ausführung F	Verrundung 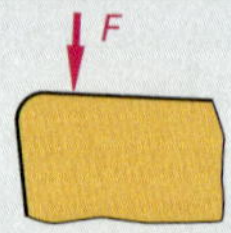 Ausführung E	Fase 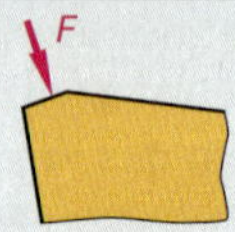 Ausführung T	Fase und Verrundung 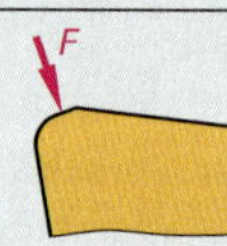 Ausführung S
Geringste Schnittkraft, bruchgefährdet	Schutz der Schneidkante, bei beschichteten Schneidstoffen in geringem Maß immer vorhanden	Größere Stabilität der Schneidkante, Schnittkraft wird größer	Höchste Bearbeitungssicherheit, jedoch Erhöhung von Schnittkraft, Temperatur und Ratterneigung
Schlichten, Zerspanung von Kunststoffen	Zerspanung von Stahl, bei Schnittunterbrechungen	Bearbeitung von gehärtetem Stahl und Hartguss	Für schwere Schnitte

Der **Neigungswinkel** λ bestimmt den Auftreffkontakt des Werkstücks auf der Spanfläche und ist für die Spanlenkung von Bedeutung **(Bild 1)**. Negative Neigungswinkel lenken den Span zur Werkstückoberfläche hin, positive Winkel von der Werkstückoberfläche weg. Bei unterbrochenem Schnitt verlegt ein negativer Neigungswinkel den Erstkontakt zwischen Werkstück und Werkzeug von der Schneidenecke weg. Dadurch wird die Gefahr von Schneidkantenausbrüchen vermindert.

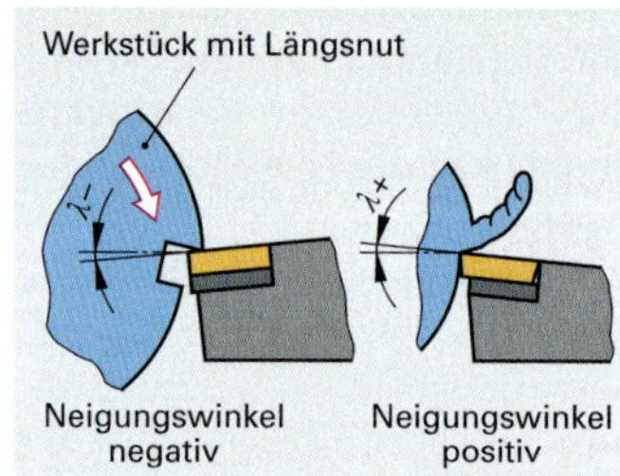

Bild 1: Neigungswinkel

- Bei unterbrochenem Schnitt und bei schwerer Schruppbearbeitung ist ein negativer Neigungswinkel (– 4° bis – 8°) vorzusehen.
- Beim Schlichten und bei Innendreharbeiten sind neutrale oder positive Neigungswinkel vorzuziehen, damit die Werkstückoberfläche durch Späne nicht beschädigt wird.

Der **Einstellwinkel** $\varkappa$ ist der Winkel zwischen der Hauptschneide und der gedrehten Oberfläche. Er beeinflusst die Spanformung, den Spanbruch, die Schnittkraft und die Ratterneigung. Die Größe des Einstellwinkels ist vom Drehwerkzeug und der Werkstückkontur abhängig **(Bild 2)**. Die Auswahl des geeigneten Einstellwinkels richtet sich nach der jeweiligen Bearbeitung **(Tabelle 2)**.

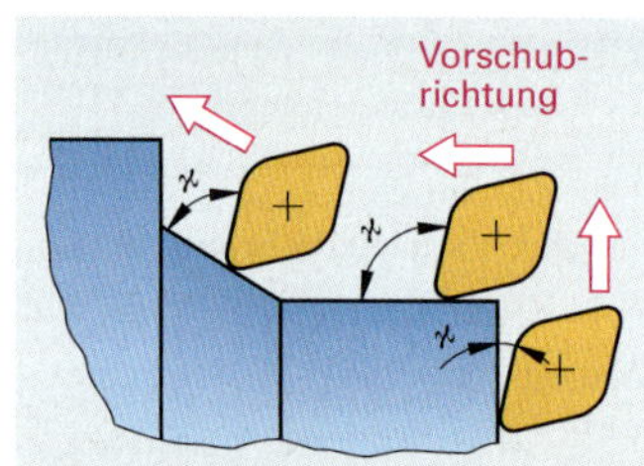

Bild 2: Einstellwinkel beim Konturdrehen

Tabelle 2: Einstellwinkel bei verschiedenen Bearbeitungen

$\varkappa = 0° \dots 30°$	$\varkappa = 45 \dots 75°$	$\varkappa = 90°$	$\varkappa > 90°$
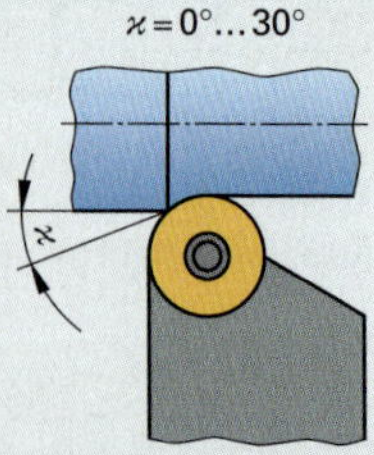	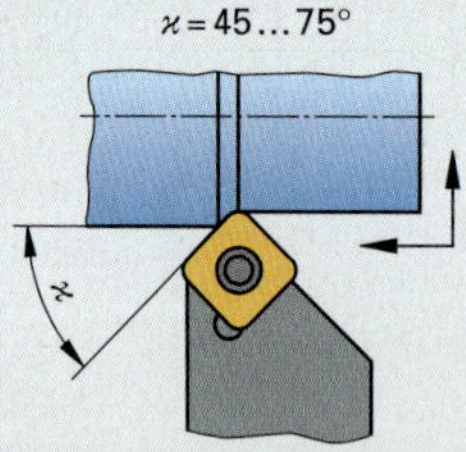	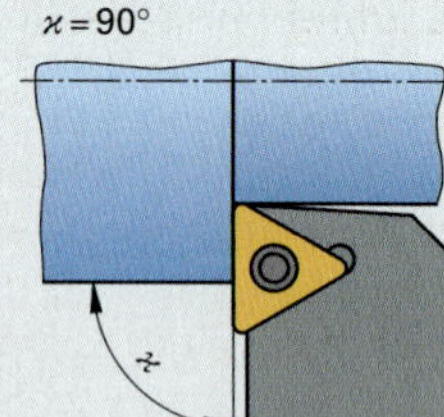	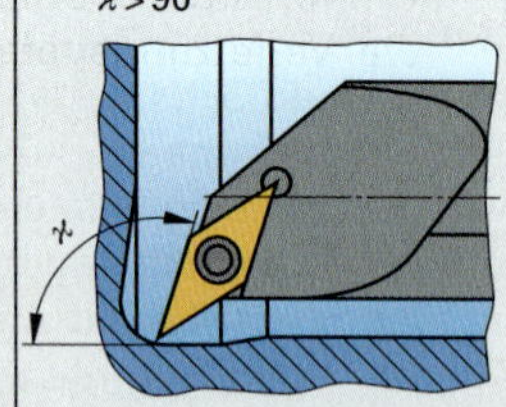
Große Passivkräfte erfordern eine hohe Stabilität von Werkstück, Maschine und Aufspannung	Schutz der Schneidenecke beim Anschnitt	kleine Passivkraft, dadurch weniger Durchbiegung des Drehteils und geringere Ratterneigung	voreilende Schneidenecke ist bruchgefährdet
Bearbeitung von harten Werkstoffen, Schlichtdrehen mit hohem Vorschub	Schruppbearbeitung	Schlichtbearbeitung, Innendrehen	Konturdrehen und Drehen von Freistichen

2.6.5.4 Spanbildung beim Drehen

Bei der Spanbildung wird der Werkstoff nach dem Eindringen des Schneidkeils zunächst stark gestaucht **(Bild 1)**. Nach Überschreiten der Streckgrenze erfolgt eine plastische Verformung des Werkstoffes, die schließlich zum Abscheren von Spanteilchen in der Scherzone führt. Aufgrund der hohen Zerspanungstemperatur und des Druckes verschweißen die Spanteilchen miteinander und gleiten über die Spanfläche ab.

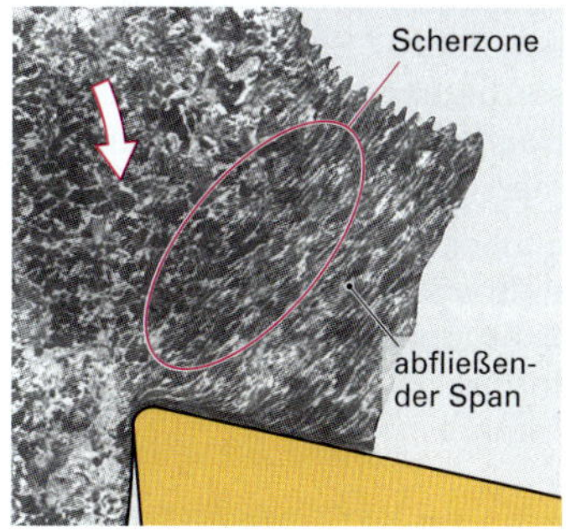

Bild 1: Spanbildung

■ Spanarten

Man unterscheidet im Wesentlichen drei Spanarten: Reißspäne, Scherspäne und Fließspäne **(Bild 2)**.

Reißspäne entstehen beim Drehen von spröden Werkstoffen, z. B. Gusseisen, Kupfer-Zink-Legierungen und Hartguss. Kleine Spanwinkel und niedrige Schnittgeschwindigkeit begünstigen ebenfalls die Bildung von Reißspänen. Durch die einzelnen Spanteile, die aus dem Werkstoff herausgerissen werden, entsteht eine raue Werkstückoberfläche.

Scherspäne bilden sich beim Drehen von zäheren Werkstoffen, z. B. Stahl mit mittlerer Festigkeit, bei mittleren Spanwinkeln und niedriger Schnittgeschwindigkeit. Die lamellenförmig abgetrennten Spanteilchen verschweißen in der Scherzone teilweise wieder miteinander. Scherspäne bilden meist kurze Spanlocken.

Fließspäne entstehen bei gut plastisch verformbaren (langspanenden) Werkstoffen, vor allem wenn hohe Schnittgeschwindigkeiten und große Spanwinkel gewählt werden. Da der Zerspanungsvorgang gleichmäßig und ohne größere Schnittkraftschwankungen abläuft, ist die dabei erzielte Oberflächengüte meist hoch.

> Um eine gute Oberfläche zu erzeugen, ist beim Drehen die Bildung von Fließspänen anzustreben.

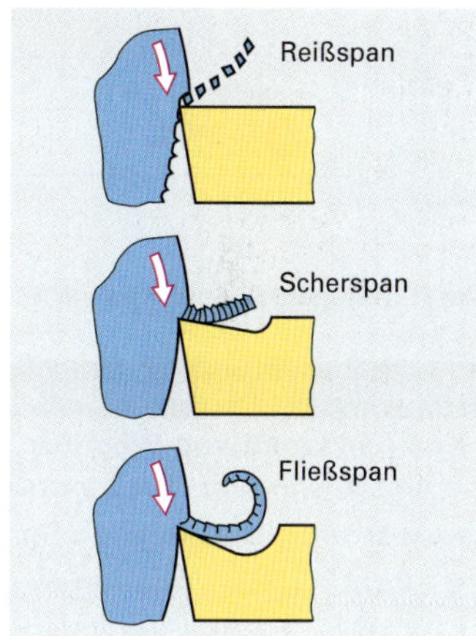

Bild 2: Spanarten

■ Spanformen

Durch die Wahl geeigneter Zerspanungsbedingungen können günstige Spanformen erzeugt werden **(Bild 3)**. Lange Späne ergeben ein großes Spanvolumen und lassen sich schlecht aus dem Arbeitsraum der Maschine abführen. Sie behindern die Werkzeuge und können zu Beschädigungen der Werkstückoberfläche führen. Außerdem wird die Verletzungsgefahr durch die scharfen Späne erhöht. Bei zu kleinen Spänen besteht die Gefahr, dass die Filter der Kühlschmierung zugesetzt werden. Beim Drehen sind deshalb kurze Wendel- oder Spiralspäne anzustreben.

Durch Verwendung legierter Werkstoffe wird deren Spanbrüchigkeit erhöht, z. B. durch höheren Zinkanteil bei CuZn-Legierungen oder Zugabe geringer Schwefelanteile bei Automatenstählen. Durch Veränderung der Schneidengeometrie lassen sich ebenfalls kurz gebrochene Späne erzeugen.

> Späne sollen kompakt und rollfähig sein.

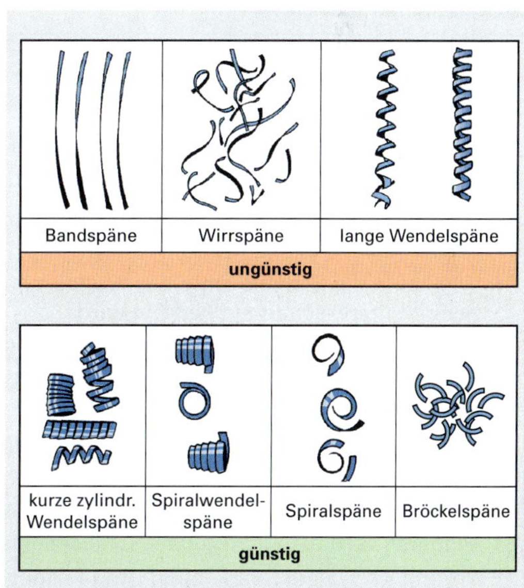

Bild 3: Spanformen

Spanleitstufen und Spanformschaubild

Spanleitstufen sollen günstige Spanformen erzeugen **(Bild 1)**. Spanformschaubilder zeigen den Einsatzbereich von Schneidplatten mit eingesinterten Spanleitstufen zur Erzielung günstiger Spanformen **(Bild 2)**.

Schlichtplatten erzeugen auch bei kleiner Schnitttiefe und kleinem Vorschub günstige Späne. Bei Schruppplatten sind zur Erzielung günstiger Spanformen größere Schnitttiefen und Vorschübe erforderlich.

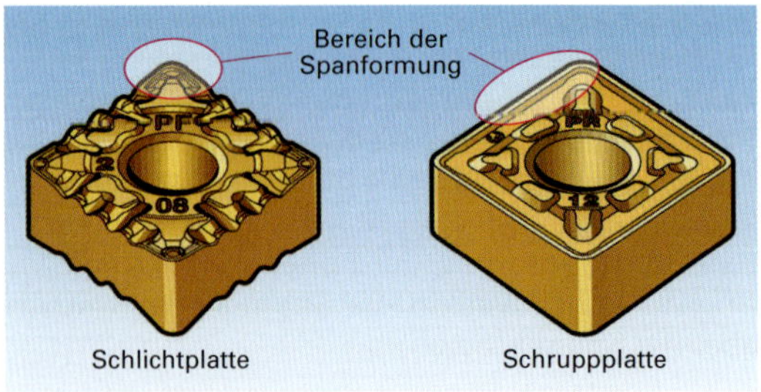

Bild 1: Eingesinterte Spanleitstufen

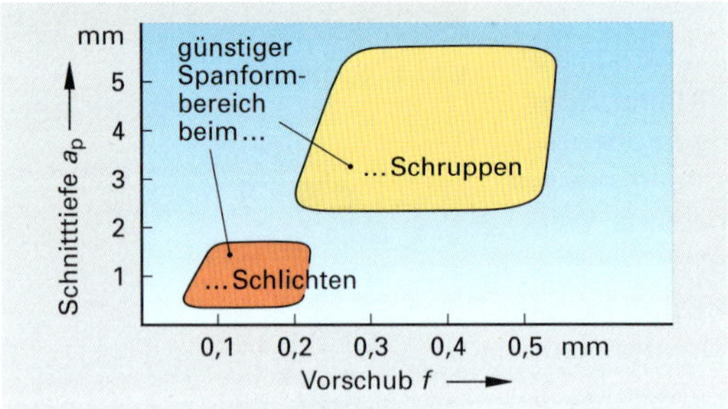

Bild 2: Günstige Spanformbereiche

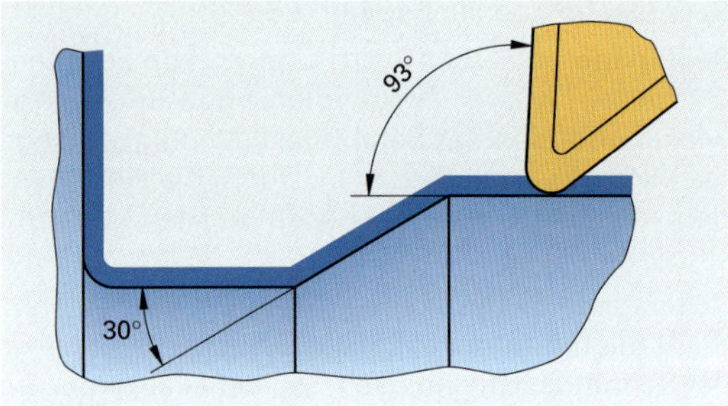

Bild 3: Einstellwinkel beim Formdrehen

Möglichkeiten zur Erzeugung günstiger, kurz gebrochener Späne:

- Verwendung von Wendeschneidplatten mit Spanleitstufen, durch die ein günstiger Spanablauf und Spanbruch erzielt werden
- Auswahl der passenden Spanleitstufe für den vorgesehenen Vorschub und die Schnitttiefe
- Einsatz von Werkstoffen, deren Spanbrüchigkeit durch entsprechende Legierungselemente erhöht wurde
- Erhöhung des Vorschubs, wenn dies möglich ist

Wiederholung und Vertiefung

1 Durch welche Flächen wird der Schneidkeil des Drehmeißels begrenzt?
2 Berechnen Sie die theoretische Rautiefe beim Drehen, wenn der Eckenradius 0,4 mm und der Vorschub 0,15 mm betragen.
3 Wie ist der Einstellwinkel des Drehwerkzeuges zu verändern, wenn Vibrationen auftreten?
4 Warum werden beim Schlichten meist kleine Eckenradien verwendet?
5 Unter welcher Voraussetzung kann die Wendeschneidplatte auch beim Schlichten einen großen Eckenradius haben?
6 Wie sollte die Schneidkante der Wendeschneidplatte ausgeführt sein, wenn ein Werkstück mit Schnittunterbrechungen gedreht wird?
7 Welchen Vorteil bietet ein negativer Neigungswinkel des Werkzeughalters?
8 Warum sollte beim Schlichten von Bohrungen ein positiver Neigungswinkel des Werkzeughalters vorgesehen werden?
9 Ermitteln Sie den jeweils kleinsten und größten Einstellwinkel beim Kopierdrehen des Einstichs **(Bild 3)**.
10 Bei welchem Einstellwinkel ist die Passivkraft am kleinsten?
11 Wodurch wird die Bildung unterschiedlicher Spanarten beeinflusst?
12 Warum sind lange Späne beim Drehen unerwünscht?
13 Welche Möglichkeiten gibt es, kurz gebrochene Späne zu erzeugen?

2.6.5.5 Verschleiß und Standzeit

Als Standzeit bezeichnet man die Zeit des Werkzeugeingriffs bis zum Erreichen des zulässigen Verschleißes. Das Ende der Standzeit ist beim Schlichten an der schlechten Oberfläche und an Maßabweichungen des Werkstückes erkennbar, beim Schruppen an den Verschleißauswirkungen an der Werkzeugschneide.

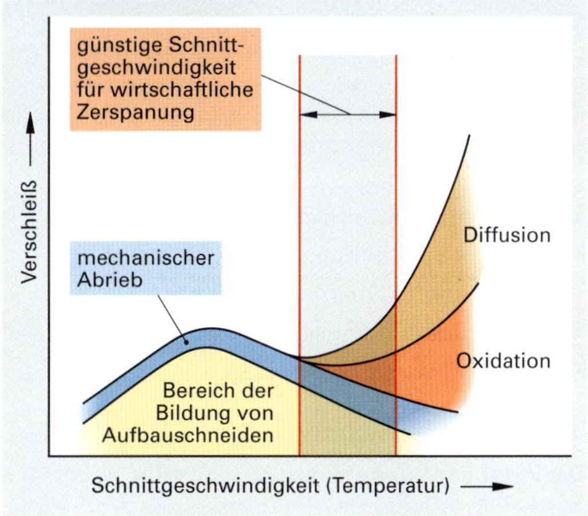

Bild 1: Verschleißursachen

Ursachen des Verschleißes

Der Verschleiß wird durch die gleichzeitig wirkende mechanische und thermische Beanspruchung der Schneide verursacht **(Bild 1)**. Der Verschleiß wird bei niedriger Schnittgeschwindigkeit (Temperatur) durch die Bildung von Aufbauschneiden und mechanischen Abrieb verursacht. Bei höherer Schnitttemperatur wird der Verschleiß durch Oxidation und Diffusion besonders groß.

Aufbauschneide. Vor allem bei kleiner Schnittgeschwindigkeit können sich an der Spanfläche, aber auch an der Freifläche kleine Werkstoffteilchen festschweißen, die dann eine künstliche Schneide aufbauen. Diese verändert die Schneidengeometrie und führt zu höheren Schnittkräften **(Bild 2)**. Beim Abscheren der Aufbauschneide können auch Teile der Schneidkante ausbrechen, sodass verstärkt Verschleiß auftritt.

Die Bildung von Aufbauschneiden kann verringert werden durch:

- Erhöhung der Schnittgeschwindigkeit
- Einsatz von beschichteten Schneidstoffen
- Glatte, geläppte Spanflächen
- Reichliche Verwendung von Kühlschmierstoffen

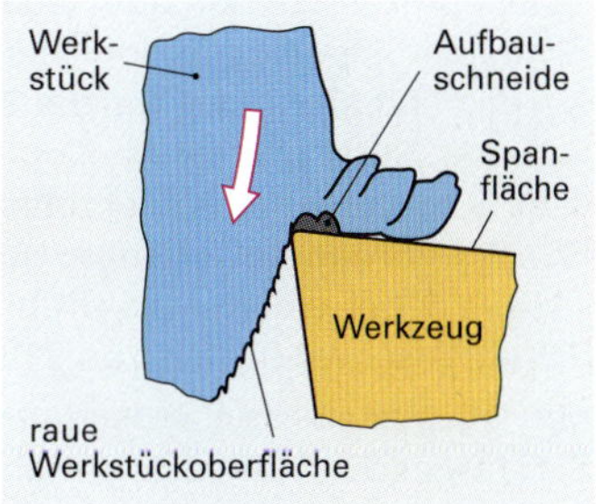

Bild 2: Bildung von Aufbauschneiden

Abrieb. Durch den ablaufenden Span auf der Spanfläche und die Reibung des Werkstückes an der Freifläche erfolgt ein mechanischer Abrieb an diesen Flächen. Die Größe der Abtragung ändert sich mit zunehmender Temperatur nur wenig.

Oxidation. Bei hohen Temperaturen oxidieren Teile des Schneidstoffes. Dies führt vor allem am Rande der Kontaktzone des Werkzeuges mit dem Werkstück zu Kerben und Ausbrüchen.

Diffusion. Wenn eine chemische Ähnlichkeit zwischen Schneidstoff und Werkstückstoff vorhanden ist, z. B. bei HM oder HSS und Stahl, findet bei hohen Temperaturen ein Atomaustausch statt. Dies führt dazu, dass Teile der Spanfläche abgetragen werden.

Durch Beschichten des Werkzeuges können die Bildung von Aufbauschneiden, der mechanische Abrieb, Oxidation und Diffusion vermindert werden **(Bild 3)**. Die aufgedampfte Schicht verleiht dem zähen Grundwerkstoff eine hohe Oberflächenhärte und eine große Verschleißfestigkeit.

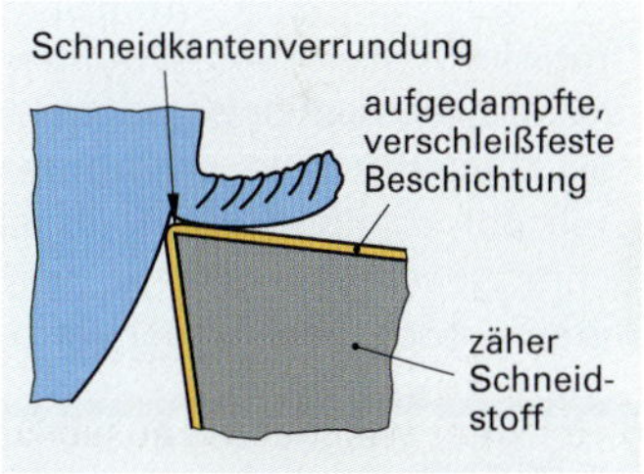

Bild 3: Beschichtetes Werkzeug

Verschleißarten

Die Verschleißursachen führen an Drehwerkzeugen zu verschiedenen Verschleißauswirkungen **(Bild 4)**.

Es sind dies im Wesentlichen der Kolk-, Freiflächen- und Kantenverschleiß, die zu einer Erhöhung der Schnittkräfte und einer Verschlechterung der Oberflächengüte führen. Aus diesem Grunde sollte das Schneidwerkzeug rechtzeitig ausgewechselt oder nachgeschliffen werden.

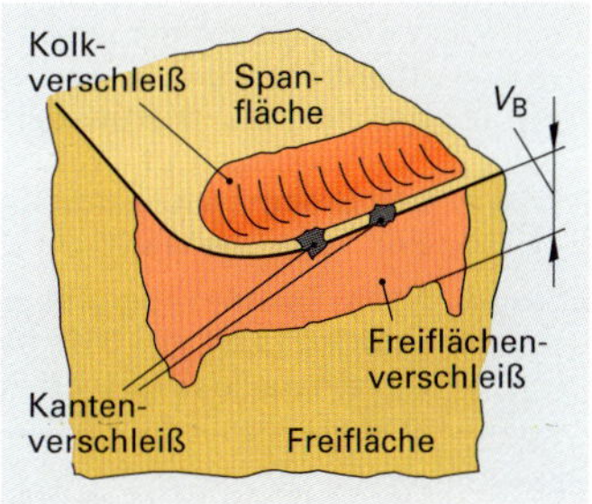

Bild 4: Verschleißarten

2.6.5.6 Wahl der Schnittdaten beim Drehen

Die Schnittdaten, welche für das Drehen festgelegt werden, sind die Schnittgeschwindigkeit v_c, der Vorschub f und die Schnitttiefe a_p. Durch die richtige Auswahl der geeigneten Schnittdaten sollen erreicht werden:

- optimale Standzeit des Werkzeuges
- günstige Spanbildung
- die geforderte Oberflächengüte
- großes Spanungsvolumen
- möglichst kleine Schnittkraft

Schnittgeschwindigkeit und Drehzahl

Die Wahl der Schnittgeschwindigkeit v_c ist im Wesentlichen von der Bearbeitbarkeit des Werkstoffs, dem eingesetzten Schneidstoff und dem Drehverfahren abhängig. Richtwerte für die Schnittgeschwindigkeit können aus Tabellen oder aus den Schneidstoffkatalogen der Hersteller entnommen werden **(Tabelle 1 und Tabelle 2)**. Soll z. B. ein unlegierter Stahl mit einem Kohlenstoffgehalt von 0,35 % mit einer beschichteten Hartmetallplatte HC-P15 vorgedreht werden, so ergibt sich nach Tabelle 1 bei einem Vorschub von 0,4 mm eine Schnittgeschwindigkeit von 315 m/min.

Bei NC-gesteuerten Maschinen sind geeignete Schnittgeschwindigkeiten meist in einer Datenbank hinterlegt, sodass beim Programmieren ein Wert vorgeschlagen wird, der als Startwert übernommen werden kann.

Bei Maschinen mit Drehzahlstufung muss die Drehzahl n nach der gewählten Schnittgeschwindigkeit und dem Drehdurchmesser ermittelt werden. Die einzustellende Drehzahl kann aus einem Drehzahlschaubild **(Bild 1)** abgelesen oder aus der Schnittgeschwindigkeit v_c und dem Werkstückdurchmesser d berechnet werden.

Drehzahl $$n = \frac{v_c}{\pi \cdot d}$$

Beispiel: Eine Welle aus C35 mit dem Durchmesser d = 75 mm soll mit einem Vorschub f = 0,4 mm überdreht werden. Als Schneidstoff wird eine beschichtete Hartmetall-Wendeschneidplatte HC-P15 eingesetzt. Welche Drehzahl n ist an einer Drehmaschine mit Getriebestufung nach Bild 1 einzustellen?

Lösung: Nach Tabelle 1 ergibt sich eine Schnittgeschwindigkeit v_c = 315 m/min. Aus dem Drehzahlschaubild (Bild 1) erhält man eine einzustellende Drehzahl n = 1400/min.

Berechnung der Drehzahl: $n = \frac{v_c}{\pi \cdot d} = \frac{315 \text{ m/min}}{\pi \cdot 0{,}075 \text{ m}} = \mathbf{1337/min}$

Tabelle 1: Richtwerte für die Vorbearbeitung von Stahl (Längsdrehen und Ausdrehen)

Werkstück		Hartmetall, beschichtet	
Stahlart	Härte HB	HC-P15	HC-P35
		Vorschub in mm	
		0,4 – 0,6	0,6 – 0,8
		Schnittgeschw. in m/min	
Unlegiert:			
C = 0,15 %	90 – 200	365 – 310	225 – 200
C = 0,35 %	125 – 225	315 – 265	195 – 170
C = 0,70 %	150 – 250	300 – 250	185 – 160
Niedriglegiert:			
Ungehärtet	150 – 260	270 – 230	135 – 115
Gehärtet	220 – 450	155 – 120	75 – 65
Hochlegiert:			
Geglüht	150 – 250	235 – 195	110 – 95
Gehärtet	250 – 350	120 – 115	60 – 50

Tabelle 2: Richtwerte für die Fertigbearbeitung von Stahl (Längsdrehen und Ausdrehen)

Werkstück		Hartmetall, beschichtet	
Stahlart	Härte HB	HC-P10	HC-P15
		Vorschub in mm	
		0,1 – 0,2	0,1 – 0,2
		Schnittgeschw. in m/min	
Unlegiert:			
C = 0,15 %	90 – 200	440 – 355	415 – 355
C = 0,35 %	125 – 225	380 – 305	370 – 295
C = 0,70 %	150 – 250	355 – 290	320 – 270
Niedriglegiert:			
Ungehärtet	150 – 260	270 – 215	250 – 200
Gehärtet	220 – 450	155 – 120	140 – 110
Hochlegiert:			
Geglüht	150 – 250	240 – 190	225 – 175
Gehärtet	250 – 350	125 – 100	110 – 90

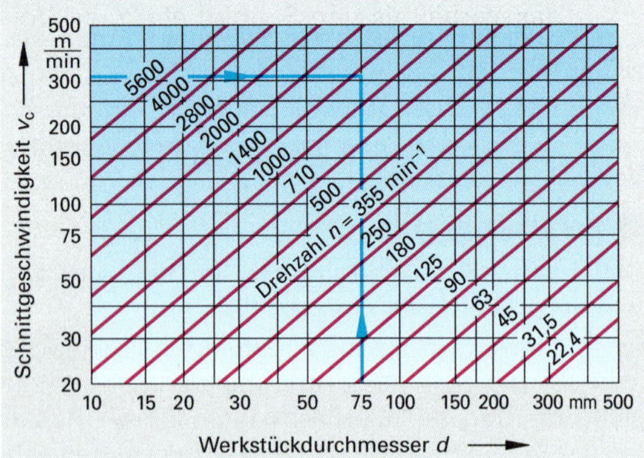

Bild 1: Drehzahlschaubild einer Drehmaschine

Vorschub

Der Vorschub *f* in mm (je Umdrehung) sollte beim Vordrehen so groß wie möglich gewählt werden. Begrenzt wird der Vorschub durch die Leistung der Drehmaschine, die mögliche Belastung der Schneide, durch die Stabilität des Werkstückes und die Sicherheit der Werkstück-Einspannung. Um ein Ausbrechen der Schneidenecke zu vermeiden, sollte ein maximaler Vorschub nicht überschritten werden.

$$f_{\text{max Vordrehen}} \approx \mathbf{0{,}5 \cdot Eckenradius}$$

Beim Fertigdrehen wird im Allgemeinen mit kleinem Vorschub gedreht, da durch den Vorschub und durch den Eckenradius die erreichbare Oberflächengüte und die Maßgenauigkeit beeinflusst werden **(Tabelle 1)**.

$$f_{\text{Fertigdrehen}} \leq \mathbf{0{,}3 \cdot Eckenradius}$$

Beim Drehen mit runden Schneidplatten wird mit größerem Vorschub gearbeitet **(Bild 1)**. Das Werkstück und die Spanneinheit müssen aber zur Vermeidung von Schwingungen stabil sein.

Schnitttiefe

Die Schnitttiefe a_p (Schnittbreite) wird beim Rund- und Plandrehen von der Zustellung des Drehwerkzeuges, beim Einstechdrehen von der Schneidenbreite bestimmt **(Bild 2)**. Beim Vordrehen sollte die Schnitttiefe so groß wie möglich gewählt werden. Begrenzt wird sie durch die Größe der Wendeschneidplatte, die Antriebsleistung der Drehmaschine und durch die Stabilität des Werkstückes und der Spanneinheit. Beim Fertigdrehen entspricht die Schnitttiefe dem Aufmaß.

Verhältnis von Schnitttiefe zu Vorschub. Wählt man die Schnitttiefe $a_p = 2$ mm und den Vorschub $f = 1$ mm, so ergibt sich der gleiche Spanungsquerschnitt wie bei $a_p = 4$ mm und $f = 0{,}5$ mm **(Bild 3)**. Um eine günstige Spanbildung zu erreichen, sollte das Verhältnis von Schnitttiefe a_p zu Vorschub *f* zwischen 4 : 1 und 10 : 1 liegen.

$$a_p : f_{\text{beim Vordrehen}} = \mathbf{4 : 1 \text{ bis } 10 : 1}$$

Tabelle 1: Erreichbare Rautiefe in Abhängigkeit von Eckenradius und Vorschub

Rautiefe *Rz* in µm	Eckenradius in mm 0,4	0,8	1,2	1,6
	Vorschub *f* in mm			
1,6	0,07	0,10	0,12	0,14
4	0,11	0,15	0,19	0,22
10	0,17	0,24	0,29	0,34
16	0,22	0,30	0,37	0,43
25	0,27	0,38	0,47	0,54

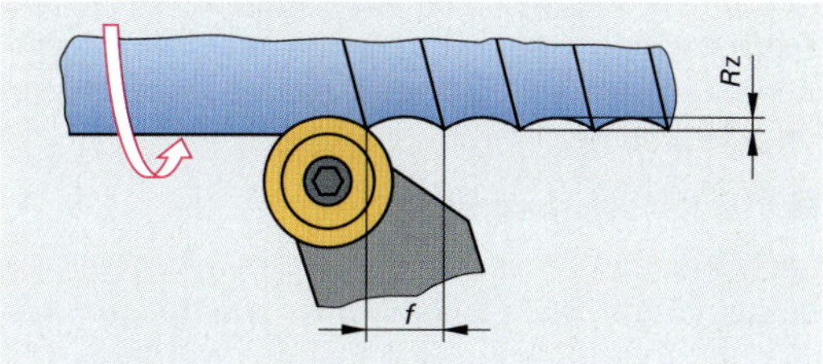

Bild 1: Drehen mit runder Schneidplatte

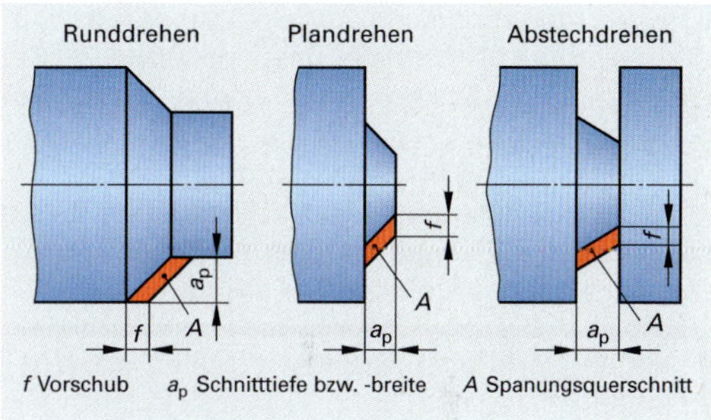

Bild 2: Schnittbreite und Schnitttiefe

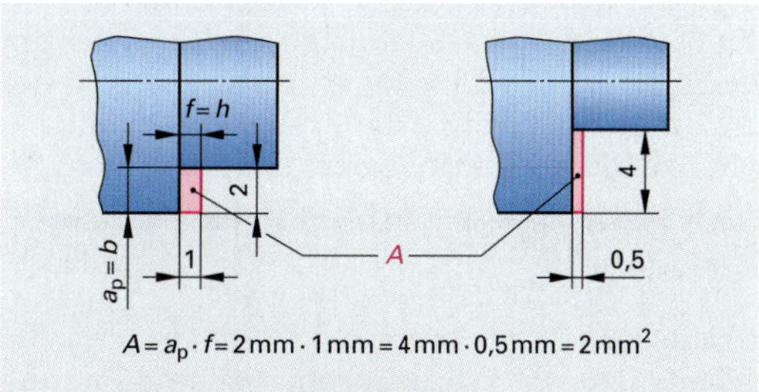

Bild 3: Schnitttiefe und Vorschub

Arbeitsregeln zum Vor- und Fertigdrehen

- Zum Vordrehen werden zunächst ein möglichst großer Vorschub und eine entsprechend große Schnitttiefe festgelegt.
- Danach wird die nach Tabellen-Richtwerten als „Startwert" gewählte Schnittgeschwindigkeit je nach erreichter Standzeit abgeändert.
- Beim Fertigdrehen erzielt man durch einen kleinen Vorschub und eine erhöhte Schnittgeschwindigkeit eine hohe Oberflächengüte.

2.6.5.7 Werkzeug- und Werkstück-Spannsysteme

Spannen der Drehwerkzeuge

Das Drehwerkzeug muss möglichst kurz und fest gespannt werden, damit Schwingungen verhindert werden. Die Schneidkante muss auf Mitte eingestellt werden. Abweichungen verursachen Änderungen der wirksamen Winkel an der Schneide **(Bild 1)**. Eine Einstellung über der Mitte verkleinert den Freiwinkel; das Werkzeug drückt. Eine Einstellung unter der Mitte erzeugt beim Abstechen einen Butzen. Um die Rüstzeit zu verkürzen, werden Werkzeuge meist außerhalb der Maschine im Werkzeughalter montiert und in einem Voreinstellgerät auf die richtige Höhenlage und Auskraglänge eingestellt.

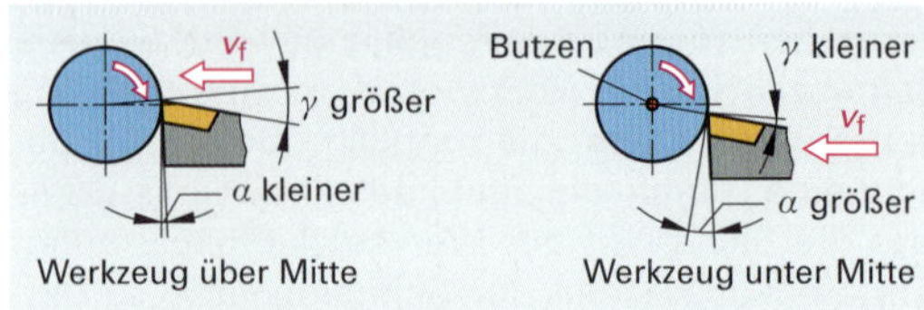

Bild 1: Fehlerhafte Höhenlage des Werkzeuges beim Querdrehen

Werkstückspannung

Das Werkstück muss sicher, einfach, mit möglichst kleinem Rund- und Planlauffehler und mit geringer Werkstückverformung gespannt werden. Mit **Spannfuttern** können Werkstücke außen oder in einer Bohrung gespannt werden. Im Dreibackenfutter werden runde oder regelmäßig geformte 3- und 6-kantige Werkstücke gespannt **(Bild 2)**. Bei handbetätigten Spannfuttern erfolgt die Bewegung der Spannbacken über eine Planspirale oder eine Keilstange **(Bild 3)**. Die Spannbacken dürfen nicht zu weit aus dem Futter herausragen, da sie sonst ungenügend geführt sind, die Spannkraft zu gering ist und die Unfallgefahr erhöht wird.

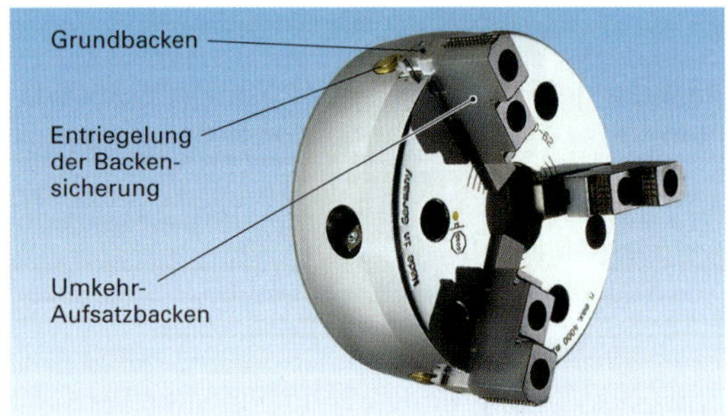

Bild 2: Dreibackenfutter

> Vorstehende Spannbacken erhöhen die Unfallgefahr.

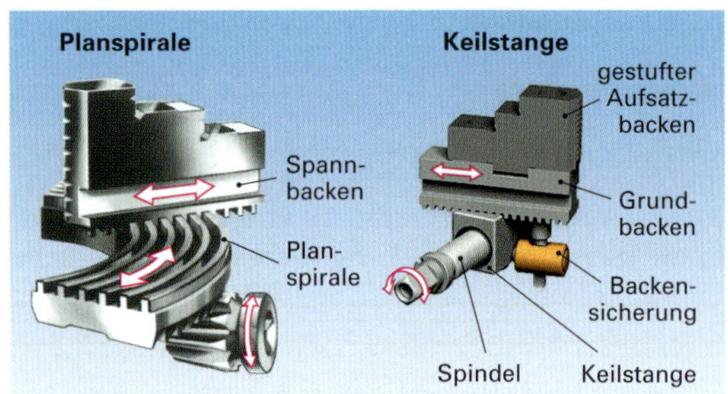

Bild 3: Bewegung der Spannbacken

Bei **Kraftspannfuttern** wird die Spannkraft pneumatisch oder hydraulisch erzeugt. Bei hohen Drehzahlen wird die Spannkraft der Spannbacken durch die Fliehkraft verringert. Spannfutter für hohe Drehzahlen besitzen daher einen Fliehkraftausgleich **(Bild 4)**. Die Fliehkraft des Ausgleichsgewichtes wirkt der Fliehkraft der Spannbacke entgegen und hält so die Spannkraft bis zur zulässigen Grenzdrehzahl annähernd gleich.

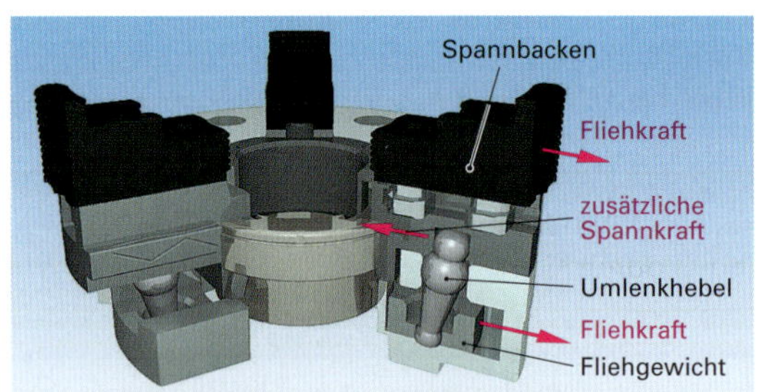

Bild 4: Kraftspannfutter mit Fliehkraftausgleich

Spannkraft. Zu große Spannkräfte führen zur Beschädigung der Werkstückoberfläche durch die Spannbacken und können am Werkstück Formabweichungen erzeugen **(Bild 5)**. Bei zu starkem Spannen verformen sich dünnwandige Werkstücke elastisch. Ausgedrehte Bohrungen z. B. sind deshalb nach dem Ausspannen unrund, weil die elastische Verformung zurückfedert.

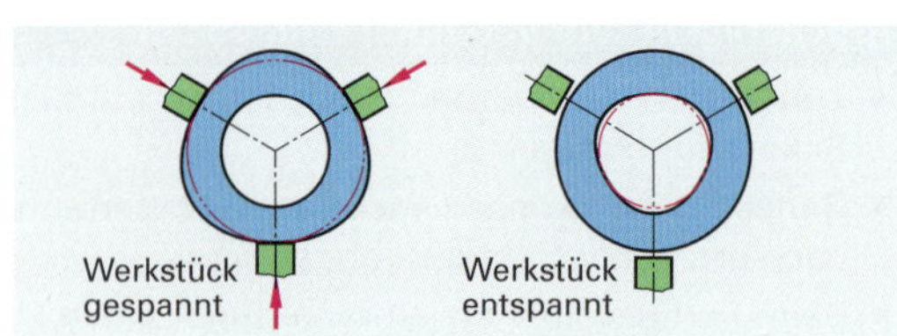

Bild 5: Formfehler durch Spannung

> Die Spannkraft muss der Größe der Zerspankraft sowie der Form und der Stabilität des Werkstücks angepasst sein.

Spannzangen

Spannzangen übertragen die Spannkraft fast auf den ganzen Werkstückumfang, was für den Rundlauf und die Drehteiloberfläche günstig ist. Sie sind für hohe Drehzahlen geeignet.

Bei der **Zugspannzange** erfolgt die Betätigung über ein Zugrohr **(Bild 1)**. Beim Spannen des Werkstücks wird die geschlitzte Spannzange in die Kegelhülse gezogen. Durch die Längsbewegung der Zugspannzange wird das Werkstück ebenfalls geringfügig mitgezogen. Dies muss beim nachfolgenden Drehen von Längenmaßen berücksichtigt werden.

Bei der **Druckspannzange** erfolgt die Spannung über die Druckhülse, die über das Druckrohr axial verschoben wird **(Bild 2)**. Die Druckspannzange verändert während des Spannens die axiale Lage des Werkstücks nicht, allerdings ist der Platzbedarf durch die zusätzliche Druckhülse größer als bei Zugspannzangen.

Spannkopf

Beim **Spannkopf** sind die einzelnen Spannsegmente durch Gummi elastisch miteinander verbunden **(Bild 3)**. Die Segmente liegen beim Spannen über die gesamte Länge am Futterkörper an. Dadurch erfolgt die Spannung gleichmäßig über die gesamte Länge der Spannsegmente. Die Federwirkung des Gummis drückt die Segmente beim Entspannen wieder auseinander. Es können größere Maßbereiche überbrückt werden. Zum Auswechseln des Spannkopfes werden die Segmente durch eine Wechselvorrichtung, die mit Stiften in die stirnseitigen Bohrungen greift, zusammengedrückt. Der Spannkopf kann dadurch von vorn aus der Zugstange gelöst und ein anderer Spannkopf eingesetzt werden.

Weitere Spannmöglichkeiten

Müssen Drehteile auf ihrer ganzen Länge überdreht werden, werden sie **zwischen Spitzen** gespannt. Die Mitnahme des Werkstücks erfolgt meist durch einen Stirnmitnehmer, dessen gehärtete Mitnehmerzähne gegen die Planseite des Werkstücks gedrückt werden **(Bild 4)**.

Werkstücke mit Bohrungen können auch auf **Dreh- oder Spanndornen** gespannt werden. Der Drehdorn ist leicht kegelig ($C = 1 : 2000$) und wird in die Bohrung eingepresst. Der Spanndorn dagegen wird durch einen Kegel gespreizt.

Wiederholung und Vertiefung

1 Warum muss beim Querdrehen die Schneidkante des Drehwerkzeuges genau auf Mitte gestellt werden?

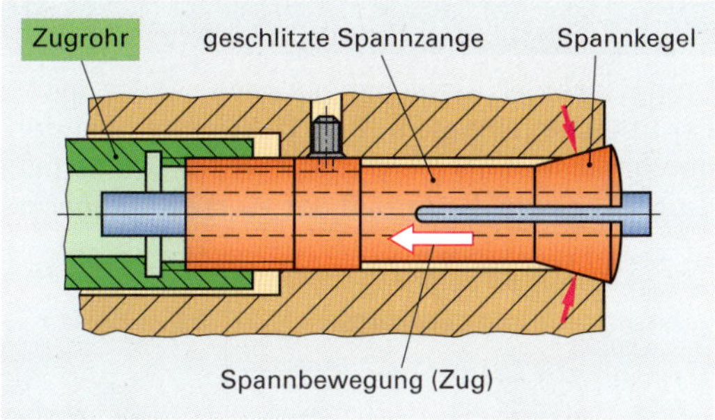

Bild 1: Zugspannzange

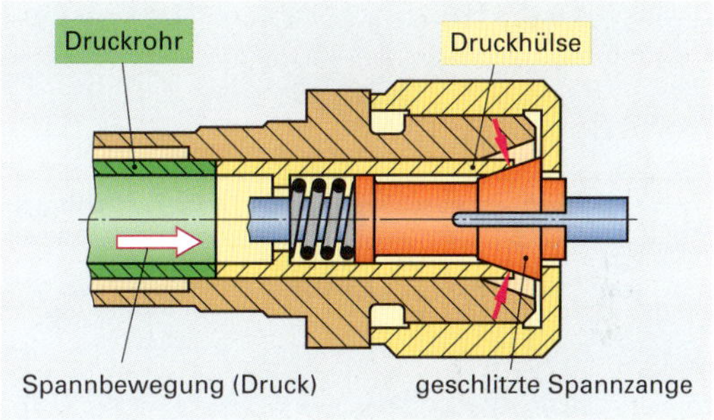

Bild 2: Druckspannzange

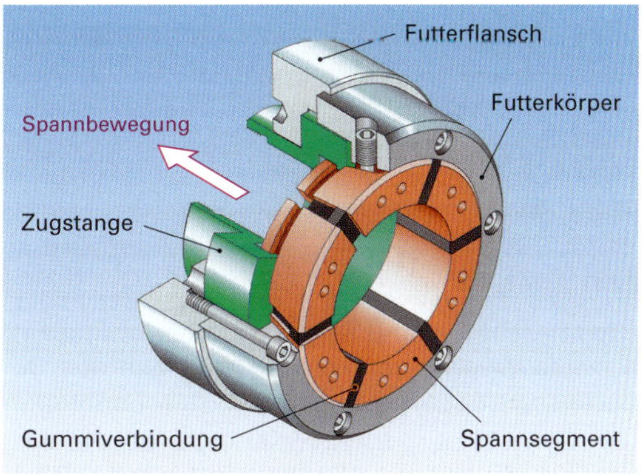

Bild 3: Spannkopf

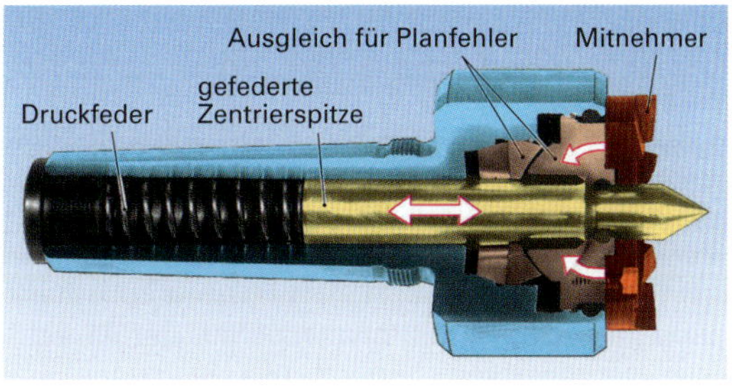

Bild 4: Stirnmitnehmer

2.6.5.8 Drehmaschinen

Drehmaschinen werden meist nach der Art des Maschinenbettes, der Lage der Spindel oder der Anzahl der Spindeln eingeteilt **(Bild 1)**. Wichtige Kenngrößen sind der Spindeldurchlass, der maximale Drehdurchmesser und die Drehlänge des Werkstückes, die Antriebsleistung und die maximale Spindeldrehzahl sowie die Anzahl der Werkzeugträger mit den verfügbaren Werkzeugplätzen.

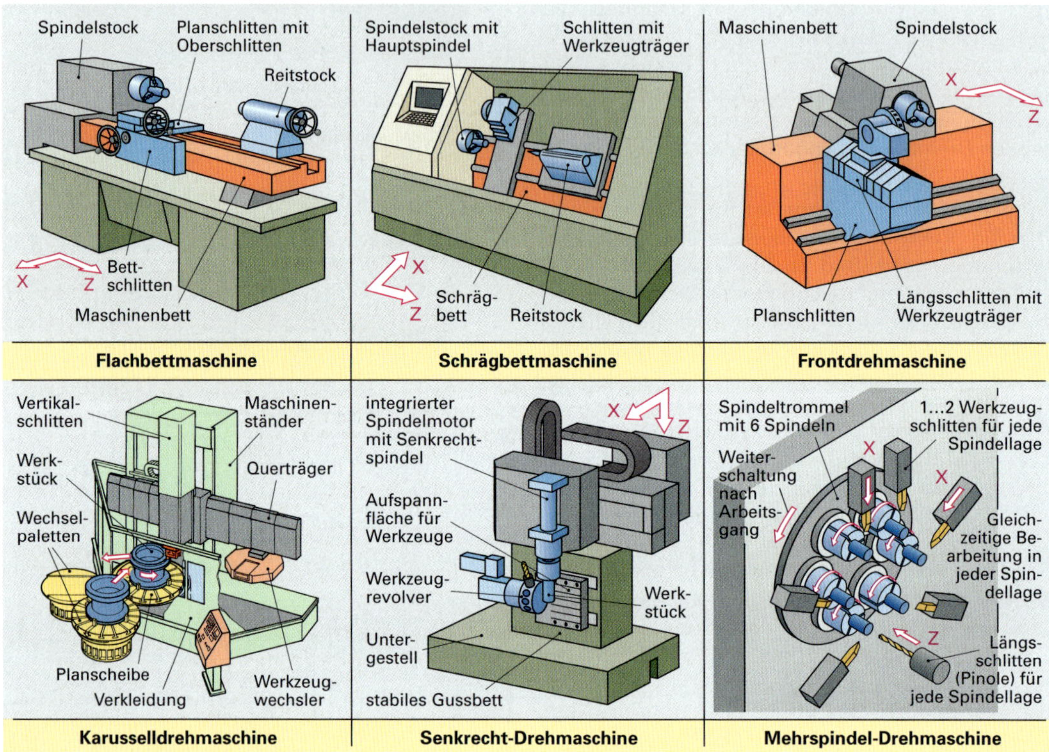

Bild 1: Arten von Drehmaschinen

Hauptbaugruppen

Drehmaschinen sind häufig modular aufgebaut, d. h. die Werkzeugmaschine wird nach den Bedürfnissen des Anwenders mit den benötigten Baueinheiten, z. B. Reitstock oder Gegenspindel, geliefert. Auf dem Untergestell ist das Drehmaschinenbett, welches den Spindelstock trägt, befestigt **(Bild 2)**. Der Werkzeugschlitten mit dem Werkzeugträger wird meist durch Wälzführungen geführt. Diese sind mit dem Maschinenbett verschraubt. Das Maschinenbett muss besonders verwindungssteif und schwingungsdämpfend ausgeführt sein, damit die Oberflächenqualität des gedrehten Werkstückes und die Werkzeugstandzeit nicht durch Schwingungen verringert werden. Das Maschinenbett wird deshalb meist aus Gusseisen, dessen Hohlräume mit kunstharzgebundenem Granit (Polymerbeton) gefüllt sind, oder aus massivem Mineralguss (Reaktionsharzbeton) hergestellt.

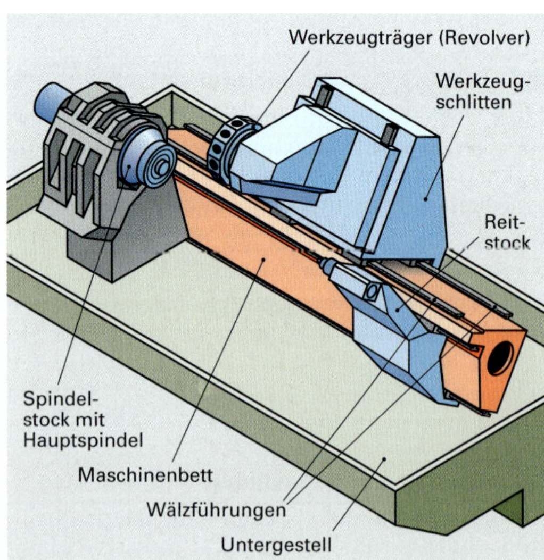

Bild 2: Hauptbaugruppen einer Drehmaschine

Universal-Drehmaschinen

Universaldrehmaschinen werden in der Einzelteil- und Kleinserienfertigung sowie im Werkzeug- und Vorrichtungsbau eingesetzt **(Bild 1)**.

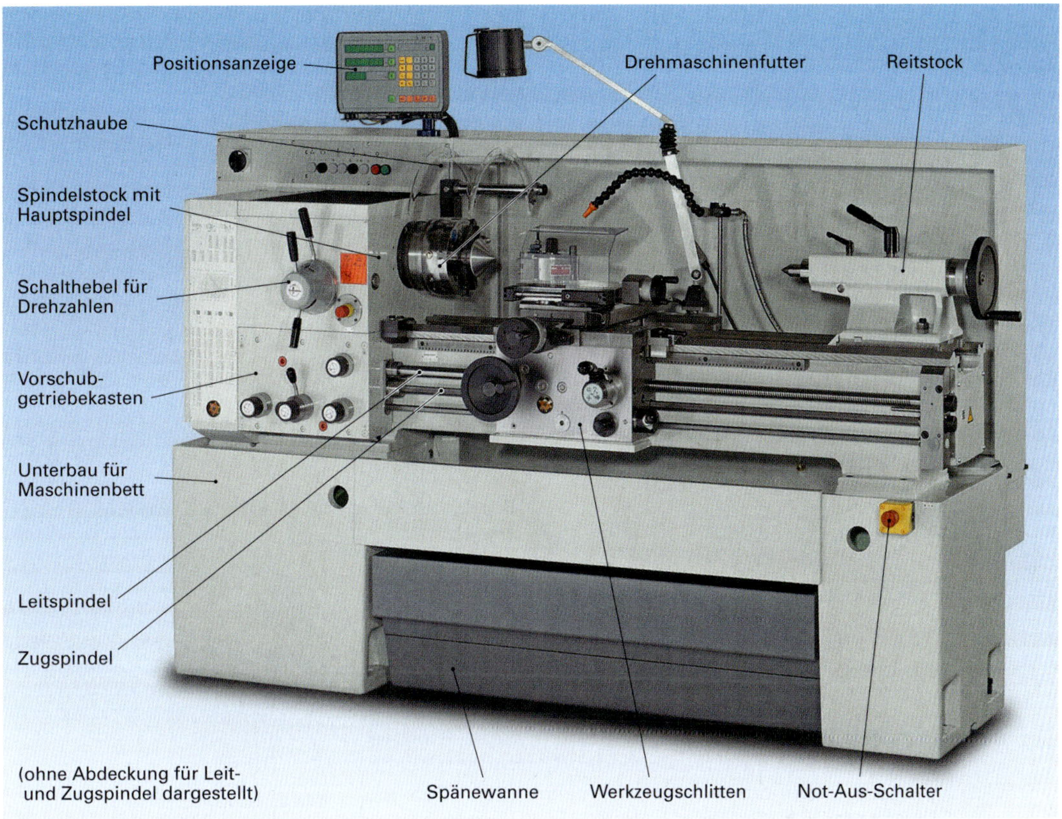

Bild 1: Universaldrehmaschine

Arbeitsspindel. Die im Spindelstock in Wälzlagern geführte Arbeitsspindel wird meist von einem Drehstrommotor über ein Getriebe mit Drehzahlstufung oder stufenlos durch einen frequenzgeregelten Drehstrommotor angetrieben.

Der **Werkzeugschlitten** besteht aus dem Bettschlitten mit dem Schlosskasten, dem Planschlitten (Querschlitten) und dem Oberschlitten mit der Spannvorrichtung für das Drehwerkzeug **(Bild 2)**.

Vorschubgetriebe. Der maschinelle Vorschub für den Werkzeug- oder Planschlitten wird am Vorschubgetriebe eingestellt. Bei Drehmaschinen mit regelbaren Vorschubmotoren erfolgt der Schlittenantrieb über einen Kugelgewindetrieb. Über eingebaute Wegmesssysteme mit digitaler Positionsanzeige werden die Schlittenbewegungen angezeigt.

Reitstock. Dieser dient zur Abstützung langer Werkstücke, zur Aufnahme des Werkstückes zwischen Spitzen oder zur Aufnahme von Bohrwerkzeugen.

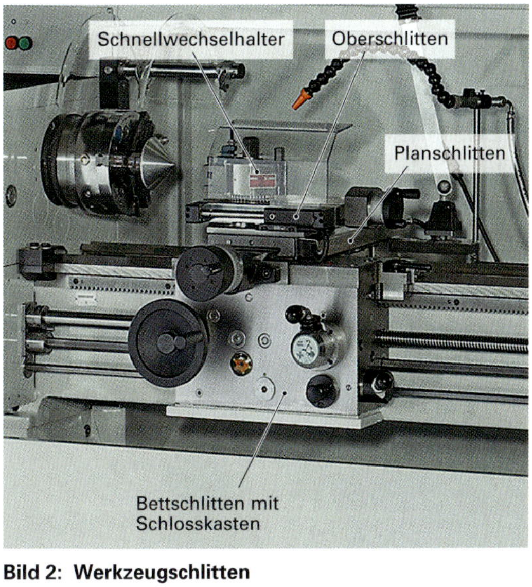

Bild 2: Werkzeugschlitten

Arbeitsbeispiel: Drehen eines Achsbolzens

Auf einer Universaldrehmaschine soll ein Achsbolzen **(Bild 1)** aus niedriglegiertem Einsatzstahl 16MnCr5 hergestellt werden. Der Einsatz geeigneter Drehwerkzeuge ist zu bestimmen und die Schnittdaten sind zu ermitteln.

Fertigungsplanung. Als Schneidstoff werden für alle Arbeitsgänge TiN-beschichtete Hartmetallschneidplatten HC-P15 eingesetzt. Als Kühlschmiermittel wird eine Emulsion verwendet. Nach dem Plandrehen und Anfasen der ersten Seite und Umspannen wird die zweite Seite auf Länge plangedreht. Das Vordrehen der Ansätze erfolgt mit einer Schnitttiefe $a_P = 2$ mm und einem Vorschub $f = 0{,}4$ mm, die Schnittgeschwindigkeit soll $v_C = 250$ m/min betragen. Das Schlichtaufmaß für die Durchmessermaße beträgt 0,5 mm, für die Längenmaße 0,1 mm.

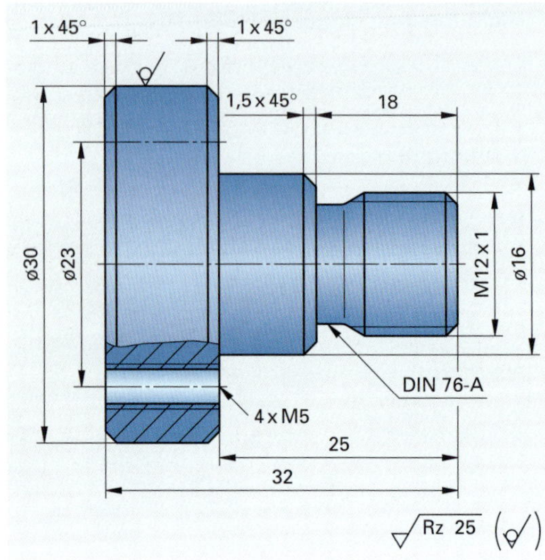

Bild 1: Achsbolzen aus Einsatzstahl 16MnCr5

Wiederholung und Vertiefung

1 Warum werden für das Drehen beschichtete Wendeschneidplatten eingesetzt?

2 Bestimmen Sie die Anzahl der Schnitte für das Vordrehen des Ansatzes ∅ 16.

3 Um mit wenig Werkzeugen auszukommen, wird für das Vordrehen der Kontur einschließlich des Gewindefreistichs **(Bild 2)** dieselbe Wendeschneidplatte verwendet. Welcher Eckenwinkel sollte für die Wendeschneidplatte gewählt werden?

4 Wie groß muss der Eckenradius der Wendeschneidplatte für das Vordrehen mit dem gewählten Vorschub mindestens sein?

5 Der Eckenradius der Schlichtplatte beträgt nur 0,4 mm, damit die Passivkraft klein ist und dadurch die Ratterneigung verringert wird. Welche Rautiefe ist nach Tabelle 1, Seite 87, zu erwarten?

6 Der Einstellwinkel beträgt beim Längsdrehen 93° **(Bild 3)**. Wie groß ist der Einstellwinkel beim Plandrehen der Ansätze von innen nach außen?

7 Wie wirkt sich dieser Einstellwinkel beim Plandrehen auf die Spanungsdicke und damit auf den Spanbruch aus?

8 Beim Plandrehen der Ansätze von innen nach außen wird eine lange Schneidkante beansprucht **(Bild 4)**. Berechnen Sie die beanspruchte Schneidkantenlänge *b* für ein Schlichtaufmaß von 0,1 mm.

9 Berechnen Sie die einzustellende Drehzahl für das Gewindedrehen, wenn die Schnittgeschwindigkeit gegenüber dem Längsdrehen um 1/4 niedriger ist.

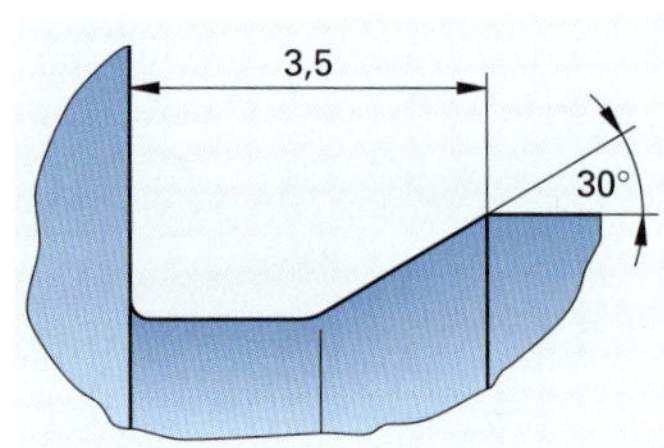

Bild 2: Gewindefreistich

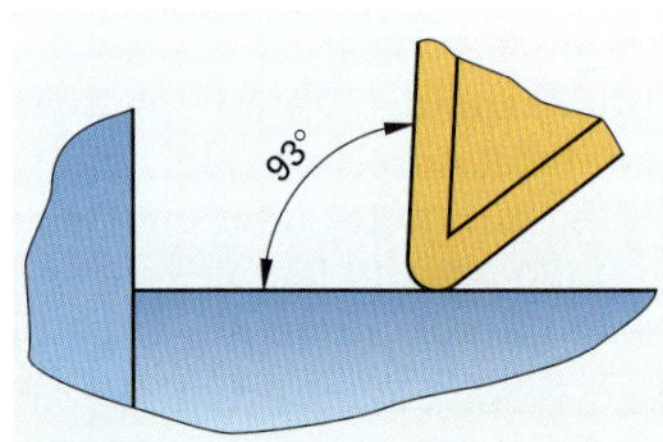

Bild 3: Einstellwinkel

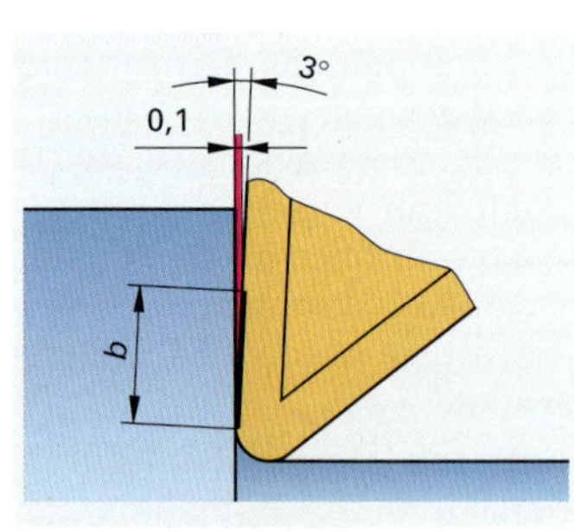

Bild 4: Schneidkantenlänge beim Plandrehen

2.6.6 Fräsen

Beim Fräsen werden ebene Flächen oder Konturen hergestellt **(Bild 1)**. Bei jeder Umdrehung des Fräsers folgt auf den Eingriff der Schneiden der Austritt aus dem Werkstück und die Kühlung. Durch den **unterbrochenen Schnitt** schwanken Schnittkraft und Temperatur an der Schneide.

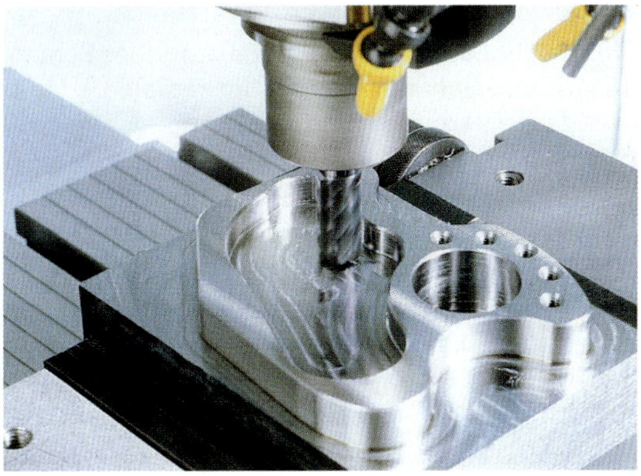

Bild 1: Konturfräsen

2.6.6.1 Zerspangrößen

Die **Schnittgeschwindigkeit** v_c wird in Abhängigkeit vom Schneidstoff und Werkstoff gewählt. Dabei sollten Richtwertempfehlungen der Werkzeughersteller für das Vor- und Fertigfräsen beachtet werden **(Tabelle 1)**.

Der **Vorschub** f je Fräserumdrehung und der **Vorschub je Zahn** f_z jeder Fräserschneide bestimmen die erreichbare Oberflächengüte und die Schneidenbelastung.

Tabelle 1: Richtwerte für v_c in m/min und f_z in mm/Fräserzahn für Fräsköpfe mit Hartmetall-Wendeschneidplatten

Art der Bearbeitung		Unleg. Stahl R_m bis 700 N/mm²	Leg. Stahl R_m bis 1 000 N/mm²	Gusseisen bis 180 HB
Vorfräsen	v_c	100 ... 200	60 ... 200	70 ... 140
	f_z	0,1 ... 0,4	0,1 ... 0,4	0,1 ... 0,5
Fertigfräsen	v_c	100 ... 300	80 ... 220	90 ... 300
	f_z	0,1 ... 0,3	0,06 ... 0,3	0,1 ... 0,25

> Die **Schnittgeschwindigkeit** v_c sollte möglichst groß gewählt werden, um die Frästeile wirtschaftlich zu erzeugen.
>
> Mit der **Vergrößerung des Vorschubes je Zahn** nehmen die **Spanungsdicke**, die Schnittkraft und der Werkzeugverschleiß zu.

Die **Vorschubgeschwindigkeit** v_f in mm/min erhält man aus dem Vorschub je Zahn f_z, der Zähnezahl z des Fräsers und der Drehzahl n.

Vorschubgeschwindigkeit	$v_f = f \cdot n$ $v_f = f_z \cdot z \cdot n$

> Entsprechend dem gewählten Vorschub je Zahn f_z und der Schnittgeschwindigkeit v_c ist an der Fräsmaschine die Vorschubgeschwindigkeit und die Drehzahl einzustellen.

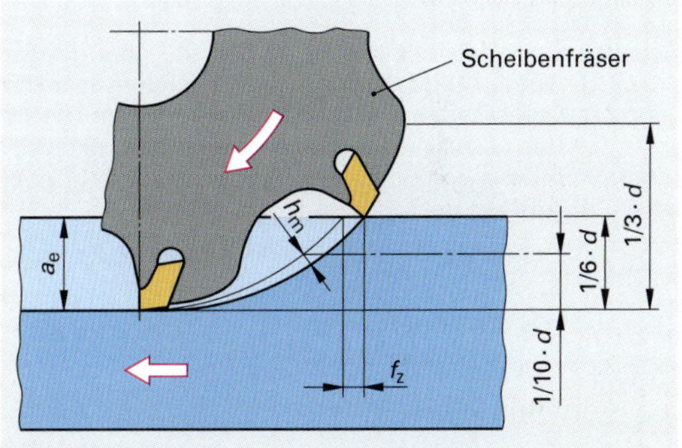

Bild 2: Zerspangrößen beim Nutenfräsen

Die **Spanungsdicke** h ist beim Stirnfräsen eine feste Größe, während sie beim Umfangsfräsen wegen des kommaförmigen Spanes schwer anzugeben ist **(Bild 2)**. Es ist daher zweckmäßiger, über die **mittlere Spanungsdicke** h_m die Schneidenbelastung zu bewerten. Welche Spanungsdicke h_m beim Umfangsfräsen entsteht, hängt von der Schnitttiefe a_e, vom Fräserdurchmesser d und vom Vorschub je Zahn f_z ab **(Tabelle 2)**.

Tabelle 2: Erhöhung des empfohlenen Vorschubes je Zahn f_z beim Nutenfräsen in Abhängigkeit von der Schnitttiefe a_e

a_e =	1/3 · d	1/6 · d	1/8 · d	1/10 · d	1/20 · d
Vorschub	empfohlener Vorschub f_z	Erhöhung des Vorschubes f_z			
		15 %	30 %	45 %	100 %
f_z mm	z.B. 0,25	0,29	0,32	0,36	0,5
h_m mm	0,11	0,11	0,11	0,11	0,11

> Beim Umfangsfräsen, z. B. mit Scheibenfräsern, erreicht man bei kleinen Schnitttiefen eine ausreichende Spanungsdicke, wenn der Vorschub je Zahn erhöht wird (Tabelle 2).

Die **Schnittbreite a_e**, auch **Fräsbreite** oder **Eingriffsbreite** genannt, gibt an, wie breit der Fräser ins Werkstück eingreift **(Bild 1** und **Bild 3)**.

Die radiale **Schnitttiefe a_e** bezeichnet bei Schaftfräsern und Scheibenfräsern die radiale Einstelltiefe des Werkzeuges **(Bild 2)**.

Die axiale **Schnitttiefe a_p** bestimmt bei Schaft- und Planfräsern die axiale Einstelltiefe des Werkzeuges und damit auch wesentlich das Zeitspanungsvolumen.

Das **Zeitspanungsvolumen Q** in cm³/min gibt das abgetragenen Werkstückvolumen je Minute an und ist ein Maß für die Wirtschaftlichkeit eines Fertigungsverfahrens.

Zeitspanungsvolumen	$Q = a_p \cdot a_e \cdot v_f$

Der Eingriffswinkel φ_s ist der Winkel zwischen Fräsereintritt und Fräseraustritt **(Bild 4)**. Er bestimmt, wie viele Schneiden gleichzeitig im Eingriff sind.

Eingriffswinkel beim symmetrischen Stirnfräsen	$\sin \frac{\varphi_s}{2} = \frac{a_e}{d}$

Anzahl der Schneiden im Eingriff	$z_e = \frac{\varphi_s \cdot z}{360°}$

Je mehr Schneiden gleichzeitig in Eingriff sind, umso ruhiger ist der Schnittverlauf.

Beispiel: ein Werkstück aus 16 MnCr5 soll plan gefräst werden **(Bild 3)**. Dazu wird ein Planfräser mit Durchmesser $d = 80$ mm gewählt, der mit sechs Hartmetall-Wendeschneidplatten bestückt ist.

Die Fräsbreite betragt 60 mm, die Schnitttiefe wird mit 4 mm gewählt.

Zerspangrößen: $v_c = 120$ m/min, $f_z = 0{,}2$ mm, $a_e = 60$ mm, $a_p = 4$ mm.

Wie groß sind n, v_f und Q?

Lösung: $n = \frac{v_c}{\pi \cdot d} = \frac{120 \text{ m/min}}{\pi \cdot 0{,}08 \text{ m}} = \mathbf{477/min}$

$v_f = f_z \cdot z \cdot n = 0{,}2 \text{ mm} \cdot 6 \cdot 477/\text{min}$
$= \mathbf{572\ mm/min}$

$Q = a_p \cdot a_e \cdot v_f$
$= 4 \text{ mm} \cdot 60 \text{ mm} \cdot 572 \text{ mm/min}$
$= \mathbf{137\ cm^3/min}$

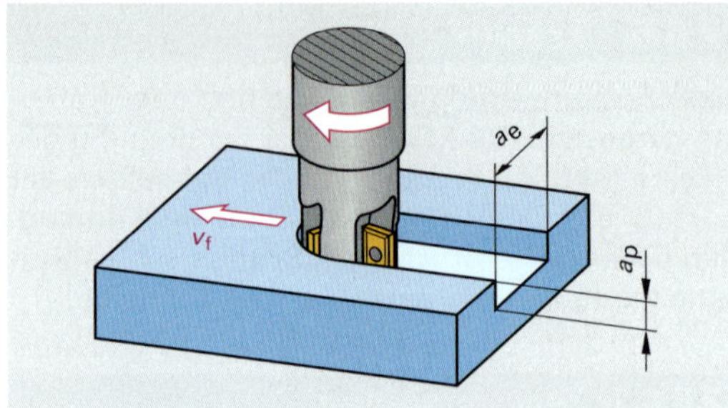

Bild 1: Axiale Schnitttiefe a_p und Fräsbreite a_e beim Stirnfräsen

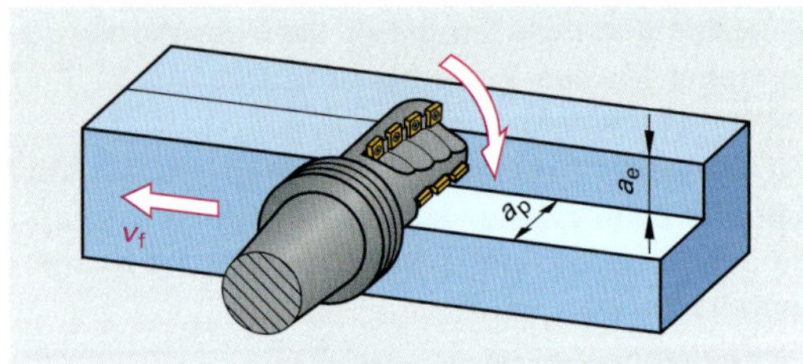

Bild 2: Radiale Schnitttiefe a_p und Fräsbreite a_e beim Umfangsfräsen

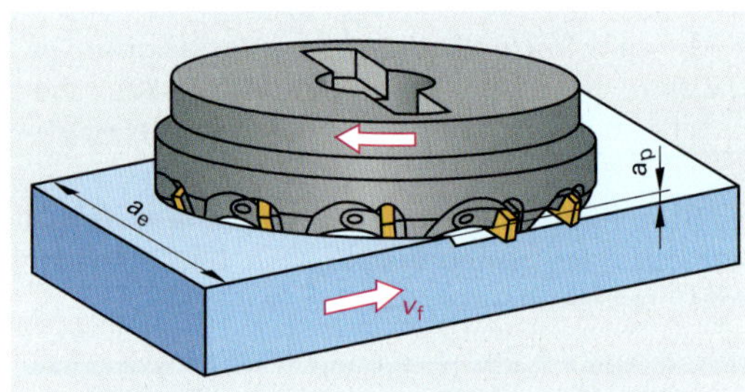

Bild 3: Axiale Schnitttiefe a_p und Fräsbreite a_e beim Planfräsen

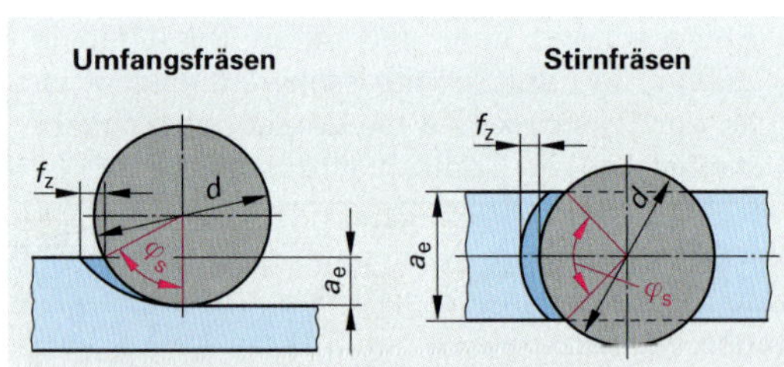

Bild 4: Eingriffswinkel φ_s

Wiederholung und Vertiefung

1 Welche Wirkungen ergeben sich aus dem unterbrochenen Schnitt beim Fräsen?

2 Warum sollte eine möglichst große Schnittgeschwindigkeit gewählt werden?

3 Warum muss beim Nutenfräsen mit großen Schnitttiefen der Vorschub f_z erhöht werden?

4 Mit einem Planfräser (d = 100 mm) mit sechs Hartmetall-Schneidplatten soll ein 80 mm breites Werkstück fertig gefräst werden (v_c = 300 m/min, f_z = 0,1 mm). Wie groß sind n, v_f und Q, wenn a_p = 3 mm beträgt?

2.6.6.2 Fräswerkzeuge

Fräswerkzeuge kann man nach der Art der Mitnahme (Aufsteck- oder Schaftfräser), nach dem Schneidstoff und der Form der Schneide oder Schneidplatte (Schrupp- und Schlichtfräser) oder nach der Fräsbearbeitung unterscheiden, z. B. Planfräser, Eckfräser, Nutenfräser, Kopierfräser **(Tabelle 1).**

Tabelle 1: Fräswerkzeuge

Schaftfräser	Werkzeuge aus Schnellarbeitsstahl, Vollhartmetall oder Cermet	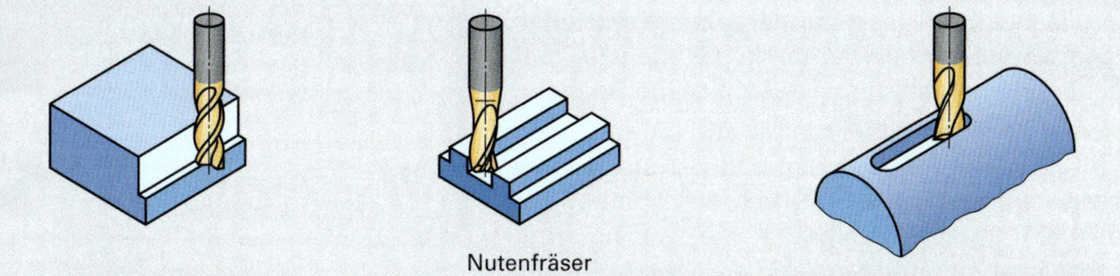 Schaftfräser (90°-Eckfräser) · Nutenfräser (passgenaues Nutenfräsen) · Bohrnutenfräser (Langlochfräsen) 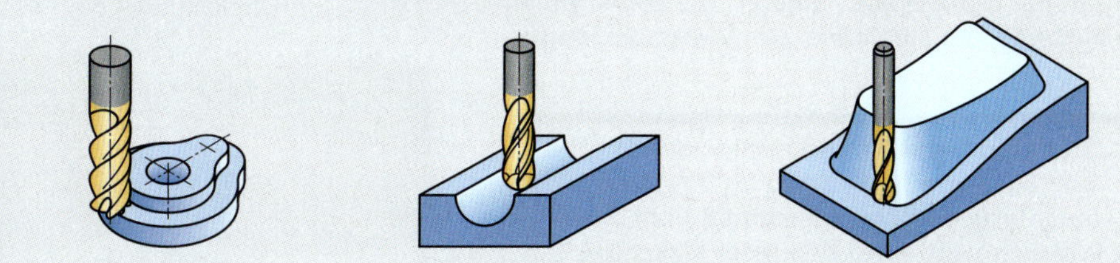 Schaftfräser (Umfangsfräsen, Konturfräsen) · Radiusfräser oder Kugelschaftfräser (Kopierfräsen, Auskammern) · Gesenkfräser, z.B. Kopierfräser oder Kugelschaftfräser
Aufsteckfräser	Werkzeuge aus Schnellarbeitsstahl oder mit gelöteten HM-Schneiden	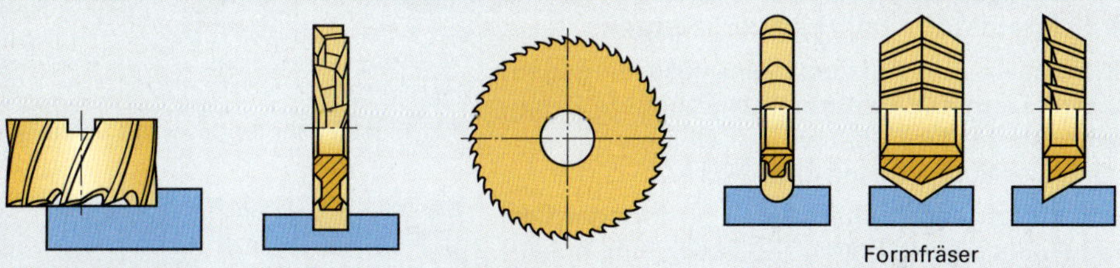 Walzenstirnfräser · Scheibenfräser · Metallkreissägeblatt · Formfräser (Halbrund-Profile, Prismen, Winkel)
Fräswerkzeuge mit Wendeschneidplatten	Schneidplatten aus Hartmetall, (Nitrid-) Keramik oder mit Schneidteil aus Diamant (PKD) bzw. Bornitrid (PKB)	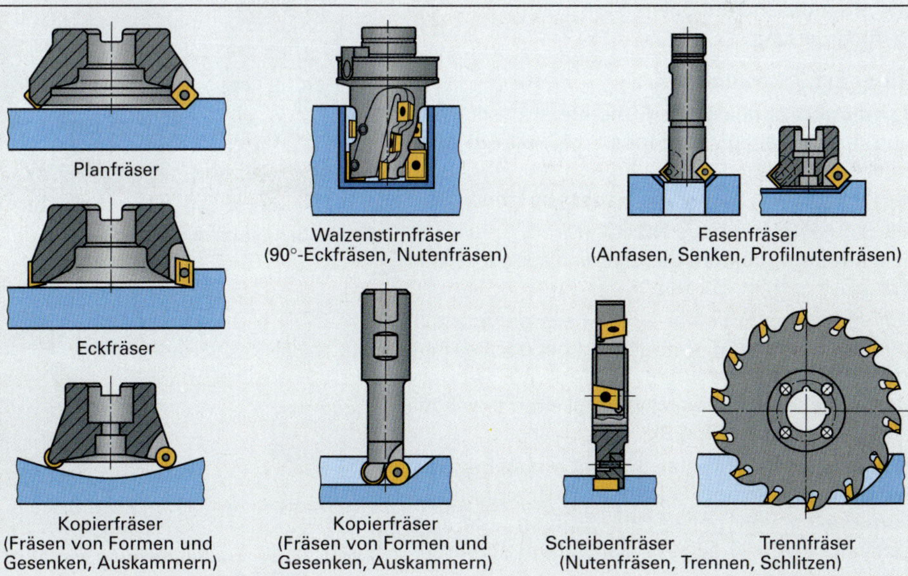 Planfräser · Eckfräser · Kopierfräser (Fräsen von Formen und Gesenken, Auskammern) · Walzenstirnfräser (90°-Eckfräsen, Nutenfräsen) · Kopierfräser (Fräsen von Formen und Gesenken, Auskammern) · Fasenfräser (Anfasen, Senken, Profilnutenfräsen) · Scheibenfräser · Trennfräser (Nutenfräsen, Trennen, Schlitzen)

Die **Anwendungsgruppen (Frästertypen) N, H** und **W** unterscheiden die Schaftfräser hinsichtlich Drallwinkel und Spanwinkel **(Tabelle 1)**.

HSS-Schruppfräser bilden kurze, dicke Späne, die eine relativ kleine Schnittkraft erzeugen und sich gut abführen lassen **(Bild 1)**. Die Schrupp-Kordelverzahnung mit rundem Profil eignet sich zum Vorfräsen. Die Schrupp-Schlichtverzahnung mit dem flachen Profil lässt dünnere Späne entstehen. Fräser ohne Spanteiler ergeben die höchste Oberflächengüte, es entstehen jedoch breite Späne.

Nach dem **Schneidkantenverlauf** unterscheidet man geradgezahnte, kreuzgezahnte und wendelgezahnte Fräser **(Bild 2)**. Durch den Drall entstehen beim Fräsen Axialkräfte, die sich bei einer Kreuzverzahnung gegenseitig aufheben. Wendelgezahnte Schaftfräser haben meistens einen Rechtsdrall, um die Späne vom Werkstück wegzuführen.

> Große Drallwinkel ermöglichen, dass mehr als eine Schneide gleichzeitig im Eingriff ist. Dadurch ergeben sich gleichmäßigere Schnittkräfte und ein ruhiger Lauf der Maschine.

Tabelle 1: Werkzeug-Anwendungsgruppen

Anwendungsgruppe	Werkstoffbereiche	Werkzeug
N	Stahl und Gusseisen mit normaler Festigkeit	
H	Harte, zähharte oder kurzspanende Werkstoffe	
W	Weiche, zähe oder langspanende Werkstoffe	

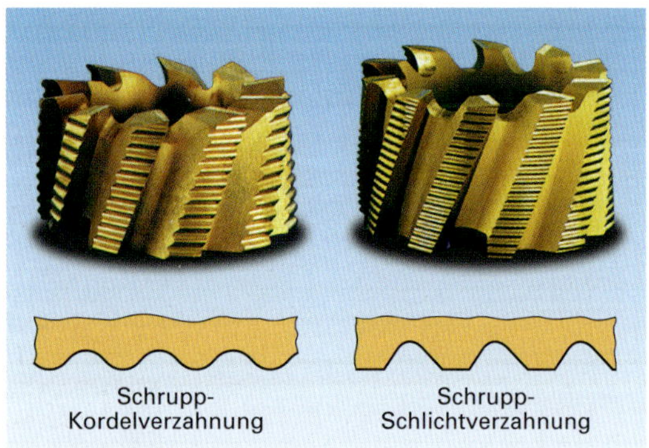

Bild 1: HSS-Schruppfräser mit Spanteiler

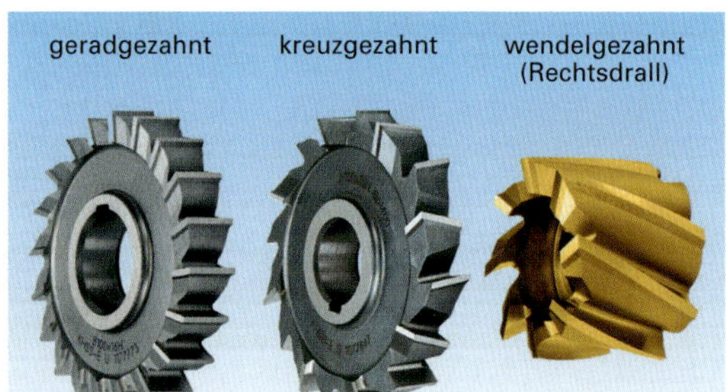

Bild 2: Schneidkantenverlauf

Schneidstoffe bei Fräswerkzeugen

HSS-Schaft- und Aufsteckfräser besitzen gegenüber Fräsern aus Hartmetall eine höhere Zähigkeit, was größere Spanwinkel, kleinere Schnittkräfte und dünne Späne ermöglicht.

Schaftfräser aus **Vollhartmetall** (VHM) oder **Cermet** (Titancarbid + Titannitrid) haben eine höhere Standzeit und Steifigkeit. Sie eignen sich auch für das Hochgeschwindigkeitsfräsen HSC und die Hartbearbeitung.

Fräser mit Schneidplatten:

Hartmetall-Schneidplatten, die meist beschichtet sind, ermöglichen den Einsatz bei nahezu allen Fräsbearbeitungen einschließlich der HSC- und Hartbearbeitung sowie der Trockenbearbeitung.

Mit Schneidplatten aus **Nitridkeramik** (meist aus Siliziumnitrid) können gehärtete Werkstücke und Grauguss gefräst werden.

Schneidplatten mit einer Schicht aus polykristallinem **Diamant** (PKD) ermöglichen bei der Bearbeitung von Leichtmetallen, Kupfer und Thermoplasten hohe Schnittgeschwindigkeiten und hohe Oberflächengüten **(Bild 3)**.

Schneidplatten mit einer Schicht aus kubischem **Bornitrid** (Abkürzung: CBN oder PKB) eignen sich zum Fräsen von gehärteten Stählen und zum Schlichten von Grauguss bei hohen Schnittgeschwindigkeiten.

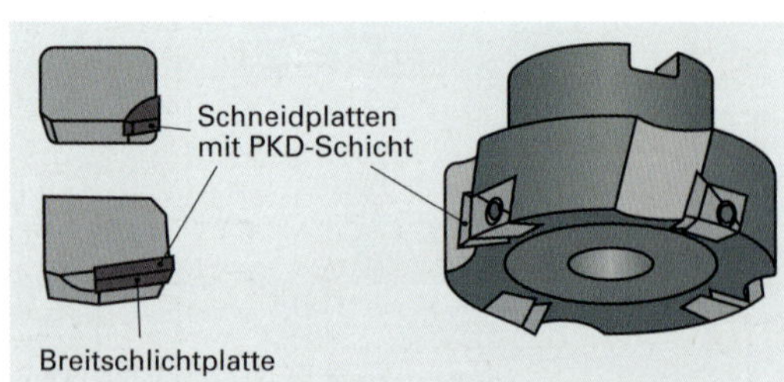

Bild 3: Fräser zur Bearbeitung von Aluminium mit PKD-Schneidplatten

Werkzeugverschleiß

Fräser arbeiten immer im unterbrochenen Schnitt. Nach dem Schneideneingriff mit entsprechender Erwärmung kühlt sich die Schneide wieder ab, wodurch große Temperaturwechsel an der Schneide entstehen.

Bei jedem Anschnitt der Schneidplatten entstehen schlagartige Belastungen **(Bild 1)**. Liegt die Fräserachse außerhalb des Werkstücks, können durch den Schlag der Schneidkanten beim Eintreten ins Werkstück Kantenausbrüche entstehen. Liegt die Fräserachse innerhalb des Werkstücks, nimmt die stabilere Spanfläche die Schlagbelastung auf.

Auch beim Austritt aus dem Werkstück können durch die plötzliche Druckentlastung bei sprödharten Schneidstoffen Risse oder Plattenbrüche entstehen.

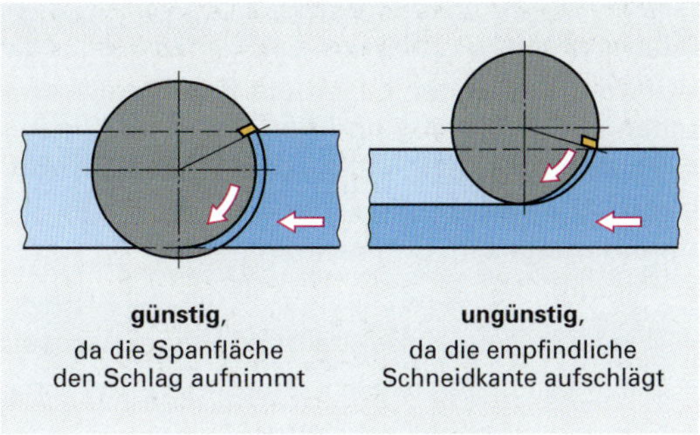

Bild 1: Fräserposition und Schneidenkontakt

Verschleißprobleme (Tabelle 1)

Mit zunehmendem Verschleiß verschlechtert sich die Oberflächengüte, beim Freiflächenverschleiß auch noch das Maß am Werkstück, da sich die Schneidkante verlagert.

- Beim **Plattenbruch** sollte der Fräsvorgang sofort gestoppt werden. Plattenbrüche können bei zu sprödem Schneidstoff, zu großem Vorschub oder bei schlechtem Sitz der Platten im Fräserkörper auftreten.
- **Kantenausbröckelungen** entstehen bei sehr verschleißfesten und daher spröden Schneidkanten. Ursachen können zu hohe Schnittkräfte oder Temperaturschwankungen sein, eine ungünstige Fräserposition (Bild 1) oder ein zu schwacher Schneidkeil bei stark positiver Schneidengeometrie (Tabelle 2 Seite 101).
- **Freiflächenverschleiß** lässt sich nicht vermeiden. Der mechanische Abrieb ist besonders hoch, wenn ähnliche Stoffe zusammentreffen, z. B. wenn ein Stahlwerkstück mit einem unbeschichteten HSS-Werkzeug gefräst wird.
- **Kerbverschleiß** entsteht bei Werkstücken mit einer Schmiedehaut, Gusshaut oder Zunderschicht durch die harte Werkstückrandzone. Kerbverschleiß erhöht auch die Gefahr des Schneidkantenbruches.
- **Aufbauschneiden** bilden sich bei der Stahlbearbeitung mit unbeschichteten HSS- oder Hartmetall-Schneiden, indem Werkstoffteilchen mit der Schneide verschweißen. Durch die Beschichtung von HSS- und HM-Werkzeugen kann die Aufbauschneidenbildung fast vermieden werden.
- **Kammrisse** sind kleine Risse senkrecht zur Schneidkante. Sie sind die Folge von häufigen Temperaturwechseln, die durch Dehnen und Schrumpfen den Schneidstoff ermüden.

Tabelle 1: Werkzeugverschleiß

Verschleißprobleme		Ursachen
Plattenbruch		zu spröder Schneidstoff, falscher Spanformer, ungünstige Schnittbedingungen
Kantenausbröckelung Ausbrüche an der Freifläche		zu spröder Schneidstoff, zu großer Spanwinkel, Aufbauschneidenbildung
Starker Freiflächenverschleiß Verschleißmarke	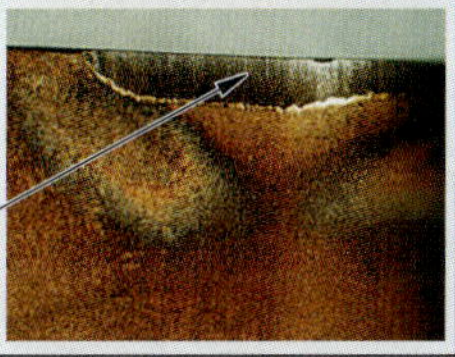	zu hohe Schnittgeschwindigkeit, zu kleiner Vorschub, geringe Verschleißfestigkeit
Kerbverschleiß Kerbverschleiß Freiflächenverschleiß	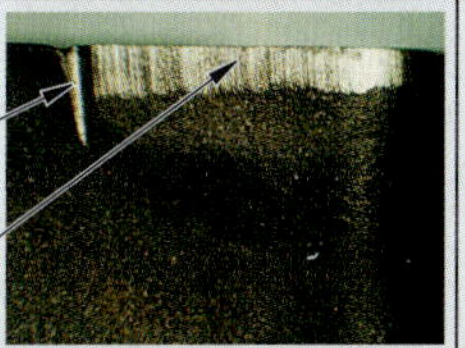	kaltverfestigter Werkstoff, Guss- oder Schmiedehaut, Zunder
Aufbauschneidenbildung Werkstoffaufschweißung	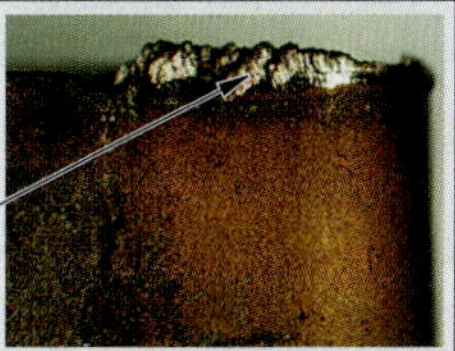	negative Schneidengeometrie, niedrige Schnittgeschwindigkeit, niedriger Vorschub
Kammrisse Ausbröckelung	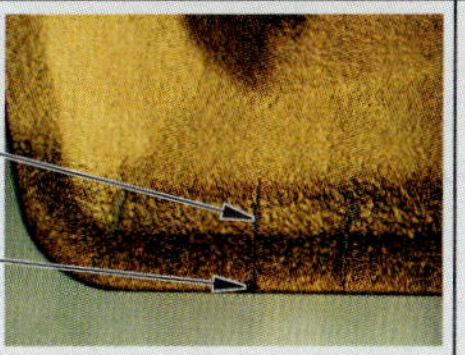	Wärmewechselbelastung durch unterbrochenen Schnitt, ungleichmäßige Kühlschmierung

2.6.6.3 Fräseraufnahmen

Werkzeugaufnahmen bilden die Schnittstelle zwischen dem Werkzeug und der Maschine. Sie beeinflussen die Maß- und Formgenauigkeit der Frästeile.

Anforderungen an die Fräseraufnahme:

- Plan- und Rundlaufgenauigkeit der Schneiden
- Wiederholgenauigkeit beim Werkzeugwechsel
- Steifigkeit gegen axiale Kräfte und Verdrehung
- Eignung für hohe Drehzahlen

■ **Steilkegel** (SK) sind durch ihren großen Kegelwinkel gut einführbar und mit geringer Kraft wieder lösbar. Ihre wesentlichen Nachteile sind die geringe Steifigkeit und die unsichere axiale Fräserlage **(Bild 1)**. Die weite Verbreitung des Steilkegels ist auf die große Zahl von Fräsmaschinen zurückzuführen, die nur Werkzeuge mit Steilkegel aufnehmen können.

■ **Hohlschaftkegel** (HSK) erfüllen die Anforderungen an ein gutes Spannsystem besser als Steilkegel **(Bild 2)**. Durch die Plananlage und den Spannkegel wird beim Werkzeugwechsel eine hohe Wiederholgenauigkeit der Schneidenposition erreicht.

■ **Aufsteck-Fräserdorne** eignen sich für Fräser mit Längs- oder Quernut **(Bild 3)**. Für Fräser mit Zylinderschaft werden **Fräserspannfutter** mit Spannzangen eingesetzt **(Bild 5)**.

■ **Fräserdorne** übertragen das Drehmoment über Passfedern **(Bild 4)**. Die Durchbiegung des Fräserdornes ist problematisch, daher sollte ein Gegenlager verwendet und die Fräswerkzeuge möglichst nahe an der Spindellagerung gespannt werden.

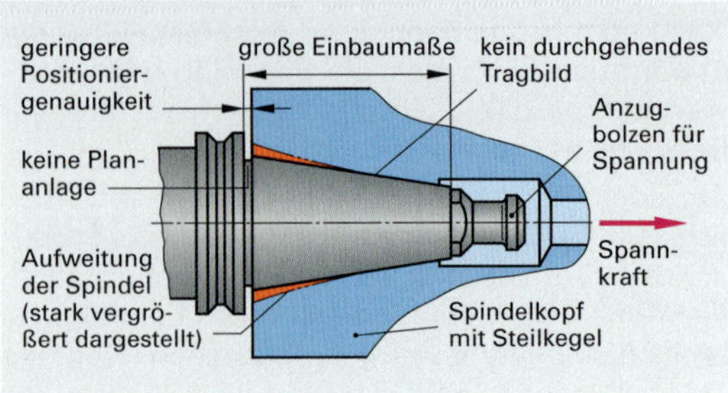

Bild 1: Mängel der Steilkegelaufnahme

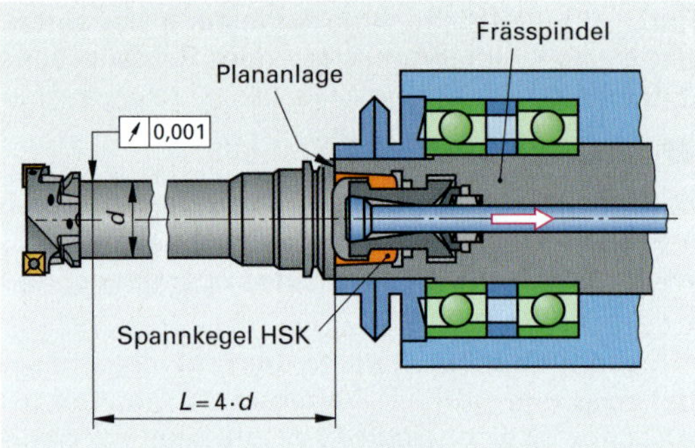

Bild 2: Hohlschaftkegelaufnahme

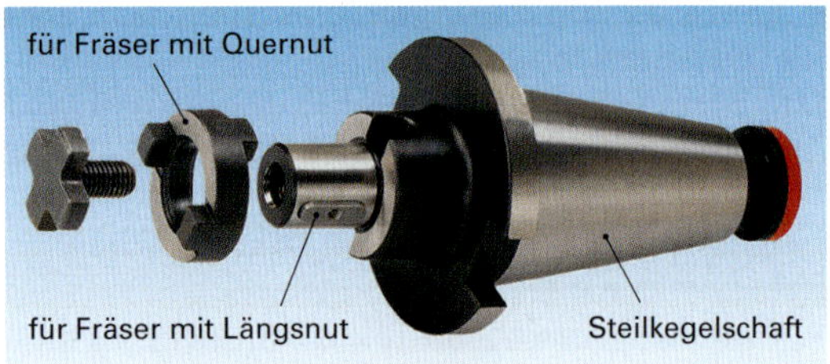

Bild 3: Aufsteck-Fräserdorn für Fräser mit Längs- oder Quernut

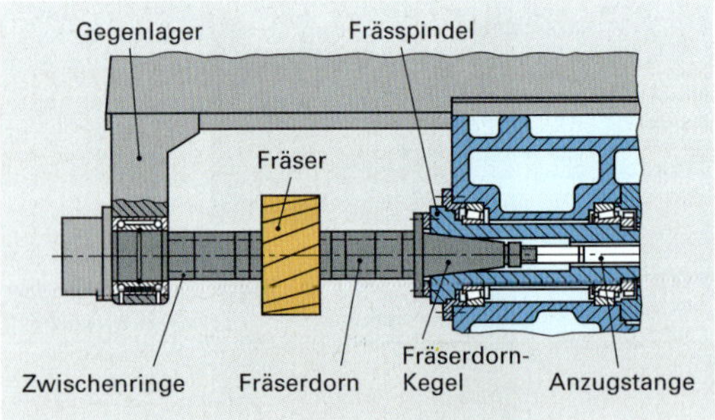

Bild 4: Frässpindel mit Fräserdorn und Gegenlager

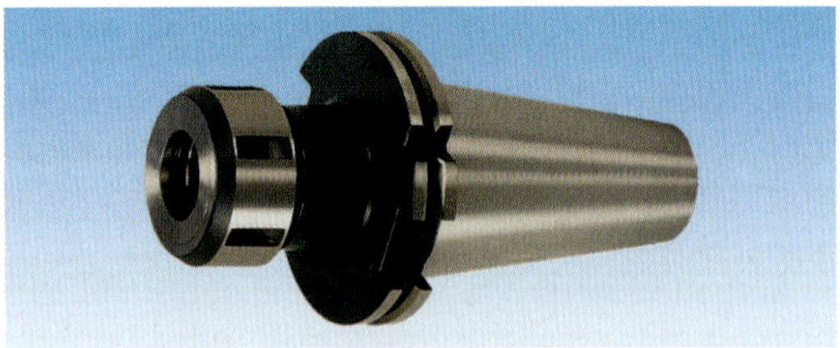

Bild 5: Fräserspannfutter für Fräser mit Zylinderschaft

Wiederholung und Vertiefung

1 Warum sind Schaftfräser wendelgezahnt?
2 Welche Vorteile haben beschichtete HM-Fräser gegenüber HSS-Fräsern?
3 Warum sind Kammrisse ein typischer Fräserverschleiß?
4 Welche Vor- und Nachteile haben Steilkegelaufnahmen?

2.6.6.4 Fräsverfahren

Fräsverfahren können unterschieden werden:

- nach der zu fräsenden Flächenform, z. B. Plan- und Eckfräsen sowie Formfräsen **(Tabelle 1)**.
- nach der Vorschubbewegung, z. B. Gleichlauffräsen (Bild 1 Seite 100), Tauchfräsen mit axialem Vorschub und Auskammern von Taschen durch Schrägeintauchen **(Bild 1** und **Bild 2)**
- nach der Lage der Fräserschneiden, welche die Hauptzerspanung leisten, z. B. Umfangs- und Stirnfräsen (Tabelle 1).

Das **Plan- und Eckfräsen** erfolgt am wirtschaftlichsten mit Fräsköpfen, da mit der richtigen Wahl der Wendeschneidplatten ein hohes Zeitspanungsvolumen erreicht werden kann.

Beim **Formfräsen** (auch Kopierfräsen, Profilfräsen oder Gesenkfräsen genannt) werden durch Bohr-Fräsbearbeitungen komplizierte Formen, Kammern und gewölbte Flächen gefräst (Bild 2). Die dabei eingesetzten Fräswerkzeuge, wie Kugelschaftfräser, Schaftfräser mit runden Wendeschneidplatten und bohrfähige Schaftfräser (Bild 1), ermöglichen die Bearbeitung in allen Vorschubrichtungen.

Der axiale Vorschub mit beschränkter Schnitttiefe ermöglicht das **Tauchfräsen, Schrägeintauchen,** das **Auskammern** von Taschen und das **Bohrzirkularfräsen,** ein schraubenförmiges Eintauchen ohne Startbohrung.

Schaftfräser neigen dazu, durch die Schnittkräfte abgedrängt zu werden.

Tabelle 1: Fräsverfahren

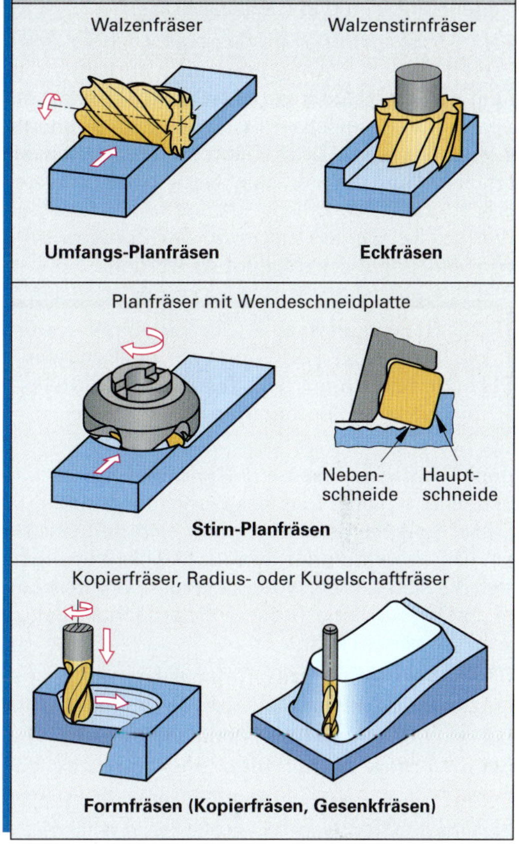

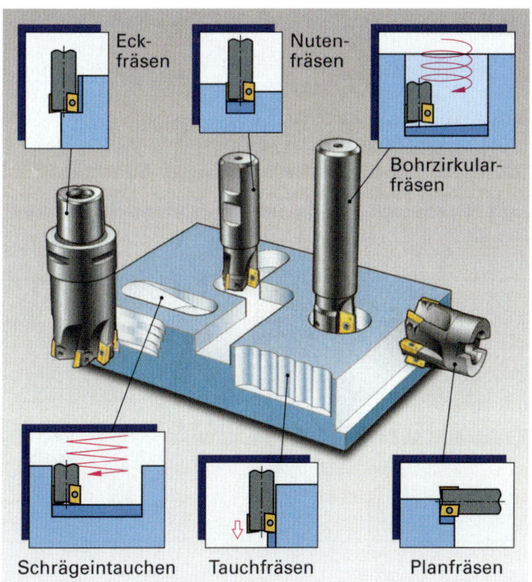

Bild 1: Formfräsen mit bohrfähigen Schaftfräsern

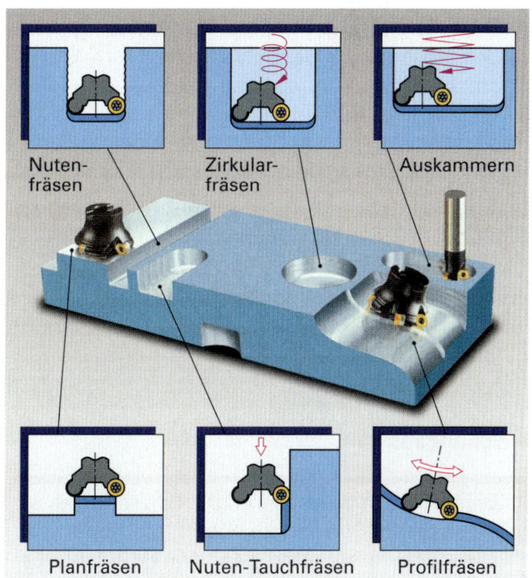

Bild 2: Formfräsen mit Plan- und Kopierfräsern mit runden Wendeschneidplatten

Gegenlauffräsen und Gleichlauffräsen

Nach der Richtung der Vorschubbewegung zur Schnittbewegung unterscheidet man zwischen Gegenlauffräsen und Gleichlauffräsen.

Beim **Umfangsfräsen im Gegenlauf** ist die Drehbewegung des Fräsers gegen die Vorschubrichtung des Werkstücks gerichtet **(Bild 1)**. Bevor die Spanbildung einsetzt, kommt es zum Anfangsgleiten der Schneide mit starkem Freiflächenverschleiß. Wenn die Schneide Späne bildet, wird der Fräser zum Werkstück gezogen. Nachgiebige Werkstücke können aufgrund der Zerspankräfte vom Aufspanntisch abgehoben werden.

> Das **Gegenlauffräsen** ist nur vorteilhaft, wenn die Werkstücke harte und verschleißend wirkende Randzonen aufweisen, z. B. Gussteile, und wenn der Tischantrieb nicht spielfrei ist.

Beim **Umfangsfräsen im Gleichlauf** dringt die Schneide schlagartig in das Werkstück ein (Bild 1). Fräser und Werkstück drängen sich gegenseitig ab. Mit abnehmender Spanungsdicke verringert sich die Schnittkraft, wodurch gegenüber dem Gegenlauffräsen eine bessere Oberflächenqualität erreicht werden kann.

Die Vorteile des Gleichlauffräsens können voll genutzt werden, wenn stets eine Schneide im Eingriff ist und der Tischvorschub spielfrei arbeitet.

Beim **Stirnfräsen** mit symmetrischer Lage des Fräskopfes zum Werkstück heben sich die Wirkungen von Gleichlauf und Gegenlauf auf **(Bild 2)**.

> Durch die unterschiedliche **Kraftrichtung** wird der Fräser beim Gegenlauffräsen zum Werkstück hingezogen und beim Gleichlauffräsen abgedrängt **(Bild 3)**.

Die Abdrängkräfte wirken sich umso stärker aus, je dünnwandiger die Werkstücke und je nachgiebiger z. B. die Schaftfräser sind **(Bild 4)**.

Die elastischen Formänderungen am Schaftfräser und an den dünnen Stegen des Werkstücks gehen wieder zurück, wenn der Fräser aus dem Eingriff geht. Durch die Überlagerung der Formänderungen am Werkstück und am Fräser entstehen am Werkstück Winkel-, Ebenheits- und Parallelitätsabweichungen.

> Beim **Konturfräsen** führen die Schnittkräfte zu elastischen Formänderungen an Schaftfräsern und dünnwandigen Werkstücken. Es können dadurch Maß- und Formabweichungen entstehen.

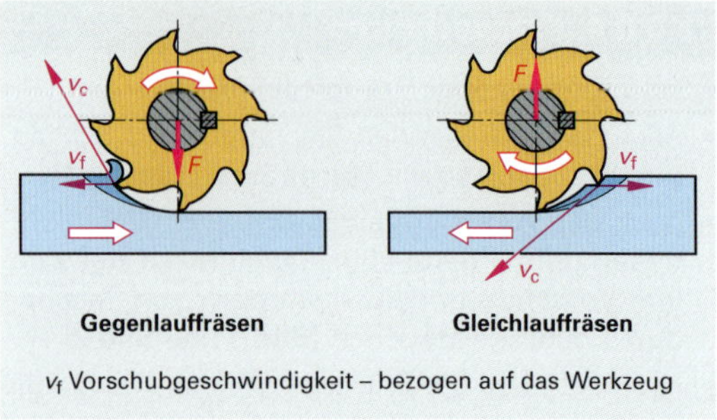

Bild 1: Gegenlauf und Gleichlauf beim Umfangsfräsen

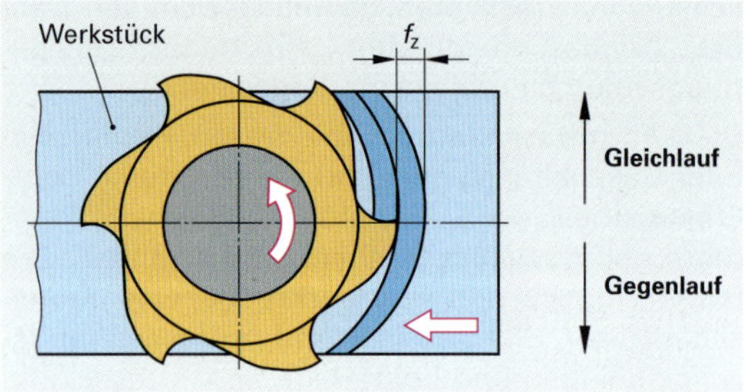

Bild 2: Gegenlauf und Gleichlauf beim Stirnfräsen

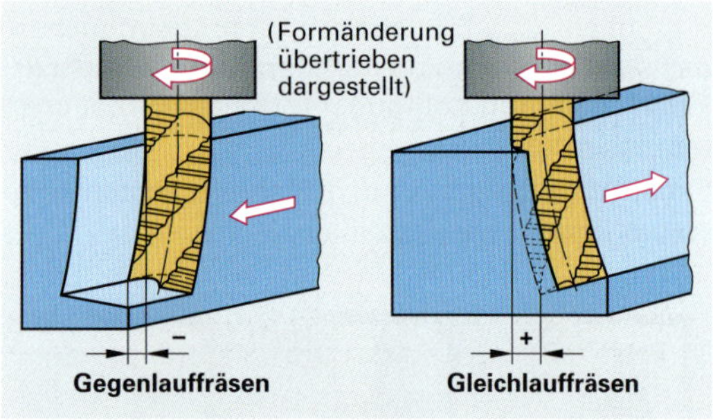

Bild 3: Winkelabweichung beim Gegenlauf- und Gleichlauffräsen durch elastische Formänderung des Schaftfräsers beim 90°-Eckfräsen oder Konturfräsen

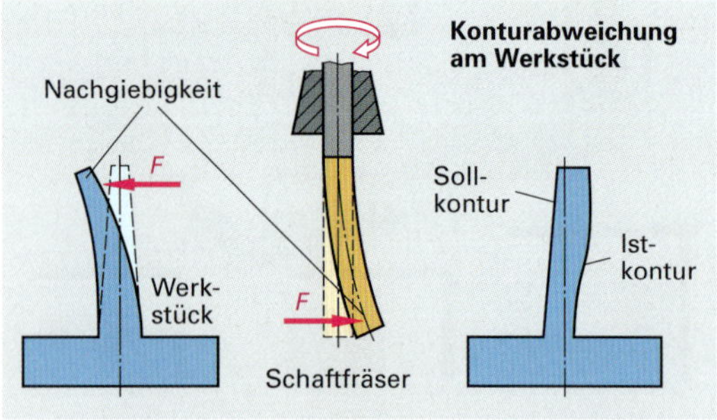

Bild 4: Entstehung von Konturabweichungen beim Gleichlauffräsen durch Formänderungen an Schaftfräser und Werkstück

2.6.6.5 Plan- und Eckfräsen

Werkzeugwahl

Beim Plan- und Eckfräsen werden meist Fräswerkzeuge mit Wendeschneidplatten eingesetzt. Ihre Wahl erfolgt in folgenden Schritten:

- Die **Wahl der Fräserart und der Schneidplatte** erfolgt entsprechend der Fräsbearbeitung **(Tabelle 1)**.
- **Wahl der Fräserteilung**: Erste Wahl sollte ein **Fräser mit mittlerer Teilung** sein **(Tabelle 3)**. Nur bei besonderen Bearbeitungsbedingungen sind andere Fräserteilungen empfehlenswert.

  Fräser mit weiter Teilung eignen sich bei instabilen Fräsern, Werkstücken und Fräsmaschinen, da weniger Schneiden auch weniger Schnittkräfte erzeugen.

  Fräser mit enger Teilung ergeben aufgrund ihrer großen Schneidenzahl ein hohes Zeitspanungsvolumen.
- **Wahl der Fräseraufnahme** (Seite 98)

  Fräserdorne mit Steilkegelaufnahme eignen sich für Schaftfräser, Aufsteckfräser und Planfräser (Flanschbefestigung). Werkzeughalter mit einer Hohlschaftkegelaufnahme HSK setzen eine Maschine mit entsprechender Frässpindel voraus. Ausgewuchtete HSK-Werkzeughalter ermöglichen hohe Spindeldrehzahlen.
- Die **Wahl der Schneidplattengeometrie** erfolgt überwiegend nach den Schnittbedingungen wie Vorschub je Zahn, Bearbeitungsstabilität und Maschinenleistung **(Tabelle 2)**. Bei der Wahl der Schneidstoffsorte (z. B. P, M oder K, beschichtet oder unbeschichtet) stehen die Zerspanungseigenschaften der Werkstoffe im Vordergrund.

Tabelle 1: Wahl der Fräserart und der Schneidplatte

Fräserart	Schneidplatte	Fräsbearbeitungen
Planfräser	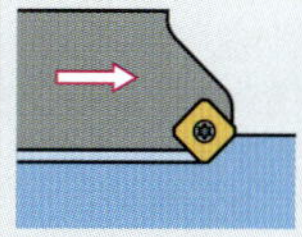	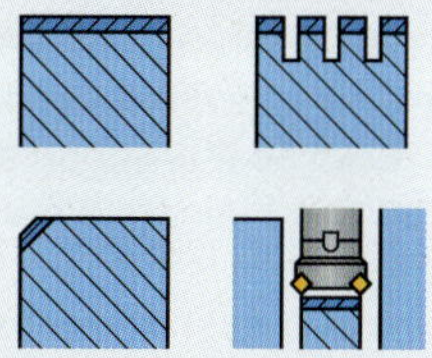
Eckfräser	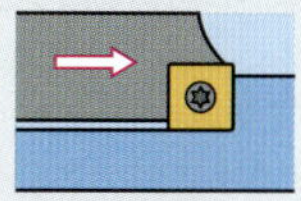	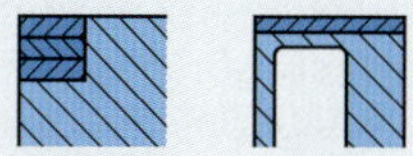
Eckfräser (begrenzt bohrfähig)	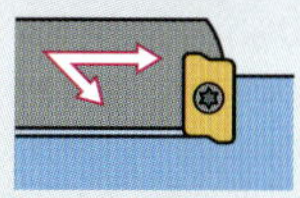	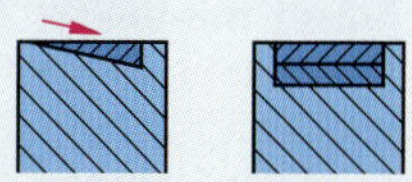
Kopierfräser		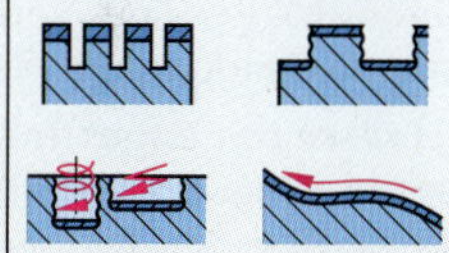
Schaftfräser (begrenzt bohrfähig)		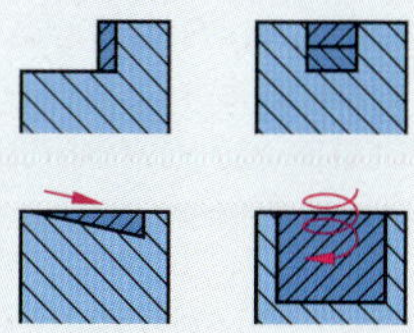

Tabelle 2: Wahl der Schneidplattengeometrie

Haupttypen entsprechend den Schnittbedingungen leicht (L)	mittel (M)	schwer (H)

Leichte Schnitte (Schlichten) Großer Spanwinkel und scharfe Schneide ergeben kleine Schnittkräfte. Gute Zerspanung bei langspanenden Werkstoffen (Al-Leg.) und antriebsschwachen Maschinen. Kleine Vorschübe	Erste Wahl bei den meisten Werkstoffen Vorschub je Zahn bis 0,25 mm	Schwere Bearbeitung: warmfeste Werkstoffe, Schmiedeteile, Teile mit Gusshaut Große Vorschübe bis 0,4 mm. Höchste Schneidkantenstabilität

Tabelle 3: Wahl der Fräserteilung

Bearbeitungsstabilität (Maschine, Werkzeug, Werkstück) niedrig (L)	mittel (M)	hoch (H)
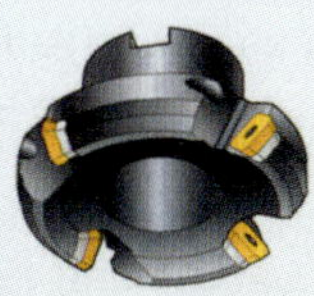	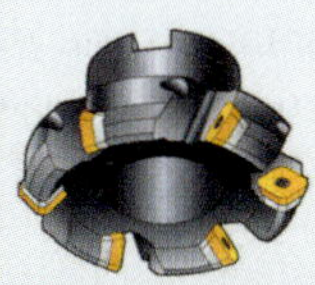	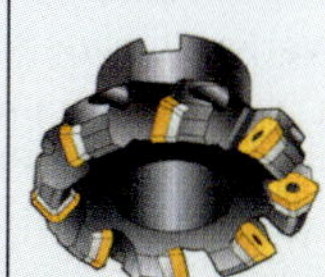
weite Teilung	mittlere Teilung	enge Teilung
Wenn kleine Kräfte erforderlich sind, z. B. bei kleinen Maschinen mit begrenzter Stabilität und Antriebsleistung. Bei großer Werkzeugauskragung	Bei üblichen Fräsmaschinen und Bearbeitungszentren Erste Wahl bei gemischter Fräsbearbeitung	Bei steifen Maschinen mit hoher Antriebsleistung für höchste Produktivität. Kurzspanende Werkstoffe

Wahl von Plan- und Eckfräsern (Tabelle 1)

- **Planfräser** mit Einstellwinkeln von 45° haben relativ große Spanwinkel und eignen sich daher gut für das Fräsen auf antriebsschwachen Maschinen. Nahezu alle Werkstoffe (außer Titan) sind mit diesen Fräsern bearbeitbar. Planfräser mit einem Einstellwinkel von 70° oder 75° haben einen kleinen positiven Spanwinkel.
- **Eckfräser** ergeben aufgrund des Einstellwinkels von 90° kleinere axiale Kräfte auf die Spindel als Planfräser mit Einstellwinkeln von z. B. 45°. Aufgrund dieser kleineren axialen Kräfte entstehen beim Planfräsen mit Eckfräsern bei nachgiebigen Werkstücken keine Durchbiegungen und Schneidkantenausbrüche. Andererseits kann eine wenig belastete Spindel zu Vibrationen neigen.
- **Fräser mit weiter Teilung** bringen nur wenige Schneiden im Eingriff. Daraus ergeben sich beim Vorfräsen große Spankammern und beim Fertigfräsen mit kleiner Schnitttiefe besonders kleine Schnittkräfte. Das vermindert bei großer Werkzeugauskragung die Fräserauslenkung (Tabelle 1).
- **Fräser mit enger Teilung** bringen mehr Schneiden in Eingriff, was einen ruhigeren Lauf ergibt. So lassen sich Kantenausbrüche an Gusswerkstücken vermeiden. Allgemein gilt: Wenn die Fräsbreite oder Stegdicke kleiner als 60 % des Fräserdurchmessers ist, werden durch enge Teilungen Vibrationen vermieden (Tabelle 1).

> Zum Planfräsen wird meist ein Einstellwinkel von 45° und eine weite oder mittlere Teilung gewählt.

Wahl des Fräserdurchmessers

Beim Planfräsen sollte der Fräserdurchmesser etwa das 1,2fache bis 1,5fache der Schnittbreite betragen, um die Schneiden beim Eintritt in das Werkstück vor Kantenausbrüchen und beim Austritt vor Plattenbruch durch extreme Druckentlastung zu schützen **(Bild 1).**

Bei großen Schnittbreiten ist darauf zu achten, dass die Antriebsleistung der Fräsmaschine für die Fräsbearbeitung ausreicht.

Wahl der Position des Plan- oder Eckfräsers

Bei mittiger Fräserlage kann eine wechselnde Richtung der Zerspankraft Vibrationen (Rattern) auslösen **(Bild 2).** Ursachen sind z. B. die fehlende Steifigkeit des Werkzeuges oder der Maschine. Bei außermittiger Lage des Fräskopfes werden Vibrationen vermieden, da in dieser Position die Abdrängkraft auf den Fräser konstant auf eine Seite gerichtet ist.

Tabelle 1: Wahl von Plan- und Eckfräsern mit weiter und enger Teilung

Bearbeitungseinflüsse auf die Fräserwahl	Planfräsen (45°) Teilung weit	Planfräsen (45°) Teilung eng	Eckfräsen (90°) Teilung weit	Eckfräsen (90°) Teilung eng
steifes Werkstück stabile Maschine	●			
nachgiebiges Werkstück			●	
dünnwandige Stege		●		
Eckfräsen				●
Neigung zu Kantenausbrüchen (Guss)		●		
große Werkzeugauskragung	●			
Neigung zu Vibrationen		●		
bestmögliche Oberfläche	●		●	

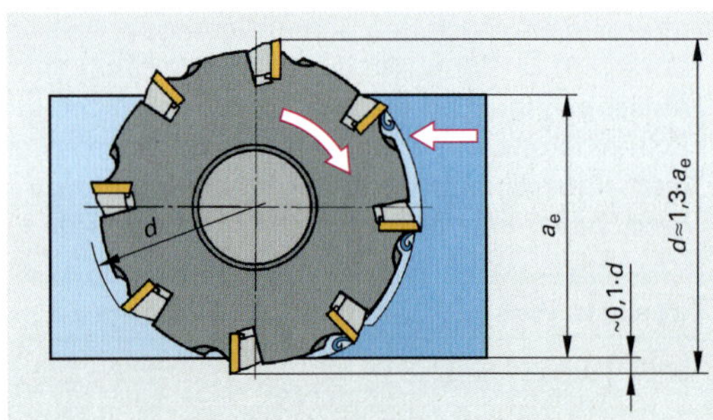

Bild 1: Durchmesser und Position des Fräsers

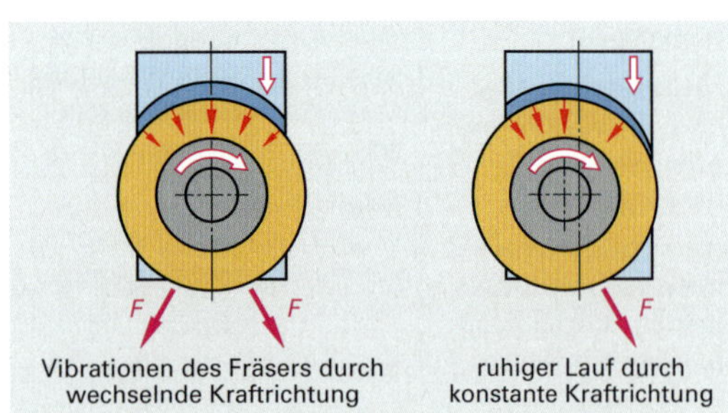

Bild 2: Einfluss der Fräserposition zum Werkstück

2.6.6.8 Universalfräsmaschinen

Im Werkzeug- und Formenbau, in der Fertigung von Mustern (Prototypen) oder Kleinserien sowie in der Ausbildung werden universell einsetzbare Fräsmaschinen benötigt **(Bild 1)**.

Merkmale von **Universalfräsmaschinen** sind:

- Schnelles, einfaches Umrüsten für die komplexe Bearbeitung von Einzelteilen oder für Kleinserien.
- Ein **schwenkbarer Fräskopf,** der zwischen 0° (vertikal) und 90° (horizontal) beliebig schräg gestellt werden kann, sodass der Fräser die optimale Lage zum Werkstück einnehmen kann (Bild 1). Dadurch können bis zu fünf Seiten bearbeitet werden.
- **Tischvarianten,** z. B. der starre Winkeltisch für schwere Werkstücke und der Universal-Aufspanntisch, um das Werkstück in fast jede Winkellage zum Fräser stellen zu können (Bild 1). NC-Rundtische und NC-Teilapparate erweitern die Bearbeitungsmöglichkeiten.
- Eine am Fräskopf ausfahrbare **Pinole** ist vor allem beim Bohren in schräger Spindellage vorteilhaft (Bild 1).

Steuerung und Programmierung

- **Manuell gesteuerte Fräsmaschinen,** bei denen alle drei Achsen über Handräder manuell verfahren werden, finden in der Ausbildung und in Reparaturwerkstätten ihren Einsatz. Auch bei CNC-Fräsmaschinen für die Ausbildung ist über elektronische Handräder für die X-, Y- und Z-Achse ein manuelles Fräsen möglich (Bild 1).
- **CNC-Fräsmaschinen** arbeiten mit einer **Bahnsteuerung** für drei oder mehr Achsen (Bilder 1 und 2). Eine weitere Achse bietet z. B. die Drehachse des NC-Rundtisches. Damit können auch Wendelnuten, Gewinde und Spiralverzahnungen gefräst werden. Verfahrbewegungen, z. B. für Kreise und Schrägen, sind mit Bahnsteuerungen in mehreren Achsen gleichzeitig möglich. In Verbindung mit einem Werkzeugwechsler und einem Werkzeugmagazin kann der Programmablauf voll automatisiert werden.

Werkstattorientierte Programmiersysteme ermöglichen das schnelle Programmieren mit Grafikunterstützung bei anspruchsvollen Fräsbearbeitungen. Ergänzend kommen die Werkzeugverwaltung mit der Standzeitüberwachung und die grafische Echtzeit-Simulation der Werkstückbearbeitung dazu.

Technische Daten über den Arbeitsbereich, die Antriebe und Optionen werden vom Hersteller in der **Maschinenkarte** aufgeführt **(Tabelle 1)**.

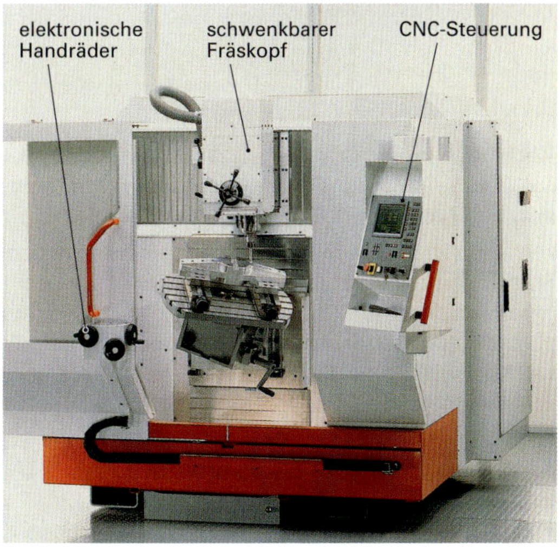

Bild 1: Universalfräsmaschine mit Universal-Aufspanntisch

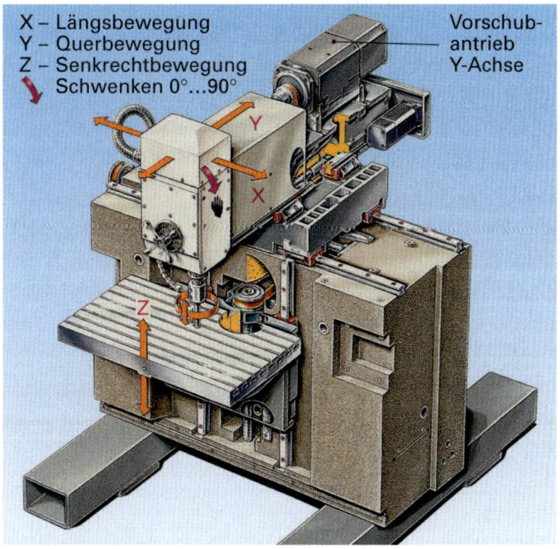

Bild 2: Bauweise der Universalfräsmaschine mit starrem Winkeltisch

Tabelle 1: Technische Daten aus der Maschinenkarte

Verfahrweg X, Y, Z	630, 500, 500 mm
Antriebsleistung	11 kW
Drehzahlbereich	20 ... 7 000/min
Eilgang X, Y, Z	15 m/min
Vorschubbereich	bis 1 500 mm/min
Steuerung	CNC-Bahnsteuerung
Optionen (nach Kundenwunsch)	Universal-Aufspanntisch, Winkeltisch, NC-Rundtisch, Werkzeugwechsler

Arbeitsbeispiel: Vollnutenfräsen

Auf einer Universalfräsmaschine soll eine Führungsnut mit einer Nutbreite von 10 mm und einer Nuttiefe von 5 mm gefräst werden **(Bild 1)**. Als Werkstoff ist ein niedrig legierter Stahl mit einer Brinellhärte von 300 HB vorgesehen.

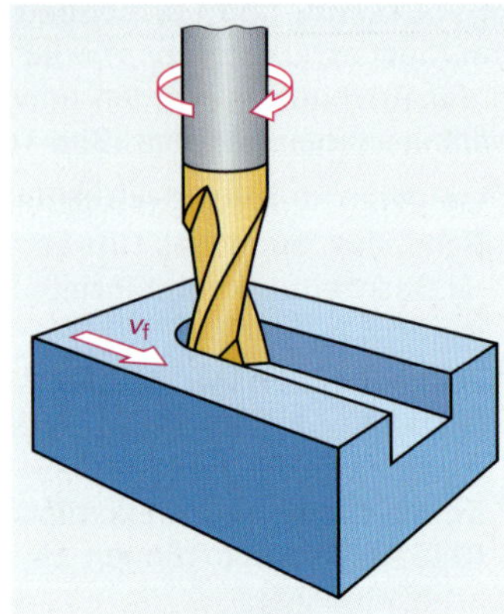

Bild 1: Vollnutenfräsen im Gegenlauf

Arbeitsplanung

Die Bearbeitung der Führungsnut kann durch einen Schruppschnitt erfolgen (Vollnutenfräsen).

Mit dem gewählten Vollhartmetall-Schaftfräser soll eine hohe Standzeit und eine mittlere bis hohe Schnittgeschwindigkeit erreicht werden. Die Hartmetallsorte P35 mit TiN-Beschichtung eignet sich auch gut für die beabsichtigte Nassbearbeitung. Entsprechend muss das Kühlmittel z. B. über den Bund eines Aufsteck-Fräserdornes zum Werkzeug fließen können.

Die Empfehlungen des Werkzeugherstellers sollen beachtet werden:

- Für das Vollnutenfräsen wird ein kurzer Schaftfräser mit zwei Schneiden aus Vollhartmetall empfohlen.
- Um bei einem Schruppschnitt eine maßhaltige Nut zu fräsen, muss ein Schaftfräser mit Durchmesser d = 10 h10 gewählt werden.
- Mit den Richtwerten des Fräserherstellers zur Schnittgeschwindigkeit v_c und zum Vorschub je Zahn f_z können optimale Arbeitsergebnisse erzielt werden **(Tabelle 1** und **Tabelle 2)**.
- Die oberen Richtwerte sollten bei ausreichend hoher Bearbeitungsstabilität gewählt werden. Die unteren Richtwerte sind bei geringer Steifigkeit von Maschine, Werkzeugaufnahme und Fräser sowie bei geringer Antriebsleistung zu empfehlen.

Wahl der Schnittdaten:

Aus den Tabellen 1 und 2 können die Richtwerte für die Schnittgeschwindigkeit v_c und den Vorschub je Zahn f_z entnommen werden. Die Drehzahl n und die Vorschubgeschwindigkeit f_z können aus v_c, f_z und dem Fräserdurchmesser d berechnet werden (Seite 93 und 94).

Tabelle 1: Richtwerte für die Schnittgeschwindigkeit v_c (Werkstoffeinfluss)

Werkstoff	Brinellhärte HB	Schnittgeschwindigkeit m/min
Unlegierter Stahl	125–150	125–190
Niedrig legierter Stahl	175–330	80–120
Hoch legierter Stahl	200	90–130

Empfehlungen des Fräserherstellers zum Nutenfräsen

Tabelle 2: Richtwerte für den Vorschub je Zahn f_z (Fräsereinfluss)

d mm	f_z mm
9	0,03–0,045
10	0,035–0,05
12	0,035–0,06
14	0,04–0,07

Empfehlungen des Fräserherstellers zum Nutenfräsen

Wiederholung und Vertiefung

1 Welche Schnittgeschwindigkeit v_c und welchen Vorschub je Zahn f_z haben Sie gewählt?

2 Wie groß sind Drehzahl n und Vorschubgeschwindigkeit v_f?

3 Warum ist das Nutenfräsen nur bis zu einer Schnitttiefe (= Nuttiefe) $a_p = 0,7 \cdot d$ problemlos? Welches Problem kann bei zu großer Nuttiefen im Verhältnis zum Durchmesser des Schaftfräsers auftreten?

4 Welche Vorteile haben kurze Schaftfräser gegenüber langen?

5 Warum werden Vollhartmetall-Schaftfräser gleicher Länge wie HSS-Fräser durch die Schnittkraft weniger ausgelenkt?

6 In welcher Fräseraufnahme kann der Vollhartmetall-Schaftfräser mit Zylinderschaft gespannt werden?

7 Warum müssen Schaftfräser möglichst tief in der Fräseraufnahme gespannt werden?

8 Welchen Vorteil hat eine hohe Schnittgeschwindigkeit?

9 Warum und wie muss der Schnittbereich der Fräsmaschine von Spänen freigehalten werden?

10 Warum treten an den Nutflächen, die in einem Schnitt gefräst wurden, immer kleine Abweichungen vom 90°-Winkel auf?

Arbeitsbeispiel: Fräsen einer Passfedernut (Bild 1)

Die Längsnut eines Aufsteck-Fräserdornes ist herzustellen (Bild 3 Seite 98). Durch die Tolerierung und Fräsbearbeitung der Passfedernut soll eine Mitnehmerverbindung mit leichtem Sitz (Gleitsitz) erreicht werden.

Toleranzen: Nutbreite $b = 10$ N9 mm, Nuttiefe $t = 3{,}3 + 0{,}1$ mm, Nutlänge $l = 28 + 0{,}2$ mm

Werkstoff: niedrig legierter Stahl mit 275 HB

Arbeitsgänge (Bild 2 und Bild 3)

1. Bohren (Eintauchen ins Volle): Vor der Bearbeitung ist auf eine genaue Ausrichtung des Schaftfräsers zum Werkstück zu achten.
2. Vorfräsen der Nut in einem Schruppschnitt (Vollnutenfräsen) mit einem Untermaßfräser ($d = 9{,}7$ mm).
3. Schlichten der gesamten Nut durch Umfangsfräsen im Gegenlauf. Maßgenaue und winkelgenaue Passfedernuten erzielt man unter anderem durch Gegenlauffräsen mit kleinem Schlichtaufmaß.

Bearbeitung: Trockenbearbeitung oder Minimalmengenschmierung

Werkzeugwahl (Empfehlung des Fräserherstellers)

- Kurzer zylindrischer Schaftfräser aus Vollhartmetall mit Untermaß $d = 9{,}7$ mm. Dieser Fräsertyp wird wegen seiner ausgezeichneten Schneideigenschaften zum präzisen Schaftfräsen bei den meisten Werkstoffen empfohlen.
- Zwei- oder Dreischneider mit einer Zentrumsschneide, die beim Bohren stirnseitig bis zur Mitte schneidet.
- HM-Sorte: P 35 mit TiN-Beschichtung.

Werkzeughalter für Fräs- und Bohrbearbeitungen

Empfehlenswert ist ein **Fräserspannfutter** für Werkzeuge mit Zylinderschaft (Seite 98 Bild 5). Für höchste Qualitätsansprüche an die Passfedernut werden **Dehnspannfutter mit Hohlschaftkegel (HSK)** empfohlen (Seite 98 Bild 2). Ihre Vorteile sind: Hohe Rundlaufgenauigkeit, Steifigkeit und ein hoher Drehzahlbereich.

Richtwerte für die Schnittdaten (Empfehlung des Fräserherstellers)

Schnittgeschwindigkeit (Bohren, Vorfräsen): $v_{c1} = 100$ m/min
Schnittgeschwindigkeit beim Schlichten: $v_{c2} = 120 \ldots 200$ m/min

Vorschub je Zahn:	Bohren	$f_z = 0{,}04$ mm
	Vorfräsen	$f_z = 0{,}035 \ldots 0{,}05$ mm
	Schlichten	$f_z = 0{,}07 \ldots 0{,}12$ mm

Qualitätsprüfung

Wichtige Maße wie die Nutbreite, die Nuttiefe und die Nutlänge können in der Fertigungsprüfung mit Prüfstiften geprüft werden. Die Abweichung der Nutflächen vom 90°-Winkel können dagegen nur im Messlabor gemessen werden.

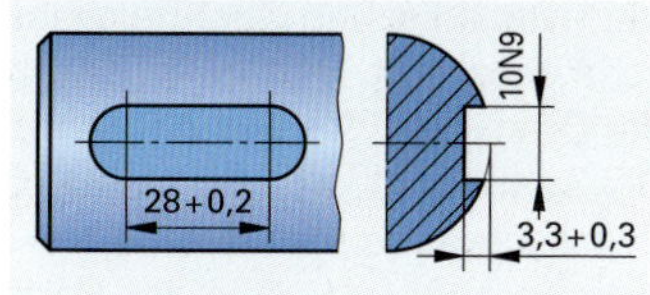

Bild 1: Passfedernut

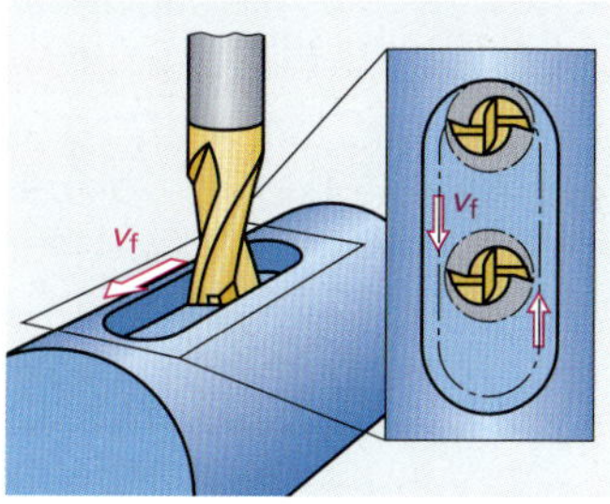

Bild 2: Fräsen einer Passfedernut

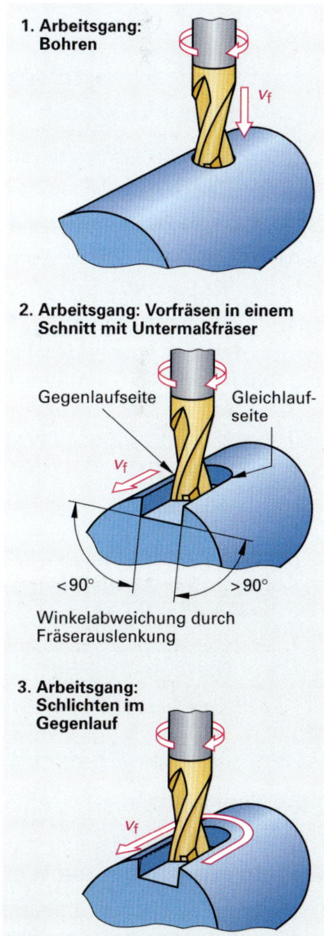

Bild 3: Fräsen einer Passfedernut mit einem Untermaßfräser

Wiederholung und Vertiefung

1. Warum können Schaftfräser auch „ins Volle" bohren?
2. Wie groß ist der Verfahrweg (Vorschub) beim Vorfräsen der Nut?
3. Welchen Vorteil hat das Gegenlauffräsen beim Schlichten der Nut (Seite 100 Bild 3)?

2.6.7 Arbeitsbeispiel Spannpratze

Mit hydraulischen Spannelementen werden Werkstücke in Vorrichtungen oder direkt auf Maschinentische gespannt **(Bild 1** und **Bild 2)**. Die Spannpratze (1) wirkt als zweiseitiger Hebel und überträgt dabei die Druckkraft des Einschraubzylinders (12) auf die Spannschraube (10), die auf das Werkstück drückt. Die Spannkraft kann durch den Druck am Hydraulikzylinder eingestellt werden. Fährt der Kolben mit der Druckschraube (2) zurück, kann die Spannpratze von Hand zurückgezogen werden. Das Werkstück liegt nun frei und kann aus der Vorrichtung entnommen werden. Bei unterschiedlich dicken Werkstücken stellt sich die Spannpratze etwas schräg. Diese Schrägstellung der Spannpratze zur Sechskantschraube (5) wird durch die Kugelscheibe (7) und die Kegelpfanne (8) ausgeglichen.

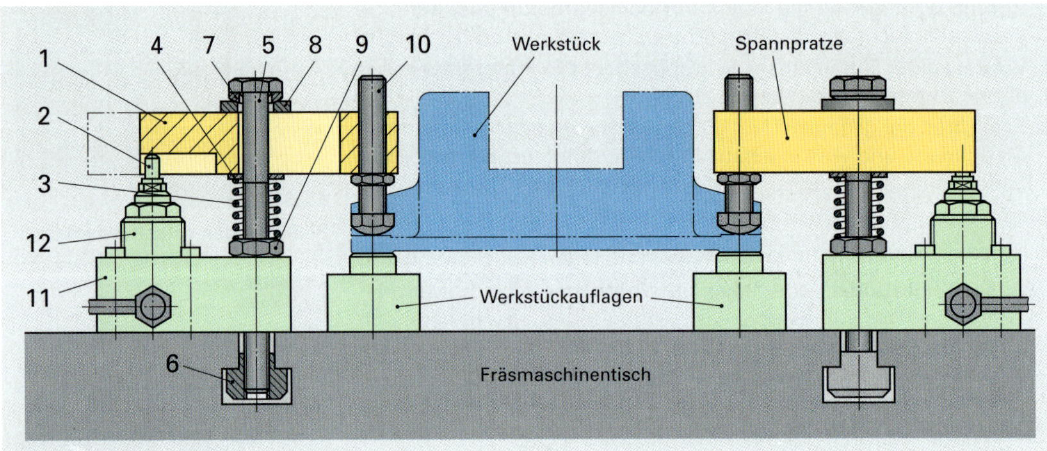

Bild 1: Hydraulische Spannelemente

Die Fertigung der Spannpratzen für die hydraulischen Spannelemente soll im Folgenden geplant werden. Bei den spanenden Fertigungsverfahren sind dabei auch die Schnittwerte festzulegen.

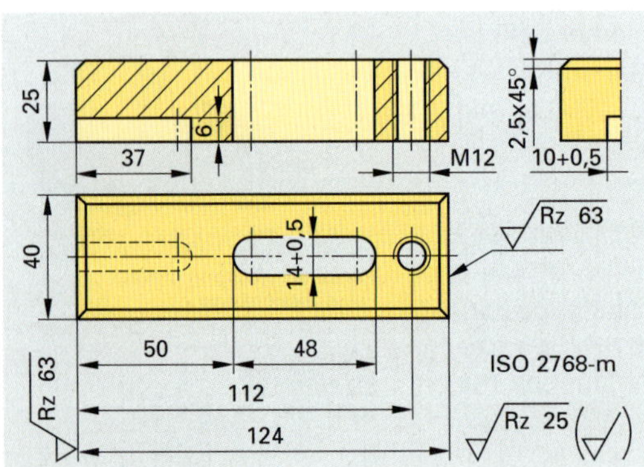

Bild 2: Spannpratze

Pos.	Menge	Benennung	Norm-Kurzbezeichnung bzw. Werkstoff
1	1	Spannpratze	C45E
2	1	Druckschraube	16MnCr5
3	1	Druckfeder	DIN 2098 – 1,6 x 15 x 70
4	1	Scheibe	ISO 7090 – 13 – 200HV
5	1	Sechskantschraube	ISO 4014 – M12 x 130-8.8
6	1	Mutter	DIN 508 – M12 x 25
7	1	Kugelscheibe	DIN 6319 – C13
8	1	Kegelpfanne	DIN 6319 – D13
9	1	Sechskantmutter	ISO 6768 – M12
10	1	Spannschraube	16MnCr5
11	1	Grundkörper	S235JR (St 37-2)
12	1	Hydraulik-Einschraubzylinder	∅ 16 x 12

Bild 3: Stückliste zum hydraulischen Spannelement

Wahl des geeigneten Werkstoffes

Die Spannpratze (1) wird als Hebel auf Biegung und an den Berührungsflächen mit der Druckschraube (2) und der Kegelpfanne (8) auf Flächenpressung beansprucht. Deshalb wurde der vergütbare Stahl C45E gewählt, der nach der spanenden Bearbeitung auf die hohe Zugfestigkeit von 900 N/mm² vergütet und außerdem randschichtgehärtet werden kann.

Arbeitsplan

Der Fertigungsablauf wird in einem Arbeitsplan festgelegt **(Bild 1)**. In diesen Plan werden neben den einzelnen Arbeitsvorgängen weitere Angaben aufgenommen wie Auftrags-Nummer, zu fertigende Stückzahl (Losgröße), die vorgesehenen Maschinen, Werkzeuge und Vorrichtungen sowie die Vorgabezeiten. Der Arbeitsplan läuft mit dem Auftrag durch die Fertigung. Jeder Arbeitsgang wird durch den Ausführenden abgezeichnet und die benötigten Zeiten eingetragen. Damit erhält der Betrieb genaue Werte für die Belegung der Maschinen und für die Nachkalkulation.

Fertigungsschritte

Die Spannpratzen werden aus warmgewalztem Flachstahl 45 mm x 30 mm hergestellt.

Ablängen des Rohteiles (Bild 2)

Werkzeug: HSS-Sägeblatt Ø 200 x 2,5

Tabelle 1: Schnittwerte für HSS-Sägeblätter

Art der Bearbeitung		Stahl mit der Zugfestigkeit R_m bis 600 N/mm²	bis 750 N/mm²	bis 1000 N/mm²	Gusseisen bis 180 HB
Schnitttiefe bis 30 mm	v_c	35...40	25...30	15...20	20...30
	v_f	25...30	20...25	12...15	30...35

Der flammhärtbare Stahl C45E hat im Anlieferungszustand eine Zugfestigkeit von 590 bis 740 N/mm². Aus **Tabelle 1** erhält man damit die folgenden Schnittwerte:

$$v_c = 25\,\frac{\text{m}}{\text{min}}; \qquad v_f = 20\,\frac{\text{mm}}{\text{min}}$$

Die Drehzahl kann entweder aus einem Drehzahl-Diagramm **(Bild 3)** entnommen oder berechnet werden:

$$n = \frac{v_c}{\pi \cdot d} = \frac{25\ \text{m/min}}{\pi \cdot 0{,}2\ \text{mm}} = \mathbf{40\,\frac{1}{min}}$$

Das Ende der Stange wird zuerst gerade gesägt, danach der Anschlag der Kreissäge auf die Länge der Spannpratze eingestellt. Nachdem die Vorschubgeschwindigkeit und die Drehzahl ermittelt und eingestellt sind, wird mit zugeschaltetem Kühlschmierstoff das erste Stück 124 mm lang abgesägt. Die Stirnseiten werden nicht mehr bearbeitet. Wenn die eingestellte Länge stimmt, können die weiteren Stücke ebenfalls abgesägt werden. Steht eine Säge mit selbsttätigem Stangenvorschub zur Verfügung, kann die gewünschte Stückzahl eingestellt werden.

Alle ermittelten Drehzahlen können an Maschinen mit stufenlosem Antrieb direkt eingestellt werden. Besitzen die Maschinen gestufte Drehzahlen, wird bei HSS-Werkzeugen wegen der Standzeit die nächstniedrigere Drehzahl gewählt.

Arbeitsplan Auftrags-Nr.: 140782.2		Bearbeiter: ... Datum: 25. 07. 2003
Benennung: Spannpratze Werkstoff: C45E Abmessungen: 45 x 30 x 124		Losgröße: 10 Gewicht/Teil: 0,97 kg Termin: 10. 08. 2003
Arb.-gang	**Arbeitsvorgang**	**Werkzeug**
10	Sägen (L = 124)	HSS-Sägeblatt Ø 200 x 2,5
20	Fräsen außen 40 x 25	HSS-Walzenstirnfräser Ø 63
30	Fräsen 45°-Fasen	HSS-Winkelfräser 90°
40	Fräsen Nut 10 x 32	Bohrnutenfräser Ø 10
50	Fräsen Langloch 14 x 35	Bohrnutenfräser Ø 14
60	Bohren Ø 10,2; Senken	Spiralbohrer Ø 10,2; Kegelsenker 90°
70	Gewindebohren M12	Gewindebohrer M12
80	Entgraten	Flachfeile
90	Vergüten (R_m = 900 N/mm²)	
100	Nut randschichthärten	
110	Phosphatieren	

Bild 1: Arbeitsplan (Auszug)

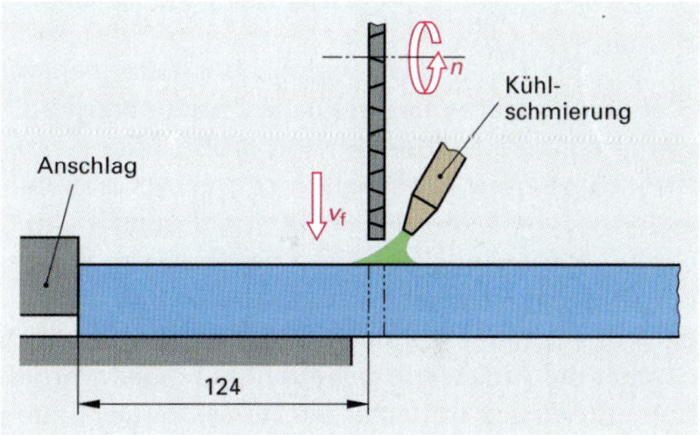

Bild 2: Ablängen des Rohteiles

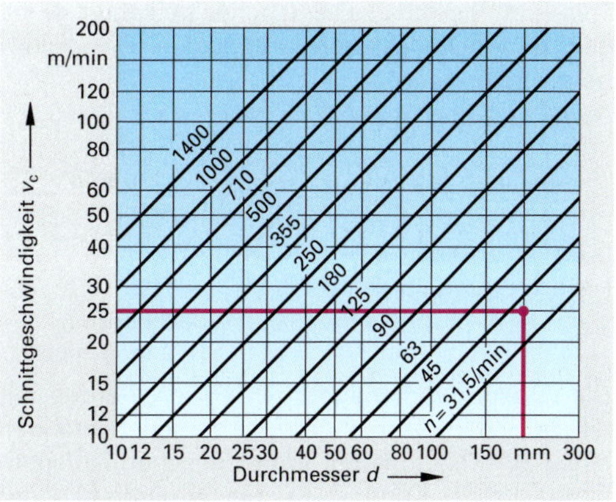

Bild 3: Drehzahl-Diagramm

Fräsen der Außenflächen (Bild 1)

Werkzeug: Walzenstirnfräser ∅ 63 mm, 8 Zähne, HSS

Die Rohteile werden einzeln im Maschinenschraubstock auf dem Tisch einer Fräsmaschine gespannt. Sie liegen dabei auf zwei Parallel-Unterlagen und werden mit einem Walzenstirnfräser oder mit einem Fräskopf überfräst. Bei HSS-Fräsern sollte grundsätzlich mit Kühlschmierung gearbeitet werden. Entsprechen die vorgegebenen Maße und die Oberflächengüte der Flächen den geforderten Werten, können die folgenden Werkstücke mit den gleichen Einstellungen bearbeitet werden.

Bei der geforderten Rautiefe $Rz \leq 25\,\mu m$ kann mit einem Vorschub je Zahn von $f_z = 0{,}1$ mm gefräst werden.

Gewählte Werte (Tabelle 1) für C45E ($R_m \approx 750$ N/mm²):

$v_c = 25$ m/min; $f_z = 0{,}1$ mm

$$n = \frac{v_c}{\pi \cdot d} = \frac{25\ \text{m/min}}{\pi \cdot 0{,}063\ \text{m}} = 126/\text{min}$$

Gewählt: $\boldsymbol{n = 125/\text{min}}$

$v_f = z \cdot f_z \cdot n = 8 \cdot 0{,}1\ \text{mm} \cdot 125/\text{min} = \mathbf{100\ mm/min}$

Fräsen der Nut und des Langloches (Bild 2)

Werkzeug: Bohrnutenfräser ∅ 10 bzw. ∅ 14 mm, 2 Zähne, HSS

Die Nut 10x37 und das Langloch 14x48 können mit Bohrnutenfräsern ohne seitliche Zustellung gefräst werden, da die Nutbreiten eine große Toleranz besitzen. Das erste Werkstück wird mit dem Kantentaster auf die Mitte der Frässpindel ausgerichtet. Nachdem man mit dem Fräser das Ende der Spannpratze angekratzt hat, werden die Länge der Nut bzw. des Langloches nach Skale angefahren und danach die Anschläge gesetzt. Als Fräser werden Bohrnutenfräser mit einer bis zur Mitte reichenden Querschneide verwendet, um im Werkstück zustellen zu können. Die Werkstücke, die im Maschinenschraubstock aufgespannt sind, müssen beim Fräsen im Bereich des Langloches freiliegen, damit der Fräser beim letzten Schnitt aus dem Werkstück heraustreten kann.

Gewählte Werte (Tabelle 2): $v_c = 25$ m/min

$$f_z = 0{,}15\ \text{mm};\quad n = \frac{v_c}{\pi \cdot d} = \frac{25\ \text{m/min}}{\pi \cdot 0{,}01\ \text{m}} = \mathbf{796/min}$$

(bei ∅ 14: $\boldsymbol{n} = \mathbf{568/min}$)

$v_f = z \cdot f_z \cdot n = 2 \cdot 0{,}15\ \text{mm} \cdot 796/\text{min} = \mathbf{239\ mm/min}$ **(170 mm/min)**

Die ringsum verlaufenden 45°-Fasen werden mit einem Schaftfräser angefräst, dessen Schneiden einen 90°-Kegel bilden. In der gleichen Aufspannung wird das Kernloch für das Gewinde M12 mit einem Spiralbohrer ∅ 10,2 mm gebohrt.

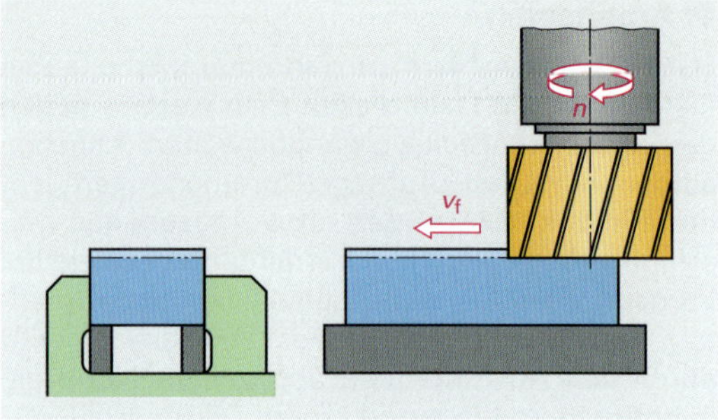

Bild 1: Fräsen der Außenflächen

Tabelle 1: Schnittwerte für Walzenstirnfräser v_c in m/min, f_z in mm

Art der Bearbeitung		Stahl mit einer Zugfestigkeit bis 600 N/mm²	bis 750 N/mm²	bis 1000 N/mm²	Gusseisen bis 180 HB
Fräser aus Schnellarbeitsstahl					
Schruppen	v_c	30...40	25...30	15...20	20...25
	f_z	0,1...0,2	0,1...0,2	0,1...0,15	0,15...0,3
Schlichten	v_c	30...40	25...30	15...20	20...25
	f_z	0,05...0,1	0,05...0,1	0,05...0,1	0,1...0,2
Fräser mit Hartmetallschneiden					
Schruppen	v_c	80...150	80...150	60...120	70...120
	f_z	0,1...0,3	0,1...0,3	0,1...0,3	0,1...0,3
Schlichten	v_c	100...300	100...300	80...150	100...160
	f_z	0,1...0,2	0,1...0,2	0,06...0,15	0,1...0,2

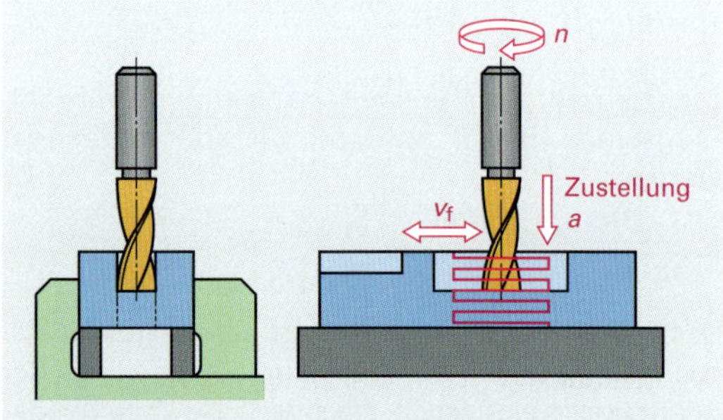

Bild 2: Fräsen von Nut und Langloch

Tabelle 2: Schnittwerte für Schaftfräser

Art der Bearbeitung		Stahl mit einer Zugfestigkeit bis 600 N/mm²	bis 750 N/mm²	bis 1000 N/mm²	Gusseisen bis 180 HB
Fräser aus Schnellarbeitsstahl					
Schruppen	v_c	30...40	25...30	15...20	20...25
	f_z	0,1...0,2	0,1...0,15	0,05...0,1	0,15...0,3
Schlichten	v_c	30...40	25...30	15...20	20...25
	f_z	0,04...0,1	0,04...0,1	0,02...0,1	0,07...0,2

Bohren des Kernloches

Werkzeug: HSS-Spiralbohrer Ø 10,2 mm

Gewählte Werte (Tabelle 1):

v_c = 25 m/min; f = 0,18 mm

$$n = \frac{v_c}{\pi \cdot d} = \frac{25 \text{ m/min}}{\pi \cdot 0{,}0102 \text{ m}} = \mathbf{780} \ \frac{\mathbf{1}}{\mathbf{min}}$$

Gewindebohren M12 (Bild 1)

Vor dem Gewindebohren wird die Kernlochbohrung mit einem Kegelsenker auf etwa Ø 12,5 angesenkt.

Das Gewinde wird auf der Bohrmaschine geschnitten. Schneidöl vermindert die Reibung und erhöht damit die Oberflächenqualität des Gewindes und die Standzeit der Gewindebohrer.

Gewählte Werte (Tabelle 2): v_c = 10 m/min

$$n = \frac{v_c}{\pi \cdot d} = \frac{10 \text{ m/min}}{\pi \cdot 0{,}012 \text{ m}} = \mathbf{265} \ \frac{\mathbf{1}}{\mathbf{min}}$$

Abschließende Fertigungsschritte

Nach der spanenden Bearbeitung wird das Werkstück entgratet. Anschließend werden Maße, Form und Oberflächen geprüft. Danach wird das ganze Teil vergütet und die 10 mm breite Nut randschichtgehärtet. Nach dem Vergüten erhält die Oberfläche durch Phosphatieren einen Korrosionsschutz und ein schöneres Aussehen.

Tabelle 1: Schnittwerte für HSS-Spiralbohrer

Werkstoff	Zugfestigkeit R_m in N/mm²	Schnittgeschwindigkeit v_c in m/min	Vorschub f in mm je Umdrehung bei Bohrerdurchmesser d in mm: 4	6,3	10	16	25
Stähle	bis 600	30...35	0,08	0,12	0,18	0,25	0,32
	über 700	20...25					
	bis 1000						

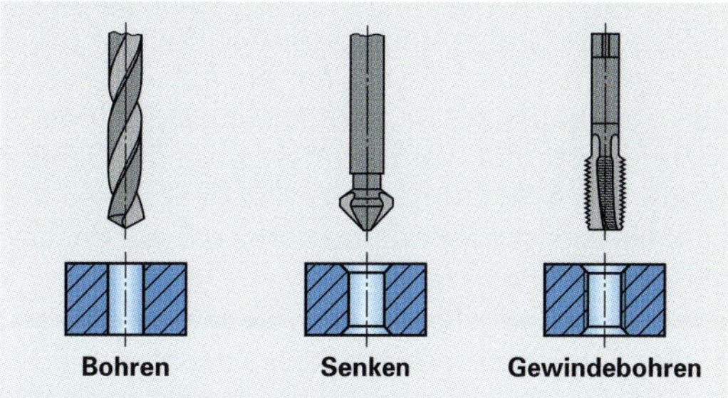

Bild 1: Gewindebohren M12

Tabelle 2: Schnittwerte für HSS-Gewindebohrer

Werkstoff	Zugfestigkeit R_m in N/mm²	Schnittgeschwindigkeit v_c in m/min	Werkzeugtyp nach DIN 1836
Unlegierte Stähle	bis 700	16	N
	über 700	10	H (N)
Legierte Stähle	bis 1000		

Mögliche Maßnahmen zur Einsparung von Fertigungskosten

Werkstoff: Bei blankgezogenem Rechteckstahl 40x25 entfällt die Bearbeitung der Außenflächen; bei warmgewalztem Stahl 40x25 könnte durch Planschleifen lediglich die Walzhaut weggenommen werden.

NC-Bearbeitung: Die Nut, das Langloch und die Gewindebohrung werden in einer Aufspannung auf einer NC-Fräsmaschine gefertigt. Durch automatischen Werkzeugwechsel kann die Fertigungszeit verkürzt werden.

Werkzeuge: Mit Hartmetallwerkzeugen können die Schnittgeschwindigkeiten beim Fräsen erhöht und damit die Bearbeitungszeiten verkürzt werden.

Rüst- und Nebenzeiten: Die Zeiten für den Wechsel der Werkzeuge können verringert werden, wenn mehrere Spannpratzen in einer Aufspannung bearbeitet werden.

Kleinere Fertigungstiefe durch Fremdaufträge: Manche Fertigungsverfahren erfordern besondere Maschinen und Einrichtungen, z. B. für die Wärmebehandlung, oder Anlagen, die strengen Umweltauflagen unterliegen, z. B. Phosphatieranlagen. Solche Einrichtungen lohnen sich nur bei guter Auslastung. Aufträge dafür werden deshalb oft an andere Firmen vergeben.

Wiederholung und Vertiefung

1 Warum wird die Spannschraube aus dem Stahl 16MnCr5 gefertigt?

2 Welche Angaben sind in einem Arbeitsplan enthalten?

3 Erstellen Sie den Arbeitsplan für die Herstellung der Spannschraube.

4 Welche Kenntnisse muss ein Sachbearbeiter in der Fertigungsplanung haben?

5 Warum werden die hydraulischen Spannelemente mit einer Schnellkupplung versehen? Vergleichen Sie dazu die Darstellung im Kapitel „Hydraulische Steuerungen".

6 Wovon hängen die einzustellende Drehzahl und der Vorschub f_z beim Fräsen ab? Begründen Sie Ihre Meinung mithilfe eines Tabellenbuches.

2.7 Fügen

Maschinen, Vorrichtungen und Geräte bestehen aus verschiedenen Einzelteilen **(Bild 1)**. Bei der Herstellung bzw. bei der Montage werden die einzelnen Teile so miteinander verbunden, dass sich die geforderte Funktion ergibt. Das Verbinden von Einzelteilen zu Funktionseinheiten bezeichnet man als Fügen.

Gefügte Teile können Kräfte oder Drehmomente übertragen. So wird bei der Kreissägewelle (Bild 1) das Drehmoment von der Welle (Pos. 1) über die Passfeder (Pos. 2) auf die Anlage (Pos. 3) übertragen. Die auf das Pendelkugellager (Pos. 9) wirkenden Kräfte werden direkt über die Gehäusebohrung oder indirekt über den Deckel (Pos. 10) und die Sechskantschrauben (Pos. 11) auf das Lagergehäuse (Pos. 7) geleitet.

> Das Verbinden von Einzelteilen nennt man Fügen. Durch Fügen wird der Zusammenhalt der Einzelteile an der Fügestelle hergestellt oder verstärkt.

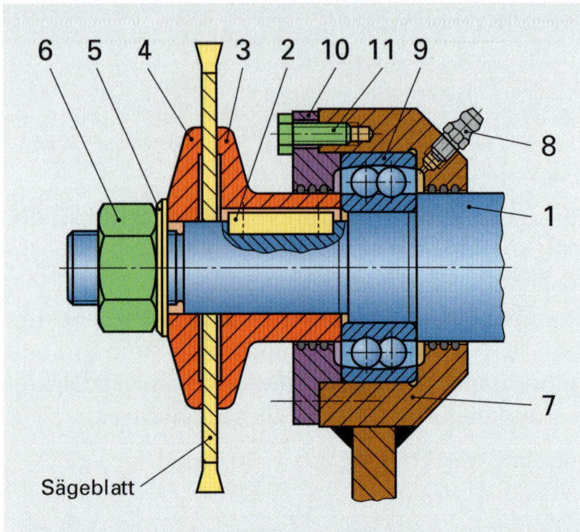

Pos.-Nr.	Menge Einheit	Benennung	Werkstoff/ Norm-Kurzbezeichnung	Bemerkung
1	1	Welle	E295	Rd 45
2	1	Passfeder	DIN 6885-A-8x7x30	
3	1	Anlage	S275JR	
4	1	Spannscheibe	S275JR	
5	1	Scheibe	ISO 7090-20-300 HV	
6	1	Sechskantmutter	ISO 8673-M20x1,5-8-LH	
7	1	Lagergehäuse	S275J2G3	
8	1	Schmiernippel	DIN 71412-AM6	
9	1	Pendelkugellager	DIN 630-2206 TV	
10	1	Deckel	S275JR	Rd 90 x 15
11	6	Sechskantschraube	ISO 4017-M6 x 16-8.8	

Bild 1: Kreissägewelle mit Lagerung

2.7.1 Fügeverfahren

Nach der Wirkungsweise unterscheidet man formschlüssiges, kraftschlüssiges, vorgespannt formschlüssiges und stoffschlüssiges Fügen **(Tabelle 1, Seite 112)**.

Formschlüssiges Fügen

Beim formschlüssigen Fügen sind die Werkstücke durch ineinander passende Formen miteinander verbunden. So überträgt z.B. die Passfeder (Pos. 2) das Drehmoment von der Welle (Pos. 1) auf die Anlage (Pos. 3 – Bild 1 und **Bild 2)**.

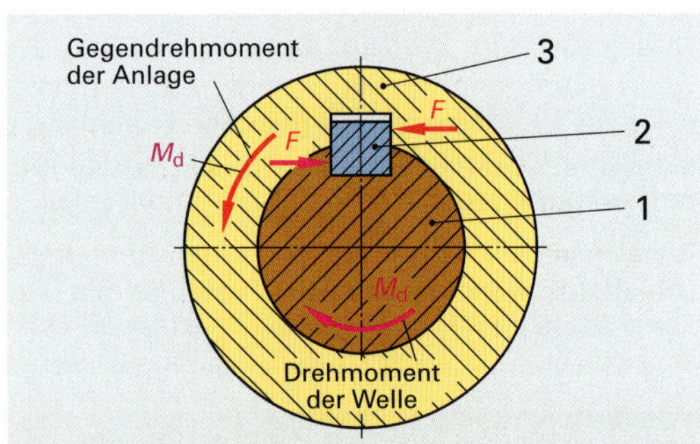

Bild 2: Drehmomentübertragung durch Formschluss

> **Formschlüssige Verbindungen werden hergestellt mit**
> - Passfedern
> - Keilwellen
> - Passschrauben
> - Stiften
> - Bolzen
> - Nieten

Kraftschlüssiges Fügen

Beim kraftschlüssigen Fügen werden Kräfte und Drehmomente durch Reibungskräfte übertragen, die durch das Aufeinanderpressen von Bauteilen entstehen **(Bild 3)**.

Bei der Kreissägewelle (Bild 1) z.B. wird beim Anziehen der Sechskantmutter (Pos. 6) das Sägeblatt zwischen der Anlage (Pos. 3) und der Spannscheibe (Pos. 4) verspannt. Die Reibungskräfte an den Berührungsstellen des Sägeblattes nehmen das Sägeblatt mit.

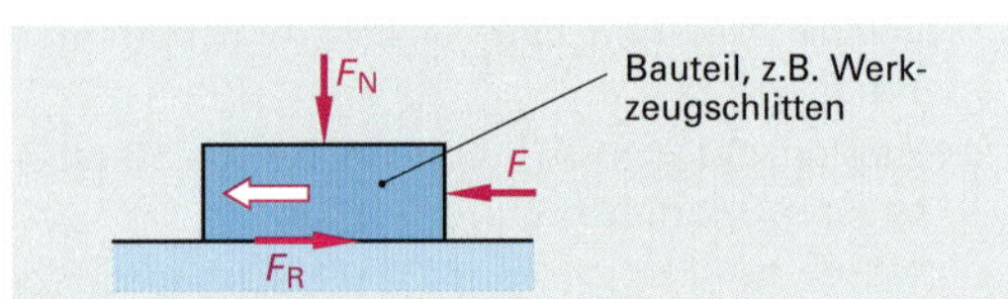

Bild 3: Reibungskraft F_R

Die Reibungszahl μ berücksichtigt
- die Oberflächenbeschaffenheit
- die Werkstoffpaarung
- den Schmierzustand
- die Art der Reibung

Bei gleicher Anpresskraft (Normalkraft) kann mit rauen Bauteiloberflächen mehr Kraft übertragen werden als mit glatten.

Zwischen geschmierten Oberflächen entsteht eine kleinere Reibungskraft als zwischen trockenen. Die Reibungskraft ist auch davon abhängig, ob sich die Bauteile aufeinander bewegen (Bewegungsreibung) oder ob sie sich auch unter Krafteinwirkung nicht gegeneinander verschieben (Haftreibung).

Die Reibungskraft wirkt immer der Bewegungsrichtung entgegen.

Kraftschlüssige Verbindungen sind
- Schraubenverbindungen
- Klemmverbindungen
- Kegelverbindungen
- Einscheibenkupplungen

Beispiel: Die Spannscheiben werden durch Anziehen der Sechskantmutter mit einer Kraft von 25 kN gegen das Sägeblatt gepresst **(Bild 1)**. Wie groß ist bei 2 Reibflächen und $\mu = 0{,}1$ die entstehende Reibungskraft F_R?

Lösung: $\boldsymbol{F_R} = \mu \cdot F_N \cdot 2 = 0{,}1 \cdot 25\,000\,\text{N} \cdot 2 = \mathbf{5000\,N}$

Vorgespannt formschlüssiges Fügen

Beim vorgespannt formschlüssigen Fügen erfolgt die Drehmomentübertragung zunächst kraftschlüssig. Eingetriebene Keile **(Bild 2)** verspannen Welle und Nabe, wobei der Keil seitlich in der Nabennut nicht anliegt. Beim Überschreiten der Reibungskraft wird das Drehmoment hauptsächlich formschlüssig übertragen, weil jetzt die Seitenflächen von Wellen- und Nabennut am Keil anliegen.

Vorgespannt formschlüssige Verbindungen sind
- Keilverbindungen
- Stirnzahnverbindungen
- Kegelverbindungen mit Scheibenfedern

Stoffschlüssiges Fügen

Beim stoffschlüssigen Fügen werden die Werkstücke durch Kohäsions- und Adhäsionskräfte zusammengehalten. So ist z. B. das Lagergehäuse (Bild 1, Seite 110) aus zwei Teilen zusammengeschweißt.

Stoffschlüssige Fügeverfahren sind
- Schweiß-, Löt- und Klebeverbindungen

Feste und bewegliche Verbindungen

Durch Fügen entstehen feste oder bewegliche Verbindungen **(Bild 3)**. Bei **festen** Verbindungen haben die Werkstücke stets die gleiche Lage zueinander. Bei **beweglichen** Verbindungen kann sich die Lage der gefügten Teile zueinander ändern, z. B. bei einem axial verschiebbaren Ritzel auf einer Keilwelle. Feste und bewegliche Verbindungen können lösbar oder unlösbar sein. Bei **lösbaren** Verbindungen können die zusammengebauten Teile ohne Zerstörung zerlegt werden **(Bild 4)**. Bei **unlösbaren** Verbindungen müssen zum Zerlegen Verbindungsstellen oder Bauteile zerstört werden **(Bild 5)**.

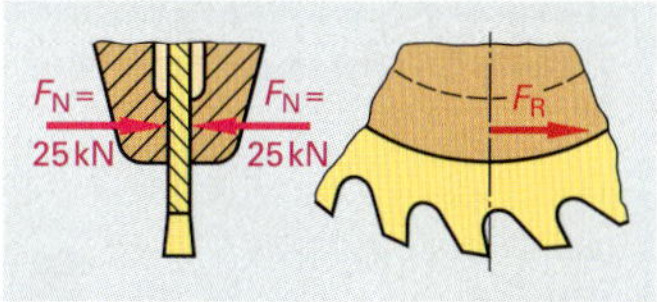

Bild 1: Sägeblatt

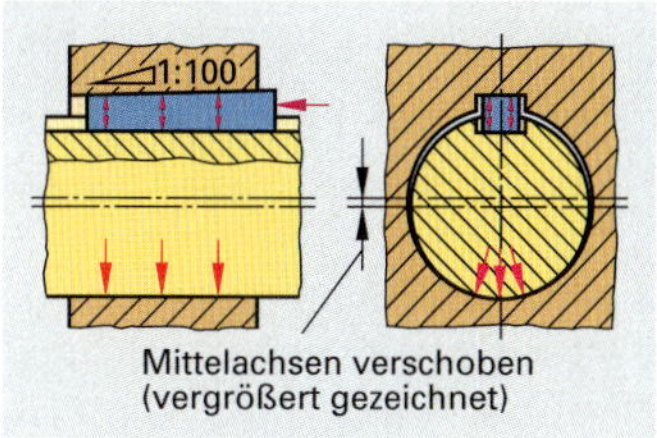

Bild 2: Keilverbindung

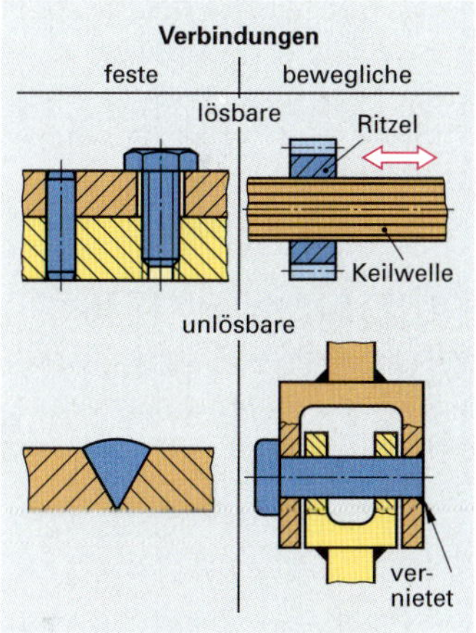

Bild 3: Feste und bewegliche Verbindungen

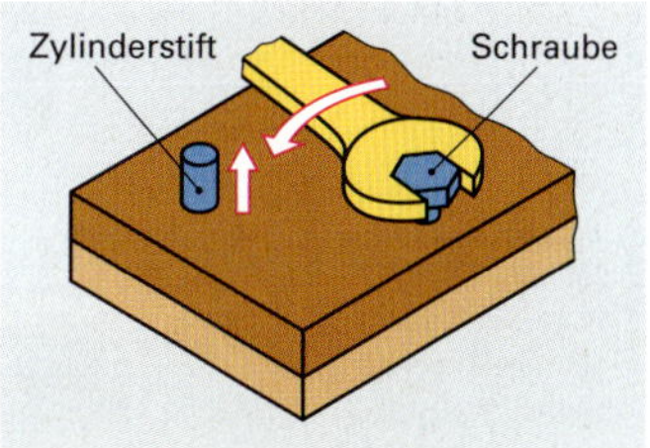

Bild 4: Lösbare Verbindungen

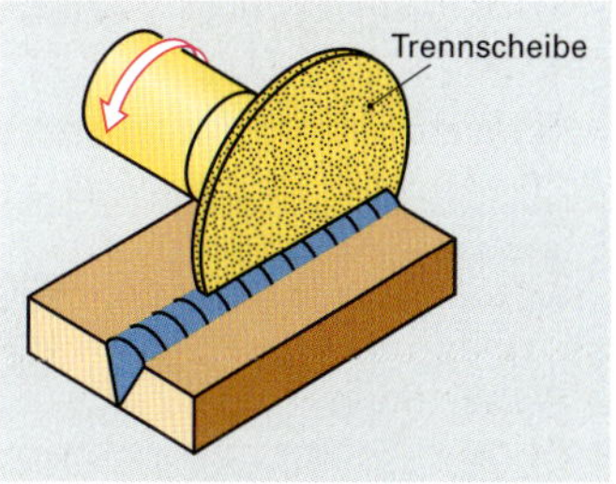

Bild 5: Trennen einer unlösbaren Verbindung

Tabelle 1: Übersicht über wichtige Fügeverfahren

Formschlüssiges Fügen durch ineinander passende Formen	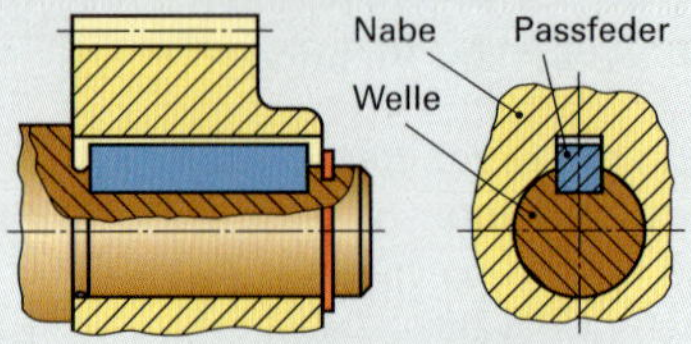 **Passfederverbindung** 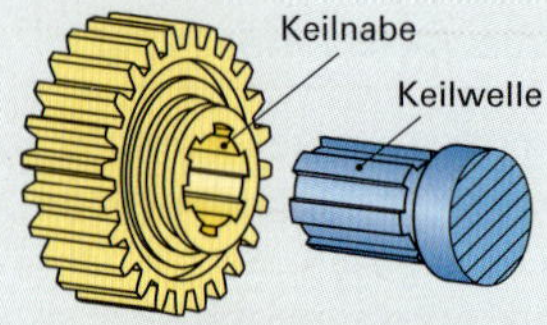 **Keilwellenverbindung** 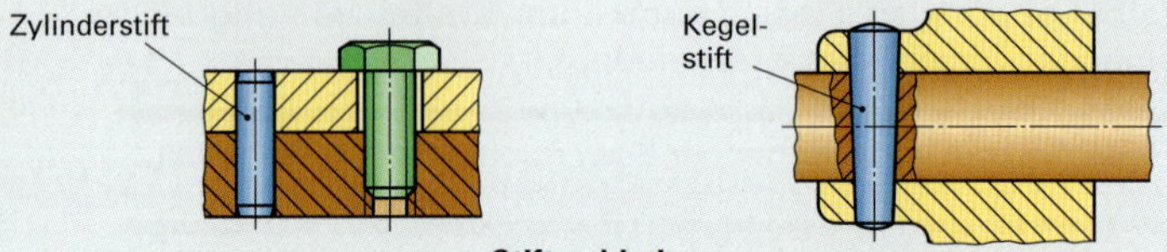 **Stiftverbindungen** 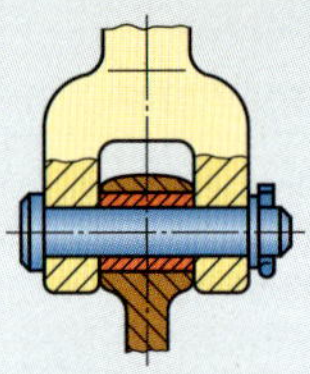 **Bolzenverbindung** 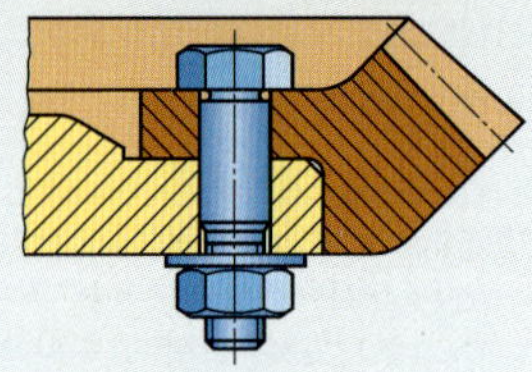 **Passschraubenverbindung**
Kraftschlüssiges Fügen durch Reibungskräfte	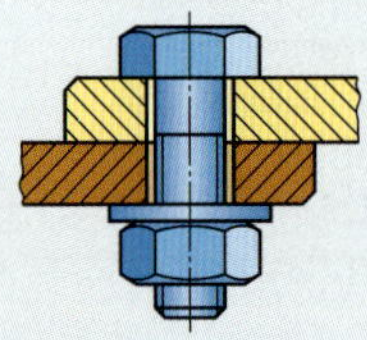 **Schraubenverbindung** 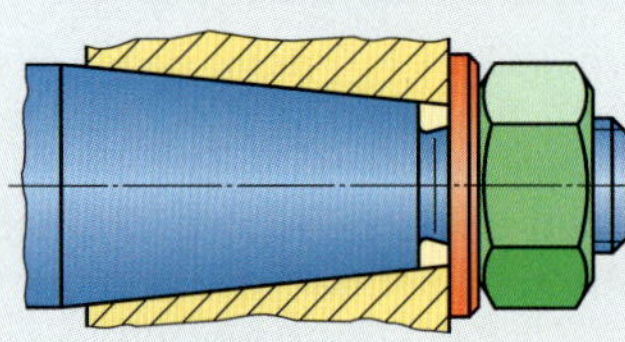 **Kegelverbindung** 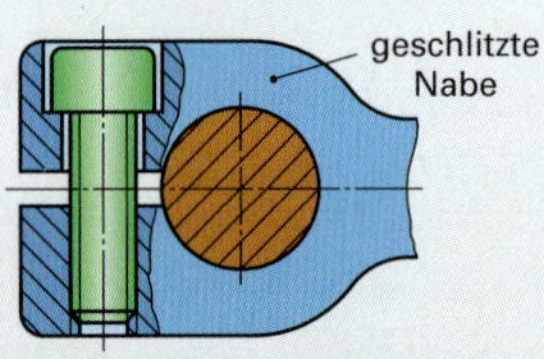 **Klemmverbindung** 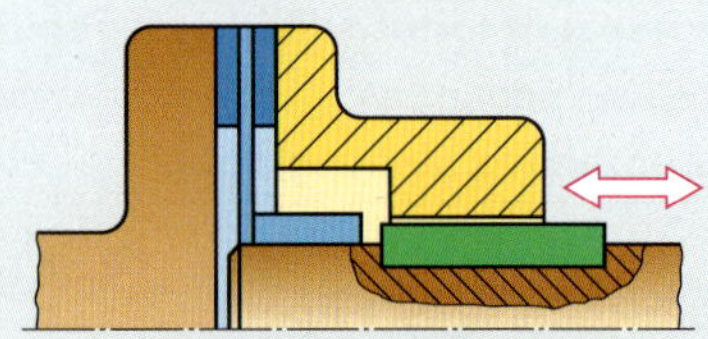 **Einscheibenkupplung**
Vorgespannt formschlüssiges Fügen durch Kraft- und Formschluss	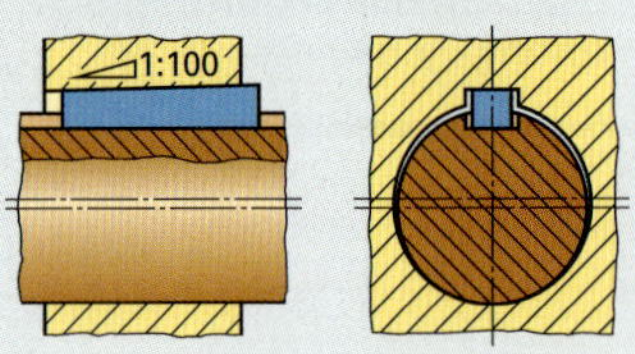 **Keilverbindung** 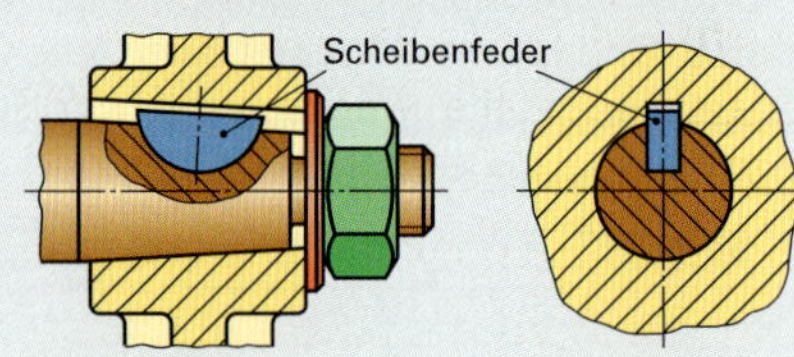 **Kegelverbindung mit Scheibenfeder**
Stoffschlüssiges Fügen durch Kohäsions- und Adhäsionskräfte	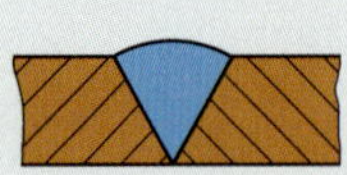 **Schweißverbindung** 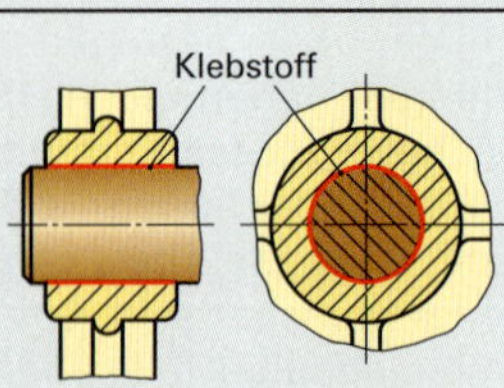 **Klebeverbindung** 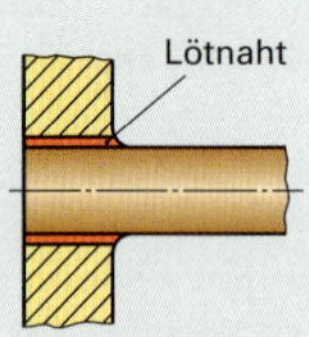 **Lötverbindung**

2.7.2 Press- und Schnappverbindungen

2.7.2.1 Pressverbindungen

Pressverbindungen entstehen, wenn beim Fügen von Bauteilen Übermaß zwischen den Passflächen vorhanden ist. Durch die auftretenden Presskräfte können Kräfte und Drehmomente ohne zusätzliche Verbindungselemente übertragen werden.

Pressverbindungen übertragen Kräfte und Drehmomente kraftschlüssig.

Pressverbindungen durch Längseinpressen

Beim Längseinpressen werden die Bauteile mithilfe einer Presse gefügt **(Bild 1)**. Weil scharfkantige Innenteile beim Einpressen die Rauheitsspitzen der Bohrungsfläche abschaben und damit den Bohrungsdurchmesser vergrößern und die Haftkraft verringern würden, erhält das Innenteil eine 2 bis 5 mm lange Einpressfase mit einem Winkel von maximal 5°. Das Einölen der Fügeflächen vor dem Einpressen verhindert das Festfressen der Bauteile.

Pressverbindungen durch Schrumpfen

Vor dem Fügen der Pressverbindung wird das Außenteil erwärmt und über das Innenteil geschoben. Beim Erkalten bildet sich die Pressverbindung durch Schrumpfen des Außenteils **(Bild 2)**.

Die Maßverkleinerung beim Abkühlen eines zuvor erwärmten Bauteiles mit Innenpassflächen bezeichnet man als Schrumpfen.

Zur Erwärmung werden z. B. induktive Anwärmgeräte, Ölbäder und Gasbrenner verwendet.

Arbeitsregeln

- Vorgeschriebene Anwärmtemperaturen sind genau einzuhalten, um Gefügeänderungen zu vermeiden.
- Große, sperrige Teile sind gleichmäßig zu erwärmen, da sie sich sonst verziehen.
- Wärmeempfindliche Teile, z. B. Dichtungen, müssen vor dem Erwärmen entfernt werden.

Pressverbindungen durch Kühlen (Dehnen)

Können Außenteile wegen ihrer Größe, Form oder wegen möglicher Gefügeänderungen nicht erwärmt werden, kühlt man das Innenteil (Welle) soweit ab, bis es sich leicht in das Außenteil (Bohrung) fügen lässt **(Bild 3)**.

Als Kühlmittel dienen Trockeneis (festes Kohlendioxid, bis –79 °C) und flüssiger Stickstoff (bis –190 °C).

Beim Wiedererwärmen dehnt sich das Innenteil und bildet mit dem Außenteil die Pressverbindung.

Bei allen Arbeiten mit Kühlmitteln sind die Unfallverhütungsvorschriften genau zu beachten.

Die Maßvergrößerung durch Erwärmen eines zuvor abgekühlten Bauteiles mit Außenpassflächen bezeichnet man als Dehnen.

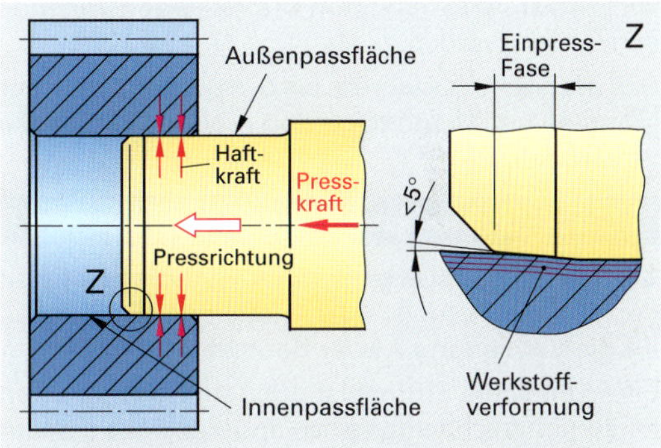

Bild 1: Pressverbindung durch Längseinpressen

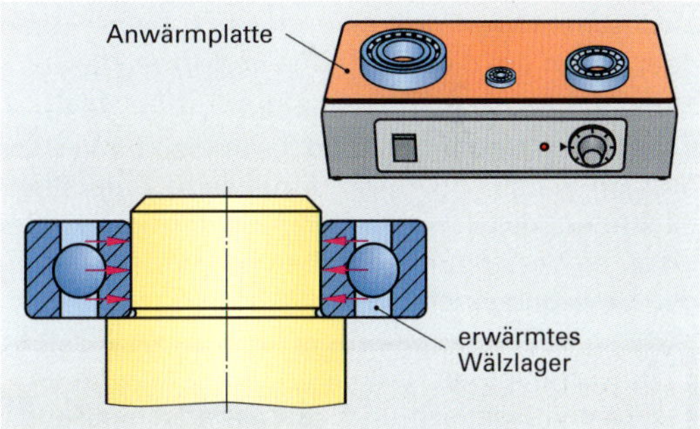

Bild 2: Pressverbindung durch Schrumpfen

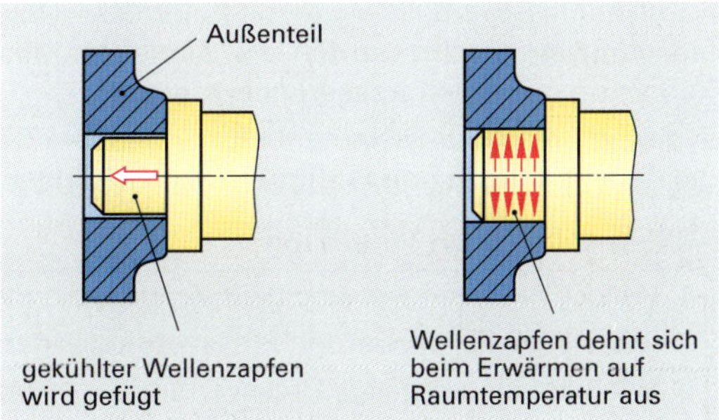

Bild 3: Pressverbindung durch Kühlen

Pressverbindungen mithilfe des Hydraulikverfahrens

Beim Hydraulikverfahren wird Maschinenöl durch eine in die Welle oder die Bohrung eingearbeitete Ringnut zwischen die Passflächen gepresst **(Bild 1)**. Die Bauteile verformen sich dabei elastisch und können mit geringem Kraftaufwand gegeneinander verschoben werden.

Bauteile mit kegeligen Passflächen können mit diesem Verfahren gefügt und getrennt werden. Zylindrische Bauteile werden meist durch Schrumpfen gefügt. Die Demontage kann mit dem Hydraulikverfahren erfolgen, solange z. B. die Wellen-Ringnut von der Nabe überdeckt wird (Bild 1). Anschließend kann die Nabe, weil sich zwischen den Passflächen noch Öl befindet, mit verhältnismäßig geringem Kraftaufwand vollends demontiert werden.

Das Hydraulikverfahren wird hauptsächlich zur Montage und Demontage von großen Wälzlagern verwendet.

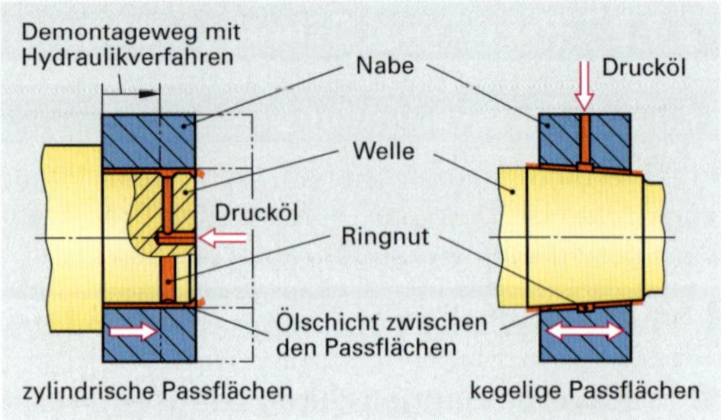

Bild 1: Hydraulisch hergestellte Pressverbindung

2.7.2.2 Schnappverbindungen

Bei den Schnappverbindungen wird die Elastizität der Werkstoffe, meist Kunststoffe oder Federstahl, für die Verbindung zweier Bauteile ausgenutzt.

Eine Kugel, ein Stirnwulst oder ein Haken greifen in die Hinterschneidung des anderen Teils ein und bilden eine formschlüssige Verbindung **(Bild 2)**.

Mindestens ein Teil der Verbindung muss aus elastischem Werkstoff sein, der sich beim Fügen oder Lösen um die Wulsthöhe verformen lässt.

Man unterscheidet unlösbare und lösbare Schnappverbindungen **(Bild 3)**. Unlösbare Verbindungen haben auf ihrer Innenseite eine Planfläche, die das Trennen der Teile verhindert. Bei lösbaren Verbindungen haben die Wülste in beiden Bewegungsrichtungen Schrägen.

> Bei Schnappverbindungen verformt sich ein Fügeteil elastisch und verhakt anschließend lösbar oder unlösbar.

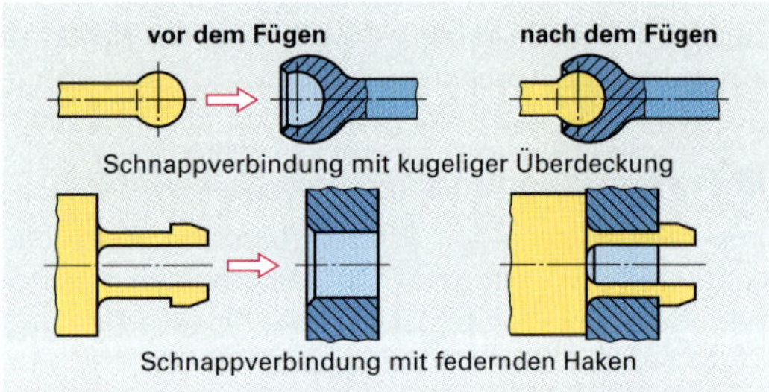

Bild 2: Bauformen von Schnappverbindungen

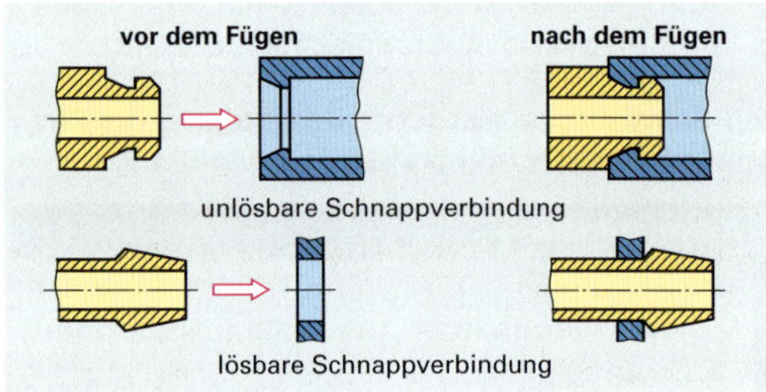

Bild 3: Arten von Schnappverbindungen

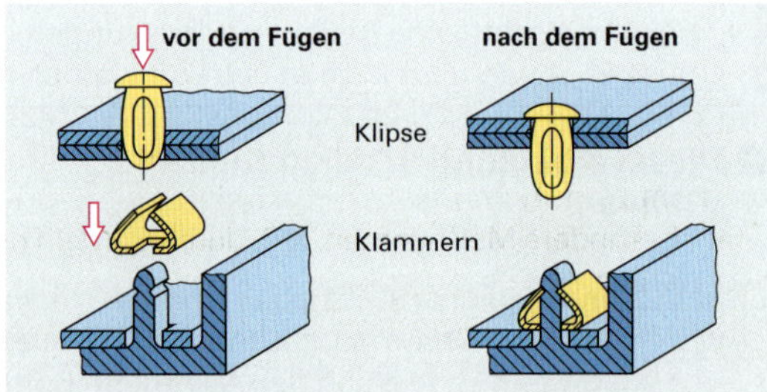

Bild 4: Schnappverbindungen mit Befestigungselementen

Durch Schnappverbindungen mit zusätzlichen Befestigungselementen werden z. B. Zierleisten aus Kunststoff mit Pkw-Karosserieteilen gefügt.

Typische Befestigungselemente für Schnappverbindungen sind Klammern und Klipse, die geringe Fügekräfte benötigen und Fertigungsabweichungen in Bohrungen überbrücken können **(Bild 4)**.

Wiederholung und Vertiefung

1 Welche Arbeitsregeln sind beim Anwärmen von Werkstücken für eine Pressverbindung zu beachten?
2 In welchen Fällen werden Pressverbindungen durch Kühlen angewendet?
3 Wie wird eine kegelige Pressverbindung mithilfe des Hydraulikverfahrens hergestellt?
4 Wodurch unterscheiden sich lösbare und unlösbare Schnappverbindungen?

2.7.3 Kleben

Beim Kleben werden gleiche oder verschiedenartige Stoffe durch eine aushärtende Zwischenschicht stoffschlüssig miteinander verbunden.

Klebeverbindungen dienen vorwiegend zum

- **Verbinden** von Konstruktionsteilen
- **Sichern** von Schrauben
- **Dichten** von Fügeflächen

Sie werden im Flug- und Fahrzeugbau für Aufbauten und Hauben, zum Befestigen von Bremsbelägen, im Maschinenbau zum Befestigen von Buchsen und Lagern, zum Sichern von Schrauben und zum Abdichten von Gehäusen verwendet **(Bild 1)**.

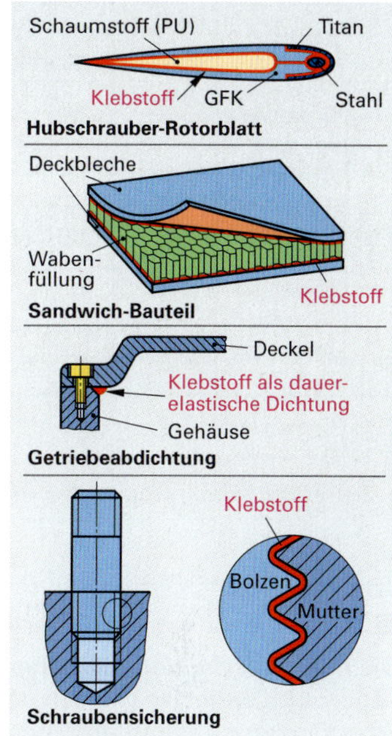

Bild 1: Klebeverbindungen

Eigenschaften von Klebeverbindungen

Vorteile	Nachteile
• Keine Gefügeänderung	• Große Fügeflächen nötig
• Gleichmäßige Spannungsverteilung	• Geringe Dauerfestigkeit
• Viele Werkstoffkombinationen	• Geringe Warmfestigkeit
• Dichte Verbindungen	• Teilweise lange und komplizierte Aushärtung
• Wenig Passarbeit erforderlich	

Grundlagen der Klebeverbindungen

Die Haltbarkeit einer Klebeverbindung hängt von der **Adhäsionskraft** des Klebstoffes an den Fügeflächen und der **Kohäsionskraft** im Inneren der Klebstoffschicht ab **(Bild 2)**. Eine hohe Adhäsionskraft lässt sich nur erreichen, wenn die Fügeflächen sauber, trocken und leicht aufgeraut sind. Durch den Aushärtevorgang entsteht aus dem dünnflüssigen Kleber ein fester Kunststoff. Um die Festigkeit der geklebten Metallteile voll zu nutzen, muss die Überlappungslänge etwa 5- bis 20-mal so groß sein wie die Blechdicke **(Bild 3)**.

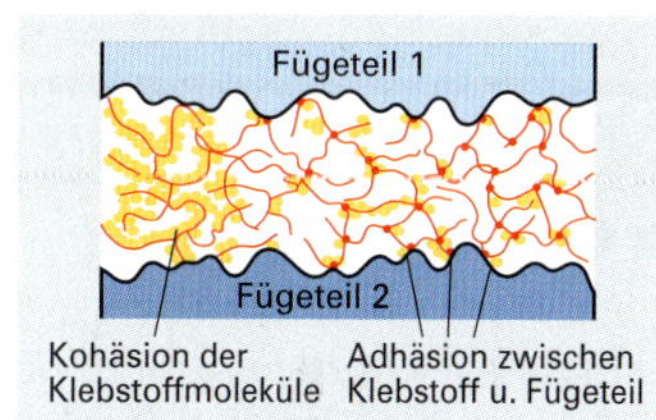

Bild 2: Kräfte bei Klebeverbindungen

Die Belastbarkeit einer Klebeverbindung hängt nicht nur von der Größe der Fügeflächen, sondern wesentlich auch von der Art der Beanspruchung ab. Klebeverbindungen sollen so ausgeführt werden, dass die Klebschicht vorwiegend auf Abscherung und nur in geringem Maß auf Zug beansprucht wird. Schälbeanspruchungen sind nicht zulässig, da sie leicht zum Aufreißen der Verbindung führen **(Bild 4)**. Sie müssen durch besondere Maßnahmen, z. B. durch Bördeln oder Nieten, verhindert werden.

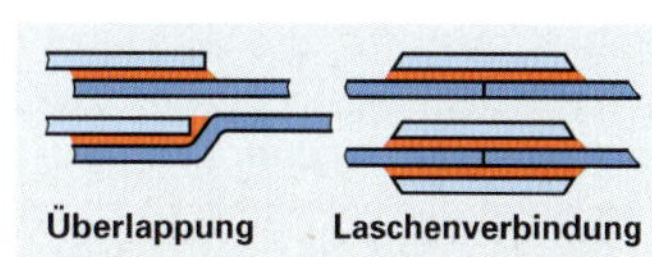

Bild 3: Ausführung von Klebeverbindungen

> Klebeverbindungen müssen großflächig sein und dürfen nicht auf Abschälen beansprucht werden.

Klebstoffarten

Schmelzklebstoffe erstarren rein physikalisch durch Abkühlung.

Nassklebstoffe härten durch Verdunsten eines Lösungsmittels.

Reaktionsklebstoffe sind die am häufigsten verwendeten Klebstoffe für Metalle **(Tabelle 1, Seite 116)**. Sie härten durch eine chemische Reaktion aus. Nach der Verarbeitungstemperatur werden sie in Warm- und Kaltkleber, nach der Zusammensetzung in Ein- und Zwei-Komponentenkleber unterteilt.

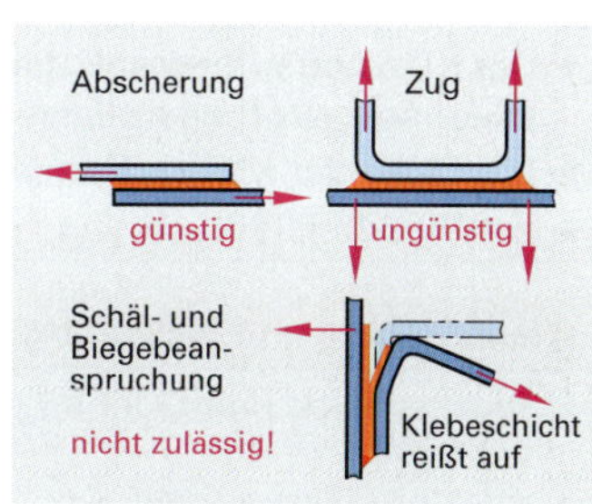

Bild 4: Beanspruchung von Klebeverbindungen

Tabelle 1: Reaktionsklebstoffe

	Klebstoff	Komponenten	Härtung °C	Härtung Dauer	Scherfestigkeit N/mm²	Einsatzbereich °C	Besondere Eigenschaften
Kaltkleber	Epoxidharz	2	20	48 h	bis 32	– 60...+ 80	Hohe Festigkeit und gute Elastizität, bei Erwärmung schnellere Härtung
Kaltkleber	Acrylat	2	20	10 min	8...20	bis + 100	Kleber und Härter werden getrennt aufgetragen, die Härtung beginnt mit dem Fügen
Kaltkleber	Polyurethan	2	20	bis 80 h	7...15	– 200...+ 30	Die Aushärtezeit kann bis auf 0,5 h beschleunigt werden; Härtung ist auch mit Luftzutritt möglich
Kaltkleber	Cyanacrylat	1	20	3...180 s	bis 25	– 40...+ 120	Sehr kurze Härtung („Sekundenkleber"); Klebstoffschicht 0,2 mm; auch für Elastomere geeignet
Kaltkleber	Anaerobe Kleber	1	20	6... 24 h	bis 40	– 60...+ 200	Härten bei Luftabschluss; vorwiegend zur Befestigung von Buchsen und als Schraubensicherung
Warmkleber	Epoxidharz	2	120	15 min	bis 40	– 60...+ 80	Hohe Festigkeit und Verformbarkeit; auch zum Füllen großer Zwischenräume
Warmkleber	Phenolharz	1	180	120 min	bis 40	– 60...+ 200	Hohe Festigkeit, hohe Wärmebeständigkeit, geringe Verformbarkeit; beim Härten Druck nötig
Warmkleber	Polyimidklebstoffe	1	400	–	25	– 60...+ 200	Härtung in mehreren Stufen unter Luftabschluss und Druck; kurzzeitig bis 500 °C beständig

Vorbehandlung der Oberflächen

Die **mechanische Vorbehandlung** erfolgt durch Feinsandstrahlen oder durch Schleifen mit Schmirgelleinen. Das **Entfetten** ist nach der mechanischen oder vor der chemischen Vorbehandlung erforderlich. Es erfolgt durch Dampfentfetten, Tauchentfetten oder Abreiben mit einem sauberen, lösungsmittelgetränkten Lappen. Anstelle der mechanischen Vorbehandlung kann eine **chemische Vorbehandlung** durch Beizen erfolgen. Sie ist die wirkungsvollste Art der Vorbehandlung, da die Oberfläche gleichzeitig gereinigt und aufgeraut wird. Nach dem Beizen oder Entfetten muss sorgfältig getrocknet werden.

Klebeflächen müssen trocken, sauber, fettfrei und leicht aufgeraut sein.

Klebstoffverarbeitung

Zweikomponentenkleber müssen in der erforderlichen Menge und im richtigen Mischungsverhältnis unmittelbar vor dem Auftrag gemischt werden. Ihre Verarbeitungszeit (Topfzeit) ist begrenzt. Je nach Lieferform wird der Kleber mit der Spritzpistole, mit dem Pinsel oder der Spachtel oder durch Auflegen einer Klebefolie dünn und gleichmäßig aufgetragen.

Aushärten

Viele Klebstoffe, die während des Auftragens honigartig zäh sind, werden bei Aushärtungsbeginn dünnflüssig. Daher müssen die Fügeteile gegen Verschieben gesichert, bei einigen Klebstoffen zusätzlich gepresst werden. Zeit und Temperatur der Aushärtung richten sich nach der Klebstoffart und sind den Herstellervorschriften zu entnehmen.

Arbeitsregeln für die Herstellung einer Klebeverbindung

- Die Fügeflächen müssen trocken, sauber, fettfrei und leicht aufgeraut sein.
- Der Klebstoffauftrag soll unmittelbar nach der Oberflächenvorbehandlung erfolgen.
- Die Dicke der Klebstoffschicht soll 0,1 mm bis 0,3 mm betragen.
- Während der Aushärtung müssen die Teile gegen Verrutschen gesichert werden.
- Klebstoffe sollen im ungehärteten Zustand nicht mit der Haut in Berührung kommen.
- Die Arbeitsräume sind gut zu lüften, da gesundheitsschädliche Dämpfe auftreten können.

Wiederholung und Vertiefung

1 Weshalb sind beim Kleben große Fügeflächen wichtig?
2 Wie müssen Klebeflächen vorbehandelt werden?
3 Wodurch unterscheiden sich Warm- und Kaltkleber?
4 Wovon hängt die Festigkeit einer Klebeverbindung ab?

2.7.4 Löten

Löten ist ein stoffschlüssiges Fügen und Beschichten von Werkstoffen mithilfe eines geschmolzenen Zusatzmetalls, dem **Lot**. Die Schmelztemperatur des Lotes liegt unterhalb der Schmelztemperatur der zu verbindenden Grundwerkstoffe. Die Grundwerkstoffe werden vom Lot benetzt, ohne geschmolzen zu werden. Das Löten erfolgt vielfach unter Anwendung von Flussmitteln, Schutzgasen oder im Vakuum.

Durch das Löten entstehen unlösbare, stoffschlüssige Verbindungen, die fest, dicht und leitfähig für Wärme und elektrischen Strom sind **(Bild 1)**. Die zu verbindenden Grundwerkstoffe können sehr unterschiedliche Eigenschaften und Zusammensetzung haben, sofern das Lot sich mit beiden Stoffen verbindet. So können z.B. Hartmetall-Schneidplatten auf Drehmeißelschäfte aus Baustahl gelötet werden.

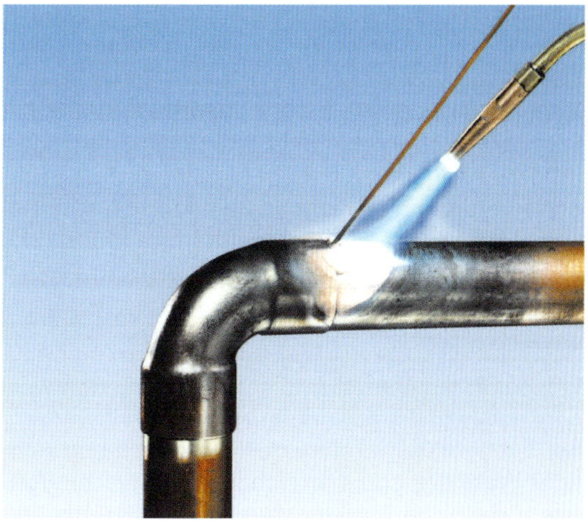

Bild 1: Löten eines Kupferrohres

> Durch Löten lassen sich gleiche oder verschiedenartige metallische Werkstoffe fest, dicht und leitfähig verbinden.

2.7.4.1 Grundlagen des Lötens

Benetzungsvorgang

Voraussetzung für eine Lötverbindung ist, dass das flüssige Lot den Grundwerkstoff benetzt. Dabei kommt es zu einer raschen Ausbreitung des flüssigen Lotes auf der Werkstückoberfläche **(Bild 2)**. Das Lot dringt in das Gefüge des Grundwerkstoffes, löst einen Teil davon und bildet eine Legierung **(Bild 3)**. Diesen Vorgang der gegenseitigen Durchdringung nennt man **Diffusion**.

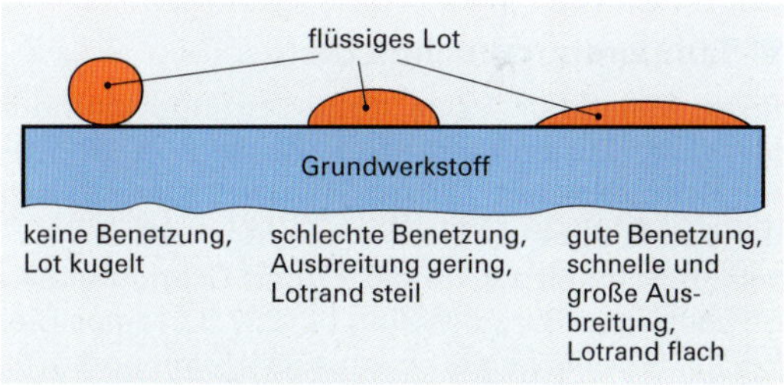

Bild 2: Benetzungsformen beim Löten

> Eine **gute Benetzung** wird nur erreicht, wenn
> - der Grundstoff mit dem Lot eine Legierung bilden kann,
> - die Lötstelle metallisch rein ist,
> - Werkstücke und Lot genügend erwärmt werden.

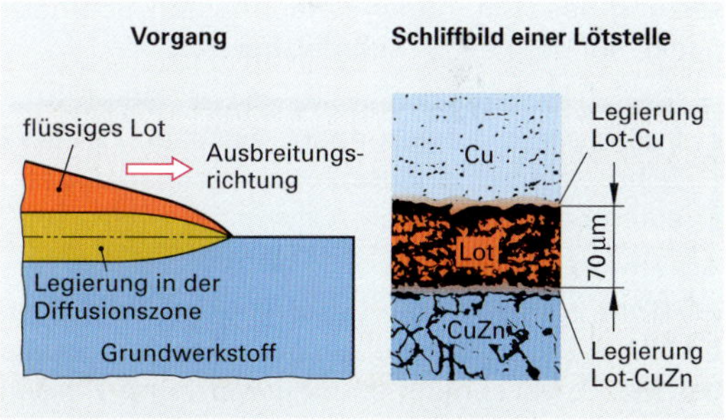

Bild 3: Legierungsbildung durch Diffusion

Lötspalt und Lötfuge

Der Abstand der beiden Fügeflächen ist von besonderem Einfluss auf den Lötvorgang. Einen Zwischenraum von weniger als 0,25 mm bezeichnet man als **Lötspalt**. Ist der Zwischenraum größer, so wird er als **Lötfuge** bezeichnet **(Bild 4)**. Durch die beiden dicht gegenüberliegenden Flächen des Lötspaltes wird die Adhäsion zwischen Werkstück und Lot größer als die Kohäsion im flüssigen Lot. Durch diese **Kapillarwirkung** wird das Lot in den Lötspalt hineingezogen.

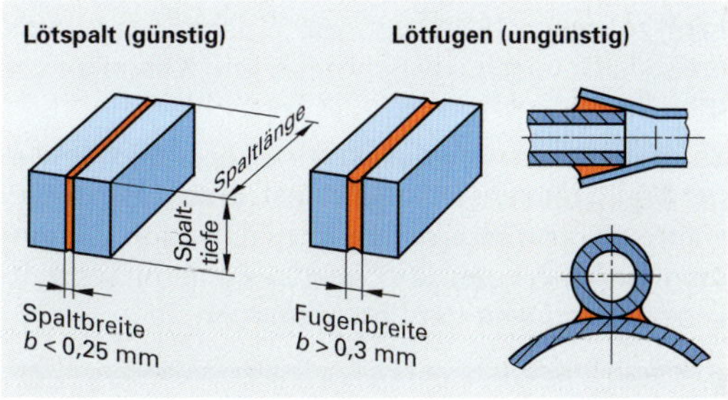

Bild 4: Lötspalt und Lötfuge

Die Kapillarwirkung ist umso größer, je geringer die Lötspaltbreite ist. Bei richtig bemessener Lötspaltbreite entsteht ein Fülldruck, der das Lot auch gegen die Schwerkraft in den Lötspalt zieht **(Bild 1)**.

Ist die Lötfuge breiter als 0,3...0,5 mm, so wird das Lot nicht genügend in die Lötfuge hineingezogen **(Bild 2)**. Auch ein zu enger Lötspalt wird ungenügend gefüllt, da er nicht ausreichend Flussmittel zum Entfernen der Oxidhaut aufnimmt (Seite 121).

Der Lötspalt soll 0,05 mm bis 0,2 mm breit sein.

Lötspalttiefen über 15 mm sollten vermieden werden, da sie meist nur ungenügend gefüllt werden. Bei richtiger Bemessung des Lötspaltes und richtiger Wahl des Lotes erreichen die Lötverbindungen die gleiche Belastbarkeit wie die Grundwerkstoffe.

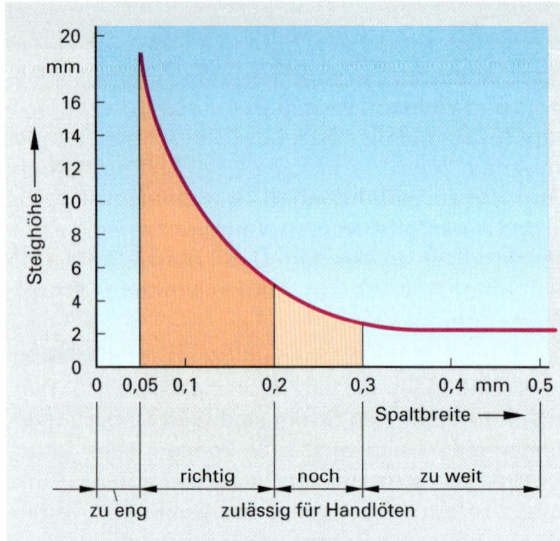

Bild 1: Steighöhe des Lotes in Abhängigkeit von der Breite des Lötspaltes

Temperaturen beim Löten

Reine Metalle und Zweistofflegierungen mit eutektischer Zusammensetzung besitzen einen festen **Schmelzpunkt**. Dabei liegt der Schmelzpunkt der eutektischen Legierung niedriger als die einzelnen Schmelzpunkte der reinen Grundmetalle. So schmilzt z. B. reines Zinn bei 232 °C, reines Blei bei 327 °C, eine Legierung aus 63 % Zinn und 37 % Blei dagegen bei 183 °C **(Bild 3)**.

Legierungen, die keine eutektische Zusammensetzung besitzen, haben keinen festen Schmelzpunkt, sondern einen **Schmelzbereich**.

Eutektische Legierungen besitzen einen Schmelzpunkt, andere Zusammensetzungen einen Schmelzbereich.

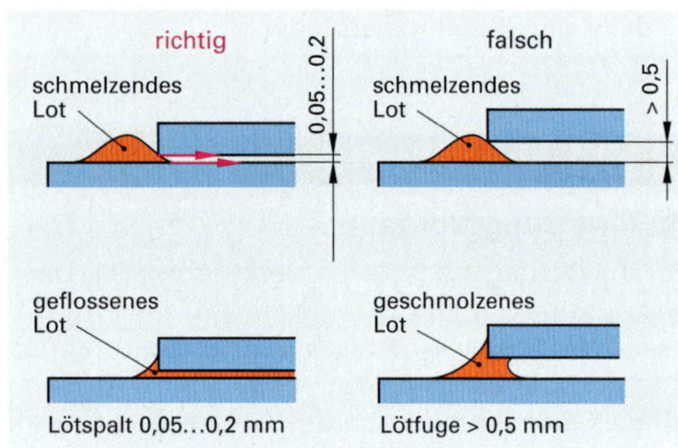

Bild 2: Kapillarwirkung beim Löten

Erwärmt man z. B. eine Legierung aus 30 % Zinn und 70 % Blei, so schmelzen nur einzelne Kristalle bei 183 °C. Mit zunehmender Erwärmung werden immer mehr Kristalle geschmolzen. Erst beim Erreichen der Linie a-b im Schaubild ist die Legierung vollständig geschmolzen. Im Schmelzbereich zwischen 183 °C und 260 °C liegt dagegen ein breiiges Gemisch aus Schmelze und Kristallen vor (Bild 3).

Beim Erstarren wird das flüssige Lot zunächst wieder breiig und anschließend fest. Erschütterungen während des Erstarrens vermindern den Zusammenhang des Lotes und verringern damit wesentlich die Festigkeit der Lötverbindung.

Lot muss erschütterungsfrei erstarren.

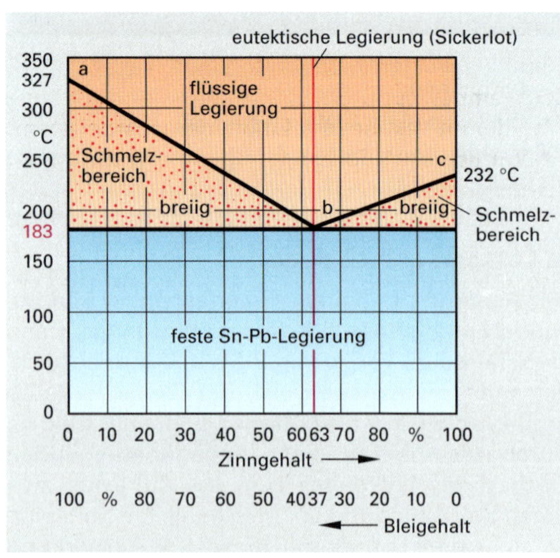

Bild 3: Zinn-Blei-Zustandsschaubild

Die **Arbeitstemperatur** eines Lotes ist die niedrigste Oberflächentemperatur des Werkstückes, bei der das Lot **benetzt, fließt und legiert**.

Bei Temperaturen unterhalb der Arbeitstemperatur erfolgt keine Verbindung zwischen Lot und Grundwerkstoff („kalte Lötstelle"). Lot und Lötstelle müssen mindestens die Arbeitstemperatur erreichen **(Bild 1)**. Beim Überschreiten der **maximalen Löttemperatur** verzundert das Werkstück und das Lot versprödet. Der **Wirktemperaturbereich** ist der Bereich, in dem das Flussmittel das Benetzen des Werkstückes durch das Lot ermöglicht (Bild 1).

Arbeitsregeln

- Werkstück und Lot sollen rasch und gleichmäßig erwärmt werden.
- Arbeitstemperatur und maximale Löttemperatur begrenzen den Löttemperaturbereich.
- Der Wirktemperaturbereich des Flussmittels muss größer sein als der Löttemperaturbereich.

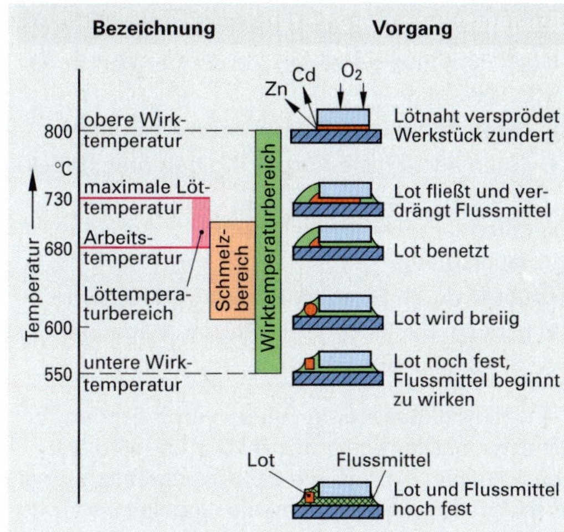

Bild 1: Wichtige Löttemperaturen für das Lot L-Ag30Cd und das Flussmittel FH10

Tabelle 1: Lötverfahren und Arbeitstemperatur

Weichlöten	Hartlöten	Hochtemperaturlöten
unter 450 °C mit Flussmittel	**über 450 °C** mit Flussmittel, unter Schutzgas oder im Vakuum	**über 900 °C** unter Schutzgas oder im Vakuum

2.7.4.2 Lötverfahren

Einteilung der Lötverfahren nach der Arbeitstemperatur (Tabelle 1)

Beim **Weichlöten** liegt die Arbeitstemperatur **unter 450 °C**. Das Weichlöten wendet man an, wenn dichte oder leitfähige Verbindungen erforderlich sind und an die Belastbarkeit keine hohen Ansprüche gestellt werden oder wenn die zu lötenden Bauteile wärmeempfindlich sind. Durch formschlüssige Gestaltung kann die Belastbarkeit der Weichlötstelle erhöht werden **(Bild 2)**.

Beim **Hartlöten** liegt die Arbeitstemperatur **über 450 °C**. Hartlötverbindungen können als Stumpfstoß ausgeführt werden; eine Vergrößerung der Spalttiefe erhöht die Festigkeit (Bild 2).

Hochtemperaturlöten ist ein Löten unter Schutzgas oder im Vakuum mit Loten, deren Arbeitstemperatur **über 900 °C** liegt.

Einteilung nach der Lotführung

Beim **Löten mit angesetztem Lot** werden die Werkstücke an der Lötstelle auf Löttemperatur erwärmt. Danach wird das Lot durch Berühren mit dem Werkstück zum Fließen gebracht.

Beim **Löten mit eingelegtem Lot** werden die Werkstücke zusammen mit einer abgestimmten Lotmenge (Lotformteil) auf Löttemperatur erwärmt.

Beim **Tauchlöten** werden die Werkstücke in einem Bad aus flüssigem Lot auf Löttemperatur erwärmt, wobei das geschmolzene Lot den Lötspalt ausfüllt.

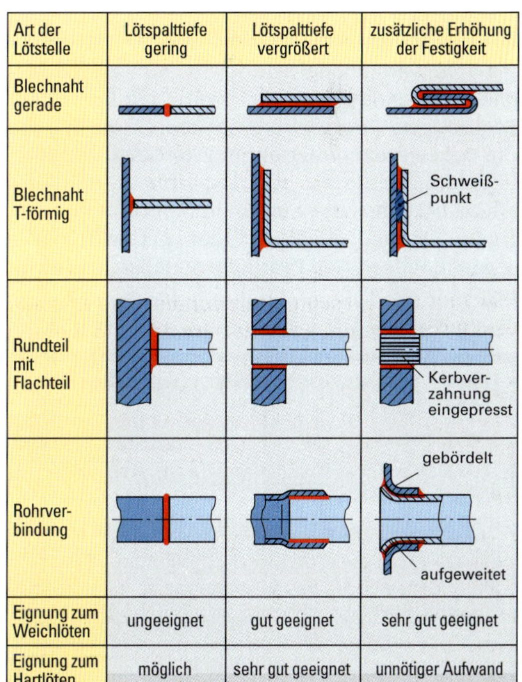

Bild 2: Lötverfahren und Form der Lötstelle

Energiezufuhr beim Löten

Nach dem **Energieträger zum Erwärmen** unterscheidet man
- Löten durch Gas (Flammlöten, Ofenlöten),
- Löten durch feste Körper (Kolbenlöten, Blocklöten),
- Löten durch Flüssigkeiten (Lotbadlöten, Tauchlöten),
- Löten durch Strahlen (Laserstrahllöten),
- Löten durch elektrischen Strom (Widerstandslöten, Induktionslöten).

Beim **Flammlöten** werden die zu verbindenden Teile mit einer Gasflamme erwärmt. Das Lot wird erst zugeführt, wenn die Lötstelle die Arbeitstemperatur erreicht hat. Werden Lotformteile eingelegt, so muss die zugeführte Wärme über das Werkstück zum Lot fließen, andernfalls würde das Lot überhitzt **(Bild 1)**.

Beim **Kolbenlöten** werden die Werkstücke an der Lötstelle durch einen Lötkolben erwärmt **(Bild 2)**. Kolbenlöten ist nur zum Weichlöten geeignet. Der Lötkolben wird elektrisch oder mit Gas beheizt. Temperaturgeregelte Lötkolben sind besonders bei längeren Arbeitsunterbrechungen oder zum Löten von wärmeempfindlichen Bauelementen vorteilhaft.

Die Spitze des Lötkolbens besteht aus Kupfer oder einer Kupferlegierung. Die erwärmte Lötkolbenspitze muss vor Beginn der Lötarbeit von Oxiden gereinigt und durch Lotzugabe verzinnt werden.

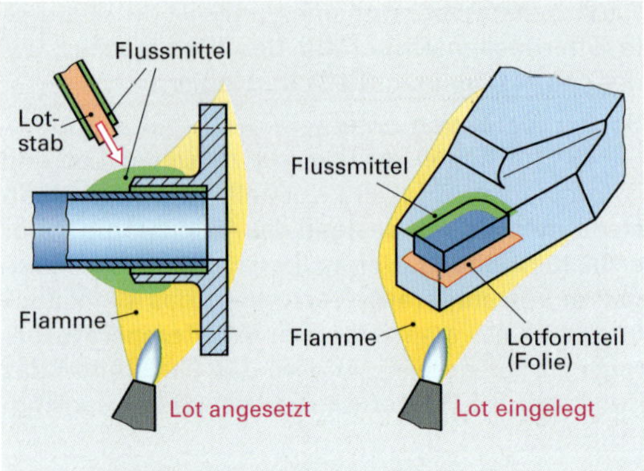

Bild 1: Flammlöten

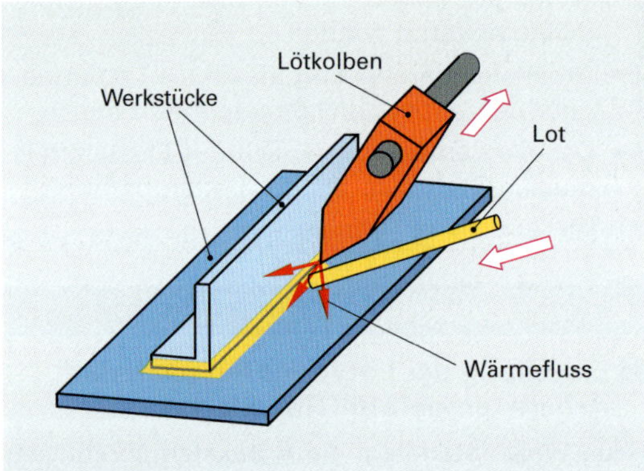

Bild 2: Kolbenlöten

2.7.4.3 Lote

Als Lote werden Legierungen, seltener reine Metalle, verwendet, deren Schmelzpunkt unter dem Schmelzpunkt der zu verbindenden Metalle liegt. Die Lote werden unterteilt in Weichlote, Hartlote, Hochtemperaturlote und Lote für Aluminium-Werkstoffe. Die Lote werden in Blöcken, Bändern, Folien, Stangen, Drähten, Fäden, als Lotformteile sowie in Pulver- und Pastenform geliefert **(Bild 3)**.

Weichlote für Schwermetalle sind in Gruppen eingeteilt **(Tabelle 1)**.

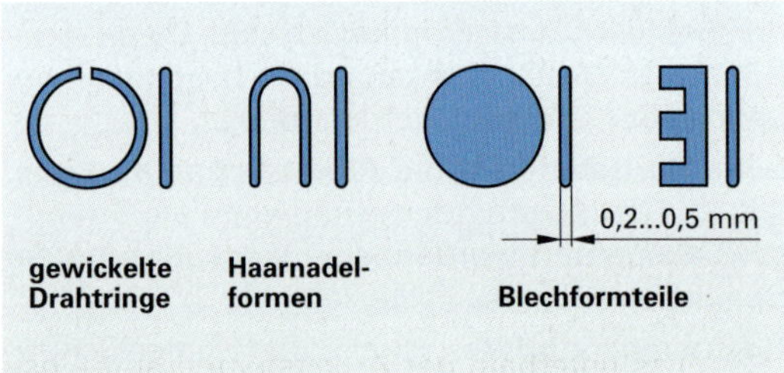

Bild 3: Lotformteile

Tabelle 1: Weichlote für Schwermetalle (Beispiele)

Gruppe	Leg.-Nr.	Legierungs-Kurzzeichen	Schmelztemperatur	Hinweise für die Verwendung
Zinn-Blei	1	S-Sn63Pb37	183 °C	Feinwerktechnik, Elektrotechnik, Elektronik
	3	S-Pb50Sn50	183...215 °C	Elektroindustrie, Verzinnung
	10	S-Pb98Sn2	320...325 °C	Kühlerbau
Zinn-Blei-Kupfer	24	S-Sn97Cu3	230...250 °C	Elektrogerätebau, Feinwerktechnik
	26	S-Sn50Pb49Cu1	183...215 °C	
Zinn-Blei-Silber	28	S-Sn96Ag4	221 °C	Kupferrohrinstallation, Edelstahl
	34	S-Pb93Sn5Ag2	304...365 °C	Für hohe Betriebstemperaturen

Hartlote für Schwermetalle werden nach ihrer Zusammensetzung, ihrer Verwendung und ihrer Arbeitstemperatur unterteilt **(Tabelle 1)**. Zum Hochtemperaturlöten werden Hartlote von großer Reinheit verwendet, vorwiegend Nickel-Chromlegierungen oder Silber-Gold-Palladium-Legierungen.

Tabelle 1: Hartlote für Schwermetalle (Beispiele)

Gruppe	Kurzzeichen EN 1044	Kurzzeichen DIN EN ISO 3677	Schmelztemperatur	Hinweise für die Verwendung
Kupferlote	CU 104	B-Cu100(P)-1085	1083 °C	Stähle, Hartmetall-Schneidplatten
	CU 303	B-Cu60Zn 870/900	870...900 °C	Stahl, Cu, Ni und deren Legierungen
Silberhaltige Hartlote	AG 207	B-Cu48ZnAg 800/830	800...830 °C	Stahl, Cu, Ni und deren Legierungen
	AG 203	B-Ag44CuZn-675/735	675...735 °C	
	AG 304	B-Ag40ZnCdCu 595/630	595...630 °C	
Phosphorhaltige Hartlote	CP 105	B-Cu92PAg 650/810	650...810 °C	Kupfer und nickelfreie Legierungen, **nicht** für Stahl oder Nickelwerkstoffe

Kupferlote bestehen aus sauerstofffreiem Kupfer oder Kupferlegierungen mit Zink und Zinn. Sie werden zum Hartlöten von Eisen-, Kupfer- und Nickelwerkstoffen verwendet. Die Arbeitstemperaturen liegen zwischen 825 °C und 1100 °C.

Silberhaltige Hartlote besitzen niedrigere Arbeitstemperaturen als Kupferlote. Die niedrigste Arbeitstemperatur ist mit cadmiumhaltigen Loten zu erreichen. Da Cadmium sehr giftig ist, ist die Verwendung von cadmiumhaltigen Loten nur in begründeten Ausnahmefällen und mit entsprechenden Sicherheitsvorkehrungen zulässig.

Cadmiumhaltige Lote können, besonders bei Überhitzung, giftige Dämpfe entwickeln.

2.7.4.4 Flussmittel

Erwärmte Metalle verbinden sich rasch mit Sauerstoff und bilden eine Oxidschicht. Diese verhindert das Benetzen durch das Lot **(Bild 1)**. Zum Lösen der Oxidschicht und zur Verhinderung weiterer Oxidation verwendet man beim Löten Flussmittel. Eine Oxidation kann auch durch Löten unter Schutzgas oder im Vakuum verhindert werden.

Flussmittel lösen Oxide und verhindern weitere Oxidation.

Die Auswahl des Flussmittels richtet sich nach dem zu lötenden Grundwerkstoff und dem Lötverfahren, vor allem aber nach der Arbeitstemperatur des verwendeten Lotes. Die Wirkung des Flussmittels muss unterhalb der Arbeitstemperatur einsetzen und über die maximale Löttemperatur hinaus reichen. Flussmittel werden daher nach ihrem **Wirktemperaturbereich** eingeteilt.

Um ein sicheres Löten der gesamten Fügefläche zu erreichen, werden die flüssigen oder pastenförmigen Flussmittel meist kurz vor dem Zusammensetzen der Teile auf den Lötbereich aufgetragen. Nach dem Löten müssen die Reste der Flussmittel von der Lötstelle entfernt werden, da sonst Korrosion entstehen kann.

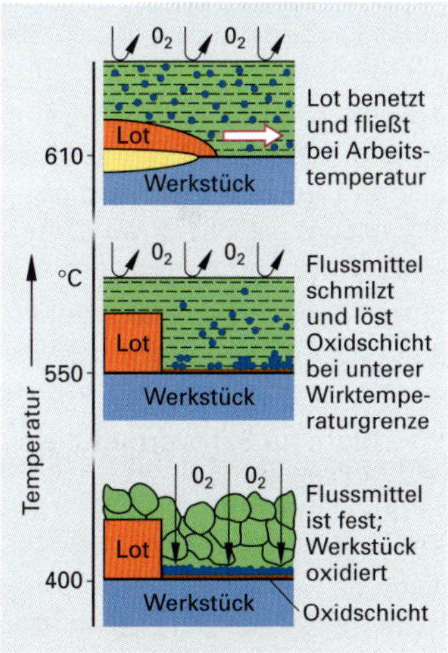

Bild 1: Wirkungsweise des Flussmittels FH10

Arbeitsregeln

- Lötstelle vor dem Löten gründlich reinigen und mit Flussmittel bestreichen.
- Nach dem Löten sind die Flussmittelreste von der Lötstelle zu entfernen.
- Flussmittel sollen nicht mit der Haut in Berührung kommen.
- Der Arbeitsplatz ist ausreichend zu lüften.

Die Kennzeichnung der Flussmittel erfolgt nach internationaler Norm durch Ziffern für Flussmitteltyp, Flussmittelbasis und Flussmittelaktivator sowie die Kennbuchstaben A für flüssig, B für fest und C für pastenförmig **(Tabelle 1)**. Die bisherige Kennzeichnung enthält die Buchstaben F für Flussmittel, S für Schwermetall, L für Leichtmetall und H für Hartlöten **(Tabelle 2)**.

Tabelle 1: Flussmittel zum Weichlöten (Beispiele)

Typ	Rückstände	Zusammensetzung, Hinweise für die Verwendung
3.2.2.A (F-SW 11)	stark korrodierend	Säurehaltige Lösung von Zink- und Ammoniumchlorid (Lötwasser), für stark oxidierte Oberflächen. Rückstände müssen abgewaschen werden.
2.2.1.C (F-SW 21)	leicht korrodierend	Pastenförmiges Gemisch aus Zink- und Ammoniumchlorid mit organischen Ölen oder Fetten (Lötfett), vorwiegend für Kupferlötungen. Rückstände müssen mit Lösungsmitteln entfernt werden.
1.1.1.B (F-SW 31)	nicht korrodierend	Natürliche oder synthetische Harze (Kolophonium), vorwiegend für Elektrotechnik und Elektronik. Rückstände müssen nicht entfernt werden.

Tabelle 2: Flussmittel zum Hartlöten (Beispiele)

Typ	Wirktemperatur	Zusammensetzung, Hinweise für die Verwendung
FH11	550 °C ... 800 °C	Fluor- und borhaltiges Flussmittel für Lote mit Arbeitstemperaturen von 600 °C bis 750 °C. Rückstände stark korrodierend.
FH21	750 °C ... 1100 °C	Borhaltiges Flussmittel (Borax) für Lote mit Arbeitstemperaturen über 800 °C. Die glasartigen Rückstände wirken wasseranziehend und korrodierend.

2.7.4.5 Beispiel einer Lötarbeit

Ein dünnwandiges, blankgezogenes Stahlrohr für eine Hochdruck-Gasleitung soll mit einer Kugelbuchse aus der Kupfer-Zinklegierung G-CuZn15 (Messing) verbunden werden **(Bild 1)**.

Lötverfahren. Aus Sicherheitsgründen und wegen der hohen mechanischen Belastung der Leitungsenden ist Hartlöten erforderlich.

Lot und Flussmittel. Um die Festigkeit des Stahlrohres zu erhalten, muss das Lot eine niedrige Arbeitstemperatur haben. Gewählt wird AG106. Das dazu passende Flussmittel ist F-SH1 in Pastenform.

Arbeitsvorgang. Aus Lotdraht mit 1,5 mm Durchmesser wird ein Ring gebogen (Bild 1), mit Flussmittel bestrichen und in die Buchse gelegt. Das Stahlrohr wird ebenfalls mit Flussmittel bestrichen und eingeschoben. Durch den Durchmesserunterschied von 0,2 mm zwischen Rohr und Buchse ergibt sich ein Lötspalt von 0,1 mm.

Zum Löten wird das Fügeteil senkrecht gestellt und mit der Flamme so erwärmt, dass Rohr und Buchse möglichst gleichzeitig die Arbeitstemperatur von 710 °C erreichen. Sobald das Lot schmilzt, sinkt die Buchse nach unten und der Lötspalt wird durch die Kapillarwirkung mit dem Lot gefüllt. Während des Erstarrens des Lotes sind Erschütterungen unbedingt zu vermeiden, da sonst die Festigkeit der Verbindung nicht gewährleistet ist.

Nach dem Erkalten werden in einer heißen, 10%igen Schwefelsäurelösung Oxide und Flussmittelreste abgebeizt. Anschließend spült man das Rohr mehrmals in kaltem Wasser, trocknet es und ölt es zum Korrosionsschutz leicht ein.

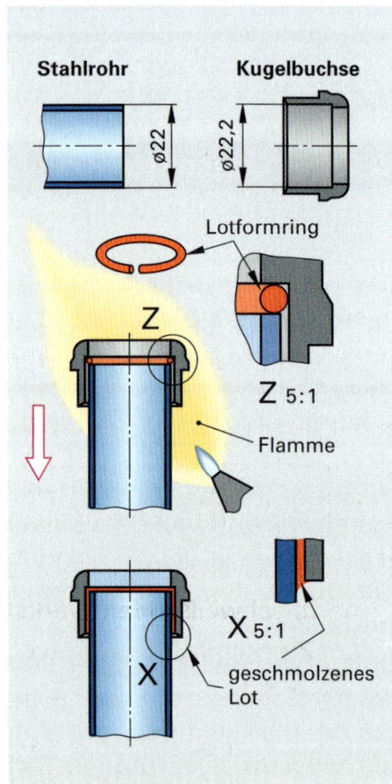

Bild 1: Lötbeispiel

Wiederholung und Vertiefung

1 Was versteht man unter Löten?
2 Welche Anforderungen können an eine Lötnaht gestellt werden?
3 Was versteht man unter der Arbeitstemperatur eines Lotes?
4 Wodurch unterscheidet sich das Weichlöten vom Hartlöten?
5 Welche Aufgaben haben die Flussmittel?
6 Warum müssen Flussmittelreste meist entfernt werden?

2.7.5 Schweißen

Beim Schweißen werden zwei Teile stoffschlüssig miteinander verbunden. Dabei wird der Werkstoff an der Fügestelle durch Wärme oder Reibung in flüssigen oder plastischen Zustand gebracht. Bei den meisten Schweißverfahren muss Zusatzwerkstoff zum Füllen der Fugen zugegeben werden.

Die Schweißtechnik wird wegen ihrer besonderen Eigenschaften in vielen Bereichen der Technik eingesetzt, z. B. bei Stahl- oder Leichtmetallkonstruktionen im Brückenbau, bei Fahrzeugen **(Bild 1)**, für Maschinenständer und Behälter, aber auch für Teile aus Kunststoff.

Schweißverbindungen sind stoffschlüssige und unlösbare Verbindungen.

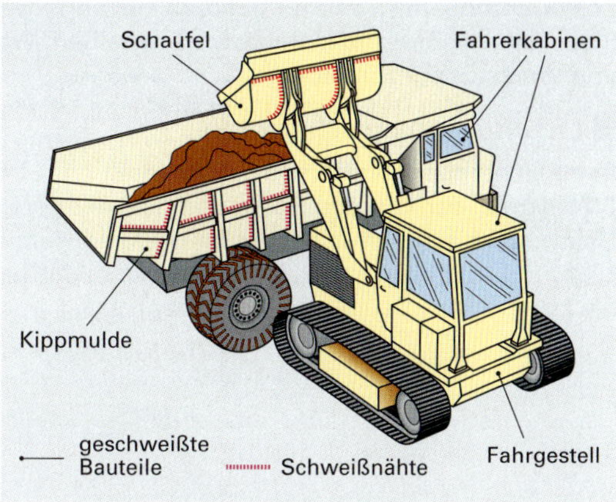

Bild 1: Anwendung des Schweißens im Fahrzeugbau

Vorteile und Nachteile des Schweißens

Vorteile

- Vielfältige Formgebung ist möglich. Überlappungen und zusätzliche Verbindungselemente wie z. B. Schrauben entfallen.
- Die Festigkeit der Schweißnaht ist häufig so groß wie die der Bauteile.
- Mit Schweißnähten lassen sich dichte und unlösbare Verbindungen herstellen.

Nachteile

- Gefügeveränderungen in der Schweißzone können die Festigkeit der Schweißteile herabsetzen.
- Der Verzug und die Schrumpfung der geschweißten Teile müssen beachtet werden.
- Nicht alle Metalle sind zum Schweißen geeignet.

2.7.5.1 Einteilung der Schweißverfahren

Das zu wählende Schweißverfahren richtet sich nach der Aufgabenstellung. Die vielfältigen Verfahren können nach ISO 4063 in die Hauptgruppen Lichtbogenschweißen, Gasschweißen, Pressschweißen, Widerstandsschweißen und Sonstige Schweißverfahren eingeteilt werden **(Tabelle 1)**. Beim Lichtbogen- und Gasschweißen werden die zu verbindenden Teile an der Schweißstelle zum Schmelzen gebracht. Beim Press- und Widerstandsschweißen dagegen werden die Bauteile an der bis zum teigigen Zustand erwärmten Schweißstelle aufeinander gepresst.

Die **Schweißverfahren** können weiter eingeteilt werden nach

- den **zu schweißenden Werkstoffen,** z. B. in Metallschweißen und Kunstststoffschweißen,
- dem **Zweck des Schweißens,** z. B, in Verbindungs- und Auftragsschweißen, und
- der **Art der Fertigung,** z. B. in Handschweißen und automatisches Schweißen.

Tabelle 1: Einteilung der Schweißverfahren (nach ISO 4063, Auswahl)

Lichtbogenschweißen	Lichtbogenhandschweißen	**Widerstandsschweißen**	Punktschweißen
	Schutzgasschweißen		Buckelschweißen
	Plasmaschweißen		Rollennahtschweißen
	Unterpulverschweißen		Abbrennstumpfschweißen
Gasschmelzschweißen	Autogenschweißen	**Strahlschweißen**	Laserstrahlschweißen
Pressschweißen	Punktschweißen		Elektronenstrahlschweißen
	Reibschweißen	**Andere Schweißverfahren**	Bolzenschweißen

2.7.5.2 Lichtbogenschweißen

Zum Lichtbogenschweißen gehören die Verfahren Lichtbogenhandschweißen, Schutzgasschweißen, Plasmaschweißen und Unterpulverschweißen. Wärmequelle ist ein Lichtbogen, der zwischen Elektrode und Werkstück gezündet wird.

Lichtbogenhandschweißen

Beim Lichtbogenhandschweißen schließt der Lichtbogen zwischen Stabelektrode und Werkstück den Stromkreis, der von den Polen des Schweißgerätes ausgeht **(Bild 1)**. Durch die hohe Temperatur des Lichtbogens schmelzen an der Schweißstelle sowohl die Kanten der Fügeteile als auch die von Hand zugeführte Stabelektrode. Die Schmelze bildet nach dem Abkühlen die Schweißnaht. Diese verbindet die zu verschweißenden Teile stoffschlüssig.

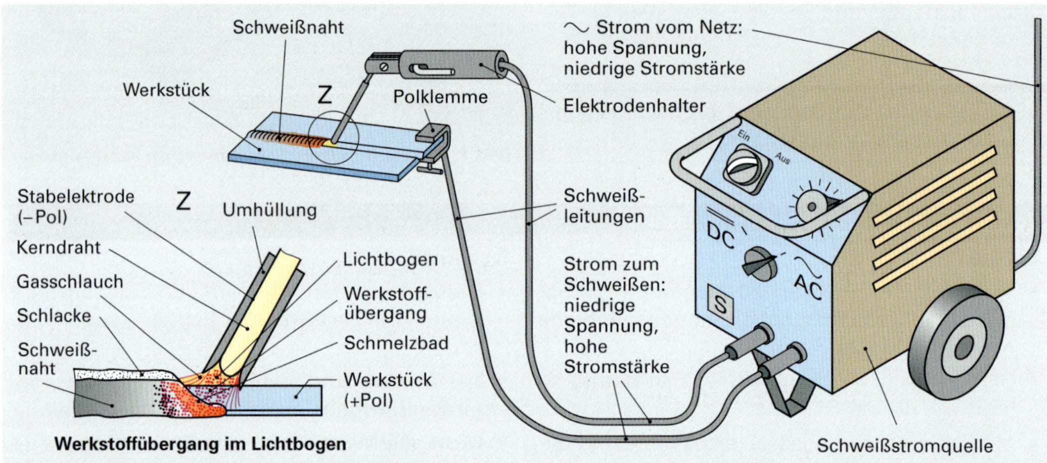

Bild 1: Anlage zum Lichtbogenhandschweißen

Schweißstromquellen. In den Schweißstromquellen wird der aus dem Netz entnommene Wechselstrom mit der Spannung 230 V oder 400 V auf die niedrigere Schweißspannung umgespannt. Beim Schweißen mit Gleichstrom muss zudem der Wechselstrom in Gleichstrom umgeformt werden.

Die Eigenschaften einer Schweißstromquelle sind durch ihre **Strom-Spannungs-Kennlinie** vorgegeben **(Bild 2)**. Ihr Verlauf ist je nach Schweißverfahren unterschiedlich. Man unterscheidet fallende Kennlinien und Kennlinien mit konstanter Spannung.

Je nach Werkstoffdicke und der dafür erforderlichen Elektrodendicke wird die Schweißstromstärke an der Spannungsquelle eingestellt und damit eine Kennlinie aus der Kennlinienschar dieser Schweißstromquelle bestimmt. Der Schnittpunkt dieser Kennlinie mit der Widerstandskennlinie des Lichtbogens ergibt den Arbeitspunkt. Dieser gibt die beim Schweißvorgang wirkende Stromstärke und Spannung an.

Die **Leerlaufspannung** einer Schweißstromquelle ist die Spannung des eingeschalteten Gerätes ohne Belastung. Die Leerlaufspannungen sind aus Sicherheitsgründen begrenzt **(Tabelle 1)**.

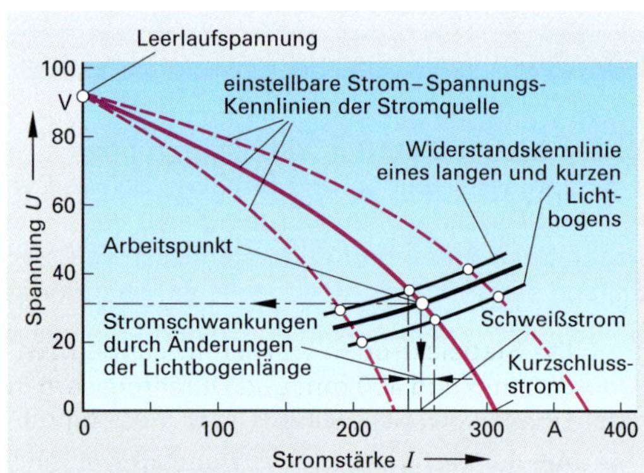

Bild 2: Strom-Spannungs-Kennlinien einer Schweißstromquelle

Tabelle 1: Leerlaufspannungen

Betriebsbedingungen	Stromart Gleich-strom	Stromart Wechsel-strom
Normalbetrieb	< 113 V	< 80 V
in Kesseln und engen Räumen	< 100 V	< 42 V
neue Kombigeräte	< 113 V	< 48 V

Die Auswahl der geeigneten Schweißstromquelle ist von der Schweißaufgabe abhängig **(Tabelle 1)**.

Tabelle 1: Arten und Einsatzgebiete der Schweißstromquellen

Art	Stromart	Wesentliche Einsatzgebiete
Schweiß-Transformator	Wechselstrom	Kleinschweißgeräte für Baustellen und Hobby
Schweiß-Gleichrichter	Gleichstrom	für Spezialelektroden
Schweiß-Generator	Gleichstrom	Baustellen ohne Stromanschluss; Antrieb durch Verbrennungsmotor
Verschiedene, umschaltbare Stromquellen	Gleich- oder Wechselstrom	Grund-Schweißgeräte für alle Schweißverfahren; daher universell einsetzbar

Schweißstromquellen liefern den Schweißstrom in der geforderten Stromstärke, Stromart und Spannung.

Stabelektroden. Sie bestehen aus dem **Kerndraht** und der **Umhüllung (Bild 1)**. Der Kerndraht ergibt beim Schweißen die Schweißnaht. Die Umhüllung entwickelt beim Abschmelzen Gase, die den Lichtbogen stabilisieren und den flüssigen Werkstoffübergang und das Schmelzbad gegen die umgebende Luft abschirmen. Die abschmelzende Umhüllung schwimmt als Schlacke auf der Schweißnaht. Sie verhindert eine Verzunderung und schnelle Abkühlung der Schweißstelle. Dadurch werden Schrumpfspannungen und die Aufhärtung des Schweißnahtbereiches vermindert. Die Umhüllung enthält meist Legierungselemente, welche die Festigkeit und Zähigkeit der Schweißnaht verbessern.

Die **Eigenschaften einer Stabelektrode** sind aus dem genormten Kurzzeichen ersichtlich **(Bild 2)**. Die Bedeutung der einzelnen Angaben kann Tabellenbüchern entnommen werden. Besonders wichtig sind Streckgrenze, Zugfestigkeit, Bruchdehnung und Kerbschlagarbeit des Schweißgutes, der Umhüllungstyp **(Tabelle 2)**, die Ausbringung, die geeignete Stromart und die Angabe über die möglichen Schweißpositionen.

Umhüllte Stabelektroden werden in Längen zwischen 300 mm und 450 mm und Durchmessern in Abstufungen von 2,0 mm bis 6,0 mm geliefert.

Lichtbogen. Der Lichtbogen wird durch kurzes Berühren des Werkstückes mit der Stabelektrode gezündet. Durch Zurückziehen der Elektrode um einige Millimeter erhält er die zum Schweißen richtige Länge. Die kinetische Energie der Elektronen wird beim Auftreffen auf die Anode (Pluspol) in Wärme umgewandelt. Am Minuspol entsteht eine Temperatur von etwa 3600 °C, am als Pluspol geschalteten Werkstück dagegen etwa 4200 °C. Die Ansatzpunkte des Lichtbogens an der Elektrode und am Werkstück schmelzen. Der geschmolzene Elektrodenwerkstoff geht in Form von Tropfen in das Schmelzbad des Werkstückes über.

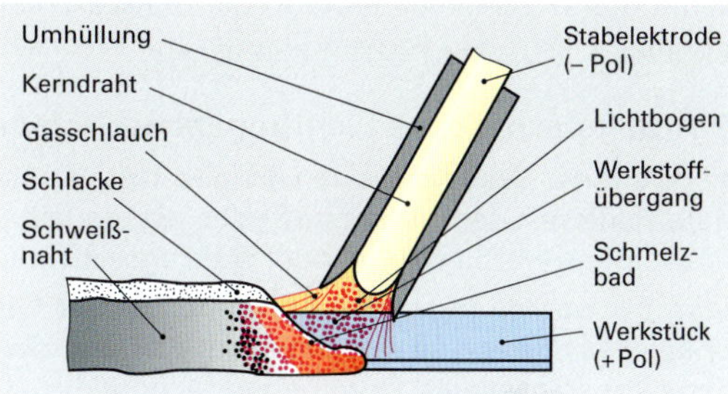

Bild 1: Werkstoffübergang im Lichtbogen

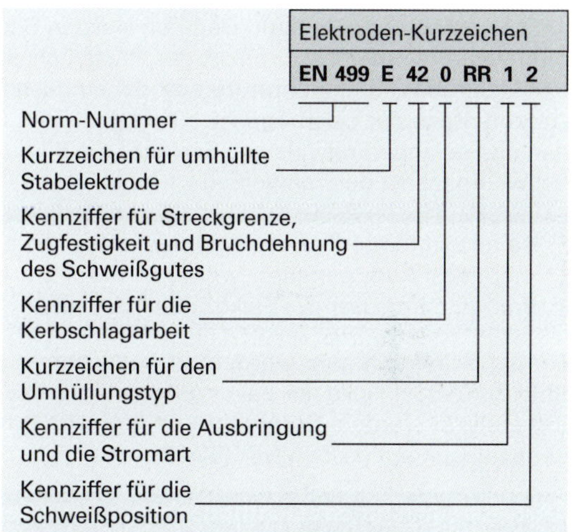

Bild 2: Bezeichnung der Stabelektroden

Tabelle 2: Umhüllungstypen von Stabelektroden (Auswahl)

Kurzzeichen	Schweißtechnische Eigenschaften Anwendungsbereiche
A	feiner Tropfenübergang, flache Schweißnähte, nicht für Zwangslagen
R	Dünnblechschweißung, alle Schweißpositionen außer Fallnaht
RR	vielseitig verwendbar, feinschuppige Nähte, gutes Wiederzünden
RB	gute Kerbschlagzähigkeit, risssicher, alle Schweißpositionen außer Fallnaht

Blaswirkung. Beim Lichtbogenschweißen wird der Lichtbogen durch den Einfluss des elektromagnetischen Feldes abgelenkt, das sich um jeden stromdurchflossenen Leiter bildet. Steht die Elektrode z. B. senkrecht auf dem Werkstück, werden die Feldlinien in der zum Polanschluss gerichteten Krümmung zusammengedrängt und gegenüber aufgelockert. In diesen aufgelockerten Bereich wird der Lichtbogen abgelenkt **(Bild 1)**.

Die Blaswirkung tritt vorwiegend beim Schweißen mit Gleichstrom, besonders beim Schweißen von Stahl auf. Sie kann so stark werden, dass ein Schweißen unmöglich wird. Die Blaswirkung wird verringert, indem man die Elektrode gegen die Blasrichtung neigt, die Polklemme am Werkstück verlegt, die Schweißrichtung ändert, dick umhüllte Elektroden verwendet oder mit Wechselstrom schweißt.

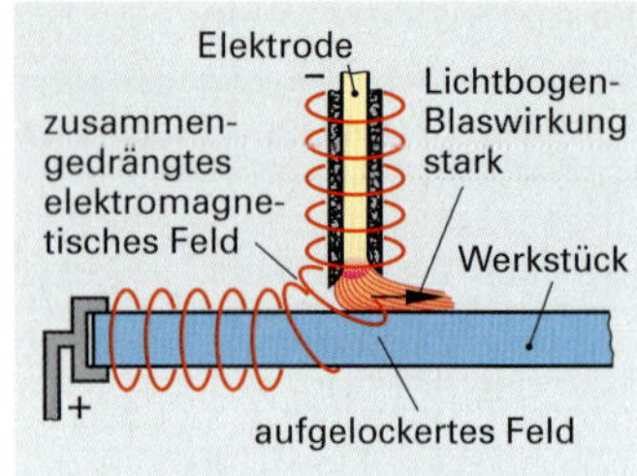

Bild 1: Einfluss der Blaswirkung auf den Lichtbogen

Arbeitstechnik des Lichtbogenhandschweißens

Die **Wahl der Stabelektrode** (Art und Durchmesser) wird von der Materialdicke, dem Werkstoff des Bauteiles und der Art des Schweißens (Verbindungs- oder Auftragsschweißen) bestimmt.

Beim Schweißen muss das **Abschmelzen der Elektrode** durch laufendes Nachführen so ausgeglichen werden, dass die Lichtbogenlänge konstant bleibt. Durch entsprechende Haltung und Führung der Stabelektrode können die Richtung und der Druck des Lichtbogens so beeinflusst werden, dass die nachfließende Schlacke nicht in Schweißrichtung vorläuft. Dadurch werden Schlackenlöcher und Bindefehler vermieden. Erreicht das Reststück einer abschmelzenden Elektrode Glühtemperaturen, ist der eingestellte Schweißstrom zu groß. Kann der Lichtbogen schlecht gezündet und gehalten werden und behindert die flüssige Schlacke die Bildung einer normalen Schweißnaht, ist der Schweißstrom zu klein.

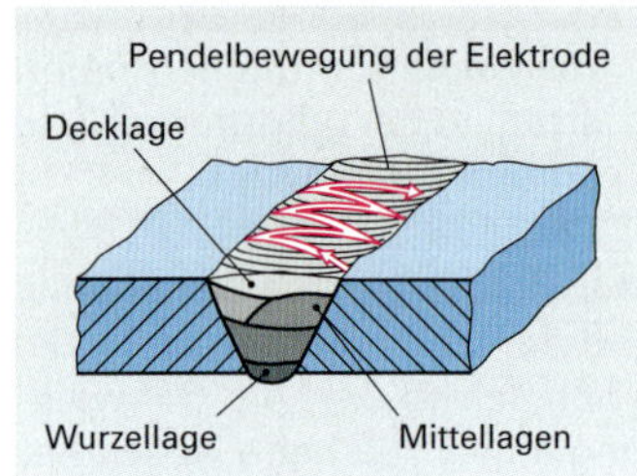

Bild 2: Schweißen in mehreren Lagen

> Beim Lichtbogenhandschweißen muss die Lichtbogenlänge möglichst kurz gehalten werden. Sie sollte etwa dem Kerndrahtdurchmesser der Elektrode entsprechen.

Große **Schweißfugen** werden in mehreren Lagen geschweißt **(Bild 2)**. Die Schlacke der zuvor geschweißten Lage muss vollständig entfernt werden. **Steignähte** werden mit besonderen Elektrodenbewegungen geschweißt **(Bild 3)**.

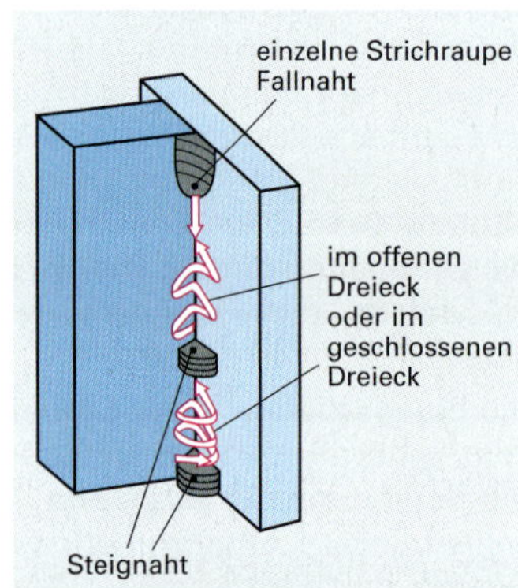

Bild 3: Führung der Stabelektrode bei einer Steignaht

Arbeitsregeln für das Lichtbogenhandschweißen

- Schweißen mit entblößten Armen und freiem Oberkörper ist verboten. Die Strahlung des Lichtbogens würde zu Augen- und Hautschäden, die Schweißgutspritzer zu Verbrennungen führen.
- Beim Lichtbogenhandschweißen ist die Arbeitsstelle so abzuschirmen, dass andere Personen durch die Strahlen nicht geschädigt werden (Verblitzen der Augen).
- Das elektrische Schweißen erfordert einen Schutzschild mit Seitenschutz. Auch seitlich ins Auge fallende Strahlen sind schädlich.
- Die Schlacke auf der Naht darf erst nach dem Erkalten entfernt werden, damit der Nahtbereich langsam abkühlen kann. Auch für diese Arbeit ist der Schutzschild zu benutzen.

Wiederholung und Vertiefung

1 Welche Stromquellen eignen sich für das Lichtbogenschweißen?

2 Welche Kriterien sind bei der Auswahl einer Stabelektrode zu beachten?

3 Welche Aufgabe hat die Umhüllung der Stabelektrode beim Schweißen?

4 Wie kann die Blaswirkung beim Schweißen verringert werden?

2.7.5.3 Gasschmelzschweißen

Beim Gasschmelzschweißen, auch Autogenschweißen genannt, werden die zu schweißenden Teile an der Schweißstelle durch eine Brenngas-Sauerstoffflamme zum Schmelzen gebracht. Als Brenngas wird meist Acetylen verwendet. Mit diesem Gas wird eine Flammentemperatur von etwa 3200 °C erreicht. Die Gase werden Gasflaschen entnommen und über Gasschläuche zum Schweißbrenner geleitet **(Bild 1)**. Um Verwechslungen beim Umgang mit brennbaren und nicht brennbaren Gasen auszuschließen, sind die Gasflaschen farblich gekennzeichnet und haben unterschiedliche Anschlüsse **(Tabelle 1)**.

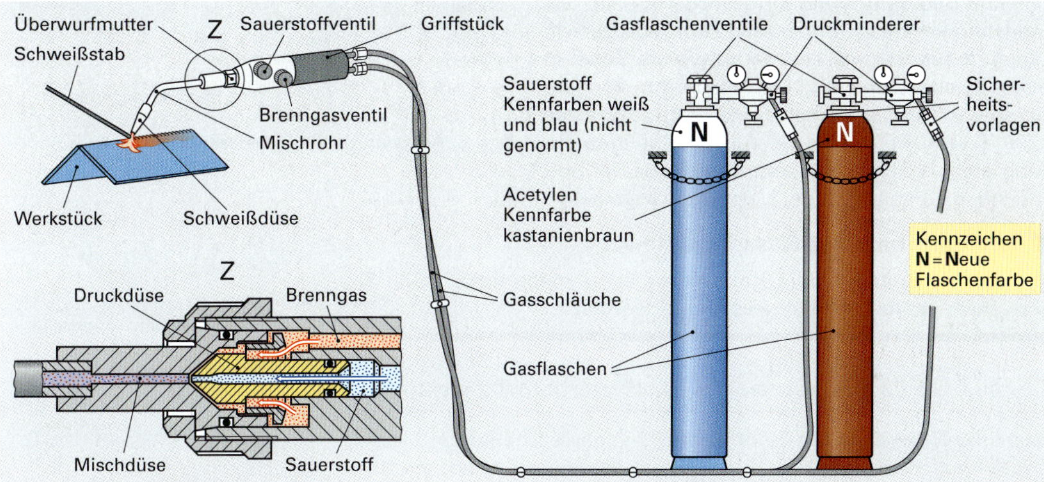

Bild 1: Gasschweißanlage

Das Gasschmelzschweißen wird meist nur noch für kleine Reparaturarbeiten eingesetzt. Dabei ist Schweißen in allen Positionen möglich.

Regeln für den Umgang mit Gasflaschen

- Die Armaturen der Sauerstoff-Flaschen sind frei von Öl und Fett zu halten. Sauerstoff reagiert mit diesen Stoffen explosionsartig.
- Gasflaschen sind gegen Umfallen zu sichern und vor Stoß und Erwärmung sowie vor Frost zu schützen.
- Gasflaschen dürfen nur mit abgeschraubtem Druckminderer und aufgeschraubter Schutzkappe transportiert werden.

Druckminderer. Zum Schweißen muss der hohe Gasdruck in den Flaschen durch Druckminderer auf den erforderlichen Arbeitsdruck reduziert werden **(Bild 2)**. Der Druck in der Gasflasche wird vom Inhaltsmanometer, der einstellbare Arbeitsdruck vom Arbeitsmanometer angezeigt.

Der Arbeitsdruck für Sauerstoff beträgt 2,5 bar, für Acetylen 0,25 bis 0,5 bar.

Sicherheitsvorlagen. Die Gasflaschen müssen durch Sicherheitsvorlagen geschützt werden (Bild 1). Sie unterbrechen bei einem Gas- oder Flammenrückschlag sofort die weitere Gaszufuhr.

Tabelle 1: Anschlüsse der Druckgasflaschen und Kennfarbe der Flaschenschulter[1)]

	Gasart	Kennfarbe	Anschlüsse
*	Sauerstoff	weiß	R3/4
brennbar	Acetylen	kastanienbraun	Spannbügel
brennbar	Wasserstoff	rot	W21,8x1/14
nicht brennbar	Stickstoff	schwarz	W24,32x1/14
nicht brennbar	Kohlendioxid	grau	W21,80x1/14
nicht brennbar	Argon	dunkelgrün	W21,80x1/14
nicht brennbar	Helium	braun	W21,80x1/14
nicht brennbar	Druckluft	leuchtend grün	R5/8

[1)] Die Kennfarbe des zylindrischen Flaschenkörpers ist nicht genormt.
* Brand fördernd

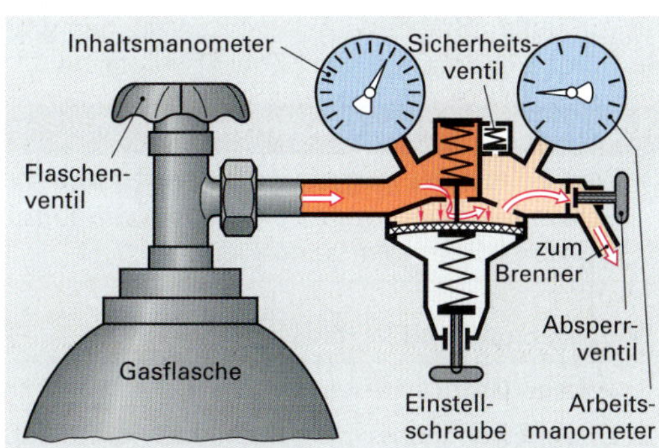

Bild 2: Druckminderer

Acetylen-Sauerstoff-Flamme (Bild 1). Die Schweißflamme wird mit den Ventilen am Schweißbrenner eingestellt.

Bei der **normalen** Einstellung der Flamme werden Acetylen und Sauerstoff im Verhältnis 1 : 1 gemischt. Die Verbrennung dieses Gemisches (1. Verbrennungsstufe) ist unvollständig, weil zur vollständigen Verbrennung des Acetylengases das 2,5fache Sauerstoffvolumen erforderlich ist. Die entstehenden Gase Kohlendioxid und Wasserstoff bilden in der Flamme eine reduzierende Zone. In dieser Schweißzone wird 2 mm bis 4 mm vor dem Flammenkegel die höchste Temperatur von etwa 3200 °C erreicht. Der für die vollständige Verbrennung noch fehlende Sauerstoff wird aus der umgebenden Luft angesaugt (2. Verbrennungsstufe).

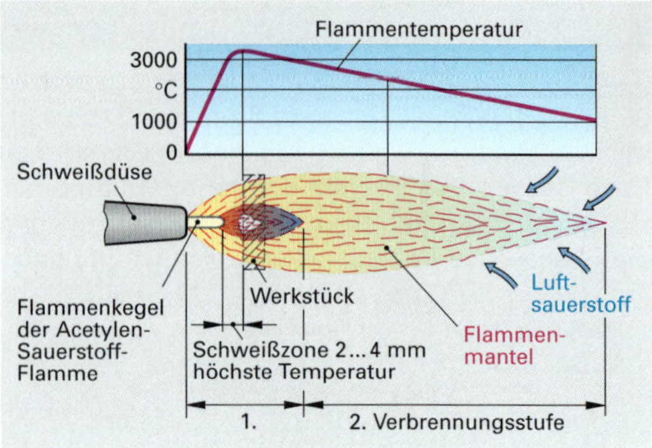

Bild 1: Acetylen-Sauerstoff-Flamme

Arbeitstechnik des Gasschweißens

Bei gleicher Brenner- und Stabhaltung kann **„nach links" (Bild 2)** und **„nach rechts" (Bild 3)** geschweißt werden.

> Die Nachlinksschweißung wird bis zu 3 mm Blechdicke angewandt. Über 3 mm Blechdicke wird nach rechts geschweißt.

Nachlinksschweißen. Die Flamme zeigt in Schweißrichtung (Bild 2). Das Schmelzbad liegt dadurch außerhalb der höchsten Temperaturzone und kann klein gehalten werden. Dies ist für das Schweißen von dünnen Blechen vorteilhaft. Außerdem ermöglicht die Vorwärmung des Schweißstoßes durch die Flammenhaltung eine höhere Schweißgeschwindigkeit. Der Verzug wird dadurch verringert. Der Schweißstab wird unter dem Flammenkegel mit tupfenden Bewegungen in das Schmelzbad abgeschmolzen.

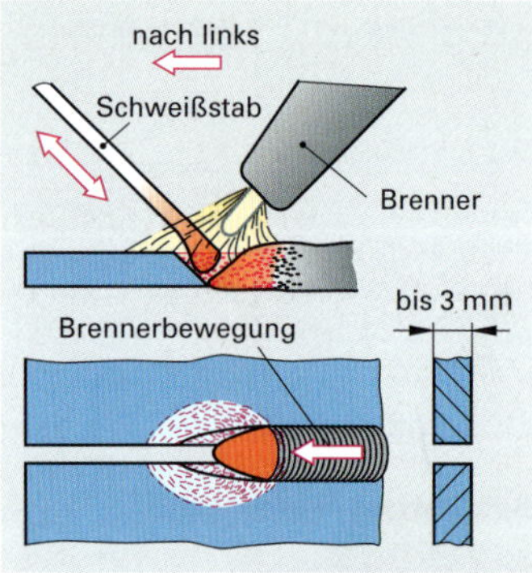

Bild 2: Nachlinksschweißung

Nachrechtsschweißen. Die Flamme ist auf die schon geschweißte Naht gerichtet (Bild 3). Dadurch wird eine langsame Abkühlung und somit eine Verbesserung der Schweißverbindung erreicht. Beim Schweißen wird der Brenner ruhig und mit dem Flammenkegel auf das Schmelzbad gehalten. Durch diese Wärmekonzentration können dicke Bleche geschweißt werden. Der Schweißstab wird vor dem Flammenkegel mit kreisenden Bewegungen im Schmelzbad abgeschmolzen.

Schweißstäbe werden beim Gasschweißen als Zusatzwerkstoff zum Füllen der Schweißfuge abgeschmolzen. Sie sind für das Verbindungsschweißen von Stählen in die Klassen O I bis O V eingeteilt. Das auf jedem Stab eingeprägte Kurzzeichen gibt die gewährleisteten Güteeigenschaften des Schweißstabes an.

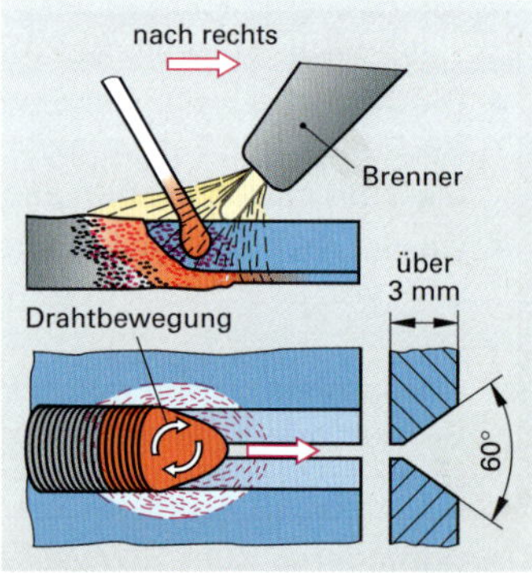

Bild 3: Nachrechtsschweißung

Arbeitsregeln für das Gasschweißen

- Zum Schutz der Augen vor Blendung und vor Schweißspritzern muss eine Schutzbrille mit dunklen Gläsern getragen werden.
- Beim Schweißen in kleinen Räumen ist für Frischluft zu sorgen. Sauerstoff darf dafür nicht verwendet werden (Brandgefahr).

Wiederholung und Vertiefung

1 Welche Gasdrücke werden für die Schweißflamme an den Arbeitsmanometern eingestellt?

2 In welchen Fällen wird nach links, wann wird nach rechts geschweißt?

3 Welche Regeln müssen beim Umgang mit Gasflaschen beachtet werden?

Arbeitsbeispiel: Aufnahmewinkel

Von einem Aufnahmewinkel für eine Bohrvorrichtung werden nur 5 Stück benötigt. Die Winkel sollen deshalb durch Schweißen hergestellt werden **(Bild 1)**.

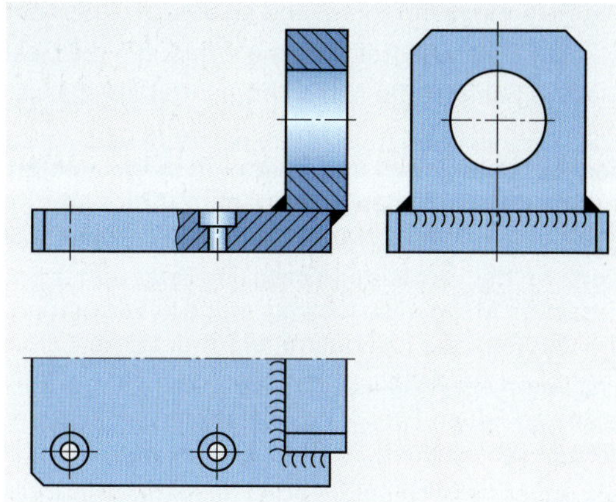

Bild 1: Aufnahmewinkel, geschweißt

Schweißbarkeit der Werkstoffe

Für die Grundplatte und die Anschlagplatte ist auf der Zeichnung der Werkstoff S235JR angegeben.

a) Zu welcher Stahlgruppe gehört dieser Stahl?

b) Welches Schweißverfahren wird meist für derartige Schweißteile eingesetzt?

c) Welche besonderen Vorteile hat das von Ihnen genannte Verfahren?

Nahtverlauf, Nahtform und Nahtdicke

Die Anschlagplatte ist gegenüber der Grundplatte nach vorne versetzt. Wie wirkt sich diese Anordnung aus auf

a) den Nahtverlauf,

b) die Bearbeitbarkeit der rechten Flanschfläche,

c) die mögliche Nahtdicke?

d) Welche Nahtform sieht die Zeichnung vor?

e) Warum wurde die Grundplatte breiter als die Anschlagplatte gewählt?

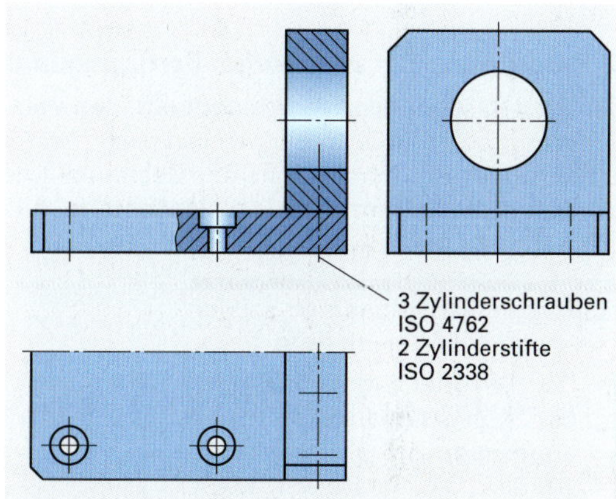

Bild 2: Aufnahmewinkel, geschraubt

Durchführung der Schweißung

Vor dem Schweißen werden die Grundplatte und die Anschlagplatte zusammengespannt und die MAG-Schweißanlage eingestellt.

a) Welche Werte werden an dem Schweißgerät gewählt?

b) Beschreiben Sie kurz den eigentlichen Schweißvorgang.

c) Wann kann die Schweißnaht frühestens von Schlackenresten gesäubert werden?

Die Qualität der Schweißnähte umfasst das äußere Aussehen und die Festigkeit der Nähte.

e) Wonach wird das äußere Aussehen der Nähte beurteilt?

f) Wie könnte die Festigkeit der Nähte geprüft werden?

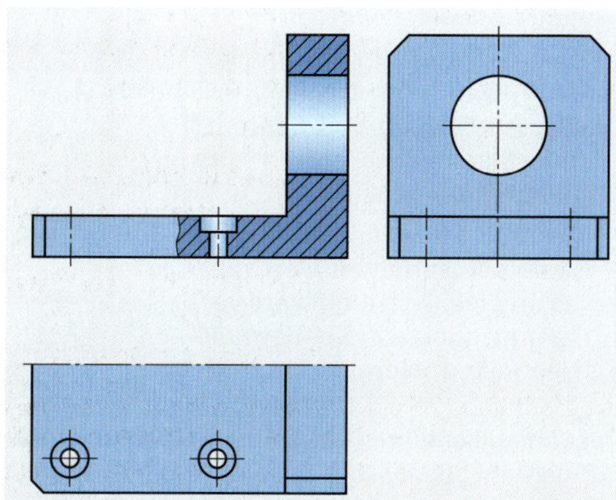

Bild 3: Aufnahmewinkel als Frästeil

Vergleich mit anderen möglichen Bauformen

Die Aufnahmewinkel könnten außer durch Schweißen auch durch Gießen, Verschrauben **(Bild 2)** oder durch Fräsen aus dem Vollen **(Bild 3)** hergestellt werden.

a) Nennen Sie die besonderen Vorteile und Nachteile dieser Ausführungen.

b) Welche Faktoren bestimmen die Wahl einer der genannten Bauformen?

2.8 Fertigungsbetrieb und Umweltschutz

Die Fertigungsverfahren sind so auszuwählen und die Fertigungsanlagen so zu betreiben, dass

- keine Giftstoffe freigesetzt werden, die die Gesundheit der Mitarbeiter beeinträchtigen
- keine Schadstoffe in die Umgebung abgelassen werden, die die Umwelt belasten oder schädigen.

Wo es möglich ist, müssen Schadstoffe ganz vermieden werden. Beispiele dafür sind das Asbestverbot, der Verzicht auf Blei und Cadmium in Weichloten und zum Korrosionsschutz sowie der Ersatz von gesundheitsschädlichen Kaltreinigern (Chlorierte Kohlenwasserstoffe CKW wie Per und Tri) durch ungiftige Reinigungsmittel zum Reinigen von ölverschmutzten Werkstücken.

Dort, wo die Vermeidung bzw. der Ersatz eines Schadstoffes technisch nicht möglich ist, sollten die eingesetzten Mengen so weit als möglich vermindert werden. Dies erreicht man z. B. beim Lackieren durch die Verwendung lösungsmittelarmer Lacke.

Erst wenn alle Möglichkeiten des Vermeidens und Verminderns ausgeschöpft sind, dürfen in streng begrenzten Fällen Fertigungsverfahren mit Schadstoffen eingesetzt werden. Diese Anlagen sind mit einem geschlossenen Stoffkreislauf zu betreiben, sodass keine Schadstoffe austreten können.

Die unvermeidlich anfallenden Reststoffe sind zu sammeln und nach der Aufarbeitung möglichst mehrfach zu verwenden (Recycling). Der unbrauchbare Rest der Schadstoffe ist sachgemäß zu entsorgen.

Im Umweltschutz gilt für den Umgang mit Schadstoffen eine Rangfolge der Maßnahmen: Möglichst **vermeiden** – Mengen **vermindern** – mehrfach **verwerten** – den Rest sachgerecht **entsorgen**.

Entsorgung bei spanenden Fertigungsanlagen

Der Betrieb spanender Werkzeugmaschinen und Fertigungsanlagen verursacht nicht zu vermeidende Schadstoffe und Abfälle. Sie müssen nach den Richtlinien des Abfallbeseitigungsgesetzes sachgemäß entsorgt werden. Zum Schutz der Gesundheit der Mitarbeiter und zum Erhalt einer unbeschädigten Umwelt dürfen Grenzwerte der Schadstoffgehalte in der Luft und im Abwasser des Betriebes nicht überschritten werden.

Entsorgungsmaßnahmen bei der spanenden Fertigung **(Bild 1)**:

- Der Öl- oder Emulsionsnebel der Kühlschmierstoffe muss abgesaugt und abgeschieden werden. Dies geschieht durch die Kapselung der Maschinen und die Abscheidung des Ölnebels in Filtern.
- Die Metallspäne müssen abgeführt und entölt werden.
- Der gebrauchte Kühlschmierstoff wird von Metallabrieb, kleinen Spänen und Schmutz mit Magnetabscheidern und Filtern grob gereinigt.
- Verbrauchter Kühlschmierstoff wird aufgearbeitet. Der Kühlschmierstoffschlamm wird verbrannt oder auf Sondermülldeponien entsorgt.

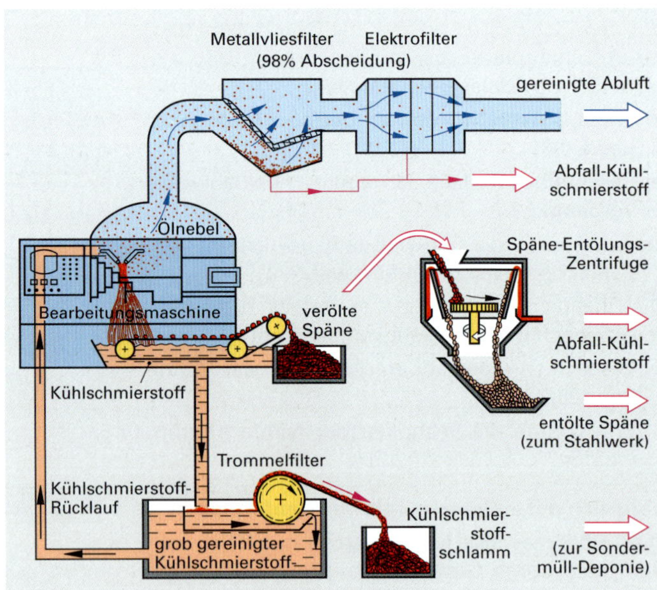

Bild 1: Entsorgung bei der spanenden Fertigung

Gesundheitsgefahren gehen beim Spanen von den Kühlschmierstoffen aus. Es sind Mineralöle mit einer Vielzahl chemischer Zusätze, z. B. gegen Korrosion oder Bakterienbefall. Bei empfindlichen Menschen kann es zu Erkrankungen der Haut (Ölekzeme) und der Atmungsorgane (Infektionen) kommen. Maschinenkapselung, Ölabsaugung und Anwendung von Hautcremes schaffen Abhilfe.

Reinigen von Werkstücken

Werkstücke müssen nach der Formgebung (z. B. dem Drehen) und vor der Weiterbehandlung, z. B. vor dem Lackieren, von anhaftenden Kühlschmierstoffresten und Schmutz gereinigt werden.

Früher reinigte man die Werkstücke durch Tauchen in Kaltreiniger-Flüssigkeiten. Diese Kaltreiniger wie Tetra (Tetrachlormethan) oder Tri (Trichlorethylen) bestehen aus **c**hlorierten **K**ohlen**w**asserstoffen (CKW) und sind stark gesundheitsschädlich und umweltbelastend.

Um diese Giftstoffe zu vermeiden, wurden Heißdampf-Waschanlagen entwickelt, die mit Heißdampf und seifenartigen Waschlaugen (Tensiden) genauso gut wie Kaltreiniger öl- und fettverschmutzte Werkstücke reinigen **(Bild 1)**. Die schmutzbeladene Waschlauge wird in einer Kläranlage gereinigt (Seite 132).

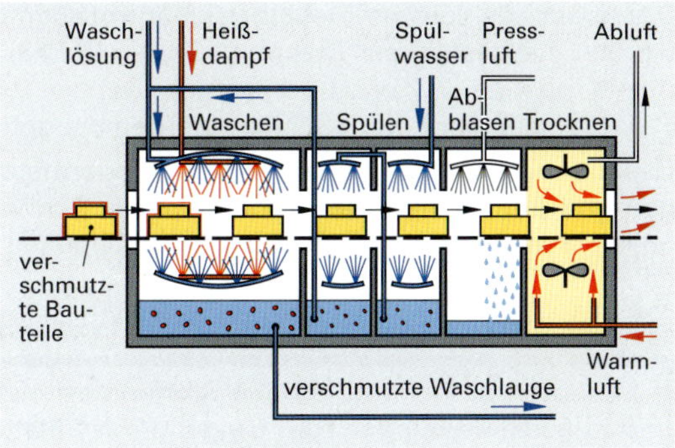

Bild 1: Reinigungsanlage für verschmutzte Werkstücke

Lackieren von Metallteilen

Beim Spritzlackieren von Metallteilen mit Lösemittel-Basislacken wird die Umwelt durch das nach dem Lackieren verdunstende Lösungsmittel und durch den anfallenden Lackschlamm belastet.

Durch Verwendung lösungsmittelarmer Lacke oder von Wasserbasis-Lacken beim Spritzlackieren wird die Umwelt weniger bzw. gar nicht belastet.

Eine ebenfalls umweltschonende Beschichtung von Bauteilen ist durch **Pulverlackieren** möglich **(Bild 2)**. Hierbei werden pulverförmige Lackpartikel in Sprühköpfen mit mehreren Tausend Volt elektrostatisch aufgeladen und mit Druck in Richtung des als Gegenpol geschalteten Bauteils versprüht. Die aufgeladenen Lackpartikel werden vom Werkstück angezogen und haften elektrostatisch auf ihm. Das lose beschichtete Bauteil läuft anschließend durch eine Einbrennkammer, wo die Lackpartikel bei etwa 200 °C zur Lackschicht zusammenschmelzen und aushärten. Die nicht am Bauteil anhaftenden Lackpartikel (Overspray) werden aufgefangen und erneut versprüht.

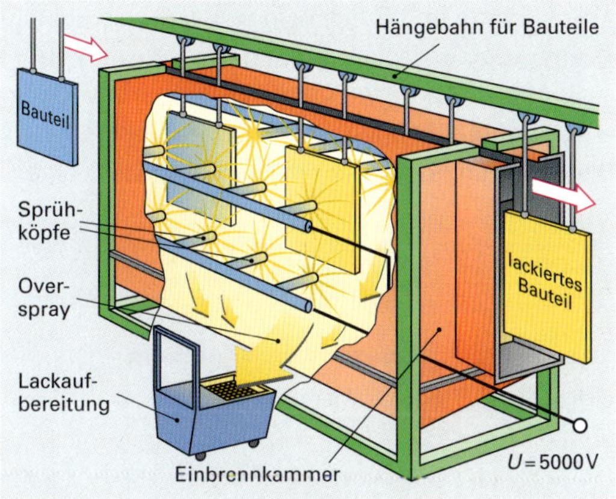

Bild 2: Pulverlackier-Durchlaufanlage

Abluft-Reinigung

Die Abluft von Metallbetrieben mit schmutzintensiver Fertigung enthält eine Reihe von Schadstoffen **(Bild 3)**:

- **Schwermetallhaltige Feinstäube** und Dämpfe (Blei, Cadmium, Zinn usw.) aus Gießereien, Putzereien, Schweiß- und Lötanlagen.
- **Stickoxid-** und **Kohlenmonoxidgas** aus Verbrennungsanlagen, Schweißereien, Härteöfen, Salzschmelzen.
- **Dämpfe** und **Aerosole** (Nebel) von Säuren und giftigen Salzen, z. B. aus Beizereien, Härtereien und Galvanikbetrieben.

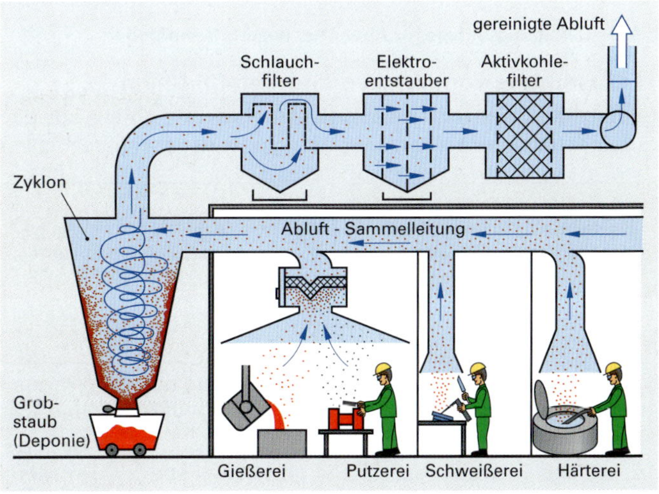

Bild 3: Abluft-Reinigungsanlage eines Fertigungsbetriebes

Die Abluft aus solchen Metallbetrieben muss in einer Abluft-Reinigungsanlage gefiltert und entgiftet werden. Sie besteht aus mehreren Stufen (Bild 3, Seite 131). Zuerst werden der Grobstaub und die Aerosole in einem Zyklon abgeschieden. Danach folgt die Feinstaubabscheidung in Schlauchfiltern und Elektroentstaubern. Zum Schluss werden die giftigen Gase in einem Aktivkohlefilter festgehalten.

Gesundheitsgefahren gehen z. B. von schwermetallhaltigen Feinstäuben mit Blei, Cadmium, Zink, Mangan und Chrom aus, wie sie beim Löten, Schweißen und Gießen entstehen. Auch das beim MAG-Schweißen aus dem CO_2-Schutzgas sich bildende CO-Gas (Kohlenmonoxid) sowie die beim Härten eingesetzten Härtesalze sind hochgiftig. Für ausreichende Frischluftzufuhr und staubfreie Atemluft ist im Arbeitsbereich durch Lüftung und durch Absaugung zu sorgen.

In Arbeitsräumen mit giftigen Stoffen darf nicht gegessen, getrunken oder geraucht werden. Die Betriebsanweisungen zum Umgang mit Giftstoffen sind zu beachten.

Reinigung des Abwassers aus Metallbetrieben

In metallverarbeitenden Betrieben fällt verschmutztes Abwasser in vielen Arbeitsbereichen an:

- Schlämme und Suspensionen, z. B. aus Schleifereien oder der Nass-Rauchgasreinigung.
- Abwasser aus der spanenden Fertigung, aus Lackieranlagen und aus Beizereien, das mit Ölrückständen, Lackresten oder Kaltreinigern verschmutzt ist.
- Mit Säuren, Laugen und Giftsalzen beladenes Abwasser aus Härtereien und Galvanikbetrieben.

Die Reinigung der gesammelten Abwässer eines Betriebes erfolgt in einer vielstufigen Anlage **(Bild 1)**.

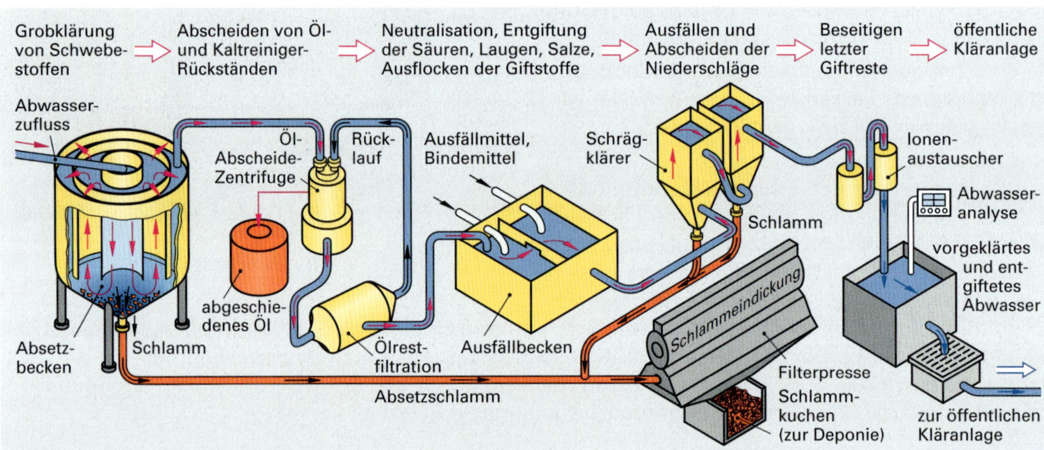

Bild 1: Reinigungsanlage für Abwässer aus Metallbetrieben

Entsorgung von Abfällen und Gefahrstoffen

Gebrauchte Gefahrstoffe und umweltbelastende Abfälle aus der Fertigung müssen gesammelt und der Aufbereitung und Wiederverwendung oder der sachgerechten Entsorgung zugeführt werden. Beispiele:

Verbrauchtes Öl (Altöl) Verbrauchte Entfettungs- und Reinigungsmittel (Tri, Tetra) Verbrauchte Härtesalze	⇨	Getrenntes Sammeln in gekennzeichneten Behältern	⇨	Aufbereitung und Entsorgung durch Spezialbetriebe

Wiederholung und Vertiefung

1 Erläutern Sie die Forderung beim Umgang mit Schadstoffen: Vermeiden – Vermindern – Verwerten – Entsorgen.

2 Welche Entsorgungsbereiche gibt es bei spanenden Fertigungsanlagen?

3 Warum müssen Abgase aus Schweißereien und Härtereien gereinigt werden?

4 Nennen Sie einige umweltbelastende Abfälle in Metallbetrieben, die gesammelt und entsorgt werden müssen.

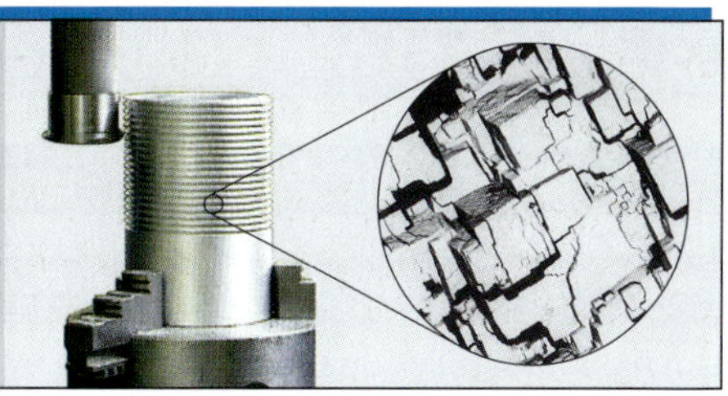

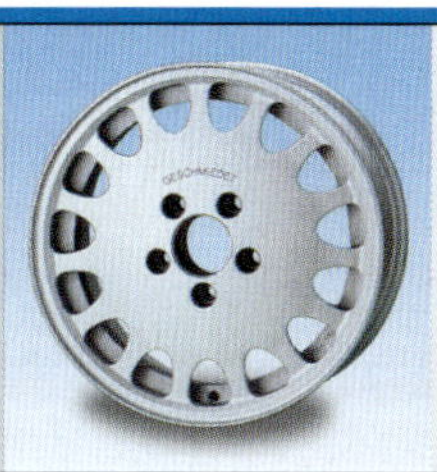

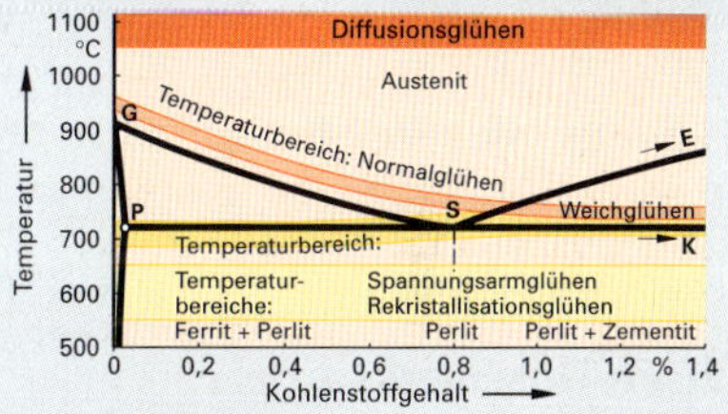

Diffusionsglühen
Austenit
Temperaturbereich: Normalglühen
Weichglühen
Temperaturbereich:
Temperatur-bereiche:
Spannungsarmglühen
Rekristallisationsglühen
Ferrit + Perlit
Perlit
Perlit + Zementit
G
E
P
S
K
1100 °C
1000
900
800
700
600
500
Temperatur
0
0,2
0,4
0,6
0,8
1,0
1,2 % 1,4
Kohlenstoffgehalt

Kunststoff-Bauteil

Schneidplatte

Alte Pkw-Stoßfänger
Zerkleinern zu Granulat
Fertigen von Neuteilen
Neuteile: Tanks, Verkleidungen

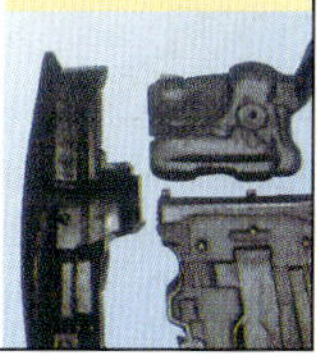

3 Werkstofftechnik

3.1 Übersicht der Werk- und Hilfsstoffe

3.1.1 Einteilung der Werkstoffe

Um einen Überblick über die Vielfalt der Werkstoffe zu erhalten, ordnet man sie nach ihrer Zusammensetzung oder gemeinsamen Eigenschaften in Werkstoffgruppen **(Bild 1)**.

Die drei Hauptgruppen der Werkstoffe sind die Metalle, die Nichtmetalle und die Verbundwerkstoffe. Sie können dann nochmals in Untergruppen unterteilt werden, wie z. B. die Eisenwerkstoffe in Stähle und Eisen-Gusswerkstoffe oder die Nichteisenmetalle in Schwer- und Leichtmetalle.

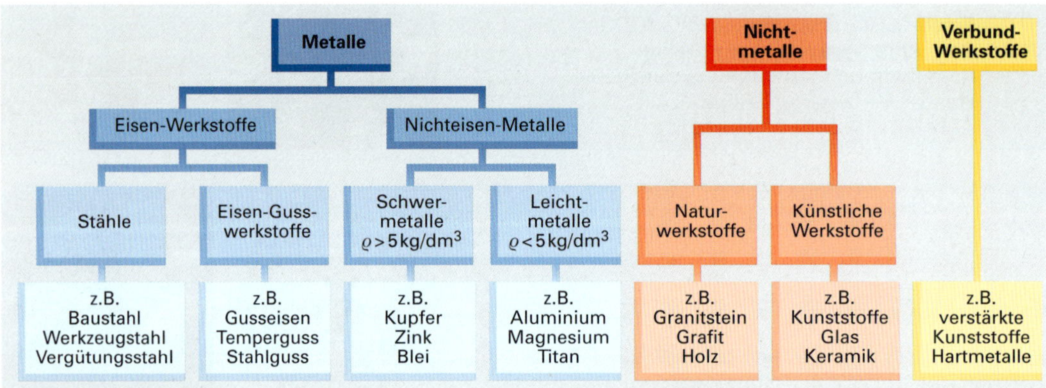

Bild 1: Einteilung der Werkstoffe in Werkstoffgruppen

Stähle

Stähle sind Eisen-Basiswerkstoffe mit großer Festigkeit. Aus ihnen werden vor allem Maschinenteile hergestellt, die Kräfte aufnehmen und übertragen müssen: Schrauben, Bolzen, Zahnräder, Profile, Wellen **(Bild 2)**.

Eisen-Gusswerkstoffe

Gusseisen-Werkstoffe sind gut vergießbare Eisen-Basiswerkstoffe. Sie werden zu Bauteilen gegossen, deren schwierige Form am besten durch Gießen herstellbar ist, z. B. Gehäuse (Bild 2).

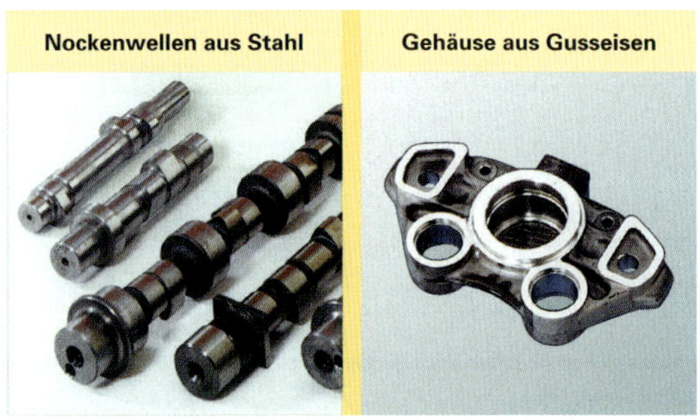

Bild 2: Werkstücke aus Eisenwerkstoffen

Schwermetalle (Dichte ϱ größer 5 kg/dm^3)

Schwermetalle sind z. B. Kupfer, Zink, Chrom, Nickel, Blei. Sie werden meist wegen besonderer werkstofftypischer Eigenschaften verwendet:

Kupfer z. B. wegen seiner guten elektrischen Leitfähigkeit für Wicklungsdrähte **(Bild 3)**.

Chrom und **Nickel** z. B. als Legierungselement in Stählen, um bestimmte Eigenschaften zu erzielen bzw. zu verbessern.

Leichtmetalle (Dichte ϱ kleiner 5 kg/dm^3)

Leichtmetalle sind Aluminium, Magnesium und Titan. Es sind leichte Werkstoffe mit zum Teil hoher Festigkeit. Ihr Hauptanwendungsgebiet sind Leichtbauteile z. B. für Pkw und Flugzeuge (Bild 3).

Bild 3: Bauteile aus Nichteisen-Metallen (NE-Metallen)

Natur-Werkstoffe

Dies sind in der Natur vorkommende Stoffe wie Gesteinsarten oder Holz. Verwendung: z. B. Granit als Platte eines Prüftisches **(Bild 1)**.

Künstliche Werkstoffe

Zu ihnen zählt die große Gruppe der **Kunststoffe** sowie die Gläser und Keramiken.

Kunststoffe sind leicht, elektrisch isolierend und in Sorten von gummiartig bis formstabil und hart erhältlich. Ihre Verwendung ist äußerst vielseitig und reicht vom Reifenwerkstoff bis zu Bauteilen von Kleingetriebe (Bild 1).

Industrie-keramische Werkstoffe werden vor allem wegen ihrer Härte und Verschleißfestigkeit eingesetzt, z. B. als Schneidplatten, Düsen, Gleitringe.

Verbundwerkstoffe

Verbundwerkstoffe sind aus mehreren Werkstoffen zusammengesetzt und vereinen die positiven Eigenschaften der Einzelwerkstoffe in einem neuen Werkstoff.

Glasfaserverstärkte Kunststoffe (GFK) z. B. sind hochfest, zäheleastisch und leicht **(Bild 2)**.

Ein anderer Verbundwerkstoff, die **Hartmetalle**, besitzen die Härte der Hartstoffkörner und die Zähigkeit des zusammenhaltenden Metalls (Bild 2). Hartmetalle werden als Schneidstoffe verwendet.

Bild 1: Bauteile aus nichtmetallischen Werkstoffen

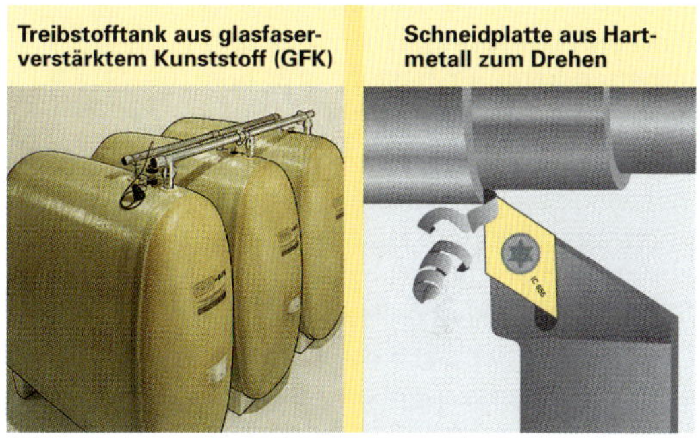

Bild 2: Bauteile aus Verbundwerkstoffen

3.1.2 Herstellung der Werkstoffe

Die Herstellung der Werkstoffe geht von den Rohstoffen aus **(Bild 3)**. Sie werden überwiegend aus Lagerstätten in der Erdkruste gewonnen, wie z. B. die zur Metallgewinnung dienenden Erze oder das zur Kunststoffherstellung erforderliche Erdöl. Durch chemische Umwandlung werden aus den Rohstoffen die Werkstoffe gewonnen und kommen als Halbzeuge und Fertigerzeugnisse in den Handel. Daraus werden die Werkstücke gefertigt. Die Naturwerkstoffe werden direkt der Natur entnommen.

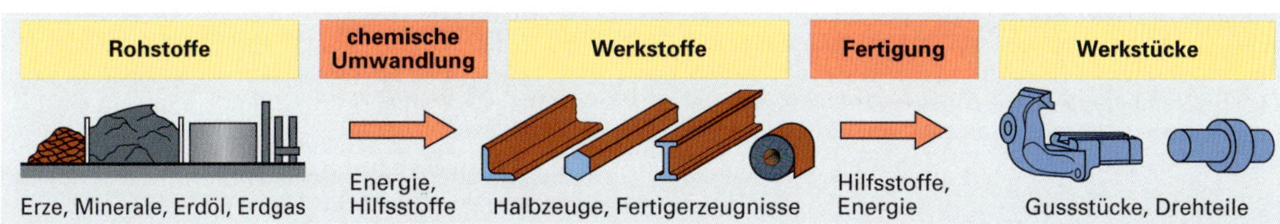

Bild 3: Vom Rohstoff zum Werkstück

3.1.3 Hilfsstoffe und Energie

Zur Herstellung der Werkstoffe und bei der Fertigung der Werkstücke sowie zum Betreiben von Maschinen braucht man zusätzliche Hilfsstoffe und Energien **(Bild 4)**. So benötigt man z. B. beim Drehen eines Werkstücks Kühlschmierstoff zum Kühlschmieren der Werkzeugschneide, Schmierstoffe zum Schmieren der Lager und elektrische Energie zum Antreiben der Werkzeugmaschine.

Kühlschmierstoffe	Schleif- und Poliermittel	Reinigungsmittel	Löt- und Schweiß-Hilfsmittel	Beschichtungsstoffe	Schmierstoffe	Treibstoffe	Drucköl Druckluft	Elektrischer Strom

Bild 4: Hilfsstoffe und Energien

3.2 Auswahl und Eigenschaften der Werkstoffe

Eine Maschine besteht aus einer Vielzahl von Bauteilen aus unterschiedlichen Werkstoffen. Jedes Bauteil hat eine bestimmte Aufgabe zu erfüllen und ist aus einem dazu geeigneten Werkstoff gefertigt.

Beispiel: Werkstoffe der Bauteile einer Bohrmaschine (Bild 1)

Die Zahnräder des Handvorschubgetriebes z. B. müssen die Handkraft auf die heruntergehende Bohrspindel übertragen. Dazu ist ein Werkstoff mit hoher **Festigkeit** erforderlich, z. B. ein Vergütungsstahl.

Der Bohrer muss aus einem Werkstoff mit großer **Härte** gefertigt sein, damit er in den zu bohrenden Werkstoff eindringen und Späne abheben kann. Er besteht z. B. aus gehärtetem Werkzeugstahl.

Der Riemen des Riementriebs muss **elastisch** sein und große Zugkräfte übertragen können. Dies kann z. B. ein gummiartiger Kunststoff mit Stahldrahteinlage leisten.

Der Fuß und der Tisch der Bohrmaschine müssen wegen ihrer schwierigen Form gegossen werden. Sie sollen zudem die Schwingungen dämpfen. Dazu ist ein Gusseisenwerkstoff am besten geeignet.

Bild 1: Werkstoffe der Bauteile einer Bohrmaschine

3.2.1 Werkstoffauswahl

Bei der Auswahl des geeigneten Werkstoffs für ein Maschinenteil sind die vom Bauteil zu leistenden Aufgaben klar zu beschreiben und danach die Forderungen an den Werkstoff zu formulieren **(Tabelle 1)**.

Tabelle 1: Technische Aufgabe des Werkstoffs und Werkstoffauswahl

Forderungen an den Werkstoff	Erforderliche Eigenschaften
Ist der Werkstoff z. B. aufgrund seines Gewichts, seiner Schmelztemperatur oder seines elektrischen Leitvermögens für diese Aufgabe geeignet?	Antwort geben die **physikalischen Eigenschaften** des Werkstoffs, wie Dichte, Schmelztemperatur und elektrische Leitfähigkeit.
Kann der Werkstoff den auf das Bauteil einwirkenden Kräften standhalten?	Dies beantworten die **mechanisch-technologischen Eigenschaften**, wie Festigkeit, Härte, Elastizität.
Verschleißt der Werkstoff an Gleitflächen?	Auskunft darauf geben die Verschleißeigenschaften.
Mit welchem Fertigungsverfahren lässt sich das Bauteil kostengünstig fertigen?	Hierüber informieren die **fertigungstechnischen Eigenschaften**, wie Gießbarkeit und Spanbarkeit.
Wird der Werkstoff des Bauteils bei seinem vorgesehenen Verwendungszweck von umgebenden Stoffen oder bei erhöhter Temperatur angegriffen?	Dieses Verhalten beschreiben die **chemisch-technologischen** Eigenschaften, wie das Korrosionsverhalten und die Zunderbeständigkeit.

Arbeitsregeln

Nach Abwägung aller Gesichtspunkte wird für ein Bauteil **der Werkstoff** ausgewählt,

- der die Funktion des Bauteils und die technischen Anforderungen am besten erfüllt,
- dessen Fertigung und Werkstoffpreis am günstigsten ist und
- der bei der Fertigung und nach dem Gebrauch keine Belastung für die Umwelt darstellt.

3.2.2 Physikalische Eigenschaften der Werkstoffe

Die physikalischen Eigenschaften beschreiben die Eigenschaften des Werkstoffs, unabhängig von seiner Form. Sie werden durch physikalische Größen angegeben.

Dichte

> Unter der Dichte ϱ eines Stoffes versteht man den Quotienten aus der Masse m und dem Volumen V eines Körpers.

Dichte $\varrho = \frac{m}{V}$

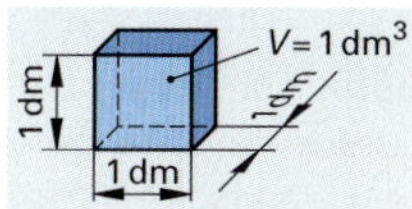

Anschaulich vorstellen kann man sich die Dichte als die Masse eines Würfels mit 1 dm Kantenlänge. Einheiten der Dichte sind kg/dm^3, g/cm^3 oder t/m^3 für Feststoffe und Flüssigkeiten sowie kg/m^3 für Gase **(Tabelle 1)**.

Schmelzpunkt (Schmelztemperatur)

> Der Schmelzpunkt ist die Temperatur, bei der ein Werkstoff zu schmelzen beginnt.

Er wird in den Einheiten Grad Celsius (°C) oder Kelvin (K) angegeben **(Tabelle 2)**.

Die reinen Metalle haben einen genauen Schmelzpunkt. Die Metallgemische (Legierungen), wie z. B. Stähle und CuZn-Legierungen, besitzen einen Schmelzbereich.

Elektrische Leitfähigkeit

> Die elektrische Leitfähigkeit beschreibt die Fähigkeit eines Stoffes, den elektrischen Strom zu leiten.

Gute elektrische Leiter sind Silber, Kupfer und Aluminium. Sie werden als Leiterwerkstoffe verwendet **(Tabelle 3)**.

Stoffe, die den Strom nicht leiten, nennt man Isolierwerkstoffe. Zu ihnen gehören die Kunststoffe, Keramik, Glas.

Thermische Längenausdehnung (Bild 1)

> Der thermische Längenausdehnungskoeffizient α gibt die Längenänderung Δl eines 1 m langen Körpers bei einer Temperaturänderung von $\Delta t = 1\,°C$ an.

Die Wärmeausdehnung Δl muss z. B. bei Messzeugen und Einbauteilen oder bei Gussteilen berücksichtigt werden. Gussteile haben eine Wärmeschwindung nach dem Gießen, die durch eine Maßzugabe ausgeglichen werden muss.

Wärmeleitfähigkeit

> Die Wärmeleitfähigkeit ist das Maß für die Fähigkeit eines Stoffes, Wärmeenergie in sich zu leiten **(Bild 2)**.

Hohe Wärmeleitfähigkeit besitzen die Metalle, insbesondere Kupfer, Aluminium und Eisen bzw. Stahl. Niedrige Wärmeleitfähigkeit haben die Kunststoffe, Glas und die Luft. Sie werden zur Wärmedämmung eingesetzt.

Tabelle 1: Dichte von Stoffen

Stoff	Dichte kg/dm^3	Stoff	Dichte kg/dm^3
Wasser	1,0	Kupfer	8,9
Aluminium	2,7	Blei	11,3
Unleg. Stahl	7,8	Wolfram	19,3
Luft (0 °C, 1,013 bar): $\varrho = 1{,}29\,kg/m^3$			

Tabelle 2: Schmelztemperaturen

Stoff	Schmelzpunkt (°C)	Stoff	Schmelzpunkt (°C)
Zinn	232	Kupfer	1083
Blei	327	Eisen	1536
Aluminium	658	Wolfram	3387

Tabelle 3: Elektrische Leitfähigkeit in Prozent der Leitfähigkeit von Kupfer

Stoff	Prozent	Stoff	Prozent
Kupfer	100 %	Zink	29 %
Silber	106 %	Eisen, Stahl	17 %
Aluminium	62 %	Blei	8 %

Thermische Längenausdehnung $\Delta l = l_1 \cdot \alpha \cdot \Delta t$

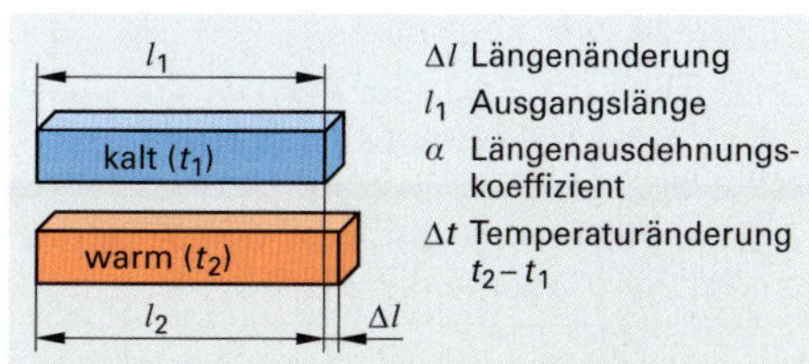

Bild 1: Thermische Längenausdehnung

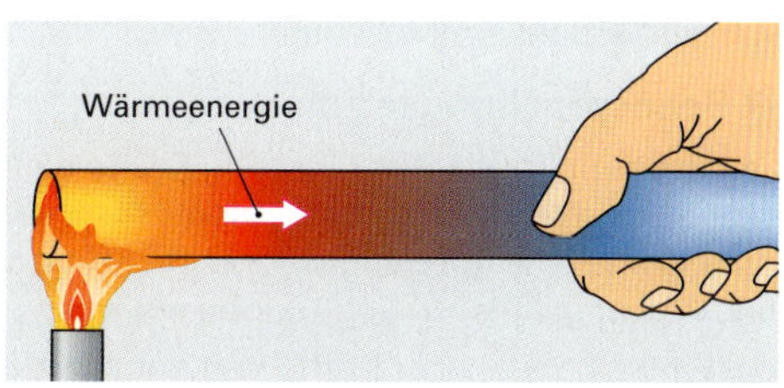

Bild 2: Wärmeleitfähigkeit

3.2.3 Mechanisch-technologische Eigenschaften

Die mechanisch-technologischen Eigenschaften kennzeichnen das Werkstoffverhalten unter der Wirkung von Kräften bei der technischen Verwendung und der Herstellung von Bauteilen.

Elastische und plastische Verformung

Unter der Wirkung einer Kraft verformen sich die verschiedenen Werkstoffe ganz unterschiedlich.

Ein Sägeblatt aus gehärtetem Werkzeugstahl z. B. lässt sich biegen und federt nach Wegnahme der Kraft wieder in seine ursprüngliche, gerade Form zurück **(Bild 1)**. Dieses Verhalten nennt man elastische Verformung oder **Elastizität** des Werkstoffs. Rein elastisches Verformungsverhalten haben z. B. die Stähle für Sägeblätter oder für Federn.

Ein Stab aus Blei hingegen behält nach dem Biegen zum überwiegenden Teil die Verformung bei **(Bild 2)**. Dieser Werkstoff verformt sich annähernd rein plastisch. Diese Eigenschaft nennt man die **Plastizität** des Werkstoffs. Überwiegend plastisch verformbar sind z. B. auf Schmiedetemperatur erwärmter Stahl oder Weicheisen.

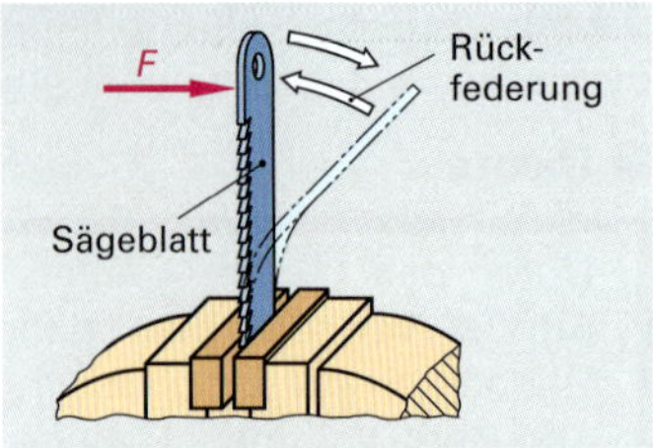

Bild 1: Elastizität eines Sägeblatts

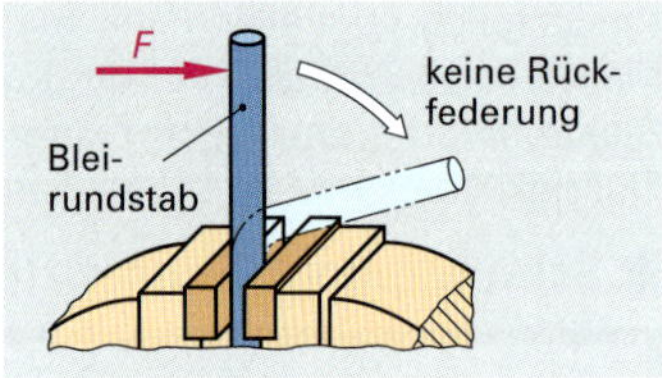

Bild 2: Plastizität eines Bleistabes

Elastisch-plastisches Verformungsverhalten

Ein Vierkantstab aus unlegiertem Baustahl zeigt beim Biegen sowohl elastische als auch plastische Verformung:

Bei starkem Biegen federt der Stab nur noch teilweise zurück. Es verbleibt eine bleibende plastische Verformung **(Bild 3)**. Der Werkstoff hat bei starker Belastung eine elastisch-plastische Verformung.

Elastisch-plastisches Verformungsverhalten zeigen viele Werkstoffe, wie z. B. ungehärtete Stähle, Aluminium- und Kupfer-Legierungen.

> Die verschiedenen Werkstoffe können elastisches, plastisches und elastisch-plastisches Verformungsverhalten haben.

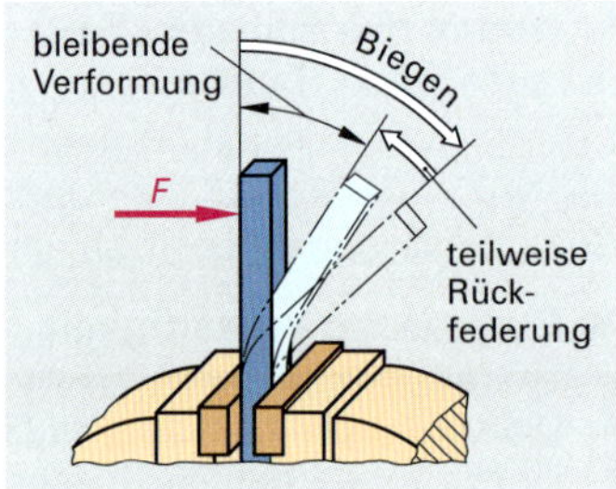

Bild 3: Elastisch-plastische Verformung eines Stabstahls

Zähigkeit, Sprödigkeit, Härte

Als **zäh** bezeichnet man einen Werkstoff, der sich elastisch-plastisch verformen lässt, der Verformung aber großen Widerstand entgegensetzt.

Baustähle oder die nichtrostenden Stähle z. B. sind zähe Werkstoffe.

Spröde nennt man Werkstoffe, die bei schlagartiger Beanspruchung in Bruchstücke zerspringen.

Keramiken und Glas, aber auch einige Gusseisensorten und unsachgemäß gehärteter Stahl sind spröde.

> Unter **Härte** versteht man den Widerstand, den ein Werkstoff dem Eindringen eines Prüfkörpers entgegensetzt **(Bild 4)**.

Harte Werkstoffe sind z. B. gehärteter Stahl, die Hartmetalle und hartkeramische Werkstoffe. Weiche Werkstoffe sind Aluminium und Kupfer. Große Härte benötigen z. B. Werkzeuge sowie Gleit- und Verschleißflächen von Maschinen.

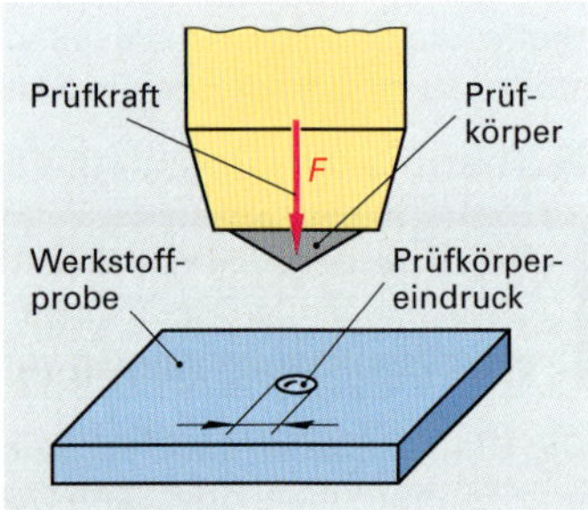

Bild 4: Bestimmung der Härte

Beanspruchungsarten

Je nachdem, in welcher Richtung Kräfte auf ein Bauteil wirken, herrschen im Werkstoff unterschiedliche Beanspruchungen. Wirken zwei Kräfte in entgegengesetzter Richtung vom Bauteil weg auf einer Wirkungslinie, so liegt Zugbeanspruchung vor **(Bild 5)**.

Bei Einwirkung zweier Kräfte von entgegengesetzten Seiten auf das Bauteil hin herrscht Druckbeanspruchung.

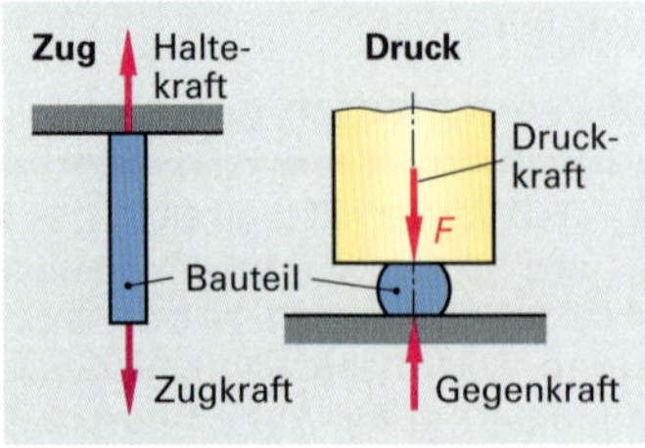

Bild 5: Zug- und Druckbeanspruchung

Weitere Beanspruchungsarten sind Biegung, Scherung, Verdrehung und Knickung **(Bild 1)**.

Für jede Beanspruchungsart hat ein Werkstoff eine höchste Belastungsgrenze, die man **Festigkeit** nennt. Je nach Beanspruchungsart heißen diese Belastungsgrenzen Zugfestigkeit, Druckfestigkeit, Biegefestigkeit, Scherfestigkeit usw.

In der Technik haben die Werkstoff-Kennwerte bei Zugbelastung die größte Bedeutung.

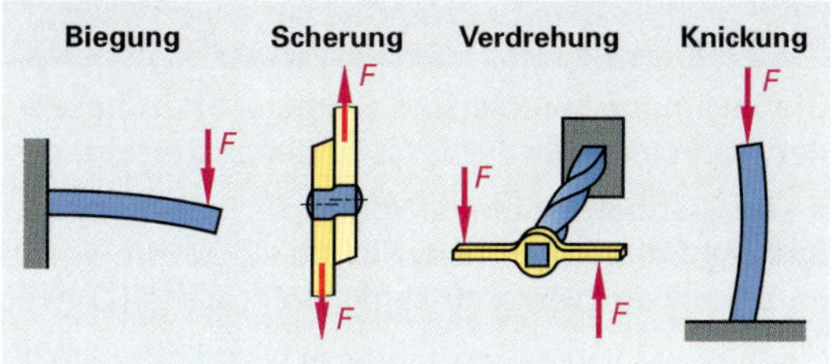

Bild 1: Weitere Beanspruchungsarten

Zugfestigkeit, Streckgrenze

Um die Größe der Zugbeanspruchung in einem Bauteil, unabhängig von der Bauteilgröße, zu beschreiben, bezieht man die einwirkende Zugkraft F auf den Bauteilquerschnitt S_0. Diese Größe nennt man Zugspannung σ_z. Ihre Einheit ist N/mm^2.

Zugspannung $$\sigma_z = \frac{F}{S_0}$$

Als Kenngrößen für die Belastbarkeit eines Werkstoffs benutzt man die in einem Probestab herrschenden Zugspannungen bei bestimmten Verformungszuständen **(Bild 2)**.

Wird der Probestab mit einer kleinen Zugkraft belastet, so dehnt er sich zunächst nur elastisch. Dies gilt, so lange die Zugkraft unter der Grenzkraft der elastischen Verformung F_e bleibt. Steigert man die Zugkraft über F_e, dann beginnt sich der Stab erheblich zu verlängern. Man sagt, der Werkstoff „wird gestreckt". Diese Verformung ist überwiegend plastisch.

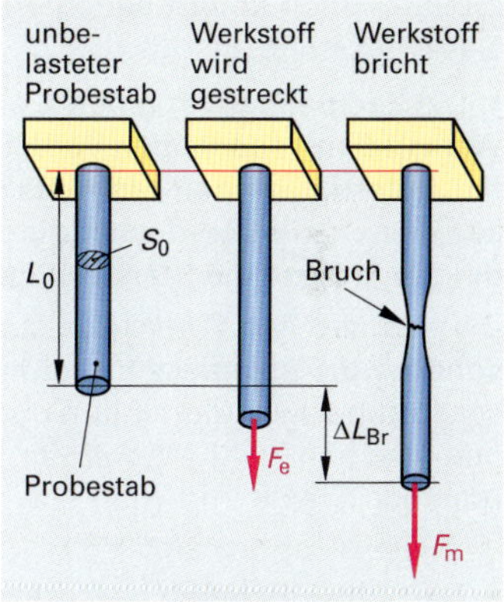

Bild 2: Probestab, unbelastet und unter Zugbeanspruchung

Die Zugspannung, die unmittelbar vor Beginn des Streckens im Werkstoff herrscht, nennt man **Streckgrenze R_e**. Sie berechnet sich als Quotient aus der Kraft F_e und dem Stabquerschnitt S_0 und ist eine Kenngröße (Grenzwert) für die Belastbarkeit eines Werkstoffs ohne wesentliche plastische Verformung.

Wird die Zugbeanspruchung auf den Probestab über die Streckgrenze hinaus gesteigert, so beginnt er sich einzuschnüren und zerreißt schließlich (Bild 2). Die bei der größten Zugkraft F_m im Werkstoff herrschende Zugspannung ist die **Zugfestigkeit R_m**. Sie berechnet sich als Quotient aus F_m und S_0 und ist die maximale Zugspannung, die in einem Werkstoff herrschen kann.

Streckgrenze $$R_e = \frac{F_e}{S_0}$$

Zugfestigkeit $$R_m = \frac{F_m}{S_0}$$

Die Streckgrenze R_e und die Zugfestigkeit R_m haben die gleiche Einheit N/mm^2. Der Stahl S235JR hat z. B. eine Streckgrenze von $R_e \approx 235$ N/mm^2 und eine Zugfestigkeit von $R_m \approx 360$ N/mm^2.

Dehnung, Bruchdehnung

Durch die einwirkende Kraft verlängert sich der Probestab (Bild 2). Die auf die Ausgangslänge L_0 bezogene Verlängerung ΔL in Prozent nennt man **Dehnung ε**. Die bleibende Dehnung nach dem Bruch des Probestabes heißt **Bruchdehnung A**. Sie ist ein Maß für die größtmögliche Dehnung eines Werkstoffes.

Dehnung $$\varepsilon = \frac{\Delta L}{L_0} \cdot 100\,\%$$

Bruchdehnung $$A = \frac{\Delta L_{Br}}{L_0} \cdot 100\,\%$$

Verschleißfestigkeit

Zwischen sich gegeneinander bewegenden Maschinenteilen, wie z. B. dem Maschinenbett und dem Längsschlitten einer Drehmaschine, tritt Reibung und Verschleiß der Bauteiloberflächen auf **(Bild 3)**. Die Verschleißfestigkeit eines Bauteils hängt außer von der Werkstoffpaarung und dem Schmiermittel von den Beanspruchungen ab: Kräfte, Geschwindigkeiten, Temperatur, Zeitdauer, Bewegungsart und umgebende Atmosphäre.

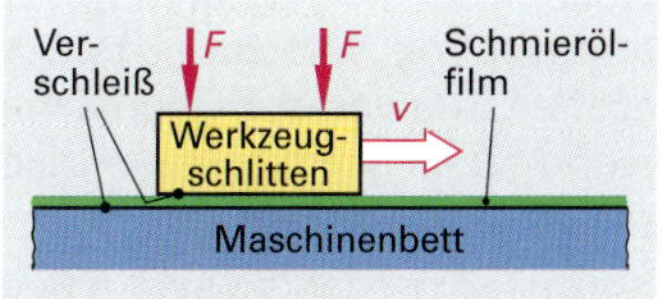

Bild 3: Verschleiß an Gleitflächen

3.2.4 Fertigungstechnische Eigenschaften

Die fertigungstechnischen Eigenschaften beschreiben die Eignung der Werkstoffe für die verschiedenen Fertigungsverfahren **(Bild 1)**.

- Die **Gießbarkeit** eines Werkstoffs ist gegeben, wenn er eine dünnflüssige Schmelze bildet, die die Gussform vollständig ausfüllt und im erstarrten Werkstoff keine Hohlräume (Lunker) bildet. Gut gießbar sind die verschiedenen Gusseisensorten, Aluminium-Gusslegierungen, Kupfer-Zink- und Zink-Gusslegierungen.

- Die **Umformbarkeit** ist die Fähigkeit eines Werkstoffs, sich unter Krafteinwirkung durch plastische Verformung zu einem Werkstück formen zu lassen. Warmumformverfahren sind z. B. das Warmwalzen und Schmieden, Kaltumformverfahren sind z. B. das Kaltwalzen, Biegen, Abkanten und Tiefziehen.

Gut umformbar sind kohlenstoffarme Stähle, Weicheisen sowie Aluminium- und Kupfer-Knetlegierungen. Nicht umformbar sind Eisen-Gusswerkstoffe.

- Die **Zerspanbarkeit** gibt an, ob und bei welchen Bedingungen ein Werkstoff mit spanenden Verfahren, wie z. B. Drehen, Fräsen, Schleifen, gefertigt werden kann. Als Bewertungsgrößen der Zerspanbarkeit dienen die Oberflächengüte der gespanten Fläche, die Spanbedingungen und die Standzeit der Spanwerkzeuge.

Die metallischen Werkstoffe sind überwiegend gut spanbar, insbesondere die unlegierten und niedrig legierten Stähle und Gusseisensorten sowie Aluminium und Al-Legierungen. Schwierig zu spanen sind sehr zähe Werkstoffe, wie weichgemachtes Kupfer, nichtrostende Stähle und Titan sowie sehr harte Werkstoffe, wie gehärtete Stähle.

- Die **Schweißbarkeit** beschreibt die Eignung oder Nichteignung eines Werkstoffes für das Schweißen.

Gut schweißbar sind unlegierte und niedrig legierte Stähle mit niedrigem Kohlenstoffgehalt. Mit Sonderschweißverfahren sind auch die hochlegierten Stähle sowie Aluminium- und Kupferlegierungen schweißbar.

- Die **Härtbarkeit** und die Vergütbarkeit ist die Fähigkeit eines Werkstoffs, durch eine gezielte Wärmebehandlung eine Steigerung seiner Härte und Festigkeit zu erlangen.

Härtbar sind die meisten Stähle, einige Eisen-Gusswerkstoffe und die aushärtbaren Aluminiumlegierungen.

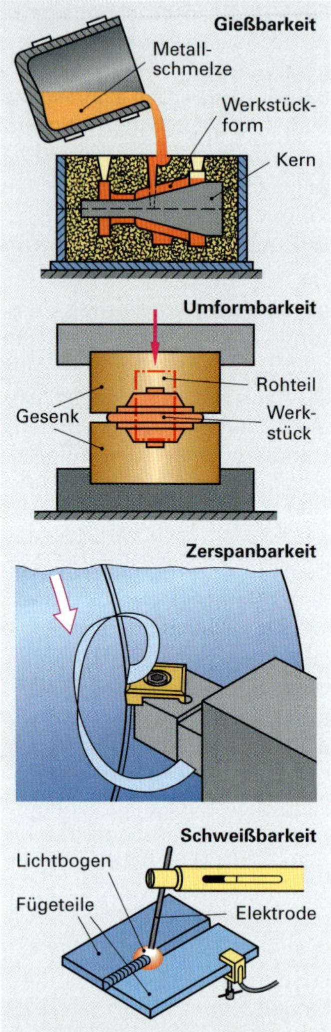

Bild 1: Fertigungstechnische Eigenschaften

3.2.5 Chemisch-technologische Eigenschaften

Die chemisch-technologischen Eigenschaften befassen sich mit den stoffverändernden Wirkungen von Umwelteinflüssen und aggressiven Stoffen (Wirkmedien) sowie hoher Temperaturen auf die Werkstoffe.

- Das **Korrosionsverhalten** beschreibt das Verhalten eines Werkstoffs unter der zerstörenden Wirkung von feuchter Luft, Industrieatmosphäre, verschmutztem Wasser oder anderen aggressiven Stoffen. Die von der Oberfläche ausgehende Zerstörung des Werkstoffs durch chemische und elektrochemische Vorgänge wird **Korrosion** genannt **(Bild 2)**.

Korrosionsbeständig sind z. B. die nichtrostenden Stähle sowie viele Kupfer- und Aluminium-Werkstoffe. Nicht korrosionsbeständig an

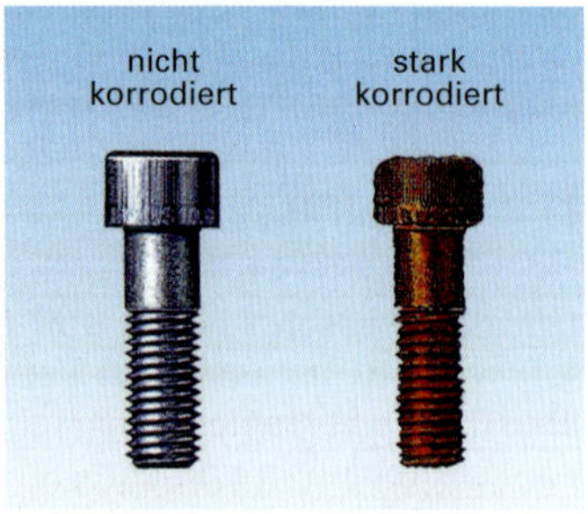

Bild 2: Korrosionsverfahren

feuchter Luft oder Industrieatmosphäre sind die unlegierten und niedrig legierten Stähle sowie Gusseisen; sie rosten.

Durch eine Oberflächenbehandlung, einen Anstrich oder eine Beschichtung kann die Korrosion für lange Zeit vermieden werden.

- Eine weitere chemisch-technologische Eigenschaft ist die **Verzunderungsbeständigkeit (Bild 1)**. Sie beschreibt das Reaktionsverhalten der Werkstoffe bei hohen Temperaturen.
- Bei einigen Werkstoffen, wie z. B. den Kunststoffen, ist zudem die **Brennbarkeit** bei der Werkstoffwahl zu beachten.

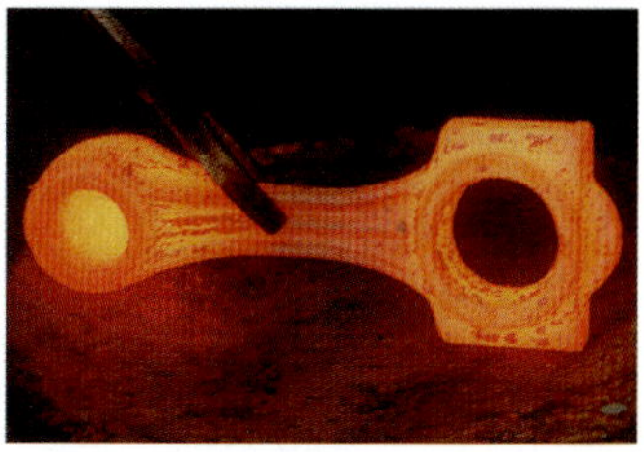

Bild 1: Verzunderung

3.2.6 Umweltverträglichkeit, gesundheitliche Unschädlichkeit

Die Werk- und Hilfsstoffe sollen bei ihrer Herstellung, bei der Bearbeitung und beim sachgemäßen Gebrauch keine gesundheitsgefährdende Wirkung ausüben. Nach dem Gebrauch der Geräte und Maschinen sollen die Werkstoffe wiederaufarbeitbar sein (Recycling).

- **Umweltverträgliche Stoffe.** Die am häufigsten verwendeten metallischen Werkstoffe sind überwiegend umweltverträglich: Stähle und Gusseisen, Aluminium- und Kupferwerkstoffe. Diese Werkstoffe sind gesundheitlich unbedenklich. Sie werden nach dem Gebrauch sortenrein gesammelt **(Bild 2)**, eingeschmolzen und zu neuen Werkstoffen verarbeitet.
- **Giftige Stoffe.** Die Metalle Blei und Cadmium sind giftig, wenn sie z. B. als Feinstaub eingeatmet werden. Ihr Gebrauch ist auf ein Mindestmaß einzuschränken. Bei ihrer Verarbeitung, z. B. beim Löten mit Pb- und Cd-haltigem Weichlot, muss die Abluft abgesaugt und der Arbeitsraum gut gelüftet werden. Das gilt ebenso beim Schweißen **(Bild 3)**. Auch beim Spanen mit Kühlschmierstoff sollte das Einatmen von Kühlschmierstoffnebel vermieden werden.
- **Gesundheitsschädliche Stoffe.** Zu vermeiden sind stark gesundheitsschädliche Stoffe, wie z. B. Kaltreiniger-Flüssigkeiten. Wo auf sie nicht verzichtet werden kann, sind sie in geschlossenen Anlagen zu halten, sodass ein Kontakt mit ihnen vermieden wird.

Bild 2: Recycling-Material

Bild 3: Absaugung von Gasen

> Beim Umgang mit Giftstoffen sind die Vorschriften der Berufsgenossenschaft zu beachten.

Wiederholung und Vertiefung

1 Ordnen Sie die Metalle Kupfer, Eisen, Titan, Zink, Magnesium, Blei und Aluminium in die Gruppen Leichtmetalle und Schwermetalle ein.

2 Auf welchen Eigenschaften beruht die vielseitige Anwendung der Kunststoffe?

3 Aus welchen Werkstoffen könnte der Fräser und das bearbeitete Werkstück im gezeigten Bild bestehen?

4 Ein Werkstück hat eine Masse von 6,48 kg und ein Volumen von 2,4 dm^3. a) Welche Dichte hat der Werkstoff des Werkstücks? b) Um welchen Werkstoff könnte es sich handeln?

5 Beschreiben Sie das elastisch-plastische Verformungsverhalten eines Stahlstabs.

6 Was geben die Streckgrenzen R_e und die Zugfestigkeit R_m eines Werkstoffs an?

7 Nennen Sie drei fertigungstechnische Eigenschaften. Erläutern Sie diese Eigenschaften mit jeweils einem Werkstoff, der für dieses Fertigungsverfahren gut geeignet ist.

8 Wie kann die Korrosion von Metallteilen vermieden werden?

3.3 Innerer Aufbau der Metalle

In natürlicher Größe erscheinen die Metalle als einheitlicher Stoff ohne erkennbare innere Struktur (**Bild 1,** linker Bildteil).

Betrachtet man die angeätzte Oberfläche eines Metalls rund 10 000fach vergrößert, z. B. mit einem Elektronenmikroskop, so sieht man, dass die Metalle einen äußerst komplizierten Feinbau besitzen (**Bild 1,** rechts). Man erkennt, dass sie sich aus einer Vielzahl kleiner, regelmäßig geformter Körner, auch **Kristalle** genannt, zusammensetzen.

> Den Feinbau der Metalle bezeichnet man als **kristallinen Aufbau** oder als **kristalline Struktur.**

Vergrößert man die Ecke eines Kristalls noch stärker, z. B. 10 000 000fach, so gelangt man zu den kleinsten Teilchen der Metalle, den Atomen (Bild 1, unten). Sie sind in genauen Abständen und Winkeln angeordnet.

Verbindet man die Mittelpunkte der Metallatome, so ergeben die Verbindungslinien ein räumliches Gitter, das als **Raumgitter** oder **Kristallgitter** bezeichnet wird. Die kleinste typische Einheit dieses Kristallgitters nennt man **Elementarzelle.**

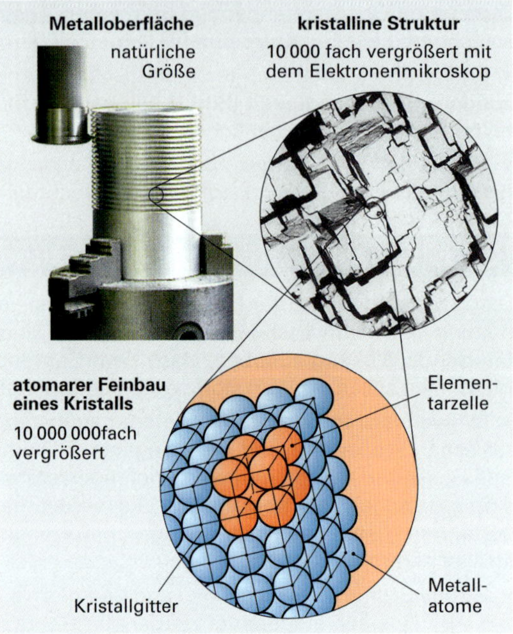

Bild 1: Metalloberfläche und innerer Aufbau

3.3.1 Innerer Aufbau, Eigenschaften

Metallbindung und Festigkeit

Im festen Aggregatzustand besitzen die Metalle einen festen Zusammenhalt. Ursache hierfür ist die Metallbindung, die die einzelnen Metallteilchen zusammenhält. Die Metallbindung entsteht bei der Gewinnung des Metalls durch Zusammenlagern der Metallatome direkt nach der Reduktion des Erzes. Dabei werden locker gebundene Elektronen der Metallatome abgegeben **(Bild 2)**. Sie umgeben den Metallatom-Verband als Elektronenwolke. Die Elektronen können sich in der Elektronenwolke frei bewegen, sie aber nicht verlassen. Sie halten die Metallatome[1] wie eine Art „Elektronenkitt" zusammen.

> Die Metallbindung bewirkt den äußerst festen Zusammenhalt der Metallteilchen und damit die **Festigkeit** der Metalle.

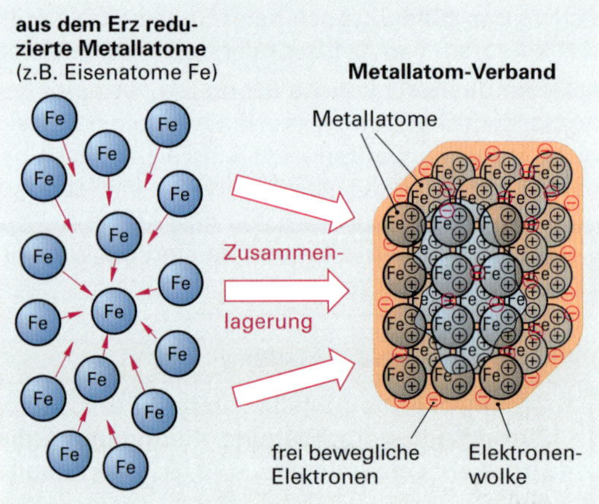

Bild 2: Entstehung der Metallbindung (Beispiel Eisen)

Elektrische Leitfähigkeit

Die frei beweglichen Elektronen können durch eine angelegte elektrische Spannung in Bewegung gesetzt werden **(Bild 3).** Es fließt dann ein Strom von Elektronen (elektrischer Strom).

> Metalle sind gute **elektrische Leiter.**

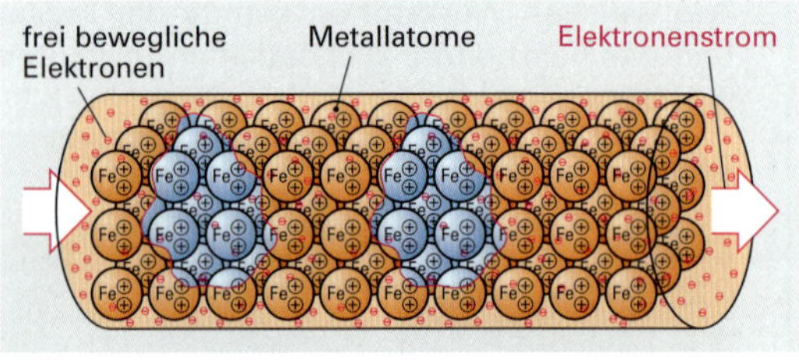

Bild 3: Stromleitung in einem Metalldraht

[1] Hier wird vereinfachend von Metallatomen gesprochen. Wissenschaftlich exakt müssten sie Metallionen genannt werden.

Verformungsverhalten der Metalle

Metalle verformen sich bei geringer Belastung elastisch und bei hoher Belastung zusätzlich plastisch (Seite 138). Dieses Verformungsverhalten beruht auf ihrem kristallinen Feinbau **(Bild 1)**.

Ist die Krafteinwirkung gering, so werden die Metallatome nur geringfügig von ihrem Gitterplatz verdrängt und federn bei Wegnahme der Kraft wieder in ihre Ausgangslage zurück. Sie verformen sich elastisch.

Bei großer Krafteinwirkung kann an einer Stelle des Kristalls die obere Atomlage von der stabilen „Übereinander-Anordnung" in die ebenfalls stabile „Auf-Lücke-Anordnung" verschoben werden. Diese neue stabile Lage bleibt auch erhalten, wenn die Kraft weggenommen wird. Der Körper hat sich bleibend verformt **(plastische Verformung)**. Nach der Verschiebung wirken wieder ähnlich große Bindungskräfte zwischen den Metallatomen wie vorher. Deshalb erfolgt durch die Verschiebung kein Auseinanderbrechen des Körpers, sondern lediglich eine bleibende Verformung. Die Verformung kann bei fortdauernder Krafteinwirkung so lange fortschreiten, bis alle Metallatomlagen im belasteten Bereich des Bauteils verschoben sind. Erst dann führt weitere Belastung zum Bruch des Körpers.

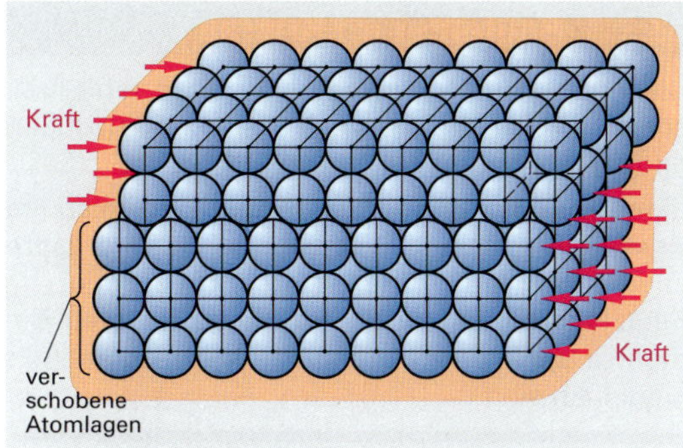

Bild 1: Plastische Verformung eines Kristalls durch Verschieben einer Metallatomlage

3.3.2 Kristallgittertypen der Metalle

Die Atome der verschiedenen Metalle können sich in unterschiedlichen geometrischen Anordnungen zusammenfügen. Diese sind von der Metallart und teilweise von der Temperatur abhängig.

> Die Metalle haben kubisch-raumzentrierte, kubisch-flächenzentrierte oder hexagonale Kristallgitter.

Die grafische Darstellung der Anordnung der Metallatome erfolgt an Hand einer Elementarzelle **(Bild 2)**.

Kubisch-raumzentriertes Kristallgitter

Beim kubisch-raumzentrierten Kristallgitter (krz) ordnen sich die Metallatome so, dass die Verbindungslinien von Atommittelpunkt zu Atommittelpunkt einen Würfel (Kubus) bilden (Bild 2, oberer Bildteil). Zusätzlich befindet sich noch ein Metallatom in der Würfelmitte. Ein kubisch-raumzentriertes Kristallgitter hat z. B. Eisen bei Temperaturen unter 911 °C sowie Chrom, Wolfram und Vanadium.

Kubisch-flächenzentriertes Kristallgitter

Das kubisch-flächenzentrierte Kristallgitter (kfz) hat ebenfalls einen Würfel als Grundkörper und zusätzlich je ein Atom in der Mitte der Seitenflächen (Bild 2, mittlerer Bildteil). Diese Kristallform haben Aluminium, Kupfer und Nickel sowie Eisen über 911 °C.

Hexagonales Kristallgitter

Ein hexagonales Kristallgitter (hex) besitzen die Metalle Magnesium, Zink und Titan. Bei diesem Gittertyp bilden die Metallatome ein sechseckiges Prisma mit je einem Atom in der Mitte der Grundflächen sowie drei Atomen innerhalb des Prismas (Bild 2, unterer Bildteil).

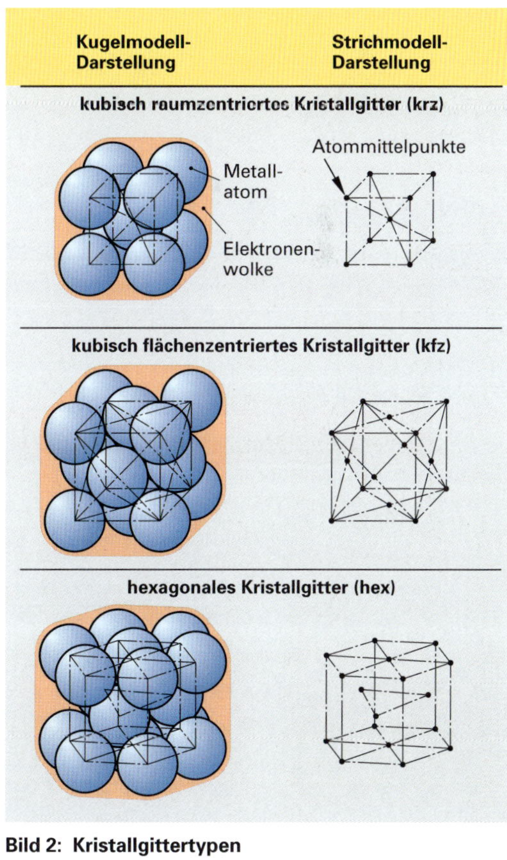

Bild 2: Kristallgittertypen

3.3.3 Baufehler im Kristall

Die Kristalle eines Metalls sind nicht fehlerfrei, sondern mit Fehlern wie Lücken, Versetzungen und Fremdatomen durchsetzt **(Bild 1)**.

Eine **Lücke** ist ein nicht besetzter Gitterplatz im Kristallgitter. Bei einer **Versetzung** ist eine ganze Lage von Metallatomen eingeschoben oder sie fehlt. **Fremdatome** sind Atome eines anderen Elementes, die in das Kristallgitter des Grundmetalls eingebaut sind.

> Baufehler bewirken Verzerrungen im Kristallgitter und führen zur Erhöhung der Festigkeit.

Die festigkeitssteigernde Wirkung tritt z.B. beim Legieren auf. Hierbei werden Fremdatome in das Kristallgitter des Grundmetalls eingelagert.

Bei der Verfestigung durch Kaltverformung entstehen festigkeitssteigernde Lücken und Versetzungen.

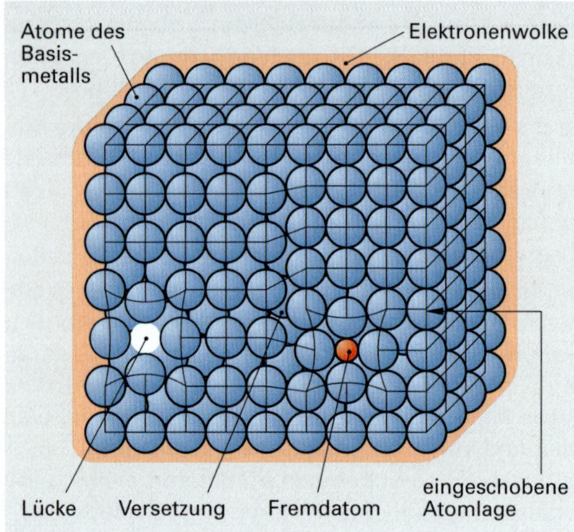

Bild 1: Baufehler im Metallkristall

3.3.4 Entstehung des Metallgefüges

Das Gefüge eines metallischen Werkstoffs, d.h. seine Gliederung in Kristalle (Bild 1, Seite 142), entsteht nach dem Vergießen beim Erstarren der Metallschmelze zum festen Metallkörper.

Die Erstarrung einer Metallschmelze verläuft über Zwischenstufen.

Beispiel: Die Abkühlung von reinem Eisen und die dabei ablaufenden Vorgänge in der Schmelze **(Bild 2)**.

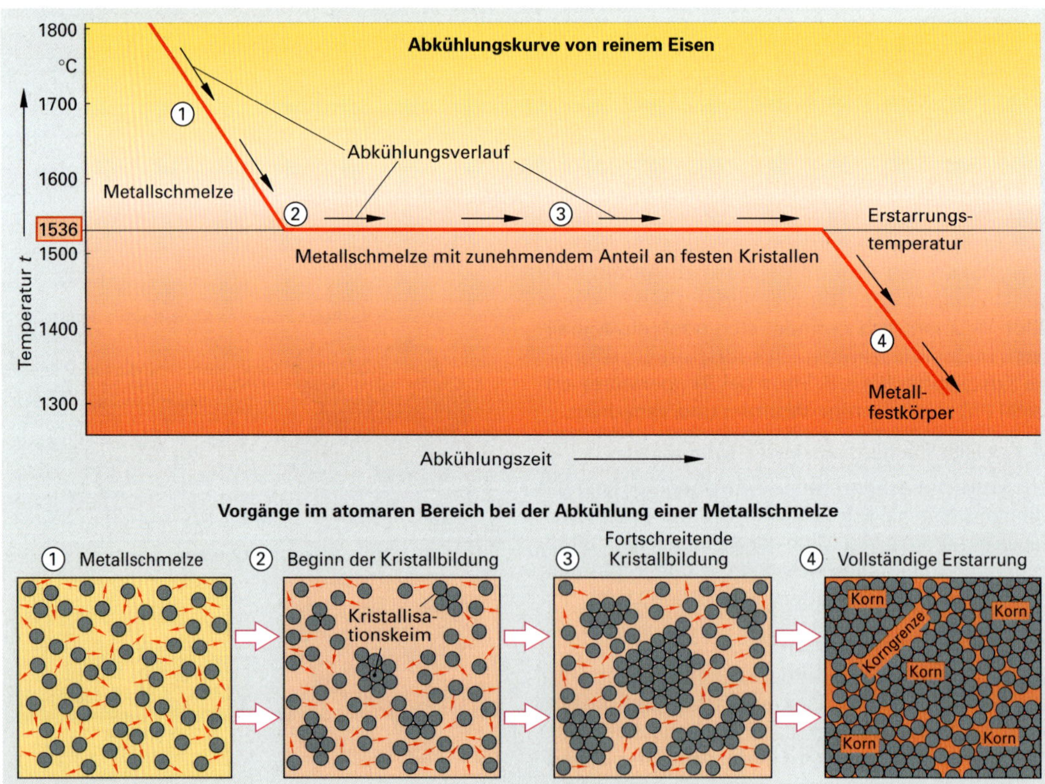

Bild 2: Abkühlungskurve und kristalline Vorgänge in einer Metallschmelze

Es kommt bei den in Bild 2, Seite 144 gezeigten Abkühlungsstufen ① bis ④ zu folgenden Vorgängen:

① **Metallschmelze.** In der Metallschmelze bewegen sich die Metallatome frei und regellos durcheinander. Bei der Abkühlung der Schmelze wird die Bewegung der Metallatome langsamer.

② **Beginn der Kristallbildung.** Bei Erreichen der Erstarrungstemperatur (bei Eisen: 1536 °C) in der Schmelze beginnt die Zusammenlagerung der Metallatome nach einem Kristallgittertyp. Die Stellen, an denen das Kristallwachstum beginnt, nennt man **Kristallisationskeime**.

③ **Fortschreitende Kristallbildung.** Von den Kristallisationskeimen ausgehend gliedern sich immer mehr Metallatome aus der Restschmelze den Kristallen an. Die Temperatur bleibt während des gesamten Auskristallisierens unverändert auf der Erstarrungstemperatur, da die entzogene Wärme zur Kristallbildung verbraucht wird. Die Abkühlungskurve verläuft waagrecht.

Wenn die Schmelze fast aufgebraucht ist, stoßen die wachsenden Kristalle an ihren Grenzen aneinander. Die dadurch unregelmäßig begrenzten Kristalle nennt man **Kristallite** oder **Körner**. Die Metallatome im Grenzbereich zwischen den Körnern können teilweise nicht in das Kristallgitter eingeordnet werden. Sie bilden zusammen mit Fremdatomen zwischen den einzelnen Körnern eine ungeordnete Begrenzungsschicht, die **Korngrenze**.

④ **Vollständige Erstarrung.** Haben alle Metallatome ihren festen Platz, so ist die Schmelze vollständig erstarrt. Das Gefüge des Werkstoffs hat sich gebildet. Die Temperatur des entstandenen, festen Metallkörpers nimmt durch den Wärmeentzug nun wieder stetig ab, die Abkühlungskurve fällt.

3.3.5 Gefügearten und Werkstoffeigenschaften

Das Gefüge eines Werkstoffs ist mit bloßem Auge nicht sichtbar. Die einzelnen Gefügekörner sind zu klein (im Größenbereich von 1 µm bis 100 µm) und die Korngrenzen sind nicht zu erkennen.

Um das Gefüge eines Werkstoffs sichtbar zu machen, bedarf es einer besonderen Technik, der **Metallografie**. Man trennt ein etwa walnussgroßes Stück des Werkstoffs ab, bettet es in Gießharz ein, schleift es auf einer Seite plan und poliert diese Fläche. Dann wird die polierte Metalloberfläche mit einem Ätzmittel angeätzt und unter einem Metallmikroskop betrachtet **(Bild 1)**.

Das sich darbietende Bild im Mikroskop wird **Schliffbild** genannt. Es zeigt die Körner und Korngrenzen.

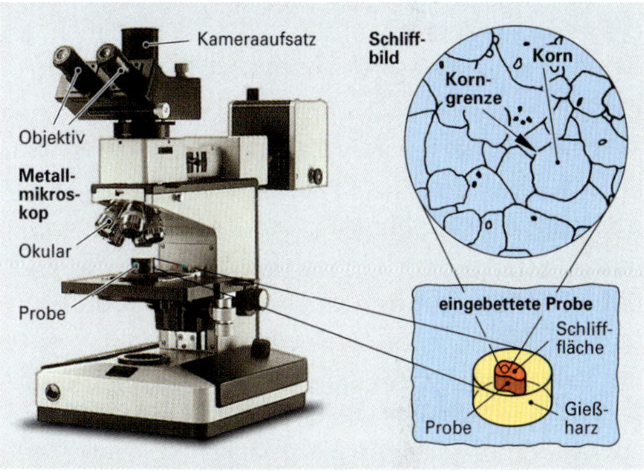

Bild 1: Sichtbarmachen eines Schliffbildes

Kornformen

Die verschiedenen Metalle und auch die unterschiedlichen Kristallgittertypen eines Metalls bilden bestimmte typische Kornformen **(Bild 2)**.

Reines Eisen bildet z. B. rundliche Körner (globulare Körner). Eisen mit Austenitgefüge hat Vieleckkörner (polyedrisch). Gehärteter Stahl (Martensitgefüge) zeigt nadelartiges Gefüge (dendritisch). Der Streifenzementit des Perlits und der Lamellengrafit von Grauguss bilden lamellenartige Schichten (lamellares Gefüge).

Die Kornform des Gefüges wird z. B. beim Kaltwalzen verändert. Hierbei werden die Körner in Walzrichtung gereckt, das Gefüge hat eine **Textur**. Die Festigkeit des Werkstoffs wird dadurch in Walzrichtung erhöht, die Dehnbarkeit verringert. Durch Rekristallisationsglühen kann die Textur wieder aufgehoben werden.

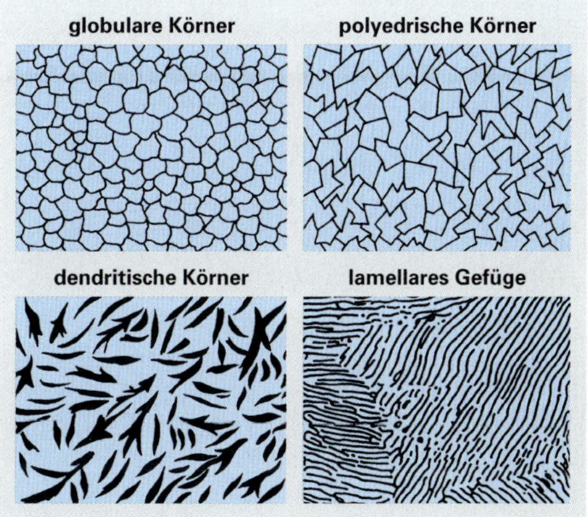

Bild 2: Kornformen

Korngrößen

Metalle haben Korngrößen von weniger als 1 µm bis zu 100 µm **(Bild 1)**. Ein Werkstoff mit feinkörnigem Gefüge hat eine höhere Festigkeit und eine bessere Dehnbarkeit als mit grobkörnigem Gefüge.

Die gewünschte Korngröße kann erzielt werden

- durch Wärmebehandlung, z. B. Normalglühen
- durch Warmumformen, z. B. Warmwalzen
- durch Zugabe von Legierungselementen, wie z. B. Mangan bei den Feinkornbaustählen.

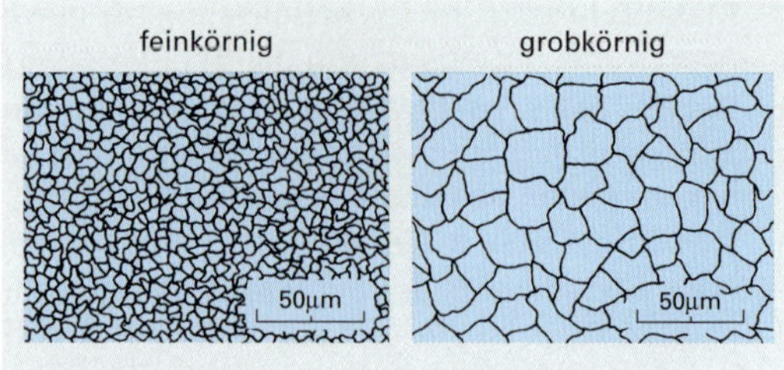

Bild 1: Gefüge mit unterschiedlichen Korngrößen

3.3.6 Gefüge reiner Metalle und Gefüge von Legierungen

Reine Metalle haben ein einheitliches (homogenes) Gefüge **(Bild 2)**. Alle Körner bestehen aus derselben Metallatomsorte und haben denselben Bauplan nach einem Kristallgittertyp. Bei Eisen z. B. sind die Eisenatome kubisch-raumzentriert angeordnet. Die Körner unterscheiden sich in der Ausrichtung des Kristallgitters.

Reinmetalle haben eine relativ geringe Festigkeit.

Die meisten Metalle werden in der Technik nicht als Reinmetalle verwendet, sondern als Legierungen.

Legierungen sind Gemische aus mehreren Metallen bzw. Gemische aus Metallen und Nichtmetallen.

Im flüssigen Zustand (Schmelze) sind die Legierungselemente gleichmäßig in der Legierung verteilt.

Beim Erstarren der Schmelze bilden sich je nach Grundmetall und den Legierungselementen unterschiedliche Gefügearten aus.

Bei **Kristallgemisch-Legierungen** bleiben die verschiedenen Metallatome beim Erstarren der Legierungsschmelze nicht vermischt, sondern entmischen sich und lagern sich getrennt zu verschiedenartigen Gefügekörnern zusammen **(Bild 3)**.

Bei **Mischkristall-Legierungen** bleiben die Atome der Legierungselemente beim Erstarren der Schmelze gleichmäßig im Kristallgitter verteilt **(Bild 4)**.

> Legierungen haben gegenüber ihrem reinen Grundmetall meist verbesserte Eigenschaften, z. B. eine höhere Festigkeit, verbessertes Korrosionsverhalten oder größere Härte.

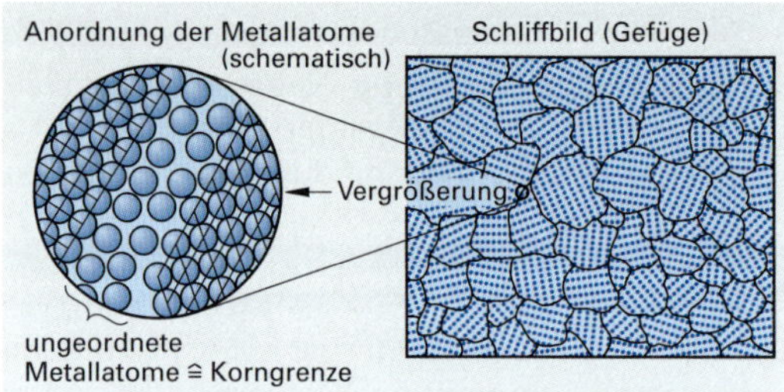

Bild 2: Innerer Aufbau eines reinen Metalls

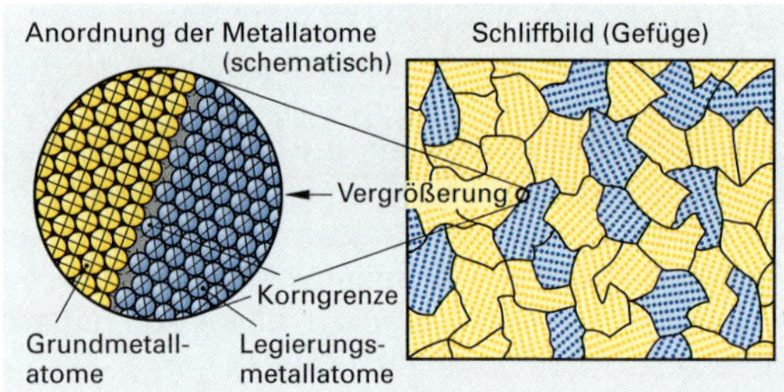

Bild 3: Innerer Aufbau einer Kristallgemisch-Legierung

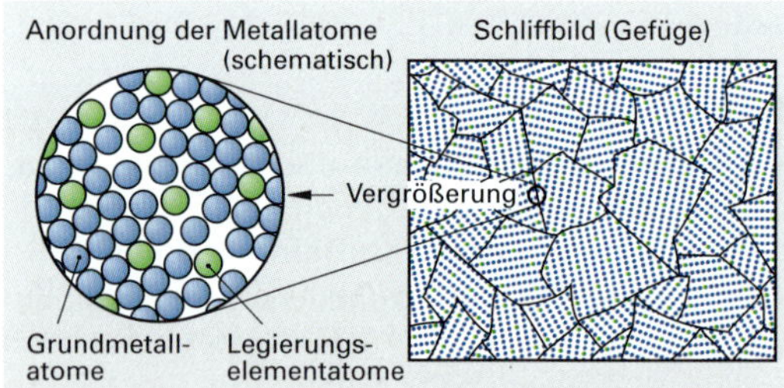

Bild 4: Innerer Aufbau einer Mischkristall-Legierung

Wiederholung und Vertiefung

1 Was zeigt das Gefüge eines Metalls?
2 Wie sind die Metalle im atomaren Größenbereich aufgebaut?
3 Welche drei Kristallgittertypen findet man bei den Metallen?
4 Welche Kristallbaufehler gibt es?
5 Worauf beruht die elastische und die plastische Verformbarkeit der Metalle?
6 Wie entsteht das Metallgefüge?
7 Wie wird das Metallgefüge sichtbar gemacht?
8 Wodurch unterscheiden sich reine Metalle und Legierungen bezüglich Gefüge und Eigenschaften?

3.4 Stähle und Eisen-Gusswerkstoffe

Als Stähle bezeichnet man Werkstoffe, deren Hauptbestandteil Eisen ist, die im Allgemeinen weniger als 2 % Kohlenstoff aufweisen und die zusätzlich noch andere Elemente enthalten. Stähle werden durch Walzen zu den Halbzeugen weiterverarbeitet.

Eisen-Gusswerkstoffe sind ebenfalls Eisen-Basiswerkstoffe. Sie enthalten jedoch mehr als 2 % Kohlenstoff und werden durch Gießen zu Werkstücken vergossen.

Stähle und Eisen-Gusswerkstoffe können durch gezielte Herstellung, durch Legieren und durch Wärmebehandlung ganz verschiedene Werkstoffeigenschaften erhalten **(Bild 1)**. Da sie außerdem preisgünstig hergestellt werden können, sind sie die am meisten verwendeten metallischen Werkstoffe.

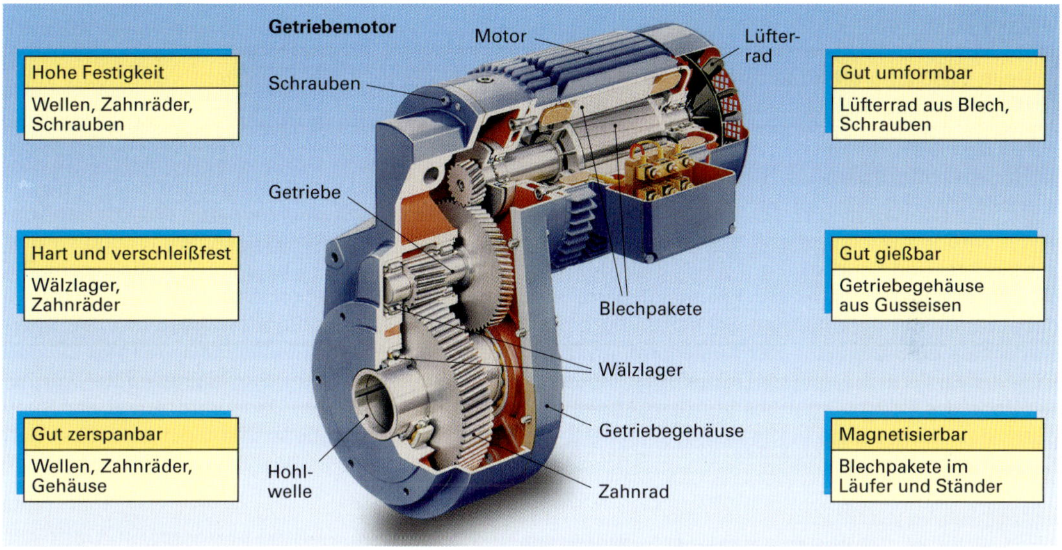

Bild 1: Eigenschaften der Stähle und Eisen-Gusswerkstoffe am Beispiel eines Getriebemotors

Weitere typische Eigenschaften der Stähle und Eisen-Gusswerkstoffe sind:

- wiederverwertbar
- schwer: Dichte 7,85 kg/dm^3
- korrosionsanfällig im unlegierten Zustand
- korrosionsbeständig durch Legieren

3.4.1 Gewinnung von Roheisen

Stähle und Eisen-Gusswerkstoffe werden aus Roheisen hergestellt. Das Roheisen selbst wird im Hochofen aus Eisenerzen gewonnen **(Bild 2)**.

Vorgänge im Hochofen. Der Hochofen wird schichtweise mit einem Gemisch aus Erz, Zuschlägen und Koks beschickt. Die Zuschläge nehmen beim Schmelzen die erdigen Bestandteile der Erze auf. Der Koks verbrennt durch eingeblasene Heißluft teilweise und liefert dadurch die Schmelzwärme für die Einsatzstoffe. Der Rest des Kokses reduziert das Eisenerz zum metallischen Eisen. Es enthält aus dem Koks gelösten Kohlenstoff. Das entstehende flüssige Roheisen tropft nach unten und sammelt sich am Boden des Hochofens. Es wird in Abstichen abgelassen.

Im Hochofen werden Eisenerze durch Reduktion in Roheisen umgewandelt.

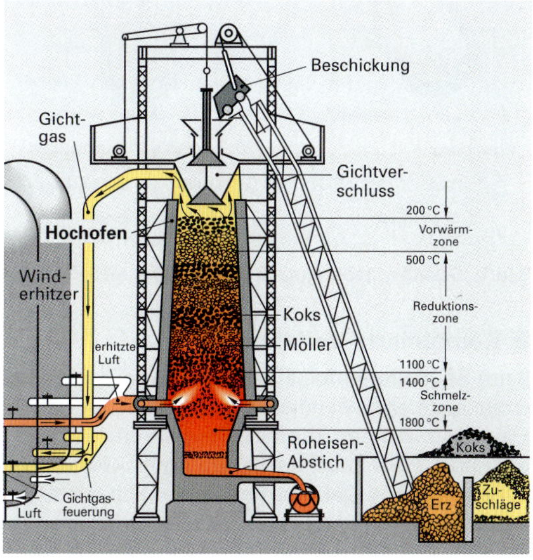

Bild 2: Roheisengewinnung im Hochofen

3.4.2 Herstellung von Stahl

3.4.2.1 Frischen

Roheisen enthält neben dem Hauptbestandteil Eisen etwa 4% Kohlenstoff und unerwünschte oder zu hohe Mengen der Begleitstoffe Silicium, Mangan, Schwefel und Phosphor. Bei der Umwandlung von Roheisen in Stahl müssen der Kohlenstoffgehalt herabgesetzt und die unerwünschten Begleitstoffe fast ganz beseitigt werden. Diesen Vorgang nennt man **Frischen.**

Nach dem Frischen wird der Stahl noch einer Nachbehandlung unterzogen.

Die wichtigsten Frischverfahren sind die Sauerstoffaufblas-Verfahren, die kombinierten Blasverfahren und die Elektrostahl-Verfahren.

Beim Frischen von Roheisen zu Stahl wird der Kohlenstoffgehalt des Roheisens vermindert und die unerwünschten Begleitstoffe werden weitgehend beseitigt.

Sauerstoffaufblas-Verfahren

Beim Sauerstoffaufblas-Verfahren wird Sauerstoff auf das flüssige Roheisen geblasen **(Bild 1)**. Der Konverter wird in der Füllstellung mit Schrott und flüssigem Roheisen beschickt ①. Anschließend wird er aufgerichtet und Sauerstoff mit 8 bis 12 bar auf den Einsatz geblasen ②. Es beginnt eine stürmische Reaktion des Sauerstoffs mit den Eisenbegleitern, welche die Schmelze kochen lässt. Nun wird Kalk zugegeben. Er bildet eine flüssige Schlacke und bindet darin die festen Abbrandprodukte und die unerwünschten Eisenbegleiter. Der Kohlenstoff im Roheisen verbrennt beim Frischen fast völlig zu CO und CO_2, die als Gase aufsteigen. Die geforderten Legierungsbestandteile und Desoxidationsmittel werden am Ende des Frischvorganges vor dem Abgießen des Stahls zugegeben. Dann wird zuerst der Stahl durch das Ausgussloch in die bereitstehende Gießpfanne ③ und anschließend die Schlacke über den Konverterrand abgegossen ④.

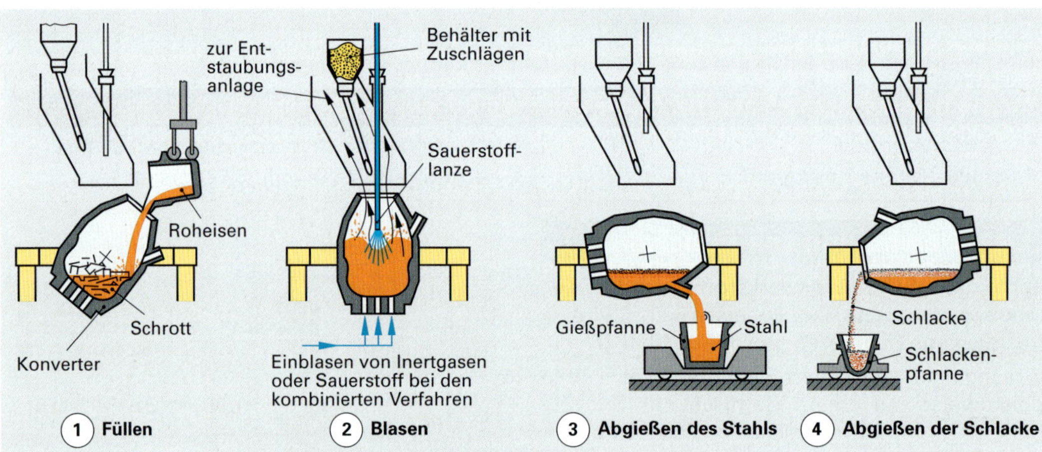

Bild 1: Stahlherstellung nach dem Sauerstoffaufblas-Verfahren

Kombinierte Verfahren

Beim Sauerstoffaufblas-Verfahren wird das Schmelzbad durch den von oben auftreffenden Sauerstoffstrahl nicht optimal durchmischt. Außerdem ist der Schrotteinsatz begrenzt und die Schlacke enthält viel Eisenoxid. Bei den kombinierten Verfahren bläst man zusätzlich inerte Gase wie Argon und Stickstoff oder auch Sauerstoff durch den Boden des Konverters in die Schmelze. Diese Gase rühren die Schmelze besser durch. Dadurch kann mehr Schrott eingesetzt werden. Außerdem ist die Blaszeit kürzer und der Verlust an Eisen und Legierungselementen geringer. Der gefrischte Stahl enthält weniger oxidische Einschlüsse und kann für weiche Stahlsorten bis zu einem Kohlenstoffgehalt von weniger als 0,02% verwendet werden. Wegen dieser Vorteile werden meist nur noch kombinierte Verfahren eingesetzt.

Elektrostahl-Verfahren

Bei den Elektrostahl-Verfahren wird die zum Schmelzen erforderliche Wärme durch einen Lichtbogen oder durch Induktion erzeugt.

Der **Lichtbogenofen** wird meistens mit Stahlschrott, selten mit Eisenschwamm und Roheisen beschickt **(Bild 1)**. Außerdem werden noch Kalk zur Schlackenbildung und Reduktionsmittel zugegeben. Der zwischen den Kohleelektroden und dem Schmelzgut verlaufende Lichtbogen erzeugt Temperaturen bis zu 3500 °C. Deshalb können auch schwer schmelzbare Legierungselemente wie Wolfram und Molybdän eingeschmolzen werden.

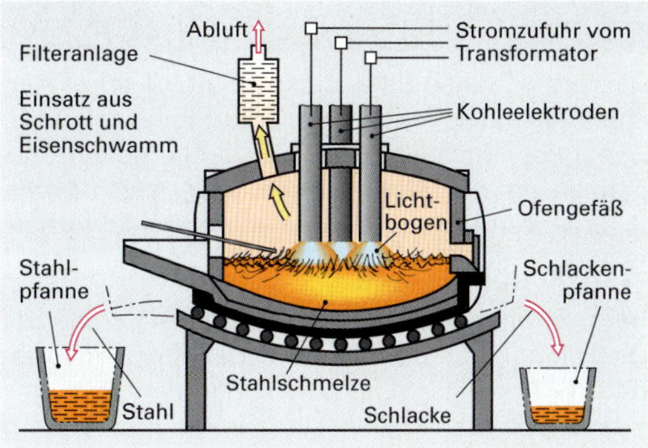

Bild 1: Lichtbogenofen

> Mit Lichtbogenöfen wird bevorzugt Stahlschrott zu Stahl verarbeitet (recycelt).

3.4.2.2 Nachbehandlung des Stahls

Desoxidation

Bei der Desoxidation wird der Stahlschmelze Ferrosilicium oder Aluminium zugesetzt. Diese Elemente binden den beim Erstarren frei werdenden Sauerstoff, sodass im Stahlblock keine Gasblasen entstehen. Man sagt, der Stahl erstarrt desoxidiert (beruhigt) **(Bild 2)**. Randzone und Kern haben die gleiche Zusammensetzung. Je nach dem Grad der Desoxidation unterscheidet man beruhigte und vollberuhigte Stähle. Vollberuhigte Stähle werden dort eingesetzt, wo ein gleichmäßiges Gefüge erforderlich ist, z. B. bei Vergütungsstählen.

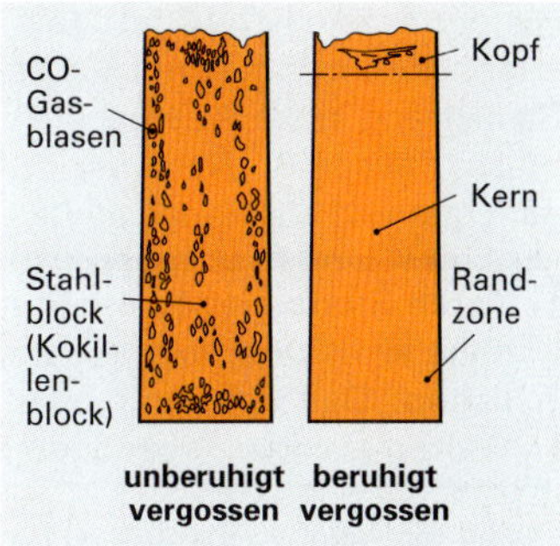

Bild 2: Unberuhigt und beruhigt vergossene Stahlblöcke

Vakuumbehandlung

Auch nach der Desoxidation verbleibt ein Rest an gelösten Gasen im Stahl. Sie scheiden sich im Laufe der Zeit aus, bewirken starke Spannungen und kleine Risse im Gefüge des Stahls und setzen dadurch Dehnung und Alterungsbeständigkeit herab. Durch Umgießen des flüssigen Stahls in einen Vakuumbehälter, entweichen die Gase aus der Schmelze und können abgesaugt werden **(Bild 3)**.

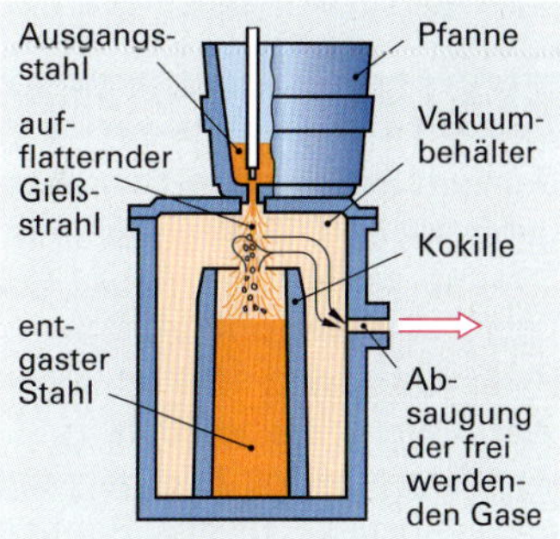

Bild 3: Vakuum-Entgasung

Spülgasbehandlung

Bei der Spülgasbehandlung wird Spülgas (Argon) von unten durch die Schmelze gepresst. Es durchmischt sie und schwemmt dabei die Verunreinigungen an die Oberfläche. Die Spülgasbehandlung mit Argon kann die Vakuumbehandlung ersetzen oder ergänzen.

Umschmelzverfahren

Mit dem Umschmelzverfahren werden besonders seigerungsarme und reine Edelstähle hergestellt. Beim **Elektro-Schlacke-Umschmelzverfahren** taucht der im Lichtbogenofen hergestellte Edelstahlblock als Abschmelzelektrode in die flüssige Schlacke einer Kokille **(Bild 4)**. Die notwendige Schmelzwärme entsteht beim Stromdurchgang durch das Schlackenbad, das als elektrischer Widerstand wirkt. Der abgeschmolzene Stahl tropft durch die reinigende Schlacke und erstarrt in der gekühlten Kupferkokille zum umgeschmolzenen Block mit äußerst reinem und gleichmäßigem Gefüge.

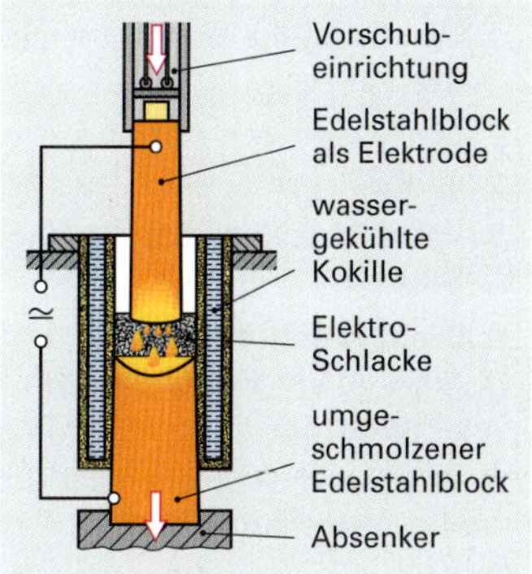

Bild 4: Elektro-Schlacke-Umschmelzverfahren

> Durch die Nachbehandlungen wird die Stahlqualität verbessert, indem unerwünschte Begleitstoffe entfernt werden.

3.4.2.3 Vergießen des Stahles

Der fertig behandelte, flüssige Stahl wird zum überwiegenden Teil in einer Stranggussanlage zu Strängen vergossen **(Bild 1)**. Er hat damit die Ausgangsform für das Walzen. Für sehr große Schmiedestücke werden Kokillenblöcke gegossen.

Strangguss

Beim Strangguss wird der flüssige Stahl aus der Gießpfanne in einen Zwischenbehälter gegossen **(Bild 1)**. Aus diesem fließt er kontinuierlich in eine wassergekühlte Kokille aus Kupfer und erstarrt dort in der Randzone. Der entstehende, innen noch flüssige Stahlstrang wird fortlaufend nach unten aus der Kokille herausgezogen. In einer bogenförmigen Kühlkammer mit vielen Walzen wird der Stahlstrang in die Waagrechte umgelenkt und mit Wasser besprüht. Nach der Kühlkammer wird er gerichtet und abgelängt.

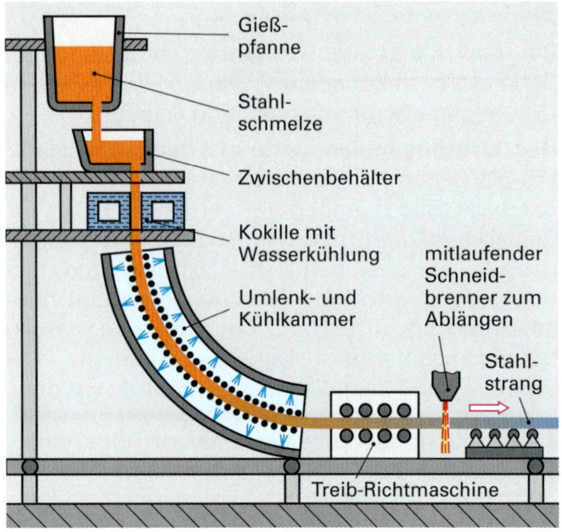

Bild 1: Stranggussanlage

> Durch Stranggießen erhält man Stränge, die nahe an den Abmessungen des Fertigprofiles liegen. Dadurch sind beim nachfolgenden Walzen weniger Arbeitsgänge erforderlich.

Durch die rasche Abkühlung hat der stranggegossene Stahl ein feineres Gefüge als beim Blockguss. Durch diese Vorteile hat der Strangguss den Blockguss **(Bild 2)** weitgehend verdrängt.

3.4.2.4 Weiterverarbeitung des Stahles

Der zum Strang oder Block vergossene Stahl wird durch Walzen, Ziehen, Schmieden (Seite 59) und Strangpressen (Seite 60) zu Halbzeugen und Fertigerzeugnissen umgeformt.

Halbzeuge sind Zwischenprodukte, wie z. B. Warmband. Sie werden zu Fertigerzeugnissen weiterverarbeitet. **Fertigerzeugnisse** sind Form- und Stabstähle, Bleche, Rohre und Kaltband.

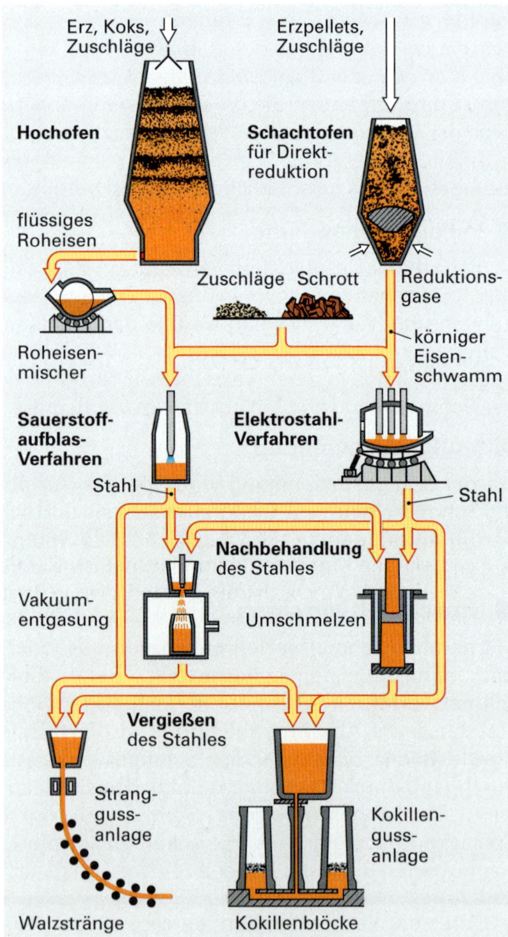

Bild 2: Übersicht über die Stahlherstellung

Wiederholung und Vertiefung

1 Was versteht man unter dem „Frischen" des Stahls?

2 Nach welchen Verfahren wird Stahl hergestellt?

3 Welchen Zweck hat die Nachbehandlung des Stahls?

4 Welche Eigenschaften erhalten die desoxidierend vergossenen Stähle durch die Desoxidation?

5 Wie wirkt sich die Vakuumbehandlung auf die Qualität des Stahles aus?

6 Welche Vorteile hat der Strangguss gegenüber dem Blockguss?

3.4.3 Eisen-Gusswerkstoffe

Ausgangsstoffe der Eisen-Gusswerkstoffe sind Gießereiroheisen, Stahlschrott, Gussbruch und Kreislaufmaterial der Gießerei. Zum Kreislaufmaterial einer Gießerei gehören z. B. die Speiser und Steiger (S. 47) der Gussstücke und die Ausschuss-Gussstücke. Dazu kommen Legierungselemente in Form von Ferrolegierungen. Ferrolegierungen sind Legierungen aus Eisen und einem hohen Anteil, z. B. 60 % Legierungsmetall.

3.4.3.1 Erschmelzen der Eisen-Gusswerkstoffe

Zur Herstellung der Gusswerkstoffe werden die metallischen Ausgangsstoffe in Öfen eingeschmolzen. Je nach Gusseisenart, Einsatzstoffen und verwendeter Heizenergie werden unterschiedliche Ofentypen eingesetzt.

Kupolofen (Bild 1). Der Kupolofen, auch als Gießerei-Schachtofen bezeichnet, ist die häufigste Schmelzeinrichtung für Eisen-Gusswerkstoffe, vor allem für Gusseisen mit Lamellengrafit.

Einsatzstoffe des Kupolofens sind:

- Gießerei-Roheisen, Schrott, Kreislaufmaterial und Legierungselemente
- Koks als Heiz- und Aufkohlungsmittel
- schlackenbildende Zuschläge (Kalkstein)

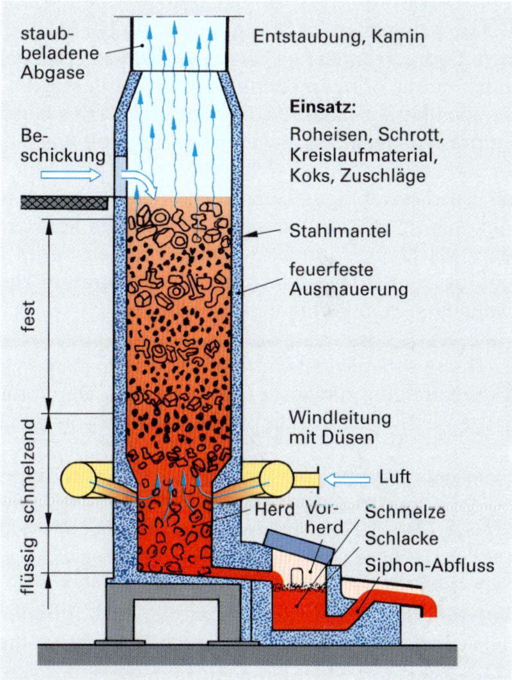

Bild 1: Kupolofen

Der Kupolofen hat einen schachtförmigen, feuerfest ausgemauerten Ofenraum. Die Verbrennungsluft, der „Wind", wird von unten durch Düsen eingeblasen und verbrennt den Koks. Die aufsteigenden heißen Verbrennungsgase erwärmen den von oben nachrutschenden Einsatz. Kurz über den Düsen schmilzt das Eisen und tropft in den Herd. Das flüssige Eisen läuft aus dem Kupolofen in einen Vorherd, der als Sammelbehälter dient. Durch einen Siphonabfluss wird das Eisen von der leichteren Schlacke getrennt.

Heißwind-Kupolöfen arbeiten mit vorgewärmter Verbrennungsluft. Dadurch können höhere Ofentemperaturen und höhere Durchsatzmengen erreicht werden.

Induktions-Tiegelofen (Bild 2). Dieser Ofen wird sowohl zum Schmelzen als auch zum Warmhalten von Gusseisen-Schmelzen eingesetzt. Induktionsöfen bestehen aus einem feuerfesten Tiegel, um den eine wassergekühlte Kupferspule angeordnet ist. Durch diese Spule fließt Wechselstrom und induziert in dem Einsatz des Tiegels ein elektromagnetisches Wechselfeld, das den Einsatz zum Schmelzen bringt. Durch das Wechselfeld entsteht zudem eine Rührbewegung, welche die Legierungselemente gleichmäßig verteilt.

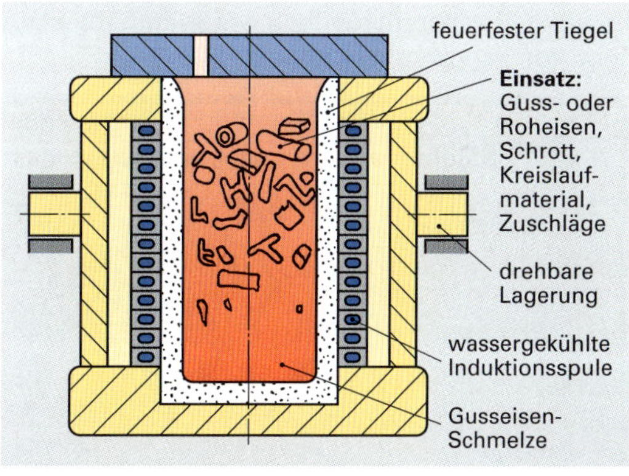

Bild 2: Induktions-Tiegelofen

Lichtbogenöfen. Zum Erschmelzen von Eisen-Gusswerkstoffen werden die gleichen Lichtbogenöfen wie zum Einschmelzen von Stahl (Seite 149) eingesetzt. Mit ihnen können Schmelzen großer Reinheit erzielt werden.

Duplex-Verfahren. Beim Duplex-Verfahren werden mit dem Kupolofen große Mengen Gusseisen erschmolzen, von dem anschließend kleinere Mengen in Induktionsöfen gefüllt, dort legiert und bei der genauen Gießtemperatur vergossen werden.

3.4.3.2 Gusseisen mit Lamellengrafit (EN-GJL)

Beim Gusseisen mit Lamellengrafit (Grauguss) ist ein großer Teil des Kohlenstoffs als mikroskopisch feiner, blättchenförmiger Grafit im Gefüge eingelagert **(Bild 1)**.

Eigenschaften. Der schwarze, weiche Grafit im hellen, ferritisch-perlitischen Grundgefüge lässt die Bruchfläche des Gusseisens grau erscheinen. Er bewirkt die guten Gleiteigenschaften, die leichte Zerspanbarkeit und die Fähigkeit, Schwingungen zu dämpfen. Der hohe Kohlenstoffgehalt von 2,6 % bis 3,6 % verursacht die gute Vergießbarkeit von Grauguss. Dadurch können aus Grauguss auch aufwändig geformte Werkstücke gegossen werden **(Bild 2)**.

Die Grafitlamellen im Grauguss wirken bei Belastung wie innere Kerben. Dadurch entstehen Spannungsspitzen, die den Werkstoff örtlich zum Fließen bringen können und so Zugfestigkeit und Dehnung wesentlich herabsetzen. Die Druckfestigkeit des Gusseisens mit Lamellengrafit dagegen ist etwa viermal so groß wie die Zugfestigkeit. Die Größe der Grafitlamellen hängt von der Abkühlungsgeschwindigkeit ab. Bei dickwandigen Gussstücken bilden sich durch die langsamere Abkühlung größere Lamellen, welche die Festigkeit stärker vermindern als feinere Lamellen. Die Festigkeit hängt auch vom Grundgefüge ab. Sie ist bei ferritischem Gefüge am kleinsten und nimmt bei steigendem Perlitanteil zu **(Bild 3)**.

> Gusseisen mit Lamellengrafit ist wegen seiner vielen guten Eigenschaften der häufigste Gusswerkstoff. Durch den lamellenförmigen Grafit ist die Festigkeit begrenzt und die Zähigkeit sehr gering.

Einteilung. Gusseisen mit Lamellengrafit wird entweder nach der Zugfestigkeit oder nach der Brinellhärte in jeweils sechs Sorten eingeteilt:

EN-GJL-100...EN-GJL-350 bzw. EN-GJL-HB 155...EN-GJL-HB 255

Die Kennzeichnung nach der Brinellhärte wird gewählt, wenn die Härte z. B. für Verschleißteile oder für die Bearbeitung maßgebend ist.

Verwendung. Aus Grauguss werden z. B. Ständer und Schlitten für Werkzeugmaschinen sowie Getriebe- und Kurbelgehäuse hergestellt.

Gusseisen mit Vermiculargrafit besitzt wurmförmige Grafitausscheidungen. Die Festigkeit ist daher bei etwa gleichgroßer Wärmeleitfähigkeit höher als bei Grauguss. Es eignet sich besonders für wärmebeanspruchte Teile wie Zylinderblöcke, Zylinderköpfe und Teile von Fahrzeugbremsen.

Gusseisen mit Lamellengrafit	
Kurzname (Bsp.)	EN-GJL-200
Dichte	7,25 kg/dm³
Schmelzpunkt	1150...1250 °C
Zugfestigkeit	100...350 N/mm²
Bruchdehnung	etwa 1%
Schwindmaß	1%

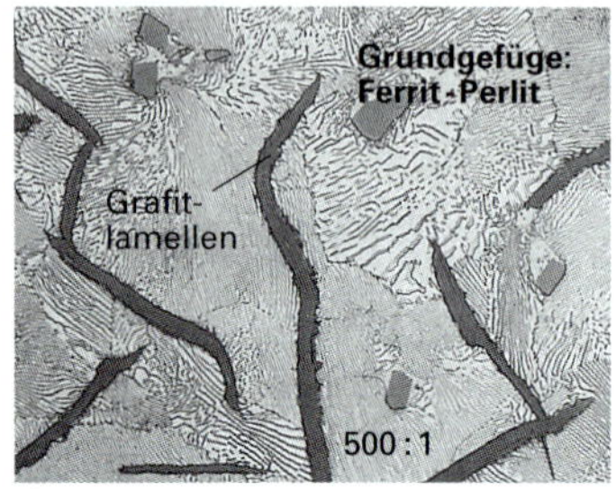

Bild 1: Gefüge von Gusseisen mit Lamellengrafit

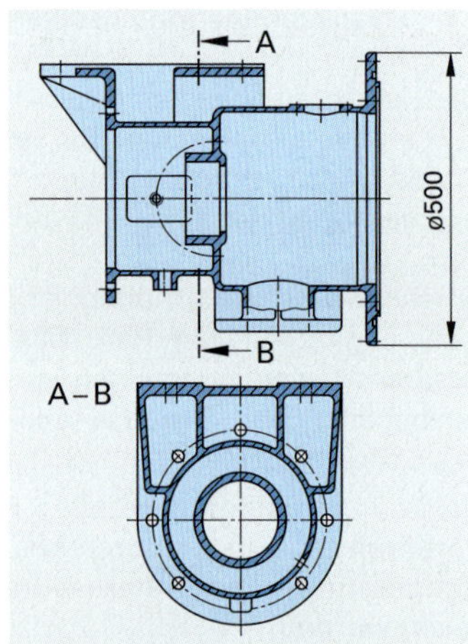

Bild 2: Gehäuse einer Filterpresse aus EN-GJL-250 für ein Klärwerk

Merkmale	Gusseisen mit Lamellengrafit	Gusseisen mit Kugelgrafit	Schwarzer Temperguss	Unlegierter Stahlguss
Gefügebilder M 100 : 1	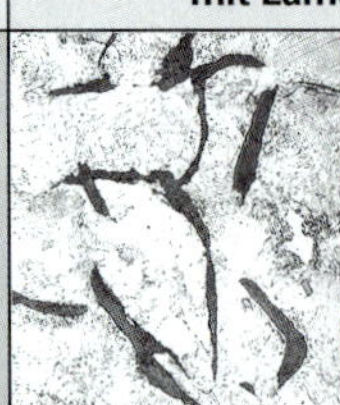 	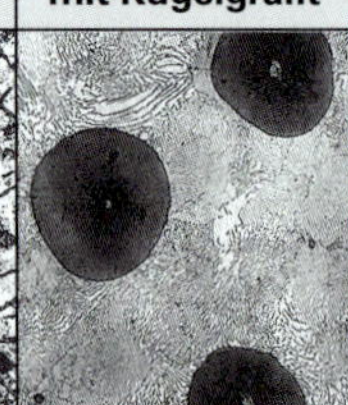	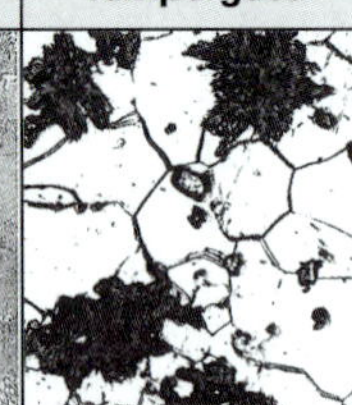	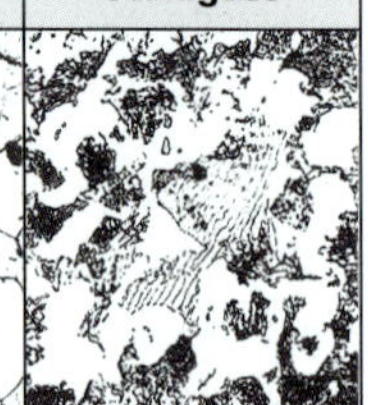
Art des Kohlenstoffs	grobblätterig...feinblätterig	kugelig	flockig	Streifenzementit
	Grafit + Streifenzementit	Grafit + Streifenzementit	Grafit + Streifenzementit	
Grundgefüge	Ferrit...Perlit	Ferrit...Perlit	Ferrit	Perlit und Ferrit
Zugfestigkeit N/mm²	100...350	400...900	300...800	380...600

Bild 3: Gefüge der verschiedenen Eisen-Gusswerkstoffe

3.4.3.3 Gusseisen mit Kugelgrafit (EN-GJS)

Beim Gusseisen mit Kugelgrafit ist der Grafit in kugeliger Form in dem stahlähnlichen Grundgefüge eingelagert (Bild 3 Seite 152).

Eigenschaften. Durch die Kugelform ruft der Grafit nur eine geringe Kerbwirkung hervor. Gusseisen mit Kugelgrafit besitzt daher eine hohe Festigkeit und gute Bruchdehnung. Es kommt in seinen Eigenschaften von allen Gusseisenarten dem Stahl am nächsten. Durch Glühen lässt sich die Bruchdehnung, durch Vergüten die Festigkeit erhöhen. Werkstücke aus Gusseisen mit Kugelgrafit können auch randschichtgehärtet werden.

Gusseisen mit Kugelgrafit enthält Grafit in kugeliger Form. Es besitzt eine hohe Festigkeit und Zähigkeit.

Verwendung. Für Gussstücke, die hohe Festigkeit und Bruchdehnung aufweisen müssen, wie große Zahnräder, Kurbelwellen, Radträger, Pumpen- und Turbinengehäuse **(Bild 1)**.

Gusseisen mit Kugelgrafit	
Kurzname (Bsp.)	EN-GJS-700-2
Dichte	7,2 kg/dm³
Zugfestigkeit	400...900 N/mm²
Bruchdehnung	22...1%
Schwindmaß	0,5...1,2%

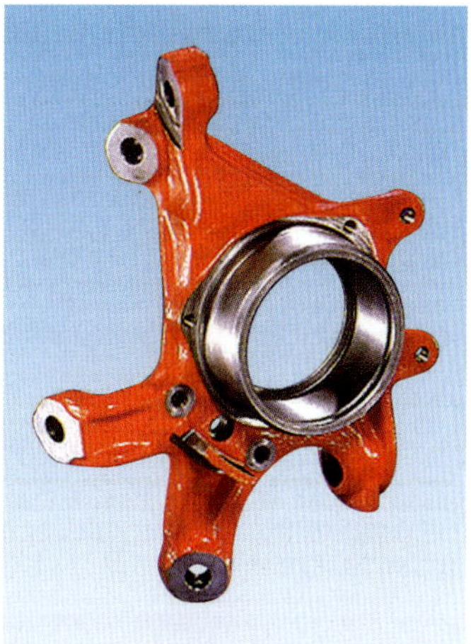

Bild 1: Pkw-Radträger aus Gusseisen mit Kugelgrafit

3.4.3.4 Temperguss (EN-GJMW und EN-GJMB)

Ausgangsstoff für Temperguss ist eine Eisenschmelze mit rund 3 % Kohlenstoff, 1 % Silicium und 0,5 % Mangan. Sie wird zu dünnwandigen Gussteilen vergossen (Temperrohguss). Diese Rohteile werden einer langandauernden Wärmebehandlung unterzogen. Nach den Vorgängen bei der Glühbehandlung bzw. nach dem Aussehen des entstehenden Gefüges unterscheidet man **Entkohlend geglühten Temperguss** (Weißer Temperguss; Kurzname EN-GJMW) und **Nicht entkohlend geglühten Temperguss** (Schwarzer Temperguss; Kurzname EN-GJMB).

Beim **Entkohlend geglühten Temperguss** wird den Rohgussstücken in oxidierender Ofenatmosphäre durch mehrtägiges Glühen Kohlenstoff entzogen. Die Bruchfläche der entkohlten Randzone ist metallisch hell **(Bild 2)**. Er hat Eigenschaften wie Stahl. Die Werkstücke werden jedoch nur bis zu einer Tiefe von etwa 5 mm entkohlt. Bei dickeren Querschnitten zerfällt das Eisenkarbid im Innern der Werkstücke in Temperkohle.

Bei **Nichtentkohlend geglühtem Temperguss** werden die Rohgussstücke mehrere Tage in neutraler Ofenatmosphäre geglüht. Dabei zerfällt der Zementit in Ferrit und flockenförmige Temperkohle. Das schwarzkörnige Bruchgefüge ist unabhängig von der Wanddicke überall gleich.

Eigenschaften. Beide Tempergusssorten sind wesentlich zäher als Gusseisen mit Lamellengrafit und lassen sich gut gießen. Schweißbar ist die Temperguss-Sondergüte EN-GJMW-360-12.

Entkohlend geglühter Temperguss enthält in der Randzone wenig Kohlenstoff. Beim Nichtentkohlend geglühten Temperguss ist der Kohlenstoff in flockiger Form enthalten.

Bei den Kurzzeichen der Tempergusssorte wird an den Kurznamen EN-GJMW bzw. EN-GJMB die Zugfestigkeit in N/mm² und die Bruchdehnung in % angefügt.

Verwendung. Temperguss wird vor allem im Fahrzeugbau, z. B. für Pleuelstangen, Lenksäulen und Schaltgabeln, eingesetzt. Daneben wird er im Maschinenbau, z. B. für Hebel und in der Installationstechnik für Fittings und Ventilgehäuse verwendet **(Bild 3)**.

Temperguss	
Kurzname (Bsp.)	EN-GJMW-450-7
Dichte	7,4 kg/dm³
Zugfestigkeit	350...550 N/mm²
Bruchdehnung	12...4%
Schwindmaß	1,6 %

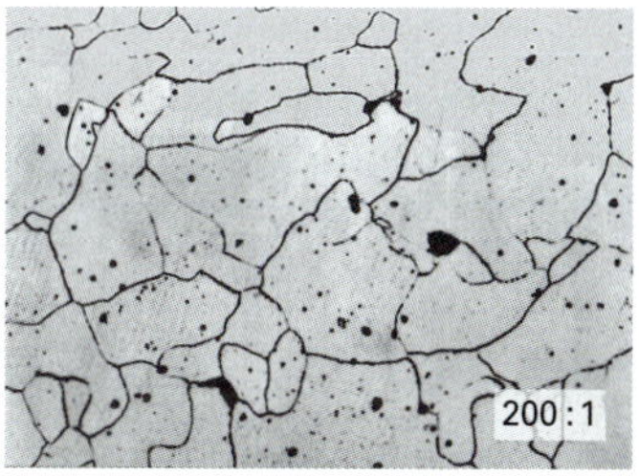

Bild 2: Gefüge von Entkohlend geglühtem Temperguss

Bild 3: Installationsteile aus Entkohlend geglühtem Temperguss

3.4.3.5 Stahlguss

Beim Stahlguss verbinden sich die Vorteile des Stahls mit den Möglichkeiten der Gießereitechnik. So können z. B. hochfeste und zähe Werkstücke hergestellt werden, deren Form nur durch Gießen erreicht werden kann **(Bild 1)**.

> Stahlguss ist in Formen gegossener Stahl.

Es gibt verschiedene Stahlgusssorten, deren Zusammensetzung sich nach dem Verwendungszweck richtet.

Stahlgusssorte	Beispiel
Stahlguss für allgemeine Verwendungszwecke	GE240
Vergütungsstahlguss	G34CrMo4
Nichtrostender Stahlguss	GX6CrNi26-7
Warmfester Stahlguss	G17CrMo5-5
Hitzebeständiger Stahlguss	GX40CrNiSi27-4
Nichtmagnetisierbarer Stahlguss	GX2CrNi18-11

Bild 1: Laufrad einer Wasserturbine

Verwendung. Aus Stahlguss werden hoch belastete Teile des Großmaschinenbaus wie Turbinengehäuse, Pressenständer und Kranhaken, aber auch kleinere Werkstücke für Maschinen hergestellt.

3.4.3.6 Kohlenstoffgehalt der Eisenwerkstoffe im Vergleich

Der Kohlenstoffgehalt der Stähle und Eisen-Gusswerkstoffe **(Tabelle 1)** beeinflusst zusammen mit den anderen Legierungselementen das Gefüge (Seite 142). Das Gefüge ist maßgebend für die mechanischen Eigenschaften (Seite 138), z. B. für die Zugfestigkeit, und für die fertigungstechnischen Eigenschaften (Seite 140), z. B. für die Gießbarkeit oder die Umformbarkeit.

Tabelle 1: Kohlenstoffgehalt der Stähle und Eisen-Gusswerkstoffe

		Kohlenstoffgehalt (%C)
Stähle	Baustähle, unlegiert	0,17 – 0,5
	Einsatzstähle, unlegiert	0,1 – 0,9 Randzone eingesetzt
	Vergütungsstähle, unlegiert	0,2 – 0,6
	Werkzeugstähle, unlegiert	0,5 – 1,4
	Werkzeugstähle, legiert	0,2 – 2,2
Gusswerkstoffe	Gusseisen mit Lamellengrafit (GJL)	2,6 – 3,6
	Gusseisen mit Kugelgrafit (GJS)	3,2 – 4,0
	Temperguss, entkohlend geglüht (GJMW)	0,5 getempert 1,7; 2,5 ungetempert 3,5
	Temperguss, nicht entkohlend geglüht (GJMB)	2,0 – 2,9
	Stahlguss (GS)	0,15 – 0,45

Wiederholung und Vertiefung

1 Welche Eigenschaften verleihen die Grafitausscheidungen dem Gusseisen mit Lamellengrafit?
2 Welche Vorteile hat Gusseisen mit Kugelgrafit?
3 Welche Werkstoffe werden durch die folgenden Bezeichnungen angegeben: EN-GJL-300 (GG-30), EN-GJL-HB195 (GG190HB), EN-GJMW-400-5 (GTW-40-05), GE240?
4 Wodurch unterscheidet sich Weißer Temperguss von Schwarzem Temperguss?
5 Welche besonderen Eigenschaften hat Stahlguss?
6 Wodurch unterscheiden sich die Eisen-Gusswerkstoffe von Stahl?

3.4.4 Das Bezeichnungssystem für Stähle

Die Bezeichnung der Stähle ist in Europa einheitlich durch die Normen EN 10027 festgelegt. Teil 1 legt den Aufbau der Kurznamen, Teil 2 den Aufbau der Werkstoffnummern fest.

Die Kurznamen richten sich entweder nach dem Verwendungszweck und den Eigenschaften oder nach der chemischen Zusammensetzung der Stähle.

3.4.4.1 Kurznamen von Stählen nach Verwendungszweck und Eigenschaften

Die Kurznamen geben Hinweise auf den Verwendungszweck und die mechanischen und physikalischen Eigenschaften. Sie werden aus Haupt- und Zusatzsymbolen zusammengesetzt **(Bild 1)**. Hauptsymbole bestehen aus Buchstaben und Ziffern für die Stahlgruppe und die mechanischen Eigenschaften **(Bild 2)**. Die Zusatzsymbole sind in zwei Gruppen geteilt. Die Gruppe 1 enthält für die unlegierten Stähle Symbole für die Kerbschlagarbeit und Wärmebehandlung. Die Gruppe 2 bezeichnet besondere Eigenschaften, z. B. für die besondere Eignung eines Stahles zum Kaltumformen.

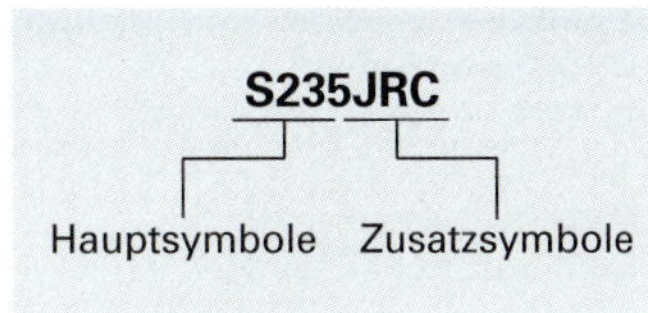

Bild 1: Aufbau eines Kurznamens (Beispiel)

Hauptsymbole (Auswahl)		Zusatzsymbole (Auswahl)					
Kennbuchstabe und Anwendungsbereich	Streckgrenze R_e	Gruppe 1					Gruppe 2
		Kerbschlagarbeit in Joule			Prüftemp. in °C		
		27J	40 J	60 J			
B Betonstähle D Flachstähle zum Kaltumformen	Zahl für Mindeststreckgrenze in N/mm²	JR	KR	LR	+ 20	M thermomechanisch gewalzt	C besonders kaltumformbar
E Maschinenbaustähle		JO	KO	LO	0	N normalgeglüht	L für tiefe Temperaturen
H Flacherzeugnisse aus höherfesten Stählen		J2	K2	L2	– 20	Q vergütet	H für Hohlprofile
L Stähle für Leitungsrohre		J3	K3	L3	– 30	G andere Merkmale, teils mit 1 oder 2 Ziffern	T für Rohre
P Stähle für Druckbehälter		J4	K4	L4	– 40		W wetterfest
S Stähle für den Stahlbau		J5	K5	L5	– 50		
		J6	K6	L6	– 60		

Bild 2: Haupt- und Zusatzsymbole für Kurznamen von Stählen nach Verwendung und Eigenschaften

Bei den Zusatzsymbolen der Gruppe 1 gelten die Symbole für die Kerbschlagarbeit für die unlegierten Baustähle nach EN 10025. Mit dem Buchstaben G können Unterscheidungsmerkmale wie der Desoxidationsgrad beim Vergießen, z. B. G2 für beruhigt vergossen, angegeben werden. Da aufgrund der verbesserten Verfahrenstechnik die Grundstähle (unberuhigt vergossene Stähle) weggefallen sind, werden die Zusatzbezeichnungen G1, G2, G3 und G4 allerdings meistens nicht mehr benötigt.

Beispiel: Stähle für den Stahlbau

Stähle für den Stahlbau haben den Kennbuchstaben S. Diese Stähle werden zu Profilen und Stabstählen warm gewalzt. Sie werden für Stahlkonstruktionen wie z. B. für Hallen, Krananlagen und Brücken, aber auch im Maschinenbau, z. B. für geschweißte Maschinengestelle, verwendet.

Beispiel:

S	355	J2	W

Hauptsymbole	Zusatzsymbole Gruppe 1	Zusatzsymbole Gruppe 2
S Stähle für den Stahlbau **355** Mindeststreckgrenze R_e = 355 N/mm²	**J2** Kerbschlagarbeit 27 J bei – 20 °C	**W** wetterfest

Erläuterung: S355J2W ist ein Stahl für den Stahlbau **(S)** mit einer Mindeststreckgrenze von R_e = **355** N/mm² und einer Kerbschlagarbeit von 27 J bei – 20 °C **(J2)**. Er ist wetterfest **(W)**.

3.4.4.2 Kurznamen von Stählen nach der chemischen Zusammensetzung

Mit diesen Kurznamen werden die unlegierten Stähle, die nicht nach ihrer Verwendung bezeichnet sind, die nichtrostenden Stähle und die anderen legierten Stähle bezeichnet. Man unterscheidet dabei vier Gruppen:

Unlegierte Stähle mit einem Mangangehalt kleiner als 1 % (außer Automatenstähle)

Die Kurznamen setzen sich aus Haupt- und Zusatzsymbolen zusammen.

Hauptsymbole	Zusatzsymbole	
C und **Kennzahl** für Kohlenstoffgehalt	**E** maximaler S-Gehalt	**S** für Federn
(Kennzahl = Kohlenstoffgehalt in % · 100)	**R** Bereich des S-Gehaltes	**U** für Werkzeuge
	C besondere Eignung zum Kaltumformen	**W** für Schweißdraht
	G andere Merkmale	**D** zum Drahtziehen

Beispiele: **C35E** ist ein unlegierter Stahl **(C)** mit einem Mangangehalt < 1 %, einem C-Gehalt von 0,35 % und einem vorgeschriebenen maximalen Schwefelgehalt (E). Diese Stähle werden z. B. als Vergütungsstähle verwendet.

C45U ist ebenfalls ein unlegierter Stahl (C) mit einem Mangangehalt < 1 %, einem C-Gehalt von 0,45 %, zur Verwendung für Werkzeuge.

Legierte Stähle, sofern der Gehalt jedes Legierungselementes unter 5 % liegt außer Schnellarbeitsstähle, unlegierte Stähle mit einem Mangangehalt > 1 % und unlegierte Automatenstähle

Der Kurzname besteht aus:

- Kennzahl für den 100fachen Kohlenstoffgehalt
- den chemischen Symbolen der Legierungselemente
- den mit Faktoren multiplizierten Gehalten der Legierungselemente **(Tabelle 1)**

Tabelle 1: Multiplikationsfaktoren

Legierungselement	Faktor
Cr, Co, Mn, Ni, Si, W	4
Al, Cu, Mo, Pb, Ta, Ti, V	10
C, N, P, S	100
B	1000

Beispiele: **16MnCr5** ist ein legierter Einsatzstahl mit 16/100 = 0,16 % C und 5/4 = 1,25 % Mn. Der Cr-Gehalt ist nicht angegeben.

115CrV3 ist ein legierter Werkzeugstahl mit 115/100 = 1,15 % C und 3/4 = 0,75% Cr. Der Vanadiumgehalt ist nicht angegeben.

Legierte Stähle, wenn der Gehalt eines Legierungselementes mehr als 5 % beträgt

Der Kurzname besteht aus:

- dem Kennbuchstaben X für „hochlegierte" Stähle
- der Kennzahl für den 100fachen Kohlenstoffgehalt
- den chemischen Symbolen der Legierungselemente
- den Gehalten der Legierungselemente, die direkt in Prozent angegeben sind

Beispiele: **X10CrNi18-8** ist ein legierter Stahl mit 10/100 = 0,10 % C, 18% Cr, 8 % Ni. Dieser Stahl gehört zu den nichtrostenden Stählen.

X210CrW12 ist ein legierter Warmarbeitsstahl mit 210/100 = 2,10 % C und 12 % Cr. Der nicht angegebene W-Gehalt beträgt ca. 0,7 %.

Schnellarbeitsstähle

Der Kurzname besteht aus:

- den Kennbuchstaben HS für Schnellarbeitsstähle
- den Gehalten der Legierungselemente (Reihenfolge W, Mo, V, Co), direkt in Prozent

Beispiel: **HS6-5-2-5** ist ein Schnellarbeitsstahl mit 6 % Wolfram, 5 % Molybdän, 2 % Vanadium und 5 % Cobalt.

3.4.4.3 Zusatzsymbole für Stahlerzeugnisse

Werden Stähle bei der Verarbeitung zu Stahlerzeugnissen, z. B. zu Profilstählen, einer weiteren Behandlung unterzogen, kann diese im Kurznamen durch Zusatzsymbole angegeben werden. Diese Symbole betreffen die Eignung des Stahles für besondere Anforderungen, die Art des Überzugs oder den Behandlungszustand **(Tabelle 1)**. Die Zusatzsymbole bestehen aus Buchstaben und Zahlen. Sie werden an den eigentlichen Kurznamen des Stahles durch ein Pluszeichen angehängt.

Tabelle 1: Zusatzsymbole für Stahlerzeugnisse (Auswahl)

für besondere Anforderungen		für die Art des Überzuges		für den Behandlungszustand	
+CH	mit Kernhärtbarkeit	+AZ	AlZn-Überzug	+A	weichgeglüht
+H	mit Härtbarkeit	+CU	Kupferüberzug	+C	kaltverfestigt
+Z15	Mindestbrucheinschnürung 15 %	+Z	feuerverzinkt	+N	normalgeglüht
+Z25	Mindestbrucheinschnürung 25 %	+S	feuerverzinnt	+QT	vergütet
+Z35	Mindestbrucheinschnürung 35 %	+SE	elektrolytisch verzinnt	+U	unbehandelt

Beispiele: **S235J2+Z** ist ein Stahlbaustahl mit einer Mindeststreckgrenze R_e = 235 N/mm², einer Kerbschlagarbeit von 27 J bei – 20 °C, feuerverzinkt.

X30Cr13+C ist ein nichtrostender Stahl mit 0,3 % Kohlenstoff, 13 % Chrom, kaltverfestigt.

3.4.4.4 Bezeichnung von Stählen und Gusseisen-Werkstoffen mit Werkstoffnummern

Alle metallischen Werkstoffe können entweder mit Kurznamen oder mit Werkstoffnummern bezeichnet werden.

Werkstoffnummern der Stähle

Die Werkstoffnummern der Stähle bestehen aus der Hauptgruppennummer 1 für Stahl, einer zweistelligen Nummer für die Stahlgruppe und einer zweistelligen Zählnummer, die bei Bedarf auf vier Stellen erweitert werden kann **(Tabelle 2)**. Die Werkstoffnummern haben sich beim Wechsel der Kurznamen, z. B. von St37-2 auf S235JR, nicht geändert. Der Nummernschlüssel kann Tabellenbüchern entnommen werden.

Beispiel: **1.0223** für S355JO
Stahl (1); Baustahl (02); Zählnummer (23)

Tabelle 2: Werkstoffnummern für Stähle am Beispiel des Stahles S355JO

1.0223(XX)

Werkstoff-Hauptgruppe	Stahlgruppennummer	Zählnummer
1 für Stahl	02 für Baustahl	23 (erweiterbar)

Werkstoffnummern der Gusseisen-Werkstoffe

Die Werkstoffnummern der Gusseisen-Werkstoffe bestehen aus sieben Positionen, die ohne Zwischenraum aneinander geschrieben werden **(Tabelle 3)**. Die Nummer gibt Hinweise auf die Grafitstruktur, auf mechanische Eigenschaften und die chemische Zusammensetzung, den dazugehörenden Gusswerkstoff selbst und auf besondere Werkstoffanforderungen. Die Bedeutung der einzelnen Teile der Nummern muss geeigneten Tabellen entnommen werden.

Beispiel: **EN-JL 1030** für EN-GJL-200
(1) Europäische Norm (EN)
(2+3) Gusseisen mit Lamellengrafit (JL)
(4) Zugfestigkeit (1)
(5+6) Werkstoffkennziffer (06)
(7) keine besonderen Anforderungen (0)

Tabelle 3: Werkstoffnummern für Gusseisen-Werkstoffe am Beispiel des Gusseisens mit Kugelgrafit ENGJS-600-3

EN-JS1060

Grafitstruktur	Hauptmerkmal	Werkstoffkennziffer
S	**1**	**06**
(Kugelgrafit)	(Zugfestigkeit)	(EN-GJS-600-3)

EN Europäische Norm
J Eisen (Iron)
0 keine besonderen Werkstoffanforderungen

3.4.4.5 Kurznamen der Gusseisenwerkstoffe nach EN 1560

Für die Kurznamen der Gusseisen-Werkstoffe sind sechs Teile vorgesehen, die aber nicht alle belegt sein müssen.

Beispiele:

EN – GJ L – HB215

EN – GJ MW – 360 – 12S – W

Europäische Norm

Gusseisen-Werkstoffe
G Guss ...
J Eisen

Grafitstruktur, z. B.
L lamellar
M Temperkohle
S kugelig

Mikro- oder Makrostruktur, z. B.
A Austenit
F Ferrit
P Perlit
W entkohlend geglüht

Chemische Zusammensetzung oder
Mindestzugfestigkeit R_m in N/mm²

Bruchdehnung A in % mit Hinweis auf Probestück, z. B.
S getrennt gegossen
C am Werkstück entnommen
oder
Härte (HB, HV oder HR)

Zusatzanforderungen, z. B.
H wärmebehandeltes Gussstück
W Schweißeignung

Erläuterung: **EN-GJL-HB215:** Gusseisen (GJ) mit Lamellengrafit (L), Härte HB 215
EN GJMW-360-12S-W: Entkohlend geglühter Temperguss (GJMW), Zugfestigkeit R_m = 360 N/mm², Bruchdehnung 12 %, Probe getrennt gegossen (S), zum Schweißen geeignet (W)

⇒ Werkstoffnummern für Gusseisenwerkstoffe (Seite 157)

3.4.4.6 Vergleich der gültigen mit den bisherigen Werkstoffbezeichnungen

Kurznamen gültig	Kurznamen bisherig	Werkstoffnummer	Erklärung der gültigen Kurzbezeichnungen
Stähle			
S275J2+N	St 44-3 N	1.0144	Unlegierter Baustahl mit einer Mindeststreckgrenze von 275 N/mm², einer Kerbschlagzähigkeit von 27 J bei –20 °C, normalgeglüht
E295	St 50-2	1.0050	Unlegierter Baustahl mit einer Mindeststreckgrenze von 295 N/mm²
C15E	Ck15	1.1141	Unlegierter Einsatzstahl mit 0,15 % Kohlenstoff und vorgeschriebenem maximalen Schwefelgehalt
42CrMo4+QT	42CrMo 4 V	1.7225	Legierter Vergütungsstahl mit 0,42 % Kohlenstoff, 1 % Chrom, nicht angegebenem Molybdängehalt, vergütet
X5CrNi18-10	X 5 CrNi18 10	1.4301	Nichtrostender Stahl mit 0,05 % Kohlenstoff, 18 % Chrom und 10 % Nickel
Gusseisen			
EN-GJL-200 EN-JL1030	GG-20 0.6020		Gusseisen mit Lamellengrafit mit einer Mindestzugfestigkeit R_m = 200 N/mm²
EN-GJS-400-15 EN-JS1030	GGG-40 0.7060		Gusseisen mit Kugelgrafit, Mindestzugfestigkeit R_m = 400 N/mm², Bruchdehnung A = 15 %

Wiederholung und Vertiefung

1 Wie sind die Kurznamen von Stählen nach dem Verwendungszweck aufgebaut?

2 Wodurch unterscheiden sich die Kurznamen der legierten Stähle, bei denen der Gehalt jedes Legierungselementes unter 5 % bzw. über 5 % liegt?

3 Vergleichen Sie die gültigen mit den bisherigen Werkstoffnummern bei den Stählen und den Gusseisen-Werkstoffen.

4 Ordnen Sie die folgenden Werkstoffbezeichnungen den richtigen Stahlgruppen zu: S355JR, 42CrMo4, X30Cr13.

3.4.5 Einteilung der Stähle nach Zusammensetzung und Güteklassen

Stähle sind Eisen-Basislegierungen mit einem Kohlenstoffgehalt von meist deutlich unter 2 % sowie zum Teil anderen Legierungselementen. Die Eigenschaften der Stähle wie z. B. die Zugfestigkeit, Zähigkeit und Umformbarkeit, werden durch ihre Zusammensetzung, ihr Gefüge und ihren Behandlungszustand bestimmt. Bei den Gefügen spielen die Bestandteile, wie z. B. Ferrit und Perlit, und die Gefügeausbildung, wie z. B. Feinkorn und Grobkorn, eine entscheidende Rolle.

Die Stähle werden nach der Zusammensetzung und nach Hauptgüteklassen in Stahlgruppen eingeteilt.

Einteilung nach der Zusammensetzung

Unlegierte Stähle

Bei den unlegierten Stählen darf kein Legierungselement den in der **Tabelle 1** genannten Grenzwert überschreiten.

Legierte Stähle

Legierte Stähle besitzen einen Chromgehalt von mindestens 10,5 % und einen Kohlenstoffgehalt von höchstens 1,2 %. Nach den Haupteigenschaften unterscheidet man korrosionsbeständige, hitzebeständige und warmfeste Stähle.

Tabelle 1: Grenzwerte der Legierungselemente für unlegierte Stähle

Element	%	Element	%	Element	%
Al	0,30	Mo	0,08	Te	0,10
Bi	0,10	Nb	0,06	Ti	0,05
Co	0,30	Ni	0,30	V	0,10
Cr	0,30	Pb	0,40	W	0,30
Cu	0,40	Se	0,10	Zr	0,05
Mn	1,65	Si	0,60		

Andere legierte Stähle

Zu diesen gehören alle legierten Stähle, die wenigstens einen Grenzwert der Tabelle 1 überschreiten und keine nichtrostenden Stähle sind.

Einteilung nach Hauptgüteklassen

Von großem Einfluss ist auch der Restgehalt an Roheisen-Begleitstoffen im Stahl, die durch den Roheisen-Gewinnungsprozess im Stahl enthalten sind. Diese Roheisen-Begleitstoffe, wie Kohlenstoff, Phosphor, Schwefel, Wasserstoff usw. wurden durch den Stahl-Herstellungsprozess sowie durch die Stahl-Nachbehandlungsprozesse (Desoxidation, Vakuumbehandlung) vermindert.

Nach dem erzielten Verminderungsgrad der Begleitstoffe sowie der Genauigkeit der Legierungselement-Gehalte unterteilt man die Stähle in **Qualitätsstähle** und **Edelstähle**.

Die Edelstähle zeichnen sich durch eine besonders hohe Reinheit und Genauigkeit der Zusammensetzung aus. Nur sie erhalten durch eine Wärmebehandlung gewährleistete Härte- und Festigkeitswerte.

Man unterscheidet vier Hauptgüteklassen:

- Unlegierte Qualitätsstähle
- Unlegierte Edelstähle
- Legierte Qualitätsstähle
- Legierte Edelstähle

Beispiele für Stahlgruppen in den vier Hauptgüteklassen

Unlegierte Qualitätsstähle

Stahlgruppe	Beispiel
unlegierte Baustähle	S275JO
unlegierte Baustähle	E295
Automatenstähle	35S20
unlegierte Vergütungsstähle	C60
unlegierte Feinkornbaustähle	S355N
unlegierte Druckbehälterstähle	P265GH

Unlegierte Edelstähle

Stahlgruppe	Beispiel
unlegierte Einsatzstähle	C10E
unlegierte Vergütungsstähle	C60E
unlegierte Werkzeugstähle	C45U
unlegierte Stähle für Flamm- und Induktionshärtung	C45E

Legierte Qualitätsstähle

Stahlgruppe	Beispiel
Schienenstähle	R900Mn
Elektroblech und -band	M390-50E
Mikrolegierte Stähle mit höherer Streckgrenze	H400M
Phosphorlegierte Stähle mit höherer Streckgrenze	H180P

Legierte Edelstähle

Stahlgruppe	Beispiel
legierte Einsatzstähle	16MnCr5
legierte Vergütungsstähle	50CrMo4
Nitrierstähle	34CrAlMo5
legierte Werkzeugstähle	115CrV3
Schnellarbeitsstähle	HS10-4-3-10

3.4.6 Verwendung der Stähle

Die Stähle können nach ihrer Verwendung den **Baustählen** oder den **Werkzeugstählen** zugeordnet werden. Aus Baustählen werden Teile für den Maschinen- und Fahrzeugbau sowie für den Stahl-, Behälter- und Schiffsbau hergestellt. Werkzeugstähle verwendet man für spanende Werkzeuge und für Spritzgieß- und Gesenkformen.

3.4.6.1 Baustähle

Baustähle müssen je nach Verwendung unterschiedliche Eigenschaften aufweisen:

- ausreichende Festigkeit und Zähigkeit
- gute Zerspanbarkeit
- gute Umformbarkeit, Schweißeignung
- Korrosions- und Verschleißfestigkeit

Zu den Baustählen gehören die folgenden Stahlgruppen:

Unlegierte Baustähle

Unlegierte Baustähle kommen als warmgewalzte oder blankgezogene Stäbe und Profile in den Handel. Für ihre Verwendung sind vor allem die Streckgrenze, die Umformbarkeit und die Eignung zum Schweißen maßgebend. Sie werden für Bauteile im Maschinen- und Stahlbau verwendet, für die keine Wärmebehandlung erforderlich ist.

Beispiel: S235JO ⇒ unlegierter Baustahl mit R_e = 235 N/mm², Kerbschlagarbeit 27 J bei 0 °C

Schweißgeeignete Feinkornbaustähle (Bild 1)

Diese Stähle besitzen einen geringen C-Gehalt sowie geringe Anteile an Cr, Ni, Cu und V. Durch eine thermomechanische Nachbehandlung sind sie besonders zäh, alterungs- und sprödbruchunempfindlich. Sie werden für hochbelastete Schweißkonstruktionen im Kran-, Maschinen- und Fahrzeugbau eingesetzt.

Beispiel: S275M ⇒ unlegierter, schweißgeeigneter Feinkornbaustahl, R_e = 275 N/mm², thermomechanisch gewalzt

Bild 1: Geschweißtes Pressengestell aus Feinkornbaustahl

Automatenstähle (Bild 2)

Automatenstähle besitzen einen erhöhten Schwefelgehalt und zum Teil einen Zusatz an Blei. Dadurch brechen die Späne beim Zerspanen kürzer. Sie eignen sich aber nicht zum Schweißen. Sie werden auf Drehautomaten in großer Stückzahl zu Drehteilen verarbeitet.

Beispiel: 10SPb20 ⇒ Unlegierter Automateneinsatzstahl mit 0,10 % C, 0,20 % S und Bleizusatz

Bild 2: Drehteile aus Automatenstahl

Einsatzstähle (Bild 3)

Einsatzstähle sind für Bauteile vorgesehen, die eine harte Randschicht bei ungehärtetem Kern benötigen. Deshalb ist ihr Kohlenstoffgehalt kleiner als 0,25 %.

Beispiel: 20MoCr4 ⇒ Legierter Einsatzstahl mit 0,20 % C, 1 % Mo und etwas Cr

Nitrierstähle

Nitrierstähle bilden beim Nitrieren eine besonders harte, aber dünne Randschicht. Sie eignen sich besonders für Teile, die sehr stark auf Verschleiß beansprucht sind.

Beispiel: 31CrMoV9 ⇒ Nitrierstahl mit 0,31 % C, 2,25 % Cr und Zusatz von Mo und V

Vergütungsstähle

Vergütungsstähle besitzen einen Kohlenstoffgehalt zwischen 0,2 % und 0,65 %. Sie erhalten durch Vergüten ihre hohe Festigkeit und werden hauptsächlich für dynamisch beanspruchte Bauteile verwendet.

Beispiele: 51CrV4 ⇒ Legierter Vergütungsstahl mit 0,51 % C, 1 % Cr und etwas V

Bild 3: Zahnräder aus Einsatzstahl

Stähle für besondere Anwendungen

Zu diesen Stählen gehören z. B. die kaltzähen Stähle und die nichtrostenden Stähle.

Kaltzähe Stähle behalten ihre Zähigkeit auch bei tiefen Temperaturen. Sie werden z. B. bei Flüssiggasanlagen eingesetzt.

Nichtrostende Stähle unterteilt man in korrosionsbeständige, hitzebeständige und warmfeste Stähle **(Bild 1)**.

Beispiel: X10CrAl24 ⇒ Hitzebeständiger Stahl, besonders verzunderungsbeständig gegen schwefelhaltige Gase

Bild 1: Turbinenlaufrad aus warmfestem Stahl

Stahlbleche

Stahlbleche werden nach der Dicke in Feinstbleche (unter 0,5 mm), Feinbleche (0,5 bis 3 mm), Mittelbleche (3 bis 4,75 mm) und Grobbleche (über 4,75 mm) eingeteilt. Sie werden aus speziellen Stahlsorten hergestellt. **Feinstbleche** eignen sich vor allem für Verpackungen, z. B. für Getränkedosen. **Feinbleche** werden hauptsächlich im Karosseriebau und für Haushaltsgeräte eingesetzt **(Bild 2)**. **Mittel- und Grobbleche** verwendet man vor allem für tragende Konstruktionen, z. B. im Maschinen-, Behälter-, Kran- und Schiffsbau.

Beispiele: DC03 ⇒ Kaltgewalztes Blech aus Stahl mit einer Streckgrenze R_e = 240 N/mm²

HC420LA ⇒ Kaltgewalztes Blech aus mikrolegiertem Stahl mit hoher Streckgrenze R_e = 400 … 500 N/mm²

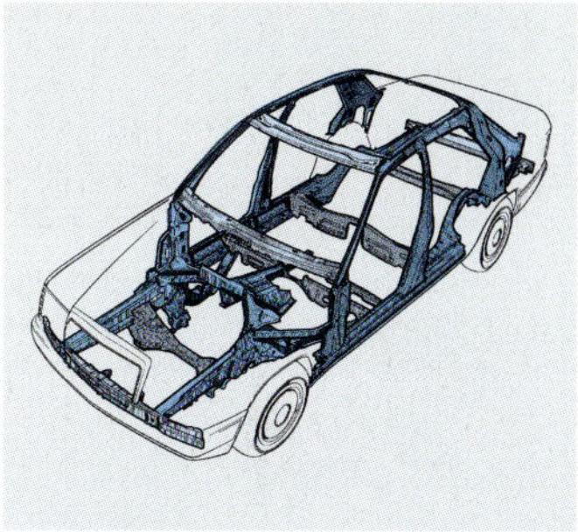

Bild 2: Selbsttragender Karosserierahmen aus mikrolegiertem Stahlblech (1,5 bis 2 mm dick)

Kesselbleche für Druckbehälter und Kessel werden aus sprödbruchsicheren und schmelzschweißbaren, oft warmfesten Stählen hergestellt.

Beispiel: P265GH ⇒ Flacherzeugnis aus Druckbehälterstahl mit einer Streckgrenze R_e = 265 N/mm²

3.4.6.2 Werkzeugstähle

Aus Werkzeugstählen werden Werkzeuge hergestellt. Sie werden nach den Temperaturen bei ihrer Verwendung in Kaltarbeits-, Warmarbeits- und Schnellarbeitsstähle eingeteilt. Außer wenigen Stahlsorten bei den Kaltarbeitsstählen sind alle Werkzeugstähle legiert. Sie werden vor ihrer Verwendung gehärtet.

Kaltarbeitsstähle

Aus Kaltarbeitsstählen hergestellte Teile sollten beim Gebrauch höchstens einer Temperatur von 200 °C ausgesetzt sein. Sie werden für einfache Werkzeuge, wie Meißel, oder für Schneidplatten und Schneidstempel von Schneidwerkzeugen sowie für Tiefziehwerkzeuge und Spritzgießformen eingesetzt **(Bild 3)**.

Beispiel: X42Cr13 ⇒ Kaltarbeitsstahl mit 0,42 % C und 13 % Cr

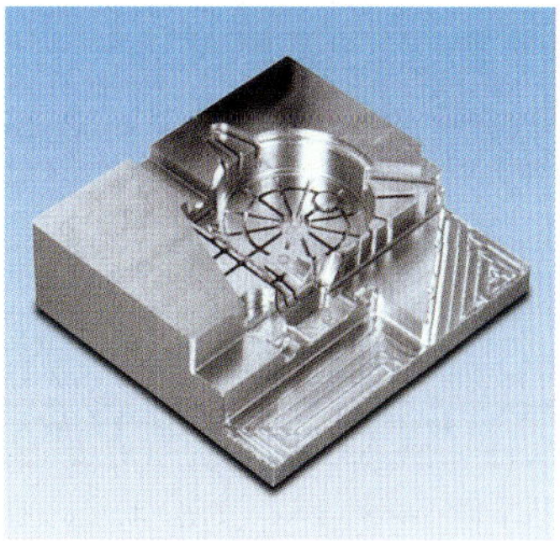

Bild 3: Spritzgießform für Scheibenwischer-Getriebe aus Kaltarbeitsstahl

Warmarbeitsstähle

Warmarbeitsstähle werden eingesetzt, wenn bei der Anwendung die Temperatur bis 400 °C betragen darf. Dazu gehören Pressenstempel für Strangpressen, Druckgießformen für Leicht- und Schwermetalle und Schmiedegesenke **(Bild 4)**.

Beispiel: X38CrMoV5-3 ⇒ Warmarbeitsstahl mit 0,38 % C, 5 % Cr, 3 % Mo und wenig V

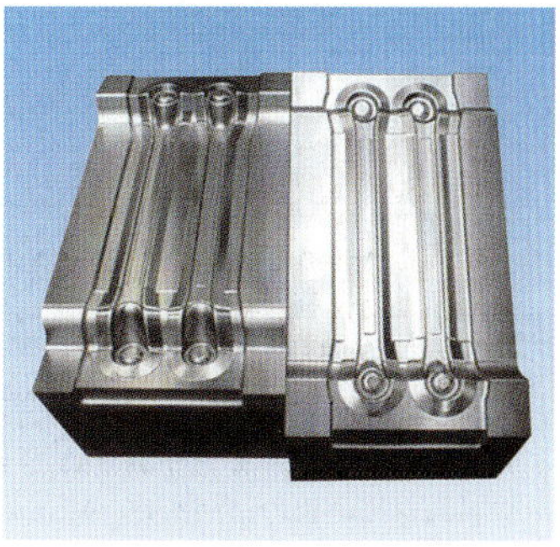

Bild 4: Schmiedegesenk für Ringschlüssel aus Warmarbeitsstahl

Schnellarbeitsstähle

Schnellarbeitsstähle werden hauptsächlich zum Zerspanen (Seite 65) und Umformen eingesetzt. Aufgrund ihrer Zusammensetzung sind Schnellarbeitsstähle bis etwa 600 °C einsetzbar.

Beispiel: HS6-5-2 ⇒ Schnellarbeitsstahl mit 6 % W, 5 % Mo und 2 % V

3.4.7 Handelsformen der Stähle

Der erschmolzene Stahl wird durch Walzen, Strangpressen und Ziehen verarbeitet und kommt in verschiedenen Formen in den Handel **(Tabelle 1)**. Die häufigsten Stahlerzeugnisse sind Formstähle, Stabstähle, Rohre und Hohlprofile, Bleche und Bänder sowie Drähte. Sie werden mit genormten Kurzzeichen bezeichnet.

Tabelle 1: Handelsformen der Stähle (Beispiele)

Form	Beispiel	Bezeichnung
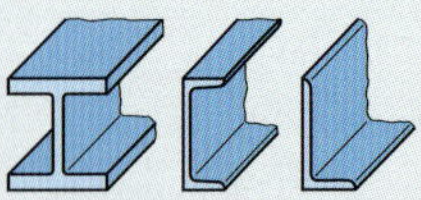 **Formstähle**	Breiter I-Träger (Doppel-T-Träger), 220 mm hoch, aus Stahl S275JR, warmgewalzt	I-Profil DIN 1025 – IPB220 – S235JR
	U-Stahl mit 240 mm Höhe aus Stahl S235JR	U-Profil DIN 1026 – U240 – S235JR
	Ungleichschenkliger Winkelstahl, Schenkelbreiten 100 mm und 50 mm, Schenkeldicke 8 mm, aus Stahl S235JO	L-Profil EN 10056 – 100x5x8 – S235JO
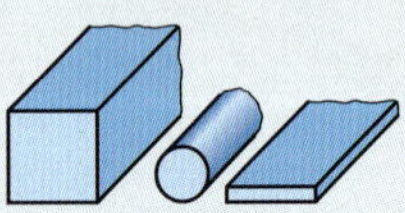 **Stabstähle**	Warmgewalzter Vierkantstahl mit 10 mm Seitenlänge aus Werkzeugstahl	Vierkant EN 10059 – 10 – C80U
	Blanker Rundstahl, ∅ 32 mm, ISO-Toleranzfeld h8 aus Automatenstahl 35S20, kaltverformt	Rund EN 10278-32h – EN 10277-3 – 35520+C
	Blanker Flachstahl, 16 mm breit, 8 mm dick, aus nichtrostendem Stahl	Flach EN 10278 –16x8 – EN 10088 – 3 – X5CrNi18-10
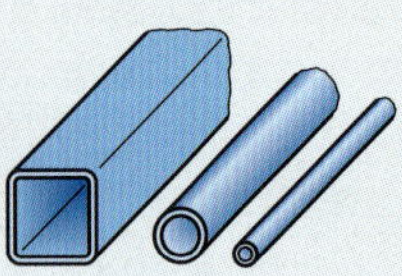 **Rohre, Hohlprofile**	Rechteckiges Vierkantrohr, Außenmaße 115 mm x 140 mm, Wanddicke 8 mm, aus Stahl S275JR	Hohlprofil DIN EN 10210 – 140x115x8 – S275JR
	Nahtloses Präzisionsstahlrohr, 60 mm Außen-∅, 4 mm Wanddicke, aus Stahl S355J2+N	Rohr EN 10305 – 60x4 – S355J2+N
	Quadratisches Hohlprofil, 60 mm breit, Wanddicke 5 mm, verzinkt, aus Stahl S355JO	Hohlprofil EN 10210 – 60x60x5 – S355JO, verzinkt
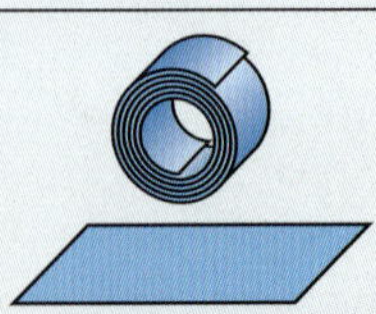 **Bleche, Bänder**	Warmgewalztes Stahlblech, 4,5 mm dick, aus S235JO, 2000 mm breit, 4500 mm lang	Blech EN 10029 – 4,5x2000x4500 – S235JO
	Kaltgewalztes Blech aus weichen Stählen, 2 mm dick, beste Oberfläche, matte Ausführung	Blech EN 10130 – 2 – DC04 – B – m
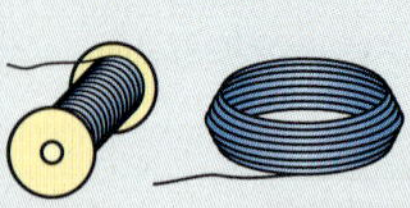 **Drähte**	Verzinkter Stahldraht aus unlegiertem Stahl C4D, ∅ 5 mm	Draht EN 10016 – 5, verzinkt
	Runder, warmgewalzter Federdraht, ∅ 8 mm, aus Vergütungsstahl 50CrV	Draht DIN 2077 – 50CrV-8

Wiederholung und Vertiefung

1 Nach welchen Unterscheidungsmerkmalen werden die Stähle eingeteilt?
2 Wodurch unterscheiden sich die Qualitätsstähle von den Edelstählen?
3 Welche Hauptgüteklassen unterscheidet man bei den Stählen?
4 Nennen Sie mindestens vier zu den Baustählen gehörende Stahlgruppen.
5 Aus welchen Teilen besteht die Bezeichnung eines Stahlerzeugnisses?
6 Gibt es die in der Tabelle 1 genannten Handelsformen auch für Nichteisenmetalle?

3.5 Nichteisenmetalle (NE-Metalle)

Als Nichteisenmetalle bezeichnet man alle reinen Metalle und ihre Legierungen, bei denen Eisen nicht den größten Anteil besitzt.

Sie werden nach ihrer Dichte in **Leichtmetalle** und **Schwermetalle** eingeteilt **(Tabelle 1)**.

Die reinen NE-Metalle sind weich und als Konstruktionswerkstoff nicht verwendbar. Sie werden mit anderen Metallen legiert. Dadurch nimmt die Festigkeit zu.

Die NE-Metalle werden nach ihrer Herstellung in **Knetlegierungen** und **Gusslegierungen** eingeteilt.

Tabelle 1: Einteilung der NE-Metalle

Nichteisenmetalle	
Leichtmetalle und ihre Legierungen Dichte $\varrho < 5$ kg/dm³ z. B. Aluminium	**Schwermetalle** und ihre Legierungen Dichte $\varrho > 5$ kg/dm³ z. B. Kupfer

3.5.1 Leichtmetalle

Die wichtigsten Leichtmetalle sind Aluminium (ϱ = 2,7 kg/dm³), Magnesium (ϱ = 1,7 kg/dm³) und Titan (ϱ = 4,5 kg/dm³). Durch ihr geringes Gewicht und ihre gute Festigkeit gewinnen die Legierungen der Leichtmetalle zunehmend an Bedeutung, vor allem im Fahrzeugbau **(Bild 1)**.

3.5.1.1 Aluminium-Werkstoffe

Eigenschaften von Aluminium

- Dichte: 2,7 kg/dm³ (≈ 1/3 der Dichte von Stahl)
- Niedriger Schmelzpunkt: ≈ 660 °C
- Gut umformbar, schweißbar, gießbar

Aluminiumsorten

Knetlegierungen

Reinaluminium wird nur dort eingesetzt, wo die gute elektrische Leitfähigkeit wichtig ist, z. B. bei Hochspannungs-Freileitungen.

Al-Automatenlegierungen sind mit Blei legiert. Dadurch sind sie gut zerspanbar.

Beispiel: EN-AW-Al Cu4PbMg-p ⇒ stranggepresste Automatenlegierung hoher Festigkeit

Al-Legierungen mit Cu, Mn, Mg und Si sowie mit Kombinationen dieser Legierungsmetalle ergeben besondere Eigenschaften wie gute Umformbarkeit, höhere Festigkeit, gute Tiefziehbarkeit oder Witterungsbeständigkeit **(Bild 1, Bild 2)**. Die Eigenschaften und Eignung der verschiedenen Aluminium-Legierungen kann Tabellenbüchern entnommen werden. Teilweise sind die Legierungen aushärtbar.

Beispiel: EN AW-Al Cu4Mg1-z ⇒ gezogene AlCuMg-Knetlegierung mit hoher Festigkeit

Gusslegierungen

Die Al-Gusslegierungen sind meist mit Silicium von bis zu 12 % legiert. Es bewirkt die gute Gießbarkeit, sodass auch dünnwandige Werkstücke gut gießbar sind **(Bild 3)**. Dabei besitzen sie eine hohe Festigkeit und sind korrosionsbeständig.

Beispiel: EN AC-AlSi9 ⇒ Gusslegierung (AC) für dünnwandige Werkstücke hoher Festigkeit

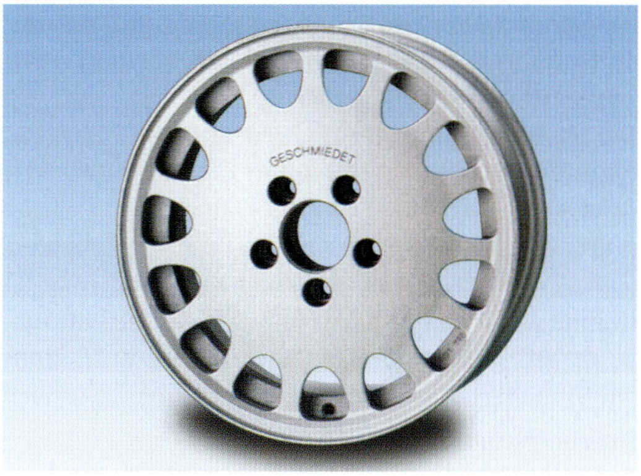

Bild 1: Geschmiedete Pkw-Felge aus einer härtbaren AlMgSi-Legierung

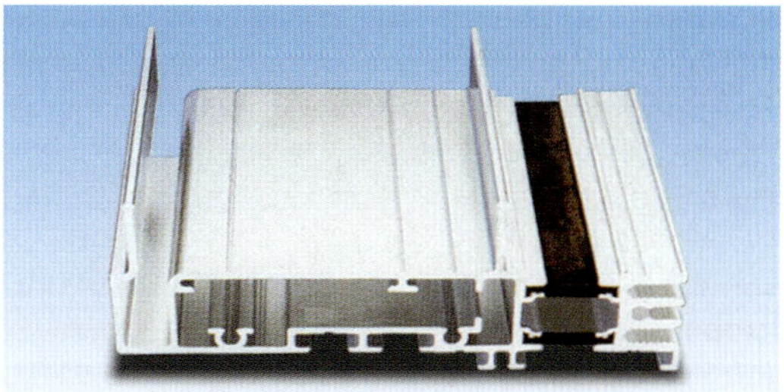

Bild 2: Stranggepresstes Bauprofil aus nicht härtbarer AlMg3-Legierung

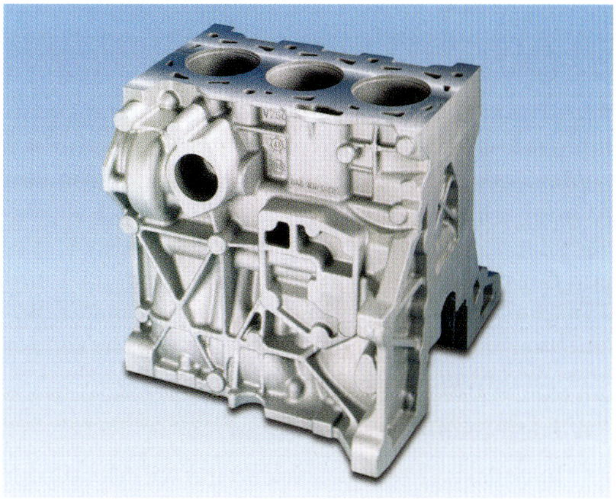

Bild 3: Motorblock aus einer AlSi-Gusslegierung

Aushärten von Aluminiumlegierungen

Ein Teil der Al-Legierungen ist aushärtbar. Durch eine gezielte Wärmebehandlung mit Gefügeänderungen kommt es zu einer deutlichen Steigerung der Festigkeit. Das Härten besteht aus Lösungsglühen bei rund 500 °C, Abschrecken in Wasser und Auslagern. Die Endfestigkeit wird nach wenigen Tagen erreicht.

Bezeichnung von Aluminiumlegierungen

Die **Aluminium-Werkstoffe** werden nach EN 573 mit einem Kurznamen oder mit einer Werkstoffnummer bezeichnet.

Der **Kurzname** besteht bei Knetlegierungen aus den Buchstaben EN AW-Al und bei Gusslegierungen aus EN AC-Al **(Bild 1** und **Bild 2)**. Dann folgen die Symbole der Legierungselemente und teilweise Gehalte in Prozent. Am Schluss können noch Werkstoffzustände genannt sein.

Die **Werkstoffnummer** besteht aus den oben genannten Buchstaben und einer Zählnummer.

Beispiel: EN AW 6060 (≙ EN AW-Al MgSi)

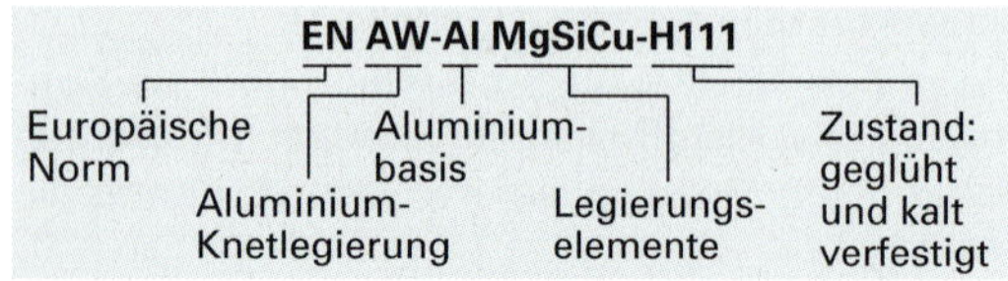

Bild 1: Kurzname einer Al-Knetlegierung

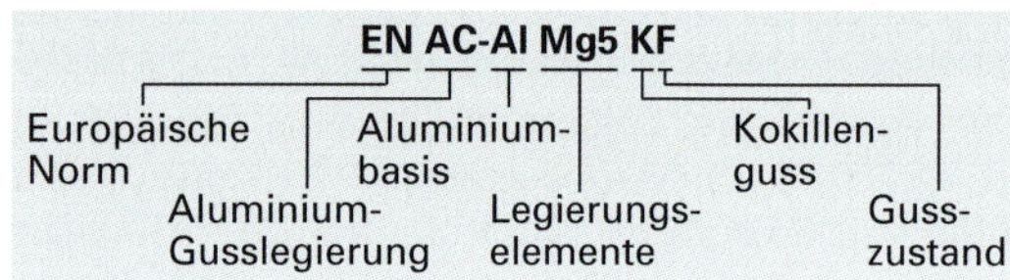

Bild 2: Kurzname einer Al-Gusslegierung

3.5.1.2 Magnesium-Werkstoffe

Reines Magnesium wird nicht als Konstruktionswerkstoff verwendet. Eingesetzt werden Magnesiumlegierungen.

Bearbeitung und Verwendung

Mg-Knetlegierungen, z. B. MgAl3Zn, können durch Strangpressen und Gesenkschmieden umgeformt und mit hoher Schnittgeschwindigkeit spanend bearbeitet werden. Da diese Späne leicht brennbar sind, müssen eventuelle Brände mit Feuerlöschern der Brandklasse D, jedoch nicht mit Wasser gelöscht werden.

Mg-Gusslegierungen, z. B. GD-MgAl8Zn1, eignen sich für dünnwandige Bauteile, z. B. für Gehäuse von Kettensägen **(Bild 3)** oder für Zylinderkopfhauben.

Bild 3: Gehäuse einer Kettensäge aus Magnesium-Druckguss

> Bei der Verbindung von Bauteilen aus Mg-Legierungen mit anderen Metallen muss die mögliche Kontaktkorrosion beachtet werden.

3.5.1.3 Titan-Werkstoffe

Titan besitzt etwa die gleiche Festigkeit und Dehnfähigkeit wie Stahl, ist mit einer Dichte von 4,5 kg/dm³ jedoch 40 % leichter. Durch Zulegieren von Al oder anderen Metallen kann die Festigkeit wesentlich gesteigert werden. Beispiel: TiAl6V4. Wegen der geringen Dichte, der hohen Festigkeit und Zähigkeit sowie der guten Korrosionsbeständigkeit werden Titanlegierungen vor allem in der Luft- und Raumfahrt verwendet **(Bild 4)**.

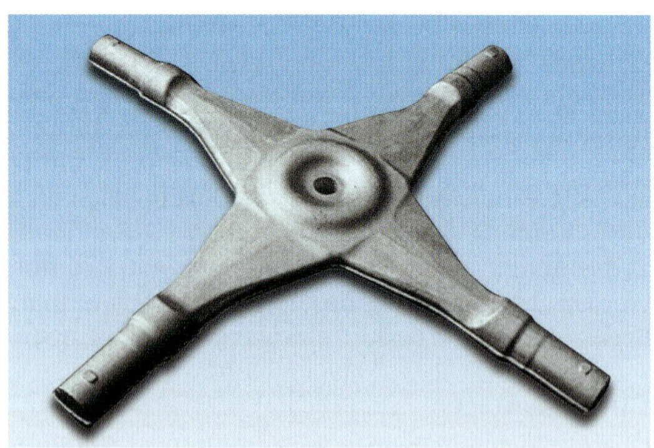

Bild 4: Geschmiedeter Rotorstern (Rohling) für einen Hubschrauber aus einer Ti-Legierung

Wiederholung und Vertiefung

1 In welche Gruppen werden die NE-Metalle eingeteilt?
2 Welche Vorteile besitzen NE-Legierungen gegenüber den reinen NE-Metallen?

3.5.2 Schwermetalle

Die wichtigsten Schwermetalle im Maschinenbau sind Kupfer, Zinn und Zink sowie ihre Legierungen. Mit weiteren Schwermetallen wie z. B. Chrom, Nickel und Vanadium werden Stähle legiert.

3.5.2.1 Kurzbezeichnung der Schwermetalle

Die Kurznamen der Schwermetalle bestehen aus dem chemischen Symbol des Basismetalls, gefolgt von den Symbolen der Legierungslemente und Gehaltsangaben in Prozent **(Bild 1)**.

Vorangestellt sein können bei Gusswerkstoffen Buchstaben für die Gussart, z. B. G für Sandguss, GD für Druckguss usw. Nachgestellt sein können Angaben zur Festigkeit, wie z. B. R420, d. h. eine Zugfestigkeit 420 N/mm^2.

Für die unlegierten Kupferwerkstoffe gibt es spezielle Kurznamen. Beispiel: Cu-DHP-R220. Die Bedeutung ist unten erläutert.

Kupfer-Knetlegierungen werden zusätzlich mit einem numerischen Kurznamen (Werkstoffnummer) benannt. Er besteht aus den Buchstaben CW und einer Zählnummer **(Bild 2)**. Angehängt sein kann ein Buchstabe für die Legierungsgruppe.

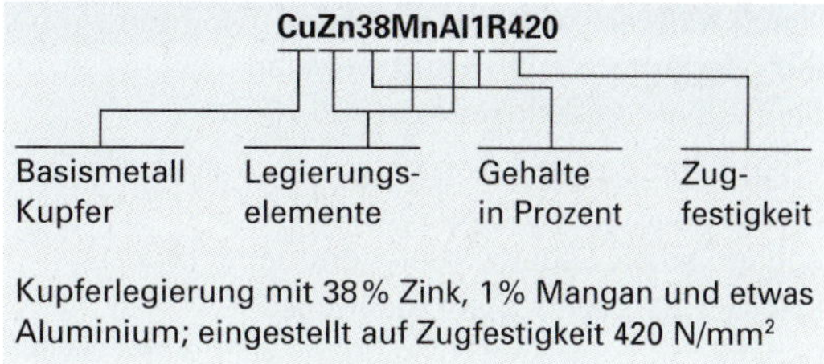

Bild 1: Kurzname einer Schwermetalllegierung

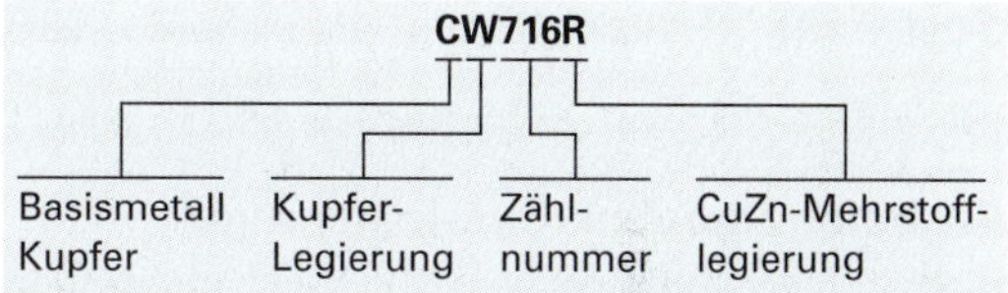

Bild 2: Numerischer Kurzname einer Kupferlegierung

3.5.2.2 Kupfer und Kupferlegierungen

Unlegiertes Kupfer

Eigenschaften und Verwendung

Unlegiertes Kupfer ist im warmgewalzten Zustand weich und gut dehnbar. Durch Hämmern, Pressen oder Recken (Kaltverfestigen) wird es hart. Durch Glühen wird es wieder weich.

Kupfer besitzt eine hohe Leitfähigkeit für Wärme und Elektrizität. Es wird für elektrische Leitungen **(Bild 3)** und im Maschinen- und Anlagenbau für Kühl- und Wärmetauscherrohre verwendet. Am wichtigsten sind die schweiß- und hartlötbaren Kupfersorten.

Außerdem dient Kupfer als Legierungsmetall.

Beispiel: Cu-DHP-R220 $\Rightarrow$ Kupfer für den Anlagenbau, gute Wärmeleitfähigkeit, Zugfestigkeit R_m = 220 N/mm^2

Bild 3: Kupferleitungen für die Stromleitung

Kupfer-Zink-Legierungen (Messing)

Eigenschaften und Verwendung

CuZn-Legierungen enthalten 5% bis 40% Zink. Sie sind korrosionsbeständig und haben eine gleitfähige Oberfläche. Bei niedrigem Zn-Gehalt sind sie weich und gut umformbar, bei hohem Zn-Gehalt sind sie härter. Durch Kaltverfestigung kann ihre Zugfestigkeit bis auf ca. 600 N/mm^2 gesteigert werden. CuZn-Legierungen lassen sich gut umformen, gießen und spanend bearbeiten. Man fertigt aus ihnen Armaturengehäuse, korrosionsbeständige Schrauben, Kleindrehteile **(Bild 4)**.

Beispiel: CuZn36Pb3 $\Rightarrow$ Kupfer-Zink-Blei-Knetlegierung mit 36 % Zn und 3 % Blei; für Automatendrehteile

Bild 4: Drehteile aus Kupfer-Zink-Legierungen

Kupfer-Zinn-Legierungen (Zinnbronze)

CuSn-Legierungen enthalten 2% bis 15% Zinn.

Sie sind korrosionsbeständig und besitzen hohe Zugfestigkeit, Verschleißfestigkeit und gute Gleiteigenschaften. Mit steigendem Zinngehalt wird die Festigkeit und der Verschleißwiderstand erhöht. Durch Kaltverfestigen (z. B. Walzen) können sie bis auf „federhart“ verfestigt werden und besitzen dann eine Zugfestigkeit von 750 N/mm^2.

CuSn-Legierungen werden zu Schneckenrädern, Spindelmuttern, Kontaktfedern, Gleit- und Führungsbahnen sowie Lagerschalen verarbeitet **(Bild 1)**.

Beispiele für Kupfer-Zinn-Legierungen:

CuSn8P ⇒ Knetlegierung mit sehr guten Gleiteigenschaften und hoher Verschleißfestigkeit, z. B. für hochbelastete Gleitlager in Motoren

G-CuSn12Pb ⇒ Gusslegierung mit Bleizusatz, sehr verschleißfest, mit Notlaufeigenschaften, z. B. für Gleitlagerschalen **(Bild 2)**

Kupfer-Zinn-Zink-Gusslegierungen

Diese auch als **Rotguss** bezeichneten Legierungen sind gut vergießbar, korrosionsbeständig, gut spanend bearbeitbar und haben gute Gleiteigenschaften. Sie werden z. B. zu Armaturen- und Pumpengehäusen verarbeitet **(Bild 3)**.

Beispiel: G-CuSn6Zn4Pb2

Kupfer-Aluminium-Legierungen

Diese Legierungen zeichnen sich durch hohe Festigkeit, Zähigkeit und Korrosionsbeständigkeit, insbesondere gegen Meerwasser aus. Sie werden bevorzugt im Schiffbau sowie im Anlagenbau für Meerwasser führende Anlagenteile und im Chemieanlagenbau verwendet.

Beispiele:

CuAl7Si2 ⇒ Meerwasserbeständige Legierung für Schiffbauteile

CuAl10Fe3Mn2 ⇒ Korrosionsbeständige verschleißfeste Knetlegierung, z. B. für Schneckenräder und Ventilsitze

Kupfer-Nickel-Legierungen

Kupfer-Nickel-Legierungen sind federhart, elektrisch gut leitend, korrosionsbeständig und haben eine silberartig aussehende Oberfläche. Sie werden z. B. zu federnden elektrischen Kontakten, zu Schlüsseln, Reißzeugen, Wasserarmaturen, Geräteverkleidungen und den „Silbermünzen“ verarbeitet **(Bild 4)**.

Beispiel:

CuNi9Sn2 ⇒ Federnde elektrische Kontakte

Eine Besonderheit ist die Legierung **CuNi44,** auch Konstantan genannt. Sie besitzt einen temperaturkonstanten elektrischen Widerstand und wird zu elektrischen Widerständen verarbeitet.

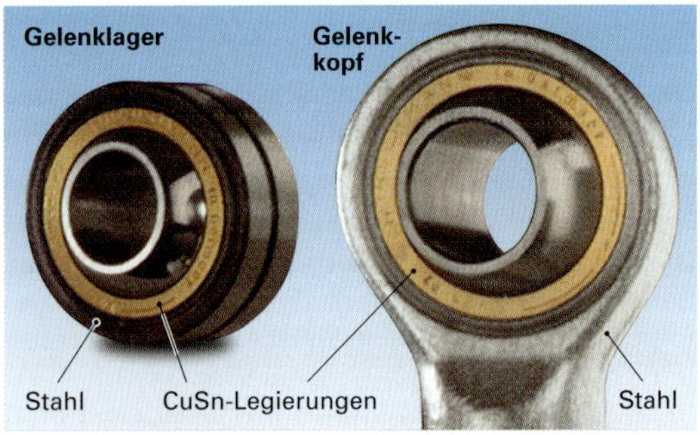

Bild 1: Gelenklager und Gelenkkopf aus Stahl mit Lagerschalen aus CuSn-Legierung CuSn8P

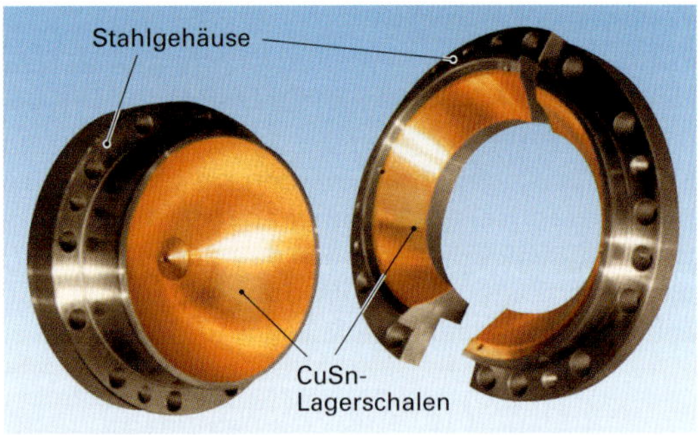

Bild 2: Kalotten-Lagerschalen aus G-CuSn12Pb in Stahlgehäuse

Bild 3: Pumpengehäuse aus CnSnZn-Gusslegierung

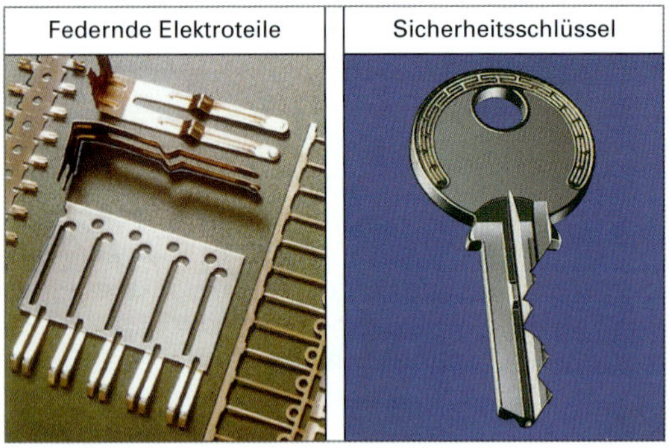

Bild 4: Teile aus CuNi-Legierungen

Arbeitsbeispiel: Bestimmung der Bauteile und Werkstoffe für ein Schneckengetriebe

Das nebenstehende Bild zeigt ein Schneckengetriebe, dessen Gehäuse aufgeschnitten ist und einen Einblick in das Innere des Getriebes freigibt.

Das Getriebe dient in einem kunststoffverarbeitenden Betrieb zum Antrieb einer Knetwalze.

Damit die einzelnen Bauteile des Schneckengetriebes ihre Funktion dauerhaft erfüllen können, sind sie aus verschiedenen Werkstoffen gefertigt.

Um über die Eigenschaften und die Eignung dieser Werkstoffe einen Überblick zu gewinnen, sollen folgende Aufgaben erarbeitet werden:

- Die Bauteile sollen benannt werden.
- Die Aufgabe des Bauteils mit seinen Funktionen soll beschrieben werden.
- Die erforderlichen Haupteigenschaften des Bauteils sollen definiert werden.
- Die Werkstoffsorte ist zu bezeichnen.
- Ein Werkstoff, der zur Fertigung des jeweiligen Bauteils geeignet ist, soll mit Kurzbezeichnung und Werkstoffnummer angegeben werden oder ein Normteil mit Normnummer soll aus einem Tabellenbuch ausgewählt werden.

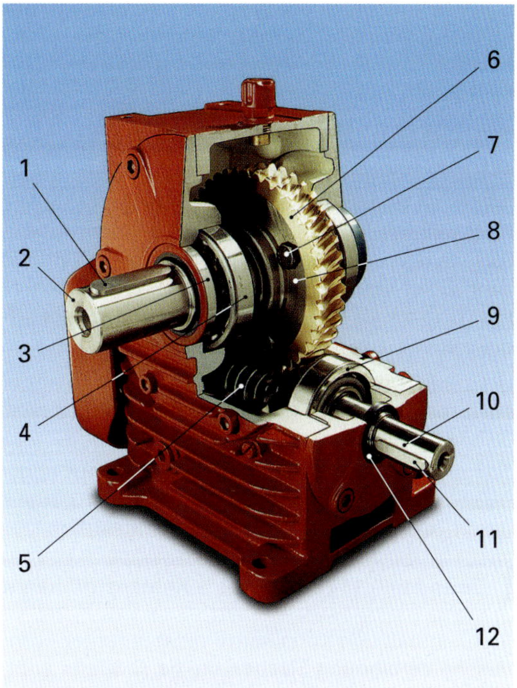

Bild 1: Schneckengetriebe

Erstellen Sie nach dem unten stehenden Muster eine Tabellenliste.

Tragen Sie dort die Ergebnisse Ihrer Überlegungen gemäß dem Beispiel *Pos. 1 Passfeder* in die Tabellenliste ein.

Pos.-Nr.	Benennung	Funktion des Bauteils	Erforderliche Eigenschaften des Bauteils	Werkstoffsorte	Werkstoff-Kurzname und Nr. oder Bauteil-Norm
1	Passfeder	Übertragung des Drehmoments	Hohe Scherfestigkeit und Oberflächenhärte	Vergütungsstahl	DIN 6885
2					
3					
4					
11					
12					

3.6 Wärmebehandlung der Stähle

Durch Wärmebehandlung können die Eigenschaften der Stähle und Eisen-Gusswerkstoffe in gewünschter Weise verändert werden. Besonders die Härte, die Festigkeit und die Bearbeitbarkeit lassen sich verbessern. Ursache der Verbesserung der Eigenschaften sind Veränderungen des Werkstoffgefüges.

3.6.1 Gefügearten der Eisenwerkstoffe

Eisenwerkstoffe enthalten aus dem Herstellungsprozess einen bestimmten Gehalt an Kohlenstoff. Dieser Kohlenstoffgehalt kann störend sein, weil er das Eisen bei zu großem Anteil versprödet. Andererseits ist ein gewisser Kohlenstoffgehalt im Eisen die Voraussetzung vieler Eigenschaftsverbesserungen durch Wärmebehandlung.

Die Ursache dieser Wirkung des Kohlenstoffs im Eisen ist sein Einfluss auf den inneren Aufbau, das **Gefüge**.

Untersucht man das Gefüge von langsam abgekühltem Eisen, so stellt man fest, dass es je nach Kohlenstoffgehalt unterschiedliche Gefügearten besitzt **(Bild 1)**.

Technisch **reines Eisen** bildet ein Gefüge aus abgerundeten Körnern. Dieses Gefüge wird **Ferrit** oder **α-Eisen** genannt (Bild 1a). Es ist weich, leicht umformbar und magnetisierbar.

Eisen mit 0,1 % bis rund 2 % Kohlenstoff nennt man Stahl.

Stahl enthält den Kohlenstoff nicht in reiner Form, sondern als chemische Verbindung **Eisencarbid Fe_3C**. Man nennt diesen Gefügebestandteil **Zementit**. Er ist hart und spröde.

Bei geringem Kohlenstoffgehalt im Stahl (bis 0,8 %) scheidet sich der Zementit in Form dünner Streifen (Streifenzementit) aus, die die Ferritkörner durchziehen (Bild 1b).

In **Stahl mit 0,8 % Kohlenstoff** (eutektoider Stahl) sind alle Ferritkörner mit **Streifenzementit** durchzogen. Dieses Gefüge heißt wegen seines perlmuttartigen Aussehens **Perlit** (Bild 1c).

Stähle mit weniger als 0,8 % Kohlenstoff (untereutektoider Stahl) haben ein Gefüge, das Ferritkörner und Perlitkörner enthält. Man bezeichnet es als **Ferrit-Perlit-Gefüge** (Bild 1b).

Stähle mit mehr als 0,8 % Kohlenstoff (übereutektoider Stahl) enthalten so viel Kohlenstoff, dass sich zusätzlich zum Streifenzementit in den Perlitkörnern noch Zementit an den Korngrenzen **(Korngrenzenzementit)** ablagert (Bild 1d). Je größer der Zementitanteil im Gefüge ist, umso härter, aber auch umso spröder ist der Stahl.

Eisen mit 2,5 % bis 3,7 % Kohlenstoff ist Gusseisen.

Gusseisen enthält zusätzlich zum Kohlenstoff einen hohen Siliciumanteil. Er bewirkt, dass sich der überwiegende Teil des Kohlenstoffs nicht in chemisch gebundener Form als Zementit Fe_3C, sondern als reiner Kohlenstoff C in Form von Graphitlamellen ausscheidet.

Im Allgemeinen liegt in Gussstücken folgende Ausscheidungsart vor: Der über 0,8 % liegende Anteil des Kohlenstoffs scheidet sich als Graphitlamellen an den Korngrenzen aus, während der übrige Anteil des Kohlenstoffs als Streifenzementit kristallisiert. Das Gefüge der Eisen-Gusswerkstoffe besteht demnach aus einer **perlitischen** oder **ferritisch-perlitischen Grundmasse** und zwischen den Körnern eingelagerten **Graphitlamellen** (Bild 1e).

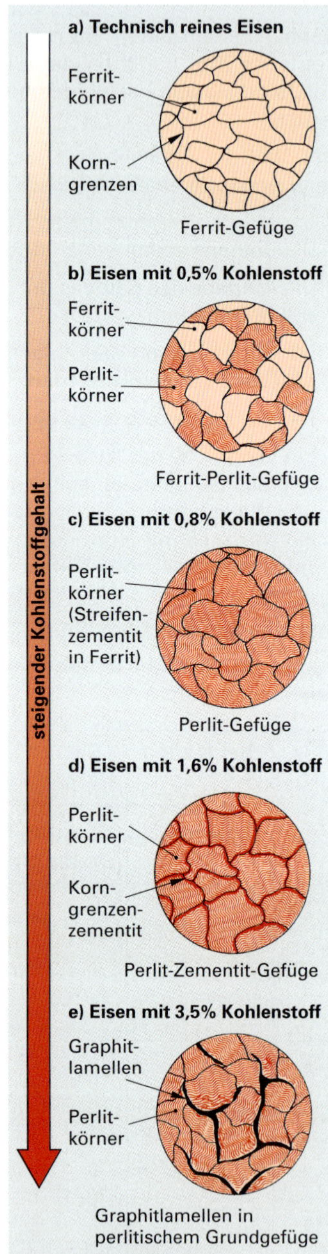

Bild 1: Gefügearten von Eisenwerkstoffen mit unterschiedlichem Kohlenstoffgehalt

3.6.2 Eisen-Kohlenstoff-Zustandsdiagramm

Eisenwerkstoffe haben bei Raumtemperatur und bis 723 °C je nach Kohlenstoffgehalt unterschiedliche Gefüge (Bild 1, Seite 168). Erwärmt man sie über 723 °C hinaus, so treten noch andere Gefügearten auf.

Eine Übersicht, welche Gefügeart ein Eisenwerkstoff mit einem bestimmten Kohlenstoffgehalt bei einer bestimmten Temperatur hat, gibt das **Eisen-Kohlenstoff-Zustandsdiagramm (Bild 1)**.

Die durchgezogenen und unterbrochenen Linien im Schaubild begrenzen die Gefügebereiche. So trennt z. B. die Linie P-S den Bereich des Ferrit-Perlit-Gefüges vom Bereich des Austenit-Ferrit-Gefüges oder die Linie G-S den Bereich des Austenit-Ferrit-Gefüges vom Bereich des Austenit-Gefüges.

Die Gefügearten bei Raumtemperatur und bis 723 °C sind im Eisen-Kohlenstoff-Zustandsdiagramm über der Kohlenstoffachse eingetragen. **Beispiele:** Eisen mit 0,5 % Kohlenstoff hat ein Ferrit-Perlit-Gefüge, Eisen mit 1,2 % Kohlenstoff ein Perlit-Korngrenzenzementit-Gefüge. Beide Gefügebereiche haben ihre gegenseitige Begrenzungslinie bei 0,8 % Kohlenstoff. Dort liegt reines Perlit-Gefüge vor.

Beim Überschreiten bzw. Unterschreiten einer Gefügebegrenzungslinie wandelt sich das Gefüge um.

Beispiel: Bei der Abkühlung einer Stahlschmelze mit 0,8% Kohlenstoff beginnt in der Schmelze ab 1480 °C die Bildung von Austenitkristallen. Unter 1380 °C ist der ganze Werkstoff erstarrt und besteht aus Austenitkristallen. Bei weiterer Abkühlung wandelt sich das Austenit-Gefüge bei 723 °C in Perlit-Gefüge um.

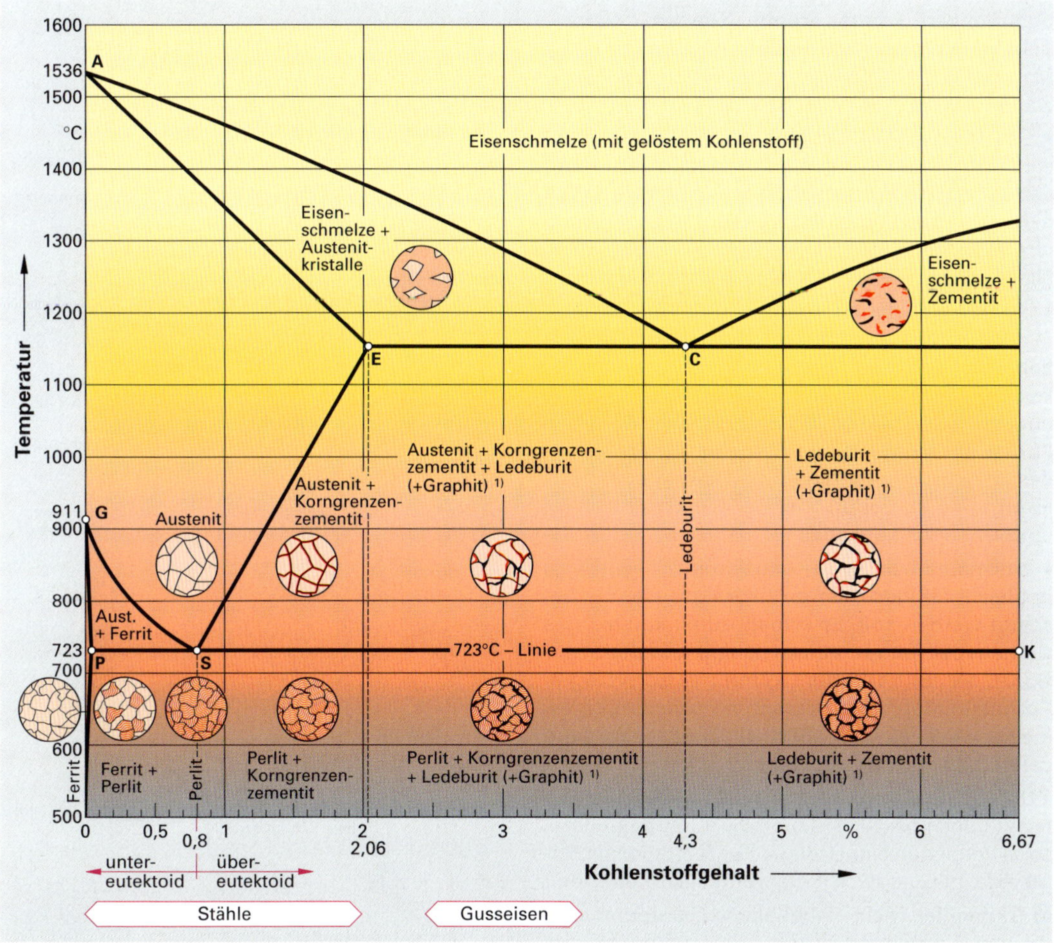

Bild 1: Eisen-Kohlenstoff-Zustandsdiagramm (mit den Gefügebereichen kohlenstoffhaltiger Eisenwerkstoffe)

[1] Bei Eisensorten mit einem Kohlenstoffgehalt über 2,06% (Gusseisen) und zusätzlichem Si-Gehalt scheidet sich ein Teil des Kohlenstoffs in Form von Graphit aus (Bild 1).

Übersicht über die Wärmebehandlungsarten

Als Wärmebehandlung bezeichnet man eine durch Wärmeeinwirkung hervorgerufene, bleibende Gefüge- und Eigenschaftsänderung. Man unterscheidet folgende Wärmebehandlungsverfahren:

Glühen	**Härten**	**Vergüten**	**Randschichthärten**	**Einsatzhärten**	**Nitrierhärten**	**Carbonitrieren**

3.6.3 Glühen

> Glühen ist eine Wärmebehandlung, bestehend aus langsamem Erwärmen, Halten auf Glühtemperatur und langsamem Abkühlen.

Glühverfahren. Die Glühverfahren unterscheiden sich durch die Höhe der Glühtemperaturen und die Länge der Glühzeiten **(Bild 1)**.

- Durch **Spannungsarmglühen** werden innere Spannungen im Werkstück durch plastisches Fließen des Werkstoffs verringert. Die inneren Spannungen können durch Gießen, Walzen, Schmieden oder Schweißen entstanden sein. Man glüht die Werkstücke bei 550 °C bis 650 °C während 1 bis 2 Stunden (Bild 1).
- Das **Rekristallisationsglühen** (Zwischenglühen) wird angewandt, wenn ein durch Kaltverformung verzerrtes Gefüge wieder in einen unverzerrten Gefügezustand zurückgeführt werden soll. Durch mehrere Stunden langes Glühen bei 550 °C bis 650 °C bildet sich ein völlig neues Gefüge aus **(Bild 2)**.
- Beim **Weichglühen** erwärmt man den Stahl je nach Kohlenstoffgehalt auf 680 °C bis 750 °C und hält ihn dort mehrere Stunden. Die gleiche Wirkung erreicht man durch Pendelglühen, d. h. durch mehrmalige Temperaturänderung um die PSK-Linie (Bild 1). Durch das Weichglühen wandelt sich der Streifenzementit in körnigen Zementit um **(Bild 3)**. Dadurch ist der Werkstoff leichter umformbar und spanbar.
- **Normalglühen** wird angewandt, wenn ein ungleichmäßiges oder grobkörniges Gefüge beseitigt werden soll. Es erfolgt durch kurzzeitiges Glühen bei Temperaturen knapp oberhalb der GSK-Linie (Bild 1). Dabei kommt es zur völligen Kornneubildung. Es entsteht ein gleichmäßiges, feinkörniges Gefüge **(Bild 4)**. Diesen Vorgang nennt man auch **Rückfeinen.**
- Unter **Diffusionsglühen** versteht man ein langzeitiges Glühen bei 1050 °C bis 1250 °C. Es dient dazu, beim Vergießen eingetretene Konzentrationsunterschiede im Gussstück (Seigerung) auszugleichen.

Glühfehler. Nicht eingehaltene Glühtemperaturen und Glühzeiten führen zu nicht beabsichtigten Gefügeumwandlungen. Bei lang anhaltender, weit überschrittener Glühtemperatur wird der Werkstoff geschädigt oder zerstört.

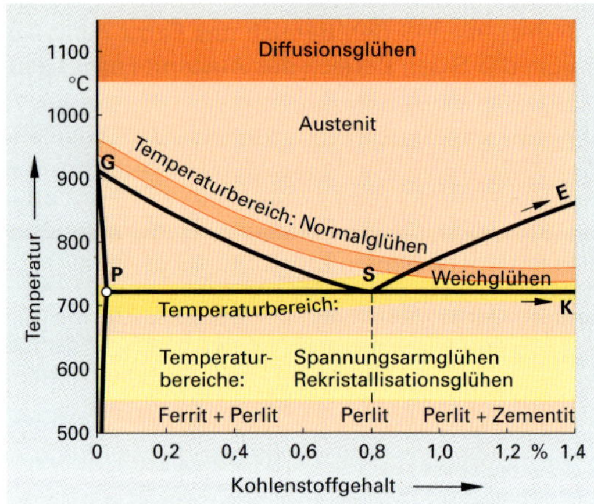

Bild 1: Glühtemperaturen unlegierter Stähle, eingezeichnet im Fe-C-Zustandsdiagramm

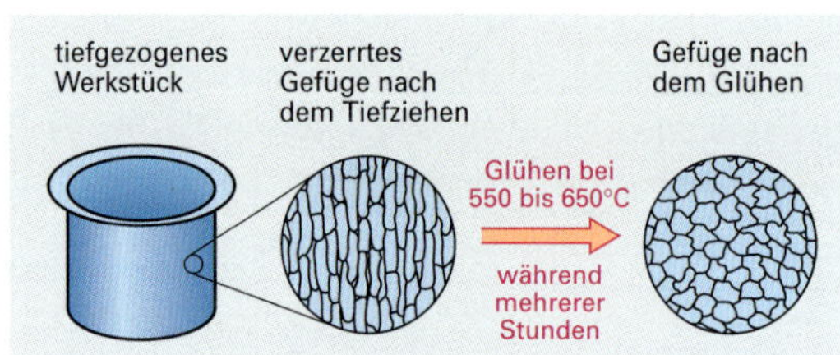

Bild 2: Rekristallisationsglühen

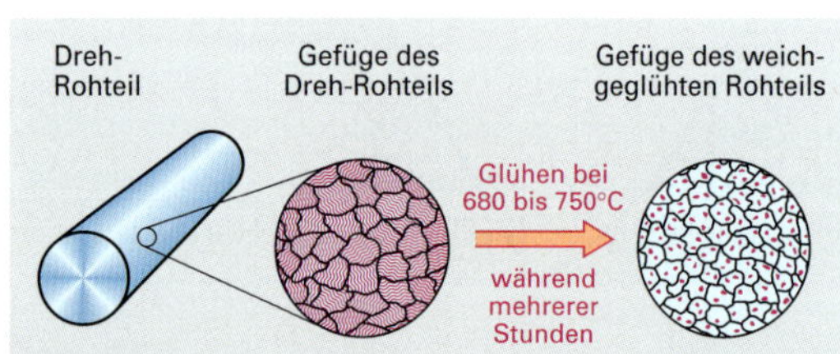

Bild 3: Weichglühen

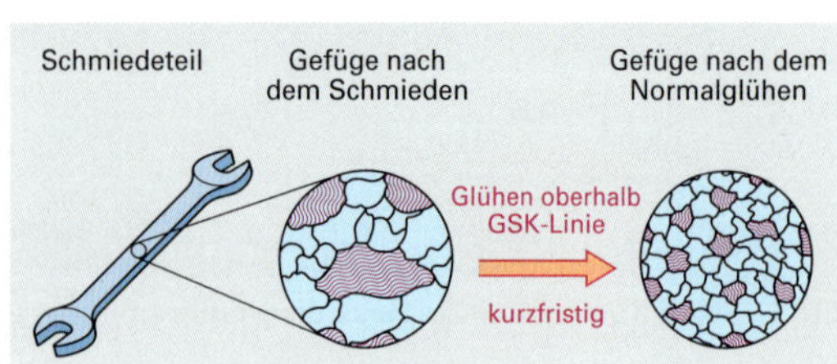

Bild 4: Normalglühen (Rückfeinen)

3.6.4 Härten

Härten ist eine Wärmebehandlung, um Stahl-Werkstücke hart und verschleißfest zu machen.

Der Härtevorgang besteht aus Erwärmen, Halten auf Härtetemperatur, Abschrecken und Anlassen **(Bild 1)**.

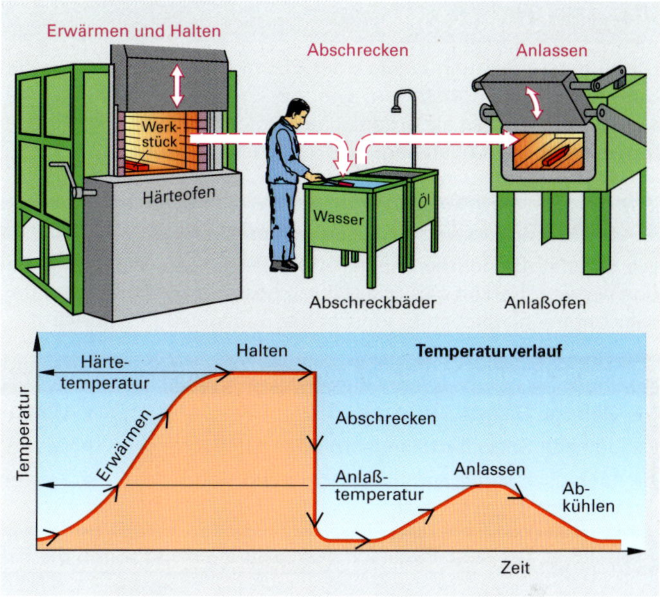

Bild 1: Arbeitsgänge und Temperaturverlauf beim Härten

Zuerst wird das zu härtende Werkstück in einem Ofen auf Härtetemperatur erwärmt und dort auf Temperatur gehalten.

Dann wird es aus dem Ofen genommen und sofort mit langsam kreisender Bewegung in ein Wasser- oder Ölbad getaucht. Diesen Vorgang nennt man **Abschrecken**. Bei ihm erfolgt die Härtung des Werkstoffs. Der Stahl ist nach dem Abschrecken glashart, aber auch spröde und bruchempfindlich. Um die Sprödigkeit zu beseitigen, wird das Werkstück anschließend in einem Ofen auf Anlasstemperatur erwärmt, dort eine Zeitlang gelassen und dann herausgenommen, um abzukühlen. Durch diese Nachbehandlung, **Anlassen** genannt, erhält das Werkstück seine Gebrauchshärte: es ist hart, verschleißfest und nicht mehr spröde.

Gehärtet werden vor allem Schneidwerkzeuge, wie z. B. Handmeißel, Feilen, Drehmeißel, Fräser oder Bauteile und Werkstücke, die auf Verschleiß beansprucht werden, wie z. B. Anreißnadeln, Hammerfinnen, Lagerkugeln und Gleitbahnen.

Ursache der Härtbarkeit eines Werkstoffs ist eine erzwungene Gefügeumwandlung beim Abschrecken. Durch sie entsteht das **Härtegefüge** (Martensit), das dem Werkstück die Härte verleiht.

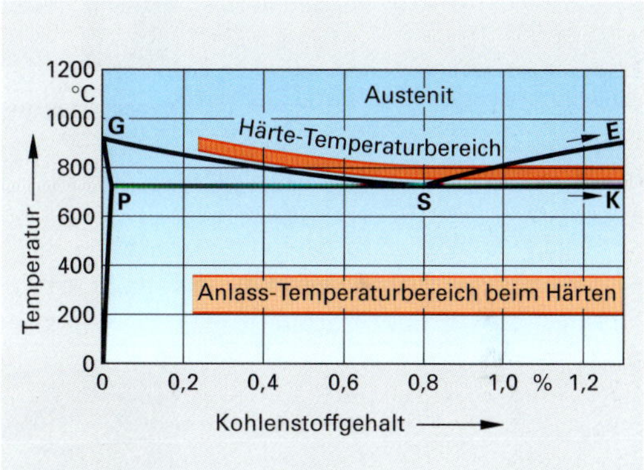

Bild 2: Härte- und Anlasstemperaturen unlegierter Stähle im Fe-C-Zustandsdiagramm

Voraussetzung für die Bildung von Härtegefüge ist ein Mindestgehalt an Kohlenstoff im Stahl. Härtbare Stähle haben zwischen 0,2 % bis 2,2 % Kohlenstoff.

Die **Härtetemperatur** der Stähle richtet sich vor allem nach ihrem Kohlenstoffgehalt sowie den Legierungselementen. Bei unlegierten Stählen ist die Härtetemperatur nur vom Kohlenstoffgehalt abhängig **(Bild 2)**. Sie sollte etwa 40 °C über der Linie GSK im Eisen-Kohlenstoff-Zustandsdiagramm liegen.

Die **Anlasstemperatur** ist ebenfalls von der Stahlsorte abhängig. Bei unlegierten Stählen beträgt sie 200 °C bis 350 °C, bei hochlegierten Stählen bis zu 650 °C.

Wiederholung und Vertiefung

1 Welches Gefüge haben Eisenwerkstoffe mit 0 %, 0,8 %, 1,6 % und 3,5 % Kohlenstoff?

2 Was kann man aus dem Eisen-Kohlenstoff-Zustandsdiagramm ablesen?

3 Nach welchen Fertigungsverfahren werden Werkstücke rekristallisationsgeglüht?

4 Aus welchen Arbeitsschritten besteht das Härten?

5 Welche Härtetemperatur hat ein Stahl mit 0,6 % C?

3.7 Kunststoffe

Die Kunststoffe, auch Plaste oder Plastik genannt, sind synthetisch erzeugte, organische Werkstoffe. Sie werden aus Rohstoffen, wie z. B. Erdöl, durch chemische Umwandlung (Synthese) hergestellt. Kunststoffe werden als organische Stoffe bezeichnet, weil sie aus organischen Kohlenstoff- oder Siliciumverbindungen bestehen.

3.7.1 Eigenschaften und Verwendung

Die Kunststoffe nehmen heute in der Technik als Werkstoffe einen bedeutenden Platz ein. Ihre vielseitige Verwendbarkeit beruht auf ihren besonderen Eigenschaften sowie der Möglichkeit, Kunststoffe mit sehr unterschiedlichen Eigenschaften herzustellen **(Tabelle 1)**.

Typische Eigenschaften der Kunststoffe sind:

- Geringe Dichte
- Je nach Sorte hart, biegsam oder elastisch
- Elektrisch isolierend und wärmedämmend
- Witterungs- und chemikalienbeständig
- Glatte, dekorative Oberfläche
- Kostengünstige Formgebung

Tabelle 1: Typische Eigenschaften und Verwendungen der Kunststoffe

Geringe Dichte: 0,9 bis 1,4 kg/dm³ (Ausnahme PTFE: ρ = 2,2 kg/dm³)	Behälter Kfz-Teile Flugzeugteile Leichtbauteile	 Fässer, Kanister	 Lüfterrad	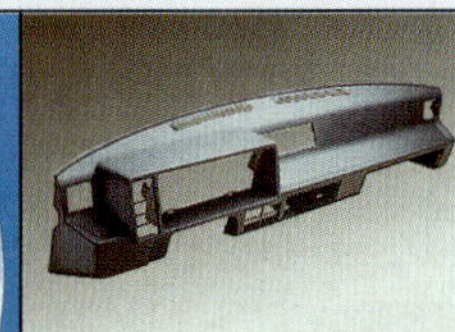 Pkw-Armaturentafel
Je nach Sorte hart und fest oder weich und elastisch. Gut formbar und bearbeitbar	Maschinenteile Gummielastische Bauteile Gehäuse	 Teile für Kleingetriebe	 Pkw-Reifen	 Maschinen-Gehäuse
Elektrisch isolierend, wärme- und schalldämmend	Werkzeuggriffe Elektrobauteile Wärmedämmmaterial	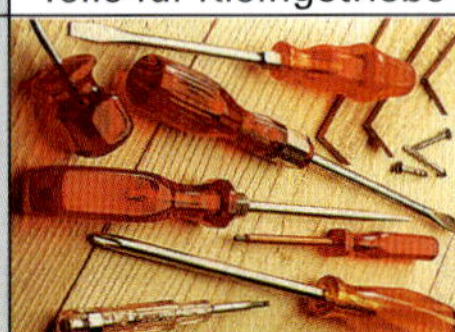 Werkzeuggriffe	 Drehstromstecker	 Dämmplatten
Witterungs- und chemikalienbeständig gegen viele Chemikalien und aggressive Umwelteinflüsse	Chemikaliengefäße Rohrleitungen Armaturen Beschichtungen	 Pkw-Aggregatgehäuse	 Rohr-Auskleidungen	 Beschichtungen

Kunststoffe besitzen aber auch Eigenschaften, die ihre Einsetzbarkeit begrenzen:

- Sie haben im Vergleich zu den Metallen eine geringe Wärmebeständigkeit.
- Sie sind zum Teil brennbar.
- Sie besitzen Festigkeiten, die deutlich geringer als bei Metallen sind.
- Sie sind z. T. unbeständig gegen Lösungsmittel.
- Sie sind nur begrenzt durch Recycling wiederverwendbar.

Technologische Einteilung

Man unterteilt die Kunststoffe nach ihrem inneren Aufbau in drei **Gruppen:**

- **Thermoplaste**
- **Duroplaste**
- **Elastomere**

Jede Kunststoffgruppe besitzt einen gruppentypischen inneren Aufbau, der ein ähnliches mechanisches Verhalten bei Erwärmung zur Folge hat.

3.7.2 Thermoplaste

Zu den Thermoplasten gehören die am häufigsten verwendeten Kunststoffe. Das liegt vor allem an ihrer leichten Verarbeitbarkeit: sie sind **warm umformbar** und **schweißbar**. Dadurch können Massenteile z.B. durch Extrudieren und Spritzgießen kostengünstig gefertigt werden. Zudem gibt es eine breite Sortenvielfalt thermoplastischer Kunststofftypen mit Eigenschaften für fast jeden Verwendungszweck.

Polyethylen (PE)

Eigenschaften: Farblos, wachsartige, gleitfähige Oberfläche. Formsteif bis 80 °C, beständig gegen Säuren und Laugen. Massenkunststoff mit niedrigem Preis.

Niederdruck-Polyethylen: Steif, schwer biegbar.

Hochdruck-Polyethylen: Weich, leicht biegbar.

Verwendung: Niederdruck-PE (steif): Behälter, Rohre, Tanks, Lagerringe **(Bild 1)**. Hochdruck-PE (weich): Schläuche, elastische Folien zum Verpacken und Schrumpfen.

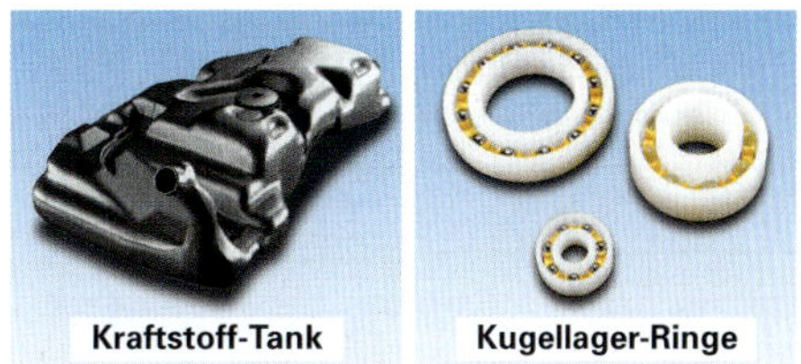

Bild 1: Typische Verwendung von Polyethylen

Polypropylen (PP)

Eigenschaften: Dem Niederdruck-PE (steif) sehr ähnlich, jedoch bis 130 °C formbeständig.

Verwendung: Waschmaschinenteile, Kfz-Teile, Behälter, Kraftstofftanks.

Polyvinylchlorid (PVC)

Eigenschaften: Farblos, chemikalienbeständig.

Hart-PVC: Hart, zäh, schwer zerbrechlich.

Weich-PVC: Weichgummielastisch oder lederartig. Weich-PVC wird durch Zusatz so genannter Weichmacher zum Hart-PVC hergestellt.

Verwendung: Hart-PVC: Abwasserrohre, Gehäuse, Fensterrahmen, Ventile. Weich-PVC: Kunstleder, Schläuche, Stiefel, Schutzhandschuhe, Kabelummantelungen **(Bild 2)**.

Bild 2: Typische Verwendung von PVC

Polyamide (PA)

Eigenschaften: Milchig weiß, gleitfähige und abriebfeste Oberfläche. Chemikalien- und lösungsmittelbeständig. Hart und zäh, hohe Zugfestigkeit bis 70 N/mm^2.

Verwendung: Zahnräder, Lagerschalen, Kugellagerkäfige, Gleitschienen, Pkw-Ansauggehäuse **(Bild 3)**.

Polyamidfasern. Polyamide können zu Fasern versponnen werden (Perlon, Nylon). Aus ihnen stellt man reißfeste Gewebe, Schnüre und Seile her.

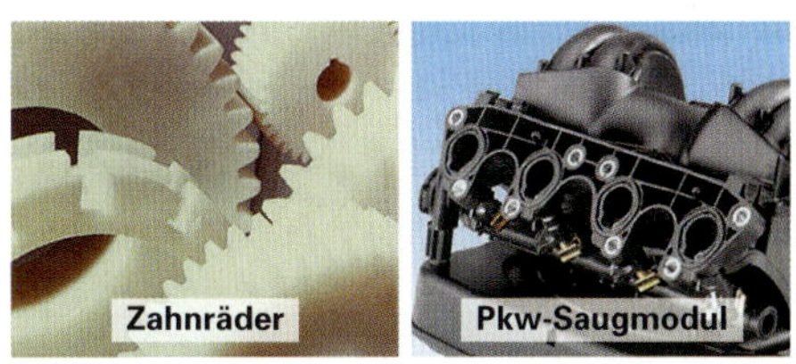

Bild 3: Typische Verwendung von Polyamiden

Polyoximethylen (POM)

Eigenschaften: Milchig weiß, gleitfähige, abriebfeste Oberfläche, hohe Festigkeit, Härte und Steifigkeit, große Zähigkeit auch bei tiefen Temperaturen, gute Federungseigenschaften (gute Schnappverbindungen).

Beständig gegen Lösungsmittel sowie verdünnte Säuren und Laugen; problemlose Verarbeitung.

Verwendung: Zahnräder, Kettenglieder, Haken **(Bild 4)**.

Bild 4: Bauteile aus POM

3.7.3 Duroplaste

Die duroplastischen Kunststoffe gelangen als flüssiges oder pulverförmiges Vorprodukt zum Verarbeiter. Durch Zugabe eines Härters oder unter der Wirkung von Wärme und Druck härten die Vorprodukte in ihrer endgültigen Form zu gebrauchsfertigen Kunststoffteilen aus. Diesen Vorgang nennt man **Aushärtung** und die Duroplaste deshalb **aushärtbare Kunststoffe**. Nach der Aushärtung sind die duroplastischen Kunststoffe **nicht warm umformbar** und **nicht schweißbar**.

■ Ungesättigte Polyesterharze (UP)

Eigenschaften: Farblos, glasklar mit Oberflächenglanz. Von hart und spröde bis zäh und elastisch. Als flüssiges Harz gute Haftfähigkeit und Vergießbarkeit. Beständig gegen Kraftstoffe sowie verdünnte Säuren und Laugen.

Verwendung: Basisharz für glasfaserverstärkte Kunststoff-Bauteile **(Bild 1)**, Klebeharz für Metalle, Lackharz für kratzfeste Lacke, Gießharz für Modelle, Ausgangsharz für Fasern.

Bild 1: Verwendung verstärkter UP-Harze

■ Epoxidharze (EP)

Eigenschaften: Farblos bis honiggelb. Hartelastisch, schlagzäh. Klebend auf Metallen, gut vergießbar. Beständig gegen schwache Säuren, Laugen, Salzlösungen und Lösungsmittel. Temperaturbeständig bis 180 °C

Verwendung: Als Klebeharz, Lackharz und Gießharz sowie als Bindeharz für Formmassen, Gießerei-Formsandkerne und glasfaserverstärkte Kunststoffe **(Bild 2)**.

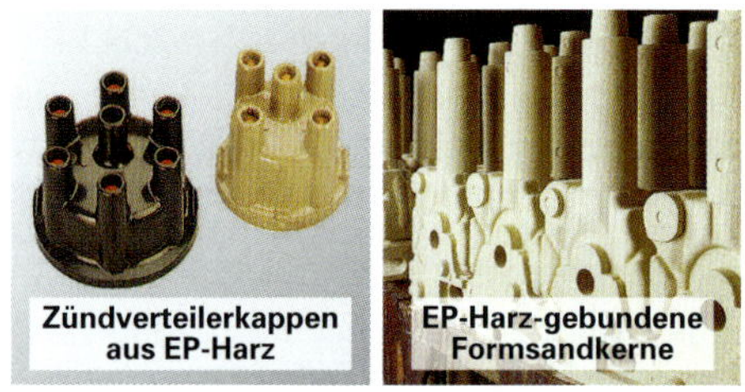

Bild 2: Typische Verwendung von Epoxidharz

■ Faserverstärkte Polyester- und Epoxidharze

Ein großer Teil der Polyester- und Epoxidharze wird als Bindeharz mit Glasfasern zu **faserverstärkten Kunststoff-Bauteilen** (GFK, CFK) verarbeitet (Seite 175).

■ Polyurethanharze (PUR)

Eigenschaften: Honiggelb, durchsichtig. Je nach Sorte von hartelastisch und zäh bis gummielastisch. Gute Haftfähigkeit. Beständig gegen schwache Säuren, Laugen, Salzlösungen und viele Lösungsmittel, schäumbar.

Verwendung: Hart PUR: Lagerschalen, Zahnräder, Rollen.
Mittelhartes PUR: Zahnriemen, Puffer, Stoßfänger **(Bild 3)**.
Weich-PUR: Dichtungen, Kabelummantelungen.
PUR-Schaumstoff: Polster, Fugenfüllmasse.
Polyurethan kann zudem als Lack (DD-Lack) sowie als Gießharz und Klebstoff verwendet werden.

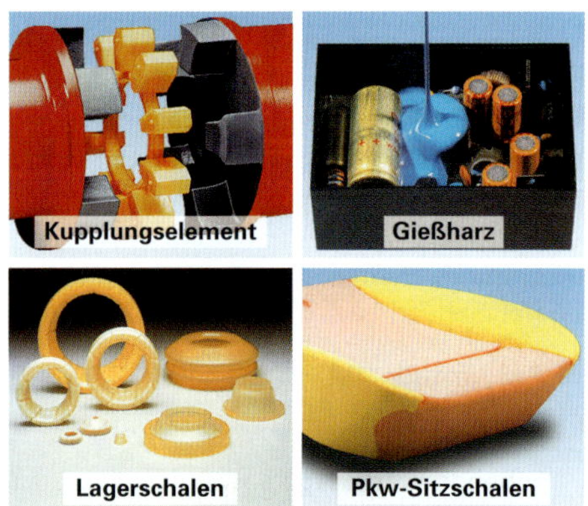

Bild 3: Anwendung von Polyurethanharzen

3.7.4 Elastomere

Elastomere sind gummielastische Kunststoffe, in der Umgangssprache als **Gummi** bezeichnet. Der weitaus häufigste Elastomer ist der synthetisch hergestellte **Butadienkautschuk (Synthesekautschuk)**.

Synthesekautschuk

Eigenschaften: Gelb bis dunkelbraun, meistens mit Ruß schwarz eingefärbt. Je nach Herstellung hartgummielastisch bis weichgummielastisch. Schwingungs- und schalldämpfend, alterungsbeständig, abriebfest.

Verwendung: Fahrzeugreifen, Radialdichtungen, Manschetten, Schutzkappen, Gummifedern, Schläuche **(Bild 4)**.

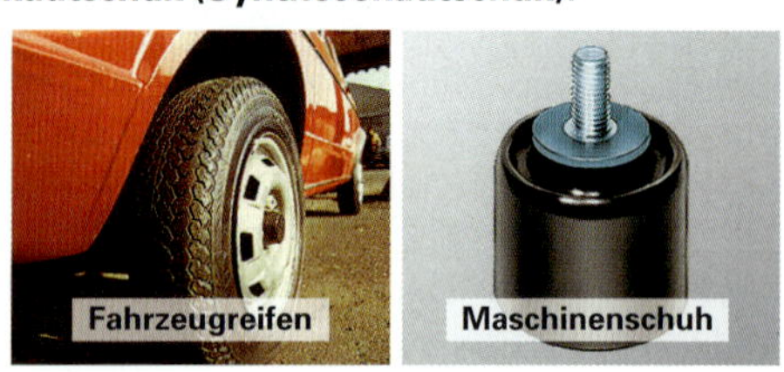

Bild 4: Verwendung von Synthesekautschuk

3.8 Verbundwerkstoffe

Als Verbundwerkstoffe bezeichnet man Stoffe, die aus mehreren Einzelstoffen bestehen und zu einem neuen Werkstoff verbunden wurden.

Im Verbundwerkstoff sind die guten Eigenschaften mehrerer Einzelstoffe vereinigt. Die nachteiligen Eigenschaften der Einzelstoffe sind überdeckt. Bei den glasfaserverstärkten Kunststoffen z. B. ist die hohe Zugfestigkeit der Glasfasern mit der Zähigkeit der Kunststoffe kombiniert, die Sprödigkeit der Glasfasern und die geringe Festigkeit der Kunststoffe sind überdeckt.

Nach der Form, der im Verbund zusammengefügten Stoffe, unterscheidet man verschiedene Verbundwerkstoffarten:

- Faser- bzw. drahtverstärkte Verbundwerkstoffe
- Teilchenverstärkte Verbundwerkstoff
- Schichtverbundwerkstoffe

Häufig verwendete Verbundwerkstoffe sind:

Glasfaserverstärkte Kunststoffe (GFK)

Die glasfaserverstärkten Kunststoffe, kurz **GFK** genannt, bestehen aus Kunststoff (meistens Polyester- oder Epoxidharzen) und darin eingebetteten, hochreißfesten Glasfasern. GFK besitzen eine vergleichbar große Festigkeit wie Stähle (bis 1000 N/mm^2) bei der geringen Dichte von 1,8 kg/dm^3. Man fertigt daraus z. B. Zahnräder, Spezialwerkzeuge, Lkw-Blattfedern, Karosserieelemente, Flugzeug-Strukturteile, Rohrleitungen und Behälter **(Bild 1)**.

Bild 1: Lkw-Motorhaube

Schleifkörper und Honsteine

Sie bestehen aus dem körnigen Schleifmittel (Edelkorund- oder Diamantteilchen) und einer Kunststoff-, Weichkeramik- oder Metallbindung **(Bild 2)**. Bei diesen Verbundwerkstoffen übernehmen die sprödharten Schleifmittelkörner die Spanabnahme, während die Bindung dem Schleifkörper Zusammenhalt, Festigkeit und Zähigkeit verleiht.

Bild 2: Schleifkörper

Hartmetalle und oxidkeramische Schneidstoffe

Die Hartmetalle bestehen aus sprödharten Karbiden (Verstärkungsteilchen) und einer metallischen Bindung, meist aus Cobalt oder Nickel. Diese Kombination ergibt einen Verbundwerkstoff mit der Härte und Verschleißfestigkeit der Karbide und der Zähigkeit der Metallbindung.

Die oxidkeramischen Schneidstoffe bestehen aus Edelkorundteilchen (Al_2O_3) mit TiC- und ZrO_2-Bindung.

Aus Hartmetallen und oxidkeramischen Schneidstoffen werden spanabhebende Werkzeuge sowie Verschleißteile hergestellt **(Bild 3)**.

Bild 3: Wendeschneidplatten

Plattierte Bleche

Sie bestehen aus einem billigen Grundwerkstoff, meist hochfestem, unlegiertem Stahl, auf den ein dünnes Blech eines rost- und säurebeständigen Werkstoffs aufgewalzt ist. Der Grundwerkstoff übernimmt die mechanischen Belastungen, während der aufplattierte Werkstoff gegen Korrosion schützt. Plattierte Bleche werden vor allem im chemischen Apparatebau eingesetzt **(Bild 4)**.

Bild 4: Chemieapparat

Wiederholung und Vertiefung

1 Welche Eigenschaften haben die Kunststoffe?
2 Wie teilt man die Kunststoffe ein?
3 Was bedeuten die Kurznamen PVC, PA, PUR?
4 Welche Eigenschaften hat Silikonharz?
5 Was sind GFK?
6 Woraus bestehen die Hartmetalle?

3.9 Umweltproblematik der Werk- und Hilfsstoffe

Auswahl der Werk- und Hilfsstoffe

Bei der Auswahl der Werk- und Hilfsstoffe sind nicht nur die physikalischen, werkstofftechnischen und fertigungstechnischen Eigenschaften zu berücksichtigen. Immer wichtiger werden die Eigenschaften, die den Umweltschutz und die Gesundheitsverträglichkeit betreffen.

Es sollten nur Werk- und Hilfsstoffe eingesetzt werden, die nicht gesundheitsschädlich sind und die ohne Schädigung der Umwelt zu erzeugen, zu verarbeiten und zu entsorgen sind.

Zu berücksichtigen ist bei der Bewertung eines Werkstoffs die Gesamtheit der umweltbelastenden Faktoren. Dies beginnt bei der Erzeugung des Werkstoffs und umfaßt vor allem seine Recyclingfähigkeit.

Energieverbrauch und Umweltbelastung bei der Herstellung

Energieverbrauch. Zur Erzeugung der Werkstoffe aus den natürlichen Rohstoffen (Primärerzeugung) ist ein hoher Energieaufwand erforderlich **(Tabelle 1)**. Eisen-Werkstoffe und Kunststoffe zeigen hier deutliche Vorteile gegenüber Aluminium und Kupfer. Sehr günstig ist der Energieverbrauch bei der Gewinnung der Metalle aus Metallschrott (Recyclingmaterial).

Metallschrott wird deshalb überwiegend recycelt, bei den Kunststoffen sucht man nach geeigneten Technologien.

Tabelle 1: Energieverbrauch in kWh zur Erzeugung von 1 t Werkstoff

Werkstoffe	Primär-erzeugung	Recycling-gewinnung
Eisen/Stahl	4 300	1 670
Aluminium	16 000	2 000
Kupfer	13 500	1 730
Polyethylen (PE)	3 500	–
Polyvinylchlorid (PVC)	4 000	–

Umweltbelastung. Bei der Erzeugung der Metalle entstehen durch Stäube und Abgase starke Umweltbelastungen. Durch aufwendige Abgasreinigungsanlagen können sie auf ein erträgliches Maß gesenkt werden.

Bei den Kunststoffen gibt es bezüglich der Umweltverträglichkeit große Unterschiede. Während z.B. die Herstellung von Polyethylen unproblematisch ist, müssen bei der PVC-Produktion durch den Chloranteil der Ausgangsstoffe und die Giftigkeit der Zwischenprodukte umfangreiche Umweltschutzmaßnahmen getroffen werden. Dasselbe gilt für die Verbrennung von PVC-Abfällen.

Recycling der Metalle

Bei den meisten Fertigungsverfahren fallen Werkstoffabfälle an, z.B. Späne, Stanzreste, Gießereiabfälle und Ausschußteile **(Bild 1)**. Auch die Produkte der metallverarbeitenden Fertigung, die Maschinen, Pkw's, Haus-haltsgeräte usw. landen nach ihrer Nutzung auf dem Schrottplatz und müssen entsorgt werden.

Diese Abfälle und Altgeräte sind eine wertvolle Rohstoffquelle und werden in den Stoffkreislauf rückgeführt. Sie müssen entweder sortenrein gesammelt oder sortenrein getrennt werden.

Bei den Metallen wird das Recycling schon lange praktiziert. Eisen- und Stahlwerkstoffe werden annähernd 100% wiederverwertet. Bei Kupfer- und Aluminiumwerkstoffen liegt die Recyclingquote bei etwa 85%.

Bild 1: Sortenreines Sammeln von Metallabfällen

In metallverarbeitenden Betrieben fallen an vielen Stellen Metallabfälle und Ausschuss an, die der Wiederverwertung (Recycling) zugeführt werden können **(Bild 1)**.

Dabei ist es sinnvoll, sortenrein zu sammeln:

Allgemeiner Stahlschrott – Nichtrostender Stahlschrott – Aluminiumschrott – Kupferschrott.

Für die vorsortierten Schrottsorten lassen sich wesentlich höhere Wiederverkaufspreise erzielen.

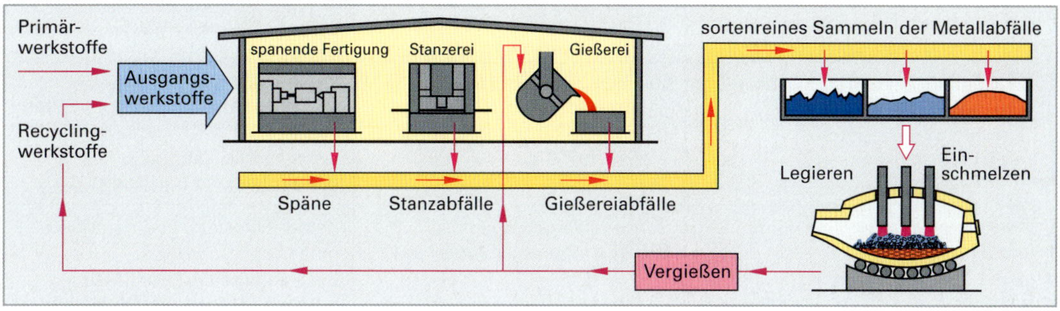

Bild 1: Stoffströme in einem metallverarbeitenden Betrieb und Verfahren beim Metall-Recycling

Recycling der Kunststoffe

Das Recycling der Kunststoffe befindet sich erst in den Anfängen. In der Automobilindustrie wurden erste Erfolge erzielt: Thermoplast-Kunststoffbauteile von Altfahrzeugen werden zu Granulat zerkleinert und daraus neue Bauteile gefertigt **(Bild 2)**. Voraussetzung ist das sortenreine Sammeln oder Sortieren der Altbauteile. Dies wird durch die leichte Demontierbarkeit und eine eingeprägte Sortenkennzeichnung der Bauteile erleichtert.

Beispiel einer Kennzeichnung: <ABS Typ 207> bedeutet Acrylnitril-Butadien-Styrol, Typ 207.

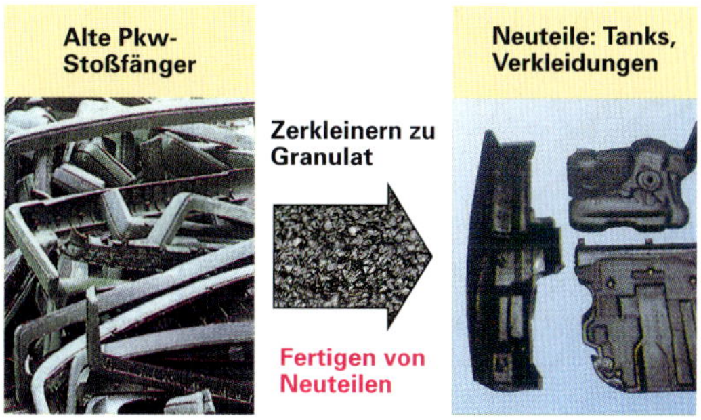

Bild 2: Kunststoff-Recycling (Beispiel)

Recycling der Hilfsstoffe

Auch viele Hilfsstoffe können nach dem Gebrauch aufgearbeitet und wiederverwertet werden.

- Verbrauchtes Schmier- und Schneidöl
- Verbrauchte Kühlschmierstoffe
- Verbrauchte Galvanik-Flüssigkeiten

Sorten-
reines
Sammeln

Fremdstoffe, Schmutz und unwirksam gewordene Bestandteile werden abgetrennt, fehlende Wirkstoffe werden zugesetzt und mit Neumaterial wird aufgefüllt.

> Verbrauchte Kühlschmierstoffe, Schmier- und Schneidöle sowie verbrauchte Chemikalien dürfen nicht in die Kanalisation, in Gewässer und den Erdboden geschüttet werden.

Gesundheitsschädliche Stoffe im metallverarbeitenden Betrieb

In metallverarbeitenden Fertigungsbetrieben werden neben den überwiegend unschädlichen Werkstoffen auch eine Reihe von gesundheitsschädlichen und umweltbelastenden Werk- und Hilfsstoffen verwendet. Beispiele hierfür sind Kühlschmierstoffe, Härtesalze, Reinigungs- und Entfettungsmittel. Bei der Fertigung können zusätzlich staubhaltige Luft, schwermetallhaltige Feinstäube, Giftgasanteile in Schweißgasen und Asbeststaub entstehen **(Tabelle 1,** Seite 178).

Am Arbeitsplatz kommt man mit diesen gesundheitsschädlichen Stoffen in Berührung. Sie können zu schweren gesundheitlichen Störungen führen. Durch den sachgemäßen Umgang mit diesen Stoffen kann eine schädliche Auswirkung auf die Gesundheit vermieden werden. Es sind die Vorschriften der Berufsgenossenschaft für den Umgang mit Schadstoffen zu beachten.

Tabelle 1: Schadstoffe, gesundheitsschädliche Wirkungen, Maßnahmen

Gesundheitsgefährdende Stoffe	Gesundheitsschädliche Wirkung	Hinweise für den Umgang
Kühlschmierstoffe (Mineralöle mit chemischen Zusätzen)	Erkrankungen der Haut (Ölakne, Ölekzem, Geschwüre) Erkrankung der Atmungsorgane (Reizungen, Infektionen)	Unterbinden bzw. Vermindern des Kontaktes mit Kühlschmierstoffen: Verkapseln der Maschinen, Ölnebelabsaugung, Tragen von Schutzhandschuhen, Schutzcreme
Reinigungs- und Entfettungsmittel Kaltreiniger: Trichlorethen (Tri), Tetrachlormethan (Tetra), Perchlorethylen (Per)	Häufiger Hautkontakt und Einatmen der Dämpfe führen zu Nieren- und Leberschäden, Krebsgefahr	Hautkontakt und Einatmen der Dämpfe vermeiden, für gute Lüftung sorgen. Wenn möglich auf Heißdampfreinigung umstellen
Schwermetallhaltige Feinstäube und Dämpfe beim Löten: Blei, Cadmium beim Schweißen: Zink, Mangan, Chrom	Schwere Vergiftungen und Schädigungen des Blutes	Keinen Feinstaub und Dampf einatmen. Beim Arbeiten in geschlossenen Räumen Absaugvorrichtung verwenden.
„Ungiftiger" Feinstaub und Rußpartikel aus Gießereien, Schleifereien, Härtereien, Stahlherstellung	Bei langandauerndem Einatmen staubhaltiger Luft droht Schädigung der Atmungsorgane: Bronchitis, Staublunge, Lungenkrebs	Für ausreichende Frischluft und staubfreie Atemluft durch Belüftung und Absaugen sorgen
Härtesalze (Kaliumcyanid KCN, Natriumcyanid NaCN)	Hochgiftig Aufnahme über Mund und Einatmen von Stäuben möglich. Schwerste Vergiftungen, Tod.	Nicht essen oder trinken beim Arbeiten mit Härtesalzen, Absaugvorrichtungen, Atemmaske. Nach der Arbeit gründlich Hände waschen und duschen.
Schutzgase beim MAG-Schweißen (Die Schutzgase können CO_2-Gas enthalten. Daraus entsteht im Lichtbogen das hochgiftige Kohlenmonoxid-Gas CO)	CO ist ein hochgiftiges Gas (Blutgift) Ohnmacht und Tod beim Einatmen.	Einatmen der Schweißgase und Schweißabgase vermeiden. Absaugevorrichtung beim Schweißen in geschlossenen Räumen, für gute Belüftung sorgen.
Asbeststaub (Faseriges Mineral in alten Dichtungen, Bremsbelägen und Asbestzementplatten)	Langandauerndes Einatmen asbesthaltiger Luft führt zu Asbestose und frühzeitigem Tod durch Krebserkrankungen	Neueinsatz von Asbest ist verboten. Asbesthaltige Altstoffe nicht trennschleifen. Keinen Asbeststaub einatmen. Atemmasken verwenden.

Umweltschutz – eine Herausforderung an jeden

Ziel der Umweltbemühungen eines metallverarbeitenden Betriebes und jedes Mitarbeiters ist es, problematische Stoffe möglichst zu vermeiden. Falls dies technisch nicht möglich ist, sollten die Mengen der Schadstoffe durch verbesserte Fertigungsverfahren und sparsamen Umgang mit diesen Stoffen möglichst niedrig sein. Zudem sind sie in geschlossenen Stoffkreisläufen zu halten.

Gesundheitsschädliche und umweltbelastende Stoffe dürfen nicht in die Umgebung gelangen.

Durch Aufarbeitung und Wiederverwendung (Recycling) sollten Abfälle und Verbrauchsstoffe wieder in die Fertigung rückgeführt werden (Bild 1, Seite 177). Der nicht verwertbare Rest muss auf Deponien entsorgt werden. Für den Umgang mit Schadstoffen gilt folgende Reihenfolge der Maßnahmen:

Möglichst **vermeiden** → die Mengen **vermindern** → nach Gebrauch **wiederverwerten** → Reste sachgerecht **entsorgen**.

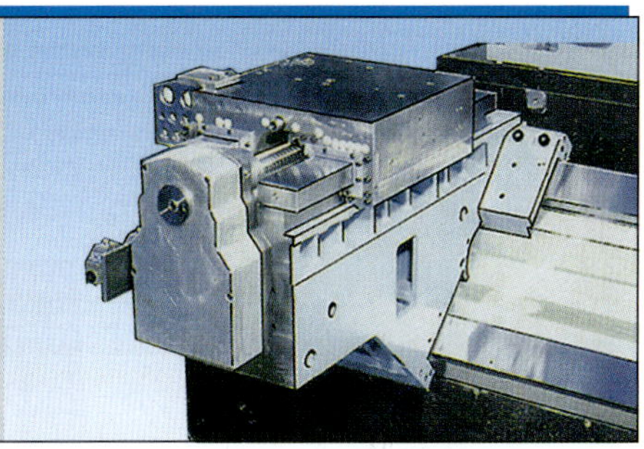

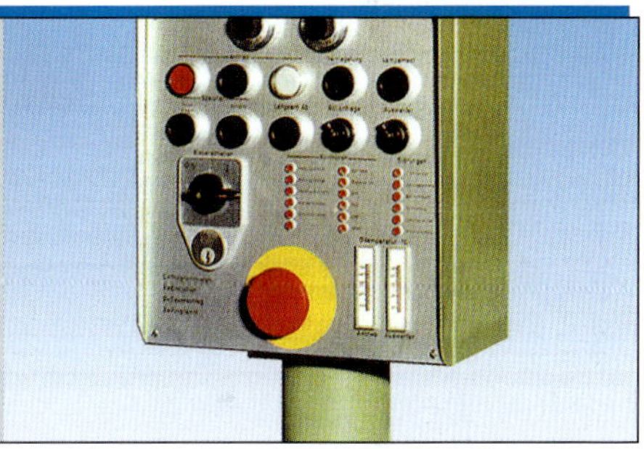

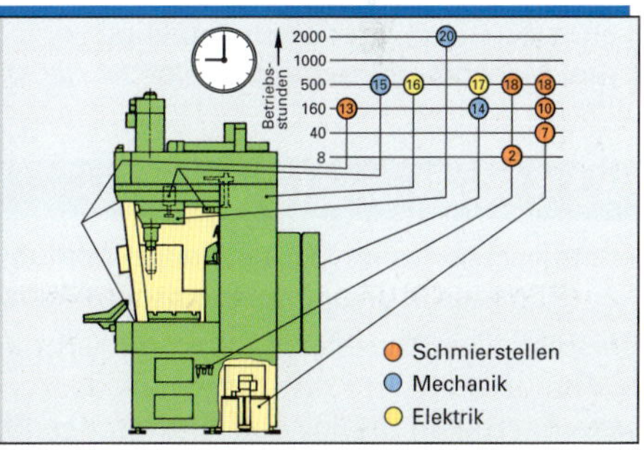

Betriebs-
stunden
2000
1000
500
160
40
8
Schmierstellen
Mechanik
Elektrik

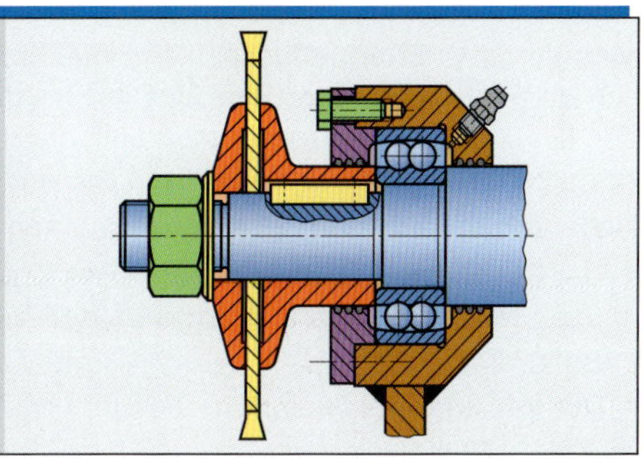

4 Maschinen- und Gerätetechnik

Maschinen unterstützen den Menschen bei seiner Arbeit. Sie führen Fertigungsschritte aus, entweder durch Befehle des Maschinenbedieners oder automatisch gesteuert nach Programmanweisungen. Moderne Maschinen sind die Hauptvoraussetzung, um die Produktivität einer Fertigung zu erhöhen.

4.1 Einteilung der Maschinen

Maschinen als technische Systeme

Um die Funktion und Wirkungsweise einer Maschine zu erkennen, kann man sie verallgemeinernd als **technisches System** betrachten, dem Energie, Stoffe oder Informationen zugeführt werden. Sie erfahren dort eine Umsetzung und verlassen danach die Maschine wieder **(Bild 1)**.

Bild 1: Die Maschine als technisches System am Beispiel einer Drehmaschine

Nach der systemtechnischen Betrachtungsweise kann man die Maschinen entsprechend ihrer Hauptfunktion in drei Maschinenarten unterteilen:

- Energieumsetzende Maschinen : **Kraftmaschinen**
- Stoffumsetzende Maschinen : **Arbeitsmaschinen**
- Informationsumsetzende Maschinen : **EDV-Anlagen**

4.1.1 Kraftmaschinen

Kraftmaschinen sind in ihrer **Hauptfunktion** Maschinen zur Energieumwandlung. In ihnen wird eine zugeführte Energie in eine für einen bestimmten Verwendungszweck erforderliche Energieform umgewandelt.

Beispiel: Der Pkw-Motor ist eine Kraftmaschine. In ihm wird die im Kraftstoff gespeicherte chemische Energie in die für den Antrieb des Pkws benötigte Bewegungsenergie umgesetzt.

Mithilfe eines **Energieflusses** kann dies anschaulich dargestellt werden **(Bild 2)**. Die Energie wird der Kraftmaschine zugeführt. Nach der Umsetzung steht sie als nutzbare Energie zur Verfügung.

Nebenfunktionen sind bei Kraftmaschinen:

- Der **Stofffluss**, z. B. das Eintreten des Kraftstoffs in den Motor und das Austreten der Verbrennungsgase.
- Der **Informationsfluss**, d. h. die Ein- und Ausgabe von Signalen.

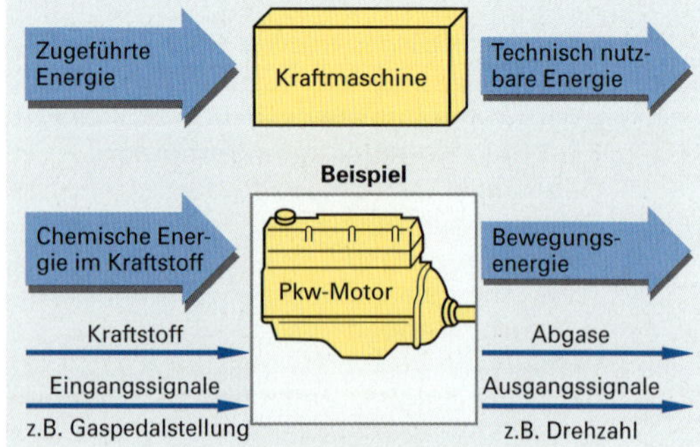

Bild 2: Das technische System Kraftmaschine am Beispiel eines Pkw-Motors

4.1.1.1 Physikalische Grundlagen der Kraftmaschinen

Um die Wirkung und die Qualität von Kraftmaschinen zu beschreiben, benötigt man Begriffe aus der Physik, wie z. B. Arbeit, Energie, Leistung, Wirkungsgrad.

Arbeit

> Als Arbeit *W* bezeichnet man bei Bewegungsvorgängen das Produkt aus der Kraft *F* und dem Weg *s*. $W = F \cdot s$

Die Einheit der Arbeit ist das **Joule** (Einheitenzeichen J).

Die Arbeit 1 J wird verrichtet, wenn eine Kraft von 1 N auf der Strecke von 1 m wirkt: $\mathbf{1\,J = 1\,N \cdot m}$

Hubarbeit wird z. B. verrichtet, wenn ein Werkstück hochgehoben wird **(Bild 1)**. Im hochgehobenen Werkstück ist die Hubarbeit gespeichert.

Beispiel: Ein Werkstück von $m = 4{,}5\,\text{kg}$ wird mit der Hubkraft $F = 44{,}15\,\text{N}$ auf eine Höhe von 2,4 m gehoben. Wie groß ist die Hubarbeit?

Lösung: $W = F \cdot s = 44{,}15\,\text{N} \cdot 2{,}4\,\text{m} = \mathbf{105{,}96\,N \cdot m}$

Auch beim Zerspanen oder beim Beschleunigen wird Arbeit verrichtet.

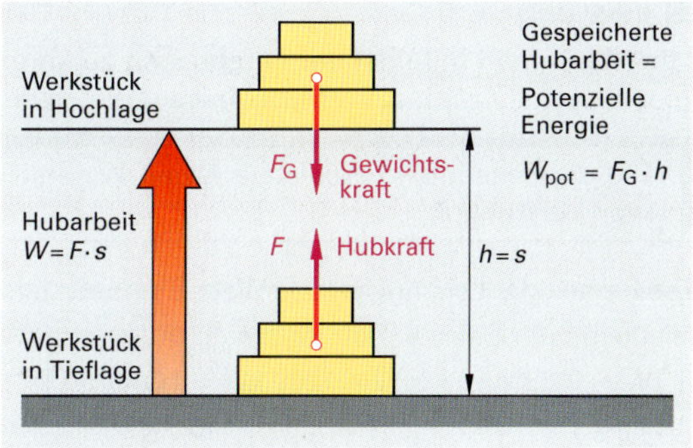

Bild 1: Arbeit und Energie

Arbeit	$W = F \cdot s$
Potenzielle Energie	$W_{pot} = F_G \cdot h$ $W_{pot} = m \cdot g \cdot h$
Erdbeschleunigung	$g = 9{,}81\,\frac{\text{m}}{\text{s}^2} = 9{,}81\,\frac{\text{N}}{\text{kg}}$; $1\,\text{N} = 1\,\frac{\text{kg} \cdot \text{m}}{\text{s}^2}$
Kinetische Energie	$W_{kin} = \frac{1}{2} \cdot m \cdot v^2$

Energie

Die in einem Körper gespeicherte Arbeit bzw. seine Fähigkeit, Arbeit zu verrichten, bezeichnet man als **Energie**.

Die Einheit der Energie ist das **Joule (J)**. Energie kommt in verschiedenen **Energieformen** vor:

- **Potenzielle Energie W_{pot}** (Energie der Lage) ist z. B. die gespeicherte Hubarbeit in einem hochgehobenen Werkstück. Sie berechnet sich aus der Gewichtskraft F_G des Werkstücks und der Hubhöhe *h*. Die **Gewichtskraft F_G** des Körpers ermittelt man aus der Masse *m* des Körpers und der Erdbeschleunigung *g* zu: $F_G = m \cdot g$. Die Erdbeschleunigung *g* beträgt $g = 9{,}81\,\text{m/s}^2$.
- **Kinetische Energie W_{kin}** (Bewegungsenergie) ist die Energie, die in bewegten Körpern steckt. Sie hängt von der Masse *m* des Körpers und seiner Geschwindigkeit *v* ab.
- **Wärmeenergie** steckt in erwärmten Körpern, z. B. in einem heißen Gas, das eine Turbine antreibt.
- **Elektrische Energie** kann aus dem Leitungsnetz entnommen werden und einen Elektromotor antreiben.
- **Chemische Energie** ist in chemischen Verbindungen gespeichert. Sie wird frei, wenn die chemische Verbindung aufgebrochen wird. Dies ist z. B. beim Verbrennen eines Kraftstoffs der Fall.

Energieumwandlung. Die verschiedenen Energieformen können ineinander umgewandelt werden. Im Elektromotor wird z. B. die zugeführte elektrische Energie in die Bewegungsenergie der Motorwelle und in Wärmeenergie umgewandelt **(Bild 2)**.

Für die Energie gilt der **Energieerhaltungssatz:**

> Energie lässt sich nicht erzeugen und nicht vernichten. Sie kann nur von einer Energieform in eine andere umgewandelt werden.

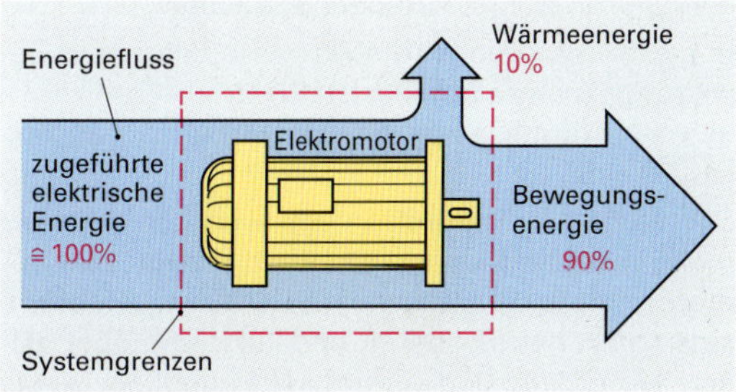

Bild 2: Energiefluss beim Elektromotor

Energiebilanz. In der Technik wird zur Beurteilung der Leistungsfähigkeit einer Maschine die zugeführte Energie mit der abgegebenen Energie verglichen. Dazu zieht man eine gedachte Grenze um ein technisches System und betrachtet die in das System eintretenden und aus dem System austretenden Energien (Bild 2, Seite 181). Üblicherweise drückt man die Energien in Bilanzbetrachtungen in Prozent aus.

Leistung

Um Maschinen miteinander vergleichen zu können, wird die umgesetzte Energie bzw. die geleistete mechanische Arbeit einer Maschine auf die dazu benötigte Zeit bezogen.

Die pro Zeiteinheit *t* geleistete Arbeit *W* nennt man **Leistung *P*.**

Leistung $$P = \frac{W}{t} = \frac{F \cdot s}{t} = F \cdot v$$

Die Einheit der Leistung ist das **Watt**, Einheitenzeichen W; benannt nach dem engl. Physiker James Watt.

Vielfache der Basiseinheit Watt sind: Kilowatt (kW), Megawatt (MW) und Gigawatt (GW).

1 kW = 1000 W; 1 MW = 1000 kW = 1 000 000 W; 1 GW = 1000 MW = 1 000 000 kW

Beispiel: Eine Werkzeugmaschine mit einer Gewichtskraft F_G = 15 400 N wird von einem Elektrohebezeug innerhalb 12 Sekunden um 1,8 m angehoben. Wie groß ist die dabei aufgebrachte Leistung des Hebezeugs?

Lösung: $$P = \frac{F_G \cdot h}{t} = \frac{15\,400\ \text{N} \cdot 1{,}8\ \text{m}}{12\ \text{s}} = 2310\ \frac{\text{N} \cdot \text{m}}{\text{s}} = 2310\ \text{W} = \mathbf{2{,}31\ kW}$$

Wirkungsgrad

Bei Maschinen und Geräten kann nur ein Teil der zugeführten Leistung in technisch nutzbare Leistung umgesetzt werden. Der andere Teil der Leistung wird z. B. bei Maschinen mit bewegten Teilen in Reibungswärme umgewandelt oder geht bei Wärmekraftmaschinen und elektrischen Maschinen als Abwärme verloren. Sie kann technisch meistens nicht genutzt werden.

Das Verhältnis der technisch nutzbaren Leistung P_2 zur zugeführten Leistung P_1 wird als Wirkungsgrad η bezeichnet.

Wirkungsgrad $$\eta = \frac{P_2}{P_1}$$

Der Wirkungsgrad wird entweder als Dezimalzahl oder als Prozentzahl angegeben, z. B. η = 0,85 bzw. η = 85%. Der Wirkungsgrad ist immer kleiner als 1 bzw. kleiner als 100%, da die technisch nutzbare Leistung P_2 aufgrund der Verluste immer kleiner ist als die zugeführte Leistung P_1.

Beispiel: Einem Zahnradgetriebe wird von einem Elektromotor eine Eingangsleistung von 12 kW zugeführt. An der Abtriebswelle des Getriebes werden 10,8 kW Leistung an ein Hebezeug abgegeben. Wie groß ist der Wirkungsgrad des Getriebes?

Lösung: $$\eta = \frac{P_2}{P_1} = \frac{10{,}8\ \text{kW}}{12\ \text{kW}} = \mathbf{0{,}9 = 90\%}$$

4.1.1.2 Arten von Kraftmaschinen

Elektromotore sind die am häufigsten eingesetzten stationären Kraftmaschinen im industriellen Bereich **(Bild 1)**. Sie dienen z. B. als Antriebseinheit für Werkzeugmaschinen, Hebezeuge, Transportsysteme, Pumpen, Verdichter.

In Elektromotoren wird elektrische Energie in Bewegungsenergie umgesetzt. Elektromotore zeichnen sich durch einen hohen Wirkungsgrad aus (η = 70 ... 95%).

Sie werden in Baugrößen von wenigen Watt bis mehreren zehntausend Kilowatt gebaut. Elektromotore laufen geräusch- und schwingungsarm, sind sofort betriebsbereit und kurzzeitig überlastbar. Außerdem sind sie umweltfreundlich, da sie keine Abgase erzeugen.

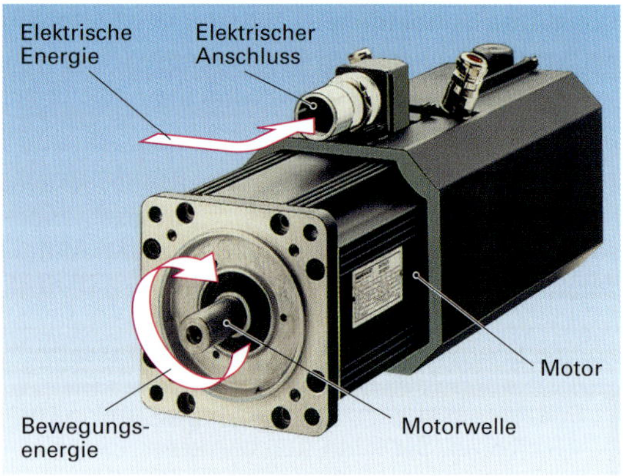

Bild 1: Energieumwandlung beim Elektromotor

Verbrennungskraftmaschinen sind Maschinen, in denen die in einem Kraftstoff gespeicherte chemische Energie durch Verbrennen zuerst in Wärmeenergie und dann durch thermodynamische Umsetzung (Wärme-Kraft-Umsetzung) in Bewegungsenergie umgewandelt wird. Verbrennungskraftmaschinen sind z. B. die Gasturbine, der Dieselmotor und der Ottomotor **(Bild 1)**. Sie sind die bevorzugten Antriebseinheiten für nichtstationäre Maschinen, wie z. B. Kraftfahrzeuge oder Baumaschinen. Ihr Wirkungsgrad beträgt 30 % bis 40 %.

Eine moderne Anwendung von Verbrennungskraftmaschinen ist ihr Einsatz als Mini-Kraftwerk durch die **Kraft-Wärme-Kopplung**. Hierbei treibt ein Dieselmotor einen Generator an und erzeugt Strom. Die Abwärme des Dieselmotors wird zur Gebäudeheizung genutzt. Der Gesamtwirkungsgrad einer solchen Anlage beträgt bis zu 90 %.

Hydraulische Kraftmaschinen sind z. B. Wasserkraftmaschinen sowie Hydromotore und Hydrozylinder **(Bild 2)**. In hydraulischen Kraftmaschinen wird die Strömungs- und Druckenergie von Flüssigkeiten in mechanische Energie bewegter Bauteile umgesetzt. Wasserkraftmaschinen treiben z. B. den Läufer von Stromgeneratoren an. Hydromotore erzeugen eine Drehbewegung, Hydrozylinder eine geradlinige Bewegung. Durch den hohen Druck in hydraulischen Bauelementen können auf kleinem Raum sehr große Kräfte erzeugt werden. Sie dienen zur Bewegung von Maschinenteilen (Seite 231).

Pneumatische Kraftmaschinen sind z. B. Windkraftmaschinen, Pneumatikzylinder von Steuerungen oder Druckluftmotoren in Druckluft-Schraubern **(Bild 3)**. In ihnen wird die Strömungs- und Druckenergie von bewegter oder unter Druck stehender Luft in mechanische Bewegungsenergie umgewandelt.

Häufige Anwendungen für pneumatische Kraftmaschinen sind der Druckluft-Schlagschrauber sowie Druckluftbetriebene Zylinder und Motore in Werkzeugmaschinen und Steuerungen.

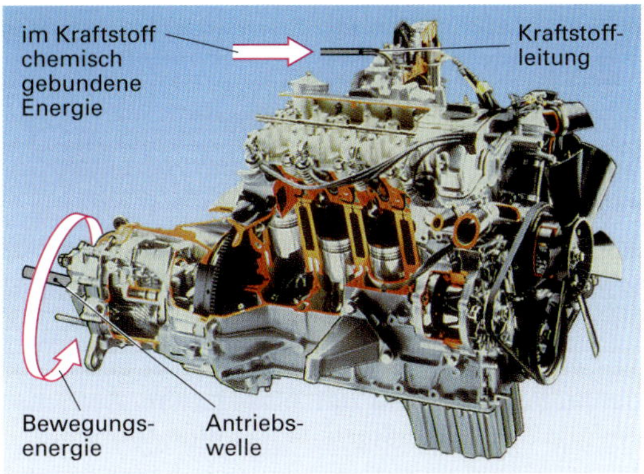

Bild 1: Energieumwandlung beim Ottomotor

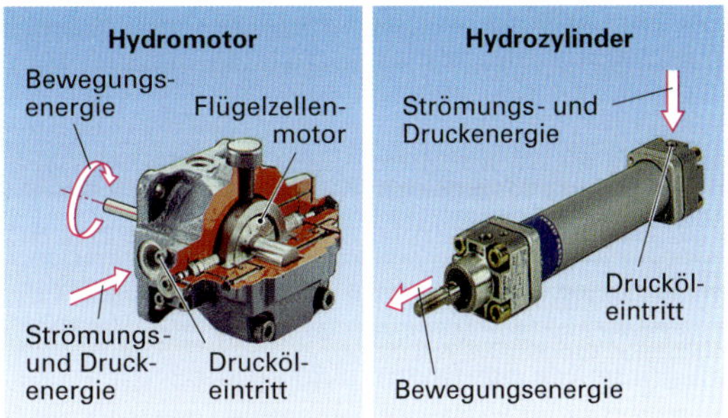

Bild 2: Energieumwandlung bei hydraulischen Kraftmaschinen

Bild 3: Energieumwandlung beim Druckluft-Schrauber

Wiederholung und Vertiefung

1 Welche Hauptfunktionen haben Kraftmaschinen bzw. Arbeitsmaschinen?

2 Erläutern Sie mit einer Handskizze den Energiefluss an einem Verbrennungsmotor.

3 Mit welcher physikalischen Größe kann man das Arbeitsvermögen von Maschinen beschreiben?

4 Was versteht man unter dem Wirkungsgrad einer Maschine?

5 Mit welcher Energie prallt ein Gesenkschmiedehammer auf ein Schmiedestück, wenn der Hammer ($m = 1{,}2\,t$) aus 0,8 m Höhe auf das Schmiedestück fällt?

6 Der Elektromotor eines Hebezeugs entnimmt während des Betriebs aus dem Leitungsnetz eine Leistung von 8,4 kW. Der Motor und das Hebezeuggetriebe haben insgesamt einen Wirkungsgrad von 82 %. Welche Last kann das Hebezeug in 20 Sekunden auf eine Höhe von 4 m anheben?

4.1.2 Arbeitsmaschinen

Arbeitsmaschinen sind in ihrer Hauptfunktion stoffumsetzende Maschinen **(Bild 1)**.

Mit ihnen werden Stoffe mit Hilfe von Energie

- von Ort zu Ort transportiert (Stofftransport)
- in eine andere Form gebracht (Stoffumformung)
- in einen anderen Energiezustand versetzt (Stoffzustandsänderung)

Auf einer Drehmaschine werden z. B. aus Stangenmaterial mithilfe der elektrischen Antriebsenergie Drehteile hergestellt (Stoffumformung).

Mit Pumpen und Hebezeugen werden Stoffe transportiert (Stofftransport).

Mit Glühöfen wird das Gefüge von Werkstoffen verändert (Änderung des Stoffzustandes).

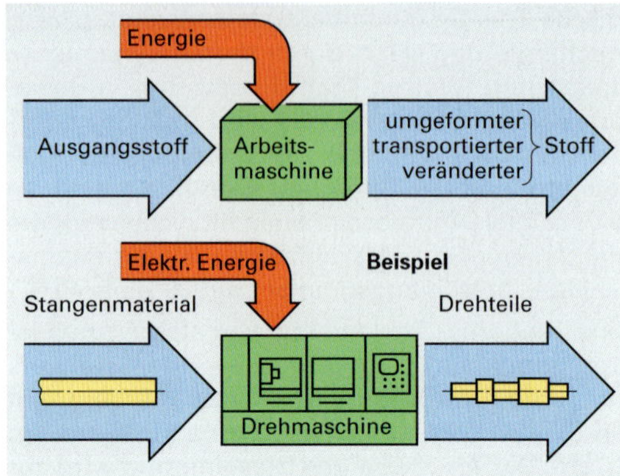

Bild 1: Die Arbeitsmaschine als technisches System

4.1.2.1 Physikalische Grundlagen der Arbeitsmaschinen

Zur Beschreibung des Stofftransports in einer Arbeitsmaschine benötigt man physikalische Größen.

■ Die **Masse *m*** eines Stoffes wird in Kilogramm (kg) oder Tonnen (t) angegeben. 1 t = 1000 kg

Die **Dichte *ρ*** gibt die Masse eines Stoffes pro Volumeneinheit an. Einheiten der Dichte sind kg/dm³, g/cm³ oder t/m³ für Feststoffe und Flüssigkeiten sowie kg/m³ für Gase.

$$\text{Dichte} = \frac{\text{Masse}}{\text{Volumen}} \qquad \varrho = \frac{m}{V}$$

■ **Stoffarten.** Je nach Anwendungszweck gibt es verschiedene Möglichkeiten, die Stoffe zu gliedern:

- Nach ihrem Aggregatzustand unterteilt man sie in **Feststoffe, Flüssigkeiten** und **Gase**.
- In der Produktion und Fertigung unterteilt man sie in **formlose Stoffe** (Flüssigkeiten, Pulver, Granulat) und **Stoffe mit geometrisch bestimmter Form** (Halbzeuge, Werkstücke, Bauteile).

■ **Stofftransport.** Ein Stofftransport ist gekennzeichnet durch die Geschwindigkeit und den Stoffstrom.

Die **Geschwindigkeit *v*** ist der von einem Körper pro Zeiteinheit zurückgelegte Weg. Einheiten der Geschwindigkeit sind: m/s, m/min, mm/min, km/h.

$$\text{Geschwindigkeit} = \frac{\text{Weg}}{\text{Zeit}} \qquad v = \frac{s}{t}$$

Mit der **Drehzahl *n*,** auch Umdrehungsfrequenz genannt, beschreibt man die Drehbewegung eines Maschinenteils. Sie gibt die Anzahl der Umdrehungen *z* in der Zeiteinheit *t* an. Einheiten der Drehzahl sind: 1/min oder 1/s.

$$\text{Drehzahl} = \frac{\text{Umdrehungen}}{\text{Zeit}} \qquad n = \frac{z}{t}$$

Die Menge des transportierten Stoffes wird bei Feststoffen durch den **Massestrom $\dot{m}$**, bei Flüssigkeiten und Gasen durch den **Volumenstrom $\dot{V}$** beschrieben. Hierbei handelt es sich um die in der Zeit *t* transportierte Masse bzw. das pro Zeit geförderte Volumen. Einheiten des Masse- bzw. Volumenstroms sind kg/s oder t/h bzw. l/s, l/min oder m³/h.

$$\text{Massestrom} = \frac{\text{Masse}}{\text{Zeit}} \qquad \dot{m} = \frac{m}{t}$$

$$\text{Volumenstrom} = \frac{\text{Volumen}}{\text{Zeit}} \qquad \dot{V} = \frac{V}{t}$$

Für Stoffe gilt, ähnlich wie bei der Energie (Seite 181), ein **Satz von der Erhaltung der Materie:** Materie kann nicht erzeugt und nicht zerstört, sondern nur umgewandelt werden.

Eine **Stoffbilanz** besagt, dass die in ein System eintretende Masse genauso groß ist, wie die aus dem System austretende Masse **(Bild 2)**. So ist z. B. bei einer Drehmaschine die als Stangenmaterial zugeführte Masse genauso groß wie die Massen der erzeugten Werkstücke und Späne zusammen.

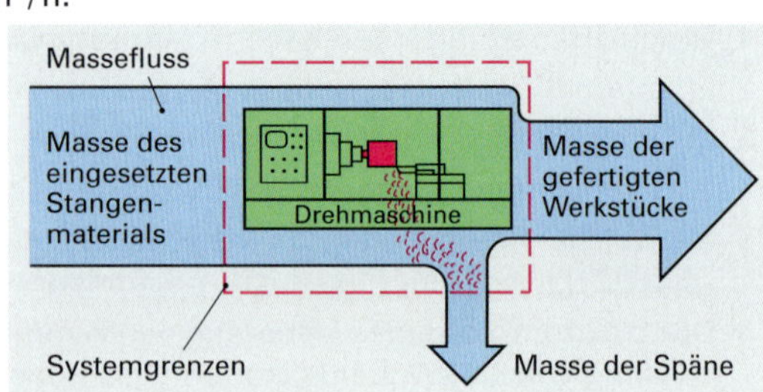

Bild 2: Stoffbilanz an einer Werkzeugmaschine

4.1.2.2 Arten von Arbeitsmaschinen

In metallverarbeitenden Betrieben häufig eingesetzte Arbeitsmaschinen sind Fördermittel, Werkzeugmaschinen, Wärmebehandlungsöfen, sowie Klima- und Heizungsanlagen.

Fördermittel

Fördermittel sind Arbeitsmaschinen, deren Aufgabe der Transport von Stoffen ist.

Hebezeuge und Krananlagen

Hebezeuge und Krananlagen dienen zum Hochheben von Lasten, zum Be- und Entladen, zur Montage von Maschinen, zum Transport schwerer Palettenwagen und zum Zuführen schwerer Werkstücke bei Werkzeugmaschinen. Eine Fertigungshalle besitzt meist einen **Brückenkran** (Laufkran). Er besteht aus Trägern, Kranbrücke, Laufkatze und Elektrozug **(Bild 1)**. Mit seinen vier Bewegungen Heben, Senken, Katzfahren und Kranfahren überstreicht er die gesamte Fläche einer Fertigungshalle und ermöglicht damit den Transport schwerer Lasten an jede Stelle der Halle.

Fertigungsbereiche mit häufiger Be- und Entladung in einem begrenzten Arbeitsbereich werden zusätzlich mit einem **Schwenkkran** versorgt.

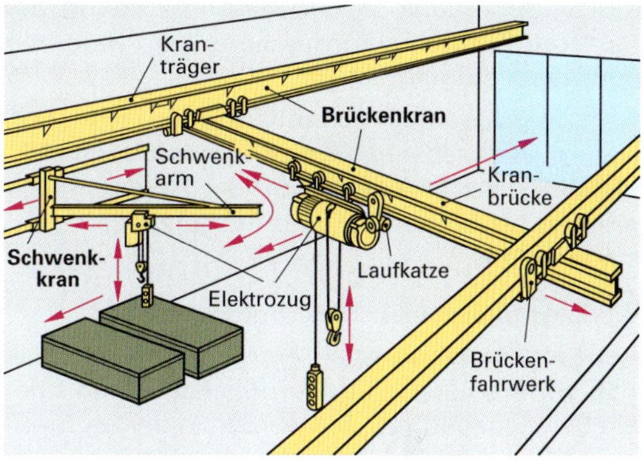

Bild 1: Krananlagen einer Fertigungshalle

Förderer, Transportsysteme

Der Transport der Werkstücke zwischen den Bearbeitungsstationen einer Fertigungsanlage wird von Förderern durchgeführt **(Bild 2)**. Bei der Großserienfertigung werden **Transportbänder** und Hängeförderer eingesetzt, die je nach Werkstückgröße und Werkstückform eine Gliederkette oder eine Rollenbahn besitzen. Sie gewährleisten einen kontinuierlichen Materialfluss; Werkstück-Speicher dienen als Puffer. Kleinere Werkstücke werden in **Paletten** transportiert. Sie werden entweder mit einem schienengebundenen Transportwagen oder einem Gabelstapler bewegt. Die Entnahme der Werkstücke vom Transportband oder der Palette und die Beladung in die Bearbeitungsmaschine übernehmen bei automatischer Fertigung Handhabungsgeräte, wie z. B. ein Portallader.

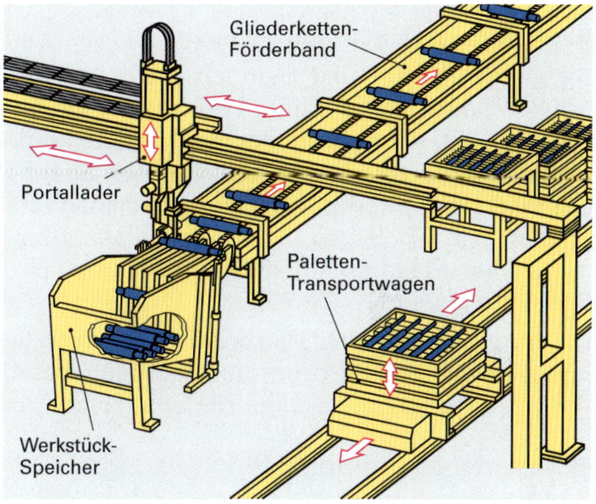

Bild 2: Transportsystem für Werkstücke

Pumpen, Verdichter

Pumpen dienen zum Fördern von Flüssigkeiten. Verdichter verwendet man zum Fördern von Gasen und zur Erzeugung von Druckgas. In Pumpen und Verdichtern wird die Energie der Antriebsmaschine als Strömungs- und Druckenergie auf die Flüssigkeit bzw. das Gas übertragen. Es gibt verschiedene Bauarten **(Bild 3)**.

Bei **Kreiselpumpen** wird die Flüssigkeit axial angesaugt, von einem Schaufelrad in Drehung versetzt und radial in das Leitungsnetz gedrückt.

Im **Kolbenverdichter** wird das Gas vom heruntergehenden Kolben angesaugt, vom hochgehenden Kolben komprimiert und ausgestoßen.

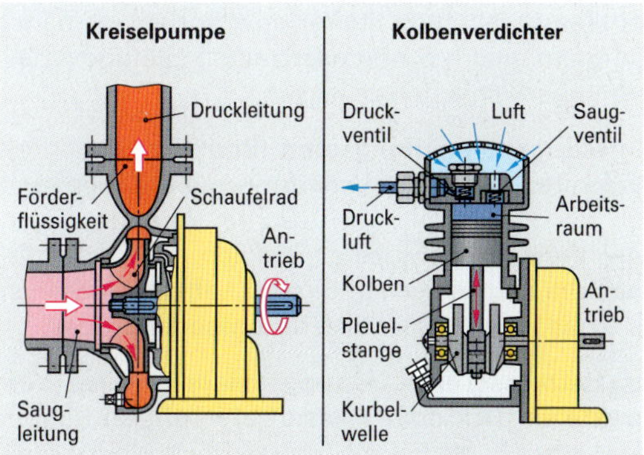

Bild 3: Pumpen- bzw. Verdichterbauarten

Werkzeugmaschinen

Werkzeugmaschinen sind Arbeitsmaschinen zur Fertigung von Werkstücken (Stoffumformung).

Je nach Fertigungsverfahren unterscheidet man:

Werkzeugmaschinen zum Urformen

Das Ausgangsmaterial ist ein formloser Stoff, z. B. eine Metallschmelze, ein Metallpulver oder ein Kunststoffgranulat. In der Maschine erfährt der formlose Stoff eine Formgebung zum Halbzeug oder zum Fertigteil.

Werkzeugmaschinen zum Urformen sind z. B. Druckgießmaschinen für niedrigschmelzende NE-Metalle, wie z. B. Aluminium oder Zink, Formteilpressen für Sinterteile oder Extruder für Kunststoffe **(Bild 1)**.

Werkzeugmaschinen zum Umformen

Ausgangsmaterial ist ein vorbereitetes Rohteil, z. B. ein Profilabschnitt, ein Blechabschnitt oder ein Stangenabschnitt. Sie werden in der Umformmaschine umgeformt. Werkzeugmaschinen zum Umformen sind z. B. Biegemaschinen, Tiefziehmaschinen und Schmiedepressen **(Bild 2)**.

Werkzeugmaschinen zum Spanen

Ausgangsmaterial sind Stangen- oder Profilabschnitte sowie vorgefertigte Werkstücke, die fertigbearbeitet werden. In der spanenden Werkzeugmaschine wird durch Abheben von Spänen das Werkstück geformt. Werkzeugmaschinen zum Spanen sind z. B. Sägen, Schleifmaschinen, Bohrmaschinen, Fräsmaschinen, Drehmaschinen und Bearbeitungszentren **(Bild 3)**.

Die zum Spanen des Werkstoffs erforderliche Energie wird von Elektromotoren bereitgestellt, die in die Werkzeugmaschine eingebaut sind.

Wärmebehandlungsöfen, Heizungsanlagen

Öfen und Heizungsanlagen sind Anlagen (Arbeitsmaschinen), die Wärmeenergie bereitstellen, um die Temperatur von Stoffen zu erhöhen und damit in ihrem Innern Stoffumsetzungen (Gefügeveränderungen) ablaufen zu lassen.

In **Wärmebehandlungsöfen (Bild 4)** z. B. werden Werkstücke aus Stahl erwärmt und anschließend abgeschreckt, um gewünschte Veränderungen des Werkstoffgefüges zu erzielen. Dadurch können die mechanischen Eigenschaften der Stähle, z. B. die Härte, wesentlich verbessert werden.

Im **Heizkessel** einer Heizungsanlage wird ein Wärmeträger (Luft oder Wasser) erwärmt und durch Leitungen in die Räume transportiert, wo die Wärme benötigt wird.

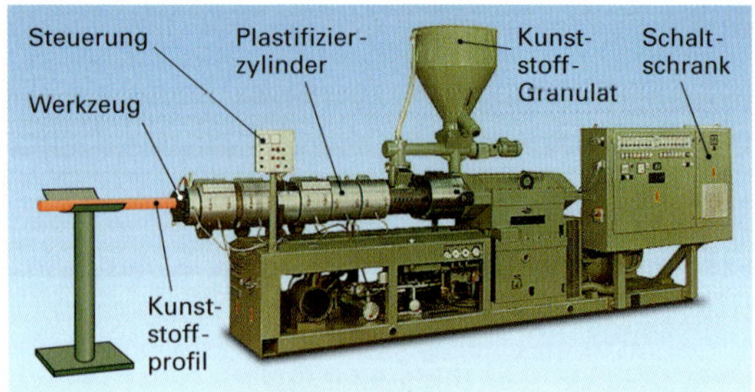

Bild 1: Extruder für Kunststoffe

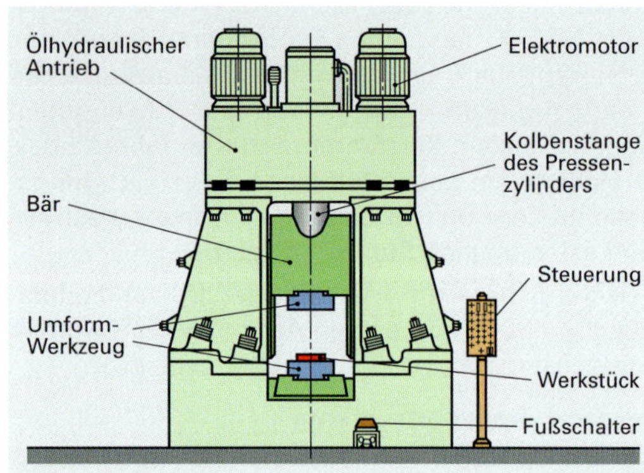

Bild 2: Schmiedepresse

Bild 3: Drehmaschine

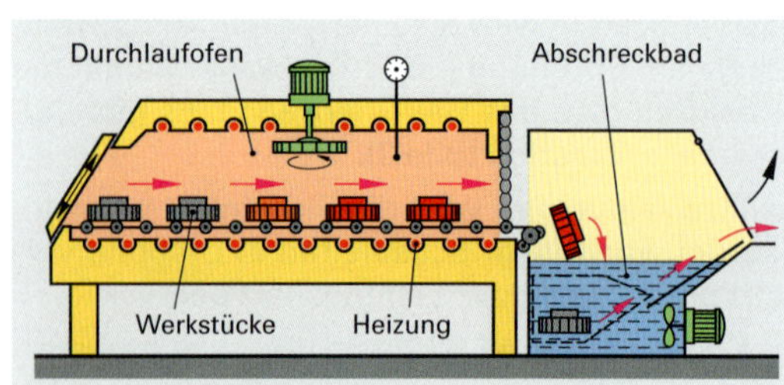

Bild 4: Wärmebehandlungs-Durchlaufofen

4.1.3 Datenverarbeitungsanlagen

Datenverarbeitungsanlagen nehmen Daten und Eingabebefehle (Informationen) auf, verarbeiten sie und geben Daten und Steuerbefehle aus **(Bild 1)**.

Sie können allgemein als informationsumsetzende Maschinen bezeichnet werden.

> Die Arbeitsweise der Datenverarbeitungsanlagen nennt man kurz **EVA-Prinzip**: Daten-**E**ingabe – Daten-**V**erarbeitung – Daten-**A**usgabe.

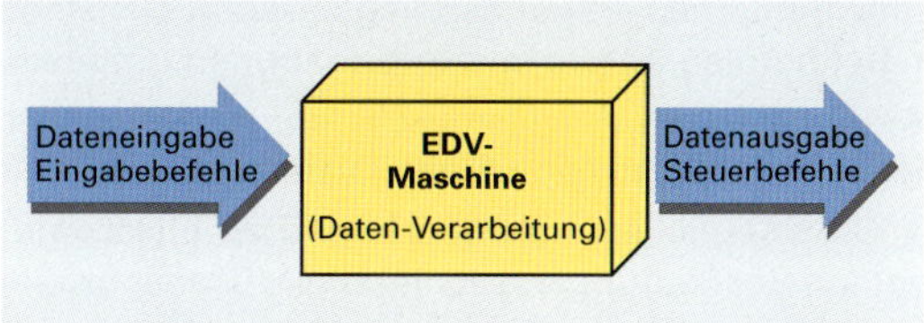

Bild 1: Die Datenverarbeitungsanlage als technisches System

Datenverarbeitungsanlagen bestehen aus Geräte-Baugruppen, der so genannten **Hardware (Bild 2)**.

Die **Daten-Eingabe** erfolgt über Eingabegeräte, z. B. eine Tastatur oder das Bedienfeld einer CNC-Steuerung.

Die **Daten-Verarbeitung** übernimmt der Rechner. Er besteht aus der Zentraleinheit sowie den internen und externen Speichern. Die Arbeitsanweisungen erhält der Rechner von Programmen, der **Software**.

Die **Daten-Ausgabe** kann z. B. als Bilddarstellung auf einem Monitor oder als Schaltbefehl für die Vorschubmotore einer Werkzeugmaschine erfolgen.

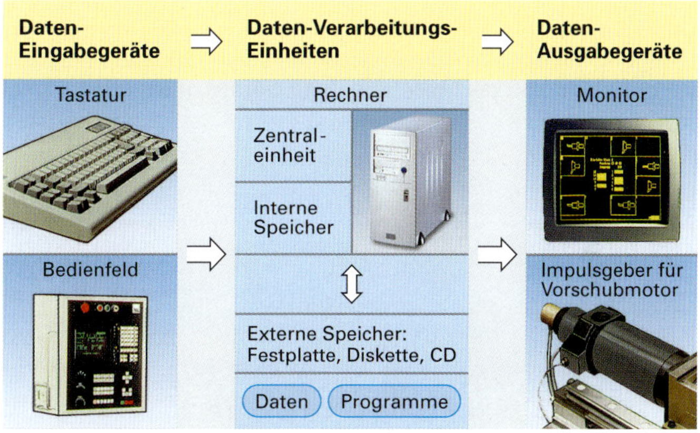

Bild 2: Aufbau von Datenverarbeitungsanlagen aus Komponenten

Geräte und Anlagen zur Datenverarbeitung (Bild 3)

EDV-Geräte sind heute allgegenwärtig im Privat- und Berufsleben.

Der **Taschenrechner** ist ein einfacher Computer zum schnellen und genauen Rechnen.

Personalcomputer (PC) können eine Fülle von Arbeiten leisten. Haupteinsatzgebiete sind die Textverarbeitung, die Anfertigung einfacher Grafiken, die Verwaltung von Daten, z. B. in der Lagerhaltung, die Steuerung von Maschinen und Fertigungsanlagen (Seite 188) sowie der Zugang zum Internet.

Mit **CNC-Steuerungen** werden die einzelnen Arbeitsschritte der Fertigung auf einer Werkzeugmaschine selbsttätig gesteuert.

CAD-Anlagen (von engl. **C**omputer **A**ided **D**esign = Computergestütztes Konstruieren) dienen der Anfertigung von Konstruktionszeichnungen am Bildschirm. Auch Bauteilberechnungen können auf CAD-Anlagen durchgeführt werden.

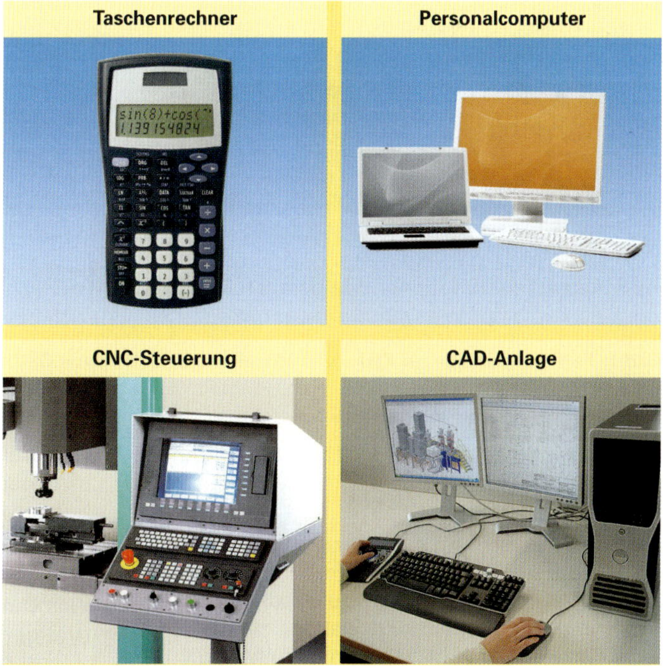

Bild 3: Computer und EDV-Anlagen

4.1.4 Fertigungsanlagen

Eine moderne Fertigungsanlage besteht aus einer Vielzahl verschiedener Maschinen und Geräte, in denen Energien, Stoffe und Informationen umgesetzt werden **(Bild 1)**.

Kraftmaschinen, Arbeitsmaschinen, Transport- und Handhabungssysteme sowie Datenverarbeitungsanlagen sind hier zu einer Einheit verknüpft, die die kostengünstige Fertigung von Werkstücken ermöglicht.

- Die **Energieversorgung** erfolgt über Elektromotoren, die als Antriebs- und Servomotore in den einzelnen Bearbeitungsmaschinen und Transporteinrichtungen enthalten sind.
- Die **Bearbeitung** der Werkstücke wird auf CNC-gesteuerten Werkzeugmaschinen in hintereinander geschalteten Fertigungsschritten durchgeführt.
- Der **Materialtransport** wird von einem taktweise arbeitenden Palettentransportsystem und Portalladern gewährleistet, die die Rohteile an die Werkzeugmaschine heranführen und nach der Bearbeitung die Werkstücke entnehmen, in Paletten ablegen und für den nächsten Bearbeitungsvorgang bereitstellen.

Datennetze verbinden die Maschinensteuerungen und den Fertigungsleitstand. Von ihm aus wird die Fertigung auf den Werkzeugmaschinen sowie die Materialbereitstellung durch das Transportsystem gesteuert und damit die Maschinen und Geräte zu einem Gesamtsystem verknüpft.

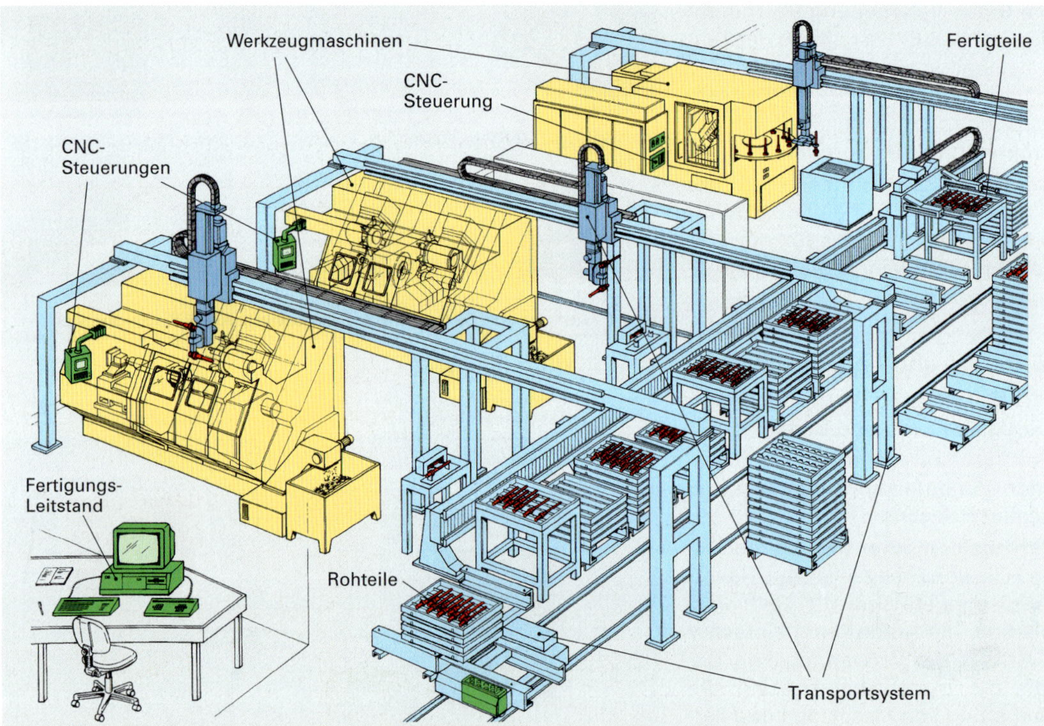

Bild 1: Fertigungsanlage zur Klein- und Mittelserienfertigung von Getriebewellen

Wiederholung und Vertiefung

1 Erklären Sie den Begriff stoffumsetzende Maschine am Beispiel der in Bild 2, Seite 103, gezeigten Fräsmaschine.

2 Feuchtes Schüttgut läuft zur Trocknung auf einem Gliederförderband durch einen 12 m langen Tunnelofen. Welche Geschwindigkeit muss das Förderband haben, damit eine Trockenzeit von 1,6 Minuten erreicht wird?

3 Wie groß ist die Drehzahl eines Elektromotors in 1/min, wenn er in 3 Sekunden 36 Umdrehungen ausführt?

4 Mit welcher Gleichung berechnet man den Massestrom auf einem Transportband?

5 Was versteht man unter dem EVA-Prinzip?

6 Welche Transportsysteme führen in der Anlage von Bild 1 den Stofftransport durch?

4.2 Funktionseinheiten von Maschinen und Geräten

Maschinen und Geräte lassen sich nach ihrem konstruktiven Aufbau in **Baugruppen** (auch **Baueinheiten** genannt) untergliedern. Eine Säulenbohrmaschine besteht z. B. aus den Baugruppen Elektromotor, Riementrieb, Bohrspindel, Maschinentisch, Maschinenfuß und Steuerung **(Bild 1)**.

Andererseits kann man Maschinen und Geräte nach den von ihren Baugruppen zu leistenden Aufgaben (Funktionen) in **Funktionseinheiten** unterteilen. Eine Säulenbohrmaschine hat z. B. Funktionseinheiten zum Antreiben, zur Drehmomentübersetzung, zum Bohren, zum Stützen und zum Steuern.

Gleiche Funktionen können durch unterschiedliche Baueinheiten erfüllt werden. Die Übertragung des Drehmoments vom Elektromotor zur Bohrspindel kann z. B. mit einem Zahnradgetriebe, mit einem Riementrieb oder mit einem Reibradgetriebe erfolgen.

Durch Untergliederung einer Maschine in Funktionseinheiten kann die Arbeitsweise der Maschine, unabhängig von der Bauart der Baueinheiten, besser verstanden werden.

> Durch Kenntnis der Aufgaben der einzelnen Funktionseinheiten und ihr Zusammenwirken kann die Arbeitsweise der Maschine oder des Gerätes erkannt werden.

4.2.1 Innerer Aufbau von Maschinen

Eine Maschine ist ein technisches Gesamtsystem (Bild 1). Es besteht aus einer Reihe von Teilsystemen, den Baueinheiten. Sie erfüllen bestimmte Teilfunktionen.

Das Gesamtsystem Maschine hat eine **Gesamt-** oder **Hauptfunktion**. Bei einer Bohrmaschine z. B. ist die Gesamtfunktion das Bohren von Löchern in Werkstücke.

Die **Gesamtfunktion** einer Maschine wird durch mehrere Teilfunktionseinheiten verwirklicht (Bild 1).

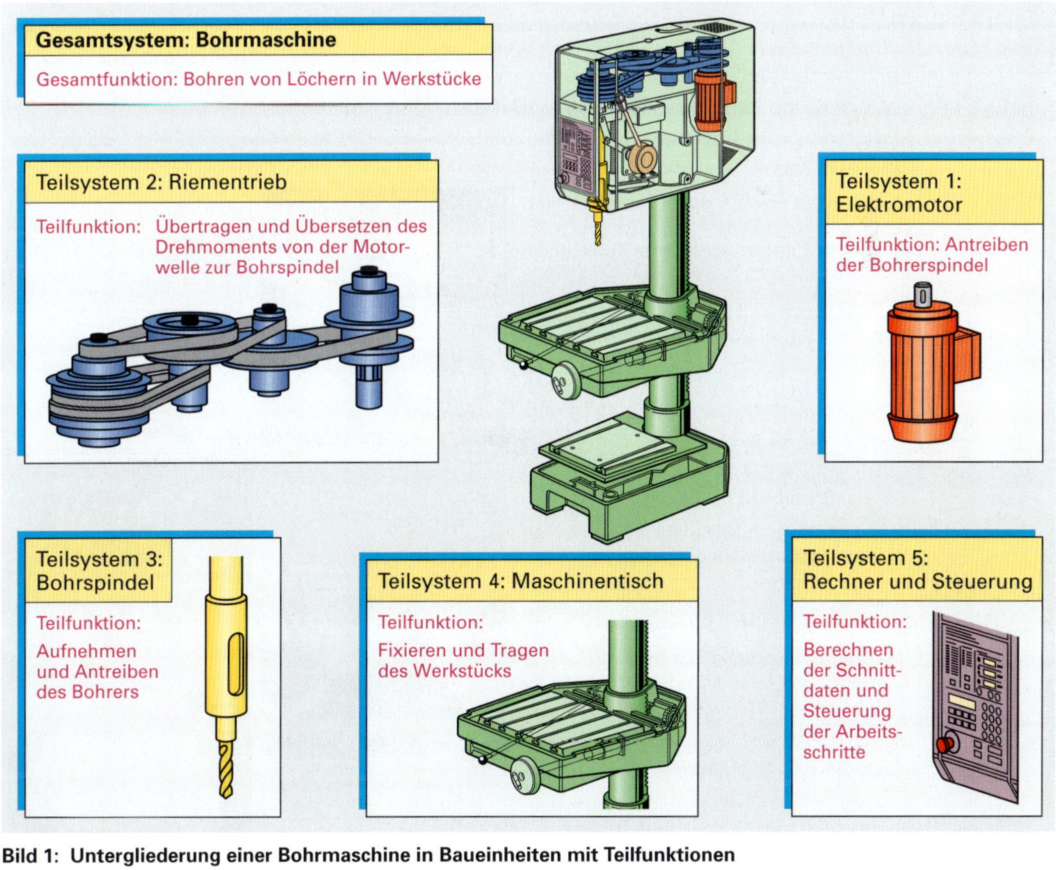

Bild 1: Untergliederung einer Bohrmaschine in Baueinheiten mit Teilfunktionen

Die Teilfunktionen einer **Bohrmaschine** sind z. B. das Antreiben der Bohrspindel durch den Elektromotor, das Übertragen des Drehmoments von der Motorwelle zur Bohrspindel, das Bohren der Löcher mit dem Bohrer, das Fixieren und Tragen des Werkstücks durch den Maschinentisch, das Steuern der Zustellbewegung des Bohrers und die Kapselung des Riementriebs zum Schutz vor Verletzungen.

Bei einer **Drehmaschine** (Bild 1, Seite 191) erhält man ähnliche Funktionseinheiten. Teilfunktionen sind hierbei z. B. das Antreiben der Hauptspindel der Drehmaschine, die Übertragung des Drehmoments vom Motor auf die Hauptspindel, die spanende Bearbeitung des Werkstücks, das Steuern der Vorschub- und Zustellbewegungen, das Tragen und Führen des Werkzeugschlittens und die Kapselung der Maschine.

Maschinen erfüllen ihre Gesamtfunktion mit einer begrenzten Anzahl typischer Funktionseinheiten.

Die Baugruppen aller Maschinen und Geräte lassen sich in wenige Funktionseinheiten gliedern:

- Antriebseinheiten
- Übertragungseinheiten
- Arbeitseinheiten
- Stütz- und Trageinheiten
- Verbindungseinheiten
- Mess-, Steuer- und Regeleinheiten
- Einheiten für Umweltschutz und Arbeitssicherheit

Maschinentechnische Grundfunktionen

Untergliedert man die einzelnen Funktionseinheiten einer Maschine weiter, so erkennt man, dass sie ihre Funktion durch das Zusammenwirken sogenannter maschinentechnischer Grundfunktionen erfüllen.

Beispiel: Die Antriebseinheit einer Drehmaschine, der Elektromotor, besteht aus mehreren Bauelementen mit maschinentechnischen Grundfunktionen. Das Kabel dient zum **Leiten** des elektrischen Stroms zum Elektromotor; die Wicklung des Motors bewirkt das **Umwandeln** der elektrischen Energie in mechanische Rotationsenergie; die Motorwelle **überträgt** das im Motorinnern entstehende Drehmoment zum Getriebe; die Wälzlager **stützen und tragen** die Motorwelle.

Die maschinentechnischen Grundfunktionen werden von Maschinenelementen ausgeführt.

Tabelle 1 zeigt eine Auswahl von Grundfunktionen und dazu eingesetzten Maschinenelementen.

Tabelle 1: Grundfunktionen bei Maschinen und dazu verwendete Bauelemente (Beispiele)

Leiten, Transportieren	Flüssigkeiten werden durch **Rohre** geleitet, Feststoffe durch Rüttelrinnen transportiert. Elektrische Energie wird durch Kabel geleitet, Drehmomente werden mit einer **Welle** übertragen.		
Umformen, Wandeln, Übersetzen	Drehzahlen werden mit einem **Zahnradpaar** übersetzt. Elektrische Energie wird in den Wicklungen des **Elektromotors** in mechanische Energie umgewandelt.		
Verbinden, Fügen	Verbindungen zwischen Bauteilen werden z. B. mit **Schrauben** hergestellt. Die Verbindung elektrischer Leitungen erfolgt mit **Steckdose und Stecker.**		
Teilen, Trennen	Teilen ist z. B. das **Zerschneiden** eines Bleches, das **Spanen** eines Werkstücks oder das **Brennschneiden** eines Trägers. Energieströme oder Signale werden mit einem **Schalter** unterbrochen (getrennt).		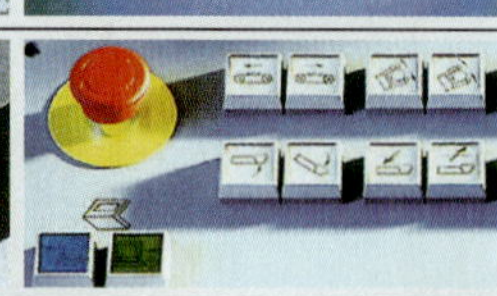
Speichern	Gase werden in **Druckgasflaschen** gespeichert, Werkstücke in **Paletten**. Elektrische Energie lässt sich in **Akkus** speichern, mechanische Energie in Federn.	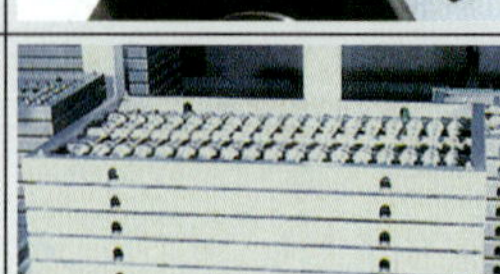	

4.2.2 Funktionseinheiten einer CNC-Werkzeugmaschine

Auch eine CNC-Drehmaschine lässt sich in Baugruppen untergliedern, die den typischen Funktionseinheiten der Maschinen und Geräte entsprechen **(Bild 1)**.

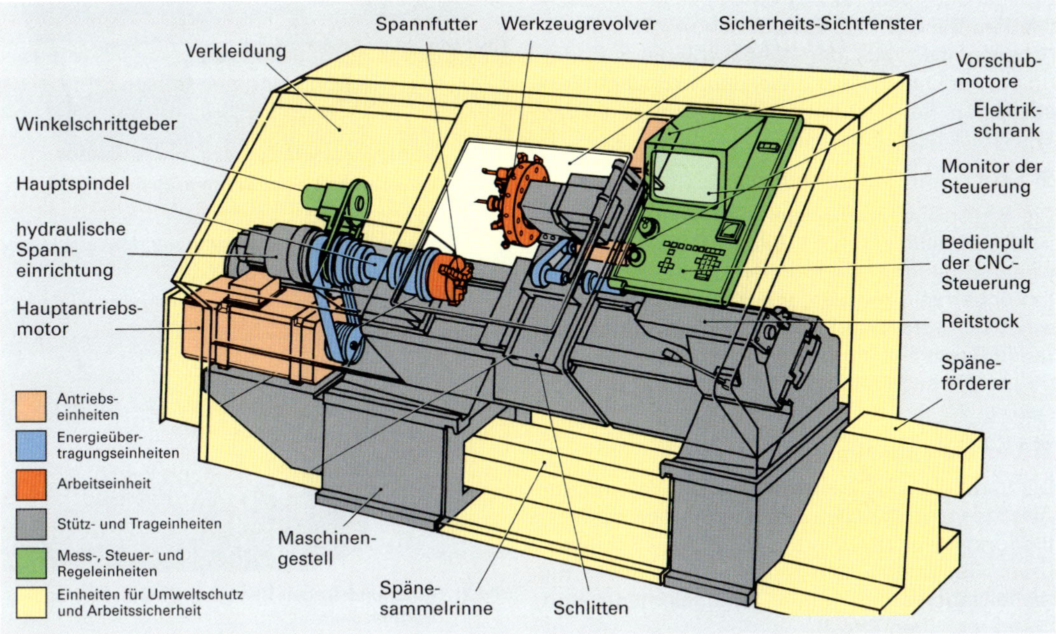

Bild 1: CNC-Schrägbett-Drehmaschine und ihre Funktionseinheiten

Antriebseinheiten

Die Antriebseinheiten stellen die zum Betrieb einer Maschine erforderliche mechanische Energie bereit. Bei Werkzeugmaschinen sind dies **Elektromotore** für den Hauptantrieb, für die Vorschubantriebe, für die Hydraulikpumpe und den Späneförderer. Die vollständigen Antriebseinheiten einer CNC-Drehmaschine bestehen aus den Elektromotoren und den im Schaltschrank untergebrachten Steuereinheiten **(Bild 2)**. Sie stellen die Stromversorgung der Motore sicher und ermöglichen die stufenlose Drehzahlverstellung.

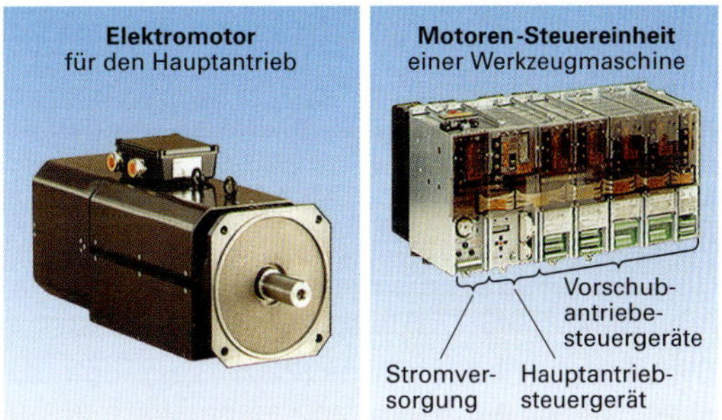

Bild 2: Antriebseinheit (Elektromotor) für die Hauptspindel und Motoren-Steuereinheiten

Energieübertragungseinheiten

Die von der Antriebseinheit bereitgestellte Bewegungsenergie muss zur Arbeitseinheit geleitet und bezüglich der Drehzahl so umgeformt werden, dass sie den Anforderungen der Arbeitseinheit entspricht. Bauteile zur Energieübertragung sind Riemen, Wellen, Spindeln, Kupplungen, Zahnräder und Getriebe **(Bild 3)**.

Bei der CNC-Drehmaschine (Bild 1) erfolgt die Energieübertragung vom Motor des Hauptantriebs über einen Riementrieb, die Kupplung, die Hauptspindel und das Spannfutter auf das Werkstück.

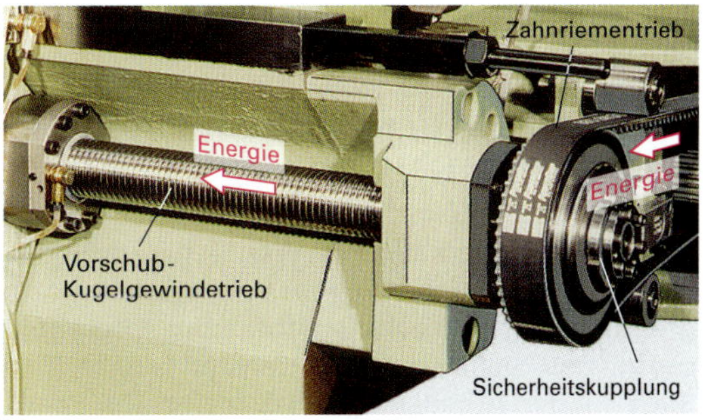

Bild 3: Energieübertragungseinheiten

Arbeitseinheiten

Die Arbeitseinheit ist der Teil der Maschine, der die eigentliche Hauptfunktion der Maschine ausführt. Die Hauptfunktion einer Drehmaschine ist die spanende Bearbeitung von Werkstücken durch Drehen. Bei der CNC-Drehmaschine besteht die Arbeitseinheit aus der Arbeitsspindel mit der Spanneinrichtung für das Werkstück (Spannfutter) sowie dem Revolver mit den Werkzeugen, die das Werkstück bearbeiten **(Bild 1)**.

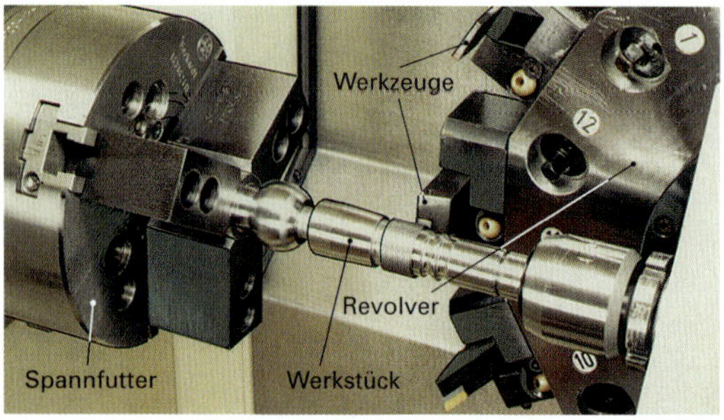

Bild 1: Arbeitseinheit einer Drehmaschine

Stütz- und Trageinheiten

Die Basis-Stütz- und Trageinheit einer Maschine ist das Maschinengestell **(Bild 2)**. Darauf sind alle weiteren Baugruppen montiert. Bauteile, die verschiebbar sein müssen, wie z. B. der Werkzeugschlitten, werden auf Führungen bewegt. Rotierende Bauteile sind in Lagern geführt und übertragen die auf sie wirkenden Kräfte auf das Gestell.

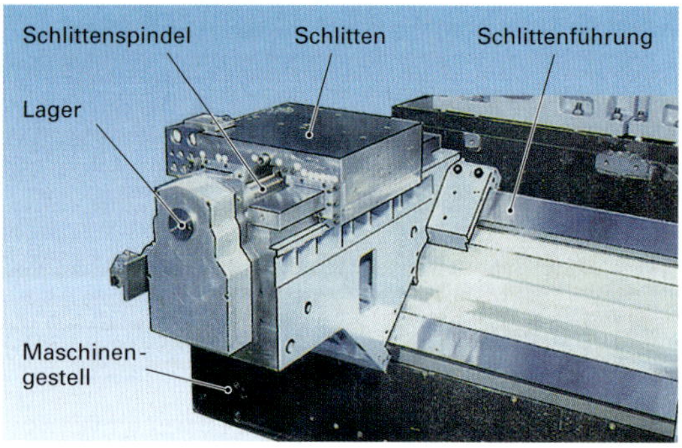

Bild 2: Stütz- und Trageinheit einer CNC-Schrägbett-Drehmaschine

Verbindungseinheiten

Die Verbindungseinheiten stellen die Verbindung zwischen den Bauteilen und Baugruppen her. Verbindungselemente sind z. B. Stifte, Schnapphaken, Schrauben und Muttern, Passfedern für Welle-Nabe-Verbindungen, Spannelemente und Werkzeughalter **(Bild 3)**.

Bild 3: Verbindungseinheiten einer Drehmaschine

Mess-, Regel- und Steuerungseinheiten

Messeinrichtungen messen z. B. Drehzahlen, Verfahrwege, Werkstückabmessungen oder die Leistungsaufnahme der Motore.

Kombinierte **Mess- und Regeleinheiten** gewährleisten die Einhaltung einer gewählten Betriebsgröße. Bei CNC-Werkzeugmaschinen wird z. B. der Vorschubweg gemessen. Bei Abweichung vom Sollwert korrigiert die Regeleinrichtung die Vorschubbewegung, bis der Sollwert erreicht ist.

Steuerungseinheiten dienen dazu, Vorgänge und Arbeitsgänge auf Maschinen automatisch ablaufen zu lassen. Bei einer CNC-Maschine z. B. wird über das Bedienpult der gewünschte Arbeitsablauf (das Programm) in die Steuerung eingegeben und gespeichert **(Bild 4)**. Die Maschine führt die eingegebene Arbeitsfolge dann durch die Steuerbefehle selbsttätig aus.

Einheiten für Umweltschutz, Entsorgung und Arbeitssicherheit

Zum Schutz der Mitarbeiter hat die Maschine eine geschlossene Verkleidung. Wegfliegende Späne werden abgefangen und vom Späneförderer ausgetragen. Der Kühlschmierstoffnebel wird abgesaugt. Das Sicherheits-Sichtfenster schafft freie Sicht auf den Arbeitsvorgang. Der Not-Aus-Schalter ermöglicht den Sofortstopp der Maschine.

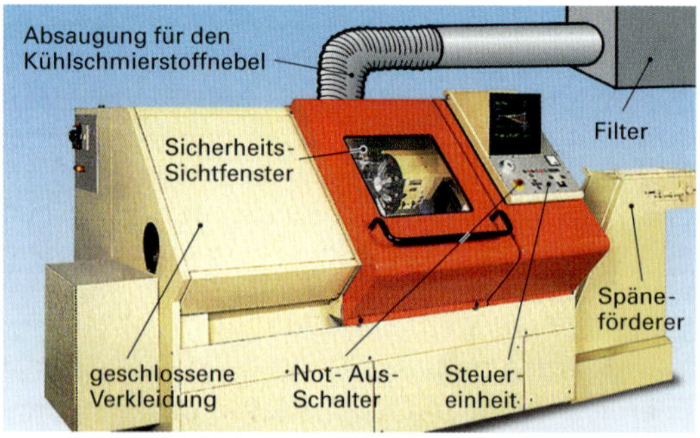

Bild 4: Funktionseinheiten Regeln und Steuern, Umweltschutz, Entsorgung und Arbeitssicherheit

4.2.3 Funktionseinheiten eines Kraftfahrzeugs

Ein Pkw ist eine sehr komplexe Maschine, die aus mehreren Zehntausend Einzelteilen besteht **(Bild 1)**. Die Gesamtfunktion eines Pkw ist seine Fortbewegung zum Transport von Personen.

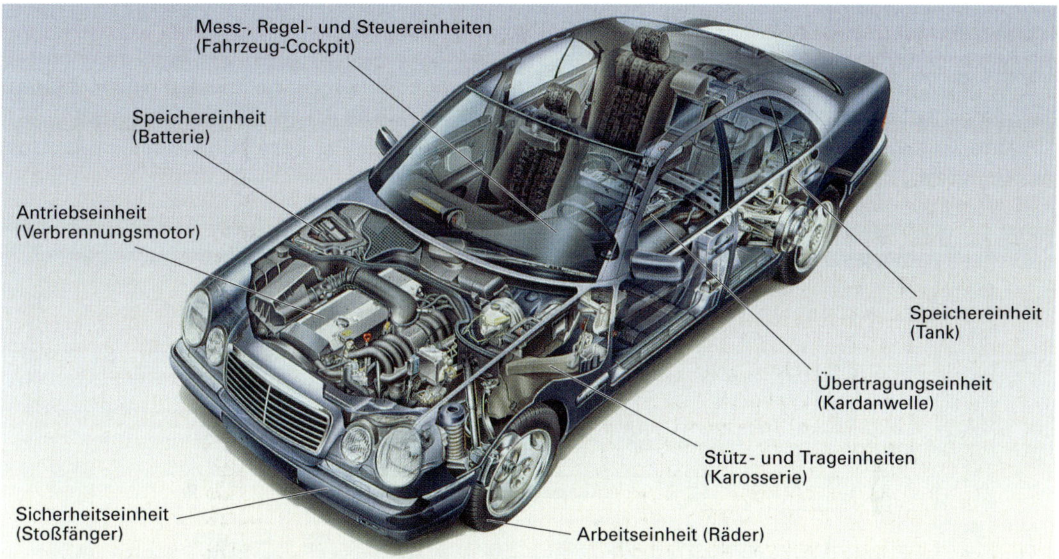

Bild 1: Röntgenbild eines Kraftfahrzeugs mit wichtigen Funktionseinheiten

Durch sinnvolles Zusammenwirken der einzelnen Funktionseinheiten wird die Gesamtfunktion des Kraftfahrzeugs verwirklicht **(Bild 2)**.

Die zentralen Funktionseinheiten eines Pkws sind: Antriebseinheiten, einschließlich der Einheiten für die Abgasreinigung – Übertragungseinheiten – Arbeitseinheit – Speichereinheiten.

In diesen Funktionseinheiten läuft der Energie- und Stofffluss des Gesamtsystems Pkw ab.

Überwacht, geregelt und teilweise gesteuert werden die zentralen Funktionseinheiten von den Mess-, Regel- und Steuereinheiten. Hier verläuft der Haupt-Informationsfluss.

An vielen Stellen des Pkws sind Sicherheitseinrichtungen für die Personen und das Fahrzeug eingebaut.

Getragen wird das gesamte Kraftfahrzeug, wie jedes einzelne Bauteil, von Stütz- und Trageinheiten.

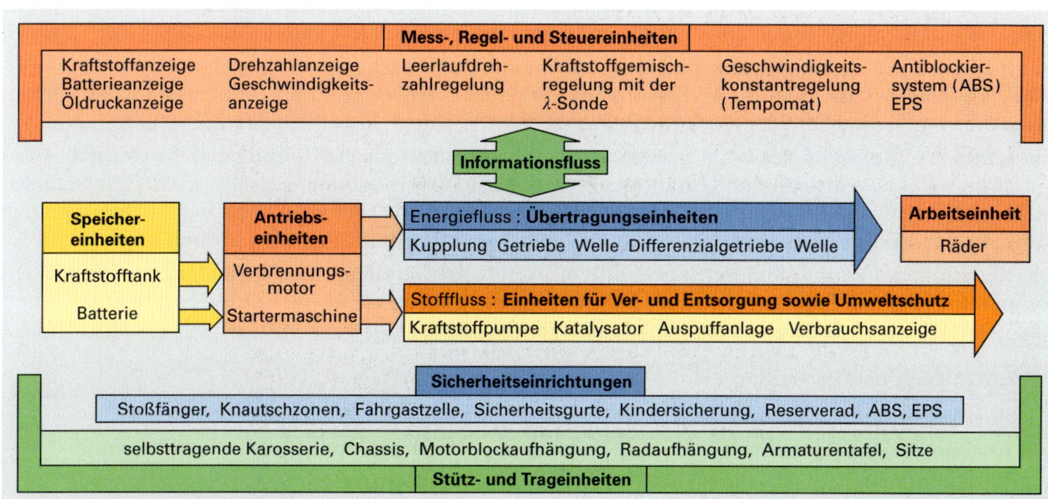

Bild 2: Funktionseinheiten eines Kraftfahrzeugs

4.2.4 Funktionseinheiten einer Klimaanlage

Aufgabe einer Klimaanlage ist es, in einem Raum ein für die Arbeit angenehmes und gesundes Raumklima zu schaffen sowie ausreichend saubere und sauerstoffreiche Atemluft zur Verfügung zu stellen.

Erforderlich ist eine Klimaanlage, wenn in einer großen Fertigungshalle mit zahlreichen Werkzeugmaschinen und Wärmebehandlungsöfen im Sommer soviel Wärme freigesetzt wird, dass es zu einer unerträglichen Aufheizung kommt, die durch natürliche Lüftung nicht beseitigt werden kann. Im Winter ist z. B. bei Betrieben mit Wärmebehandlungs-Salzbädern oder Lötarbeitsplätzen zusätzlich zur Heizung ein geregelter Luftaustausch erforderlich, um gesundheitsschädliche Abgase rasch abzusaugen.

Eine Klimaanlage umfasst die eigentliche **Klimazentrale**, in der die Reinigung und Befeuchtung bzw. Trocknung der Luft durchgeführt werden, sowie ein Luftkanalsystem für die Zuluft und die Abluft **(Bild 1)**.

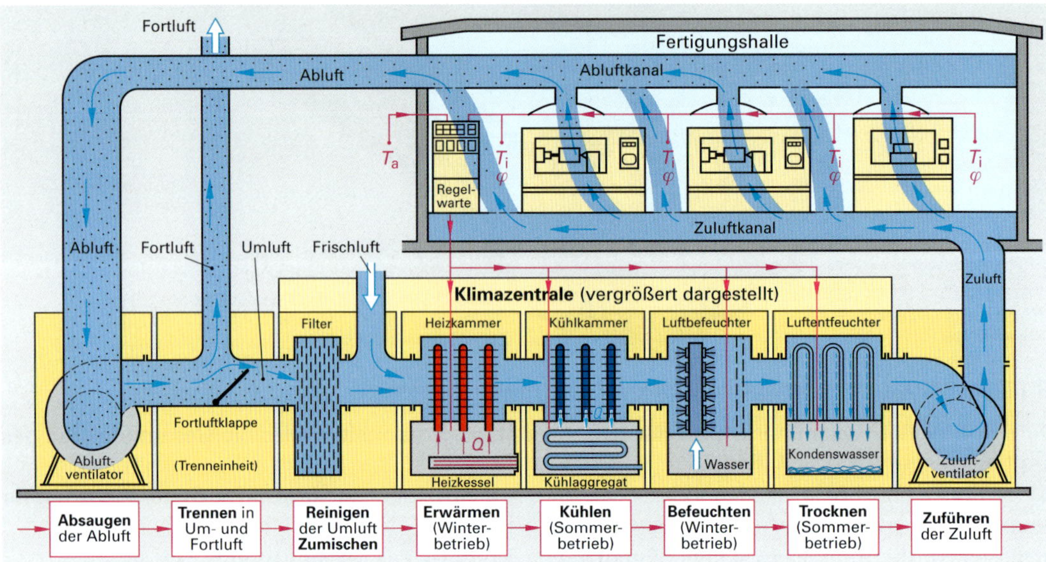

Bild 1: Klimazentrale einer Fertigungshalle mit den einzelnen Funktionseinheiten

Die Klimazentrale besteht aus einer Reihe von baukastenartig hintereinander geschalteten Baugruppen, welche die einzelnen **Funktionseinheiten** enthalten. Sie werden von der Luft nacheinander durchströmt.

Der **Abluftventilator** saugt die Abluft aus der Fertigungshalle und drückt sie in die Klimazentrale. Mit einer **Fortluftklappe** (Trenneinheit) wird ein Teil der Abluft abgetrennt und ausgeblasen. Die im Kreislauf geführte Luft (Umluft) wird in einem **Filter** gereinigt und mit Frischluft angereichert.

Dann durchströmt sie einen **Heizkessel**, der im Winter in Betrieb ist und die kalte Umluft auf die gewünschte Raumtemperatur erwärmt. Im Sommer ist der Heizkessel außer Betrieb. Dafür arbeitet das **Kühlaggregat** und kühlt die überhitzte Umlufttemperatur auf eine angenehme Arbeitstemperatur herunter.

Der **Luftbefeuchter** ist im Winter in Betrieb und befeuchtet die trockene Heizungsluft. Im Sommer ist er außer Betrieb. Dann arbeitet der **Luftentfeuchter**, der der feuchtwarmen Sommer-Umluft überschüssige Feuchtigkeit entzieht. In einer Übergangsphase im Herbst und Frühling, wenn weder Heizung noch Kühlung erforderlich sind, arbeitet die Klimaanlage nur als Raumlüftung mit Luftreinigung.

Die Klimazentrale wird von einer Regelwarte aus überwacht, geregelt und gesteuert, die die Außentemperatur (T_a), die Raumtemperatur (T_i) und die Feuchtigkeit (φ) in der Fertigungshalle misst und nach vorgegebenen Sollwerten die Funktionseinheiten regelt.

Wiederholung und Vertiefung

1 Aus welchen Funktionseinheiten besteht eine Säulenbohrmaschine (Bild 1, Seite 189)?

2 Nennen Sie drei Grundfunktionen bei Maschinen und die dazu verwendeten Bauelemente.

3 Welche Aufgaben haben die Mess-, Regel- und Steuereinheiten einer CNC-Drehmaschine?

4 Welche Funktionseinheiten besitzen eine Klimazentrale (Bild 1) und ein Pkw (Seite 193)?

4.2.5 Sicherheitseinrichtungen an Maschinen

Die Sicherheitseinrichtungen an Maschinen dienen dem Schutz der arbeitenden Menschen (Personenschutz), dem Werterhalt der Maschine (Maschinenschutz) und dem Schutz der Umwelt vor Beeinträchtigungen und gesundheitsschädlichen Stoffen (Umweltschutz).

Personenschutz

Sicherheitstechnische Gestaltung. Maschinen müssen so gebaut bzw. verkleidet sein, dass keine Gefahr von ihnen ausgeht. Moderne Werkzeugmaschinen besitzen z. B. eine Vollkapselung mit Spritzschutzkabine, Schiebetür und Sicherheitsfenster **(Bild 1)**. Dadurch werden Verletzungen durch bewegte Maschinenteile und Werkstücke oder durch Späne vermieden und das Einatmen von Kühlschmierstoffnebel verhindert.

Sicherheitsverriegelung. Die Kabinentür hat einen Sicherheits-Kontaktschalter. Die Maschine kann erst in Gang gesetzt werden, wenn die Kabinentür geschlossen ist. Wird sie während des Arbeitszyklus geöffnet, dann schaltet die Maschine ab.

Einrichtebetrieb. Durch Umschalten am Eingabepult auf Einrichtebetrieb (Handbetrieb) wird der Kabinentür-Sicherheitsschalter außer Betrieb gesetzt, sodass die Maschine bei geöffneter Maschinentür eingerichtet werden kann. Diese Arbeit darf nur von einem erfahrenen Fachmann ausgeführt werden.

Schutzgitter. Der Arbeitsbereich von Pressen und Handhabungsautomaten ist durch ein Schutzgitter abgesperrt und darf nicht betreten werden.

Schalter und Kontrolllampen (Bild 2). Mit dem **Schlüsselschalter** wird die Inbetriebnahme einer Maschine durch unbefugte Personen verhindert. Der **Not-Aus-Schalter** dient dem sofortigen Stillstand der Maschine im Notfall. Die **Funktionskontrolllampen** zeigen durch Aufleuchten die ordnungsgemäße Funktion der Baugruppen an, während die **Störungsanzeigeleuchten** durch Aufleuchten eine Störung melden. Der Fachmann kann durch **einen** Blick auf das Bedienfeld den Maschinenzustand rasch erfassen.

Zusätzliche **Sicherheitseinrichtungen** gibt es z. B. an Pressen **(Bild 3)**. Der **Zweihandschalter** muss gleichzeitig mit beiden Händen betätigt werden, sodass keine Hand im Gefahrenbereich der Maschine ist. Eine **Lichtschranke** setzt die Maschine still, wenn eine Hand in den Gefahrenbereich greift.

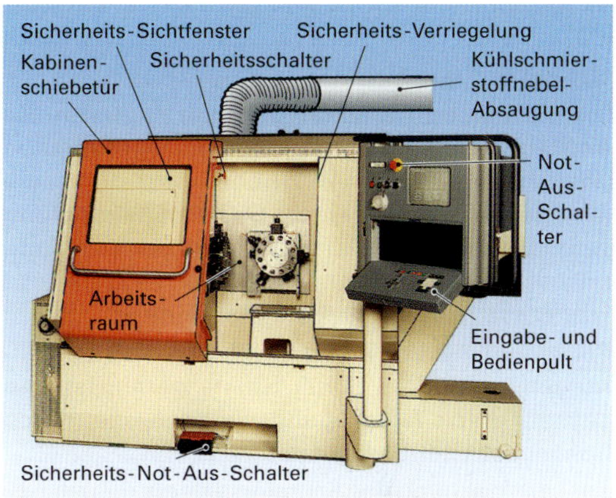

Bild 1: Vollkapselung einer CNC-Drehmaschine

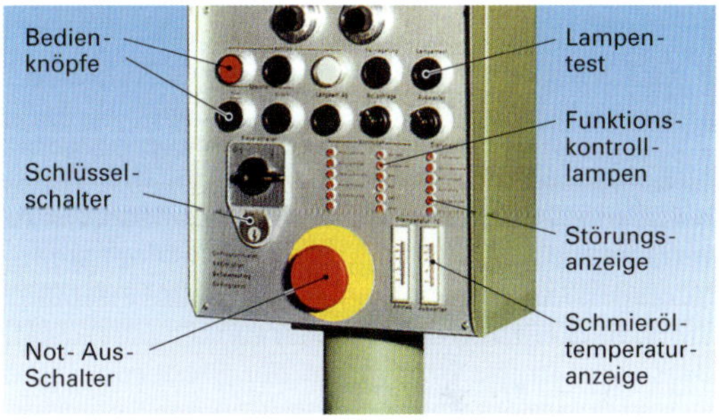

Bild 2: Bedienfeld einer Pressensteuerung

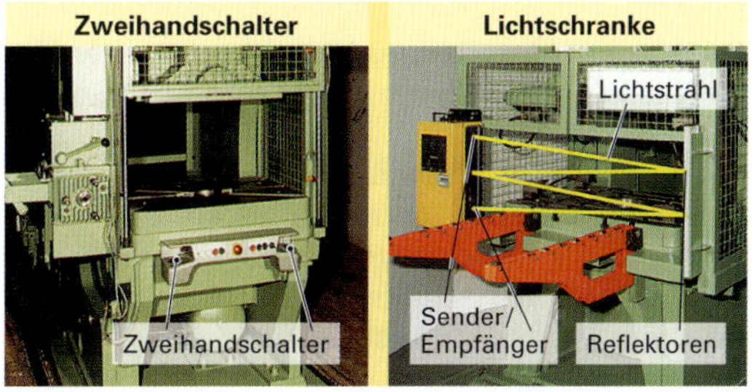

Bild 3: Sicherheitseinrichtungen an Pressen

Sicherheitsvorschriften

- Bei Wartungs- und Reparaturarbeiten im Arbeitsbereich ist die Maschine durch den Schlüsselschalter am Bedienpult und durch den Hauptschalter am Schaltschrank außer Betrieb zu setzen.
- Sicherheitseinrichtungen dürfen während der Fertigung nicht außer Kraft gesetzt werden.
- Arbeiten und Reparaturen an der Elektrik sind nur vom Elektro-Fachmann auszuführen.
- Undichtigkeiten am Hydrauliksystem sind sofort zu beseitigen (Brandgefahr, Sturzgefahr).

Maschinenschutz

Eine **Absicherung** gegen das gewaltsame Auffahren eines verfahrbaren Maschinenteils wird durch Begrenzung des Verfahrweges mit **Grenztastern** erreicht **(Bild 1)**. Eine Schaltnocke am bewegten Maschinenteil löst den Grenztaster aus und schaltet den Vorschub ab. Es müssen alle drei Bearbeitungsachsen (X, Y, Z) sowie die Zusatzaggregate abgesichert sein.

Die **mechanische Überlastung** von Bauteilen der Antriebs- und Energieübertragungseinheiten (Wellen, Kupplungen, Getriebe) wird durch die Zwischenschaltung einer **Sicherheitskupplung** vermieden **(Bild 2)**. Je nach Bauart der Kupplung rutscht sie bei Überschreiten einer einstellbaren Last durch oder schaltet die Maschine ab.

Bei spanenden Werkzeugmaschinen sind die Führungen besonders durch Späne gefährdet und deshalb durch **Teleskopabdeckungen** oder durch **Späneabstreifer** geschützt.

Zur Überwachung des **Schmiersystems** dienen z. B. elektronische Störungsanzeigen auf dem Bedienfeld der Steuerung oder Schmierdruckwächter.

> Die **Betriebssicherheit** einer Maschine wird vor allem durch die einwandfreie Funktion seines Schmiersystems gewährleistet.

Kollisionsschutz. Um ein Kollidieren der Werkzeuge mit dem Spannfutter oder dem Reitstock zu vermeiden, sind viele Werkzeugmaschinensteuerungen mit einem elektronischen Kollisionsschutz durch Begrenzung des Arbeitsraums ausgerüstet. Dazu wird in das Programm der Steuerung eine Schutzzone eingegeben, in der sich das Spannfutter und der Reitstock befinden **(Bild 3)**. Das Werkzeug kann nicht in diese Schutzzone verfahren werden, sodass eine Kollision ausgeschlossen ist.

Elektrische Absicherung. Die Bauelemente der elektrischen Absicherung sind in einem Schaltschrank an der Rückseite der Maschine untergebracht **(Bild 4)**. Sie schützen die elektrisch betriebenen Baugruppen gegen Schäden durch den elektrischen Strom. Überlastungssicherungen und Motor-Schutzschalter schalten die Stromzufuhr bei zu hoher Stromstärke ab.

Umweltschutz

Von einer Maschine dürfen keine Schadstoffe in die Umwelt freigesetzt werden. Werkzeugmaschinen besitzen dazu eine Vollkapselung (Bild 1, Seite 195).

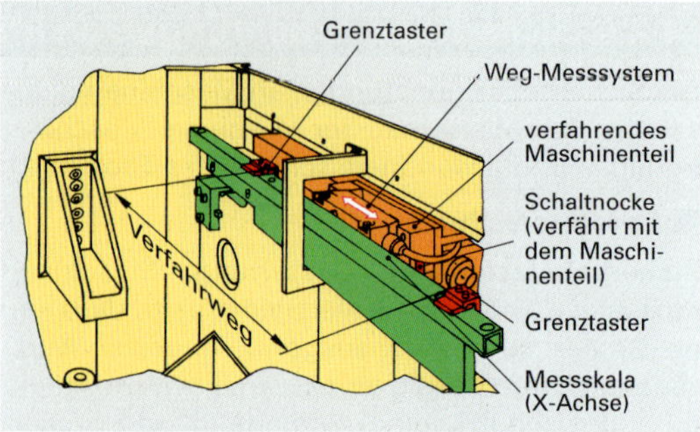

Bild 1: Grenztaster am Verfahrweg der X-Achse

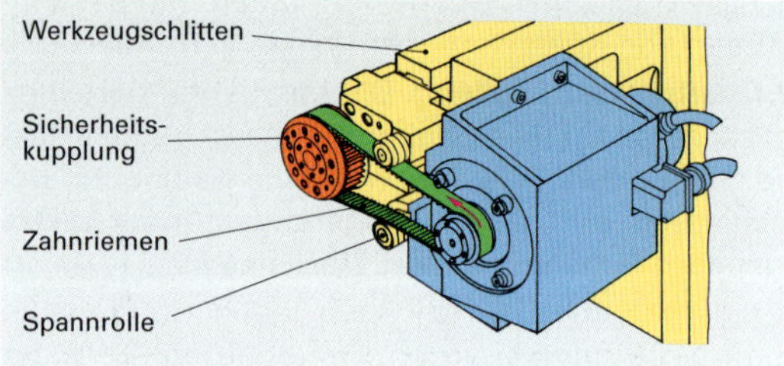

Bild 2: Sicherheitskupplung

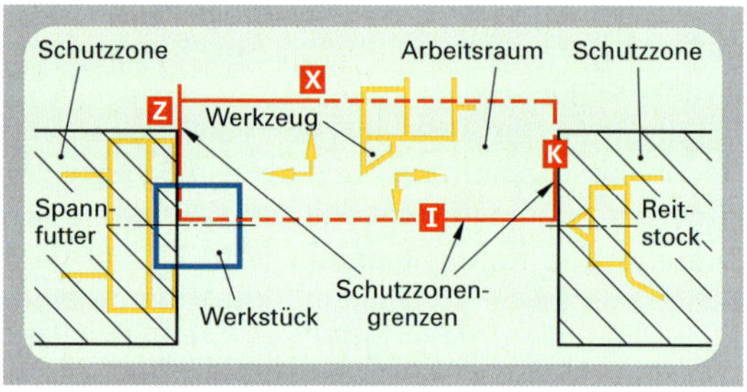

Bild 3: Monitorbild beim Schutzzonen-Setzen

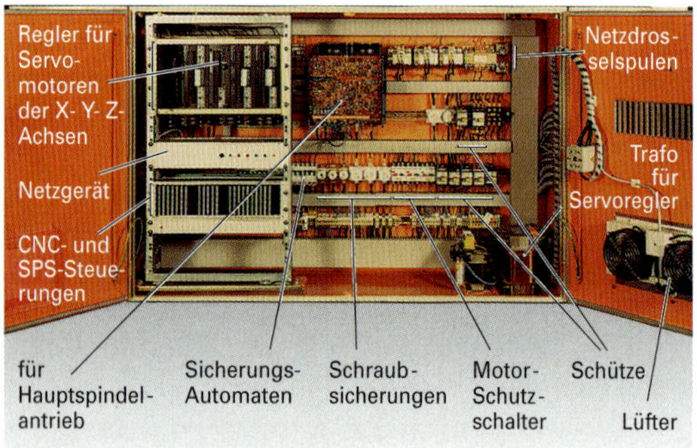

Bild 4: Schaltschrank einer Werkzeugmaschine

Wiederholung und Vertiefung

1 Nennen Sie drei Arten von Sicherheitsschaltern und beschreiben Sie ihre Arbeitsweise.
2 Welche Aufgabe haben Grenztaster?
3 Wie funktioniert eine Schutzzonen-Sicherung?

4.2.6 Bedienung und Instandhaltung von Maschinen

Die sachgerechte Bedienung einer Maschine oder Fertigungsanlage und ihre systematische Instandhaltung ist die Voraussetzung für einen reibungslosen Fertigungsprozess und die Langlebigkeit der Anlage.

Zu jeder Maschine gehört eine **Betriebs- und Bedienungsanleitung** des Maschinenherstellers, auch Benutzerhandbuch oder Dokumentation genannt. Die Betriebsanleitung enthält:

- eine Beschreibung der Maschine und ihrer Funktionseinheiten mit Fotos und Zeichnungen
- eine Anleitung zum Aufstellen und zur Inbetriebnahme der Maschine
- eine Bedienungsanleitung zur Durchführung der einzelnen Fertigungsschritte
- eine Instandhaltungsanweisung mit Wartungs- und Pflegeplan
- Hinweise zum Auffinden und Beheben von Betriebsstörungen

Die Maschine muss gemäß diesen Hinweisen, Anweisungen und Vorschriften betrieben werden.

4.2.6.1 Bedienung

Der Betrieb und die Fertigung mit einer Maschine ist anhand der Bedienungsanleitung des Maschinenherstellers durchzuführen. Sie dient auch als Anleitung bei der Neueinführung eines noch nicht erprobten Fertigungsablaufs.

Bei Inbetriebnahme von Fertigungsanlagen und bei schwierigen Fertigungsproblemen ist es sinnvoll, den Kundendienst des Maschinenherstellers in Anspruch zu nehmen. Dies kann durch den Besuch des Kundendienstes oder durch telefonische Beratung zum aktuellen Problem (Hotline) erfolgen.

Eine Maschine bzw. Anlage darf nur von qualifizierten und berechtigten Fachkräften betrieben werden.

4.2.6.2 Instandhaltung

Unter Instandhaltung versteht man die Maßnahmen zur Bewahrung, Feststellung und Wiederherstellung des Sollzustandes einer Maschine. Sie umfasst die Wartung, die Inspektion und die Instandsetzung **(Tabelle 1)**. Diese Tätigkeiten sind im Instandhaltungsplan einer Maschine, auch Wartungs- und Pflegeplan genannt, enthalten **(Bild 1)**.

Tabelle 1: Instandhaltungsarbeiten

Wartung	Inspektion	Instandsetzung
Reinigen	Messen	Ausbessern
Schmieren	Prüfen	Reparieren
Nachstellen	Diagnostizieren	Austauschen

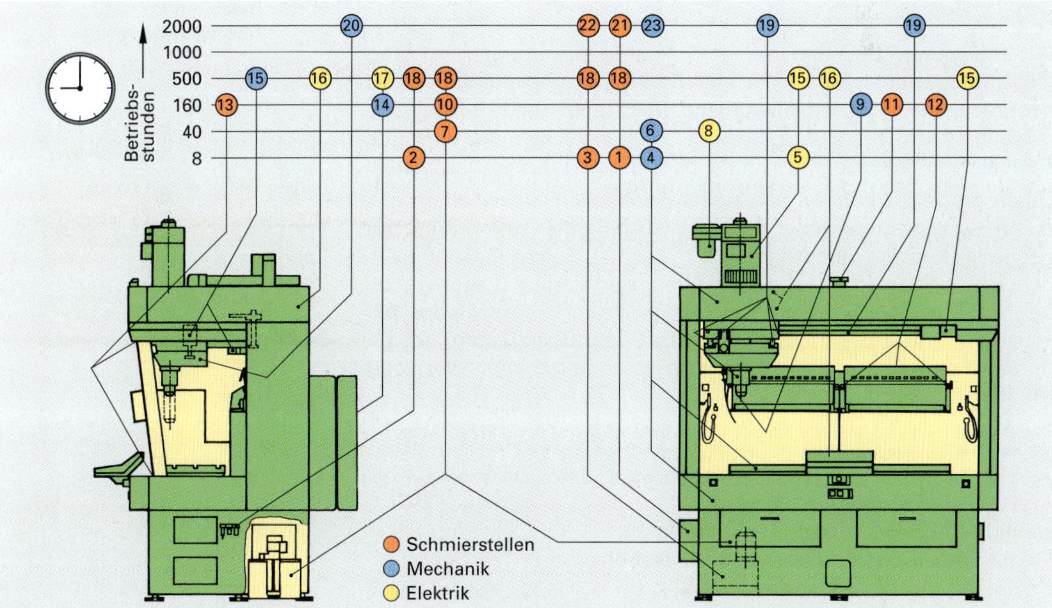

Bild 1: Wartungs- und Pflegeplan eines Bearbeitungszentrums

4.3 Funktionseinheiten zum Verbinden

4.3.1 Gewinde

Eine Schraubenlinie entsteht, wenn auf der Mantelfläche eines sich drehenden Zylinders ein Punkt parallel zur Zylinderachse bewegt wird. Der bei einer Umdrehung des Zylinders zurückgelegte Weg des Punktes entspricht der **Steigung *P*** des Gewindes. Die Abwicklung der Schraubenlinie ergibt eine schiefe Ebene **(Bild 1).** Der vom Umfang und der abgewickelten Schraubenlinie eingeschlossene Winkel ist der **Steigungswinkel** α des Gewindes.

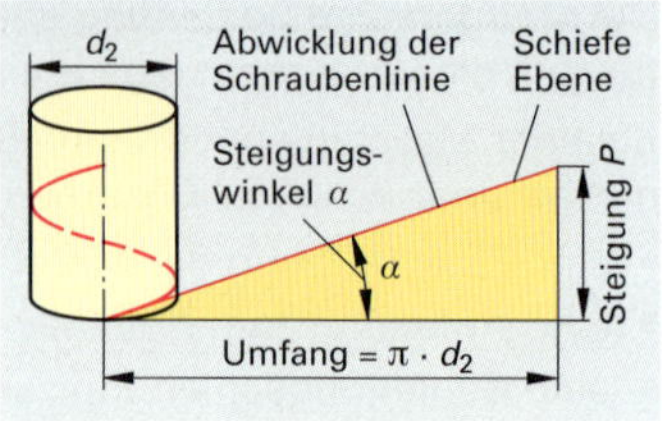

Bild 1: Schraubenlinie

Bezeichnungen am Gewinde

Wichtige Bezeichnungen am Gewinde sind (Bild 2)

- Nenndurchmesser
- Kerndurchmesser
- Flankenwinkel
- Flankendurchmesser
- Gewindeprofil
- Steigung

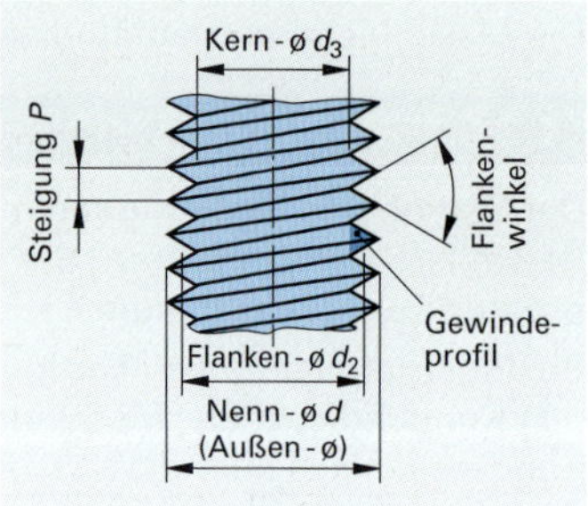

Bild 2: Bezeichnungen am Gewinde

Gewindearten

Die in der Technik verwendeten Gewinde können nach Verwendungszweck, Gewindeprofil, Drehsinn und Gangzahl eingeteilt werden.

Einteilung nach dem Verwendungszweck

Mit **Befestigungsgewinden** versehene Schrauben und Muttern sollen Bauteile fest miteinander verspannen **(Bild 3 – links).** Um ein selbstständiges Lösen zu erschweren, verwendet man für Befestigungsgewinde eingängige Spitzgewinde. Durch den kleinen Steigungs- und den großen Flankenwinkel dieser Gewinde ergibt sich eine große Reibungskraft.

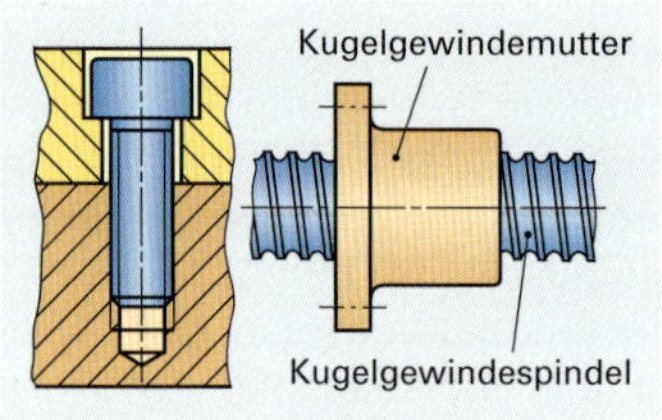

Bild 3: Befestigungs- und Bewegungsgewinde

Die senkrecht bzw. parallel zur schiefen Ebene wirkenden Komponenten der Kraft F heißen Normalkraft F_N bzw. Hangabtriebskraft F_H **(Bilder 4 und 5).** Bei kleinen Steigungswinkeln erhält man eine kleine Hangabtriebskraft, aber eine große Normalkraft, die eine große Reibungskraft F_R ergibt. Befestigungsgewinde sind deshalb immer selbsthemmend.

Mit **Bewegungsgewinden** werden drehende Bewegungen in geradlinige umgewandelt (Bild 3 – rechts). Bewegungsgewinde sind selbsthemmend oder nicht selbsthemmend. Selbsthemmende Bewegungsgewinde, wie z. B. Trapezgewinde in Schraubstöcken und Vorschubspindeln von Werkzeugmaschinen, bleiben unter Betriebslast stehen.

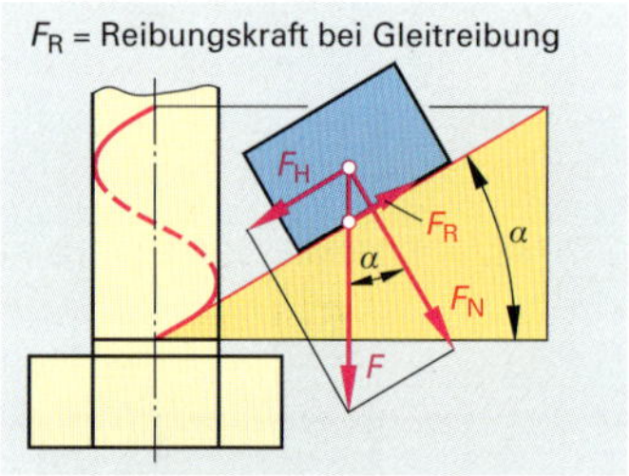

Bild 4: Nicht selbsthemmendes Gewinde

Durch große Steigungen und kleine Flankenwinkel, vor allem aber durch die Verringerung der Reibung, wird die Selbsthemmung aufgehoben (Kugelgewindetrieb, Bild 3 – rechts). Solche Gewindespindeln benötigen im Stillstand eine Lagepositionierung (Lageregelung bei NC-Maschinen). Wegen des nur geringen Unterschiedes zwischen Haft- und Gleitreibungskraft tritt kein Ruckgleiten auf. Dadurch ist eine genaue Positionierung des angetriebenen Werkzeugschlittens möglich.

Beispiel: Ein Trapezgewinde Tr20x4 (α = 4,05°) wird mit F = 8 kN in Achsrichtung belastet. Die Gleitreibungszahl beträgt μ = 0,1, die Haftreibungszahl μ = 0,12. Durch Rechnung soll untersucht werden, ob das Gewinde selbsthemmend ist.

Lösung: $F_H = F \cdot \sin \alpha = 8000\ \text{N} \cdot 0{,}0706 = \mathbf{565\ N}$

$F_N = F \cdot \cos \alpha = 8000\ \text{N} \cdot 0{,}9975 = \mathbf{7980\ N}$

$F_R = \mu \cdot F_N = 0{,}1 \cdot 7980\ \text{N} = \mathbf{798\ N}$; $F_R = \mu \cdot F_N = 0{,}12 \cdot 7980\ \text{N} = \mathbf{958\ N}$

Das Gewinde ist selbsthemmend, weil die Hangabtriebskraft F_H kleiner ist als die errechneten Reibungskräfte F_R.

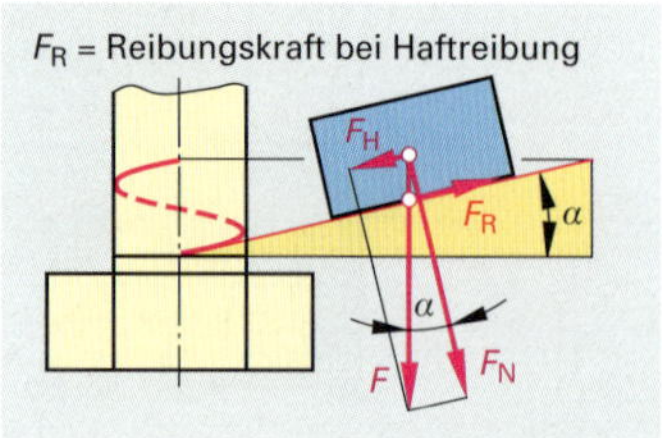

Bild 5: Selbsthemmendes Gewinde

Einteilung nach dem Gewindeprofil

Spitzgewinde. Metrische ISO-Gewinde haben einen Flankenwinkel von 60° **(Bild 1)**. Sie werden in Regelgewinde und Feingewinde unterteilt. **Regelgewinde** besitzen eine dem jeweiligen Nenndurchmesser zugeordnete Steigung. In der Gewindebezeichnung wird nur das Kurzzeichen M und der Nenndurchmesser angegeben, z. B. **M16. Feingewinde** haben bei gleichem Nenndurchmesser eine kleinere Steigung als Regelgewinde. Sie sind deshalb selbsthemmend und benötigen keine Schraubensicherung. In der Gewindebezeichnung wird außer dem Nenndurchmesser auch die Steigung angegeben, z. B. **M16 x 1,5. Whitworthgewinde** besitzen einen Flankenwinkel von 55° **(Bild 2)**; die Gewindemaße werden in inch angegeben.

Trapezgewinde. Bei Trapezgewinden beträgt der Flankenwinkel 30° **(Bild 3)**. Man verwendet sie meist als Bewegungsgewinde, z. B. in Spindelpressen. Die Gewindebezeichnung enthält das Kurzzeichen Tr, den Nenndurchmesser und die Steigung, z. B. **Tr 24 x 6**.

Sägengewinde. Sägengewinde besitzen einen Flankenwinkel von 33° **(Bild 4)**. Wegen des unsymmetrischen Gewindeprofils sind sie in einer Richtung hoch belastbar. Sie werden meist als Bewegungsgewinde, z. B. für Spannzangen an Dreh- und Fräsmaschinen, verwendet. In der Gewindebezeichnung werden das Kurzzeichen S, der Nenndurchmesser und die Steigung angegeben, z. B. **S 24 x 5**.

> Nach dem Gewindeprofil unterscheidet man vor allem Spitz-, Trapez- und Sägengewinde.

Einteilung nach dem Drehsinn

Linksgewinde werden entgegen dem Uhrzeigersinn eingeschraubt und nur dann verwendet, wenn sich ein Rechtsgewinde lösen würde, z. B. bei einer Schleifscheibenbefestigung, oder wenn eine bestimmte Bewegungsrichtung bei gegebener Drehrichtung verlangt wird, z. B. bei der Planzugspindel einer Drehmaschine. Linksgewinde müssen mit den Buchstaben **„LH"** (**L**eft **H**and) zusätzlich gekennzeichnet werden, z. B. **M 16-LH**.

> Nach dem Drehsinn unterscheidet man Rechts- und Linksgewinde.

Einteilung nach der Gangzahl

Mehrgängige Gewinde verwendet man, wenn bei einer Umdrehung große axiale Bewegungen verlangt werden, wie z. B. bei Spindelpressen **(Bild 5)**. Bei der Bezeichnung von mehrgängigen Gewinden folgt nach dem Nenndurchmesser und der Steigung die Teilung *P*, z. B. **Tr 32 x 18 P6** (18 : 6 = 3-gängiges Trapezgewinde mit 32 mm Nenndurchmesser, 18 mm Steigung und 6 mm Teilung).

> Nach der Gangzahl unterscheidet man ein- und mehrgängige Gewinde.

Wiederholung und Vertiefung

1 Welches sind die wichtigsten Gewindemaße?

2 Wie werden Gewinde nach dem Verwendungszweck eingeteilt?

3 Welche Aufgaben haben Befestigungsgewinde?

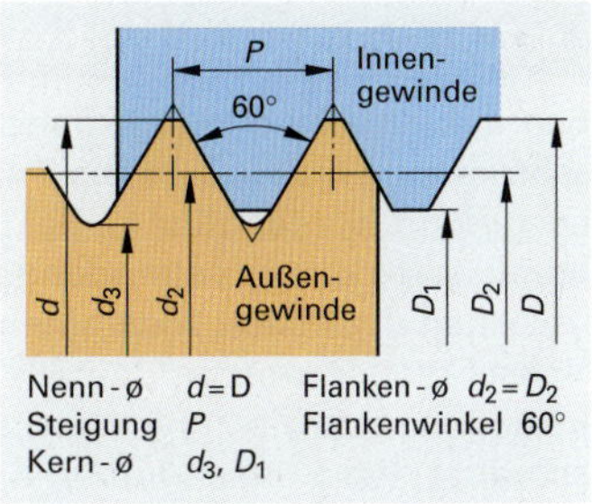

Bild 1: Metrisches ISO-Gewinde

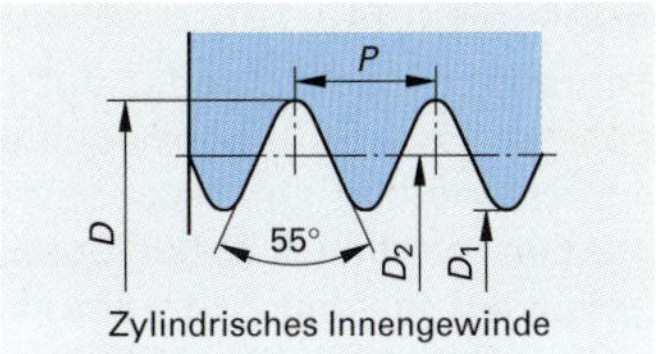

Bild 2: Whitworth-Gewinde

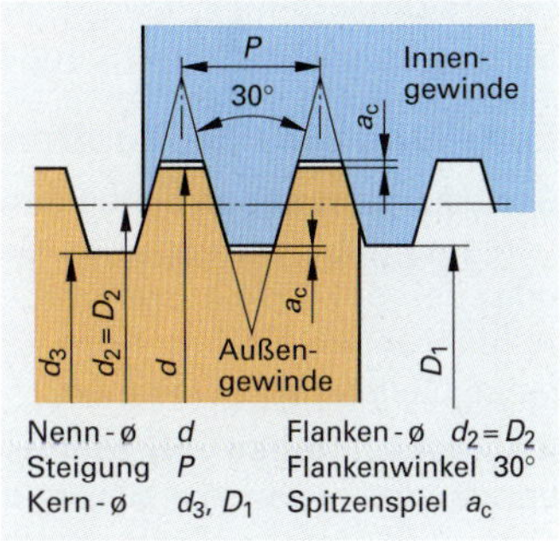

Bild 3: Trapezgewinde

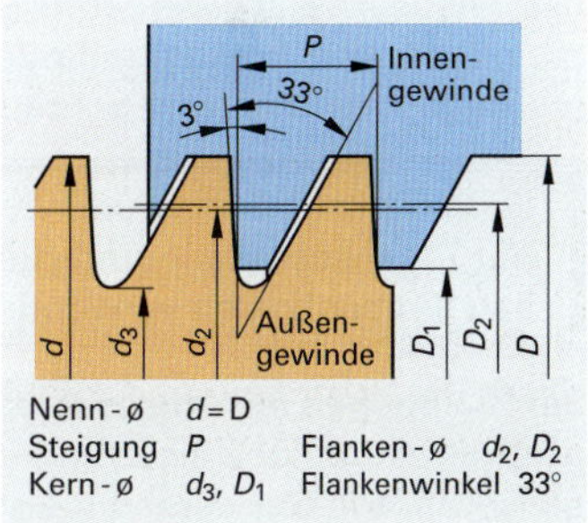

Bild 4: Sägengewinde

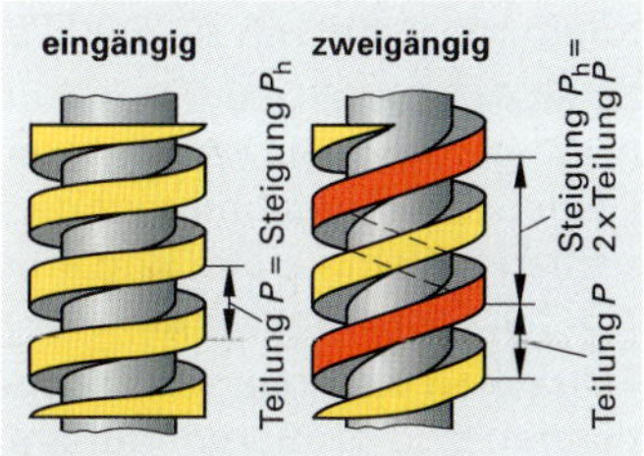

Bild 5: Ein- und zweigängiges Gewinde

4.3.2 Schraubenverbindungen

Schraubenverbindungen können mit **Durchsteckschrauben, Einziehschrauben** und **Stiftschrauben** ausgeführt werden **(Bild 1)**. Bei Durchsteckschrauben werden die zu verbindenden Teile durch das Anziehen der Mutter zusammengepresst. Mit Einziehschrauben werden Bauteile mit Werkstücken, in denen sich ein Innengewinde befindet, verschraubt. Bei Stiftschrauben ersetzt eine Mutter den Schraubenkopf.

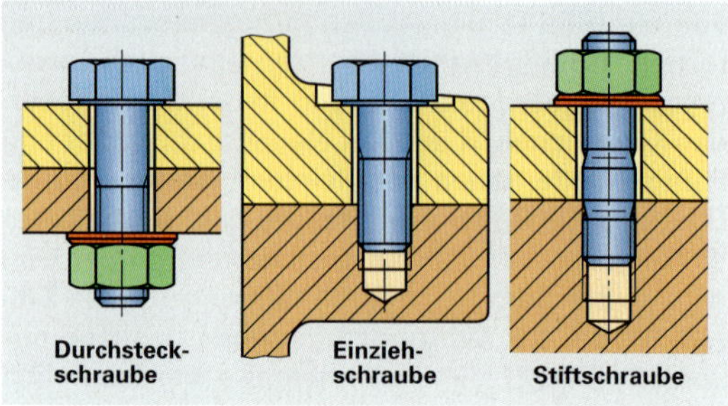

Bild 1: Schraubenverbindungen

Schrauben

Schrauben dürfen weder auf Abscherung (Ausnahme: Passschrauben) noch auf Biegung beansprucht werden. Um Biegebeanspruchung zu vermeiden, werden z. B. bei Gussstücken die Auflageflächen für den Schraubenkopf mit Flachsenkern gefertigt (Bild 1 – Mitte).

Die Schrauben unterscheiden sich durch Kopfform, Schaftabmessungen, Gewindemaße und andere Einzelheiten **(Bilder 2** und **3** und **Bild 1, Seite 201**).

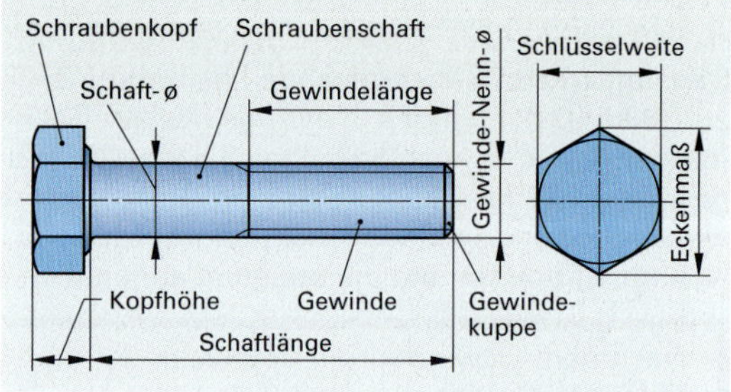

Bild 2: Bezeichnungen an einer Sechskantschraube

Einteilung nach der Kopfform

Sechskantschrauben bieten den Schraubwerkzeugen eine gute Führung. Das Gewinde, als Regel- oder Feingewinde ausgeführt, reicht bei einigen Ausführungen bis zum Kopf. Dieser ist meist mit einem Telleransatz versehen.

Zylinderschrauben mit Innensechskant werden verwendet, wenn die Schraubenabstände klein sind oder wenn der Schraubenkopf nicht aus dem Werkstück herausragen darf. Zylinderschrauben mit Innensechskant werden mit hohem Kopf ($h = d$), niedrigem Kopf und mit oder ohne Schlüsselführungen als hochfeste Schrauben hergestellt.

> Sechskantschrauben und Zylinderschrauben mit Innensechskant sind die im Maschinenbau am häufigsten verwendeten Schrauben.

Senkschrauben mit Innensechskant besitzen eine geringere Kopfhöhe als Zylinderschrauben mit Innensechskant. Sie werden meist dann verwendet, wenn Werkstücke mit geringen Wanddicken verschraubt werden sollen. Wegen ihrer kegeligen Kopfform zentrieren sie das Werkstück.

Schlitzschrauben werden mit dem Schraubendreher angezogen. Sie werden deshalb nur mit relativ kleinen Gewindeabmessungen geliefert. Die erzielbaren Klemmkräfte sind erheblich geringer als z. B. bei Sechskantschrauben.

Schrauben mit Kreuzschlitz lassen sich wegen der tieferen und größeren Mitnahmefläche und wegen des sich selbst zentrierenden Schraubendrehers fester anziehen als Schlitzschrauben.

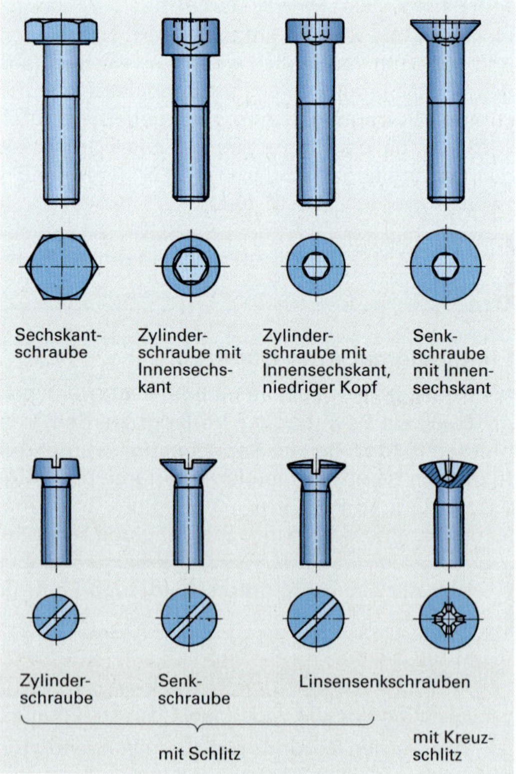

Bild 3: Kopfformen von Schrauben

Einteilung nach der Schaftform

Mit **Stiftschrauben** werden die Innengewinde der Bauteile, z.B. bei Turbinen und Lagergehäusen, geschont **(Bild 1)**. Durch kräftiges Einschrauben der Stiftschraube oder durch Sicherung mit Klebstoffen wird ein Mitdrehen beim Anziehen oder Lösen der Mutter verhindert. Stiftschrauben werden anstelle von Kopfschrauben verwendet, wenn die Verbindung häufig gelöst werden muss.

Bei **Dehnschrauben**, z.B. für Pleuelstangen und Hochdruckflanschverbindungen, wird der lange, dünne Schaft beim Anziehen elastisch gedehnt **(Bild 2)**. Dehnschrauben benötigen deshalb keine Schraubensicherung. Der Schaftdurchmesser beträgt etwa 90% des Gewindekerndurchmessers. Dehnschrauben müssen mit hoher Vorspannkraft montiert werden, wenn sie ihre Aufgabe richtig erfüllen sollen.

> Dehnschrauben verwendet man bei dynamischer Beanspruchung und bei größeren Schaftlängen.

Passschrauben werden eingesetzt, wenn die Schraubenverbindung Querkräfte aufnehmen muss oder wenn die Lage der Werkstücke zueinander gesichert werden soll **(Bild 3)**. Passschraubenverbindungen sind teuer, weil der Schraubenschaft geschliffen und die Bohrung gerieben werden.

Gewindestifte verwendet man hauptsächlich zur Sicherung der Lage von Werkstücken mit Naben auf Wellen und Achsen. Ihre Enden sind oft gehärtet und, je nach Art der Befestigung auf der Welle, unterschiedlich geformt **(Bild 4)**.

Blechschrauben sind gehärtet und haben ein scharfkantiges Gewinde mit großer Steigung **(Bild 5)**. Sie werden zum Verbinden von Blechen bis 2,5 mm Blechdicke verwendet. Beim Einschrauben formen sie das Muttergewinde selbst.

Bohrschrauben gleichen in ihrem Aufbau den Blechschrauben, besitzen aber am Schaftanfang zusätzlich eine Bohrspitze zum Bohren des Grundlochs (Bild 5). Mit ihnen lassen sich bis zu 10 mm dicke Bleche durchbohren.

Fließbohrschrauben erfordern zum Eindrehen hohe Schrauber-Drehzahlen. Durch Druck auf die Schraube entsteht Reibungswärme zwischen der konischen Schraubenspitze und dem Blech: Der Blechwerkstoff beginnt zu fließen. In das so entstehende Grundloch furcht die Schraube ihr Muttergewinde **(Bild 6)**. Beim Abkühlen schrumpft das Innengewinde auf die eingeschraubte Fließbohrschraube. Eine zusätzliche Schraubensicherung ist deshalb meist nicht erforderlich.

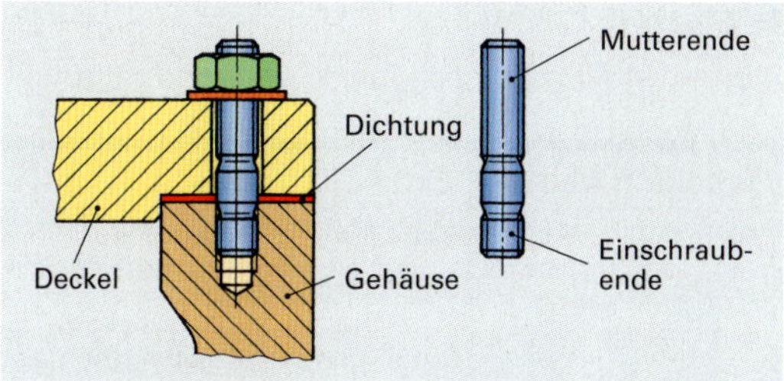

Bild 1: Stiftschraube

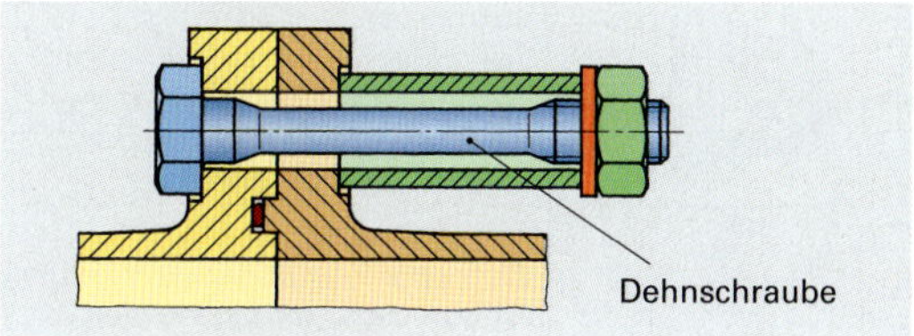

Bild 2: Dehnschraube

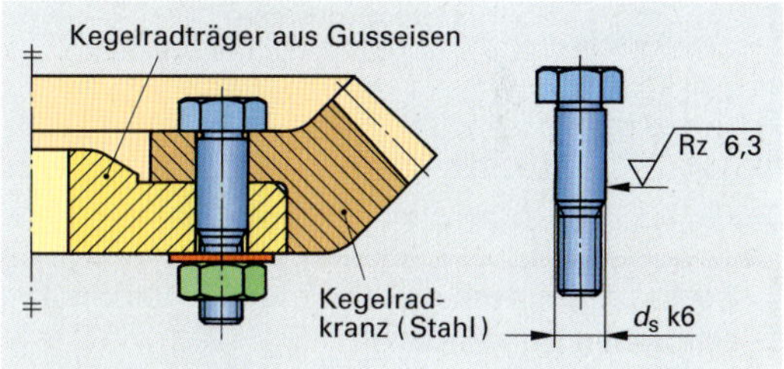

Bild 3: Passschraube

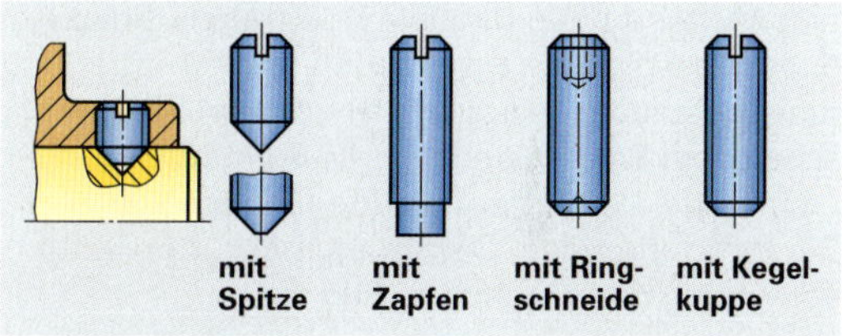

Bild 4: Gewindestifte

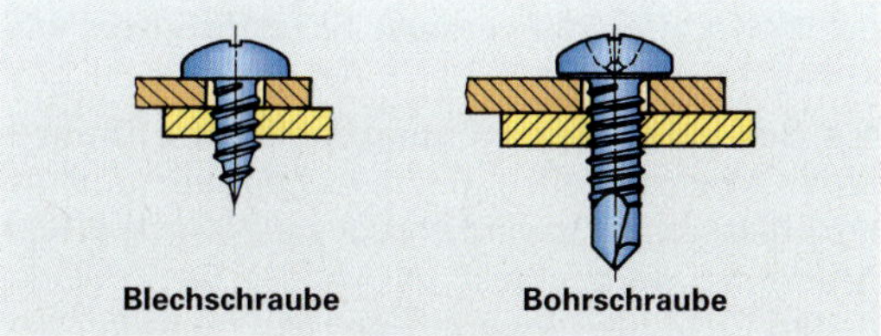

Bild 5: Blech- und Bohrschraube

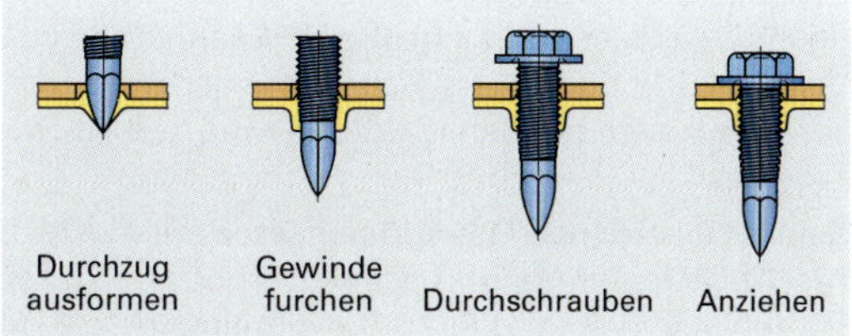

Bild 6: Fließbohrschraube

Muttern

Muttern stellt man nach ihrem Verwendungszweck in verschiedenen Formen her **(Tabelle 1)**.

Tabelle 1: Muttern

Form	Bezeichnung/Verwendung	Form	Bezeichnung/Verwendung
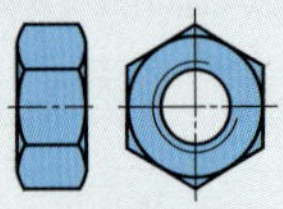	**Sechskantmutter** In Verbindung mit Sechskantschrauben, Schlitzschrauben und Stiftschrauben.	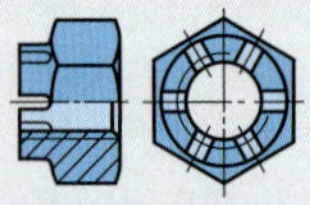	**Kronenmutter** Wenn die Schraubenverbindung mit Splinten gesichert werden soll.
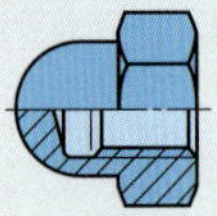	**Hutmutter** Verhindern Beschädigung und Korrosion des Gewindeendes; schützen vor Verletzung durch scharfe Schraubenenden.	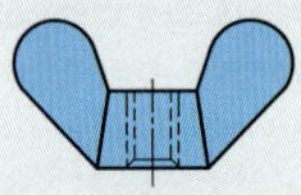	**Flügelmutter** Wenn die Schraubenverbindung oft gelöst werden muss, z. B. bei Vorrichtungen.
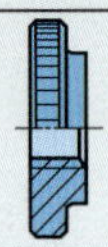	**Rändelmutter** Wenn die Schraubenverbindung oft von Hand gelöst werden muss, z. B. bei Vorrichtungen.	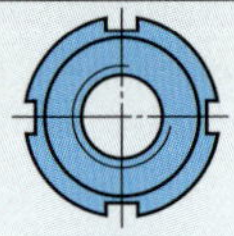	**Nutmutter** Zum Ein- und Nachstellen des axialen Spiels und zum Befestigen von Wälzlagern auf Wellen.
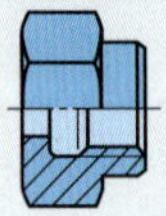	**Überwurfmutter** Für Rohrverschraubungen.	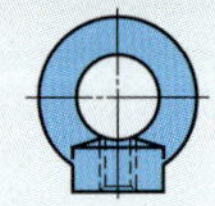	**Ringmutter** Als Ösen zum Transport von Maschinen.

Sechskantmuttern werden meist in Verbindung mit Sechskantschrauben verwendet.

Die in der Schraube wirkende Zugkraft wird durch Schraubenkopf und Mutter auf die Bauteile übertragen. Beim Anziehen der Verbindung wird die Schraube gedehnt, die Mutter dagegen in Achsrichtung gestaucht. Dadurch entstehen Steigungsunterschiede zwischen dem Bolzen- und dem Muttergewinde, die bewirken, dass der erste tragende Muttergewindegang am stärksten beansprucht wird. Bei den folgenden Gewindegängen der Mutter nimmt die Beanspruchung dann stetig ab **(Bild 1)**.

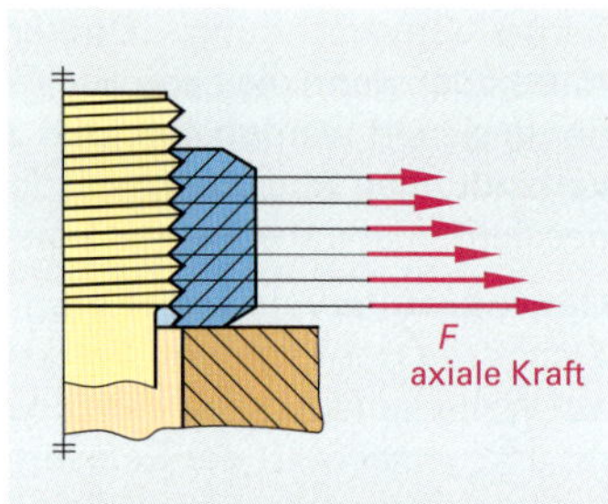

Bild 1: Kraftverteilung auf die Gewindegänge

Gewindeeinsätze

Bei Werkstoffen mit geringer Scherfestigkeit, wie z. B. Leichtmetall, Kunststoff und Holz, reißen Innengewinde bei großer Belastung aus.

Mit **Gewindeeinsätzen aus profiliertem Draht** können in metallischen Werkstoffen, z. B. in Aluminium und Al-Mg-Legierungen, hochbelastbare Gewinde hergestellt werden **(Bild 2)**. Solche Gewindeeinsätze werden auch verwendet, wenn Werkstücke mit beschädigten Gewinden repariert werden müssen oder wenn Schrauben oft in Gewinde eingedreht werden, wie z. B. bei Rasterspannplatten flexibler Vorrichtungssysteme. Weil die aus legiertem Stahl gefertigten Gewindeeinsätze große Vorspannkräfte zulassen, können bei Verwendung hochfester Schrauben kleinere Schraubendurchmesser verwendet werden. Dadurch sind z. B. Gewichtseinsparungen möglich.

Selbstschneidende Gewindeeinsätze aus Cu-Zn-Legierungen besitzen Außengewinde und schneiden oder drücken sich ihr Aufnahmegewinde selbst (Bild 2). Sie eignen sich z. B. für Kunststoffe und Holz.

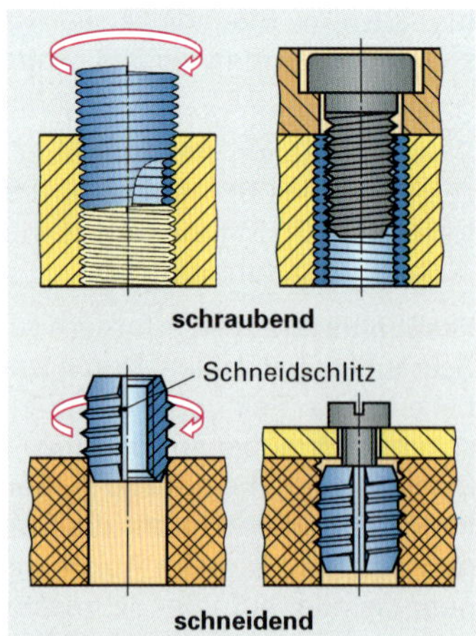

Bild 2: Gewindeeinsätze

Festigkeitsklassen für Schrauben und Muttern

Schrauben. Bei Schrauben wird die Festigkeitsklasse durch zwei Zahlen, z.B. 10.9 (zehn Punkt neun), angegeben **(Tabelle 1** und **Bild 1)**. Beispiel: **Sechskantschraube ISO 4017 – M12 x 50 – 10.9.**

Zur Berechnung der Mindestzugfestigkeit R_m wird die erste Zahl mit 100 multipliziert. Die Mindeststreckgrenze R_e bzw. die 0,2-Dehngrenze $R_{p0,2}$ wird durch Multiplizieren der ersten Zahl mit dem 10fachen Wert der zweiten Zahl ermittelt. Wegen der Gefahr einer bleibenden Verlängerung darf bei Schrauben die Mindeststreckgrenze R_e bzw. die 0,2-Dehngrenze $R_{p0,2}$ nicht überschritten werden. Aus Sicherheitsgründen liegt die zulässige Spannung niedriger. Dies wird durch eine Sicherheitszahl ν berücksichtigt.

Tabelle 1: Zuordnung der Festigkeitsklassen von Schrauben zum Werkstoff der Fügeteile

Schraube			Verbindung	
Festigkeitsklasse	Zugfestigkeit R_m in N/mm²	Streckgrenze R_e bzw. Dehngrenze $R_{p0,2}$ in N/mm²	Beanspruchung der Verbindung	Werkstoff der Fügeteile
6.8	600	480	niedrig	alle Baustähle
8.8	800	640	mittel	
10.9	1000	900	hoch	Baustähle ab S355
12.9	1200	1080	sehr hoch	Vergütungsstähle

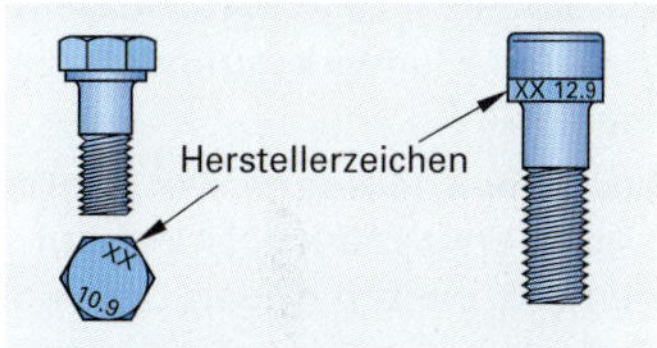

Bild 1: Kennzeichnung der Festigkeitsklasse bei Schrauben

Zulässige Spannung $\sigma_{z\,zul} = \frac{R_e}{\nu}$

Der bei Zugbeanspruchung gefährdete Querschnitt ist der **Spannungsquerschnitt A_S**. Er wird berechnet oder Tabellen entnommen **(Tabelle 2)**.

Die in der Schraube auftretende Spannung σ_z errechnet sich aus der im Schraubenschaft wirkenden Zugkraft F dividiert durch den Spannungsquerschnitt A_S:

Zugspannung $\sigma_z = \frac{F}{A_S}$

Tabelle 2: Spannungsquerschnitte

Gewindebezeichnung d	Steigung mm P	Spannungsquerschnitt mm² A_S
M8	1,25	36,6
M10	1,5	58,0
M12	1,75	84,3
M16	2	157

Beispiel: Ein Blindflansch soll mit $n = 6$ Schrauben der Festigkeitsklasse 10.9 abgedichtet werden. Die aufzunehmende Gesamtkraft beträgt $F_{ges} = 288\,\text{kN}$, die Sicherheitszahl $\nu = 1{,}5$. Welche Schraubengröße muss verwendet werden?

Lösung: $\sigma_{z\,zul} = \frac{R_e}{\nu} = \frac{900\ \text{N/mm}^2}{1{,}5} = 600\ \text{N/mm}^2$

$\sigma_{z\,zul} = \frac{F}{A_S};\quad F = \frac{F_{ges}}{n} = \frac{288\,000\ \text{N}}{6} = 48\,000\ \text{N}$

$A_S = \frac{F}{\sigma_{z\,zul}} = \frac{48\,000\ \text{N}}{600\ \text{N/mm}^2} = 80\ \text{mm}^2$. **Gewählt: M 12** ($A_S = 84{,}3\ \text{mm}^2$)

Mit zunehmender Schrauben-Festigkeitsklasse müssen die Fügeteile wegen der größer werdenden Flächenpressung eine höhere Mindestzugfestigkeit aufweisen (Tabelle 1). Schrauben, die in Grundlochgewinde eingeschraubt werden, benötigen mit zunehmender Schraubenfestigkeit und Gewindefeinheit größere Einschraubtiefen, da sie sonst ausreißen.

Tabelle 3: Festigkeitsklassen von Muttern

Festigkeitsklasse	
Mutter	zugehörige Schraube
6	6.8
8	8.8
10	10.9
12	12.9

Muttern. Bei Muttern wird die Festigkeitsklasse durch eine Zahl, z.B. 10, angegeben.

Beispiel: Sechskantmutter ISO 4032 – M16 – 10

Durch Multiplizieren dieser Zahl mit 100 erhält man die Mindestzugfestigkeit R_m. Eine Mutter, die mit einer Schraube gepaart werden soll, muss mindestens dieselbe Festigkeitsklasse wie die Schraube besitzen **(Tabelle 3)**. Ab der Festigkeitsklasse 8 müssen Muttern mit der Festigkeitsklasse gekennzeichnet werden **(Bild 2)**.

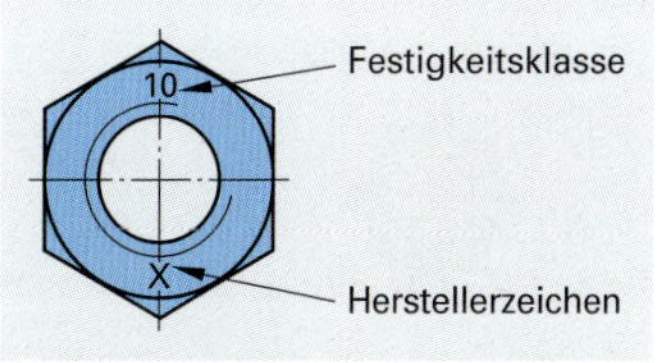

Bild 2: Festigkeitsangabe bei einer Mutter

Schraubensicherungen

Durch kontrolliertes Anziehen wird in der Schraube eine Vorspannkraft F_V erzeugt, welche die Schraubenverbindung z. B. bei Verwendung langer Schrauben ohne zusätzliche Elemente sichert.

Setzsicherungen. Die Vorspannkraft kann durch Kriechen des Werkstoffes, z. B. durch plastische Verformung der Schraube, und durch Setzen abnehmen. Als Setzen wird z. B. das Einebnen der Oberflächenrauheiten im Gewinde und unter dem Schraubenkopf bezeichnet.

> Setzsicherungen gleichen Kriech- und Setzbeträge aus und verhindern so, dass Vorspannkräfte unzulässig abnehmen.

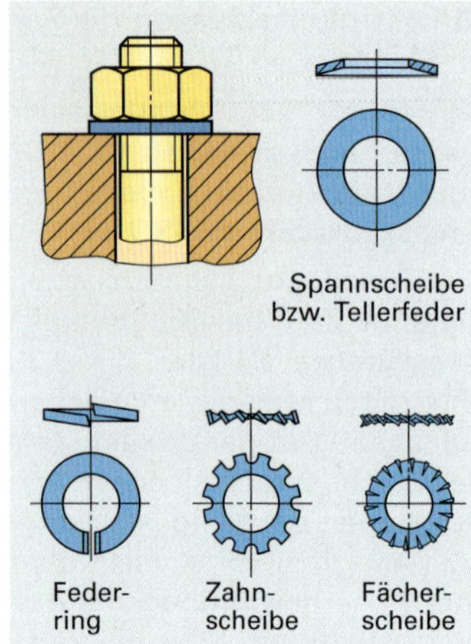

Bild 1: Setzsicherungen

Zu den Setzsicherungen zählen **Spannscheiben** und **Tellerfedern,** die sich, bei gleicher Form, nur in den Abmessungen unterscheiden **(Bild 1)**. Andere federnde Elemente, wie z. B. **Federringe, Zahnscheiben** und **Fächerscheiben,** sind ab der Schraubenfestigkeitsklasse 8.8 unwirksam, weil sie bei großen Vorspannkräften nicht mehr federn.

Losdrehsicherungen. Bei Schraubenverbindungen, die in Achsrichtung stark dynamisch beansprucht werden, können Gleitbewegungen z. B. zwischen den Gewindeflanken von Schraube und Mutter auftreten, die durch Verformung der Verbindungselemente verursacht werden. Dabei kann sich die Schraubenverbindung losdrehen.

> Losdrehsicherungen verhindern ein Losdrehen der Schraubenverbindung.

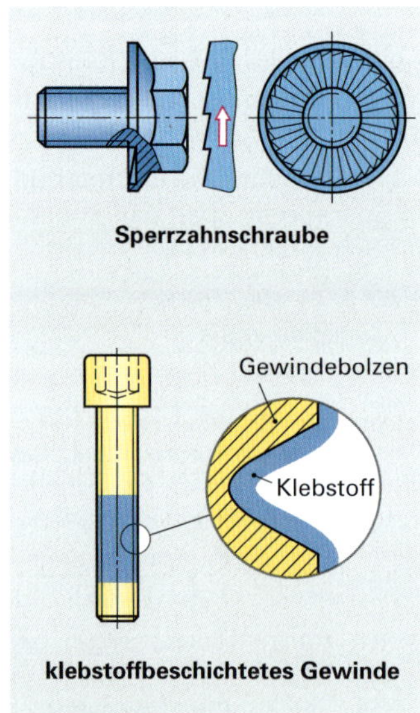

Bild 2: Losdrehsicherungen

Als Losdrehsicherungen verwendet man **Sperrzahnschrauben, Sperrzahnmuttern** und **Klebstoffe (Bild 2)**. Sperrzahnschrauben und Sperrzahnmuttern besitzen radial verlaufende Verriegelungszähne, die sich beim Anziehen der Verbindung in das Werkstück eindrücken und so durch Formschluss ein selbsttätiges Losdrehen verhindern. Ihre Sicherungseigenschaften sind gut, solange die Werkstückhärte geringer ist als die Härte der Zähne.

Klebstoff, der sich z. B. auf dem Schraubengewinde befindet, ist in kleinen Kapseln eingeschlossen und von einer dünnen Härterschicht umgeben. Beim Eindrehen platzen die Kapseln; Kleber und Härter mischen sich und härten innerhalb von 24 Stunden aus. Klebstoffe können auch bei gehärteten Oberflächen verwendet werden.

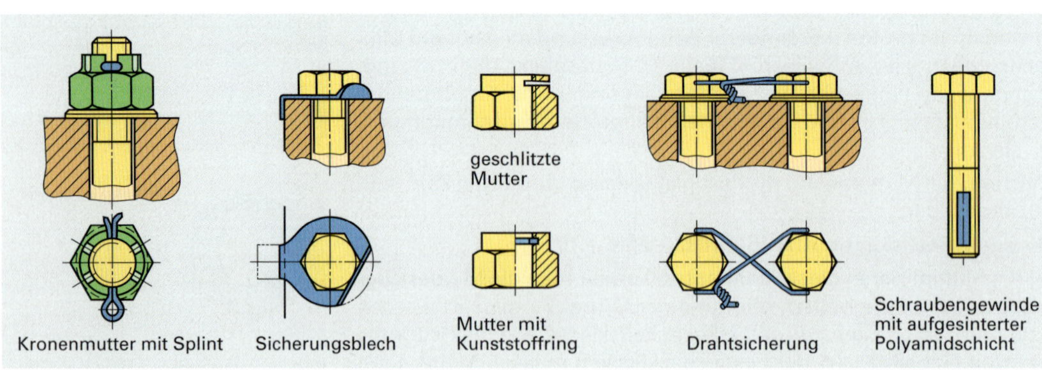

Bild 3: Verliersicherungen

Verliersicherungen. Schraubenverbindungen können nach dem Losdrehen, z. B. durch Erschütterungen, gänzlich auseinander fallen.

Verliersicherungen verhindern das Auseinanderfallen der verschraubten Teile.

Als Verliersicherungen werden z. B. **Kronenmuttern mit Splint, Sicherungsbleche, geschlitzte Muttern, Muttern mit Kunststoffringen, Drahtsicherungen** und **kunststoffbeschichtete Schrauben** verwendet **(Bild 3, Seite 204)**.

Anziehen von Schraubenverbindungen

Beim **Anziehen von Hand** werden Sechskantschrauben oft mit Maul-, Ring- oder Steckschlüsseln, Nutmuttern mit Hakenschlüsseln **(Bild 1)**, Zylinderschrauben mit Innensechskant mit Winkelschraubendrehern, Schlitzschrauben mit Schraubendrehern angezogen **(Bild 2)**.

Beim **Drehmoment-Anziehverfahren** wird die Schraubenverbindung z. B. mittels Messschlüsseln auf ein einstellbares Drehmoment angezogen **(Bild 3)**.

In der Serienfertigung werden pneumatisch oder hydraulisch angetriebene **Drehschrauber,** die vorwählbare Drehmomente, oder **Impulsschrauber,** die tangentiale Drehschläge (Drehimpulse) auf die Schraubenverbindung übertragen, eingesetzt **(Bild 4)**. Da bei all diesen Anziehverfahren ein Großteil des aufgebrachten Drehmomentes zur Überwindung der stark unterschiedlichen Reibung zwischen Schraubenkopf bzw. Mutter und Auflagefläche und in den Gewindegängen erforderlich ist, schwankt die Vorspannkraft sehr stark. Um eine ausreichend große Vorspannkraft zu erreichen, müssen sicherheitshalber große Schraubendurchmesser gewählt werden.

Die Sicherheit einer Schraubenverbindung ist von der beim Anziehen der Schraube erreichten Vorspannkraft F_V abhängig.

Beim **drehwinkelgesteuerten Anziehen** werden die Schrauben zunächst mit einem kleineren Drehmoment angezogen. Die richtige Vorspannkraft wird durch zusätzliches Anziehen um einen errechneten Winkel erreicht. Die Streuung der Vorspannkraft ist bei diesem Anzieh-Verfahren relativ gering.

Beim **streckgrenzgesteuerten Anziehen** wird der Schraubenwerkstoff bis zur Streckgrenze belastet. Wie beim drehwinkelgesteuerten Anziehen können wegen der relativ geringen Streuung der Vorspannkräfte kleinere Schrauben verwendet werden.

Die geringste Streuung der Vorspannkräfte wird durch **Ultraschalltechnik** erreicht. Dabei werden Schrauben verwendet, auf deren Kopf ein ca. 40 µm dicker Sensor aufgebracht ist. Der Sensor wandelt einen z. B. von einem Schrauber am Schraubenkopf angelegten Spannungsimpuls in einen Ultraschallimpuls um, der vom Schraubenende reflektiert und vom Sensor wieder empfangen wird **(Bild 5)**. Die Durchlaufzeit hängt von der Belastung der Schraube ab: Mit zunehmender Vorspannkraft verringert sich die Geschwindigkeit der Ultraschallwellen. Außerdem müssen die Schallwellen wegen der Schraubendehnung einen größeren Weg zurücklegen. Die Änderung der Laufzeit ist direkt proportional der Vorspannkraft. Bei Erreichen der richtigen Vorspannkraft wird der Schrauber abgeschaltet.

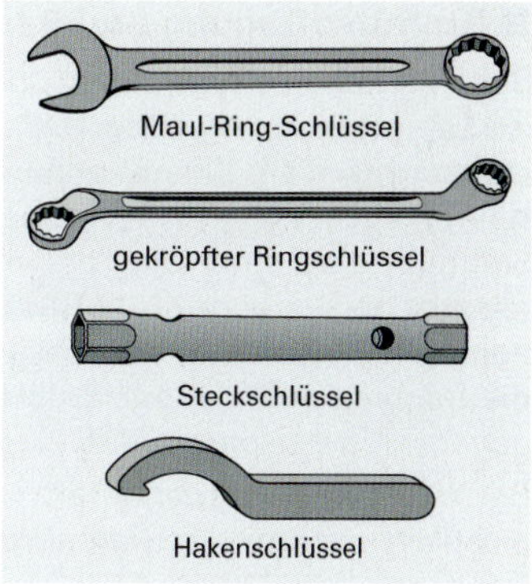

Bild 1: Schraubenschlüssel

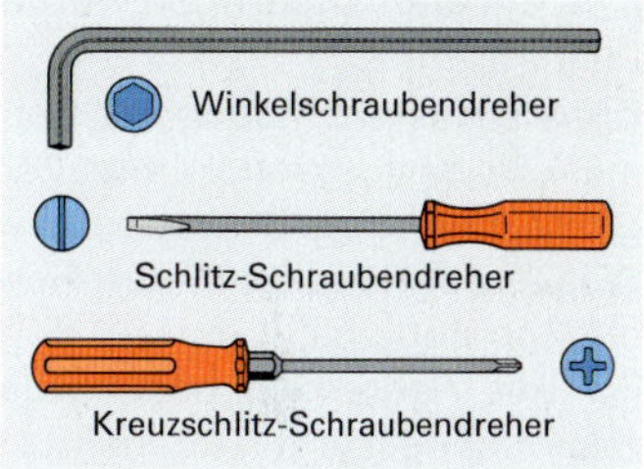

Bild 2: Schraubendreher

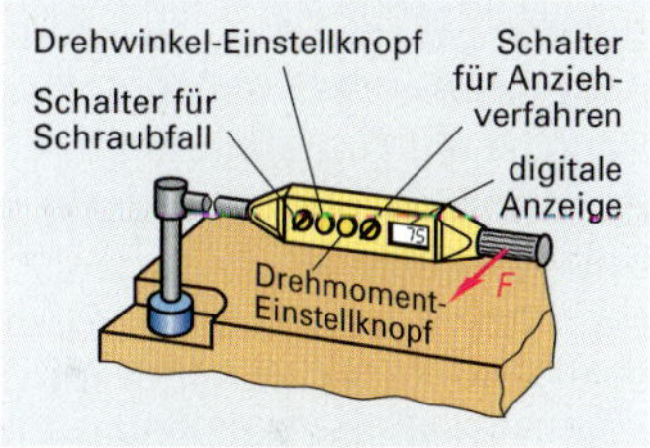

Bild 3: Elektronischer Messschlüssel

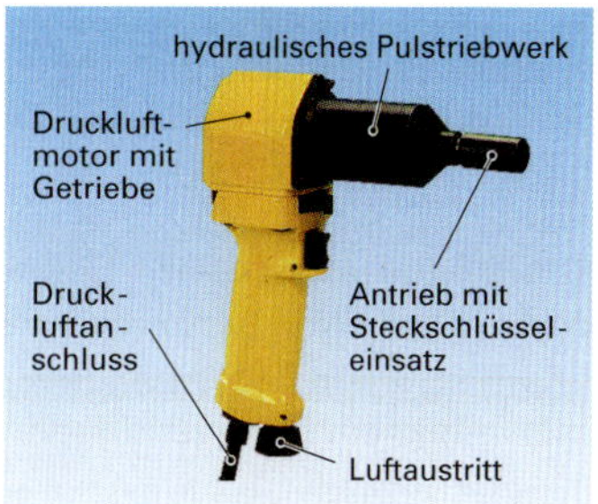

Bild 4: Impulsschrauber

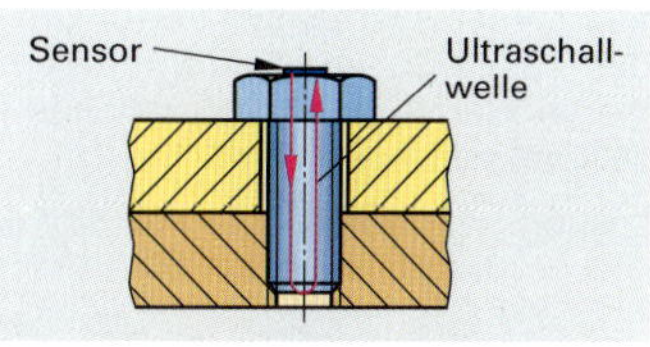

Bild 5: Ultraschallgesteuertes Anziehen

Kraftübertragung und Beanspruchung

Beim Anziehen einer Mutter oder Schraube wirkt ein Drehmoment M_A **(Bild 1)**. Durch die Gewindesteigung (schiefe Ebene) entsteht im Schraubenschaft eine Zugkraft (Vorspannkraft F_V). Die Schraube wird durch die Vorspannkraft verlängert (elastische Dehnung). Als Reaktionskraft auf die Vorspannkraft entsteht die Stauchkraft F_S, welche die Bauteile aufeinander drückt (staucht) und so gegenseitig verspannt **(Bild 2)**.

Bei zu großer Vorspannkraft wird die Schraube plastisch verformt und kann brechen.

> Schrauben müssen mit der richtigen Vorspannkraft angezogen werden.

Ohne Berücksichtigung der Reibung ist die maximale Vorspannkraft F_V nur von der Schraubengröße und vom Schraubenwerkstoff abhängig. Wegen der Reibung in den Gewindegängen wird die Schraube nicht nur auf Zug, sondern zusätzlich auf Verdrehung beansprucht. Infolge dieser zusammengesetzten Beanspruchung wird die maximale Vorspannkraft F_V mit zunehmender Reibung kleiner **(Tabelle 1)**.

Die Vorspannkraft F_V wird durch das Anziehdrehmoment M_A erzeugt. Beim Anziehen von Hand ist das Anziehdrehmoment das Produkt aus Handkraft F_1 und wirksamer Schraubenschlüssellänge l (Bild 1).

Um die vorgeschriebene Vorspannkraft zu erreichen, muss das Anziehdrehmoment mit zunehmender Reibung größer sein (Tabelle 1).

> **Anziehdrehmoment** $\quad M_A = F_1 \cdot l$

Wegen der Gefahr, dass bei einem zu großen Drehmoment die Schraube bleibend verformt oder zerstört wird, gelten für die Anziehdrehmomente festgelegte Höchstwerte, die Tabellen entnommen werden können (Tabelle 1).

Die zulässigen Tabellenwerte werden z. B. überschritten, wenn der Hebelarm l eines Maulschlüssels mit einem Rohr verlängert wird.

Beispiel: a) Welche Handkraft darf an einem Maulschlüssel mit l = 200 mm wirken, wenn eine Schraube M10 der Festigkeitsklasse 8.8 angezogen wird und eine Reibungszahl μ = 0,12 vorhanden ist? b) Um welchen Faktor wird das zulässige Anziehdrehmoment vergrößert, wenn die wirksame Maulschlüssellänge mit einem Rohr auf 500 mm verlängert wird?

Lösung: a) Nach Tabelle 1 beträgt das maximale Anziehdrehmoment M_A = 46 N · m

$$M_A = F_1 \cdot l; \quad \boldsymbol{F_1} = \frac{M_A}{l} = \frac{46\ \text{N}\cdot\text{m}}{0{,}2\ \text{m}} = \mathbf{230\ N}$$

b) $\boldsymbol{M_A} = 230\ \text{N} \cdot 0{,}5\ \text{m} = 115\ \text{N}\cdot\text{m} = \mathbf{2{,}5} \cdot 46\ \text{N}\cdot\text{m}$

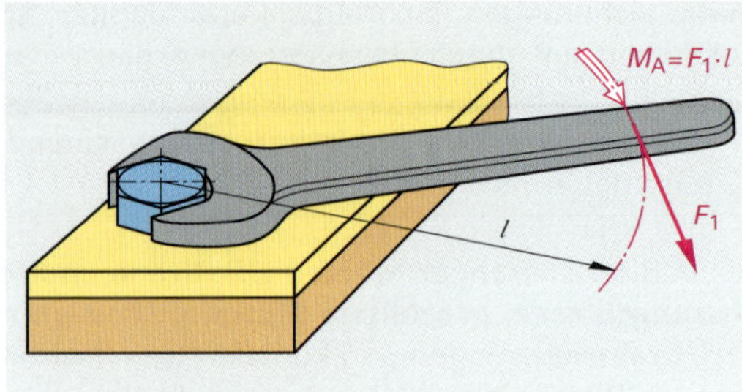

Bild 1: Anziehdrehmoment

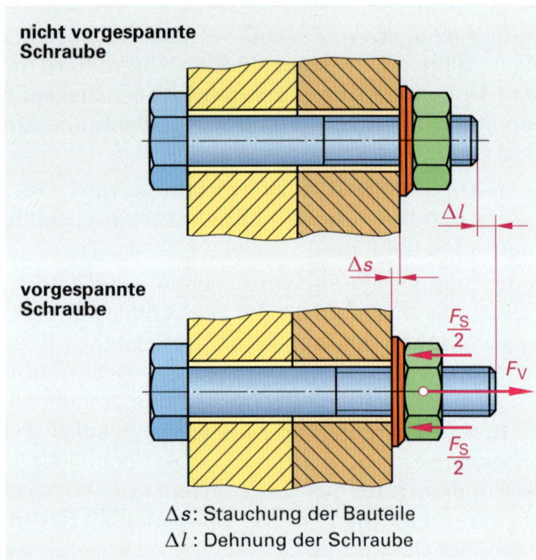

Bild 2: Auswirkung der Vorspannkraft

Tabelle 1: Vorspannkräfte und Anziehdrehmomente für Schaftschrauben

Gewindebezeichnung		Maximale Vorspannkraft F_V in kN und maximales Anziehdrehmoment M_A in N · m								
		Festigkeitsklasse								
		8.8			10.9			12.9		
		Reibungszahl μ								
		0,08	0,12	0,14	0,08	0,12	0,14	0,08	0,12	0,14
M8	F_V	18,6	17,2	16,5	27,1	25,2	24,2	31,9	29,5	28,3
	M_A	17,9	23,1	25,3	26,2	34	37,2	30,7	39,6	43,6
M10	F_V	29,5	27,3	26,2	43,3	40,2	38,5	50,7	47	45
	M_A	36	46	51	53	68	75	61	80	88
M12	F_V	43	39,9	38,3	63	58,5	56,2	73,9	68,5	65,8
	M_A	61	80	87	90	117	128	105	137	150
M16	F_V	81	75,3	72,4	119	111	106	140	130	124
	M_A	147	194	214	216	285	314	253	333	367
M20	F_V	131	121	117	186	173	166	218	202	194
	M_A	297	391	430	423	557	615	495	653	720
M24	F_V	188	175	168	268	250	238	313	291	280
	M_A	512	675	743	730	960	1060	855	1125	1240

Durch das Anziehdrehmoment M_A entsteht eine Umfangskraft F_U, die eine große Vorspannkraft F_V verursacht **(Bild 1)**. Bei gegebener Handkraft F_1 ist die Vorspannkraft F_V von der Steigung P (Steigungswinkel) des Gewindes abhängig: Große Steigungswinkel bewirken kleinere, kleine Steigungswinkel größere Vorspannkräfte F_V.

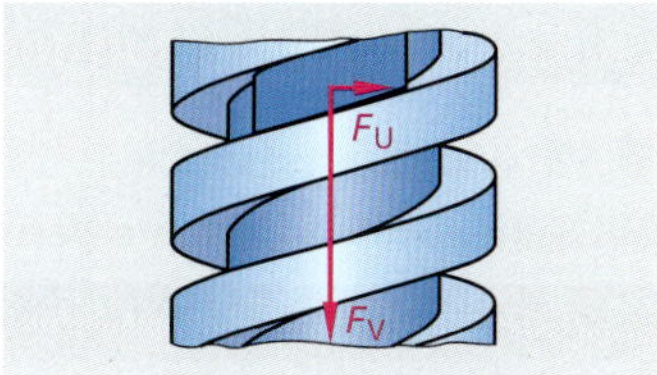

Bild 1: Kräfte an einer Schraube

Vorspannkraft (ohne Reibung) $$F_V = \frac{M_A \cdot 2 \cdot \pi}{P}$$

Beim Aufeinandergleiten der Gewindeflanken sowie der Mutter oder des Schraubenkopfes auf der Auflagefläche entstehen Reibungsverluste. Diese verringern die Vorspannkraft F_V, weil ein Gewindereibmoment und ein Kopfreibmoment dem Anziehdrehmoment M_A entgegenwirken **(Bild 2)**. Die Reibungsverluste, die bis zu 90 % betragen, werden durch den Wirkungsgrad η berücksichtigt.

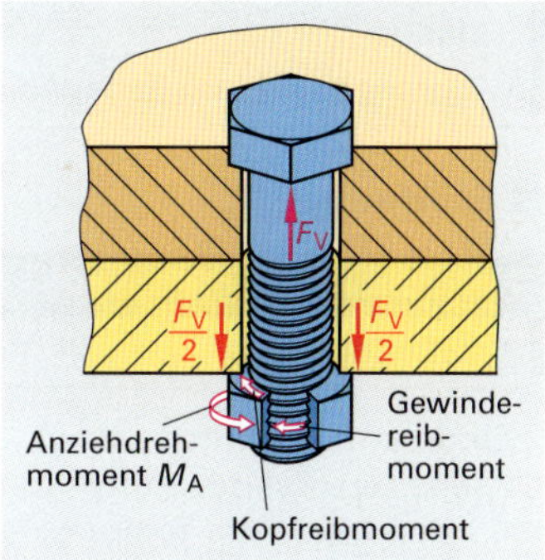

Bild 2: Drehmomente an einer Schraubenverbindung

Vorspannkraft (mit Reibung) $$F_V = \frac{M_A \cdot 2 \cdot \pi}{P} \cdot \eta$$

Beispiel: Wie groß ist die Vorspannkraft F_V, wenn eine Schraube M12 (P = 1,75 mm) mit dem Drehmoment M_A = 55 N · m angezogen wird (η = 0,11)?

Lösung: $$F_V = \frac{M_A \cdot 2 \cdot \pi}{P} \cdot \eta = \frac{55\,000 \text{ N} \cdot \text{mm} \cdot 2 \cdot \pi}{1{,}75 \text{ mm}} \cdot 0{,}11 = \mathbf{21\,722 \text{ N}}$$

Für eine geforderte Vorspannkraft F_V kann das Anziehdrehmoment M_A berechnet werden:

Anziehdrehmoment $$M_A = \frac{F_V \cdot P}{2 \cdot \pi \cdot \eta}$$

Beispiel: Wie groß muss das Anziehdrehmoment M_A gewählt werden, wenn in einer Schraube M16 (P = 2 mm) eine Vorspannkraft F_V = 100 kN herrschen soll und der Wirkungsgrad η = 15 % beträgt?

Lösung: $$M_A = \frac{F_V \cdot P}{2 \cdot \pi \cdot \eta} = \frac{100\,000 \text{ N} \cdot 0{,}002 \text{ m}}{2 \cdot \pi \cdot 0{,}15} = \mathbf{212 \text{ N} \cdot \text{m}}$$

Wenn eine Schraubenverbindung zusätzlich eine Betriebskraft F_B aufnehmen muss, wird der Schraubenschaft stärker gedehnt **(Bild 3)**. Die Klemmkraft nimmt dadurch ab. Sie darf nie null werden, weil sonst die Bauteile voneinander abheben.

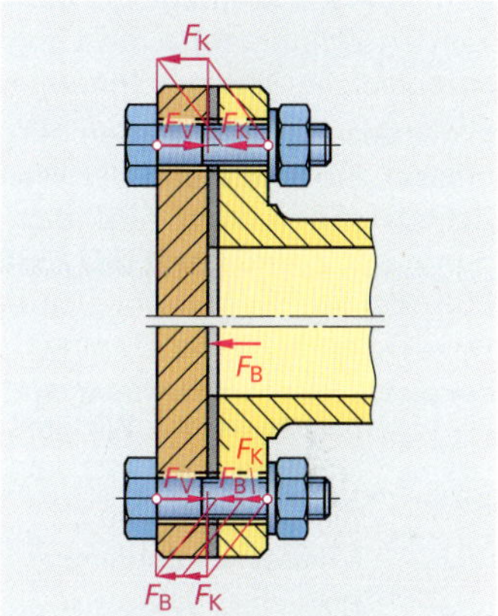

Bild 3: Schraubenverbindung mit auftretender Betriebskraft

Wiederholung und Vertiefung

1. Wie können Schrauben nach der Kopfform eingeteilt werden?
2. Wie kann erreicht werden, dass Innengewinde in Al-Legierungen große Kräfte übertragen können?
3. Warum darf die Zugspannung einer Schraube nicht größer sein als R_e bzw. $R_{p0,2}$?
4. Wie groß sind Mindestzugfestigkeit und Mindeststreckgrenze einer Schraube der Festigkeitsklasse 8.8?
5. Welche Mindestzugfestigkeit muss eine Mutter besitzen, die zusammen mit einer Schraube der Festigkeitsklasse 10.9 verwendet wird?
6. Worin besteht der Unterschied zwischen Losdreh- und Verliersicherungen?
7. Warum können, wenn die Vorspannkraft F_V ganz ausgenützt wird, kleinere Schraubendurchmesser verwendet werden?
8. Zwei Platten werden mit einer Schraube M16 der Festigkeitsklasse 12.9 verbunden. Welche Sicherheit gegen R_e ist vorhanden, wenn die Vorspannkraft F_V = 110 kN beträgt?
9. Welches Anziehdrehmoment muss aufgebracht werden, wenn in einer Schraube M10 eine Vorspannkraft von 70 kN herrschen soll und der Wirkungsgrad η = 0,12 beträgt?

4.3.3 Stiftverbindungen

Verwendungszweck

Mit Stiften werden lösbare Verbindungen hergestellt.

Stifte werden verwendet als

- Passstifte zur Lagesicherung **(Bild 1)**,
- Befestigungsstifte zur kraft- oder/und formschlüssigen Verbindung,
- Abscherstifte, um Schäden an Bauteilen zu verhindern.

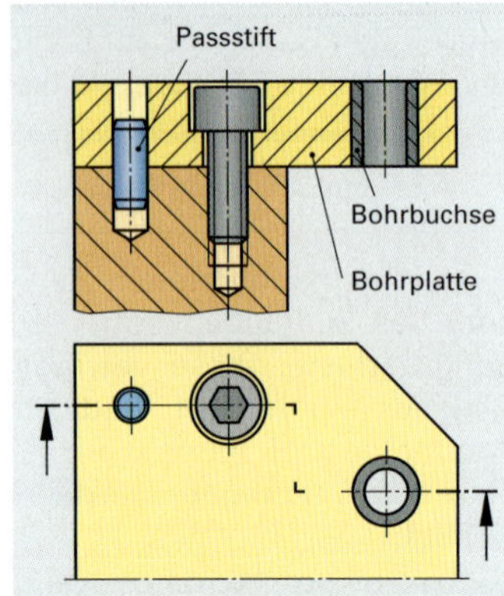

Bild 1: Passstifte

Stiftformen

Nach der Form unterscheidet man

- Zylinderstifte
- Kegelstifte
- Kerbstifte

Zylinderstifte werden meist als Passstifte verwendet (Bild 1). Ungehärtete Zylinderstifte werden in den Toleranzklassen h8 und m6, gehärtete in der Toleranzklasse m6 hergestellt **(Bild 2)**. Gehärtete Zylinderstifte werden bei hochbeanspruchten Bauteilen verwendet. Zur Erleichterung der Montage sind die Zylinderstifte angefast.

Damit bei der Montage die Luft aus Grundlöchern entweichen kann, werden Zylinderstifte mit Längsrillen verwendet. Zum Ausbau besitzen solche Stifte ein Innengewinde **(Bild 2)**.

In der Bezeichnung werden bei gehärteten Zylinderstiften der Durchmesser, die Länge und der Werkstoff angegeben. Bei ungehärteten Zylinderstiften steht zusätzlich die Toleranzklasse in der Bezeichnung, z. B. **Zylinderstift ISO 2338 – 6m6 – 30 – St**. Je nach Istmaß von Bohrung und Stift ergibt sich beim Fügen mit der geriebenen Bohrung (Toleranzklasse H7) eine Spiel- oder Übergangspassung.

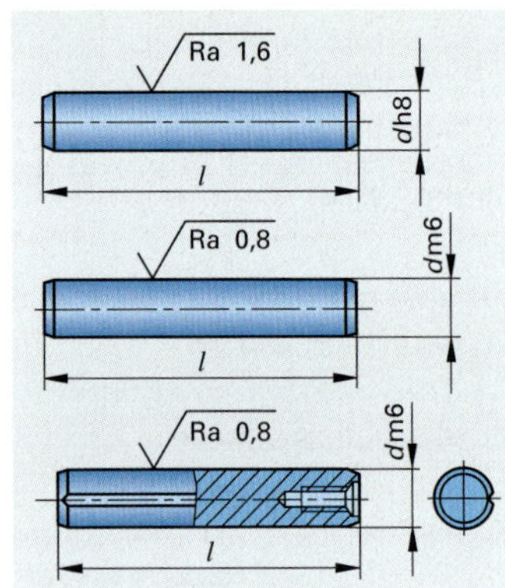

Bild 2: Zylinderstifte

Beispiel: 2 Platten mit Bohrungen 6H7 sollen mit einem Zylinderstift 6m6 verbunden werden. Wie groß sind Höchstspiel und Höchstübermaß?

Lösung: Für die Paarung 6 H7/m6 ergeben sich nach Tabellenbuch:

Höchstmaß Bohrung G_{oB} = 6,012 mm
Mindestmaß Bohrung G_{uB} = 6,000 mm
Höchstmaß Welle G_{oW} = 6,012 mm
Mindestmaß Welle G_{uW} = 6,004 mm

Höchstspiel P_{SH} $= G_{oB} - G_{uW} = 6{,}012\,\text{mm} - 6{,}004\,\text{mm} =$ $= \mathbf{0{,}008\,mm}$

Höchstübermaß $P_{ÜH}$ $= G_{uB} - G_{oW} = 6{,}000\,\text{mm} - 6{,}012\,\text{mm} =$ $= \mathbf{-0{,}012\,mm}$

Kegelstifte werden meist als Befestigungsstifte verwendet. Sie besitzen eine Kegelverjüngung C = 1:50 **(Bild 3)**. In der Bezeichnung werden die Form, der kleine Kegeldurchmesser, die Länge und der Werkstoff angegeben, z. B. **Kegelstift ISO 2339 - A - 5 x 40 - St**. Kegelstifte verspannen sich beim Eintreiben mit dem Hammer in die geriebenen Aufnahmebohrungen elastisch. Die entstandene kraft- und formschlüssige Verbindung ist aber nicht rüttelsicher. Zur Demontage aus Grundlöchern verwendet man Kegelstifte mit Außen- oder Innengewinden (Bild 3).

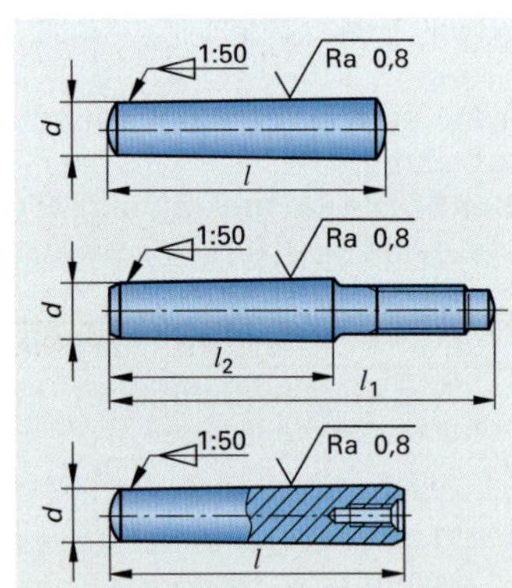

Bild 3: Kegelstifte

Kerbstifte dienen zum Fügen gering beanspruchter Bauteile, die selten gelöst werden müssen **(Bild 4)**. Sie besitzen an ihrem Umfang 3 Längskerben, die sich beim Eintreiben in die mit dem Spiralbohrer hergestellte Aufnahmebohrung elastisch verformen.

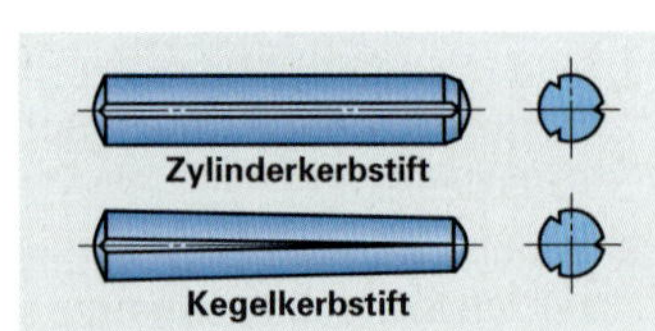

Bild 4: Kerbstifte

Bei Stiftverbindungen genügt es meist, wenn die Stiftenden ungefähr auf die Länge, die dem Stiftdurchmesser entspricht, in die Aufnahmebohrungen der Bauteile hineinragen **(Bild 1)**. Bei dicken Werkstücken sollten deshalb die Stiftbohrungen aufgebohrt werden, um die Reibwerkzeuge zu schonen und die Montage zu erleichtern. Für den Ausbau der Stifte können zudem durchgehende Bohrungen angebracht werden (Bild 1).

Bei Stiften, die große Querkräfte aufnehmen, müssen der gefährdete Querschnitt auf Abscherung **(Bild 2)** und die Aufnahmebohrung auf die zulässige Flächenpressung berechnet werden **(Tabelle 1)**. Die Scherspannung errechnet sich aus der am gefährdeten Querschnitt wirkenden Kraft *F*, dividiert durch den Stiftquerschnitt *S*:

Scherspannung $\tau_a = \frac{F}{S}$

Die zulässige Scherspannung $\tau_{a\,zul}$ erhält man aus der Scherfestigkeit $\tau_{a\,B}$ und der Sicherheitszahl ν.

Scherfestigkeit $\tau_{aB} \approx 0{,}8 \cdot R_m$

Zulässige Scherspannung $\tau_{a\,zul} = \frac{\tau_{aB}}{\nu}$

Die Flächenpressung *p* in der Aufnahmebohrung wird berechnet aus der Kraft *F*, dividiert durch die projizierte Fläche *A*:

Flächenpressung $p = \frac{F}{A}$

Beispiel: Ein Zahnrad soll auf einer Welle mit d_W = 40 mm mit einem Zylinderstift befestigt werden. Das zu übertragende Drehmoment beträgt M = 108 N · m, der Nabendurchmesser d_N = 70 mm. Welche Stiftgröße ist zu wählen, wenn der Stift aus E295 hergestellt ist und die Sicherheitszahl ν = 1,7 gegen Abscheren betragen soll? Anzahl der beanspruchten Querschnitte n = 2.

Lösung: Für E295 (St 50-2) ist nach Tabellenbuch: R_m = 470 N/mm²
$\tau_{a\,B} = 0{,}8 \cdot R_m = 0{,}8 \cdot 470\ \text{N/mm}^2 = 376\ \text{N/mm}^2$

$$\tau_{a\,zul} = \frac{\tau_{ab}}{\nu} = \frac{376\ \text{N/mm}^2}{1{,}7} = 221\ \text{N/mm}^2 \qquad M = F \cdot \frac{d_W}{2}$$

$$F = \frac{2 \cdot M}{d_W} = \frac{2 \cdot 108\,000\ \text{N} \cdot \text{mm}}{40\ \text{mm}} = 5400\ \text{N}$$

$$S_1 = \frac{F}{\tau_{a\,zul} \cdot n} = \frac{5400\ \text{N}}{221\ \text{N/mm}^2 \cdot 2} = 12{,}2\ \text{mm}^2$$

$$d = \sqrt{\frac{4 \cdot S_1}{\pi}} = \sqrt{\frac{4 \cdot 12{,}2\ \text{mm}^2}{\pi}} = 3{,}9\ \text{mm}$$

gewählt: $\boldsymbol{d = 4\ \text{mm}}$

Wiederholung und Vertiefung

1 Wozu werden Passstifte verwendet?
2 Warum werden für Grundlöcher Zylinderstifte mit Längsrillen verwendet?
3 Beim Fügen eines Zylinderstiftes 8h8 mit einer Bohrung 8H7 ergibt sich eine Spielpassung. Wie groß sind Höchst- und Mindestspiel?
4 Wie groß ist die Verjüngung von Kegelstiften?

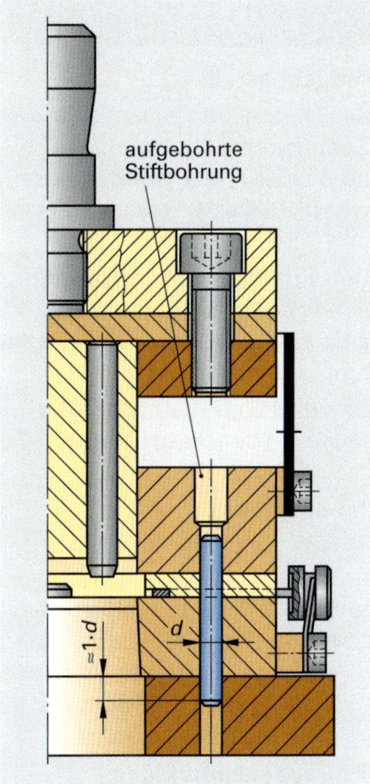

Bild 1: Montierter Zylinderstift

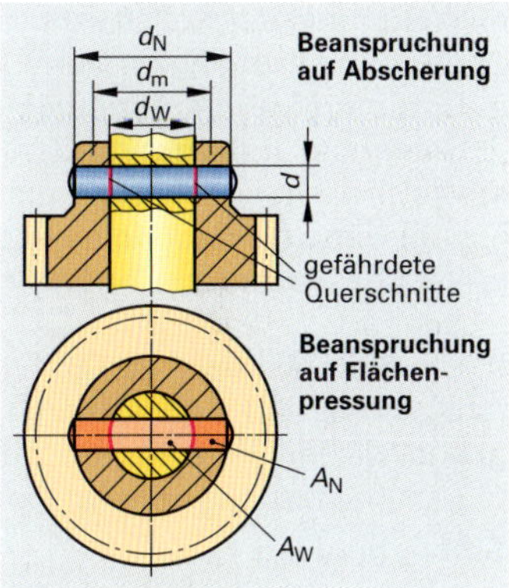

Bild 2: Gefährdete Stiftquerschnitte

Tabelle 1: Zulässige Flächenpressung für ruhende Teile

Werkstoff	Flächenpressung p_{zul} in N/mm²
S235	140 ... 160
E295	210 ... 240
EN-GJL-150	160 ... 200
EN AC-AlSi	60 ... 80
EN AW-AlCu4Mg1	100 ... 160

Arbeitsbeispiel: Spannwinkel

Aufgabenstellung

Zur Herstellung einer Bohrvorrichtung muss ein Spannwinkel (1), der bis auf die Bohrarbeiten fertig bearbeitet ist, auf der Grundplatte (2) befestigt werden **(Bild 1)**. Dazu werden 3 Schrauben M8 (3) und 2 Stifte (4) verwendet.

Der Spannwinkel muss beim Spannen des mit der Bohrvorrichtung zu bearbeitenden Werkstücks eine Kraft *F* in der in Bild 1 eingezeichneten Richtung aufnehmen.

Hinweis: Zur Beantwortung einiger der folgenden Fragen ist ein Tabellenbuch erforderlich.

Arbeitsplan

a) Aus welchem Grund werden Arbeitspläne erstellt?
b) Entwerfen Sie einen Arbeitsplan zum Bearbeiten und zum Befestigen des Spannwinkels (1) auf der Grundplatte (2). Geben Sie für die Bearbeitung und die Montage auch alle erforderlichen Werkzeuge an.

Schraubenverbindung

a) An welchen Stellen des Spannwinkels befinden sich die Innengewinde?
b) Warum hat der Konstrukteur die Schrauben an diesen Stellen angeordnet?
c) Ermitteln Sie die Mindesteinschraubtiefe der Schrauben (Festigkeitsklasse 8.8).
d) Welche Länge *l* müssen die Schrauben besitzen, wenn die Grundplatte (2) 16 mm dick ist.
e) Welche Normbezeichnung haben die Schrauben?
f) Ermitteln Sie nach DIN 974-1 die Durchmesser d_1 und d_h und die Senktiefe *t* **(Bild 2)**.
g) Auf welche Tiefe *t* muss das Gewindegrundloch mindestens gebohrt werden **(Bild 3)**.

Stiftverbindung

a) Welche Aufgabe haben die Stifte?
b) Warum werden 2 Stifte verwendet?
c) Welche Stiftart wird verwendet?
d) Der Stiftdurchmesser soll 6 mm betragen. Welche genormte Länge schlagen Sie für die Stifte vor?
e) Wie lautet die Normbezeichnung der von Ihnen gewählten Stifte?
f) Wie wird gewährleistet, dass die Stiftlöcher aufeinander passen?

Verbesserungsvorschläge

a) Die Demontage des Spannwinkels ist schwierig. Nennen Sie die Ursache und verbessern Sie die Konstruktion.
b) Beurteilen Sie den Abstand der beiden Stifte. Wie lautet Ihr Verbesserungsvorschlag?

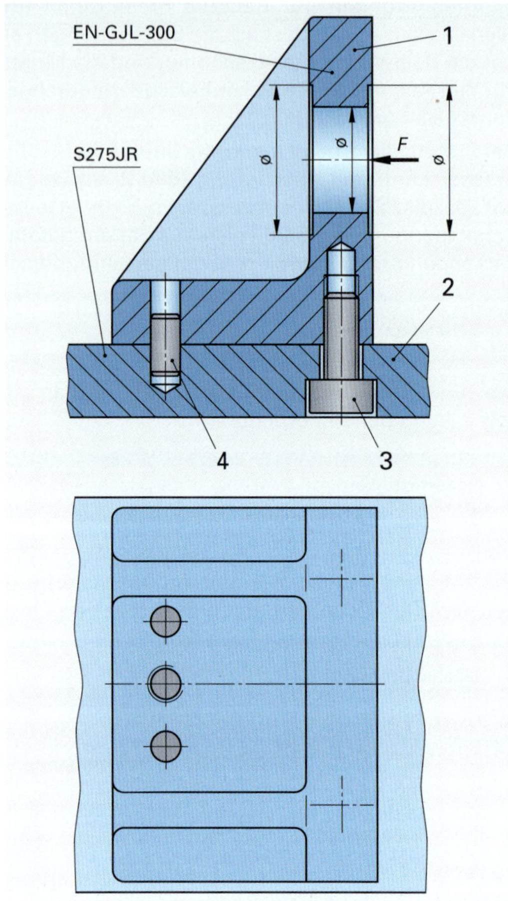

Bild 1: Spannwinkel und Grundplatte

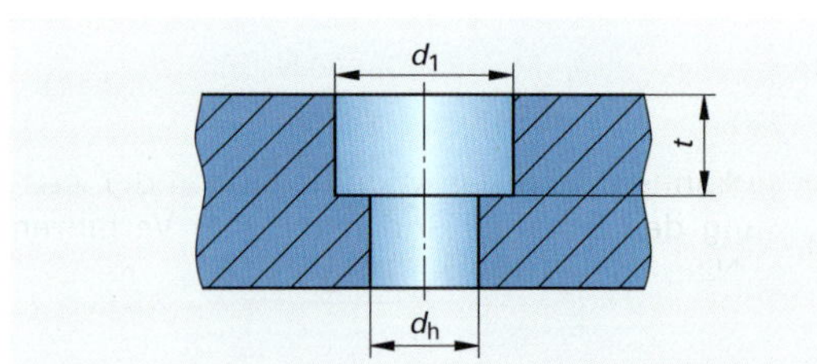

Bild 2: Senkungsmaße

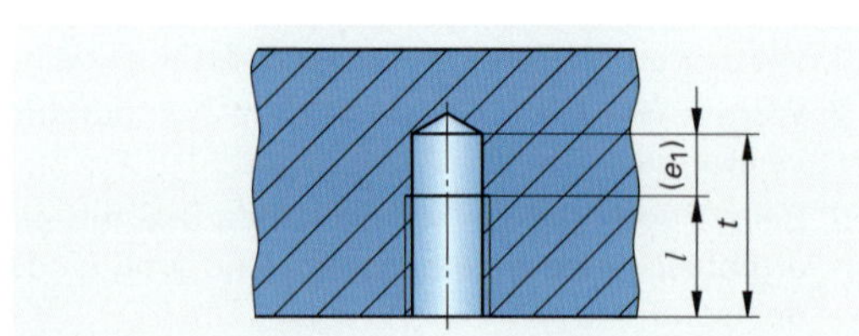

Bild 3: Tiefenmaße am Innengewinde

4.3.4 Nietverbindungen

Aufgaben

Durch Nieten entstehen unlösbare Verbindungen, die in feste, feste und dichte sowie dichte Verbindungen eingeteilt werden können.

Feste Verbindungen können große Kräfte übertragen. **Feste und dichte** Verbindungen müssen gleichzeitig große Kräfte übertragen und die zu verbindenden Teile abdichten. **Dichte** Nietverbindungen müssen Bauteile verbinden und gegeneinander abdichten.

Im Maschinenbau wurde das herkömmliche Nieten fast vollständig durch Schweißen ersetzt (Seite 123). Bei der Herstellung von Blechverbindungen, z. B. im Automobil- und Karosseriebau, gewinnt das Nieten zunehmend an Bedeutung. In der Flugzeugindustrie ist das Nieten unverzichtbar, weil dort vielfach aushärtbare Al-Legierungen verarbeitet werden, deren Festigkeit durch Schweißen stark herabgesetzt würde. So werden z. B. für die Herstellung eines Airbus 3,5 Millionen Niete benötigt **(Bild 1)**.

Bild 1: Airbus

Vorteile des Nietens gegenüber dem Schweißen

- keine Gefügeänderung und damit keine Festigkeitsminderung und Versprödung in den zu verbindenden Blechen
- unterschiedliche Werkstoffe sowie oberflächenveredelte, z. B. polierte oder beschichtete Bleche können gefügt werden
- Verbindung kann auch bei einseitiger Zugänglichkeit hergestellt werden
- geringerer Energieverbrauch
- keine Gesundheitsgefahr durch Gase und Lichtstrahlung

Nietarten

Niete können nach der Kopfform, nach der Ausführung des Schaftes und nach dem Verfahren beim Nieten eingeteilt werden **(Bild 2)**.

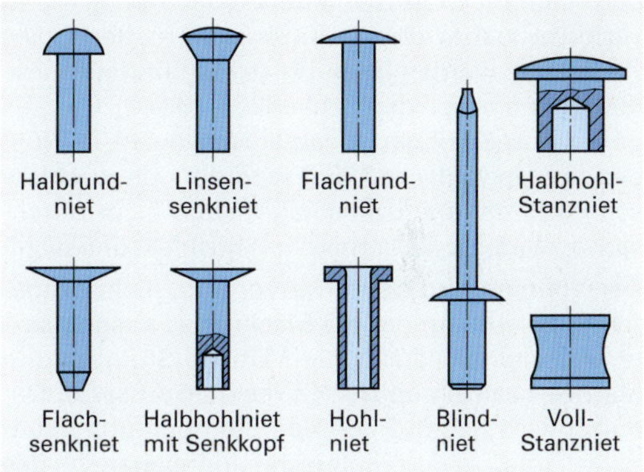

Bild 2: Nietarten

Verfahren beim Nieten

Hammernieten. Der fertig geformte Niet besteht aus Setzkopf, Schaft und Schließkopf **(Bild 3)**. Die gebohrten und angesenkten Teile werden mit dem Nietenzieher zusammengepresst. Durch Anstauchen wird die Bohrung vollständig ausgefüllt. Anschließend wird der aus dem Nietloch herausragende Schaftteil zum Schließkopf geformt.

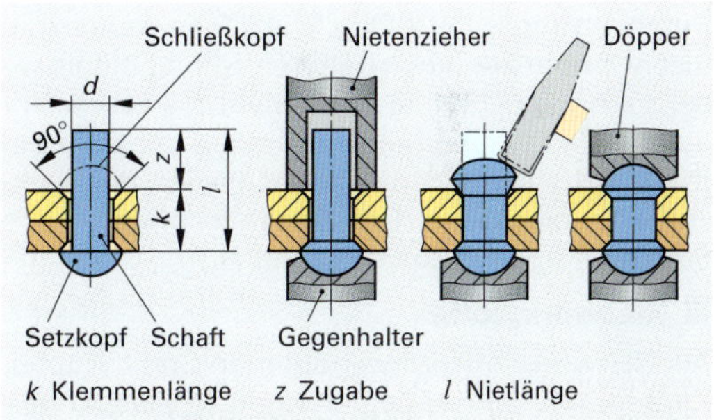

Bild 3: Hammernieten

Taumelnieten. Beim Taumelnieten drückt ein Nietwerkzeug bei einer taumelartigen Kreisbewegung um die Nietachse den umzuformenden Werkstoff in die gewünschte Kopfform **(Bild 4)**.

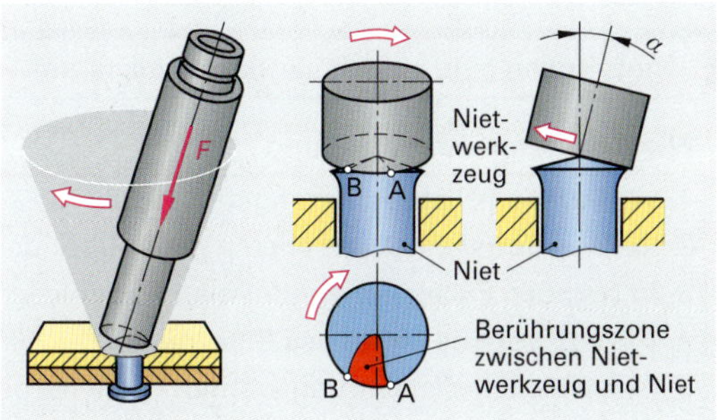

Bild 4: Taumelnieten

Blindnieten. Blindniete werden verwendet, wenn die Nietstelle nur von einer Seite aus zugänglich ist. Sie bestehen aus einer Niethülse und dem Nietdorn. Dieser besitzt eine Sollbruchstelle. Mit einem Nietwerkzeug wird der Kopf des Dornes in das überstehende Schaftende des hohlen Niets gezogen. Dadurch wird dieses plastisch verformt und bildet den Schließkopf. Beim Erreichen des größtmöglichen Anpressdruckes reißt der Nietdorn an der Sollbruchstelle **(Bild 1)**.

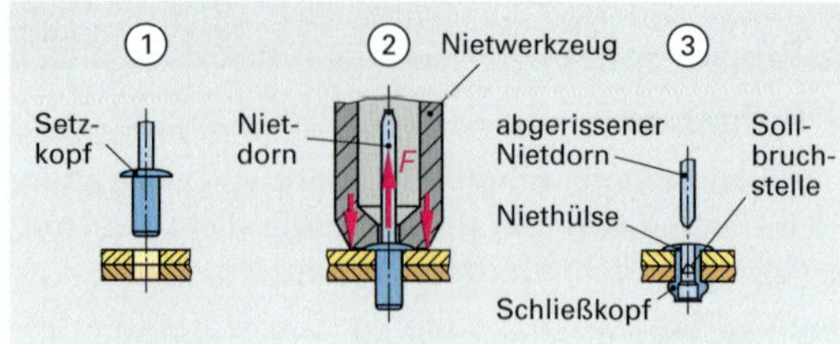

Bild 1: Blindnieten

Stanznieten. Beim Stanznieten stanzt sich der Niet seine Aufnahmebohrung selbst. Man unterscheidet Stanznieten mit Halbhohlnieten und mit Vollnieten.

Der **Halbhohlniet** durchstanzt zunächst das stempelseitige Blech. Anschließend weitet er sich und verformt dabei das matrizenseitige Blech. Die Werkstoffe werden in den Matrizenhohlraum verdrängt und bilden den Schließkopf **(Bild 2)**. Das aus dem stempelseitigen Blech ausgestanzte Teil füllt den hohlen Nietschaft und wird dort eingeschlossen. Weil das matrizenseitige Blech nicht durchstoßen wird, ist die Verbindung hochfest und dicht.

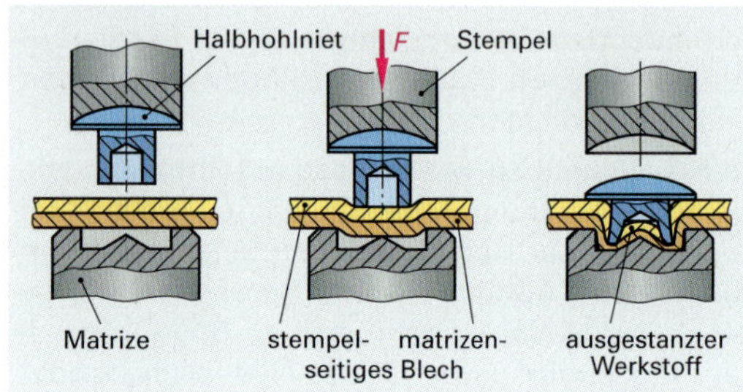

Bild 2: Stanznieten mit Halbhohlniet

Der **Vollniet** wird beim Nietvorgang nicht umgeformt. Er durchtrennt die Bleche; das ausgestanzte Material fällt durch die Matrize. Stempel und Matrize besitzen an den Stirnseiten Ansätze. Dadurch wird gegen Ende des Stempelhubs Fügeteilwerkstoff in den Hinterschneidungsbereich des Niets gedrängt **(Bild 3)**.

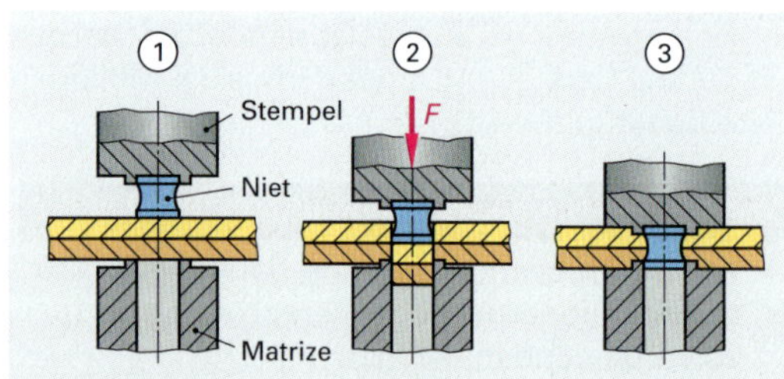

Bild 3: Stanznieten mit Vollniet

Nietähnliche Verfahren

Durchsetzfügen. Beim Durchsetzfügen werden die Bleche ohne Niet durch Kaltumformung miteinander verbunden. Ein Stempel zieht die zu verbindenden Teile in die Matrize. Sobald der Stempel den Matrizenboden erreicht hat, fließen die Werkstoffe in die Breite. Die Bleche verbinden sich formschlüssig miteinander **(Bild 4)**.

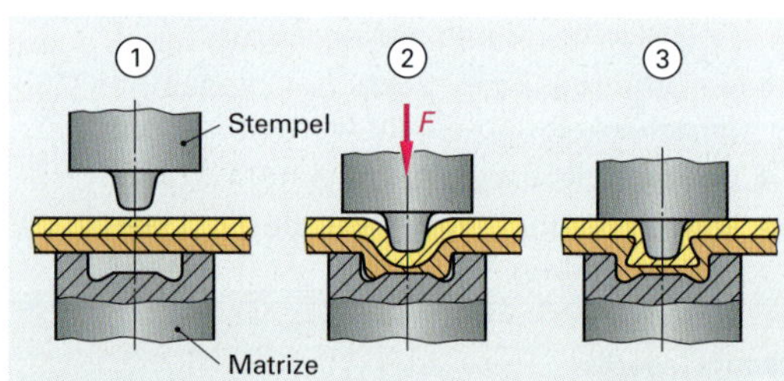

Bild 4: Durchsetzfügen

Nietwerkstoffe

Als Nietwerkstoffe verwendet man Stahl, Kupfer, Kupfer-Zink- und Al-Legierungen, in Ausnahmefällen auch Kunststoffe und Titan. Um elektrochemische Korrosion und ein Lockern der Verbindung bei Erwärmung zu vermeiden, sollen die Niete möglichst aus dem gleichen Werkstoff wie die zu fügenden Teile bestehen.

Niete sollen eine ausreichende Festigkeit aufweisen und sich gut umformen lassen.

Wiederholung und Vertiefung

1 Wie können Nietverbindungen nach den an sie gestellten Anforderungen eingeteilt werden?
2 Welche Vorteile hat das Nieten gegenüber dem Schweißen?
3 In welchen Fällen verwendet man Blindniete?
4 Welche Vorteile bietet das Stanznieten?
5 Aus welchen Werkstoffen werden Niete hergestellt?
6 Warum sollen die Bauteile und die Niete aus dem gleichen Werkstoff bestehen?

4.3.5 Welle-Nabe-Verbindungen

Aufgabe

Maschinenelemente wie Kupplungen und Zahnräder müssen mit Wellen so verbunden werden, dass das Drehmoment übertragen werden kann. Die Drehmomentübertragung kann z.B. mit Passfederverbindungen und mit Keilwellenverbindungen erfolgen.

> Welle-Nabe-Verbindungen übertragen Drehmomente.

Passfederverbindungen sind reine Mitnehmer-Verbindungen. Die parallelen Seitenflächen der Passfeder liegen in der Wellen- und Nabennut an **(Bild 1)**. Zwischen dem Passfeder-Rücken und dem Nabennut-Grund ist Spiel vorhanden. Für stoßartige Belastung ist diese Verbindung nicht geeignet, weil dabei Passfeder und Seitenflächen der Nut plastisch verformt und damit zerstört werden können.

Formen von Passfedern (Bild 2):

Form A besitzt abgerundete Stirnflächen. Solche Passfedern werden in Wellennuten eingepasst, die mit Langlochfräsern hergestellt werden.

Form B besitzt gerade Stirnflächen. Die dazu erforderlichen Wellennuten werden mit Scheiben- oder Schaftfräsern hergestellt.

Form C entspricht der Form A, besitzt aber zusätzlich eine Bohrung für eine Halteschraube, mit der die Passfeder in der Nut befestigt werden kann.

Keilwellen-Verbindungen werden für hochbeanspruchte Mitnehmerverbindungen, z.B. bei Schaltgetriebewellen von Werkzeugmaschinen, verwendet. Durch eine gerade Anzahl von Nuten entsteht eine gerade Anzahl von Passfedern (nicht „Keilen"), welche das Drehmoment gleichmäßig über den Umfang verteilt übertragen **(Bild 3)**. Welle und Nabe einer Keilwellen-Verbindung können bei geeigneten Passungen axial verschoben werden. Deshalb wendet man sie auch bei Verschieberädern an **(Bild 4)**. Die Zentrierung der Nabe auf der Welle erfolgt meist durch die Innenzentrierung von Welle und Nabe (Bild 3).

> Mit Keilwellen-Verbindungen versehene Bauteile sind axial verschiebbar und können große Drehmomente übertragen.

Wiederholung und Vertiefung

1 Wie wird bei einer Passfederverbindung das Drehmoment übertragen?

2 Welchen Vorteil besitzen Keilwellen-Verbindungen gegenüber Passfeder-Verbindungen?

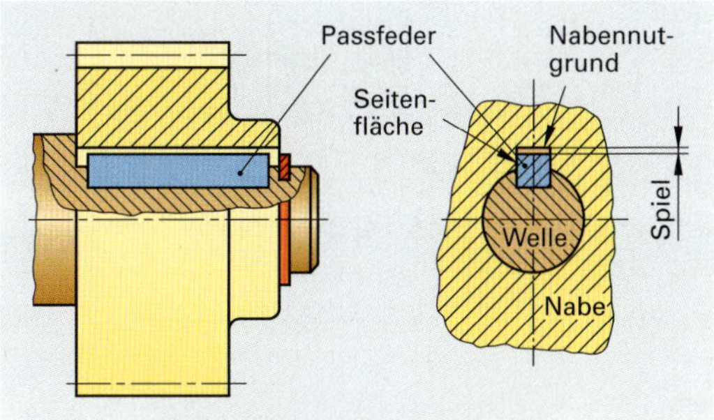

Bild 1: Passfeder-Verbindung

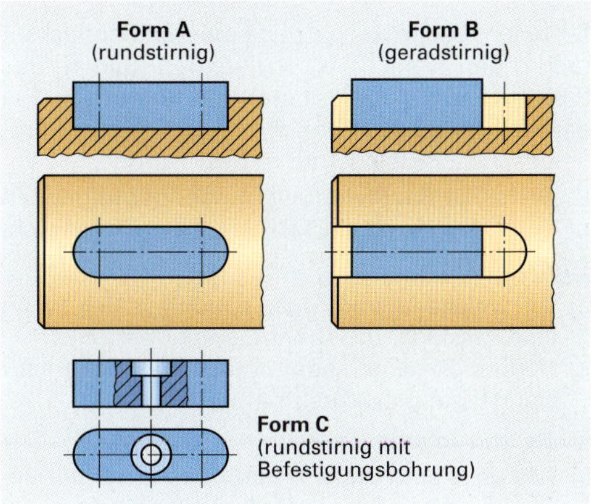

Bild 2: Formen von Passfedern

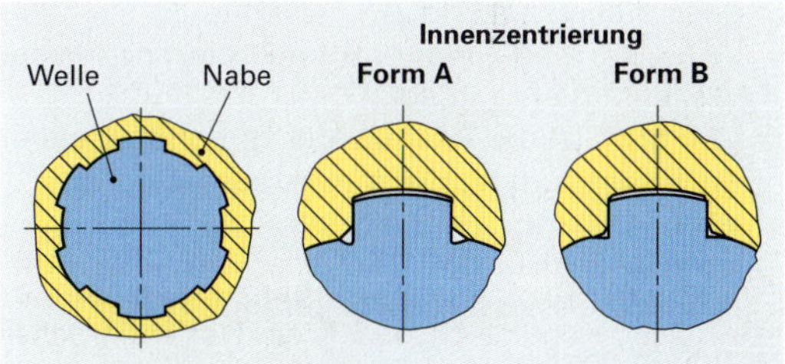

Bild 3: Keilwellen-Profile

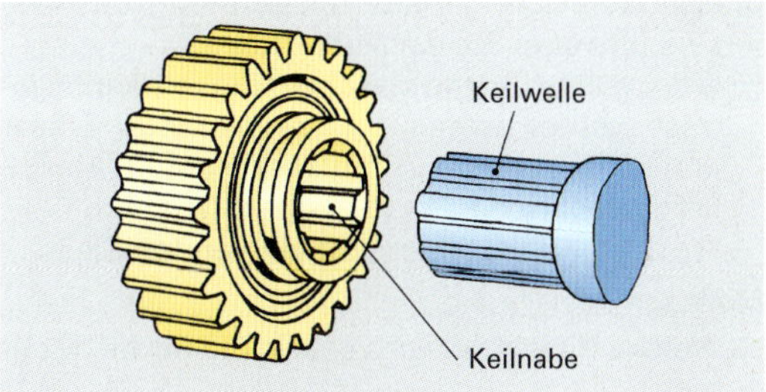

Bild 4: Keilwellen-Verbindung

Arbeitsbeispiel: Passfederverbindung

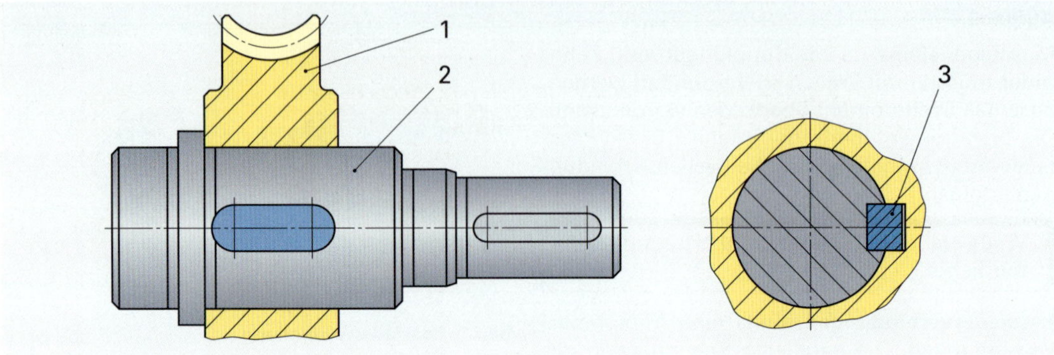

Bild 1: Welle mit Schneckenrad und Passfeder

Bei einem Schneckengetriebe müssen Schneckenrad (1) und Welle (2) ersetzt werden **(Bild 1)**. Das Schneckenrad liegt komplett bearbeitet vor. Bei der Welle muss noch vor dem Fügen mit der Passfeder (3) die Passfedernut gefräst werden.

Hinweis: Zur Beantwortung einiger der folgenden Fragen ist ein Tabellenbuch erforderlich.

Fügeverfahren

a) Um welche Art von Fügen handelt es sich, wenn eine Passfeder das Drehmoment überträgt?

b) Nennen Sie eine andere mögliche Fügeart zur Übertragung des Drehmomentes.

Maße und Toleranzen

a) Wie groß sind Breite *b* und Höhe *h* der Passfeder, wenn der Wellendurchmesser 35j6 beträgt?

b) Wie groß ist die Toleranz für die Breite *b* der Wellennut, wenn ein fester Passfeder-Sitz vorgeschrieben ist **(Bild 2)**?

c) Wie groß sind Nennmaß und Toleranz für die Wellennuttiefe t_1 (Bild 2)?

d) Wie groß ist die Toleranz der Nutlänge *l*, wenn die Passfederlänge 28 mm beträgt **(Bild 3)**?

e) Welche Passungsart ergibt sich beim Fügen von Schneckenrad und Welle, wenn der Bohrungsdurchmesser 35H7 beträgt?

Fertigung der Nut

a) Zum Fräsen kann die Welle z.B. im Maschinenschraubstock gespannt werden **(Bild 4)**.

b) Wie lautet die genaue Bezeichnung des Fräsers, mit dem Sie die Nut fertigen?

c) Mit welcher Schnittgeschwindigkeit kann gefräst werden, wenn ein beschichteter Fräser verwendet wird und die Welle aus 16MnCr5 hergestellt ist?

d) Welchen Kühlschmierstoff verwenden Sie?

Montage

a) Welche Hilfsmittel verwenden Sie für die Montage?

b) Beschreiben Sie das Fügen des Schneckenrades.

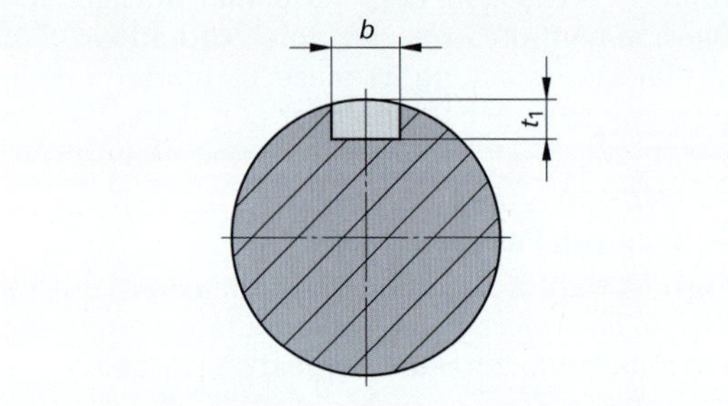

Bild 2: Querschnitt der Wellennut

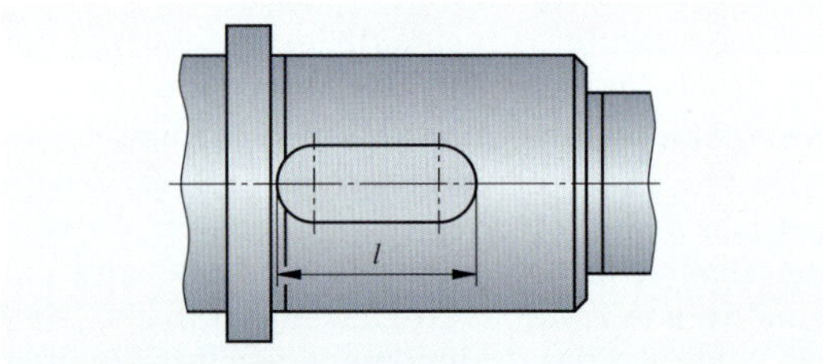

Bild 3: Nutlänge der Wellennut

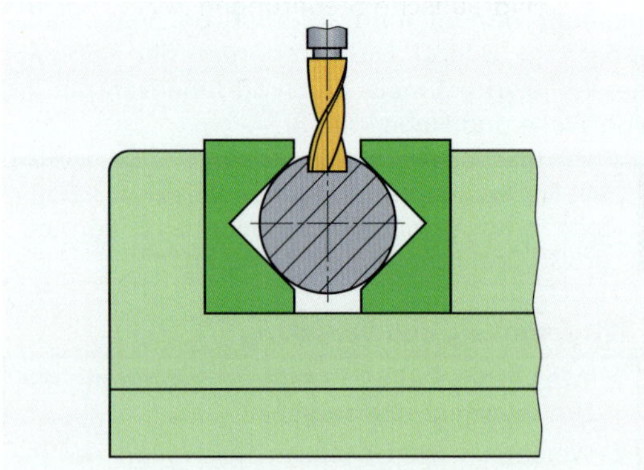

Bild 4: Spannen der Welle im Maschinenschraubstock

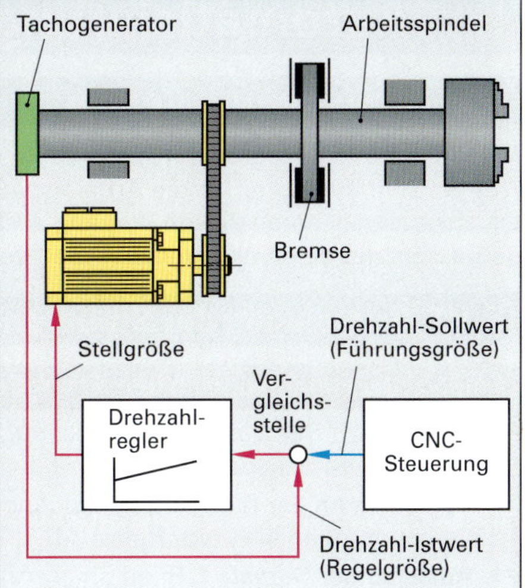
Tachogenerator
Arbeitsspindel
Bremse
Drehzahl-Sollwert
(Führungsgröße)
Stellgröße
Ver-
gleichs-
stelle
Drehzahl-
regler
CNC-
Steuerung
Drehzahl-Istwert
(Regelgröße)

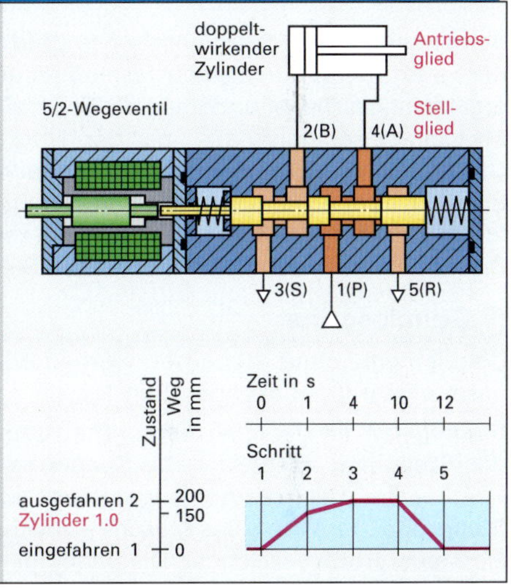
doppelt-
wirkender
Zylinder
Antriebs-
glied
5/2-Wegeventil
Stell-
glied
2(B)
4(A)
3(S)
1(P)
5(R)
Zustand
Weg
in mm
Zeit in s
0 1 4 10 12
Schritt
1 2 3 4 5
ausgefahren 2
200
150
Zylinder 1.0
eingefahren 1
0

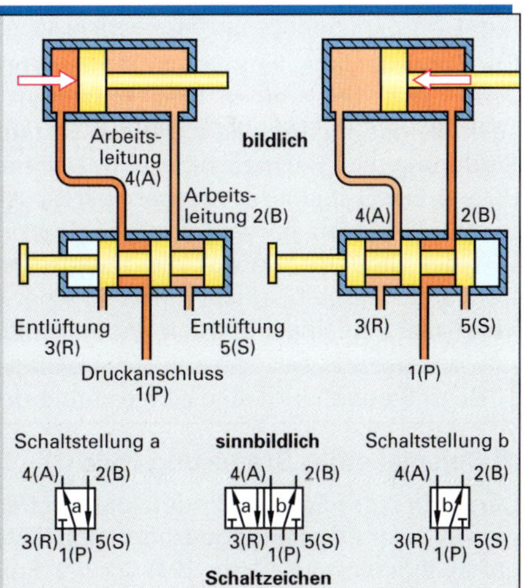
Arbeits-
leitung
4(A)
bildlich
Arbeits-
leitung 2(B)
4(A)
2(B)
Entlüftung
3(R)
Entlüftung
5(S)
3(R)
5(S)
Druckanschluss
1(P)
1(P)
Schaltstellung a
sinnbildlich
Schaltstellung b
4(A) 2(B)
a
3(R) 1(P) 5(S)
4(A) 2(B)
a b
3(R) 1(P) 5(S)
4(A) 2(B)
b
3(R) 1(P) 5(S)
Schaltzeichen

5 Automatisierungstechnik

5.1 Steuern und Regeln

Maschinen und Anlagen werden mithilfe der Steuerungs- und Regelungstechnik automatisiert. Wird z. B. der Antriebsmotor für die Arbeitsspindel einer Drehmaschine auf die Drehzahl 1000/min geschaltet, so bezeichnet man diesen Vorgang als **Steuern.** Beim **Regeln** dagegen wird der Istwert der Drehzahl gemessen, mit dem vorgegebenen Sollwert verglichen und bei Abweichungen korrigiert.

5.1.1 Grundlagen der Steuerungstechnik

Steuerungen arbeiten nach dem E-V-A-Prinzip:

- **Eingabe** der Signale z. B. durch Taster, Druckschalter und Sensoren
- **Verarbeitung** der Signale z. B. durch logische Verknüpfungen in einem Relais
- **Ausgabe** der Signale z. B. an einen Antriebsmotor

Beim Antrieb des Maschinentisches **(Bild 1)** wird der Elektromotor durch einen Taster über ein Steuergerät eingeschaltet und treibt die Spindel an. Der Maschinentisch fährt aus, bis der Nocken den Grenztaster erreicht und ein AUS-Signal auslöst. Eine Abweichung vom eingestellten Verfahrweg infolge einer Störung wird nicht erfasst und korrigiert. Dieses Ein- und Ausschalten nennt man Steuern.

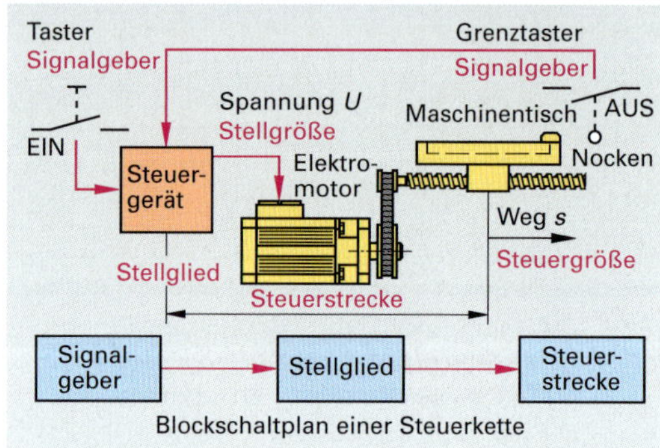

Bild 1: Beispiel einer Steuerung

Grundbegriffe

Die Elemente einer Steuerung werden durch genormte Begriffe bezeichnet (Bild 1):

Signalgeber ist der EIN-Taster, das Steuergerät das **Stellglied,** die elektrische Spannung *U,* mit welcher der Elektromotor angesteuert wird, die **Stellgröße.** Der Weg *s* des Maschinentisches wird als **Steuergröße** bezeichnet. Die Baueinheiten der Maschine, welche durch die Signalgabe beeinflusst werden, nennt man **Steuerstrecke.**

Die Gesamtanlage, kurz Steuerung genannt, kann vereinfacht durch einen Blockschaltplan dargestellt werden, in dem die einzelnen Elemente der Steuerung als Rechteckblöcke gezeichnet sind (Bild 1). Der Signalfluss zwischen den Blöcken wird durch **Wirklinien** dargestellt. Eine Rückwirkung von der Steuergröße auf die Stellgröße findet nicht statt. Deshalb spricht man von einer **Steuerkette** oder von einem offenen Wirkungsablauf.

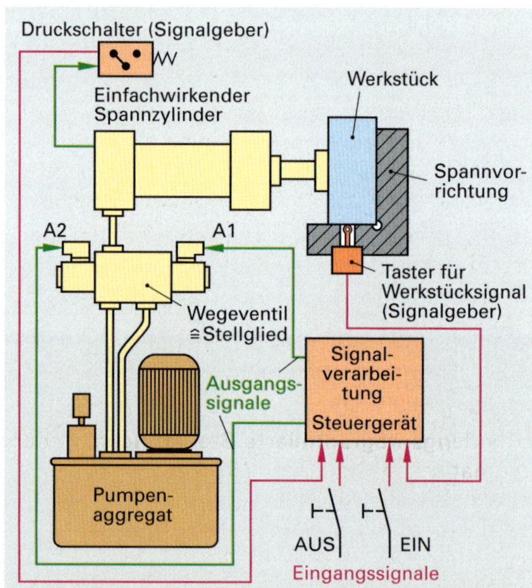

Bild 2: Hydraulische Spanneinrichtung

Beim Steuern wird eine Abweichung der Istgröße von der Sollgröße nicht korrigiert.

Beispiel einer Steuerung (Bild 2)

Der Kolben des Spannzylinders darf erst ausfahren, wenn sich ein Werkstück in der Vorrichtung befindet UND der EIN-Taster gedrückt ist. Die Verknüpfung beider Eingangssignale schaltet das Wegeventil auf Zylindervorlauf (Seite 224). Ist der Spanndruck erreicht, gibt der Druckschalter das Signal für die Werkstückbearbeitung. Durch den AUS-Taster und das Signal A2 wird der Zylinder zurückgesteuert.

Steuerungsarten

Steuerungen kann man nach der Signalverarbeitung und nach der Programmierung unterscheiden.

Einteilung nach der Art der Signalverarbeitung

Verknüpfungssteuerungen. Um den Vorschubmotor des Maschinentisches einzuschalten (A1), muss das Schutzgitter zu (S1), der Tisch in Endlage (S2) und der Taster (S3) betätigt sein **(Bild 1).** Es müssen also drei Eingangssignale UND-verknüpft werden, um das Ausgangssignal A1 zu erhalten.

> Bei Verknüpfungssteuerungen wird eine Schaltbedingung nur erfüllt, wenn Signale logisch miteinander verknüpft sind.

Ablaufsteuerungen. Bei Ablaufsteuerungen werden Bewegungsvorgänge schrittweise ausgelöst. Bei **zeitabhängigen Ablaufsteuerungen** erfolgt die Signalgabe z. B. durch ein Nockenschaltwerk **(Bild 2),** ein Zeitrelais oder einen Taktgeber.

Bei **prozessabhängigen Ablaufsteuerungen** beginnt ein nachfolgender Arbeitsschritt erst, wenn der vorhergehende abgeschlossen ist **(Bild 3).** Nach dem Start durch den Tastschalter S0 fährt der Maschinentisch in Arbeitsstellung. Dort gibt der Grenztaster S1 das Signal für den Eilgang der Bohreinheit. Anschließend löst S2 das Signal für den Arbeitsvorschub aus usw.

Erfolgt bei zeitabhängigen Ablaufsteuerungen ein Arbeitsschritt fehlerhaft oder gar nicht, so wird der nachfolgende trotzdem ausgeführt. Dies kann zu Störungen führen. Prozessabhängige Ablaufsteuerungen sind darum sicherer als zeitabhängige.

Prozessabhängige Ablaufsteuerungen werden **Wegplansteuerungen** genannt, wenn die Arbeitsschritte den abgefahrenen Wegen z. B. eines Maschinentisches entsprechen (Bild 3).

Einteilung nach der Art der Programmierung

Verbindungsprogrammierte Steuerungen. In der pneumatischen Steuerung **(Bild 4)** sind die Bauelemente durch Leitungen nach einem Schaltplan miteinander verbunden. Bei einer Änderung des Ablaufs der Steuerung müssen die Leitungen neu verlegt werden.

> Bei verbindungsprogrammierten Steuerungen ist der Programmablauf durch die Bauteile und deren Verbindung fest vorgegeben.

Speicherprogrammierte Steuerungen (SPS). Bei speicherprogrammierten Steuerungen (Bild 4) wird der Steuerungsablauf durch ein Programm festgelegt.

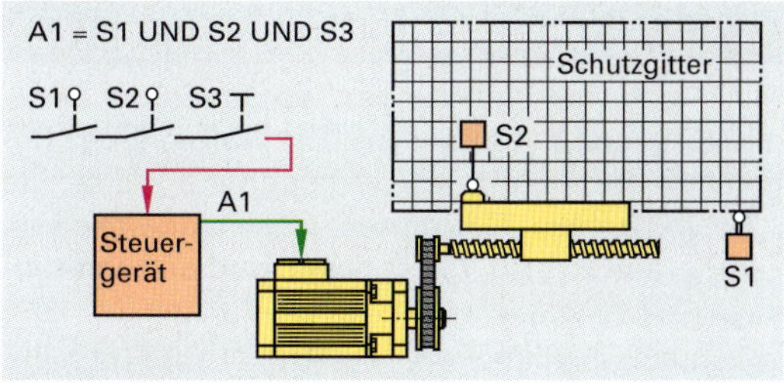

Bild 1: Verknüpfungssteuerung

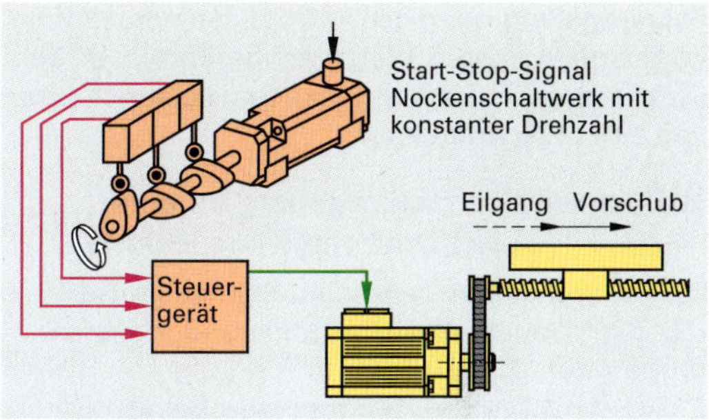

Bild 2: Zeitabhängige Ablaufsteuerung

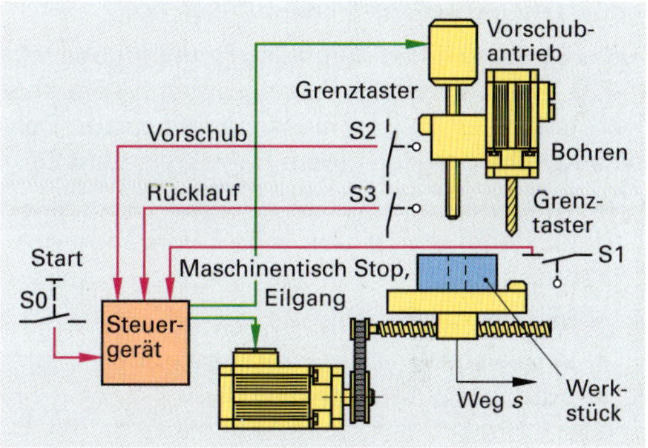

Bild 3: Prozessabhängige Ablaufsteuerung

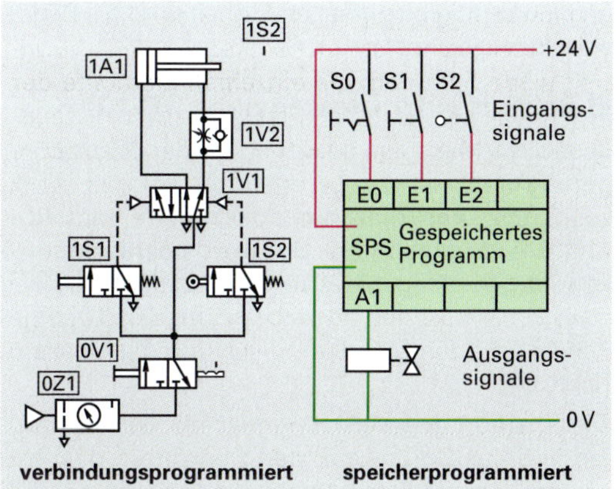

Bild 4: Verbindungs- und speicherprogrammierte Steuerungen

5.1.2 Grundlagen der Regelungstechnik

Mit Regelungseinrichtungen werden in der Technik Vorgänge automatisiert. Die Aufgabe der Regeleinrichtungen ist es, vorgegebene Werte wie z. B. Drehzahlen, Positionen, Geschwindigkeiten, Temperaturen usw. zu erreichen und einzuhalten.

Festwertregelung. Muss ein vorgegebener Wert konstant gehalten werden, z. B. die Drehzahl beim Drehen, so bezeichnet man dies als Festwertregelung.

Folgeregelung. Wird das Werkzeug einem laufend vorausberechneten Wert nachgeführt, z. B. dem Durchmesser beim Konturdrehen, so spricht man von einer Folgeregelung.

Beispiel: Drehzahlregelung an einer CNC-Drehmaschine (Bild 1)

Die Drehzahl der Arbeitsspindel **(Regelgröße)** wird z. B. digital durch einen Tachogenerator gemessen und an der Vergleichsstelle fortlaufend mit dem Sollwert der Drehzahl **(Führungsgröße)** verglichen. Bei einer Abweichung z. B. durch schwankende Schnittkraft **(Störgröße)** regelt der Regler die Drehzahl nach und gleicht sie dem Sollwert an.

Eine Regelung bildet durch den fortlaufenden Vergleich des Istwertes der Regelgröße mit dem Sollwert immer einen geschlossenen Kreislauf. Deshalb spricht man von einem Regelkreis **(Bild 2)**.

Jede Regelung ist durch drei Vorgänge gekennzeichnet:

- **Messen** der Regelgröße
- **Vergleichen** mit der Führungsgröße
- **Angleichen** durch Nachstellen

Der Regler und die Nachstelleinrichtung bilden zusammen die **Regeleinrichtung.** Die durch die Regeleinrichtung beeinflusste Einheit wird als **Regelstrecke** bezeichnet.

Beispiel einer Lageregelung (Bild 3)

Jede CNC-Maschine besitzt außer der Drehzahlregelung auch eine Lageregelung, um das Werkzeug oder den Maschinentisch dem vom Programm vorgegebenen Sollwert nachführen zu können. Die Regelstrecke des Lageregelkreises (Bild 3) umfasst den Antriebsmotor, den Kugelgewindetrieb, den Maschinentisch und die Messeinrichtung.

Die Position des Maschinentisches wird fortlaufend gemessen und mit den Sollwerten des Programmes verglichen. Weicht der Istwert vom Sollwert ab, wird der Maschinentisch so lange bewegt, bis der Sollwert erreicht ist.

Beispiele für Regelungsvorgänge:
• Regelung der Drehzahl beim Plandrehen
• Geschwindigkeitsregelung beim Kfz (Tempomat)
• Regelung der Temperatur im Härteofen
• Druckregelung in Pneumatikanlagen
• Abstandsregelung der Düse beim Laserschneiden

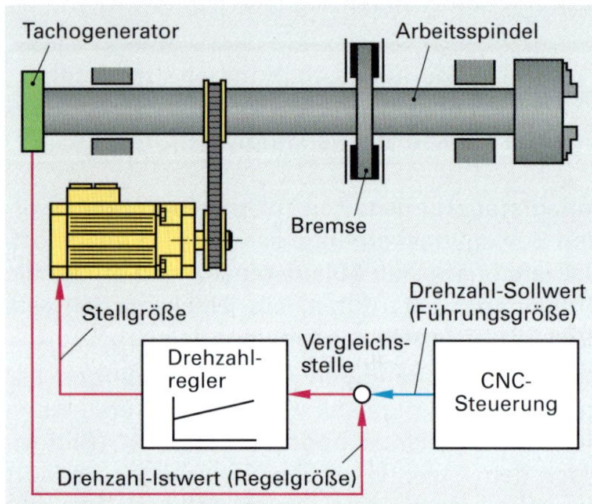

Bild 1: Drehzahlregelung beim Drehen

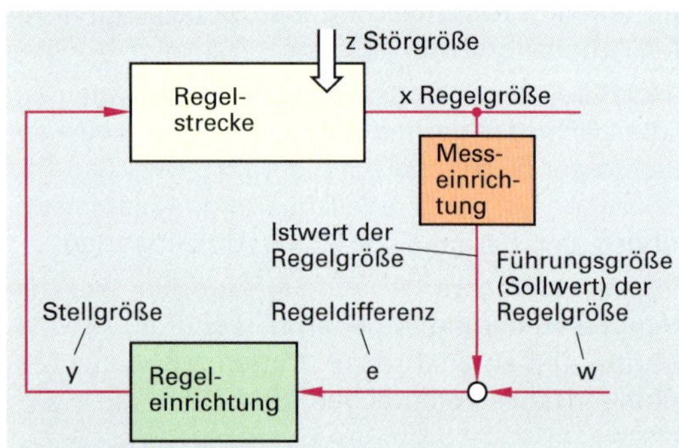

Bild 2: Blockschaltbild eines Regelkreises

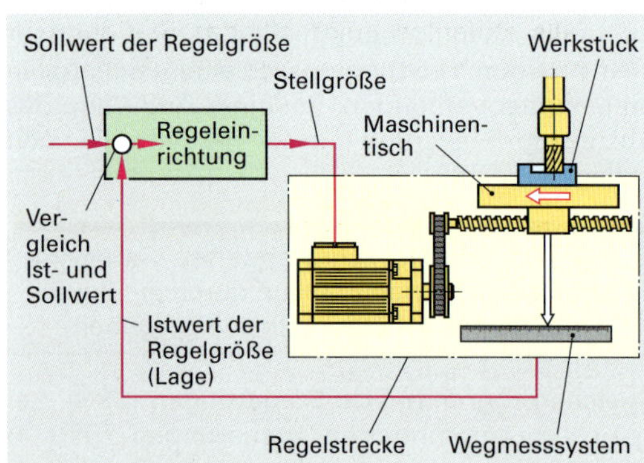

Bild 3: Lageregelkreis eines Vorschubantriebes

Für die Darstellung wichtiger Teile des Regelkreises werden genormte Bildzeichen verwendet **(Tabelle 1)**.

Tabelle 1: Bildzeichen der Steuerungs- und Regelungstechnik

Bildzeichen	Bedeutung	Bildzeichen	Bedeutung
	Messort, Fühler		Signal- oder Messumformer
	Stellglied, Stellort		Regler, allgemein
	Stellantrieb, allgemein		Einsteller, allgemein

Beispiel: Druckregelung

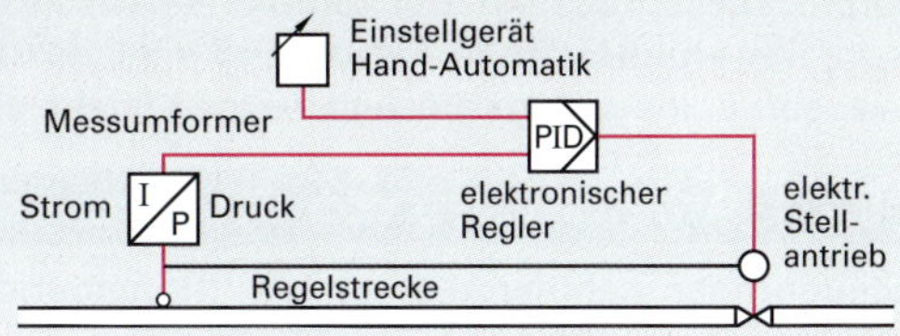

Reglerarten

Nach ihrer Wirkungsweise unterscheidet man unstetige und stetige Regler.

Unstetige Regler

Ein unstetiger Regler besitzt zwei oder mehrere Schaltstellungen. Er verändert die Stellgröße unstetig durch Schalten in Stufen. Besitzt der Regler nur zwei Schaltstellungen EIN und AUS, so wird er auch Zweipunktregler genannt.

Zweipunktregler werden z. B. als Bimetallregler in Temperaturregelkreisen eingesetzt **(Bild 1)**. Beim Einschalten der Ofenheizung ist der Kontakt der Bimetallfeder zunächst geschlossen. Bei Erwärmung durch die Heizung biegt sich die Bimetallfeder auf und öffnet den Kontakt (obere Grenztemperatur). Erst wenn die Temperatur durch die einsetzende Abkühlung wieder unter den unteren Grenzwert abgesunken ist, schließt der Kontakt wieder und die Heizung setzt erneut ein.

Der Unterschied zwischen Einschalt- und Auschalttemperatur ist die **Schaltdifferenz** des Zweipunktreglers. Die Temperatur im Ofen stellt sich durch die verzögerte Wärmeleitung auf einen Wert zwischen den beiden Grenztemperaturen ein **(Bild 2)**.

Stetige Regler

Stetige Regler erfassen die Regelgröße *x* stufenlos (stetig) und ändern dann die Stellgröße *y* ebenfalls stufenlos innerhalb des Stellbereichs **(Bild 3)**. Sie können die Regelgröße, z. B. den Füllstand eines Wasserbehälters, genauer einhalten als unstetige Regler.

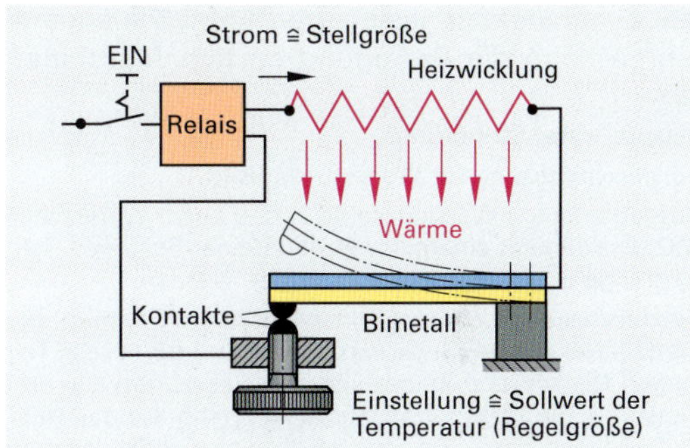

Bild 1: Unstetiger Regler einer Ofenheizung

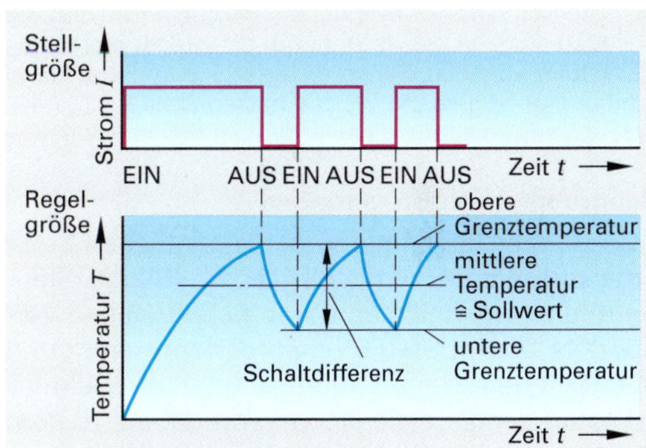

Bild 2: Regelverhalten eines Zweipunktreglers

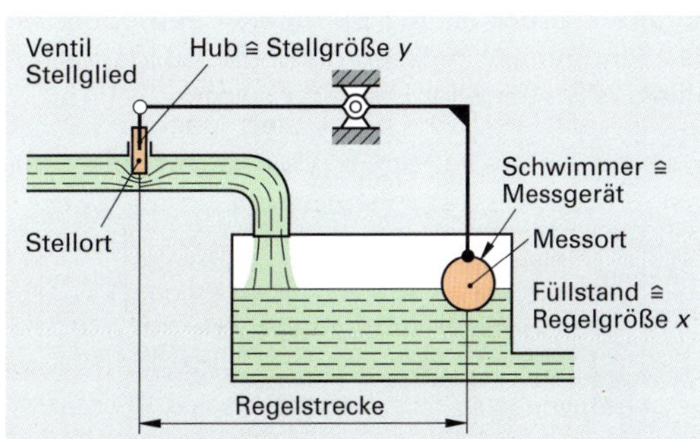

Bild 3: Stetiger Regler

Wiederholung und Vertiefung

1 Welche Eigenschaften hat eine Verknüpfungssteuerung?

2 Wie unterscheidet sich eine verbindungsprogrammierte Steuerung von einer speicherprogrammierten Steuerung?

4 Wie unterscheiden sich unstetige und stetige Regler?

5.2 Grundlagen für die Lösung von Steuerungsaufgaben

Die Funktion von Maschinen, Geräten und ganzen Anlagen wird durch ihre Steuerungen bestimmt. Die Steuerungen bestehen aus Signalgebern, Steuerelementen, Schaltgeräten und Antriebselementen (Aktoren). Diese Bauelemente können elektrisch, hydraulisch, pneumatisch oder mechanisch betrieben sein. Der grundsätzliche Aufbau und die Funktion der Steuerungen kann aber unabhängig von der Betriebsart einheitlich dargestellt werden (siehe auch Seite 227).

5.2.1 Arbeitsweise von Steuerungen

Steuerungen nehmen die von den Signalgebern kommenden Signale auf, „verarbeiten" sie in den eigentlichen Steuerelementen und geben danach Schaltbefehle an die Schaltgeräte aus. Die von den Schaltgeräten gesteuerten Antriebselemente führen dann die Bewegung an den Maschinen aus.

Beispiel einer Steuerung:

Sortiereinrichtung für Werkstücke (Bild 1)

Aufgabe. Lange Werkstücke (W1) und kurze Werkstücke (W2) werden auf einem Förderband einer Sortiereinrichtung zugeführt und sollen dort sortiert werden.

Sortiervorgang. In der Sortiereinrichtung laufen die Werkstücke an drei Sensoren B1, B2 und B3 vorbei. Die langen Werkstücke überdecken dabei kurzzeitig alle drei Sensoren, die kurzen Werkstücke kurzzeitig nur den mittleren Sensor allein. Die Signale der Sensoren werden in der Steuerung miteinander verknüpft (Seite 440) und das Ergebnis als Schaltbefehl an das 5/2-Wegeventil ausgegeben. Dieses steuert den Pneumatikzylinder. Bei langen Werkstücken zieht der Zylinder die Weiche nach links. Sie bleibt so lange in dieser Stellung, bis wieder ein kurzes Werkstück von den Sensoren erfasst wird. Erst dann schiebt der Zylinder die Weiche nach rechts. Auch diese Stellung wird bis zum nächsten langen Werkstück beibehalten.

Baugruppen von Steuerungen

Steuerungen kann man in den eigentlichen Steuerteil und in den Energieteil gliedern **(Bild 2)**. Steuer- und Energieteil sind durch Schnittstellen verbunden. Die im Steuerteil aufgenommenen und verarbeiteten Signale werden über die Schnittstelle an den Energieteil weitergegeben, in dem die Schaltgeräte die Antriebselemente steuern.

Um die Steuerung möglichst klein zu halten, wird der Steuerteil oft mit kleinerer Spannung oder geringerem Druck als der Energieteil betrieben. An der Schnittstelle müssen dann die Ausgangssignale des Steuerteiles verstärkt werden.

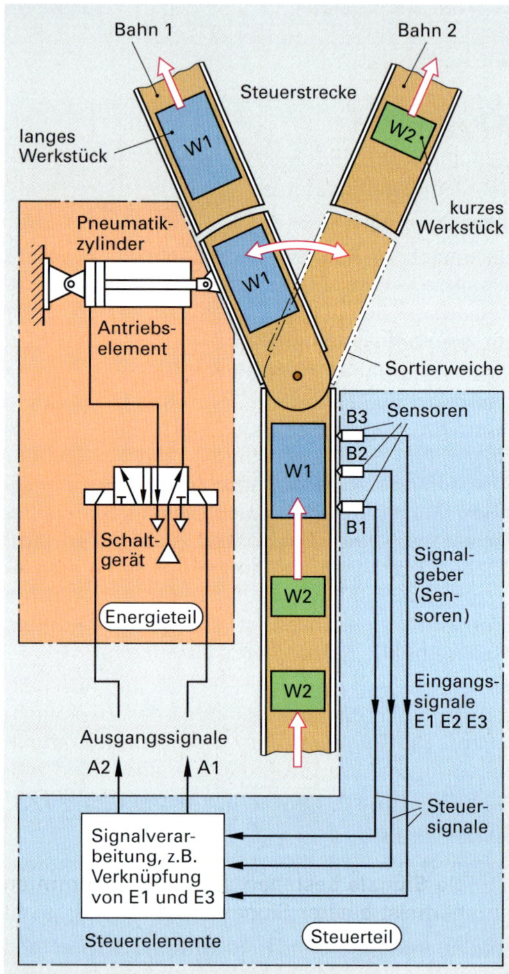

Bild 1: Steuerung einer Sortiereinrichtung

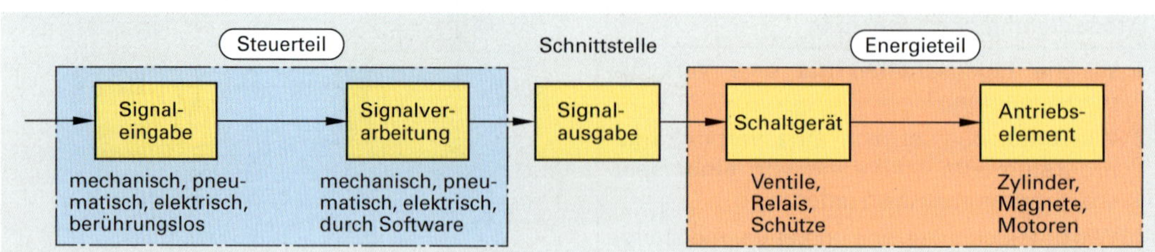

Bild 2: Baugruppen von Steuerungen

5.2.2 Bauelemente der Steuerungen

Steuerungen bestehen aus **Signalgebern,** z. B. Schaltern und Sensoren, **Steuerelementen,** z. B. Relais und Mikroprozessoren, **Schaltgeräten,** z. B. Ventile und Schütze, sowie **Antriebselementen,** z. B. Zylinder und Motoren.

5.2.2.1 Signalgeber

Die Signale, die von den Schaltern und Sensoren abgegeben werden und den Steuerungsablauf beeinflussen, haben einen unterschiedlichen zeitlichen Verlauf. Man unterscheidet dabei **analoge, binäre** und **digitale Signale**.

Signalarten

Analoge Signale ändern sich stetig mit der Eingangsgröße **(Bild 1).** Je größer der Weg des Schlittens (Eingangsgröße) und damit des Messbolzens der Messuhr ist, desto größer ist der Drehwinkel des Zeigers der Messuhr (Ausgangsgröße). Auch pneumatische Messtaster, Flüssigkeitsthermometer und Zeiger-Uhren geben analoge Signale ab.

Bauelemente analoger Steuerungen:

Kurvenscheiben, Stetigventile, stufenlose Getriebe, analoge Sensoren, z. B. Dehnungsmessstreifen, Operationsverstärker

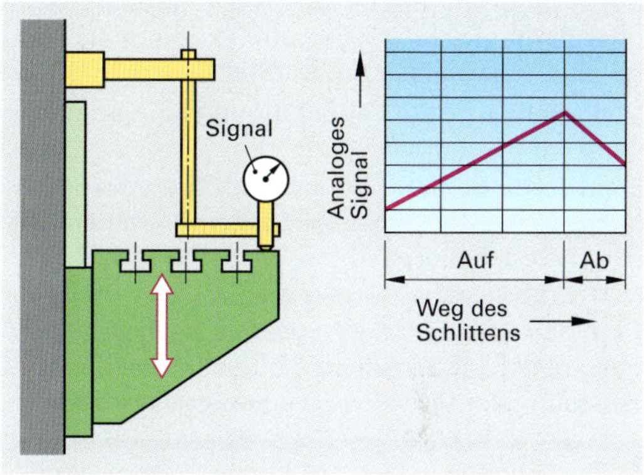

Bild 1: Analoges Signal

Binäre Signale nehmen nur zwei Werte bzw. Zustände an **(Bild 2).** Diese Werte können mit 1 und 0, EIN und AUS, DRUCK VORHANDEN – DRUCK NICHT VORHANDEN usw. bezeichnet werden. Die beiden Grenztaster S1 und S2 (Bild 2) werden beim Überfahren durch den Schaltnocken von 0 (AUS, Kontakt OFFEN) auf 1 (EIN, Kontakt GESCHLOSSEN) geschaltet. Dadurch wird der Vorschubmotor stillgesetzt.

Bauelemente binärer Steuerungen:

Tast- und Stellschalter, Wegeventile mit zwei Schaltstellungen, Relais, binäre Sensoren wie z. B. Lichtschranken

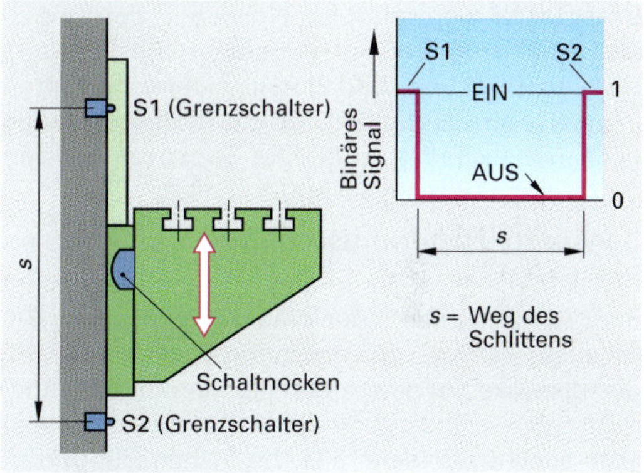

Bild 2: Binäres Signal

Digitale Signale bestehen aus einer bestimmten Anzahl meist binärer Signale **(Bild 3).** So besteht z. B. bei NC-Maschinen das digitale Signal für einen 10,000 mm langen Weg aus 10 000 Impulsen am Glasmaßstab der Wegmesseinrichtung. Längen, Temperaturen, Drücke, Gewichte, Drehzahlen und Geschwindigkeiten werden heute meist digital, d. h. als Zahlenwert, gemessen.

Bauelemente digitaler Steuerungen:

Wegmesssysteme bei NC-Maschinen, Mikroprozessoren, digitale Speicher, digitale Sensoren

In Steuerungen werden vor allem binäre und digitale Signale verarbeitet.

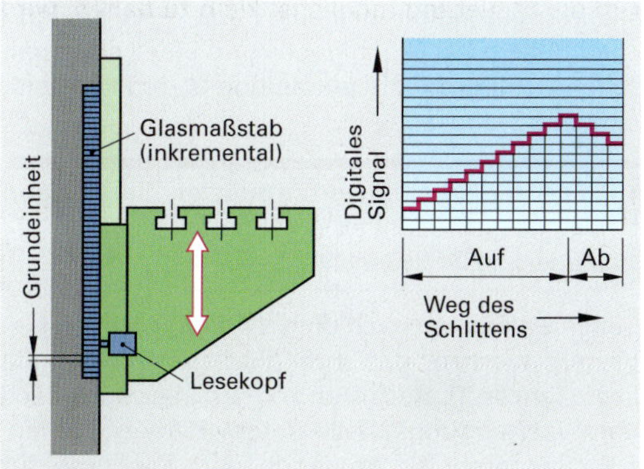

Bild 3: Digitales Signal

Bauarten von Signalgebern

Schalter

Mit Schaltern werden vor allem Bewegungsabläufe und Arbeitsvorgänge an Maschinen gestartet und gestoppt. Sie geben binäre Signale ab. Schalter werden von Hand, mechanisch, z.B. durch Schaltnocken, elektromagnetisch oder durch Luft- bzw. Öldruck betätigt.

Tastschalter (Taster) geben nur während der Betätigung ein Signal ab. Auch pneumatische oder hydraulische Wegeventile können als Tastschalter verwendet werden **(Bild 1)**.

Stellschalter rasten bei Betätigung ein und geben dann ein Dauersignal ab.

Elektrische Schalter können mit mehreren Kontaktpaaren ausgestattet sein, z. B. mit je einem Öffner und Schließerpaar.

NOT-AUS-Schalter sind Stellschalter mit einer pilzförmigen roten Betätigungskappe. Nach der Betätigung rastet der Schalter ein und darf erst nach der Behebung der Gefahr wieder entriegelt werden.

> Tastschalter geben ein kurzes Signal, Stellschalter ein Dauersignal ab.

Grenztaster werden durch Nocken in den Grenzstellungen einer Baueinheit betätigt. Bei der Werkzeugüberwachung **(Bild 2)** kontrollieren Sensoren in zwei Abfragepunkten, ob die Bohrwerkzeuge noch unbeschädigt sind. Die Sensoren werden durch einen Grenztaster zugeschaltet.

Sensoren (Näherungsschalter)

Schalter, die ohne Berührung arbeiten, bezeichnet man als Sensoren oder Näherungsschalter. Sie schalten, wenn der zu erfassende Gegenstand, z. B. die Flüssigkeit in einem Behälter, in den Schaltbereich des Sensors tritt. Auslösende Größen können aber auch Kräfte sein, z. B. die Verzögerungskraft beim Aufprall eines Autos, die sofort den Sensor aktiviert und dann den Airbag auslöst.

Näherungsschalter bestehen aus dem eigentlichen Sensor als Signalgeber und einer elektronischen Schaltung, die ein analoges, binäres oder digitales Signal ausgibt.

> Sensoren arbeiten berührungslos. Sie nützen sich deshalb nicht ab und beeinflussen die zu steuernde Größe nicht.

Sensoren können nach dem **Wirkungsprinzip** eingestellt werden, das ihrer Funktion zu Grunde liegt **(Tabelle 1)**. Sensoren können aber auch nach dem Verwendungszweck unterschieden werden, z. B. Sensoren für Abstände und Sensoren für Kräfte **(Tabelle 2)**.

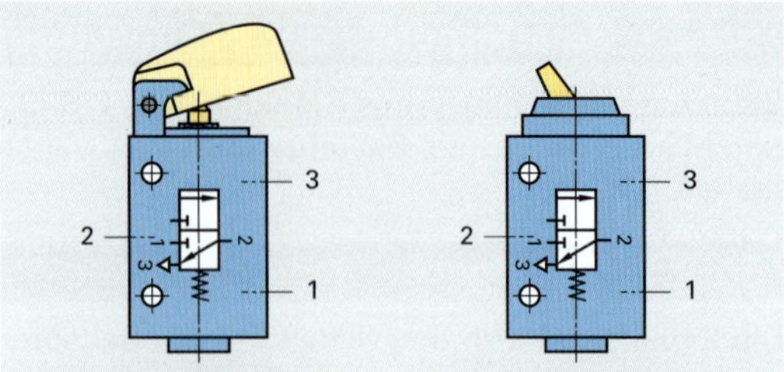

Bild 1: Pneumatische Ventile als Tast- und Stellschalter

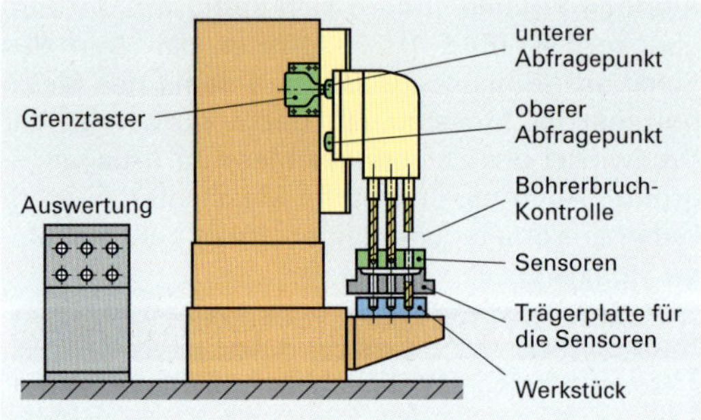

Bild 2: Grenztaster und induktive Näherungsschalter

Tabelle 1: Bauarten von Sensoren

Wirkungsprinzip	Schaltabstand
induktiv	etwa halber Spulendurchmesser; 1 bis 150 mm
kapazitiv	abhängig vom Werkstoff; 1 bis 40 mm
optoelektronisch	mit Reflektor bis ≈ 2000 mm ohne Reflektor bis ≈ 200 mm
Ultraschall	50 bis 10 000 mm; einstellbar auf ≈ 10 mm
magnetisch	einige Millimeter

Tabelle 2: Anwendungen für Sensoren

Anwendung	Eingesetzter Sensortyp
Abfragen von Endlagen	Induktive oder kapazitive Sensoren
Messung von Schnittkräften	Dehnungsmessstreifen; Piezokristall-Sensor
Kontrolle auf Werkzeugbruch	Induktive und optoelektronische Sensoren
Kontrolle von Füllständen	Ultraschallsensoren, kapazitive Sensoren
Sicherung des Arbeitsraumes bei Pressen	Optoelektronische Sensoren (Lichtschranken)
Antiblockiersysteme	Bewegungssensoren
Airbag-Auslösung	Beschleunigungssensoren

Arbeitsweise der Sensoren

Induktive Sensoren geben ein elektrisches Signal ab, wenn Bauteile aus Metall in den aktiven Raum vor dem Tastkopf gelangen. Der Schaltabstand beträgt je nach Größe des Sensors bis zu 30 mm. Die Stellung der Weiche in der Sortiereinrichtung (Seite 436) kann durch induktive Sensoren kontrolliert werden, wenn die Weiche aus einem metallischen Werkstoff hergestellt ist **(Bild 1)**.

Kapazitive Sensoren reagieren auf alle Stoffe, also auch auf Nichtmetalle wie Kunststoff, Holz oder Glas und auf Flüssigkeiten. Der Schaltabstand entspricht etwa dem der induktiven Sensoren. Mit kapazitiven Sensoren können damit z. B. die Kunststoffpaletten auf einer Montagelinie erfasst werden **(Bild 2)**.

Bei den **optoelektronischen Sensoren** (Lichtschranken) wird der vom Sender ausgesandte Lichtstrahl entweder von einem Reflektor reflektiert und dann vom Empfänger aufgenommen oder direkt zum Empfänger geschickt **(Bild 3)**. Sowohl beim Reflexionsprinzip als auch bei Einweg-Lichtschranken wird das Signal ausgelöst, wenn der Lichtstrahl unterbrochen wird. Optoelektronische Sensoren haben eine große Reichweite. Mit ihnen kann z. B. an einer Verarbeitungsmaschine für Textilstoffe kontrolliert werden, ob der für die Funktion der Maschine notwendige Durchhang der Stoffbahn noch vorhanden ist **(Bild 4)**.

Magnetische Sensoren als Grenzschalter bei Pneumatikzylindern haben Schließer- oder Wechselkontakte. Sie werden betätigt, wenn der mit einem Dauermagneten ausgestattete Kolben unter den Sensor fährt **(Bild 5)**. Die Grenzstellungen der Weiche Bild 1 könnten damit auch indirekt über die Abfrage der Grenzstellungen des Pneumatikkolbens kontrolliert werden.

Pneumatische Sensoren können ebenfalls Werkstücke oder Abstände berührungslos abtasten. **Luftschranken** geben ein Signal ab, wenn der von der Sende- zur Empfängerdüse fließende Luftstrahl unterbrochen wird. **Staudüsen** und **Reflexdüsen** liefern ein Signal, wenn der Ausgang der Düse verdeckt wird. Das pneumatische Ausgangssignal dieser Sensoren muss verstärkt oder in ein elektrisches Signal umgewandelt werden.

> Sensoren werden eingesetzt, um den Ist-Zustand einer Maschine oder Anlage zu erfassen. Sie werden vor allem nach dem Werkstoff des zu kontrollierenden Teiles, nach der erforderlichen Reichweite und nach der Art der Umgebung ausgewählt.

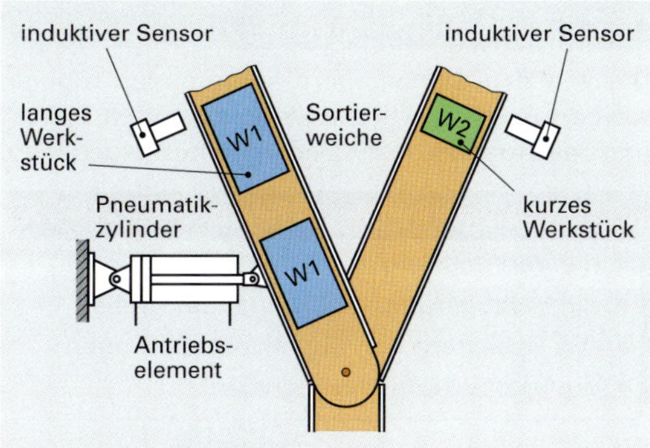

Bild 1: Induktive Sensoren

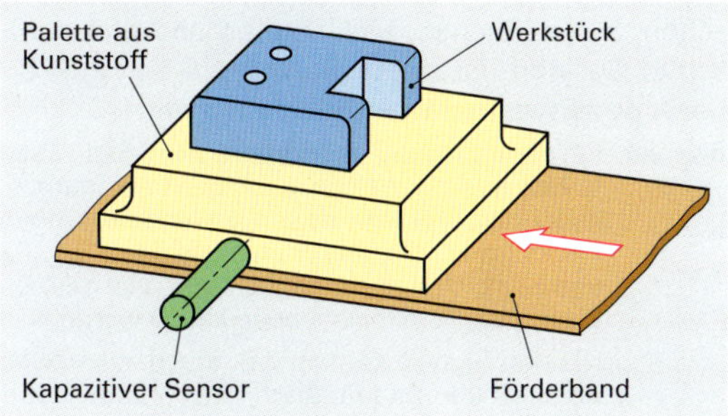

Bild 2: Kapazitiver Sensor

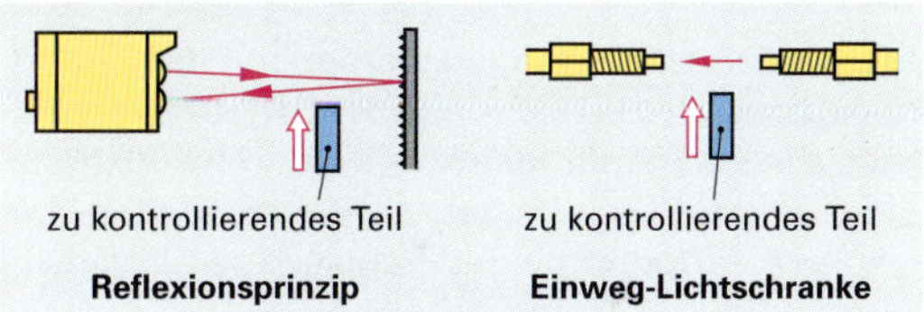

Bild 3: Optoelektronische Sensoren

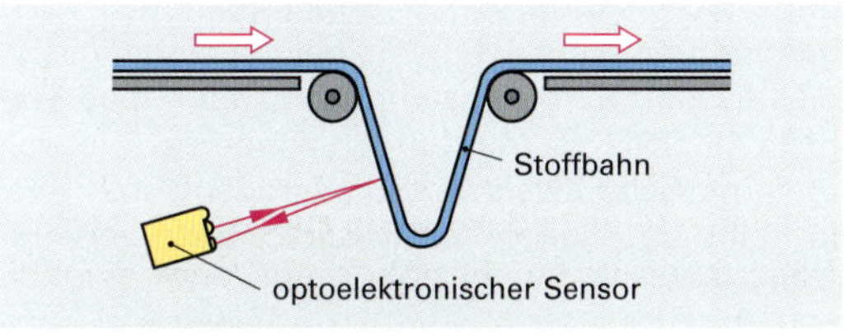

Bild 4: Überwachung des Stoffdurchhangs an einer Textilmaschine

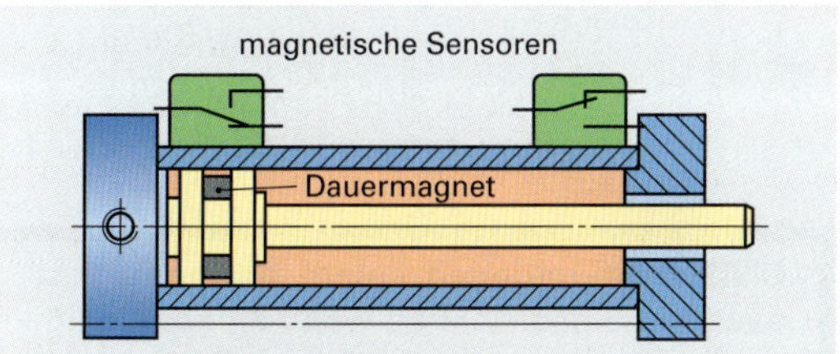

Bild 5: Magnetische Sensoren an einem Pneumatikzylinder

5.2.2.2 Steuerelemente

Die von den Signalgebern kommenden Signale werden durch die Steuerelemente „verarbeitet" und das Ergebnis an die Schaltgeräte ausgegeben.

Zur Signalverarbeitung gehören

- die **Verknüpfung** der Eingangssignale
- die **Verzögerung** von Ausgangssignalen
- das **Speichern** von Signalverknüpfungen
- die **Verstärkung** von Signalen

Die Signalverarbeitung erfolgt durch Geräte (Hardware) oder durch Programme (Software). Die Hardware kann aus mechanischen, pneumatischen, hydraulischen, elektrischen und elektronischen Geräten bestehen. Software wird in SPS-, CNC- und Prozesssteuerungen eingesetzt.

Beispiel: Bei der Steuerung der Sortierweiche Bild 1, Seite 220, wird die Weiche durch den Pneumatikzylinder nach links geschwenkt, wenn bei langen Werkstücken die drei Eingangssignale E1, E2 und E3 gleichzeitig vorhanden sind. Wie müssen diese Signale miteinander verknüpft werden?

Lösung: Die drei Signale können z. B. durch zwei Zweidruckventile pneumatisch miteinander verknüpft werden **(Bild 1)**.

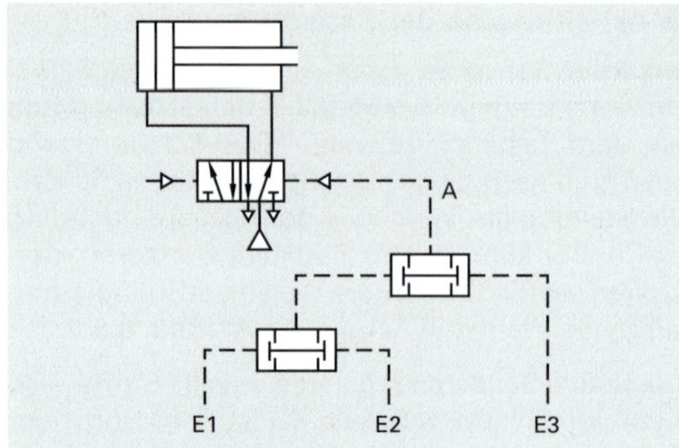

Bild 1: Pneumatische UND-Verknüpfung von drei Eingangssignalen

5.2.2.3 Die Verknüpfung von Signalen

Alle Signalverknüpfungen werden mit den Grundfunktionen UND, ODER und NEGATION verwirklicht. Die Verknüpfungen können durch Funktionsgleichungen (Schaltalgebra), Wertetabellen, Logikpläne, Programme und Schaltpläne dargestellt werden (Seite 225 und Tabelle 1).

UND-Verknüpfung

Bei UND-Verknüpfungen erhält man das Ausgangssignal A nur, wenn die beiden Eingangssignale E1 und E2 gleichzeitig vorhanden sind **(Tabelle 1)**. UND-Verknüpfungen können z. B. durch pneumatische Zweidruckventile oder durch zwei in Reihe geschaltete Schließerkontakte verwirklicht werden.

Beispiel: Ein hydraulischer Spannstock **(Bild 2)** darf erst schließen (A = 1), wenn die beiden Tastschalter gleichzeitig gedrückt werden (E1 = 1, E2 = 1). Wie müssen die Eingangssignale miteinander verknüpft werden?

Lösung: E1 und E2 werden durch die UND-Funktion verknüpft (Tabelle 1). Sind E1 = 1 UND E2 = 1, erhält man das Ausgangssignal A. Der Spannzylinder fährt aus.

UND-Verknüpfungen liefern an ihrem Ausgang ein Signal (A = 1), wenn an beiden Eingängen gleichzeitig ein Signal (E1 = 1 UND E2 = 1) anliegt.

Tabelle 1: UND-Verknüpfung

Schaltalgebra	Wertetabelle	Logikplan
Funktionsgleichung $E1 \wedge E2 = A$ (E1 UND E2 ist gleich A) $\wedge$ Zeichen für UND-Verknüpfung	siehe Wertetabelle unten	2 Eingangssignale 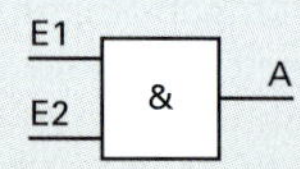
SPS-Anweisungsliste	**Relais-Schaltung**	**Pneumatischer Schaltplan**
Anweisung UE1 UE2 = A	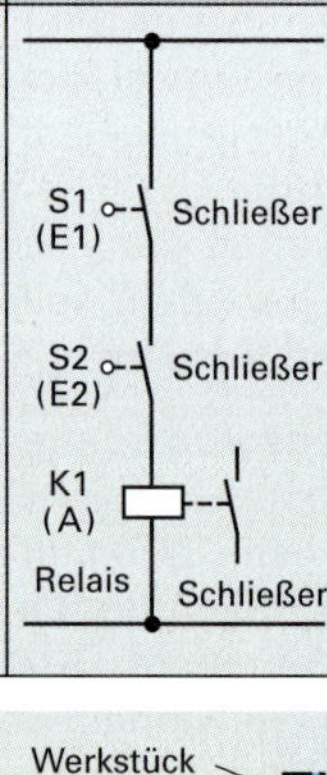	mit Wegeventilen: mit Zweidruckventil: 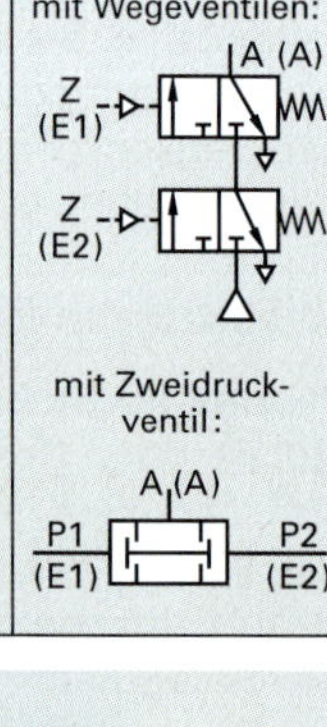

E1	E2	A
0	0	0
1	0	0
0	1	0
1	1	1

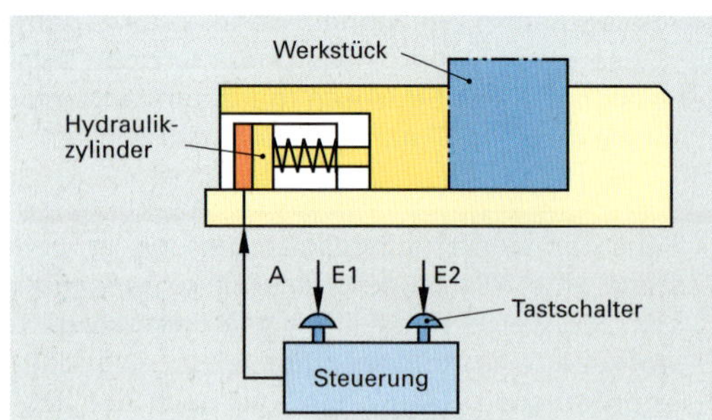

Bild 2: Vereinfachte Zweihandbedienung

Darstellung von Signalverknüpfungen

Die **Schaltalgebra** kann benutzt werden, um Steuerungen zu entwerfen oder zu vereinfachen. Die Verknüpfungen werden dabei durch **Funktionsgleichungen** beschrieben.

In **Wertetabellen** wird zu allen möglichen Kombinationen der Eingangssignale E1, E2 ... die sich durch die Verknüpfung ergebende Ausgangsgröße A dargestellt. Bei 3 Eingangsgrößen ergeben sich $2^3 = 8$, bei 4 Eingangsgrößen $2^4 = 16$ Kombinationsmöglichkeiten. Zur Vereinfachung werden oft nur die Kombinationen aufgeführt, welche die Ausgangsgröße A = 1 ergeben.

Im **Logikplan** werden die Verknüpfungen mit genormten Symbolen dargestellt. Sie werden von links nach rechts aufgebaut und gelesen.

Die logischen Verknüpfungen können auch durch **Programme,** z. B. Anweisungslisten, beschrieben werden. Diese Programme werden in besonderen oder in allgemeinen Programmiersprachen geschrieben. Die Ausgangssignale werden an die zu steuernden Geräte ausgegeben.

Beispiel: Die Steuerung für die linke Stellung der Sortierweiche (Bild 1, Seite 220) soll durch einen Logikplan und durch eine Wertetabelle beschrieben werden.

Lösung: Lange Werkstücke überdecken kurzfristig alle drei Sensoren gleichzeitig. Dadurch erhält man: E1 = 1 UND E2 = 1 UND E3 = 1. Nur bei dieser Kombination darf das Ausgangssignal A = 1 werden **(Bild 1)**.

Logikplan

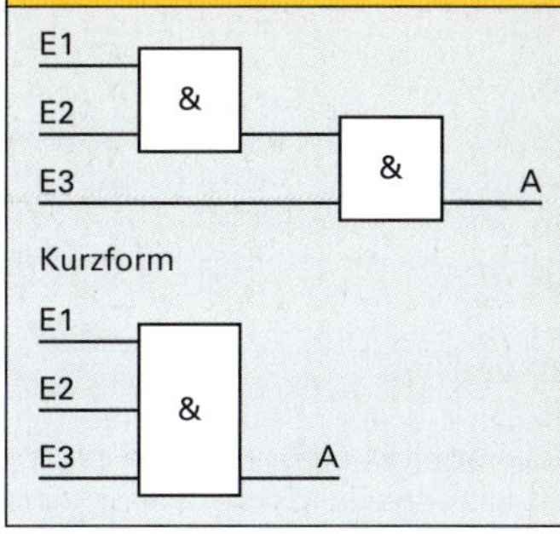

Wertetabelle

E1	E2	E3	A
0	0	0	0
1	0	0	0
0	1	0	0
1	1	0	0
0	0	1	0
1	0	1	0
0	1	1	0
1	1	1	1

Bild 1: UND-Verknüpfung von 3 Eingangssignalen

Tabelle 1: ODER-Verknüpfung

Schaltalgebra

Funktionsgleichung

E1 ∨ E2 = A

(E1 ODER E2 ist gleich A)

∨ Zeichen für ODER-Verknüpfung

Wertetabelle

E1	E2	A
0	0	0
1	0	1
0	1	1
1	1	1

Logikplan

2 Eingangssignale

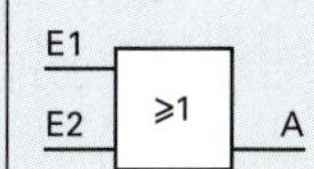

SPS-Anweisungsliste

Anweisung
UE1 OE2 = A

Relais-Schaltung

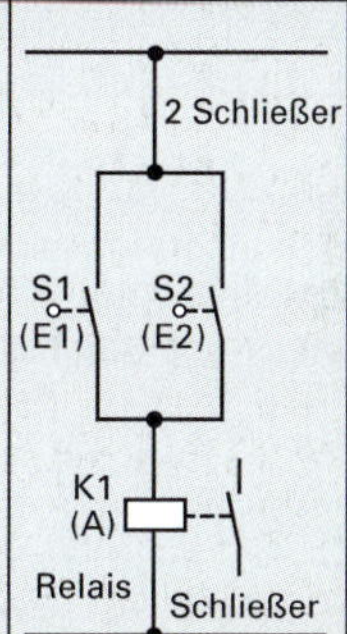

Pneumatischer Schaltplan

mit Wegeventilen:

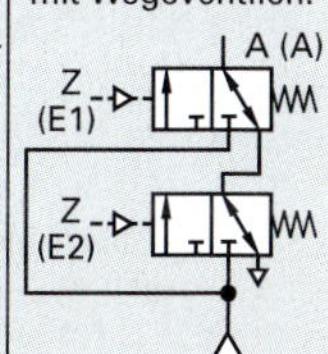

mit Wechselventil:

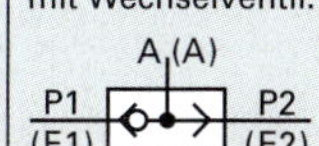

ODER-Verknüpfung

Bei der ODER-Verknüpfung wird das Ausgangssignal A = 1, wenn entweder das Eingangssignal E1 = 1 oder das Eingangssignal E2 = 1 oder beide Eingangssignale 1 sind **(Tabelle 1).** Die ODER-Verknüpfung kann z. B. durch ein Wechselventil oder durch parallel geschaltete Schließerkontakte verwirklicht werden.

Beispiel: Ein Förderband kann durch je einen Tastschalter an den beiden Enden des Bandes oder vom Leitstand aus stillgesetzt werden. Die Verknüpfung soll durch Logikplan und Wertetabelle dargestellt werden.

Lösung: Wenn mindestens eines der drei Eingangssignale E1 ODER E2 ODER E3 vorhanden ist, wird das Ausgangssignal A = 1 **(Bild 2).**

Logikplan

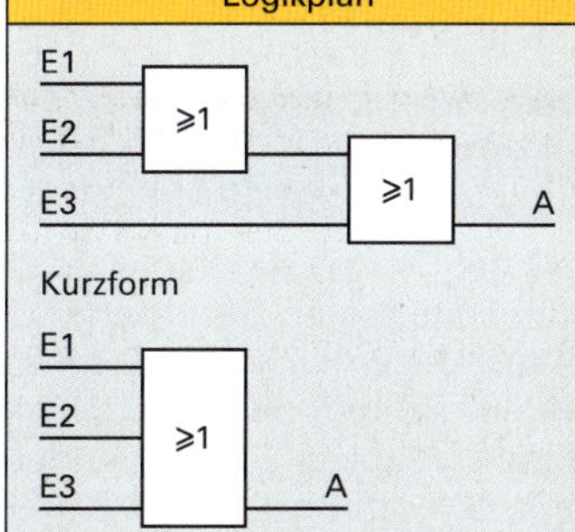

Wertetabelle

E1	E2	E3	A
0	0	0	0
1	0	0	1
0	1	0	1
1	1	0	1
0	0	1	1
1	0	1	1
0	1	1	1
1	1	1	1

Bild 2: ODER-Verknüpfung von 3 Eingangssignalen

ODER-Verknüpfungen liefern an ihrem Ausgang ein Signal A = 1, wenn an einem der Eingänge oder an allen Eingängen ein Signal (E1 = 1 ODER E2 = 1) ansteht.

NICHT-Verknüpfung

Die NICHT-Verknüpfung kehrt das Eingangssignal E1 um. Das Ausgangssignal A ist „1“, wenn das Eingangssignal E1 = 0 ist und umgekehrt **(Tabelle 1)**. Die NICHT-Verknüpfung wird deshalb auch als NEGATION (Verneinung) bezeichnet. Sie kann z. B. durch ein 3/2-Wegeventil mit Durchgangs-Nullstellung oder durch ein Relais mit einem Öffnerkontakt verwirklicht werden.

Beispiel: Eine Meldeleuchte soll eingeschaltet werden, wenn eine elektrische Leitung bricht. Die NICHT-Funktion soll mithilfe eines Relais verwirklicht werden.

Lösung: **Stromlaufplan.** Wenn die Leitung im Strompfad 1 unterbrochen wird, fällt das Relais ab. Der Öffnerkontakt im Strompfad 2 schließt und schaltet die Meldeleuchte ein **(Bild 1).**

> Die **NICHT-Funktion** kehrt Eingangssignale um. Aus einem „1“-Signal am Eingang wird ein „0“-Signal am Ausgang und aus einem „0“-Signal am Eingang ein „1“-Signal am Ausgang.

Tabelle 1: NICHT-Verknüpfung

Schaltalgebra	Wertetabelle	Logikplan
Funktionsgleichung $\overline{E1} = A$ E1 nicht ist gleich A oder $E1 = \overline{A}$ E1 ist gleich nicht A	E1 | A 0 | 1 1 | 0	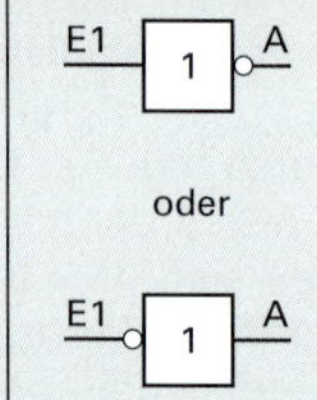
SPS-Anweisungsliste	**Relais-Schaltung**	**Pneumatischer Schaltplan**
Anweisung UNE1 =A	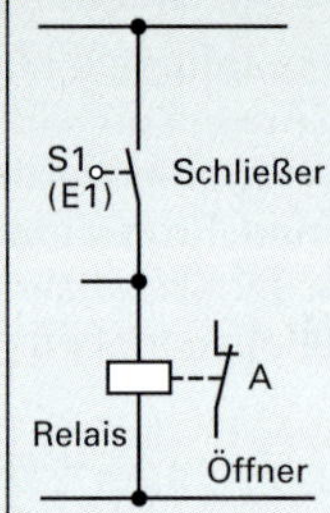	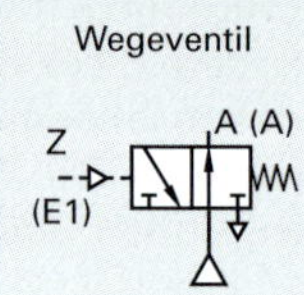

Verknüpfung mehrerer Grundfunktionen

Bei Steuerungen werden oft viele Grundfunktionen miteinander verknüpft. Die Verknüpfungen können auch hier durch Logikpläne und Wertetabellen übersichtlich dargestellt werden. Die Logikpläne können an Rechnern mit geeigneter Software erstellt und durch grafische Simulation getestet werden.

Beispiel: Bei der Sortierweiche (Bild 1, Seite 220) sollen die Verknüpfungen für folgende Betätigungen dargestellt werden:

a) Schwenken auf Bahn 1, wenn ein langes Werkstück an den Sensoren vorbeiläuft (A1 = 1)

b) Schwenken auf Bahn 2, wenn ein kurzes Werkstück vorbeiläuft (A2 = 1)

Lösung: Die Eingangssignale E1, E2 und E3 werden folgendermaßen verknüpft **(Bild 2)**:

a) E1 UND E2 UND E3 = A1

b) $\overline{E1}$ UND E2 UND $\overline{E3}$ = A2

5.2.2.4 Schaltgeräte und Antriebselemente

Die Ausgangssignale der Steuerelemente werden an die Schaltgeräte ausgegeben. Dazu gehören die Ventile, die Zylinder steuern, und Relais sowie Schütze, die Elektromotoren zu- und abschalten. Die Antriebselemente („Aktoren“) wie Zylinder, Motoren, Heizgeräte, Bildschirme oder Drücker führen dann als letztes Glied der Steuerkette die von der Steuerung vorgegebenen Schritte aus.

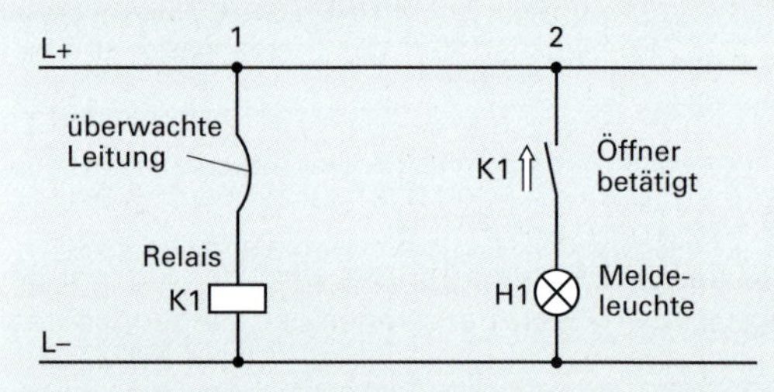

Bild 1: NICHT-Funktion bei der Überwachung einer elektrischen Leitung

Logikplan

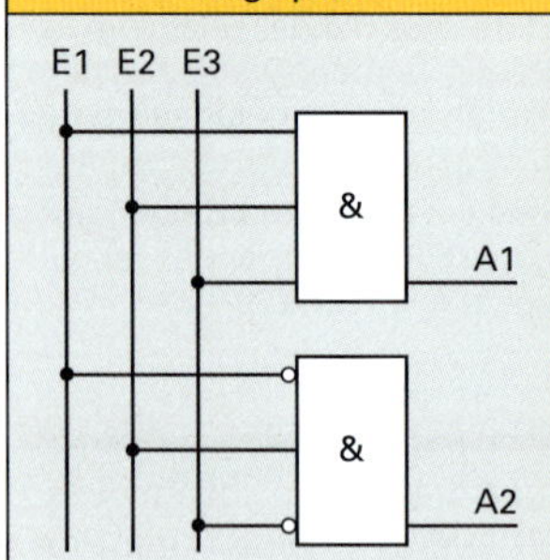

Wertetabelle

E1	E2	E3	A1	A2
0	0	0	0	0
1	0	0	0	0
0	1	0	0	1
1	1	0	0	0
0	0	1	0	0
1	0	1	0	0
0	1	1	0	0
1	1	1	1	0

Bild 2: Logikplan und Wertetabelle für die Steuerung der Sortierweiche

5.2.3 GRAFCET

GRAFCET (**GRA**phe **F**onctionnel de **C**ommande **E**tape **T**ransition) ist die Darstellung einer Steuerungsfunktion mit Schritten und Weiterschaltbedingungen. Mit GRAFCET-Plänen können umfangreiche Steuerungsabläufe übersichtlich dargestellt werden.

GRAFCET ist nach EN 60848:2002-12 in ganz Europa gültig und löst als grafische Beschreibungssprache den Funktionsplan nach der deutschen Norm DIN 40719-6 ab. Er ersetzt ferner das Funktions- bzw. Weg-Schritt-Diagramm.

GRAFCET dient der eindeutigen Darstellung einer Steuerungsaufgabe und ermöglicht auch die Darstellung von Hierarchie-Ebenen.

Mit GRAFCET ist es möglich, eine Steuerung geräteneutral zu beschreiben (Bild 1) oder eine bestimmte Steuerungsart, z.B. eine pneumatische oder elektropneumatische Ausführung, zu berücksichtigen.

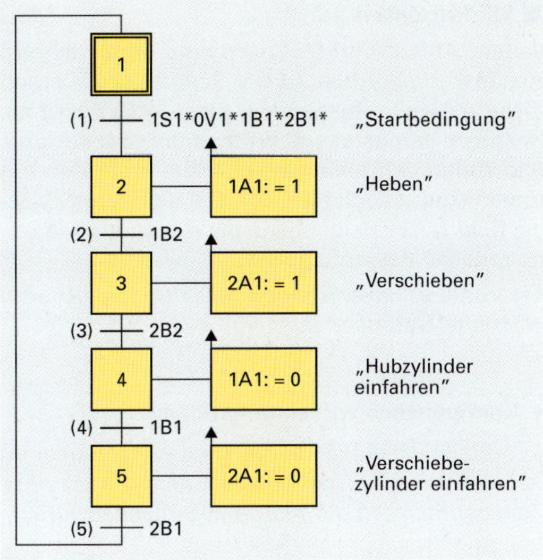

Bild 1: Beispiel eines GRAFCET

Aufbau und Grundprinzipien von GRAFCETs

Ein GRAFCET besitzt im **Strukturteil** die Elemente Schritt und Transition, im **Wirkungsteil** die Aktionen **(Bild 2)**. Schritte und Transitionen eines GRAFCET wechseln sich ständig ab. Es ist immer nur ein Schritt aktiv, der beliebig viele Aktionen auslösen kann. In einen GRAFCET können an beliebigen Stellen Kommentare mit Anführungszeichen eingefügt werden.

Neben linearen Abläufen sind auch alternative oder parallele Verzweigungen möglich. GRAFCETs können ferner hierarchisch strukturiert sein, z.B. in Teil-GRAFCETs wie NOT-AUS, Betriebsartenwahl, Richtbetrieb, oder in Makroschritte, z.B. M2 „Automatik", aufgeteilt werden.

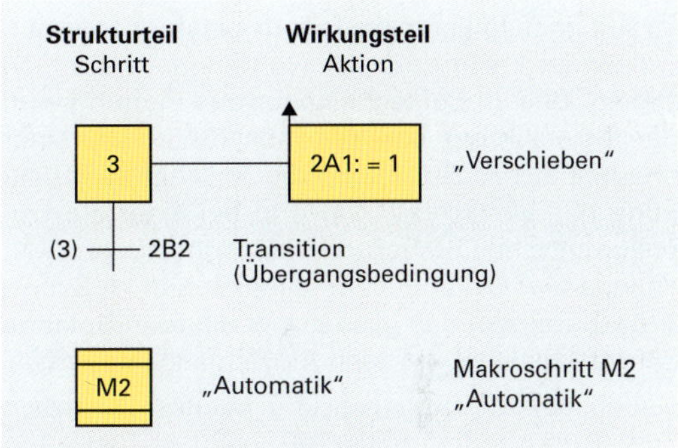

Bild 2: Elemente eines GRAFCET

Strukturteil

- **Startschritt**

Der Start- bzw. Initialisierungsschritt gibt die Ausgangsstellung einer Steuerung an. Er erhält die Nummer 1 in einem doppelten Rahmen.

- **Schritt**

Jeder weitere Schritt wird meist mit einer Zahl in einem einfachen Rahmen bezeichnet. Der Zustand eines Schrittes kann durch seine Schrittvariable X (Wert 1 oder 0) abgefragt werden.

- **Transition**

Als Transition (Übergang) zwischen zwei Schritten wird die Bedingung für die Einleitung des nächsten Schrittes neben einer waagrechten Linie angegeben. Links (in Klammern) steht der Name der Transition, rechts die Übergangsbedingung als Text oder Boole'scher Ausdruck.

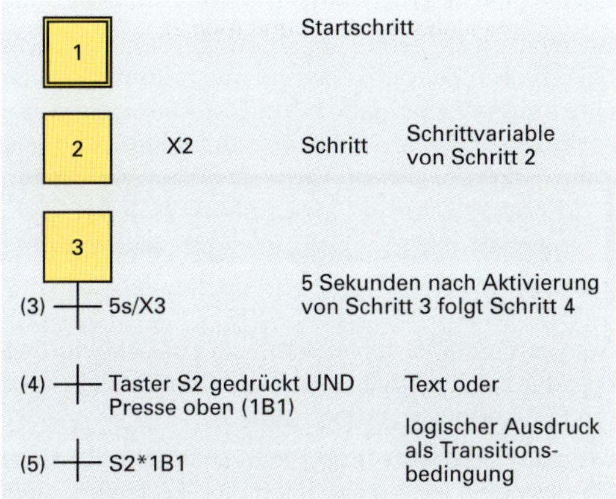

Bild 3: Beispiele zum Strukturteil

Wirkungsteil

Jedem Ablaufschritt werden eine oder mehrere Aktionen zugeordnet. Ist der Schritt aktiv, werden diese Aktionen ausgeführt. Eine Aktion wird als Rechteck dargestellt, Schrittsymbol und Aktionsfeld stehen auf gleicher Höhe. Bei mehreren Aktionen sind unterschiedliche Darstellungen zulässig **(Bild 1)**. Die Reihenfolge der Aktionen stellt keine zeitliche Reihenfolge dar.

Man unterscheidet **kontinuierlich** und **speichernd** wirkende Aktionen.

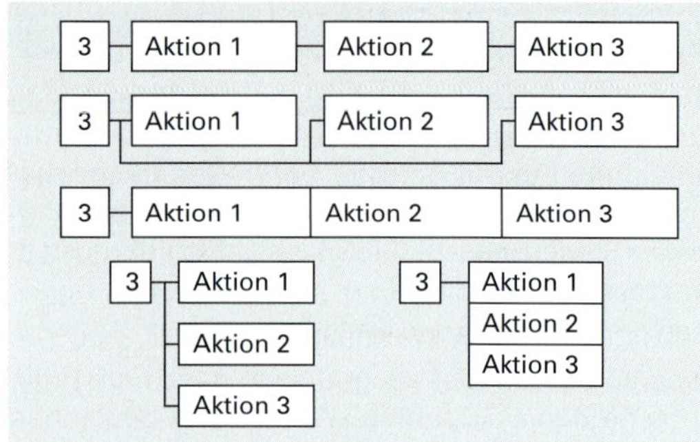

Bild 1: Darstellung von Aktionen

- **Kontinuierlich wirkende Aktionen**

Kontinuierlich wirkende Aktionen werden über eine bestimmte Zeitspanne ausgeführt. Endet diese Zeitspanne, wird die Aktion automatisch zurückgenommen.

> Solange ein Schritt aktiv ist, erhält die Variable den Wert 1, ist er nicht mehr aktiv, wird ihr der Wert 0 zugewiesen.

Im Aktionsfeld kann ein Text in Befehls- oder hinweisender Form oder der Name einer Variablen stehen **(Bild 2)**. Bei technikneutraler Planung wird die Bezeichnung des Antriebs (2A1), bei einer pneumatischen Steuerung die Anschlussbezeichnung des Ventils (2V1-14) und bei einer elektropneumatischen Steuerung die Magnetspule (2M1) angegeben. Die abgebildeten Aktionen zu Schritt 4 beschreiben das gleiche Verhalten: Solange Schritt 4 aktiv ist, wird ein Antrieb angesteuert.

Neben der Schrittaktivierung können zusätzlich **Zuweisungsbedingungen** (B8, 3s/B9 etc.) erforderlich sein, bevor eine Aktion ausgeführt werden kann.

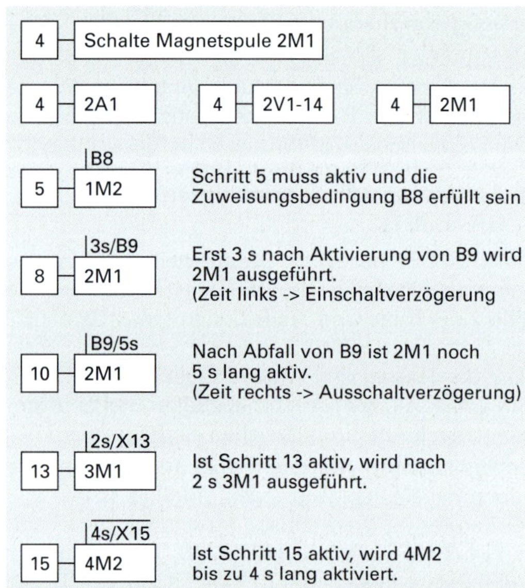

Bild 2: Beispiele für kontinuierlich wirkende Aktionen

- **Speichernd wirkende Aktionen**

Speichernd wirkende Aktionen werden zu einem bestimmten Zeitpunkt einmal ausgeführt. Dazu ist eine präzise Zeitangabe nötig. Zur Rücknahme des Aktionsbefehls ist ein weiterer Befehl erforderlich.

> Der Wert einer Variablen bleibt so lange gespeichert (3M1:= 1), bis er durch eine andere Aktion verändert wird (3M1:= 0).

Der Wert einer Variablen kann sich bei Aktivierung (↑) oder bei Deaktivierung eines Schrittes (↓ – nur mit SPS möglich) ändern **(Bild 3)**.

Der seitwärts weisende Pfeil („Fähnchen") zeigt an, dass eine Aktion erst nach dem Eintreten eines **Ereignisses** speichernd ausgeführt wird.

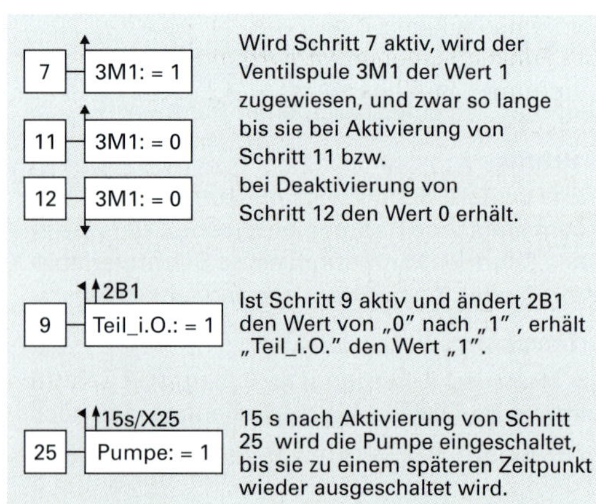

Bild 3: Beispiele für speichernd wirkende Aktionen

Beispiel: Hubeinrichtung

Das **Technologieschema** (Lageplan) zeigt in einer übersichtlichen Skizze die Anordnung der verwendeten Bauteile und lässt den Ablauf erkennen: Werkstücke werden durch den Hubzylinder 1A1 angehoben und in der oberen Endlage durch den Verschiebezylinder 2A1 auf eine Rollenbahn geschoben. Danach kehren beide Zylinder in die Ausgangsstellung zurück **(Bild 1)**.

Der Bewegungsablauf lässt sich in Kurzschreibweise wie folgt angeben (+ = aus-, – = einfahren):

1A1+ 2A1+ 1A1– 2A1–

GRAFCET lässt unterschiedliche Darstellungen zu. Während der GRAFCET-Plan nach Bild 1, Seite 227, den Ablauf der Hubeinrichtung technologieunabhängig beschreibt, ist der GRAFCET nach **Bild 2** für eine pneumatische Steuerung mit bistabilen Stellgliedern mit kontinuierlich wirkenden Aktionen erstellt.

Der Steuerungsablauf ist in 5 Ablaufschritte gegliedert. Der Startschritt 1 kennzeichnet die Ausgangsstellung der Steuerung unmittelbar nach dem Einschalten. An den Übergängen zwischen den Schritten sind die Bedingungen aufgeführt, die für das Weiterschalten der Steuerung notwendig sind. Schritt „2" z.B. wird erst ausgeführt, wenn

- der Starttaster 1S1 gedrückt wird,
- das Hauptventil 0V1 in Schaltstellung „a" steht,
- der pneumatische Näherungsschalter 1B1 durch den Zylinder 1A1 betätigt ist
- und der pneumatische Näherungsschalter 2B1 durch den Zylinder 2A1 betätigt ist.

Schaltpläne zeigen die Funktion einer Steuerung in der gewählten Technik, z.B. Pneumatik, und die Verbindung der einzelnen Elemente der Steuerung untereinander **(Bild 3)**. Die Bauteile eines Schaltplans werden nicht nach ihrer Lage, sondern entsprechend ihrer Funktion übersichtlich in den Funktionsebenen Versorgungs-, Signal-, Verknüpfungs-, Stell- und Antriebsglieder (von unten nach oben) angeordnet.

Wiederholung und Vertiefung

1. Wodurch unterscheiden sich analoge, binäre und digitale Signale?
2. Wie werden Näherungsschalter nach ihrem Wirkungsprinzip unterteilt?
3. Stellen Sie für den Logikplan **(Bild 4)** die vollständige Wertetabelle auf.
4. Erstellen Sie für die Hubvorrichtung **(Bild 3)** einen GRAFCET mit speichernd wirkenden Aktionen.

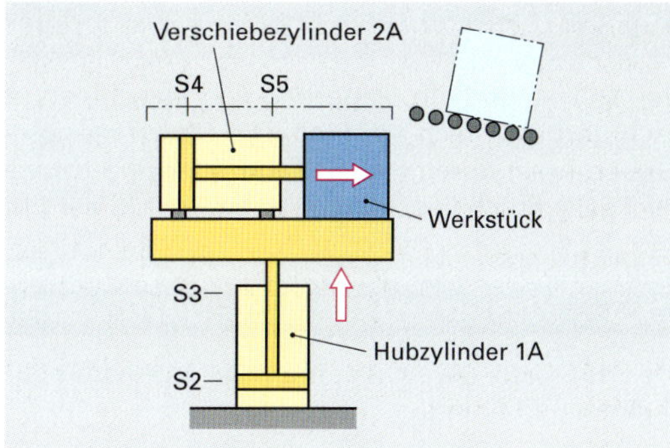

Bild 1: Technologieschema der Hubeinrichtung

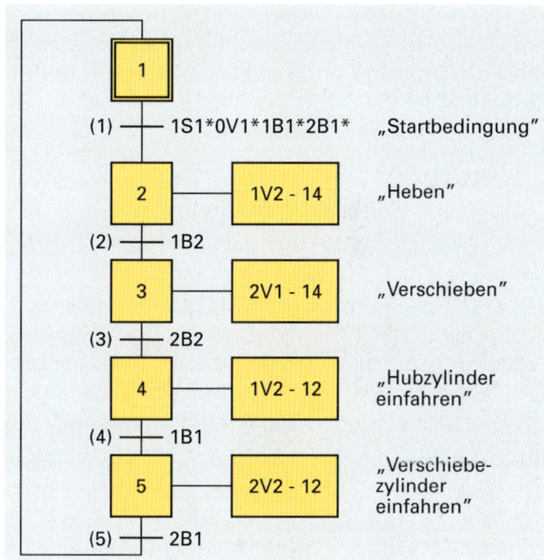

Bild 2: GRAFCET der Hubeinrichtung

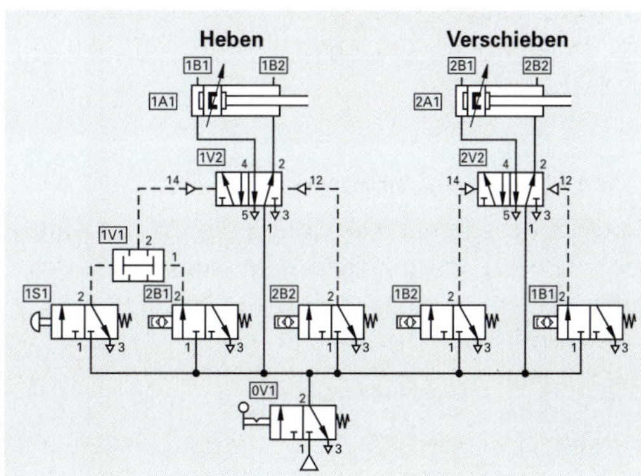

Bild 3: Pneumatik-Schaltplan der Hubeinrichtung

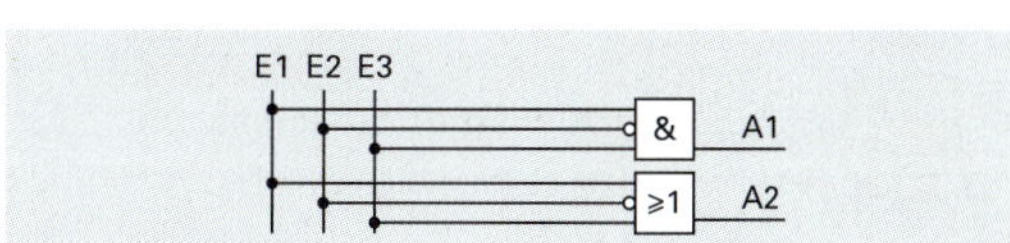

Bild 4: Logikplan

5.3 Pneumatische und hydraulische Steuerungen

Der Antrieb und die Steuerung von Maschinen und Anlagen kann mechanisch, pneumatisch, hydraulisch und elektrisch erfolgen. Die Übertragung der Kräfte und Signale erfolgt bei den mechanischen Steuerungen durch Hebel, Zahnräder und Kurvenscheiben, in der Pneumatik durch Druckluft, in der Hydraulik durch Druckflüssigkeiten und in der Elektrik durch elektrische Energie.

5.3.1 Pneumatische Steuerungen

Als Pneumatik bezeichnet man die Verwendung der Druckluft zum Antrieb und zur Steuerung von Maschinen und Anlagen.

Übersicht über eine pneumatisch gesteuerte Maschine

Zu einer vollständigen Pneumatikanlage gehören neben der eigentlichen pneumatischen Steuerung mit ihren Antriebsgliedern und Ventilen noch die Verdichteranlage und die Druckluft-Aufbereitung. In der Verdichteranlage wird die Druckluft erzeugt, gekühlt und gespeichert. Die Aufbereitungseinheit filtert die Druckluft und regelt den Druck in der pneumatischen Steuerung. Benötigen die Zylinder und Ventile geölte Druckluft, wird ihr im Öler eine sehr geringe Ölmenge als Ölnebel beigemischt.

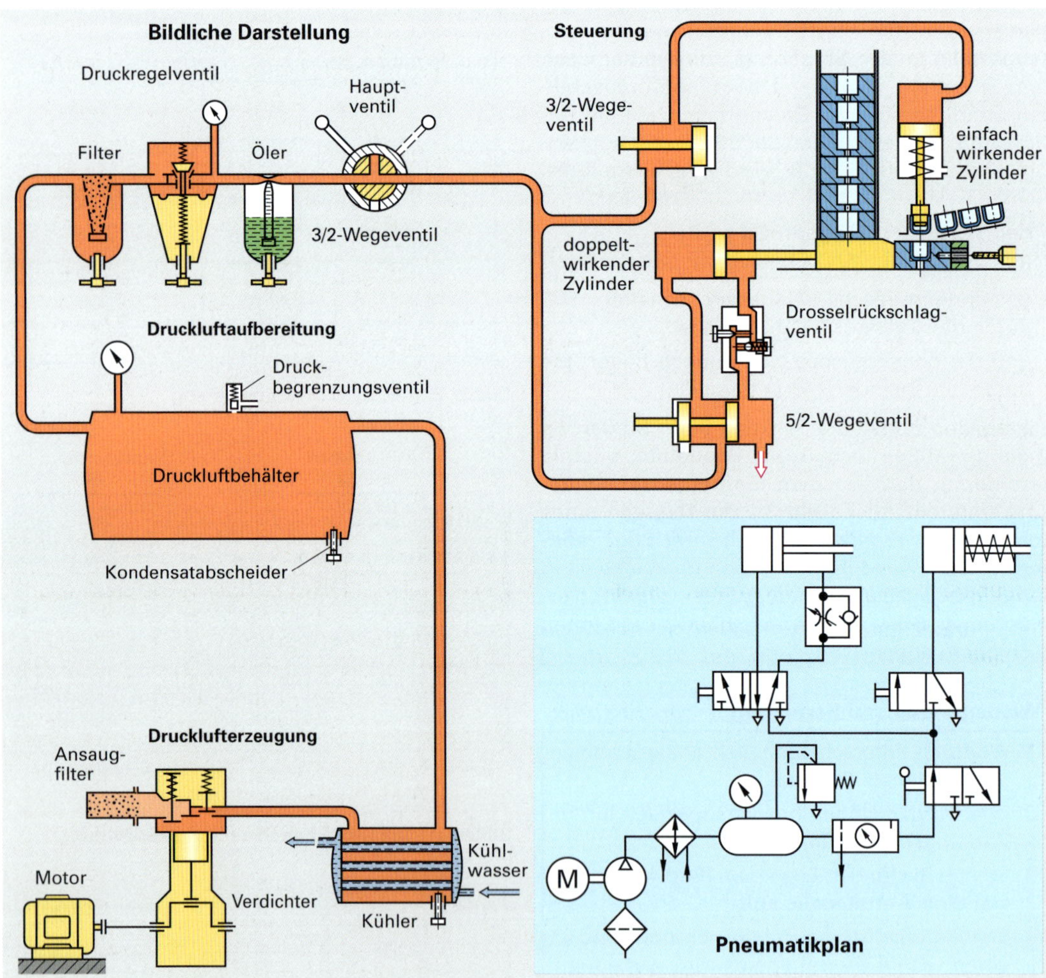

Bild 1: Pneumatische Steuerung mit Verdichteranlage

5.3.2 Hydraulische Steuerungen

Die Hydraulik umfasst den Antrieb und die Steuerung von Maschinen durch Druckflüssigkeiten **(Bild 1)**.

Während pneumatische Steuerungen nur mit etwa 6 bar Druck betrieben werden, sind bei hydraulischen Steuerungen Drücke bis 600 bar nicht selten. Dadurch können schon mit kleinen Zylindern große Kräfte ausgeübt werden.

Beispiel: Druckkraft eines Zylinders mit 25 mm Kolbendurchmesser, einem Wirkungsgrad von 0,85 und einem Druck von 500 bar: $F = 20\,862$ N.

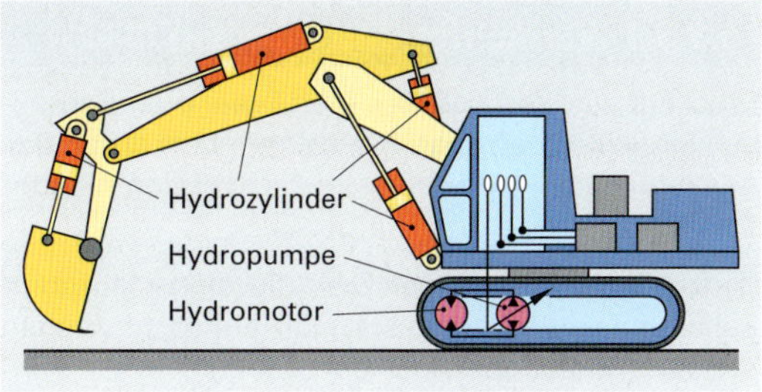

Bild 1: Bagger mit hydraulischen Antrieben

Hydraulische Antriebe und Steuerungen findet man im stationären und mobilen Bereich:

- stationär: Pressen, Spritzgießmaschinen, Spannvorrichtungen an Werkzeugmaschinen
- mobil: Straßenbaumaschinen, Bremsanlagen im Kraftfahrzeug, Landeklappen und Türen bei Flugzeugen.

Funktionsprinzip:

Pumpen verdrängen Hydraulikflüssigkeiten über Ventile zu Hydrozylindern **(Bild 2)**. Die vom Kolben verdrängte Flüssigkeit fließt durch das Wege- und Sperrventil in den Behälter zurück. Wird der eingestellte Höchstdruck überschritten, öffnet das Druckbegrenzungsventil, und die Druckflüssigkeit fließt direkt in den Behälter zurück.

Der Behälter soll die Hydraulikflüssigkeit speichern, Leckverluste ersetzen, die Flüssigkeit kühlen und als Absetzbecken für mitgerissene Schmutzteilchen dienen.

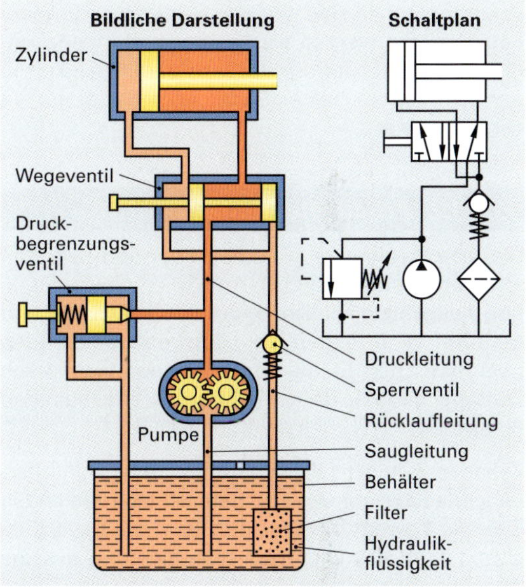

Bild 2: Bauelemente einer Hydraulikanlage

Hydraulikflüssigkeiten

Als Hydraulikflüssigkeiten werden Mineralöle, schwer entflammbare Flüssigkeiten und biologisch abbaubare Flüssigkeiten verwendet **(Tabelle 1)**.

Die Hydraulikflüssigkeiten sollen schmierfähig und alterungsbeständig sein. Ihre Viskosität soll sich möglichst wenig mit der Temperatur ändern. Sie sollen nicht schäumen und die Dichtungen sowie die Werkstoffe der Bauelemente nicht angreifen.

In Hydraulikanlagen, die hohen Temperaturen ausgesetzt sind, z. B. Schmiedepressen, werden schwerentflammbare Hydraulikflüssigkeiten verwendet. In ökologisch sensiblen Gebieten, z. B. im Bereich von Wasserschutzgebieten oder in der Land- und Forstwirtschaft, arbeiten hydraulisch betriebene Maschinen mit biologisch abbaubaren Flüssigkeiten.

Tabelle 1: Hydraulikflüssigkeiten

Hydrauliköle auf Mineralölbasis	
HLP	Hydrauliköl mit Zusätzen zur Verbesserung von Alterungsbeständigkeit, Korrosionsschutz und Verschleißschutz. Gute Luftabscheidung.
HVLP	Hydrauliköl mit Eigenschaften wie Typ HLP, jedoch kleinerer Viskositätsänderung.
Schwerentflammbare Flüssigkeiten	
HFC	Wässrige Lösungen, z. B. 35 % Polyglykol in Wasser; nur für geringe Drücke
HFD	Wasserfreie synthetische Flüssigkeiten, z. B. Phosphorsäureester
Biologisch abbaubare Flüssigkeiten	
—	Hydraulikflüssigkeiten auf der Basis von Pflanzenölen, z. B. Rapsöl, synthetische Ester oder Polyglykolöle; weitgehend abbaubar, Wassergefährdungsklasse 0

5.3.3 Bauelemente

5.3.3.1 Verdichter und Pumpen (Bild 1)

Druckluft wird mit Kolben-, Membran- oder Schraubenverdichtern erzeugt. Sie saugen Luft durch das Ansaugfilter an, verdichten sie und drücken sie über den Kühler in den Druckluftbehälter.

Hydraulikpumpen saugen Druckflüssigkeit aus dem Behälter an und drücken sie in die angeschlossenen Ventile und Zylinder. Der entstehende Druck wird durch die Kräfte bestimmt, die an den Arbeitselementen gefordert werden. Der Höchstdruck wird am Druckbegrenzungsventil eingestellt.

Zahnradpumpen sind eine der häufigsten Pumpenbauarten. Sie werden als Außen- und Innenzahnradpumpen gebaut. Sie fördern die Flüssigkeit in den Zahnlücken beider Räder vom Saugraum in den Druckraum.

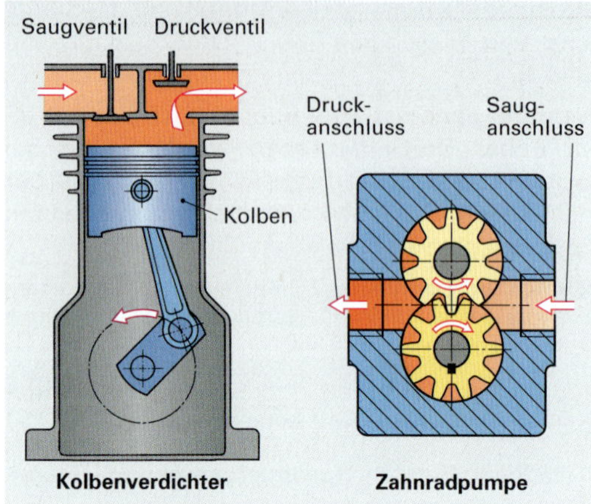

Bild 1: Kolbenverdichter und Zahnradpumpe

5.3.3.2 Arbeitselemente

Die Arbeitselemente pneumatischer und hydraulischer Steuerungen sind im Aufbau und in der Funktion weitgehend ähnlich. Hydraulische Zylinder und Motoren sind gegenüber den entsprechenden pneumatischen Elementen allerdings wesentlich kräftiger gebaut, da sie größere Kräfte ausüben müssen.

Zylinder. Zylinder führen geradlinige hin- und hergehende Bewegungen aus. Beim einfach wirkenden Zylinder bewegt die Druckluft bzw. die Druckflüssigkeit den Kolben nur nach einer Richtung. In seine Ausgangslage wird er durch die eingebaute Feder zurückgeholt. Bei doppelt wirkenden Zylindern erfolgt die Bewegung in beiden Richtungen durch die Druckluft bzw. die Druckflüssigkeit **(Bild 2)**.

Zylinder werden, wie die übrigen Bauelemente, in den Schaltplänen durch international gültige Schaltzeichen dargestellt.

Pneumatik- und Hydraulikmotoren. Diese Motoren werden durch die Druckluft oder die Druckflüssigkeit beaufschlagt. Sie treiben z. B. Schrauber, Vorschubspindeln und Hebezeuge an. Die Drehzahl kann durch Drosselung der zugeführten Luft- bzw. Flüssigkeitsmenge stufenlos eingestellt werden.

Der Schrauber **Bild 3** wird durch einen Druckluft-Lamellenmotor angetrieben. Die einströmende Druckluft dreht den exzentrisch gelagerten Rotor an den in Schlitzen radial verschiebbaren Lamellen. Die hohe Drehzahl wird durch ein Getriebe ins Langsame übersetzt und dabei gleichzeitig das Drehmoment erhöht.

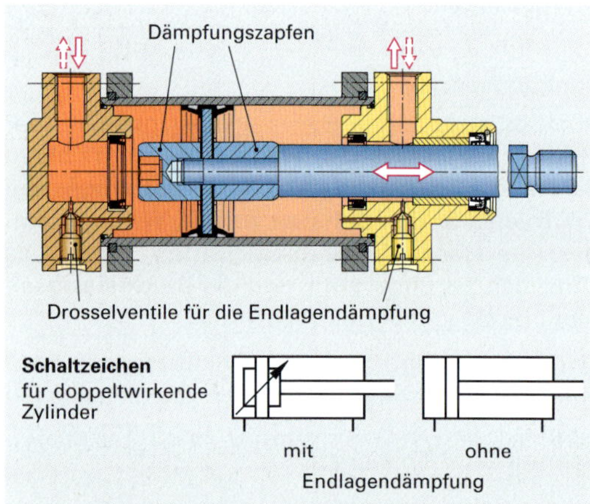

Bild 2: Doppelt wirkender Zylinder mit beidseitiger einstellbarer Endlagendämpfung

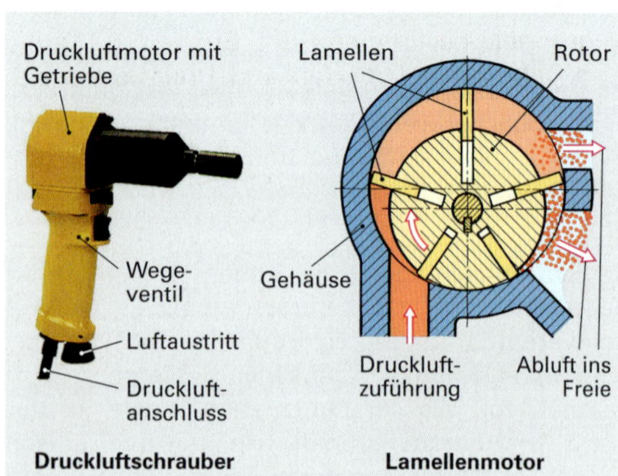

Bild 3: Druckluftschrauber mit Lamellenmotor

Beispiel für die Anwendung pneumatischer und hydraulischer Arbeitselemente

In der automatischen Montage- und Bearbeitungsmaschine **Bild 1** werden durch den doppelt wirkenden Zylinder 1A1 Gehäuse aus einem Fallmagazin gegen einen Anschlag geschoben und gespannt. Anschließend werden Buchsen, die von einem Schwingförderer zugeführt werden, durch den einfach wirkenden Zylinder 2A1 eingepresst. Gleichzeitig wird mit der Bohrvorschubspindel 3A1 die fehlende Bohrung gebohrt. Die Vorschubbewegung der Bohrspindel erfolgt durch einen doppelt wirkenden Pneumatikzylinder, der Drehantrieb durch einen Druckluft-Lamellenmotor. Der waagrechte Zylinder 4A1, der hinter der Spannstelle liegt, schiebt das fertige Werkstück aus der Maschine. Der zeitliche Ablauf der Bewegungen kann grafisch dargestellt werden (z.B. über GRAFCET).

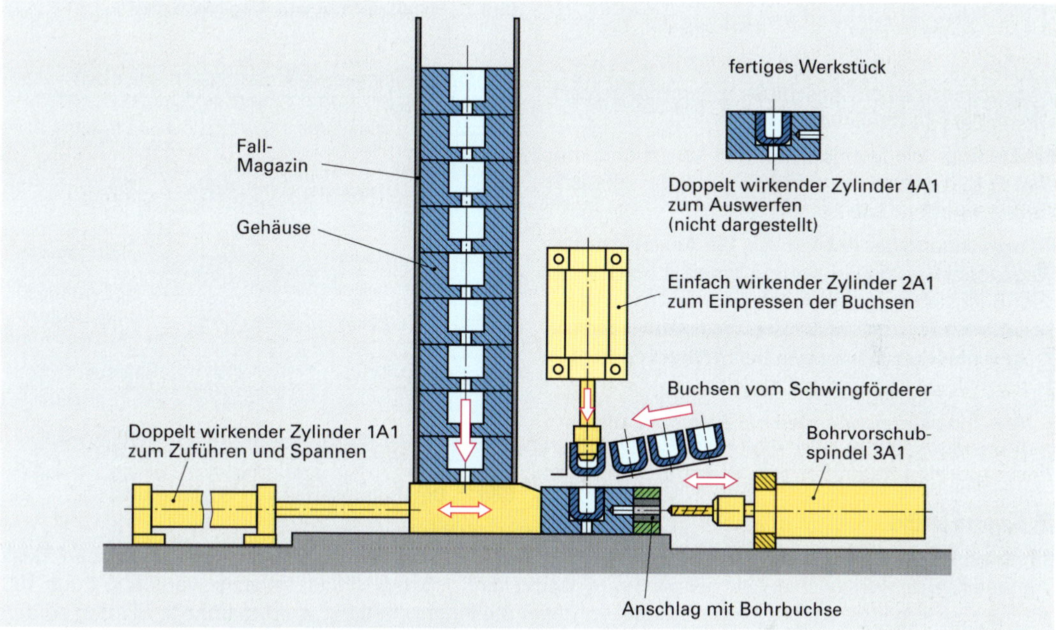

Bild 1: Automatische Montage- und Bearbeitungsmaschine

5.3.3.3 Ventile

Bei den Ventilen unterscheidet man Wegeventile, Sperrventile, Stromventile und Druckventile.

Wegeventile

Wegeventile bestimmen Start, Stopp und Durchflussrichtung der Druckluft und Druckflüssigkeit. Mit ihnen werden deshalb die Bewegungen von Pneumatik- und Hydrozylindern sowie Pneumatik- und Hydromotoren gesteuert **(Bild 2)**.

Funktion. In der Schaltstellung a des Wegeventils strömt die Druckluft oder die Druckflüssigkeit vom Druckanschluss 1 zum Anschluss 4. Der Kolben des Zylinders fährt aus. Die von ihm im rechten Zylinderraum verdrängte Luft bzw. Flüssigkeit entweicht über den Anschluss 2 des Wegeventils zum Anschluss 3. In der Schaltstellung b verbindet das Wegeventil den Anschluss 1 mit dem Anschluss 2 und den Anschluss 4 mit dem Anschluss 5. Der Kolben fährt ein.

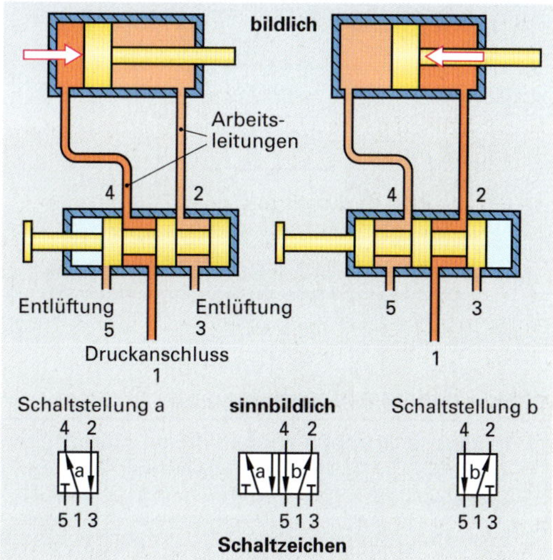

Bild 2: Darstellung von Wegeventilen

Schaltzeichen. In Schaltplänen wird jede Schaltstellung eines Wegeventils durch ein Rechteck dargestellt. Pfeile bezeichnen den Weg der Luft bzw. der Flüssigkeit zwischen den Anschlüssen. Die Anschlussleitungen werden jedoch nur an die Ausgangsstellung des Ventils herangezogen **(Bild 1)**.

Bezeichnung. Die Bezeichnung der Wegeventile enthält die Anzahl der Anschlüsse und die Anzahl der Schaltstellungen.

Beispiel: **5/3-Wegeventil**

5 Anschlüsse — 3 Schaltstellungen

Werden die Anschlüsse „3" und „5" in einem 5/2-Wegeventil zu einem Anschluss zusammengefasst, entsteht ein 4/2-Wegeventil.

Betätigung. Wegeventile können von Hand, mit dem Fuß, mechanisch, durch Druck oder elektrisch betätigt werden **(Bild 2)**.

Kennzeichnung der Anschlüsse. Die Anschlüsse der Wegeventile werden in der Pneumatik durch Zahlen oder Buchstaben in der Hydraulik gekennzeichnet.

Anschlussbezeichnungen bei 5-Wegeventilen:
P ≙ 1 B ≙ 2 R ≙ 3 A ≙ 4 S ≙ 5

Anschlussbezeichnungen bei 3-Wegeventilen:
P ≙ 1 A ≙ 2 R ≙ 3

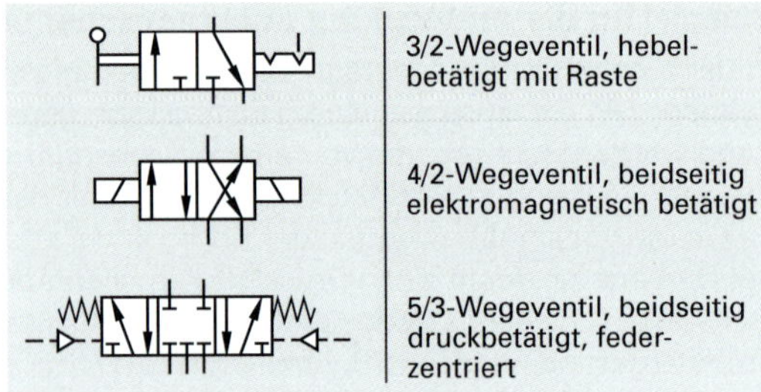

Bild 1: Schaltzeichen von Wegeventilen

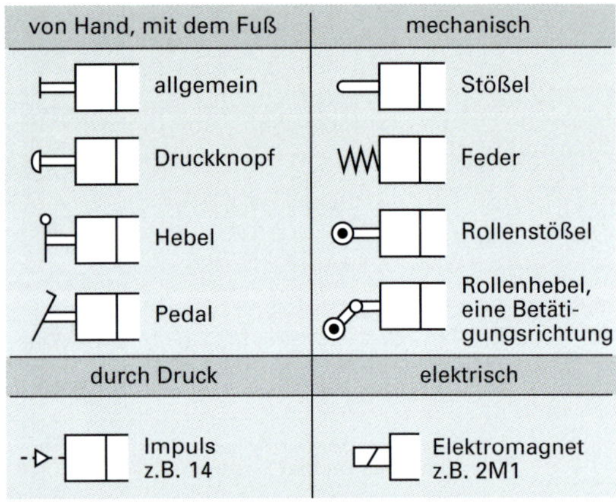

Bild 2: Betätigungsarten von Wegeventilen

Sperrventile

Bei Sperrventilen wird das Sperrelement von der Druckluft oder Druckflüssigkeit so verschoben, dass immer ein Anschluss nach außen gesperrt wird. Damit kann z. B. mit Hilfe der Wechselventile 1V1 und 1V3 die Tür zum Arbeitsraum der Drehmaschine von zwei Stellen aus betätigt werden **(Bild 3)**. Mit den beiden Wegeventilen 1S1 oder 1S2 wird die Tür geöffnet, mit 1S3 oder 1S4 geschlossen.

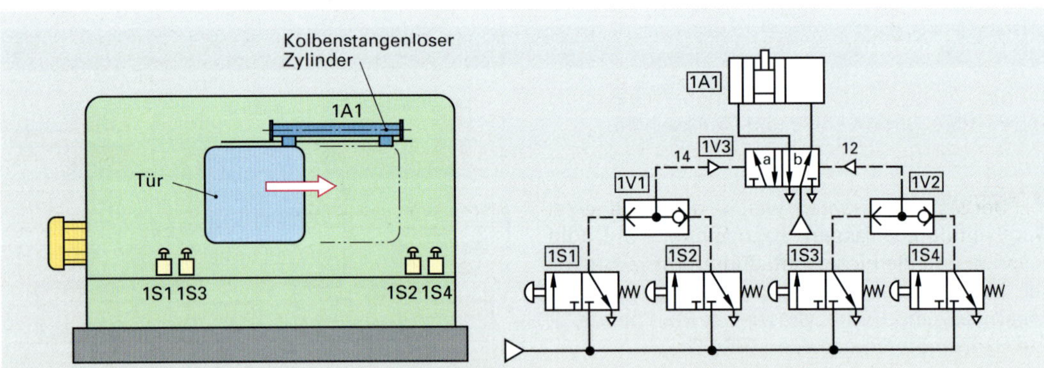

Bild 3: Steuerung eines Türantriebes von zwei Stellen aus

Wiederholung und Vertiefung

1 In welche Gruppen können die pneumatischen und hydraulischen Bauelemente eingeteilt werden?

2 Wodurch unterscheiden sich einfach wirkende und doppelt wirkende Zylinder?

3 Warum können mit Hydrozylindern große Kräfte erreicht werden?

4 Wie werden die Wegeventile bezeichnet?

5 Warum werden Wechselventile oft auch als ODER-Ventile bezeichnet?

5.3.4 Schaltpläne pneumatischer Steuerungen

■ Aufbau von Schaltplänen

Pneumatische Steuerungen werden in Schaltkreise gegliedert **(Bild 1)**. Schaltkreise fassen Bauteile mit zusammen hängenden Funktionen zusammen. In jedem Schaltkreis werden die Bauteile von unten nach oben in Richtung des Energieflusses angeordnet.

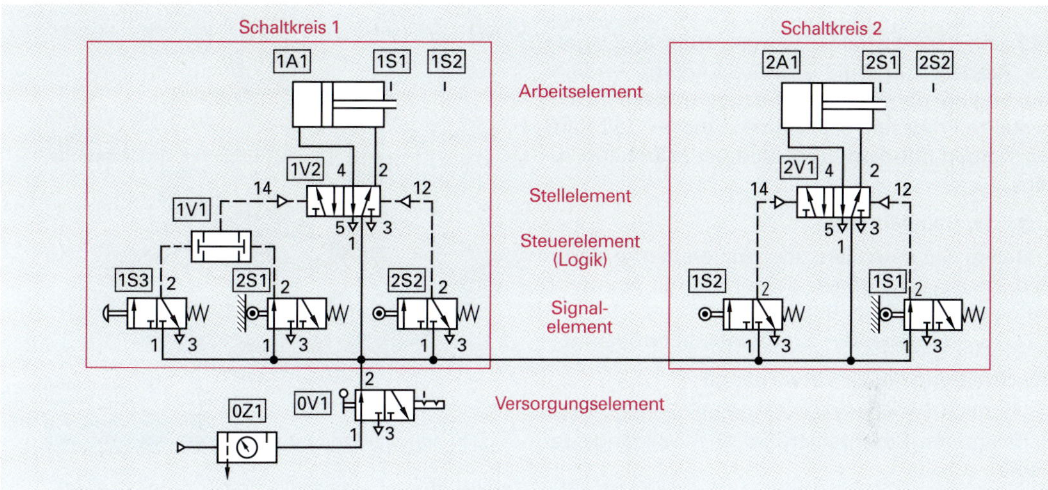

Bild 1: Aufbau pneumatischer Schaltpläne am Beispiel einer Hubeinrichtung

■ Bezeichnung der Bauteile

Die Bezeichnung der Bauelemente in Schaltplänen wird nach einem in DIN ISO 1219-2 genormten Schlüssel festgelegt. Die vollständige Bezeichnung eines Bauteiles umfasst vier Positionen **(Bild 2)**:

- Anlagen-Nummer
- Schaltkreis-Nummer
- Kennbuchstabe des Bauteiles **(Tabelle 1)**
- Bauteil-Nummer

Die Anlagen-Nummer wird weggelassen, wenn der Schaltplan eindeutig einer Maschine zugeordnet werden kann.

Die Bauteil-Nummern sind Zählnummern gleichartiger Bauelemente innerhalb eines Schaltkreises. Bei Signalelementen, welche die Endlagen eines Zylinders erfassen, kennzeichnet die Zählnummer „1" die hintere, die Zählnummer „2" die vordere Endlage der Kolbenstange.

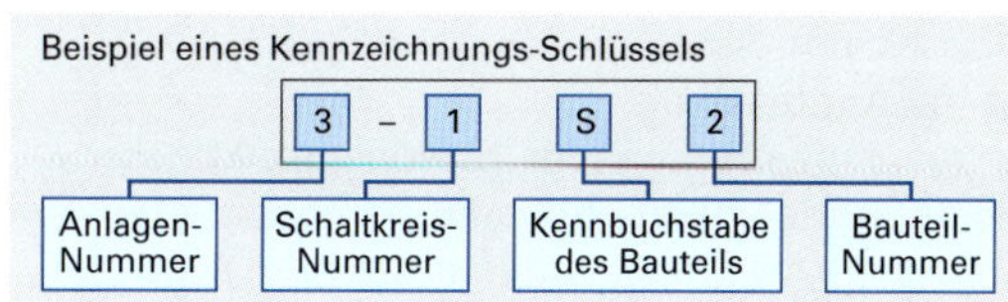

Bild 2: Kennzeichnungsschlüssel

Tabelle 1: Kennbuchstaben für Bauteile

A	Antriebe, Aktoren (Zylinder ...)
M	Antriebsmotoren (Elektromotoren)
P	Pumpen und Kompressoren
S	Signalelemente
V	Ventile
Z	Alle anderen Bauteile (Versorgung...)

Beispiele für die Bezeichnung von Bauteilen in Schaltplänen:

Bezeichnung	Schaltkreis-Nr.	Bauteilart	Zählnummer	Anmerkungen
2A1	2	Zylinder	1	Bei nur einem Zylinder im Schaltkreis kann Zählnummer entfallen
1V1	1	Ventil	1	Zählnummer „1"
2S1	2	Signalgeber	1	Zählnummer „1" für hintere Endlage des Kolbens (nicht genormt)
2S2	2	Signalgeber	2	Zählnummer „2" für vordere Endlage des Kolbens (nicht genormt)
1S3	1	Signalgeber	3	Startventil; Zählnummer „3", da „1" und „2" schon belegt
0Z1	(0)	Wartungseinheit	1	„0" kennzeichnet die Bauteile im Versorgungsbereich

Arbeitsbeispiel: Pneumatische Prägepresse

In einer pneumatischen Presse werden Kunststoffteile durch einen elektrisch beheizten Stempel mit einer Prägung versehen **(Bild 1)**. Nachdem ein Kunststoffteil von Hand eingelegt und das Schutzgitter geschlossen wurde, kann die Vorschubbewegung des Prägekolbens durch die Ventile 1S2 und 1S3 ausgelöst werden **(Bild 2)**. Sobald der Prägestempel die vordere Endlage erreicht hat, beginnt die durch das Verzögerungsventil eingestellte Prägezeit. Nach Ablauf dieser Zeit fährt der Kolben mit dem Prägestempel selbsttätig zurück.

Liste der Bauelemente

Erstellen Sie eine Liste aller Bauelemente der in Bild 2 vorgeschlagenen Steuerung mit Nummer, Name und Funktion. Beispiel:
1S2 3/2-Wegeventil Startventil, handbetätigt

Beschreibung der Schaltvorgänge

Beim Ablauf eines Prägevorganges schalten alle Bauelemente. Beschreiben Sie diese Vorgänge der Reihe nach.

Prägekraft und Luftverbrauch

Ermitteln Sie für den Zylinder (Kolben-∅ 40 mm, Hub 10 mm, Arbeitsdruck p_e = 6 bar)
a) die Anpresskraft,
b) den Luftverbrauch für 12 Hübe pro Minute.
Beide Werte sollen entweder berechnet oder aus Tabellen bzw. Diagrammen entnommen werden.

Ergänzungen und Einstellungen

a) Zeigen Sie an Hand einer Skizze, wie die Kolbengeschwindigkeiten mit Drosselrückschlagventilen eingestellt werden können.
b) Beschreiben Sie am folgenden Schaltbild des Verzögerungsventils, wie die Verzögerungszeit eingestellt wird.

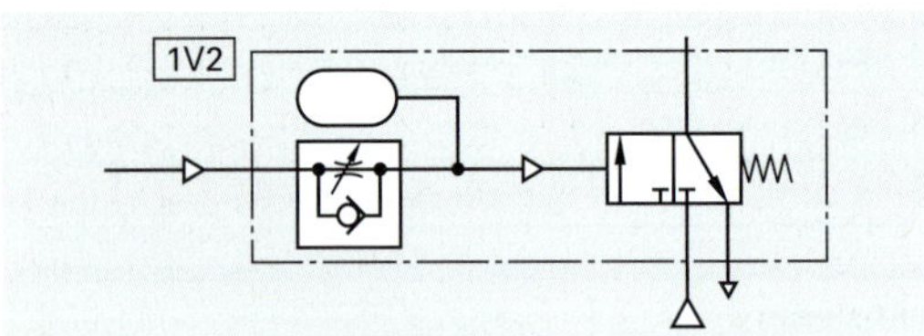

Änderungen am Schaltplan

Zeigen Sie mit einer Handskizze, wie die folgenden Änderungen am Schaltplan aussehen würden:
a) Ersatz des Ventils 1V4 durch ein beidseitig druckbetätigtes 5/2-Wegeventil,
b) Verzicht auf das Ventil 1V3. Wo müsste dann der Ausgang des Ventils 1V2 angeschlossen werden?

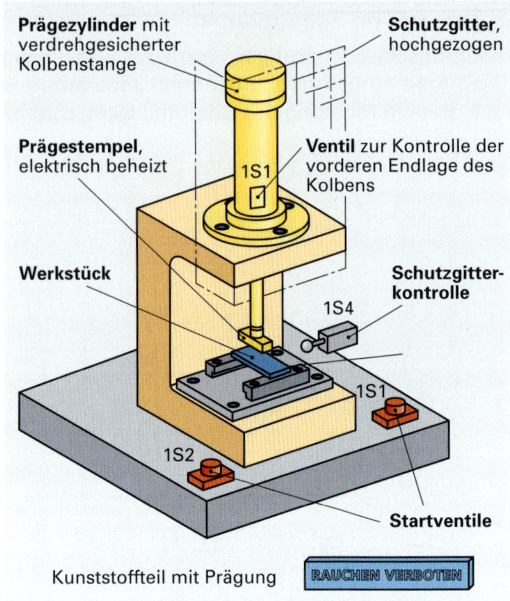

Bild 1: Prägepresse mit Lageplan der Pneumatik-Bauelemente

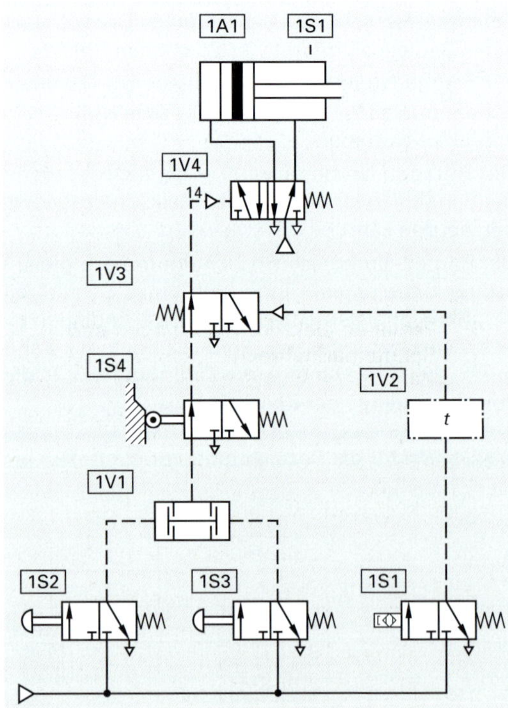

Bild 2: Pneumatik-Schaltplan der Prägepresse

6 Informationstechnik 237

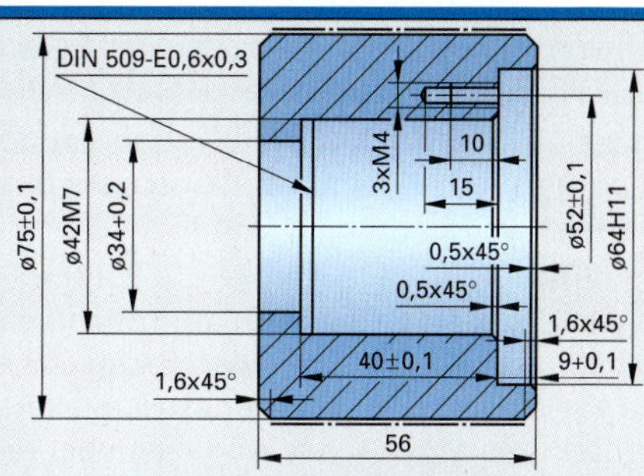

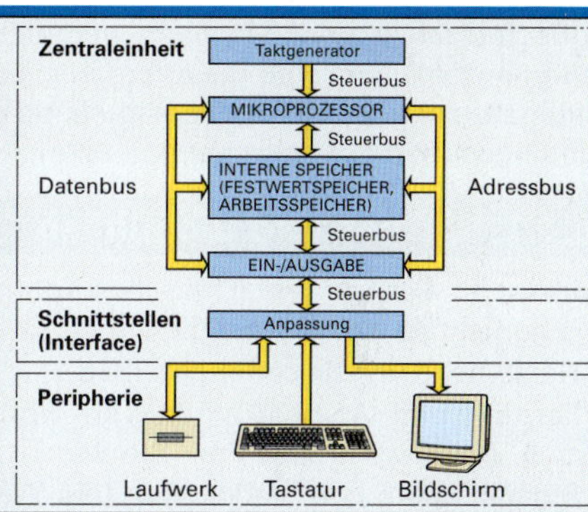

7 Elektrotechnik 253

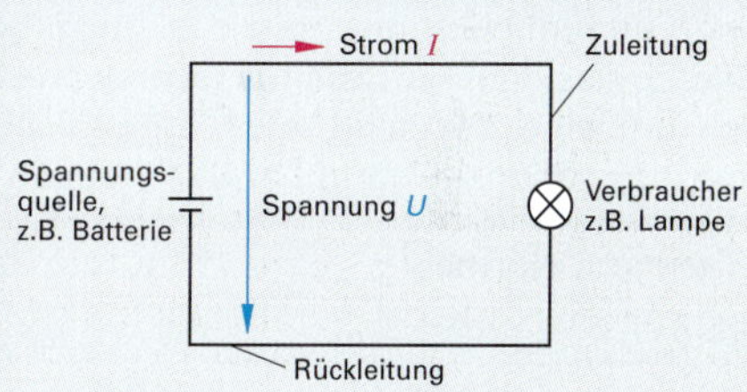

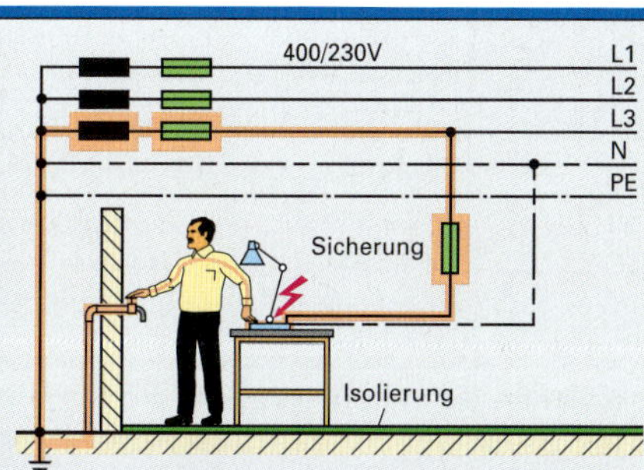

6 Informationstechnik

6.1 Technische Kommunikation

Unter technischer Kommunikation versteht man den Austausch von Informationen, die direkt oder indirekt zur Herstellung von Gütern und Dienstleistungen erforderlich sind.

Bestellt z. B. ein Betrieb Laufrollenlagerungen **(Bild 1)** zum Bau eines Förderbandes, so benötigt die Konstruktionsabteilung des Herstellers die erforderlichen Maße sowie Angaben über die Belastung der Laufrollen. Außerdem müssen die Werkstoffe festgelegt und beschafft werden. In der Fertigungsabteilung sind die erforderlichen Werkzeugmaschinen, in der Montageabteilung die Vorrichtungen für den Zusammenbau einzuplanen.

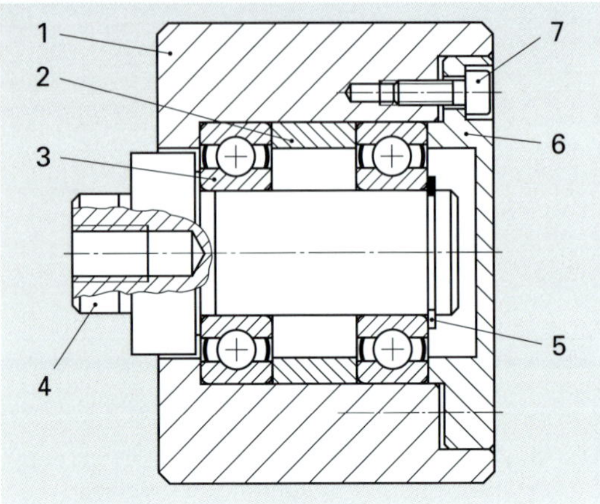

Bild 1: Gesamtzeichnung Laufrollenlager

6.1.1 Normen und Richtlinien

Normen. Im Bereich der technischen Kommunikation gelten z. B. Normen für die

- Herstellung von Zeichnungen (Bild 1),
- Formen und Abmessungen von Normteilen (z. B. Zylinderschraube Pos. 7 in Bild 1)
- Eigenschaften von Werkstoffen (der Werkstoff, aus dem die Laufrolle Pos. 1 in Bild 1 hergestellt ist, kann wärmebehandelt werden)

Normen werden in Normblättern veröffentlicht. Normblätter tragen ein Kurzzeichen (z. B. DIN EN), eine Ordnungsnummer und das Ausgabedatum **(Bild 2)**. Aus dem Kurzzeichen ist ersichtlich, ob es sich um eine deutsche, eine europäische oder eine internationale Norm handelt **(Tabelle 1)**.

Tabelle 1: Normen

Norm	Erklärung
DIN	Deutsche Norm (DIN = Deutsches Institut für Normung)
DIN EN	Europäische Norm, die in deutscher Fassung vorliegt **(Bild 3)**
DIN ISO	Internationale Norm, die in deutscher Fassung vorliegt **(Bild 4)**
DIN EN ISO	Europäische Norm, die eine unveränderte internationale Norm enthält und in deutscher Fassung vorliegt **(Bild 5)**

Normen enthalten verbindliche Regelungen, die Grundlage für den Geschäftsverkehr und das Rechtswesen sind.

Richtlinien. Außer den Normen sind weitere Richtlinien zu beachten, z. B. VDI/VDE-Richtlinien (Verein Deutscher Ingenieure, Verband Deutscher Elektrotechniker, **Bild 6**) und Werksnormen.

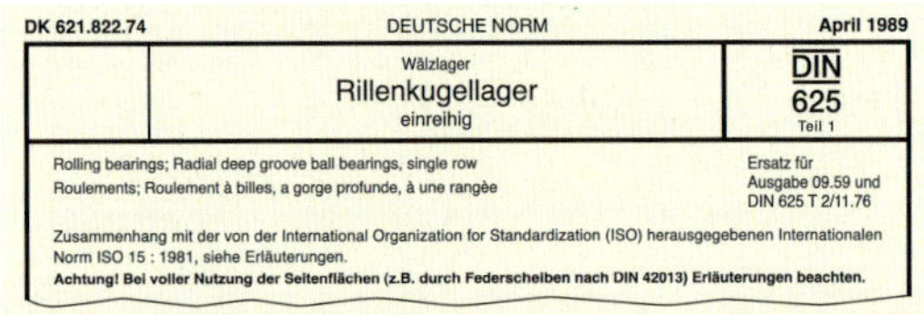
DK 621.822.74 DEUTSCHE NORM April 1989

Wälzlager
Rillenkugellager
einreihig

DIN 625 Teil 1

Rolling bearings; Radial deep groove ball bearings, single row
Roulements; Roulement à billes, a gorge profunde, à une rangèe

Ersatz für Ausgabe 09.59 und DIN 625 T 2/11.76

Zusammenhang mit der von der International Organization for Standardization (ISO) herausgegebenen Internationalen Norm ISO 15 : 1981, siehe Erläuterungen.
Achtung! Bei voller Nutzung der Seitenflächen (z.B. durch Federscheiben nach DIN 42013) Erläuterungen beachten.

Bild 2: DIN-Norm

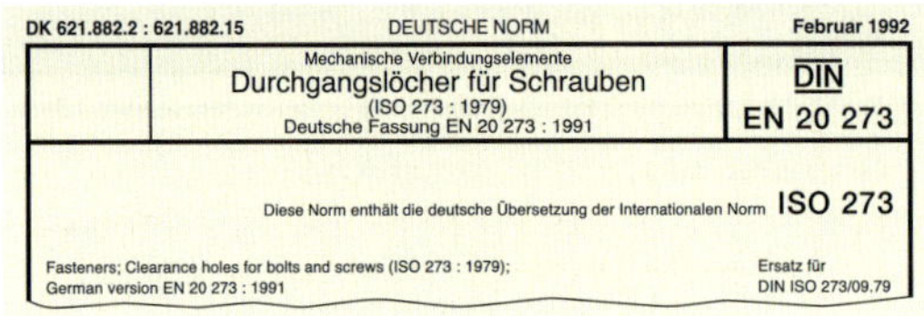
DK 621.882.2 : 621.882.15 DEUTSCHE NORM Februar 1992

Mechanische Verbindungselemente
Durchgangslöcher für Schrauben
(ISO 273 : 1979)
Deutsche Fassung EN 20 273 : 1991

DIN EN 20 273

Diese Norm enthält die deutsche Übersetzung der Internationalen Norm ISO 273

Fasteners; Clearance holes for bolts and screws (ISO 273 : 1979);
German version EN 20 273 : 1991

Ersatz für DIN ISO 273/09.79

Bild 3: DIN EN-Norm

DEUTSCHE NORM Mai 2002

Technische Zeichnungen
Allgemeine Grundlagen der Darstellung
Teil 44: Schnitte in Zeichnungen der mechanischen Technik
(ISO 128-44:2001)

DIN ISO 128-44

ICS 01.100.01

Mit DIN ISO 128-40:2002-05 und DIN ISO 128-50:2002-50 Ersatz für

Technical drawings — General principles of presentation —

Bild 4: DIN ISO-Norm

DEUTSCHE NORM Juni 2002

Geometrische Produktspezifikation (GPS)
Angabe der Oberflächenbeschaffenheit in der technischen Produktdokumentation
(ISO 1302:2002)
Deutsche Fassung EN ISO 1302:2002

DIN EN ISO 1302

ICS 01.100.01; 17.040.20

Ersatz für DIN ISO 1302:1993-12

Geometrical Product Specifications (GPS) —
Indication of surface texture in technical product documentation
(ISO 1302:2002);
German version EN ISO 1302:2002

Bild 5: DIN EN ISO-Norm

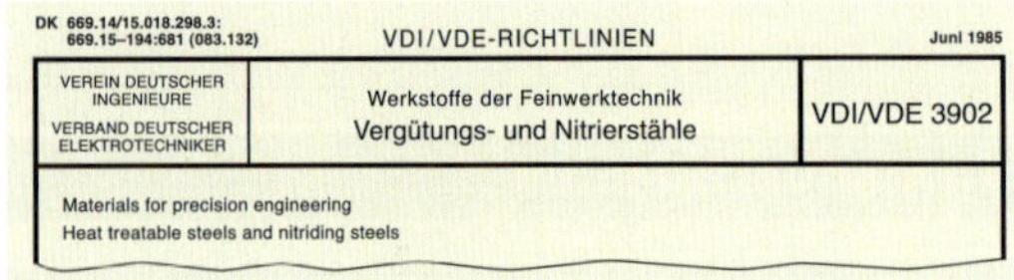
DK 669.14/15.018.298.3:
669.15–194:681 (083.132)
VDI/VDE-RICHTLINIEN Juni 1985

VEREIN DEUTSCHER INGENIEURE
VERBAND DEUTSCHER ELEKTROTECHNIKER

Werkstoffe der Feinwerktechnik
Vergütungs- und Nitrierstähle

VDI/VDE 3902

Materials for precision engineering
Heat treatable steels and nitriding steels

Bild 6: VDI/VDE-Richtlinien

6.1.2 Technische Zeichnungen

Technische Zeichnungen dienen zur Information über Form, Größe, Aufbau und Funktion von Werkstücken, Baugruppen und Systemen.

Nach ihrem Inhalt und Zweck werden technische Zeichnungen in Skizzen, Teilzeichnungen, Gruppen- und Gesamtzeichnungen eingeteilt.

Skizzen. Skizzen sind meist freihändig und nicht maßstabsgetreu gefertigte Zeichnungen **(Bild 1)**. Sie werden für einfache Einzel- und Reparaturaufträge, zur Unterstützung mündlicher Erläuterungen, zur Ideenfindung und zum Dokumentieren von Sachverhalten benötigt.

Teilzeichnungen. Die Teilzeichnung enthält alle für die Fertigung des Werkstückes notwendigen Angaben wie Benennung, Form, Maße, Toleranzen, Oberflächenangaben, Werkstoff und Vorgaben für die Wärmebehandlung **(Bild 2)**.

Gruppen- und Gesamtzeichnungen. Sie zeigen die Anordnung und das Zusammenwirken von Einzelteilen in einer Baugruppe oder in der ganzen Maschine (Bild 1, Seite 238). Aus Gruppen- und Gesamtzeichnungen werden die Teilzeichnungen erstellt. Sie werden außerdem zur Montage und zur Wartung der Anlage benötigt. Alle Elemente der Baugruppe sind dabei in einer Stückliste aufgeführt.

Explosionsdarstellungen. Explosionsdarstellungen sind besondere Formen von Gesamtzeichnungen. Sie zeigen die Teile einer Baugruppe räumlich so angeordnet, dass ihre Zusammengehörigkeit und Ordnungsstruktur besonders anschaulich wird **(Bild 4)**. Explosionsdarstellungen werden vielfach zur Information der Kunden, für Montage-, Gebrauchs- und Reparaturanweisungen und für Ersatzteillisten verwendet.

Stücklisten. Gruppenzeichnungen erhalten eine Stückliste, in der alle Werkstücke und Normteile der dargestellten Baugruppe aufgeführt sind **(Bild 3)**. Außer der Benennung werden weitere Angaben, wie z. B. die Positionsnummer, die Menge oder Einheit, der Werkstoff, die Normkurzbezeichnung oder die Rohteilabmessung in die Stückliste eingetragen.

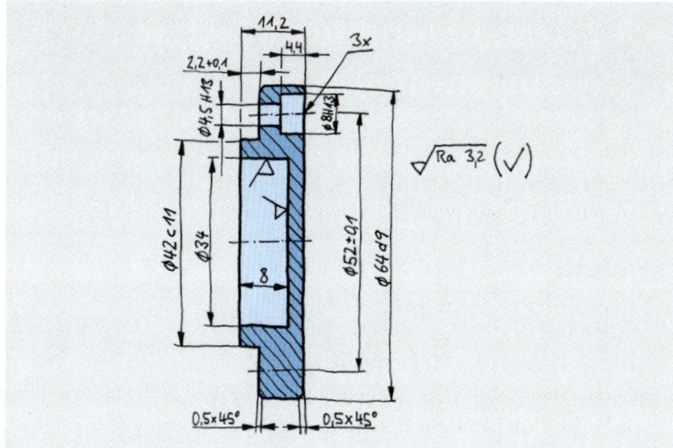

Bild 1: Skizze eines Lagerdeckels

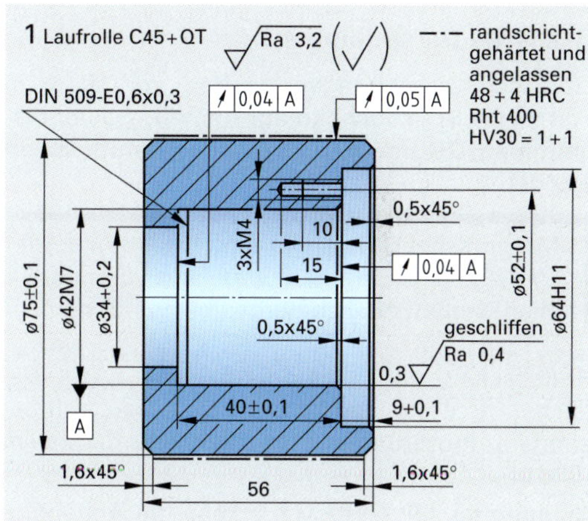

Bild 2: Teilzeichnung einer Laufrolle

Pos.	Menge	Benennung	Norm-Kurzbezeichnung
1	1	Laufrolle	C45+QT
2	1	Abstandsring	S235JR
3	2	Rillenkugellager	DIN 625-6004-2RS
4	1	Bolzen	E295
5	1	Sicherungsring	DIN 471-20 x 1.2
6	1	Lagerdeckel	E295
7	3	Zylinderschraube	ISO 4762-M4 x 12-8.8

Bild 3: Stückliste einer Laufrollenlagerung

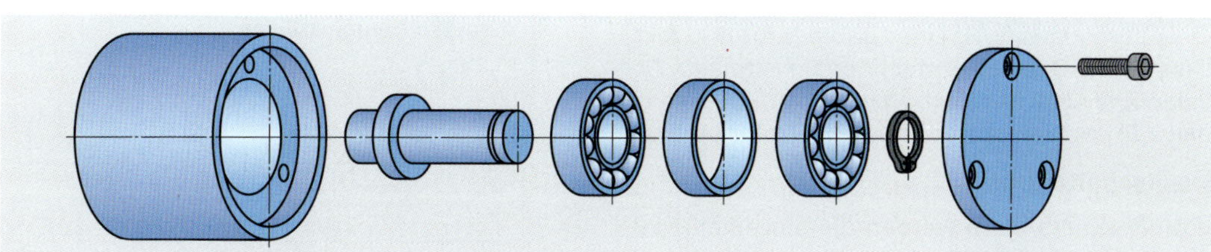

Bild 4: Explosionsdarstellung der Laufrollenlagerung

6.1.3 Darstellung technischer Zusammenhänge

Technische Zusammenhänge können tabellarisch oder grafisch dargestellt werden. So ist es z.B. möglich, Zusammenhänge schnell zu erkennen.

Tabellen

Tabellen sind in Zeilen und Spalten eingeteilt. Dadurch können z. B. Maße von Normteilen oder Kennwerte von Werkstoffen übersichtlich dargestellt werden. So kann aus **Tabelle 1** der Kerndurchmesser von Gewinden, abhängig von der Gewindebezeichnung und der Steigung, entnommen werden.

Grafische Darstellungen

Grafische Darstellungen werden vor allem in Form von Kreisflächendiagrammen, Säulendiagrammen, Diagrammen und Nomogrammen verwendet.

Mit grafischen Darstellungen (Schaubildern) können die Zusammenhänge von veränderlichen Größen bildlich dargestellt werden.

Kreisflächen- und Säulendiagramme. Mit Kreisflächen- und Säulendiagrammen lassen sich besonders Prozentanteile anschaulich darstellen **(Bild 1)**.

Diagramme. Mit einer Kurve kann die Abhängigkeit einer Größe von einer anderen Größe übersichtlich dargestellt werden. Verwendet werden Diagramme im rechtwinkligen Koordinatensystem **(Bild 2)** und im Polarkoordinatensystem.

Nomogramme. Nomogramme dienen zur grafischen Darstellung von mathematischen Zusammenhängen. Mit ihrer Hilfe lassen sich die Ergebnisse von Rechnungen im Bild ablesen **(Bild 3)**.

Beispiel: n = 90/min; d = 100 mm; v_c = ?

Lösung (aus Nomogramm, Bild 3): v_c = 27 m/min

6.1.4 Pläne und Protokolle

Informationen über Wirkzusammenhänge werden mithilfe von Plänen dargestellt. In Protokollen hält man den zeitlichen Zusammenhang oder Verlauf eines Vorganges, z. B. einer Bauteilprüfung, fest. Pläne sind z. B. Blockschaltbilder, Schaltpläne, Arbeitspläne und Montagepläne. Protokolle kommen z. B. als Prüfprotokolle von Werkstücken vor.

Blockschaltbilder

In Blockschaltbildern werden die einzelnen Bauteile schematisch als Rechteck dargestellt. Linien und Pfeile zeigen den Wirkungsablauf **(Bild 4)**.

Tabelle 1: Gewindemaße

Gewindebezeichnung	M4	M5	M6	M8	M10	M12
Steigung P	0,7	0,8	1	1,25	1,5	1,75
Kerndurchmesser Bolzen d_3	3,14	4,02	4,77	6,47	8,16	9,85
Kerndurchmesser Mutter D_1	3,24	4,13	4,92	6,65	8,38	10,11

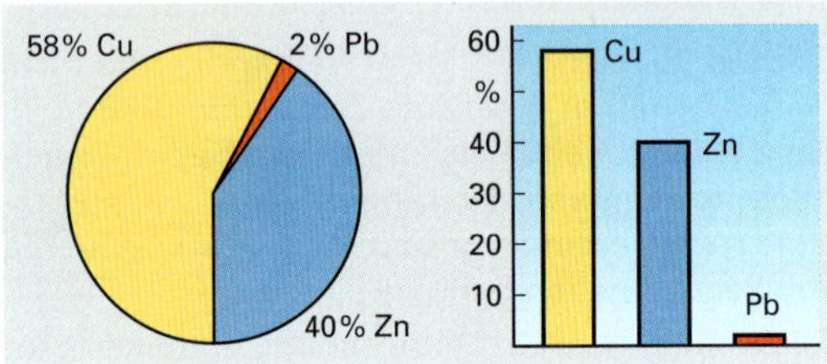

Bild 1: Kreisflächen- und Säulendiagramm

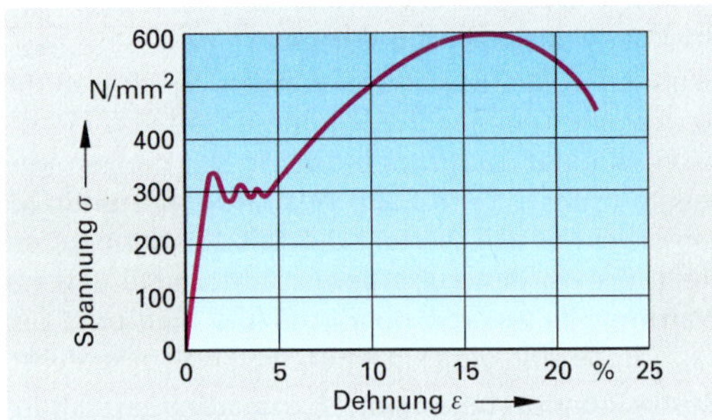

Bild 2: Diagramm

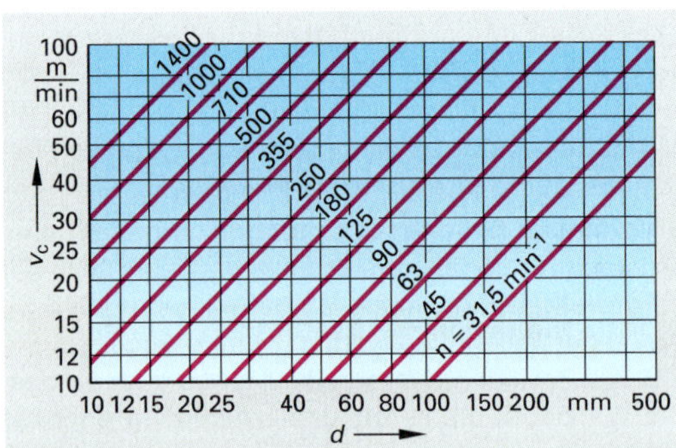

Bild 3: Nomogramm zur Bestimmung der Drehzahl einer Werkzeugmaschine

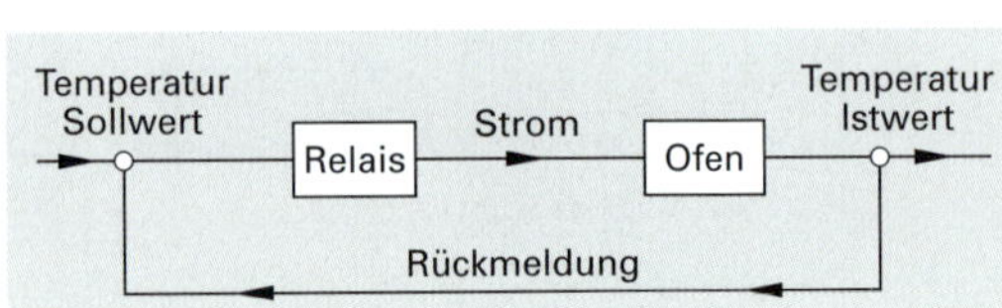

Bild 4: Blockschaltbild für einen Glühofen

Schaltpläne

Bei Schaltplänen wird mit genormten Schaltzeichen und Linien das Zusammenwirken der einzelnen Bauteile und damit der Ablauf der Steuerung dargestellt. Für unterschiedliche Medien, z. B. Druckluft oder elektrischen Strom, werden verschiedene Pläne gezeichnet **(Bild 1)**.

Arbeitspläne

Der Arbeitsplan (Fertigungsplan) bildet zusammen mit der technischen Zeichnung die Grundlage für die Fertigung von Hand oder die Erstellung eines Programmes für die Fertigungssteuerung. Der Arbeitsplan legt den Ablauf einer Tätigkeit, z. B. die Arbeitsschritte zur Herstellung eines Werkstückes, fest **(Bild 2)**. Er enthält auch die erforderlichen technischen Angaben, wie z. B. Werkzeugart, Schnittgeschwindigkeit und Spannmittel.

Montagepläne

In Montageplänen werden die nacheinander ablaufenden Arbeitsschritte bei der Montage vorgeschrieben **(Bild 3)**. Sie enthalten außerdem z. B. Angaben über erforderliche Zeichnungen, Werkzeuge, Vorrichtungen sowie Mess- und Prüfmittel.

Vorgehensweise und Ablauf bei der Montage werden in Montageplänen festgelegt.

Wartungspläne

Wartungspläne beschreiben die regelmäßig wiederkehrenden Tätigkeiten zum Erhalt der Funktionsfähigkeit einer Einrichtung. So gibt z. B. der Schmierplan einer Werkzeugmaschine die Schmierstellen und die Zeiträume für den Schmierstoffwechsel vor.

Protokolle

Prüfprotokolle enthalten Ergebnisse von Messreihen und deren statistische Auswertung **(Bild 4)**. Sie dienen zur Kontrolle der Fertigung und als Dokumente beim Verkauf und bei Kundenreklamationen.

Wiederholung und Vertiefung

1 Was bedeutet die Abkürzung DIN?
2 Welchen Vorteil haben Normen, die international gültig sind?
3 Welche Informationen enthält eine Teilzeichnung?
4 Welche Angaben enthalten Stücklisten?
5 Wie lautet der vollständige Montageplan (Bild 3) zum Zusammenbau der Laufrollenlagerung (Bild 1, Seite 238)?
6 Wozu werden Wartungspläne erstellt?
7 Wozu dienen Prüfprotokolle?

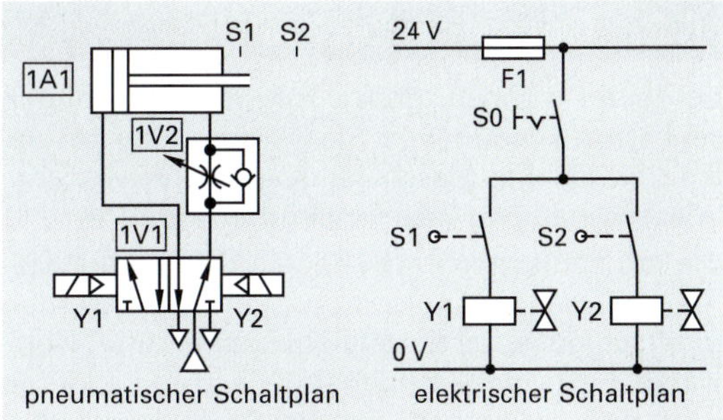

Bild 1: Elektropneumatik-Schaltplan

Arbeitsplan				
Auftrag-Nr. 2238		Sachnr.: A-96-38		
Rohteil: Rd 80				
Bezeichnung: Laufrolle		Werkstoff: C45+QT		
Maschine: GMD 25564		Programmnr.: % 22666		
Nr.	Bezeichnung	v_c	*f*	*T*
1	Spannen			
2	Werkzeug einwechseln			02
3	Längsdrehen Ø 76 x 60	120	0,3	
4	Plandrehen			

Bild 2: Arbeitsplan

Montageplan	
Auftrag-Nr. 2238	
Bezeichnung: Laufrollenlagerung	
Nr.	Arbeitsgang
1	Einzelteile auf Vollständigkeit prüfen, ggf. reinigen
2	Welle (4) leicht einfetten
3	1. Rillenkugellager (3) mit Presshülse (Fügekraft auf Innenring) auf Bolzen (4) schieben
4	Abstandring (2) einlegen
5	2. Rillenkugellager (3) mit Presshülse auf Bolzen (4) schieben

Bild 3: Montageplan

Prüfprotokoll				
Auftrag-Nr. 2238		Sachnr.: A-96-38		
Bezeichnung: Laufrolle		Teilnr.: 001		
Prüfer: J. Oberschmidt		Datum: 13. 12. 2007		
Nr.	Maß 1 Ø 42 M7	Maß 2 Ø 64 H11	Maß 3 40 ± 0,1	Maß 4 Ø 34 + 0,2/0
1	41,996	64,151	39,95	34,15
2	41,978	64,012	40,07	34,20
3	41,983	64,175	39,93	34,10

Bild 4: Prüfprotokoll

6.2 Computertechnik

Computer können große Informationsmengen sehr schnell verarbeiten. Sie werden daher bei vielen Geräten und Maschinen sowie in Verwaltung, Wissenschaft und Technik eingesetzt **(Bild 1)**.

Die am häufigsten verwendeten Computersysteme sind die Personalcomputer **(PC)**. Sie werden unterschieden in Einzelplatzrechner und Netzwerke. Einzelplatzrechner sind nicht mit anderen Rechnern verbunden. Ein Netzwerk ist ein Verbund von Rechnern, zwischen denen Daten ausgetauscht werden können. Die Rechner im Netzwerk werden meist mit den Programmen eines „zentralen Rechners", dem Server, verwaltet und tauschen mit diesem auch Daten aus. Netzwerke sind z. B. in Betrieben, Behörden oder Forschungseinrichtungen installiert.

Bild 1: **Rechnerunterstützte Voreinstellung von Werkzeugen**

Anwendungsbeispiele:

- Textverarbeitung und Tabellenkalkulation
- Erstellen und Verwalten von Datenbanken
- Erstellen von Präsentationen mit Bild- und Tonbearbeitung
- Rechnergestütztes Konstruieren (CAD)
- Steuerung von CNC-Maschinen
- Datenfernübertragung, z. B. im Internet

6.2.1 Arbeitsweise von Computern

Mit Eingabegeräten, z.B. einer Tastatur, werden dem Computer Daten eingegeben. Der Computer arbeitet nach einem zweiwertigen (binären) Zahlensystem, da er nur zwei Zustände, Spannung/keine Spannung, unterscheiden kann. Alle eingegebenen Daten werden in dieses für die Maschine lesbare System umgewandelt (codiert) und in der Zentraleinheit nach vorgegebenen Programmen verarbeitet. Die Ausgabe der Ergebnisse geschieht über Ausgabegeräte, wie z. B. den Bildschirm oder den Drucker.

Die Arbeitsweise eines Computers erfolgt in drei Teilschritten **(Bild 2)**:

- **E**ingabe von Daten
- **V**erarbeitung von Daten
- **A**usgabe von Daten

Bild 2: **EVA-Prinzip der Datenverarbeitung**

Die Arbeitsweise von Computern ist gekennzeichnet durch das Zusammenwirken der Gerätekomponenten, welche als **Hardware** bezeichnet werden, mit den Daten und entsprechenden Programmen, welche man als **Software** bezeichnet **(Bild 3)**.

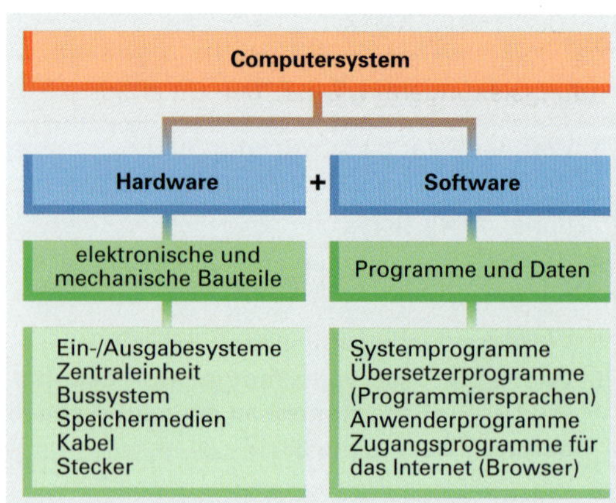

Bild 3: **Hardware und Software**

6.2.2 Aufbau eines PC

PC-Systeme werden auch als Arbeitsplatzrechner oder Mikrocomputer bezeichnet.

Bauformen

Die häufigsten Bauformen der Personalcomputer sind Standgeräte (Tower) und tragbare Computer (Laptop, Notebook). Als Zusatzgeräte sind mindestens eine Tastatur (Keyboard) und ein Bildschirm (Monitor) erforderlich **(Bild 1)**. Eine Maus wird zusätzlich zur Tastatur als Eingabegerät benutzt. Tragbare Computer besitzen als Mausersatz z.B. ein Digitalisierungstablett. Der flache Bildschirm ist als Deckel aufklappbar **(Bild 2)**.

Funktionsweise und innerer Aufbau

In der **Zentraleinheit** werden die Informationen des PC-Systems verarbeitet, gesteuert und kontrolliert. Die Zentraleinheit besteht aus dem **Mikroprozessor,** den **internen Speichern** ROM und RAM sowie der **Ein-Ausgabe-Einheit.** Direkt oder indirekt daran angeschlossen sind Zusatzgeräte, z.B. Drucker, welche als **Peripheriegeräte** bezeichnet werden.

Die wichtigsten elektronischen Bauteile sind auf der Hauptplatine (Motherboard) des Computers aufgelötet oder eingesteckt.

Wichtige Bauteile auf der Hauptplatine:

- Mikroprozessor, CPU
- Chipsatz
- Festwertspeicher ROM mit dem BIOS
- Speicherbausteine des Arbeitsspeichers RAM
- Steckplätze für Zusatzkarten, z.B. Sound

Zur Stromversorgung ist die Hauptplatine über Stecker und Kabel mit dem Netzteil sowie den eingebauten Laufwerken, wie z.B. Festplatte, Diskette, CD-ROM-Laufwerk, DVD, und den zu den Peripheriegeräten führenden Schnittstellen verbunden. Der Datenaustausch zwischen den elektronischen Bauteilen erfolgt über das Bussystem (Verbindungsleitungen), wie z.B. den Datenbus.

■ **Mikroprozessor.** Im engeren Sinne wird der Mikroprozessor als **CPU (C**entral **P**rocessing **U**nit = Zentraleinheit) bezeichnet. Er ist die eigentliche Recheneinheit und das „Herz" des Computers.

Hauptbestandteile des Prozessors (Bild 3):

- **Steuerwerk** zur Steuerung aller Funktionen des Computers
- **Rechenwerk** zur Durchführung aller arithmetischen und logischen Operationen
- **Register,** Zwischenspeicher für das kurzfristige Speichern von Befehlen und Daten

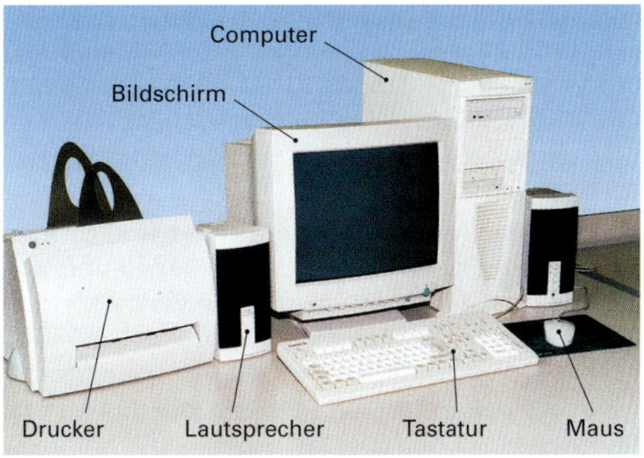

Bild 1: Computersystem (PC)

Bild 2: Tragbarer Computer

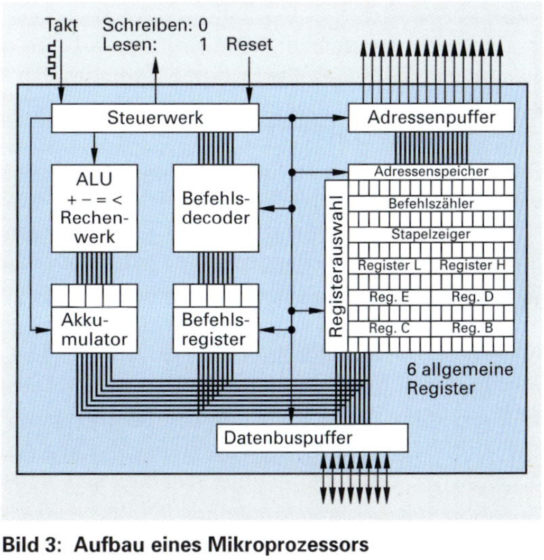

Bild 3: Aufbau eines Mikroprozessors

Taktfrequenz. Die Taktfrequenz bestimmt die Arbeitsgeschwindigkeit des Prozessors und wird von einem Schwingquarz, dem Taktgenerator, erzeugt **(Bild 1)**. Die Maßeinheit ist ein Megahertz (MHz) oder ein Gigahertz (GHz). 2000 MHz bedeuten 2000 Millionen Schwingungen pro Sekunde und somit 2000 Millionen Arbeitstakte des Prozessors in einer Sekunde.

Chipsatz. Der Chipsatz bezeichnet eine Gruppe von elektronischen Bauteilen auf der Hauptplatine, die den Austausch der Daten zwischen den einzelnen Komponenten, wie Prozessor, Arbeitsspeicher, Festplatte, Schnittstellen, steuern. Der Chipsatz bestimmt maßgeblich die Leistungsfähigkeit eines PC.

Arbeitsspeicher (RAM = Random Access Memory). Alle Anwendungsprogramme, mit denen gearbeitet wird, z. B. Textprogramme, Zeichenprogramme, Simulationsprogramme, Spiele und alle Daten, welche diese Programme verarbeiten, müssen erst in den Arbeitsspeicher geladen (kopiert) werden, bevor der Prozessor sie verarbeiten kann. Der Arbeitsspeicher kann beschrieben, gelesen und gelöscht werden. Beim Ausschalten des Rechners werden alle Daten und Programme im RAM gelöscht. Alle wieder benötigten Daten müssen daher vorher auf einem Datenträger gespeichert werden.

Festwertspeicher (ROM = Read Only Memory). Dieser Speicher wird im Herstellerwerk programmiert. Der Inhalt kann nicht geändert werden und bleibt auch nach Ausschalten des Computers erhalten. Das ROM-BIOS (Basic Input Output System) enthält z. B. die Startprogramme für das Hochfahren des Rechners. Das BIOS benötigt Daten über die angeschlossenen Hardwarekomponenten. Diese werden in einem RAM-Bereich, dem CMOS-RAM des PC, gespeichert.

Der Festwertspeicher **ROM** und der Arbeitsspeicher **RAM** sind die **internen Speicher** des Computers.

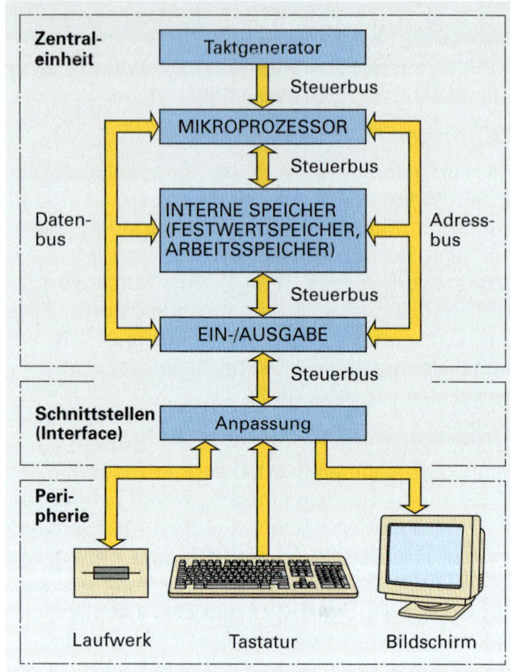

Bild 1: Aufbau eines Computers

Tabelle 1: Kenngrößen in Verkaufsprospekten von Computern (Auswahl)

Prozessor:	Intel Core 2 Duo
Taktfrequenz:	3 GHz (Gigahertz)
Arbeitsspeicher:	2048 MB (Megabyte) DDR-2 RAM
Cache:	6 MB (Megabyte)
Festplatte:	250 GB
Grafikkarte:	512 MB RAM und TV-Ausgang
DVD-ROM-Laufwerk:	16fach
CD-RW-Brenner:	Multi-Format DVD-Brenner, alle gängigen Formate

Für die Leistung des PC ist die richtige Abstimmung der einzelnen Komponenten zueinander wichtig, wie z. B. die Größe des Arbeitsspeichers. So wird der PC langsamer, wenn z. B. einem Prozessor mit hoher Taktfrequenz nur ein kleiner Arbeitsspeicher zur Verfügung steht, weil dann ein Teil der Daten immer wieder auf die langsamere Festplatte ausgelagert werden muss.

Cache (sprich: Käsch). Er ist ein verhältnismäßig kleiner Pufferspeicher (z.B. 512 KB), der meist im Prozessor integriert ist. In ihm werden die letzten Speicherzugriffe ebenfalls gespeichert. Bei wiederholtem Zugriff auf dieselben Daten werden diese mit der vollen Prozessortaktfrequenz aus dem Cache anstatt aus dem langsameren RAM gelesen. Dies dient der Beschleunigung des Systems.

Bussystem. Die Bauteile des Computersystems sind über **Datensammelleitungen,** den Bus, miteinander verbunden **(Bild 1).** Man unterscheidet den Adressbus, den Datenbus und den Steuerbus. Die unterschiedlichen Bussysteme unterscheiden sich in der Anzahl der parallel arbeitenden Datenleitungen.

Wichtige Leistungsmerkmale des PC sind **Prozessortyp, Taktfrequenz, Speichergröße** und **Bussystem (Tabelle 1).**

Schnittstellen (Interfaces). Dies sind die Verbindungsstellen zwischen den verschiedenen Geräten des PC, z. B. zwischen der Zentraleinheit und dem Drucker. Als Standardschnittstellen sind serielle, parallele und USB-Schnittstellen genormt **(Bild 1)**.

Parallele Schnittstellen übertragen die Signale gleichzeitig in parallelen Leitungen. An ihnen wird meist der Drucker betrieben. Sie sind schneller als serielle Schnittstellen. Diese übertragen die Signale einzeln nacheinander, sind aber für längere Übertragungsstrecken besser geeignet. An ihnen wird z. B. die Maus betrieben.

USB (Universal Serial Bus) funktioniert als serielle Schnittstelle. Sie soll die Schnittstellenvielfalt vereinheitlichen. Bei laufendem Rechner können Geräte angeschlossen und wieder getrennt werden. Der Rechner muss nicht neu starten.

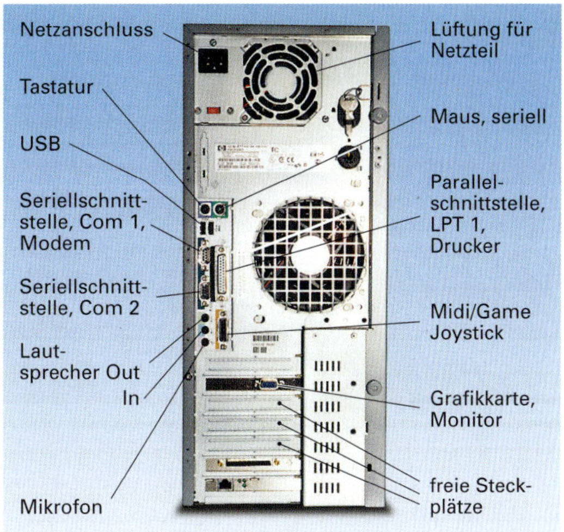

Bild 1: Schnittstellen beim PC

6.2.3 Informationsdarstellung im Rechner

Da der Computer nur zwei Zustände, z. B. Spannung oder keine Spannung, erfassen kann, arbeitet der Prozessor nach einem binären Zahlensystem, das nur aus den beiden Ziffern 0 und 1 besteht. Jedes eingegebene Zeichen wird in eine Binärzahl umgewandelt und durch eine Kombination der Ziffern 0 und 1 dargestellt. Der Rechner verarbeitet somit nur Zahlen und jeder Zahl ist ein bestimmtes Zeichen (Buchstaben, Dezimalzahl, Sonderzeichen) zugeordnet.

Die Ziffern 0 oder 1 sind das kleinste binäre Datenelement und werden als ein **Bit** (engl. **b**inary dig**it** = zweiwertiges Zeichen) bezeichnet. Eine Reihe von acht Bit fasst man zu einer größeren Informationseinheit, einem Byte, zusammen **(Bild 2)**. Mit einem Byte lassen sich im Binärsystem Werte von 0 bis 255 darstellen. Somit können mit einem Byte 256 = 2^8 verschiedene Zeichen verschlüsselt (codiert) werden **(Tabelle 1)**. Diese Codierung, welche dezimal durchnummeriert ist, wird im ANSI-Code (**A**merican **N**ational **S**tandards **I**nstitute) verwendet **(Tabelle 2)**.

Bestimmte Anwendungen verwenden den bei einigen Zeichen veränderten ASCII-Code (**A**merican **S**tandard **C**ode for **I**nformation **I**nterchange).

> Ein Zeichen wird jeweils mit einem Byte verschlüsselt.

Bei Windows NT werden 2 Byte pro Zeichen verwendet (Unicode-Zeichensatz). Damit lassen sich alle in den Verkehrssprachen der Welt enthaltenen Zeichen darstellen.

Bit Nr.	8	7	6	5	4	3	2	1
Stellenwert	2^7	2^6	2^5	2^4	2^3	2^2	2^1	2^0
Dezimalwert	128	64	32	16	8	4	2	1

Bild 2: Aufbau von 1 Byte

Tabelle 1: Codierung des Buchstabens A im ANSI-Code

Stellenwert	2^7	2^6	2^5	2^4	2^3	2^2	2^1	2^0
Binär	0	1	0	0	0	0	0	1
Binärzahl	0100 0001							
Dezimal	0	**64**	0	0	0	0	0	**1**
ANSI-Zeichen-Nr.	64 + 1 = 65 → A Das ANSI-Zeichen Nr. 65 ist das A.							
Codierung	Der Rechner kodiert das A mit der Binärzahl **0100 0001**.							

Tabelle 2: ANSI-Zeichensatz (Auszug)

ANSI-Wert dezimal	ANSI-Wert binär (dual)	Zeichen	ANSI-Wert dezimal	ANSI-Wert binär (dual)	Zeichen
009	0000 1001	Tab	065	0100 0001	A
043	0010 1011	+	066	0100 0010	B
051	0011 0011	3	067	0100 0011	C
052	0011 0100	4	097	0110 0001	a
053	0011 0101	5	098	0110 0010	b
060	0011 1100	<	099	0110 0011	c
061	0011 1101	=	123	0111 1011	{
062	0011 1111	?	125	0111 1101	}

6.2.4 Peripheriegeräte

Peripheriegeräte dienen zur Eingabe, Ausgabe, Speicherung und Übertragung von Daten **(Bild 1)**.

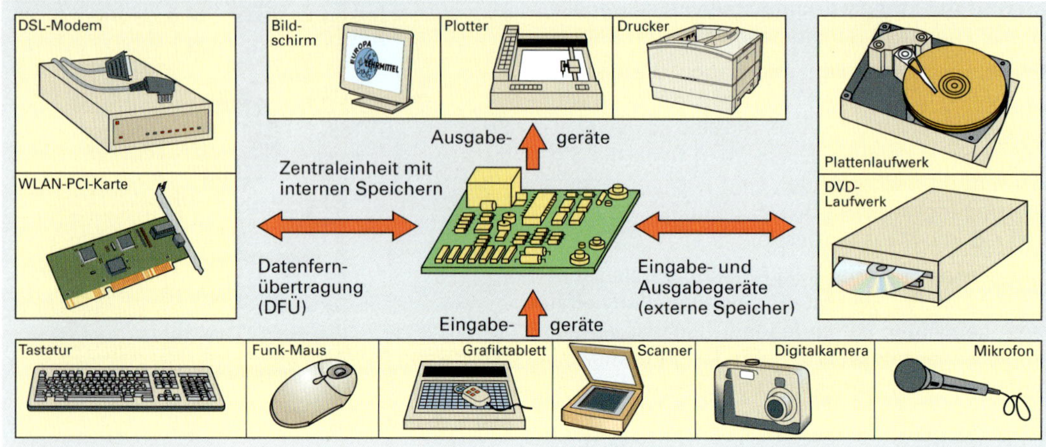

Bild 1: Peripheriegeräte

Eingabegeräte. Zu den Eingabegeräten zählen z. B. die Tastatur, die Maus, das Grafikblatt, der Scanner, die Digitalkamera und das Mikrofon **(Bild 1)**.

Ausgabegeräte. Bildschirm (Monitor) und Drucker sind die wichtigsten Ausgabegeräte. Bei den Bildschirmen unterscheidet man nach der Art der Bilderzeugung **Kathodenstrahlmonitore, CRT** (**C**athode **R**ay **T**ube) und **Flachmonitore** mit Flüssigkristallanzeige, **LCD** (**L**iquid **C**rystal **D**isplay), oder mit Dünnschichttransistoren **TFT** (**T**hin **F**ilm **Tr**ansistor). Flachmonitore sind platzsparend und arbeiten nahezu strahlungs- und flimmerfrei.

Die Bildschirmsteuerung wird von einer **Grafikkarte** übernommen, die direkt auf der Hauptplatine des Computers sitzt.

Ein-/Ausgabegeräte. Mit Ein-/Ausgabegeräten können Daten in den Arbeitsspeicher eingelesen und ausgegeben werden. **Festplattenlaufwerke** positionieren einen Schreib-Lesekopf über dem sich drehenden, scheibenförmigen Datenträger, um Daten zu speichern, oder vom Datenträger in den Arbeitsspeicher zu laden. Wiederbeschreibbare CD-RW-Datenträger **(CD-ReWritable)** können mit einem **CD-Brenner** gelesen, wiederbeschrieben und gelöscht werden. Diese Geräte können auch zur Datensicherung (Backup) großer Datenmengen verwendet werden.

Geräte zur Datenübertragung. Bei der Datenfernübertragung (DFÜ), z. B. über das öffentliche Telefonnetz (Internet), müssen die Daten geeignet aufbereitet werden. Dafür setzt man z. B. **DSL**-Modems oder drahtlose lokale Funknetze **(WLAN)** ein. Damit können Daten mit hohen Übertragungsraten, z. B. 210 MBit/s, gesendet oder empfangen werden.

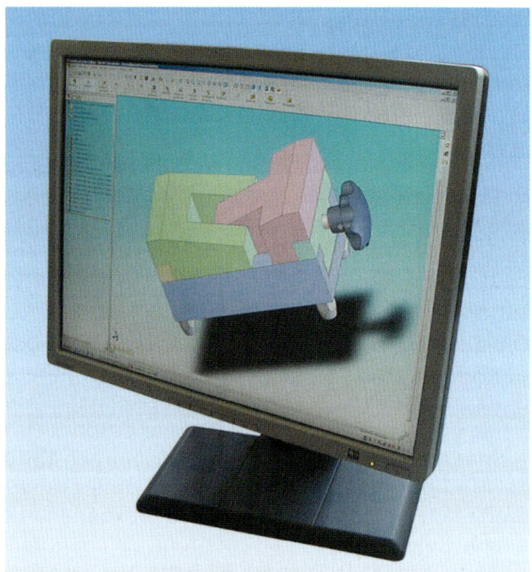

Bild 2: TFT-Flachbildschirm für PC

Bestimmungsgrößen von Bildschirmen (Bild 2):

- **Bildschirmdiagonale,** z. B. 19″ (48,3 cm)
- **Auflösung max.,** Anzahl der horizontal und vertikal darstellbaren Bildpunkte, z.B. 1280 × 1024 bis 1600 × 1200
- **Reaktionszeit,** Zeit für Wechsel eines Bildpunktes, üblich 2 bis 25 ms
- **Blickwinkel,** 140° bis 178°, z. B. 160° horizontal, 140° vertikal
- **Bildwiederholrate,** z. B. 60 Vollbilder/s
- **Energieverbrauch,** ca. 50 W

Externe Speicher

Programme und Arbeitsdaten im RAM gehen beim Ausschalten des PC oder bei Stromausfall verloren. Sie müssen daher auf externen Speichern (Datenträger) dauerhaft gespeichert werden.

■ **Festplatten** bestehen aus einer oder mehreren beschichteten Aluminiumscheiben (**H**ard **D**isk), die mit den Schreib-/Leseköpfen und der Mechanik in einem dicht verschlossenen Gehäuse fest im Computer eingebaut sind. Die Festplatten werden beim Formatieren in Spuren und Sektoren unterteilt. Ferner können Festplatten partitioniert werden. Jede Partition entspricht dann einem logischen Laufwerk und wird als solches angesprochen und verwaltet. Ein Leistungsmerkmal ist die mittlere Zugriffszeit in Millisekunden, um eine Information auf dem Datenträger zu finden, und die Datenübertragungsrate zum Arbeitsspeicher in Megabyte pro Sekunde.

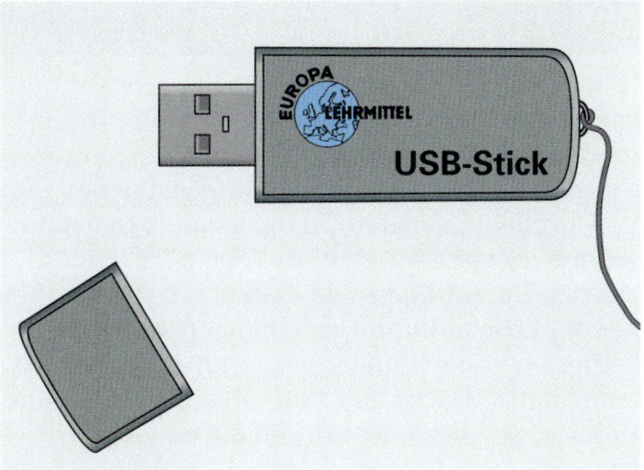

Bild 1: USB-Stick

> Erschütterungen während des Laufes und kurz nach dem Abschalten des Computers können Festplatten zerstören.

■ **USB-Massenspeicher** tauschen Daten über den **U**niversal **S**erial **B**us **(USB)** und besitzen einen eingebauten elektronischen Datenspeicher. Die häufigste Form sind die USB-Sticks **(Bild 1)**. Sie haben eine hohe Speicherkapazität (mehrere GByte) und Zugriffsgeschwindigkeit und sind sehr einfach zu handhaben. Die Daten werden in einem Flash-Speicher gespeichert. Dies sind digitale Speicherelemente, sogenannte Flash-EEPROMs. Da die Speicherzellen verschleißbehaftet sind, garantieren die Hersteller nur ca. 100000 Schreibzugriffe pro Speicherzelle. Auch andere Geräte wie z.B. externe Festplatten oder Digitalkameras können über USB an den Computer angeschlossen werden.

■ Zu den **optischen Speichern** zählen die CD (**C**ompakt **D**isk) und die **DVD** (**D**igital **V**ersalite **D**isk). Dies sind mit einem Laser digital beschriebene Platten aus dem Kunststoff Polykarbonat. Die CD kann bis ca. 800 MB speichern und wird vorwiegend als Nur-Lese-Speicher verwendet **(CD-ROM)**.

■ Ein **DVD**-Datenträger nimmt bis zu 17 GB Daten auf. Er wird zur Speicherung von Anwendungen mit großen Datenmengen, z.B. Spielfilme, eingesetzt und eignet sich besonders für den Multimedia- und Videobereich. In einem DVD-Laufwerk können auch CD-ROM gelesen werden.

6.2.5 Starten des Computers

Beim Einschalten des Computers **(Kaltstart)** veranlasst ein Programm (POST = **P**ower **O**n **S**elf **T**est) im ROM einen Selbsttest der wichtigsten Bausteine des PC. Wird kein Fehler, z.B. ein defektes Diskettenlaufwerk, festgestellt, läuft der Startvorgang weiter. Weitere Daten aus dem ROM werden geladen und mit den Daten zur Hardwareausstattung (Konfiguration) aus dem CMOS ergänzt. Damit sind die Grundeinstellungen vorhanden. Nun wird das BIOS zur Kontrolle der Hardwarezugriffe, z.B. Speichern von Daten auf der Festplatte, ausgeführt und anschließend das Betriebssystem geladen **(Tabelle 1)**.

> Der **Warmstart** (bei Windows mit Strg+Alt+Entf) ist ein geräteschonender Neustart, ohne den Computer ganz auszuschalten.

Tabelle 1: Startvorgang des Computers

Schritt	Vorgang
1	**Starten des Computers** Kaltstart oder Warmstart
2	**Selbsttest des Computers** Prüfung der korrekten Funktion
3	**Lesen von Informationen aus dem ROM** z. B. Zahl und Art der angeschlossenen Laufwerke
4	**Laden grundlegender Programmroutinen** z. B. zur Steuerung der Ein-/Ausgabefunktionen
5	**Laden des Betriebssystems,** z.B. Windows ME, Linux
6	**Betriebssystem lädt Konfigurationsdateien** Anpassung des Betriebssystems an die Hardware
7	**Laden der grafischen Benutzeroberfläche**

6.2.6 Das Betriebssystem

Unter dem Betriebssystem des PC versteht man eine Anzahl von Programmen (Systemprogramme), welche für den Betrieb des Rechners notwendig sind und die Bedienung einfacher und komfortabler gestalten. Es besteht aus Dienstprogrammen, die die Daten im Arbeitsspeicher und auf den Datenträgern verwalten, z. B. Laden, Kopieren, Löschen und Umbenennen von Dateien. Ferner enthält es Steuerprogramme, die den Datenaustausch über die Schnittstellen, z. B. zum Drucker, steuern und auf Fehlerfreiheit überprüfen.

Der Anwender tritt mit dem Computer über das Betriebssystem in Verbindung. Über dieses erfolgen fast alle Hardwarezugriffe sowohl vom Anwender als auch von Anwenderprogrammen. Das Betriebssystem bildet somit die Schnittstelle zwischen dem Anwender und der Maschine sowie den angeschlossenen Geräten und den Anwenderprogrammen. Es stellt dem Anwender eine grafische, per Maus bedienbare Oberfläche zur Verfügung und kann mehrere Programme gleichzeitig ausführen (Multitasking).

Es gibt verschiedene Betriebssysteme, die für unterschiedlichen Computereinsatz geschaffen wurden **(Tabelle 1)**. Merkmale sind vor allem die gleichzeitig übertragbare Wortlänge, z. B. 32 Bit, die Größe des verwalteten Arbeitsspeichers sowie die Netzwerkfähigkeit.

Tabelle 1: Die Hauptfunktionen eines Betriebssystems:
• **Steuerung von Ein- und Ausgabeeinheiten** Tastatur, Maus, Scanner, Bildschirm, Drucker, Festplatte, CD-ROM
• **Ausführung von Befehlen und Programmen steuern,** z. B. Dienstprogramme zur Verfügung stellen und diese ausführen, Formatierprogramme, Löschen und Kopieren von Dateien, Anzeigen von Ordnern
• **Datenverwaltung** Daten auf Festplatte oder Diskette anlegen und bei Bedarf in den Arbeitsspeicher laden
• **Ablauf und Anwendung von Programmen ermöglichen,** z. B. Textprogramm starten und den Ablauf überwachen
• **Fehler- und Hinweismeldungen erzeugen,** z. B. kein Papier im Drucker

Tabelle 2: Betriebssysteme (Auswahl)

Name	Merkmale
Windows NT, Windows 2000, XP, Vista, UNIX, LINUX, Apple Mac OS	**Client-Systeme (Benutzerrechner):** Bedienung des PC über eine grafische Benutzeroberfläche. Geeignet für kleinere Netzwerke, Internet-Anwendungen, Mehrprogrammbetrieb (Multi-Tasking). LINUX ist ein freies Mehrbenutzer-Betriebssystem, das dem UNIX ähnlich ist.
Windows Server 2008, Novell Netware, UNIX, LINUX	**Server-Betriebssysteme (Zentralrechner):** Professionelle Netzwerkbetriebssysteme, je nach Version, für große Netzwerke z. B. von Unternehmen, Verwaltungen und Bildungseinrichtungen. Ausgeprägte Vergabe von Zugriffsrechten und Sicherheitsmechanismen.

6.2.7 Computerviren

Ein Virus ist ein Programm, welches z. B. über eine fremde Diskette oder das Internet in das PC-System eingeschleust wird und den Computerablauf schädigt.

Man unterscheidet **Systemviren,** die sich im Startbereich der Datenträger (Bootsektor) festsetzen, **Programmviren,** welche ausführbare Programme befallen, und **Dokumentviren,** welche z. B. beim Öffnen von an E-Mails angehängten Dateien aktiv werden.

Wiederholung und Vertiefung

1 Beschreiben Sie das Grundprinzip der Arbeitsweise eines Computers.

2 Erklären Sie die Begriffe Bit und Byte.

3 Benennen Sie die wichtigsten auf der Hauptplatine aufgebrachten Bauteile.

4 Erläutern Sie die Hauptbestandteile eines Mikroprozessors und ihre Aufgaben.

5 In welchen Merkmalen unterscheiden sich der ROM und der RAM?

6 Wodurch wird die Leistungsfähigkeit eines Computers bestimmt?

7 Welche Schnittstellenarten unterscheidet man?

8 Wie werden in Computern Buchstaben verarbeitet?

9 Erläutern Sie den Begriff DVD-Laufwerk.

10 Welche Aufgabe hat das Betriebssystem eines Computers?

6.2.8 Anwendersoftware

Anwendersoftware ermöglicht die Computernutzung ohne Kenntnisse über die Hardware und ohne Beherrschung von Programmiersprachen. In einem **Menü** kann der Anwender(wie auf einer Speisekarte) mit Maus oder Tastatur Aktionen auslösen.

> Anwendersoftware ermöglicht die Computernutzung durch Personen ohne besondere informationstechnische Fachkenntnisse.

Man unterscheidet Standardsoftware, Branchensoftware und individuelle Software **(Bild 1).**

■ **Standardsoftware** wird für gleichartige Aufgabenstellungen, z. B. Textverarbeitung, unabhängig von speziellen, privaten oder beruflichen Erfordernissen eingesetzt. Standardsoftware wurde entwickelt, um Routinearbeiten in Industrie, Verwaltung oder auch im privaten Bereich zu lösen. Die Software ist branchenübergreifend und hat daher eine sehr große Verbreitung.

■ **Branchensoftware** löst Aufgaben einer Anwendergruppe für ganz bestimmte Anwendungen, z.B. die Programmierung und Steuerung von CNC-Maschinen, das Erstellen von Konstruktionen mit CAD oder die Angebotserstellung eines Handwerksbetriebes.

■ **Individuelle Software** dient zur Lösung besonderer Aufgaben eines einzelnen Nutzers und ist genau auf diesen zugeschnitten. Dazu zählt z.B. die Steuerung der Transportgeräte in einem Hochregallager oder die Bohrerüberwachung durch ein Bildverarbeitungssystem **(Bild 2).**

Programme der Standardsoftware:

- Textverarbeitung
- Tabellenkalkulation
- Datenbanken
- Präsentation

■ Tabellenkalkulation

Tabellenkalkulationsprogramme teilen ein Arbeitsblatt in Felder (Zellen) mit festgelegten Spalten und Zeilen ein **(Bild 3).** Die Zellen können mit Texten oder Zahlenwerten beschrieben oder mit Formeln hinterlegt werden. Die Berechnung in den Formelzellen geschieht automatisch beim Eintrag der Werte in die in der Formel verknüpften Zellen (Bild 3, Feld F5).

■ Datenbankprogramme

Datenbankprogramme dienen zum Speichern und Verwalten umfangreicher Datenmengen. In einem Datenbanksystem sind die einzelnen Daten in Dateien unterschiedlicher Art gespeichert, z.B. Kundenkartei, Lagerkartei, Personalkartei. Die Struktur der Daten ist mit der Datenverwaltung in Karteikästen konventioneller Art vergleichbar **(Bild 4).**

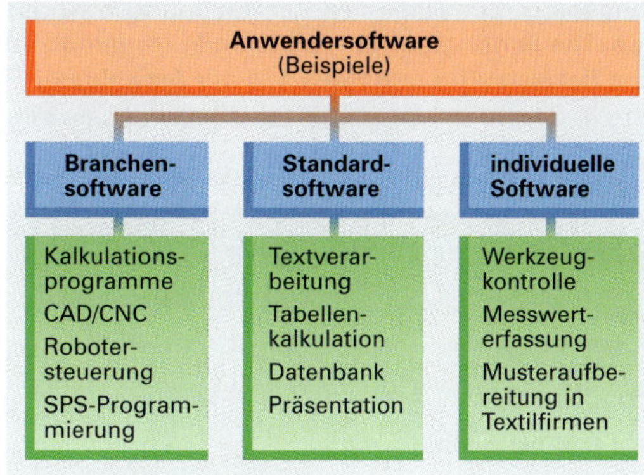

Bild 1: Anwendersoftware

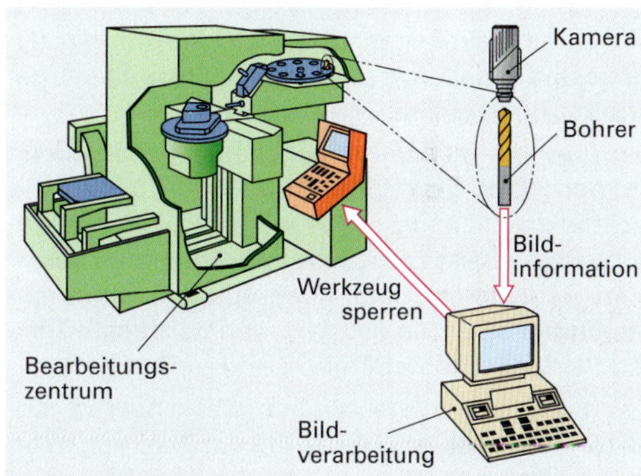

Bild 2: Bohrerüberwachung durch Bildverarbeitung

Zeilennummern Spalten A ... F

	A	B	C	D	E	F
1						
2	Kostenberechnung					
3	= = = = = = = =		Stunden	Std.-Lohn	%	Betrag
4	Werkstoffkosten					98.70 €
5	Fertigungslohn		12.00	16.40 €	120	236.16 €

Feld C5 Feld D5 Formel: =C5*D5*E5/100

Bild 3: Auszug aus dem Arbeitsblatt eines Tabellenkalkulationsprogrammes

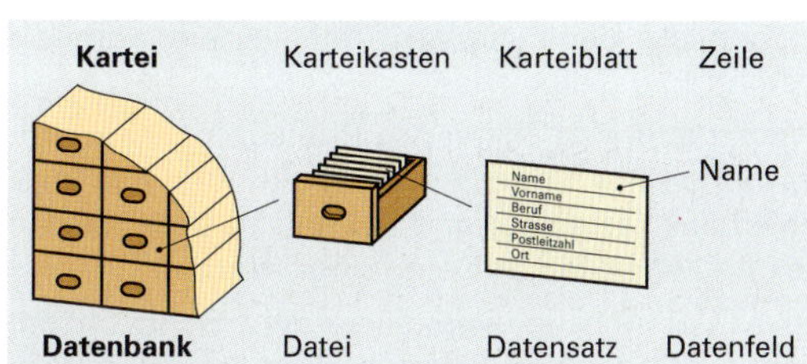

Bild 4: Vergleich Kartei – Datenbank

Beispiel: Ein Betrieb will Rechnungen mithilfe der Datenverarbeitung erstellen. Mit einem Datenbanksystem erstellt er eine Kundendatei **(Bild 1)**, eine Artikeldatei, eine Formulardatei und eine Buchhaltungsdatei. Zum Erstellen der Rechnung wird das Rechnungsformular aus der Formulardatei eingelesen. Die benötigten Kundendaten kommen aus der Kundendatei. Für jeden berechneten Artikel werden Bezeichnung und Preis aus der Artikeldatei übernommen. Die fertige Rechnung wird ausgedruckt und in der Rechnungsdatei zur Überwachung des Zahlungseingangs gespeichert.

Kundennummer	Name	Vorname	Straße	PLZ	Wohnort
00037845	Müller	Alexander	Hauptstr. 4	70563	Stuttgart
00048357	Schmid	Rolf	Schillerstr. 5	70173	Stuttgart

Datensatz

Datenfeld

Bild 1: Kundendatei

Textverarbeitung

Mit einem Textverarbeitungsprogramm werden Texte und Tabellen erstellt, editiert, formatiert, gedruckt und verwaltet.

Der über die Tastatur eingegebene Text erscheint auf dem Bildschirm **(Bild 2)**. Mit dem Cursor kann jede Textstelle angesteuert werden, wodurch Eingabefehler direkt korrigiert werden können. Mit einem **Zeilenlineal** oder über einen bestimmten **Menüpunkt** werden der linke und der rechte Textrand und die Tabulatormarken eingestellt.

Das Einfügen, Überschreiben, Verschieben, Kopieren und Löschen von einzelnen Zeichen, Wörtern, Sätzen oder Blöcken nennt man **Editieren.**

Zeilenumbruch, d.h. das Verschieben angefangener Wörter vom Zeilenende in die nächste Zeile, und **Seitenumbruch** erfolgen automatisch. Werden nach der Texteingabe zusätzliche Zeichen, Wörter oder Sätze eingefügt, verschiebt das Programm den nachfolgenden Text.

Formatieren nennt man das Gestalten der äußeren Form eines Textes **(Bild 3)**. Bei Texten im **Blocksatz** schließen alle Zeilen rechtsbündig ab, wobei des Programm Leerzeichen zwischen die einzelnen Wörter einfügt.

Textverarbeitungsprogramme bieten auch Hilfen bei der **Rechtschreib- und Grammatikprüfung** und zur **Silbentrennung.**

Ist der Text bearbeitet, wird er unter einem Dateinamen auf der Festplatte oder einem anderen Datenträger gespeichert.

Wiederkehrende Texte, wie Briefköpfe, Standardformulierungen oder Adressen, können als **Textbausteine** festgelegt und bei neu zu erstellenden Texten abgerufen und eingefügt werden.

Texte können in verschiedenen **Schriftarten, Schrifteffekten und Schriftgrößen** am Bildschirm und am Drucker ausgegeben werden **(Bild 4)**.

Gustav Maier KG Karlsruhe, 02. Juli 2004
Werkzeugbau Hauptstr. 23, 76137 Karlsruhe
Gustav Maier KG, Hauptstr. 23, 76137 Karlsruhe
Herrn
Wolfgang Fröhlich
Burgstr. 7
76228 Karlsruhe
Ihre Bewerbung Sehr geehrter Herr Fröhlich, am 25. 5. 2004 haben Sie sich bei unserer Firma für eine Ausbildung als Industriemechaniker (Maschinen- und Systemtechnik) beworben. Die Bewerbungsunterlagen, die Sie uns zugeschickt haben, waren vollständig. Wir laden Sie ein, am Freitag, den 26. Juli 2004 um 9.00 Uhr zu einem Vorstellungsgespräch in unsere Personalabteilung zu kommen. Mit freundlichen Grüßen

Bild 2: Nicht formatierter Text

Gustav Maier KG
Werkzeugbau
Hauptstr. 23
76137 Karlsruhe

Karlsruhe, 02. Juli 2004

Gustav Maier KG, Hauptstr. 23, 76137 Karlsruhe

Herrn
Wolfgang Fröhlich
Burgstr. 7
76228 Karlsruhe

Ihre Bewerbung

Sehr geehrter Herr Fröhlich,

am 25. 5. 2004 haben Sie sich bei unserer Firma für eine Ausbildung als Industriemechaniker (Maschinen- und Systemtechnik) beworben. Die Bewerbungsunterlagen, die Sie uns zugeschickt haben, waren vollständig. Wir laden Sie ein, am

Freitag, den 26. Juli 2004 um 9^{00} Uhr

zu einem Vorstellungsgespräch in unsere Personalabteilung zu kommen.

Mit freundlichen Grüßen

Bild 3: Editierter und formatierter Text

Schriftarten	Schrifteffekte	Schriftgrößen
Univers	Normalschrift	4 Punkte
NuptialScript	hochgestellt	6 Punkte
Courier	tiefgestellt	8 Punkte
Helvetica	**Fettschrift**	10 Punkte
Times	unterstrichen	12 Punkte
ISOnorm	*Kursivschrift*	16 Punkte
Γριεχηισχη	W e i t s c h r i f t	
	Engschrift	

Bild 4: Schriftarten, Schrifteffekte und Schriftgrößen

Präsentationsprogramme

Mit einem Präsentationsprogramm können wichtige Informationen und Kernaussagen zu bestimmten Themen übersichtlich und optisch anschaulich dargestellt werden. Die Informationen, z. B. Texte, grafische Objekte, Diagramme oder Formeln, stellt man im Computer auf so genannten Folien seitenweise dar **(Bild 1)**. Diese können mit Klangelementen (Sound) und beweglichen Objekten (animierte Darstellung) unterlegt werden. Mit einem tragbaren Computer (Laptop) und mithilfe eines Beamers (Projektor für Computerdarstellungen) ist es möglich, die Präsentation an verschiedenen Orten vorzuführen. Dies wird oft im schulischen Bereich unterrichtsbegleitend oder im industriellen und wissenschaftlichen Bereich bei Vorträgen genutzt.

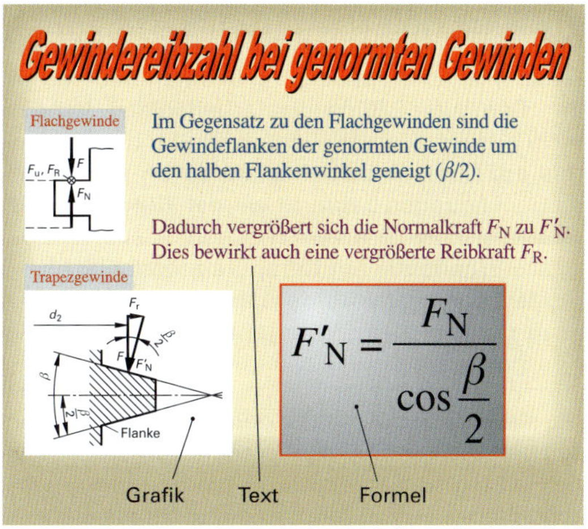

Bild 1: Folie aus Präsentationsprogramm

6.2.9 Wirtschaftliche und soziale Auswirkungen der Computertechnik

Die Anwendung von Computern und Mikroprozessoren in der Produktion, im Dienstleistungs- und im privaten Bereich hat wirtschaftliche und soziale Auswirkungen auf das Leben der Menschen.

Durch computerunterstützte und computerintegrierte Fertigung wird die Arbeit in der Industrie verändert. Fertigungsleitrechner mit angeschlossenen Arbeitsrechnern steuern und überwachen Lager- und Transportsysteme, Fertigungsprozesse und Betriebsdaten, wie z.B. die Belegung der einzelnen Maschinen **(Bild 2)**.

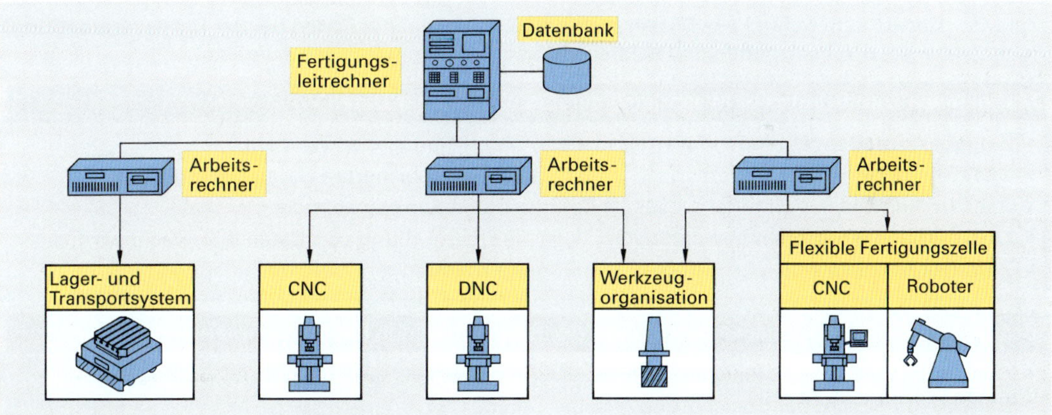

Bild 2: Rechnereinsatz in der Fertigung

Wirtschaftliche und **soziale Auswirkungen** der computerunterstützten Fertigung sind:

- **Günstigere Produktionskosten** durch Verkürzung der Fertigungszeiten und Verminderung der Lagerbestände
- **Höhere Fertigungsflexibilität** und Produktqualität durch den Einsatz von NC-Maschinen
- **Höhere Produktqualität,** da die Entwicklungszeiten und -kosten von neuen Produkten vermindert werden können
- **Humanisierung des Arbeitsplatzes,** da gesundheitsschädliche und monotone Arbeitsabläufe, wie z. B. Schweißen und Lackieren, von Maschinen übernommen werden
- **Arbeitsplatzverluste** in der Produktion, da computergesteuerte Maschinen selbsttätig arbeiten
- **Schaffung neuer Arbeitsplätze** in der Vorbereitung und Überwachung computergesteuerter Anlagen.

6.2.10 Arbeitsschutz am Computer

Gesundheitliche Schädigungen durch Dauerarbeit am Computer (Bildschirmarbeitsplatz) können nicht ausgeschlossen werden. Durch die Ergonomie am Computerarbeitsplatz sollen solche Beeinträchtigungen begrenzt werden **(Bild 1)**.

> Die Ergonomie am Computerarbeitsplatz befasst sich mit der Anpassung der Arbeitsgeräte und der Arbeitsumgebung an den Menschen, um dessen Gesundheit zu schützen.

Die starke Beanspruchung der Augen kann zu verschwommenem Sehen, die einseitige und sitzende Haltung zu Nackenschmerzen und die psychische Belastung zu Monotonie und Stress führen.

Sich spiegelnde Lichtquellen im Bildschirm sind zu vermeiden, der Raum sollte nicht verdunkelt sein und nach ca. 2 Stunden Bildschirmarbeit möglichst eine Pause von 15 Minuten eingelegt werden.

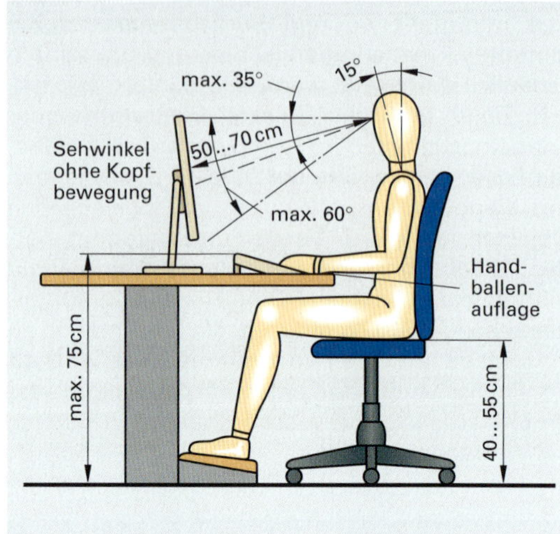

Bild 1: Ergonomie am Bildschirmarbeitsplatz

6.2.11 Datenschutz

Durch Informationsverarbeitung ist es möglich, gespeicherte Daten in Bruchteilen von Sekunden abzurufen, zusammenzustellen und auszuwerten. Um Missbrauch gespeicherter Daten in staatlichen Einrichtungen oder in der Wirtschaft zu verhindern, muss bei personenbezogenen Daten der betroffene Bürger und bei sachbezogenen Daten die betroffene Institution vor unbefugtem Zugriff geschützt werden. Das **„Gesetz zum Schutz vor Missbrauch personenbezogener Daten bei der Datenverarbeitung"** (Bundesdatenschutzgesetz) und **Landesdatenschutzgesetze** regeln diese Aufgaben.

Maßnahmen zum Schutz vor Missbrauch personenbezogener Daten

- **Eingabekontrollen** regeln, von wem und wann Daten eingegeben werden.
- **Speicherkontrollen** verhindern, dass Unbefugte von gespeicherten Daten Kenntnis erhalten.
- **Benutzerkontrollen** verhindern, dass Unbefugte Daten abrufen können.
- **Übermittlungskontrollen** gewährleisten, dass die Übermittlung von Daten überwacht wird.
- **Zugriffskontrollen** sollen Unbefugten den Zugang zu Datenverarbeitungsanlagen verbieten.

Bei der Erfassung persönlicher Daten muss der Bürger folgende **Rechte** wahrnehmen können:

- **Auskunftsrecht** über gespeicherte Daten, die ihn betreffen.
- **Berichtigungsrecht** bei Speicherung falscher Daten.
- **Recht auf Löschung,** wenn die Speicherung der Daten unzulässig war bzw. die Daten nicht mehr erforderlich sind.
- **Recht auf Benachrichtigung,** wenn Daten erfasst und gespeichert werden.

Wiederholung und Vertiefung

1 Erklären Sie den Begriff Anwendersoftware und gliedern Sie in weitere Softwarebereiche.

2 Wie ist ein Präsentationsprogramm aufgebaut und wozu wird es eingesetzt?

3 Welche wirtschaftlichen und sozialen Auswirkungen kann der Einsatz von Computern in der Arbeitswelt haben?

4 Durch welche Maßnahmen kann gesundheitlichen Schäden durch Computerarbeit vorgebeugt werden?

5 Welche Maßnahmen müssen für den Datenschutz getroffen werden?

6 Welche Rechte hat der Bürger bei der Erfassung seiner persönlichen Daten?

7 Elektrotechnik

Fast alle Maschinen, Geräte und Anlagen der modernen Fertigungs-, Verkehrs-, Informations- und Nachrichtentechnik enthalten elektrotechnische Bauelemente. Da die elektrische Energie einfach transportiert werden kann, steht sie praktisch überall zur Verfügung. Sie wird dann in den Geräten in andere Energieformen umgewandelt oder direkt mit geeigneter Spannung, Stromstärke und Frequenz verwendet. Im Bereich der Fertigungstechnik spielt die Umwandlung in mechanische Energie, z. B. bei Elektromotoren, in Wärme, z. B. beim Induktionshärten oder in Licht, z. B. beim Lichtbogenschweißen, eine besondere Rolle.

7.1 Der elektrische Stromkreis

Elektrischer Strom fließt nur im geschlossenen Stromkreis. Dieser besteht mindestens aus einer Spannungsquelle, einem Verbraucher sowie einer Hin- und Rückleitung **(Bild 1)**.

Die Spannungsquelle kann mit der Pumpe in einem Hydraulikkreislauf (Seite 231) verglichen werden. Sie sorgt für die Trennung elektrischer Ladungen. Die getrennten, positiven und negativen Ladungen versuchen sich auszugleichen. Dieser Ausgleich erfolgt über die Leitungen und den Verbraucher. Dabei wird elektrische Energie von der Spannungsquelle zum Verbraucher, z.B. zu einer Leuchte, transportiert und dort in Licht und Wärme umgewandelt.

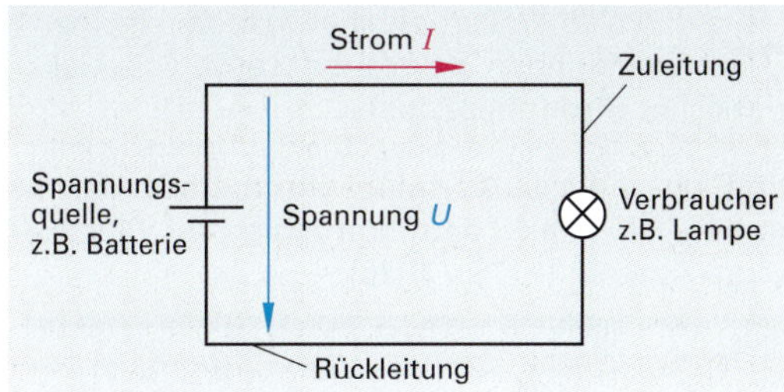

Bild 1: Elektrischer Stromkreis

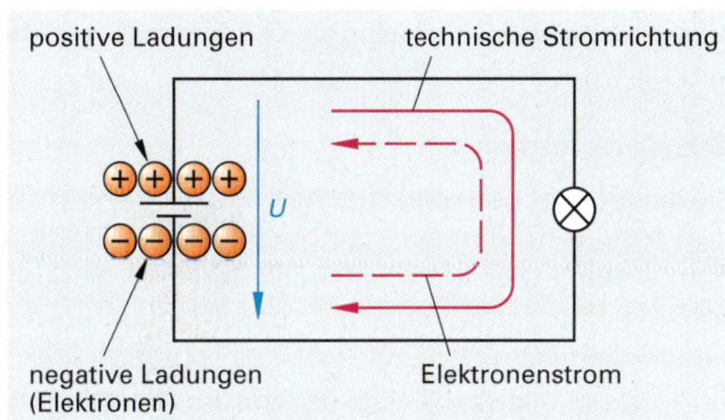

Bild 2: Spannung und Strom

7.1.1 Die elektrische Spannung

Die Ladungstrennung verursacht durch den Überschuss an positiven Ladungen am Pluspol einen Elektronenmangel und am Minuspol einen Elektronenüberschuss **(Bild 2)**. Elektronenüberschuss und Elektronenmangel versuchen sich auszugleichen. Dadurch entsteht zwischen den beiden Polen eine elektrische Spannung. Diese ist umso größer, je größer der Ladungsunterschied zwischen den beiden Polen ist.

> Elektrische Spannungen entstehen durch die Trennung elektrischer Ladungen.

Die **Einheit der elektrischen Spannung** ist das Volt (V), nach dem italienischen Physiker Alessandro Volta (1745 – 1827).

> Die elektrische Spannung wird in Volt (V) gemessen.

Für die Versorgung mit elektrischer Spannung stehen verschiedene Spannungsquellen zur Verfügung **(Tabelle 1)**. Die Wechselspannungsnetze beziehen ihre Energie durch Fernleitungen von den Stromerzeugern. Viele Geräte benötigen jedoch besondere Spannungen **(Tabelle 2)**. Diese werden aus den zur Verfügung stehenden Spannungsquellen vor allem durch Transformatoren erzeugt.

Tabelle 1: Spannungsquellen

Spannungsquelle	Nennspannung
Monozelle	1,5 V
Duplexbatterie	3 V
Autobatterie	12 V, 30 V
Wechselspannungsnetz	230 V, 400 V

Tabelle 2: Spannung bei verschiedenen Anwendungen

Anwendung	Spannung
Datenverarbeitung	5 V
Magnetventile	24 V
Schweißtechnik	bis 70 V
Ortsnetz	230 V, 400 V
Großindustrie	110 000 V
Strom-Fernleitungen	400 000 V

7.1.2 Der elektrische Strom

Wird ein elektrischer Verbraucher an eine Spannungsquelle angeschlossen, können sich die unterschiedlichen Ladungen ausgleichen. Die Elektronen fließen dabei vom Minuspol der Spannungsquelle über den Verbraucher zum Pluspol. Die fließenden Elektronen werden als elektrischer Strom bezeichnet. Dieser ist umso größer, je mehr Elektronen pro Sekunde durch den Leiterquerschnitt fließen.

> Die durch einen Verbraucher bzw. durch einen Leiter fließenden Elektronen werden als elektrischer Strom bezeichnet.

Die Einheit der elektrischen Stromstärke ist das Ampere (A), nach dem französischen Physiker André Ampere (1775 – 1836).

> Der elektrische Strom wird in Ampere (A) gemessen.

Die elektrischen Verbraucher arbeiten außer mit verschiedenen Spannungen auch mit unterschiedlichen Stromstärken **(Tabelle 1)**.

Stromrichtung

Die Richtung des elektrischen Stromes wurde vom Plus- zum Minuspol festgelegt. Erst später erkannte man, dass sich die Elektronen vom Minuspol zum Pluspol bewegen. In der Technik wurde jedoch die ursprüngliche Festlegung beibehalten. Sie wird als technische Stromrichtung bezeichnet (Bild 2 Seite 253).

Wirkungen des elektrischen Stromes

Den elektrischen Strom kann man nicht sehen. Er kann nur an seinen Wirkungen erkannt werden **(Tabelle 2)**. Diese Wirkungen werden auch zur Messung von Strom und Spannung benutzt.

Messen von Strom und Spannung

Strommessgeräte messen den Strom, der durch sie hindurchfließt. Sie müssen deshalb in den Stromkreis geschaltet werden, der dazu unterbrochen wird **(Bild 1)**.

Spannungsmessgeräte messen den Unterschied der Ladungen zwischen zwei Punkten. Sie müssen deshalb parallel zum Verbraucher oder zur Spannungsquelle geschaltet werden.

> **Strommessgeräte** werden in Reihe zum Verbraucher, **Spannungsmessgeräte** parallel zum Verbraucher bzw. der Spannungsquelle geschaltet.

Tabelle 1: Stromstärken verschiedener Verbraucher

Verbraucher	Stromstärke
Elektronische Messschieber	0,1 A
Glühlampe	0,5 A
10-kW-Motor bei 400 V	18 A
Schweißtransformator	300 A
Lichtbogenofen	150 000 A

Tabelle 2: Wirkungen des elektrischen Stromes

Physikalischer Effekt	Anwendung
Wärmewirkung	
Ein vom Strom durchflossener Leiter erwärmt sich.	Induktionshärten, Lötkolben
Magnetische Wirkung	
Um einen stromdurchflossenen Leiter entsteht ein Magnetfeld.	Elektromotor, Relais, Magnetspannplatte
Lichtwirkung	
Stromdurchflossene Drähte können glühen und dabei Licht aussenden.	Glühlampen, Halogenlampen
Gase können durch Strom zum Leuchten angeregt werden.	Leuchtstoffröhren, Energiesparlampen
Bestimmte Halbleiter senden bei Stromdurchgang Licht aus.	Leuchtdioden (LED)
Chemische Wirkung	
Elektrischer Strom zersetzt leitende Flüssigkeiten, sog. Elektrolyte.	Elektrolyse von Aluminium, Galvanotechnik
Physiologische Wirkung	
Elektrischer Strom wirkt auf Lebewesen. Er kann tödlich sein!	Herzschrittmacher, Elektrozäune, Lähmung der Atemmuskulatur

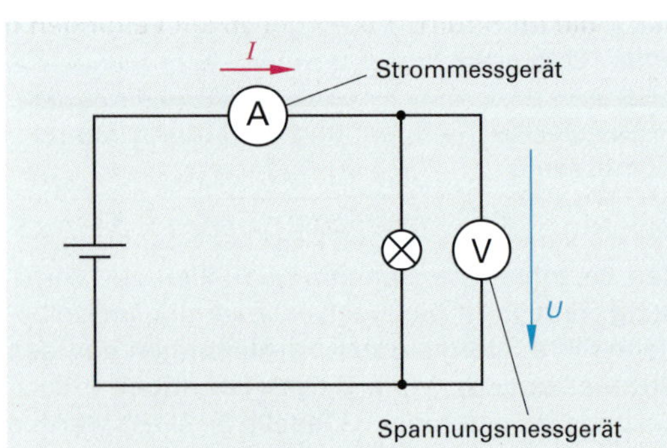

Bild 1: Messen von Spannung und Strom

7.1.3 Der elektrische Widerstand

Das Ohm'sche Gesetz

Schließt man einen Verbraucher an eine Spannungsquelle an, so fließt ein elektrischer Strom. Die Größe des Stromes ist von der Größe des elektrischen Widerstandes des Verbrauchers abhängig. Bei gleicher Spannung U fließt bei einem kleinen Widerstand R ein großer, bei einem großen Widerstand R ein kleiner Strom I **(Bild 1)**. Den Zusammenhang zwischen Spannung, Strom und elektrischem Widerstand beschreibt das **Ohm'sche Gesetz (Bild 2)**.

Ohm'sches Gesetz	$I = \frac{U}{R}$

> Das Ohm'sche Gesetz gibt den Zusammenhang zwischen Strom, Spannung und elektrischem Widerstand an.

Die Einheit des elektrischen Widerstandes Stromstärke ist das Ohm (Ω), nach dem deutschen Physiker Georg Simon Ohm (1787 bis 1854).

> Der elektrische Widerstand wird in Ohm (Ω) gemessen.

Beispiel: Der Betätigungsmagnet eines Wegeventils hat einen Widerstand von 48 Ω. Wie groß ist die Stromstärke, wenn das Ventil an 24 V Spannung liegt?

Lösung: $I = \frac{U}{R} = \frac{24\,\text{V}}{48\,\Omega} = 0{,}5\,\text{A}$

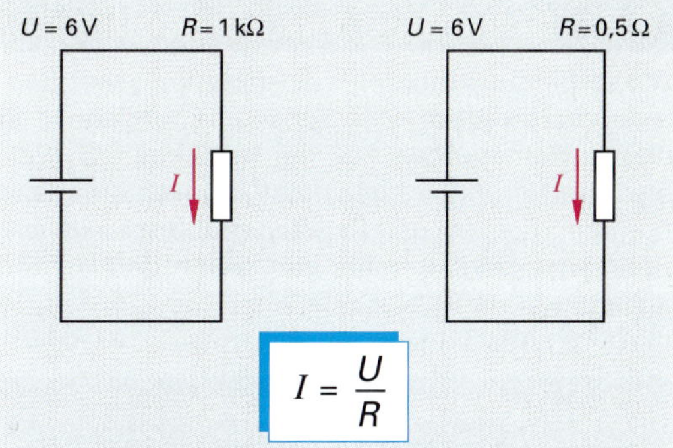

$$I = \frac{U}{R}$$

$$I = \frac{6\,\text{V}}{1000\,\Omega} = 6\,\text{mA} \qquad I = \frac{6\,\text{V}}{0{,}5\,\Omega} = 12\,\text{A}$$

Bild 1: Stromkreis mit kleinem und großem Widerstand

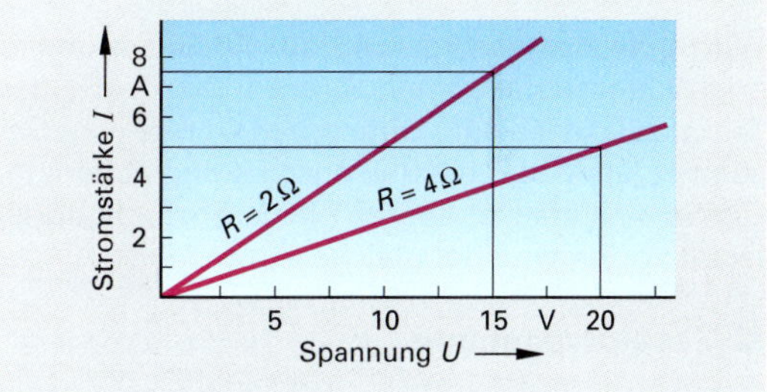

Bild 2: Ohm'sches Gesetz als Diagramm

Spezifischer Widerstand

Der spezifische Widerstand ϱ eines Werkstoffes gibt an, wie gut dieser Werkstoff elektrischen Strom leitet. Dazu wird der Widerstand eines 1 m langen Drahtes mit 1 mm^2 Querschnitt gemessen **(Tabelle 1)**.

Tabelle 1: Spezifischer Widerstand ϱ

Werkstoff	Spez. Widerstand in $\frac{\Omega \cdot \text{mm}^2}{\text{m}}$
Aluminium	0,0265
Kupfer	0,0179
Silber	0,0149
Wolfram	0,055

Leiterwiderstand

Auch die im Stromkreis eingesetzten Leitungen haben einen elektrischen Widerstand. Meist ist dieser gegenüber dem Widerstand der Verbraucher vernachlässigbar klein. Bei langen Zuleitungen oder hohen Strömen jedoch kann der Leiterwiderstand das Verhalten der gesamten Schaltung wesentlich beeinflussen.

Der Leiterwiderstand ist abhängig von

- dem spezifischen Widerstand ϱ des Leiterwerkstoffes,
- der Länge l des Leiters,
- dem Querschnitt A des Leiters.

Leiterwiderstand	$R_l = \frac{\varrho \cdot l}{A}$

Beispiel: Wie groß ist der Leiterwiderstand einer 50-m-Kabeltrommel mit einem Kupferleiter von 1,5 mm^2 Querschnitt?

Lösung: $l = 2 \cdot 50\,\text{m} = 100\,\text{m}$ Hin- und Rückleitung: $R_l = \frac{\varrho \cdot l}{A} = \frac{0{,}0179\,\frac{\Omega \cdot \text{mm}^2}{\text{m}} \cdot 100\,\text{m}}{1{,}5\,\text{mm}^2} = 1{,}19\,\Omega$

7.2 Schaltung von Widerständen

Die Verbindung mehrerer elektrotechnischer Bauteile wird als elektrische Schaltung bezeichnet. In diesen Schaltungen können Widerstände (Verbraucher) in Reihe oder parallel geschaltet sein. Kommen Reihen- und Parallelschaltungen gleichzeitig vor, spricht man von einer gemischten Schaltung.

7.2.1 Reihenschaltung von Widerständen

Bei der Reihenschaltung von Widerständen sind alle Verbraucher hintereinander geschaltet **(Bild 1)**. Dies ist zum Beispiel bei elektrischen Christbaumbeleuchtungen der Fall.

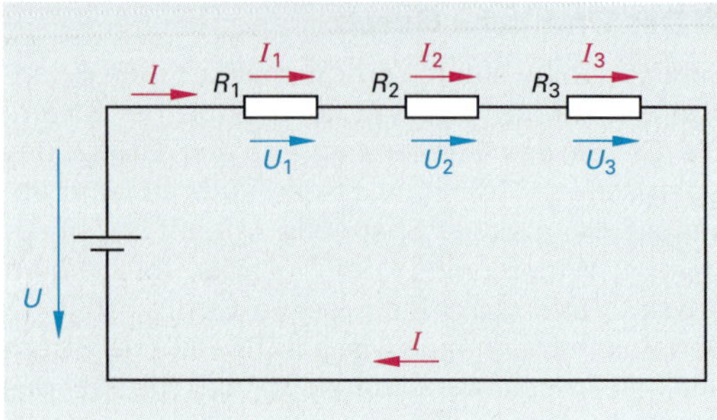

Bild 1: Reihenschaltung von Widerständen

Stromstärke

Wird eine Reihenschaltung an die Spannung U angeschlossen, fließt ein Strom I. Die Größe des Stromes ist nach dem Ohm'schen Gesetz vom Gesamtwiderstand R der Reihenschaltung abhängig. Die Stromstärke ist überall gleich groß, da durch jeden Widerstand der gleiche Strom fließt.

Strom	$I = I_1 = I_2 = I_3 = \ldots$

In einer Reihenschaltung fließt überall der gleiche Strom.

Gesamtspannung

Der Strom I verursacht in jedem Widerstand einen Spannungsabfall, z. B. am Widerstand R_1 die Spannung $U_1 = I \cdot R_1$. Da der Strom überall gleich groß ist, ist der Spannungsabfall an einem großen Widerstand größer als an einem kleinen Widerstand.

Die Teilspannungen U_1, U_2, ... ergeben zusammen wieder die Gesamtspannung U.

Gesamtspannung	$U = U_1 + U_2 + U_3 + \ldots$

Bei der Reihenschaltung ist die Summe der Teilspannungen so groß wie die angelegte Gesamtspannung.

Gesamtwiderstand

Die Einzelwiderstände R_1, R_2, ... der Reihenschaltung können zu einem Gesamtwiderstand R, dem so genannten Ersatzwiderstand, zusammengefasst werden. Dieser Ersatzwiderstand nimmt bei gleicher Spannung U den gleichen Strom I auf wie die Reihenschaltung.

Gesamtwiderstand	$R = R_1 + R_2 + R_3 + \ldots$

Bei der Reihenschaltung ist der Gesamtwiderstand gleich der Summe der Einzelwiderstände.

Beispiel: Zwei Widerstände $R_1 = 30\ \Omega$ und $R_2 = 80\ \Omega$ sind in Reihe geschaltet und liegen an der Netzspannung von 230 V **(Bild 2)**.

Wie groß sind die Stromstärke I und die Teilspannungen U_1 und U_2?

Lösung:

$$R = R_1 + R_2 = 30\ \Omega + 80\ \Omega = 110\ \Omega$$

$$I = \frac{U}{R} = \frac{230\ \text{V}}{110\ \Omega} = 2{,}091\ \text{A}$$

$$U_1 = I \cdot R_1 = 2{,}091\ \text{A} \cdot 30\ \Omega = 62{,}7\ \text{V}$$

$$U_2 = I \cdot R_2 = 2{,}091\ \text{A} \cdot 80\ \Omega = 167{,}3\ \text{V}$$

$$U = U_1 + U_2 = 62{,}7\ \text{V} + 167{,}3\ \text{V} = 230\ \text{V}$$

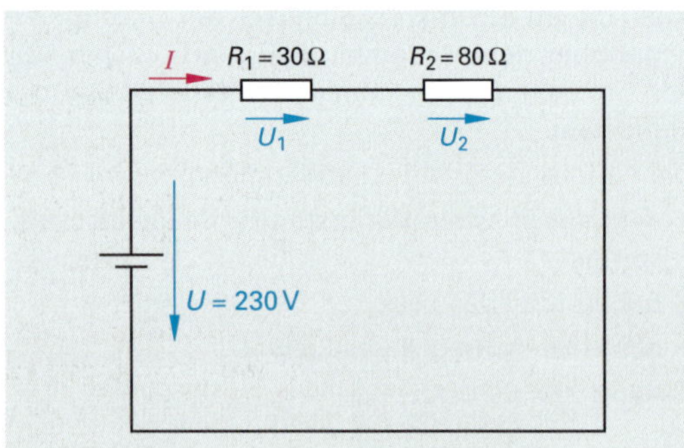

Bild 2: Reihenschaltung von 2 Widerständen

7.2.2 Parallelschaltung von Widerständen

Bei der Parallelschaltung sind jeweils die Stromeintritts- und die Stromaustrittsanschlüsse aller Verbraucher miteinander verbunden. Damit liegt jeder Widerstand an der gleichen Spannung **(Bild 1)**.

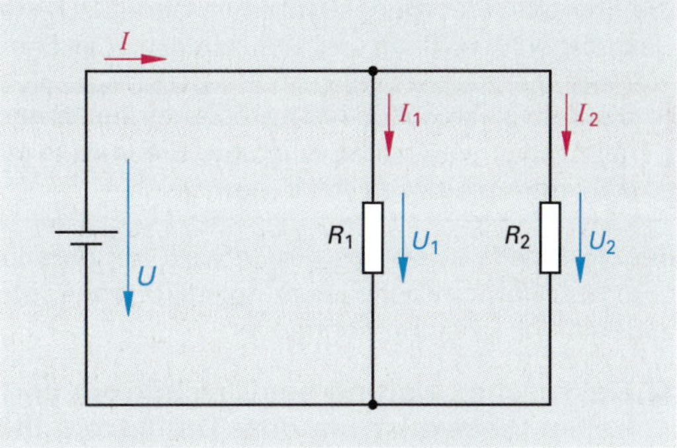

Bild 1: Parallelschaltung von Widerständen

Spannung	$U = U_1 = U_2 = U_3 = \ldots$

> Bei der Parallelschaltung von Widerständen liegt an jedem Widerstand die gleiche Spannung an.

Gesamtstrom

Durch jeden Widerstand fließt ein Teil des Gesamtstromes. Die Teilströme I_1, I_2 ... werden nach dem Ohm'schen Gesetz berechnet, z. B. $I_1 = U/R_1$. Durch den kleinsten Widerstand fließt damit der größte Strom. Der Gesamtstrom I ergibt sich aus der Summe seiner Teilströme.

Gesamtstrom	$I = I_1 + I_2 + I_3 = \ldots$

> Der Gesamtstrom ist gleich der Summe der Teilströme.

Gesamtwiderstand

Zur Berechnung des Gesamtwiderstandes R der Schaltung ersetzt man in der Formel $I = I_1 + I_2 + I_3 + \ldots$ die Ströme nach dem Ohm'schen Gesetz durch

$$\frac{U}{R} = \frac{U}{R_1} + \frac{U}{R_2} + \frac{U}{R_3} + \ldots; \quad \frac{1}{R} = \frac{1}{R_1} + \frac{1}{R_2} + \frac{1}{R_3} + \ldots$$

Der Kehrwert ergibt den Gesamtwiderstand:

$$R = \frac{1}{\frac{1}{R_1} + \frac{1}{R_2} + \frac{1}{R_3} + \ldots}$$

Gesamtwiderstand	$R = \dfrac{1}{\frac{1}{R_1} + \frac{1}{R_2} + \frac{1}{R_3} + \ldots}$
für 2 Widerstände:	$R = \dfrac{R_1 \cdot R_2}{R_1 + R_2}$

> Bei der Parallelschaltung von Widerständen ist der Gesamtwiderstand kleiner als der kleinste Teilwiderstand.

Beispiel: Zwei parallel geschaltete Elektromagnetventile Y1 und Y2 mit den Widerständen $R_1 = 48\ \Omega$ und $R_2 = 72\ \Omega$ werden bei der Spannung $U = 24$ V gleichzeitig geschaltet.

Wie groß sind

a) die Teilströme I_1 und I_2,

b) der Gesamtstrom I,

c) der Gesamtwiderstand R?

Lösung: a) $I_1 = \frac{U}{R_1} = \frac{24\ \text{V}}{48\ \Omega} = 0{,}50$ A

$I_2 = \frac{U}{R_2} = \frac{24\ \text{V}}{72\ \Omega} = 0{,}33$ A

b) $I = I_1 + I_2 = 0{,}50\ \text{A} + 0{,}33\ \text{A} = 0{,}83$ A

c) $R = \frac{R_1 \cdot R_2}{R_1 + R_2} = \frac{48\ \Omega \cdot 72\ \Omega}{48\ \Omega + 72\ \Omega} = 28{,}8\ \Omega$

Wiederholung und Vertiefung

1 Welche Spannungsquelle wird für die Antriebe einer CNC-Maschine, welche zur Pufferung des Datenspeichers verwendet?

2 Welche Wirkungen hat der elektrische Strom? Geben Sie zu den einzelnen Wirkungen jeweils ein Beispiel an.

3 Wie müssen die Messgeräte zum Messen des elektrischen Stromes, wie zum Messen der elektrischen Spannung geschaltet werden?

4 Erklären Sie folgende Angabe: Der spezifische Widerstand von Kupfer beträgt 0,0179 $\Omega\cdot\text{mm}^2/\text{m}$.

5 Welche Auswirkungen hat es, wenn die Zuleitung zu einem Verbraucher unterbrochen wird

a) bei einer Reihenschaltung,

b) bei einer Parallelschaltung?

6 Warum sind in allen Firmen und Haushalten praktisch alle Maschinen parallel geschaltet?

7 Zwei parallel geschaltete Widerstände $R_1 = 60\ \Omega$ und $R_2 = 90\ \Omega$ sollen durch einen einzelnen Widerstand R ersetzt werden. Wie groß muss dieser Ersatzwiderstand sein?

7.3 Elektrische Leistung und elektrische Arbeit

Die Energie-Versorgungs-Unternehmen (EVU) stellen allen Nutzern elektrischer Maschinen und Geräte elektrische Energie zur Verfügung.

Die dem elektrischen Netz pro Zeiteinheit entnommene Energie nennt man elektrische Leistung. Sie wird in Watt (W), Kilowatt (kW) oder Megawatt (MW) gemessen.

Bei elektrischen Betriebsmitteln wird auf dem Leistungsschild die dem Netz entnommene Leistung, bei Elektromotoren allerdings die abgegebene Leistung angegeben.

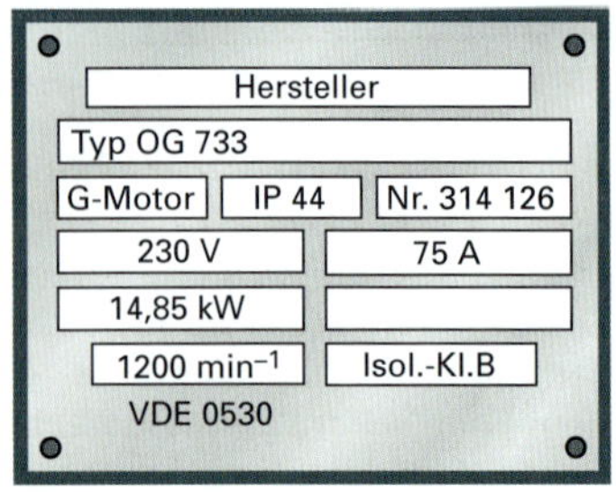

Bild 1: Leistungsschild eines Gleichstrommotors

Elektrische Leistung bei Gleichstrom und induktionsfreiem Wechselstrom oder Drehstrom (Bilder 1 bis 3)

Bei einem an Gleichspannung betriebenen Verbraucher ist die Leistung P umso größer, je größer die angelegte Spannung U und der Strom I sind. Gleiches gilt auch für Verbraucher an Wechselspannung, wenn sie neben dem ohmschen Widerstand keine induktiven Teile (Spulen) oder kapazitiven Teile (Kondensatoren) enthalten.

Elektrische Leistung bei Gleichstrom und induktionsfreiem Wechselstrom $P = U \cdot I$

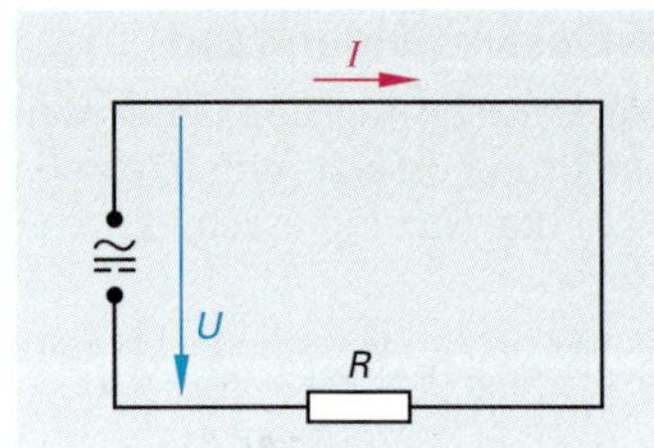

Bild 2: Leistung bei Gleichstrom oder induktionsfreiem Wechselstrom

Beim Drehstrom ist der Stromverlauf in den drei Leitern zeitlich gegeneinander verschoben. Der Mittelwert wird mit dem Verkettungsfaktor $\sqrt{3}$ berechnet.

Elektrische Leistung bei induktionsfreiem Drehstrom $P = \sqrt{3} \cdot U \cdot I$

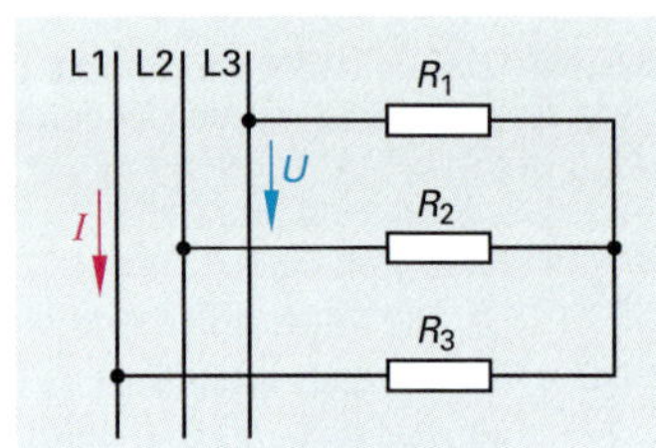

Bild 3: Leistung bei induktionsfreiem Drehstrom

Elektrische Leistung bei Wechselstrom und Drehstrom mit induktiven und kapazitiven Anteilen (Bilder 4 und 5)

Bei Verbrauchern, die neben dem ohmschen Widerstand auch Spulen und Kondensatoren enthalten, kommt es zu einer zeitlichen Verschiebung (Phasenverschiebung) zwischen Strom und Spannung. Diese Verschiebung mindert die tatsächlich am Verbraucher umgesetzte Leistung (Wirkleistung). Die Minderung wird durch den Leistungsfaktor $\cos \varphi$ berücksichtigt.

Wirkleistung bei Wechselstrom $P = U \cdot I \cdot \cos \varphi$

Wirkleistung bei Drehstrom $P = \sqrt{3} \cdot U \cdot I \cdot \cos \varphi$

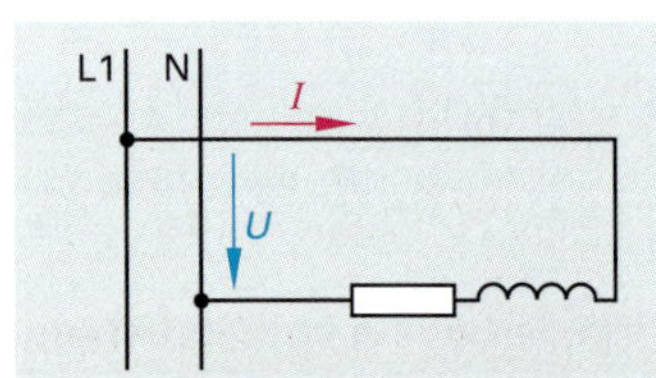

Bild 4: Leistung bei Wechselstrom mit induktivem Lastanteil

Beispiel: Für einen Dreiphasen-Drehstrommotor gibt der Hersteller folgende Daten an: $U = 400$ V, $I = 26{,}6$ A, $\cos \varphi = 0{,}87$, $\eta = 93{,}5\,\%$

Wie groß sind a) aufgenommene und b) abgegebene Leistung?

Lösung: a) $P_1 = \sqrt{3} \cdot U \cdot I \cdot \cos \varphi = \sqrt{3} \cdot 400\ \text{V} \cdot 26{,}6\ \text{A} \cdot 0{,}87 = 16\,033\ \text{W}$

b) $P_2 = P_1 \cdot \eta = 16\,033\ \text{W} \cdot 0{,}935 = 14\,990\ \text{W}$

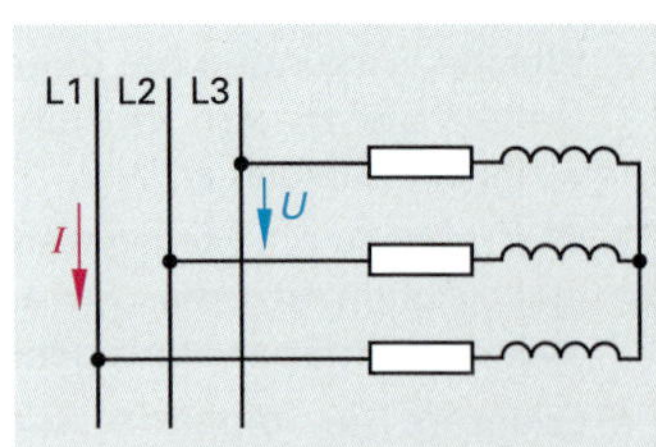

Bild 5: Leistung bei Drehstrom mit induktivem Lastanteil

Elektrische Arbeit

Je größer die Leistung P und die Betriebsdauer t eines Verbrauchers ist, desto größer ist die elektrische Arbeit.

Elektrische Arbeit $W = P \cdot t$

Einheiten der Arbeit sind: $1\ \text{W} \cdot \text{s} = 1\ \text{J}$ und $1\ \text{kW} \cdot \text{h} = 3{,}6 \cdot 10^6$ W

Die elektrische Arbeit wird von Zählern in kW · h gemessen.

7.4 Fehler an elektrischen Anlagen und Schutzmaßnahmen

Unfälle durch elektrischen Strom entstehen durch technische Mängel an Geräten und Anlagen, vor allem aber durch Unachtsamkeit.

Wirkungen des elektrischen Stromes im menschlichen Körper

Fließt elektrischer Strom durch den Menschen, z. B. beim Berühren eines unter Spannung stehenden Leiters, wird ab einer bestimmten Stromstärke die Atemmuskulatur gelähmt. Die Folgen sind Nicht-loslassen-Können, Verkrampfungen, Gleichgewichtsstörungen, Herz- und Atemstillstand.

Ströme über 50 mA und Spannungen über 50 V sind lebensgefährlich.

Bei Arbeiten an elektrischen Anlagen oder nach einem Unfall durch Elektrizität sind folgende **fünf lebenswichtige Sicherheitsregeln** zu beachten, deren Reihenfolge unbedingt eingehalten werden muss **(Tabelle 1)**.

Tabelle 1: Sicherheitsregeln bei Arbeiten an Anlagen, die unter Spannung stehen

1. Freischalten	Abschalten aller nicht geerdeten Leitungen, Sicherungsautomaten abschalten, Verbotsschilder anbringen
2. Gegen Wiedereinschalten sichern	Herausnehmen und Verwahren der Sicherungen, Abschließen (Vorhängeschloss) von Schaltern, Sicherungseinsätze mitnehmen
3. Spannungsfreiheit feststellen	Durch Elektrofachkraft mit geeigneten Messgeräten oder Spannungsprüfern
4. Erden und Kurzschließen	Teile, an denen gearbeitet wird, müssen zuerst geerdet und dann kurzgeschlossen werden
5. Benachbarte, unter Spannung stehende Teile abdecken	Es ist zu vermeiden, dass arbeitende Personen mit Werkzeugen oder Hilfsmitteln an leitende oder Spannung führende Teile geraten, daher Körperschutz, z. B. Schutzhelm und Handschuhe, tragen

Fehler an elektrischen Anlagen

Durch Isolationsfehler können an elektrischen Anlagen Kurzschluss, Erdschluss, Leiterschluss und Körperschluss auftreten **(Bild 1)**.

Kurzschluss entsteht zwischen zwei unter Spannung stehenden elektrischen Leitern, wenn sie sich ohne Isolation berühren. Die vorgeschaltete Sicherung schaltet den dabei entstehenden großen Kurzschlussstrom ab.

Erdschluss entsteht durch eine direkte Verbindung eines Spannung führenden Leiters mit der Erde bzw. geerdeten Teilen. Auch hier schaltet die Sicherung den Erdschlussstrom ab.

Leiterschluss entsteht z. B. durch die schadhafte Überbrückung eines Schalters, wodurch die Anlage nicht abgeschaltet werden kann.

Beim **Berühren eines Gerätes mit Körperschluss** fließt Strom durch den Menschen zur Erde **(Bild 2)**. Die Größe dieses Fehlerstroms hängt vom Widerstand des menschlichen Körpers und vom Leitvermögen der Erdverbindung ab. Steht der Berührende mit einer gut geerdeten Leitung in Verbindung (Wasser, Gas- oder Heizleitung), kann durch ihn ein gefährlich starker Strom fließen **(Bild 3)**.

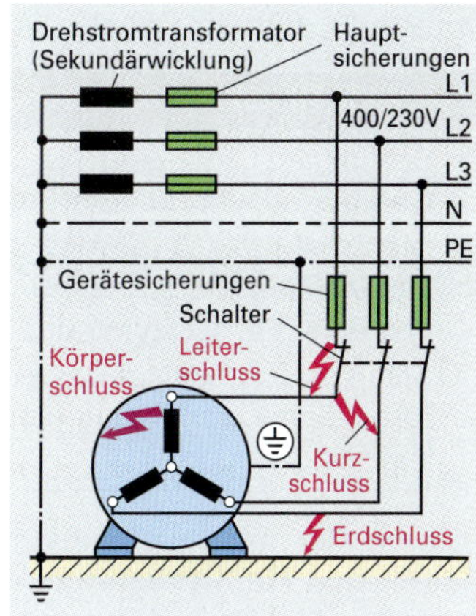

Bild 1: Kurzschluss, Erdschluss, Leiterschluss, Körperschluss

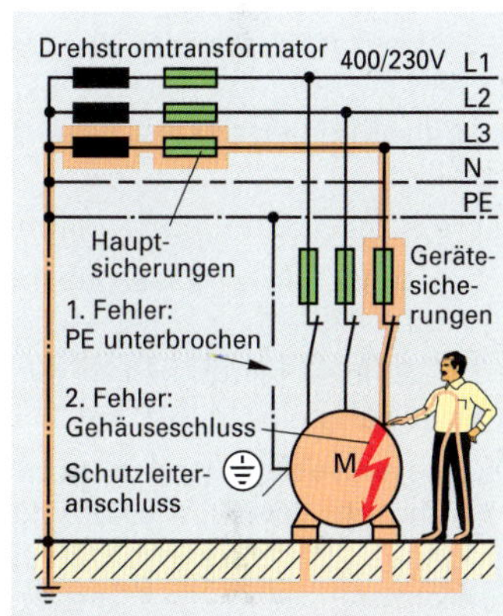

Bild 2: Berührungsspannung

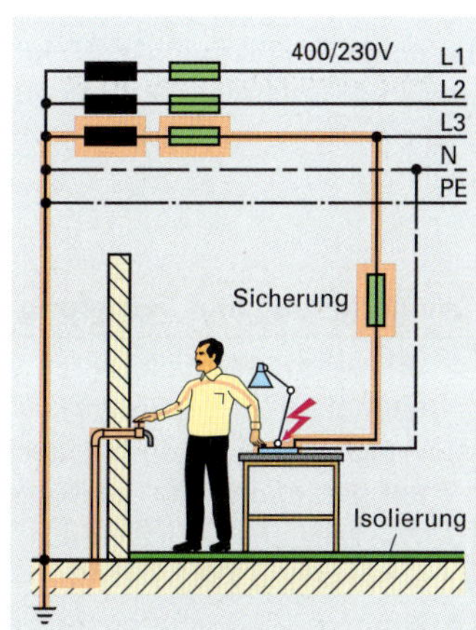

Bild 3: Fehlerstromkreis

Hinweise für den Umgang mit Elektrogeräten

Die meisten Elektrounfälle mit tödlichem Ausgang sind auf schadhafte Steckverbindungen und Leitungen zurückzuführen. Daher sollten folgende **Hinweise** beachtet werden:

Folgende Hinweise müssen beachtet werden:

- Schadhafte Leitungen, Steckverbindungen und Geräte sind sofort außer Betrieb zu setzen.
- Die Errichtung, Änderung und Reparatur von elektrischen Geräten und Anlagen darf nur von einer Elektrofachkraft ausgeführt werden.
- Schukosteckdosen und zweipolige Steckdosen (ohne Schutzkontakt) in einem Raum sind unzulässig.
- Doppel- und Dreifachstecker sind verboten.
- Leitungen dürfen nicht geflickt oder verlängert werden, z. B. durch Zusammenwürgen oder Umwickeln mit Isolierband.
- Strom führende blanke oder umhüllte Leitungen, z. B. Freileitungen, dürfen nicht berührt werden, auch nicht mittelbar durch Werkzeuge, Eisenstangen oder Kranausleger.

Elektrogeräte, Steckverbindungen und Leitungen müssen den **VDE-Bestimmungen** (VDE = **V**erband **D**eutscher **E**lekrotechniker) entsprechen und sollen das **VDE-Prüfzeichen** tragen **(Bild 1)**.

Steckverbindungen. Seit 1981 müssen alle Flachsteckverbindungen für Drehstrom durch die international genormten Rundsteckverbindungen nach CEE-Norm (CEE – Internationale **C**ommission für Regeln zur Begutachtung **E**lektrotechnischer **E**rzeugnisse) ersetzt sein. Diese bieten wesentliche Vorteile:

- Die Steckverbindungen erlauben höhere Ströme.
- Sie sind spritzwassergeschützt und wasserdicht.
- Der Stecker kann nicht in eine Dose für höhere Spannung eingeführt werden.

Die **Unverwechselbarkeit** erreicht man durch die Anordnung der Schutzkontaktbuchse zur Führungsnut (Unverwechselbarkeitsnut) der Steckvorrichtung. Zeigt die Führungsnut nach unten, wird die Lage der Schutzkontaktbuchse nach der Uhrzeigerstellung festgelegt. Eine fünfpolige Drehstromsteckdose für 400 V ist z. B. an der 6-Uhr-(6-h-) Stellung zu erkennen **(Tabelle 1)**.

Die Schutzkontaktbuchse PE hat außerdem einen größeren Durchmesser als die Buchsen für die Pole der Außenleiter L1, L2 und L3 sowie des Neutralleiters N.

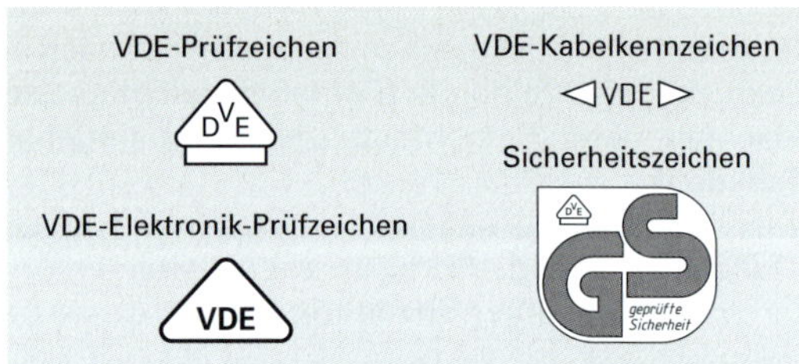

Bild 1: VDE-Prüfzeichen

Tabelle 1: Steckverbindungen nach CEE-Norm

Polzahl	Schutzkontaktlage im Ziffernblatt bei Stromart: 110...130 V ~ 50 und 60 Hz	220...250 V ~ 50 und 60 Hz	380...415 V ~ 50 und 60 Hz	...380 V ~ 50 und 60 Hz nach Trenntrafo	50...250 V — Gleichstrom
3	4h	6h	9h	12h	3h
4	4h	9h	6h	12h	—
5	4h	9h	6h	—	—
Farbe	gelb	blau	rot	grau	blau

Wiederholung und Vertiefung

1 Wie können Unfälle durch elektrischen Strom entstehen?

2 Welche Wirkungen hat der elektrische Strom auf den menschlichen Körper?

3 Wie entstehen Kurzschluss, Erdschluss, Leiterschluss und Körperschluss?

4 Nennen Sie wichtige Hinweise für den Umgang mit Elektrogeräten.

5 Warum sind VDE-Prüfzeichen auf Elektrogeräten so wichtig?

6 Warum soll man nie zugleich ein Elektrogerät und eine gute Erdverbindung anfassen?

7 Warum dürfen Leitungen nicht geflickt werden?

8 Wodurch erreicht man die Unverwechselbarkeit von Steckverbindungen?

Lernfeld 1: Fertigen von Bauelementen mit handgeführten Werkzeugen

Zeichnerische Grundlagen
Beschreibung von Form und Funktion, Ansichten, Projektionsarten, Bemaßung, Toleranzen

Leitobjekt, z. B. Schlüsselanhänger
Einfache Teile, die durch Sägen, Feilen, Bohren und Biegen hergestellt werden können.

Fertigungsplanung
Arbeitsplan mit Arbeitsschritten, Werkzeugen, Spann- und Prüfmöglichkeiten

Mathematische Grundlagen
Taschenrechner, Größen, Einheiten, Gleichungen, Umstellung von Formeln, Längen, Masse

Fertigung
Sägen, Feilen, Bohren, Umformen durch Biegen; Messen und Prüfen, Behebung von Fehlern, Prüfprotokoll

Werkstoffe
Einteilung, Eigenschaften, Bezeichnung, Verwendung, Halbzeuge, Normteile

Lernfeld 2: Fertigen von Bauelementen mit Maschinen

Zeichnerische Grundlagen
Teilzeichnungen, ISO-Toleranzen, Oberflächenangaben, einfache Stücklisten

Leitobjekt, z. B. Prismenspanngerät
Einfache Teile, die durch Drehen, Fräsen, Bohren und Gewindebohren hergestellt werden können.

Qualitätsmanagement
Geeignete Prüfmittel, sinnvolle Toleranzen, Qualitätsforderungen, -merkmale, -prüfung

Mathematische Grundlagen
Rest-, Mittel- und Lochabstände, Materialverbrauch, Pythagoras, Winkelfunktionen, Kräfte

Fertigung
Einteilung der spanenden Verfahren; Schneidstoffe, Schnittdaten, Kühlschmierung zum Bohren, Senken, Reiben, Fräsen und drehen

Werkstoffe
Eignung der verwendeten Werkstoffe, Umgang mit und Entsorgung der Kühlschmierstoffe

Lernfeld 3: Herstellung einfacher Baugruppen

Darstellung
Teil- und Gesamtzeichnungen, einfache Schaltpläne, Anordnungs- und Montagepläne

Leitprojekt, z. B. einfacher Maschinenschraubstock
Montage einer Baugruppe, eventuell auch mit einfacher Steuerung

Arbeitsplanung
Montageplan erstellen, Werkzeuge, Normteile und Vorrichtungen festlegen

Fachmathematik
Kräfte und Momente an Schraubenverbindungen, Spannkräfte, zul. Pressungen, Drehzahlen

Technologie
Verbindungs- und Fügearten, besonders Schraubenverbindungen und Schraubensicherungen, Führungen

Prüfkriterien
Funktion, Qualität, z. B. Aussehen und Verschleißverhalten, Verwendungsmöglichkeiten

Lernfeld 4: Warten technischer Systeme

Unterlagen
Funktionsbeschreibung, Teileliste, Betriebs- und Bedienungsanleitung, Ersatzteile-Katalog

Leitobjekt, z. B. Tischbohrmaschine
Vorbereitung der Wartung von Betriebsmitteln oder einfachen Maschinen und Geräten

Elektrotechnische Grundlagen
Stromkreis, Ohmsches Gesetz, Kenndaten des Elektromotors, Fehler an elektrischen Anlagen

Beteiligte Maschinenelemente
Zahnräderr, Riemen, Wellen, Lager, Kupplungen, Bedienungs- und Schaltelemente

Arbeiten
Wartung, Inspektion, Instandhaltung, Feststellung der Stör- und Verschleißursachen, Korrosionsschutz

Arbeits- und Umweltschutz
Sicherheitseinrichtungen, elektr. Schutzmaßnahmen, Entsorgung der Kühl- und Schmierstoffe

Lernfeld 1: Fertigen von Bauelementen mit handgeführten Werkzeugen

Gewähltes Leitprojekt: Schlüsselanhänger

Gesamtzeichnung des Schlüsselanhängers

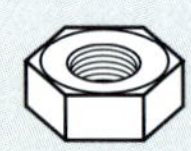

Sechskantmutter

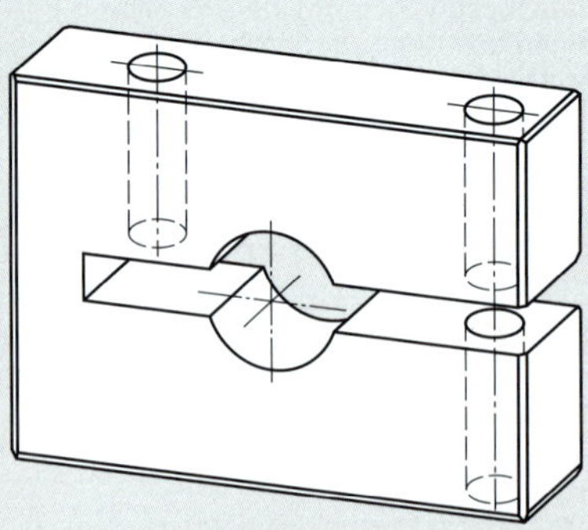

Stahlklotz

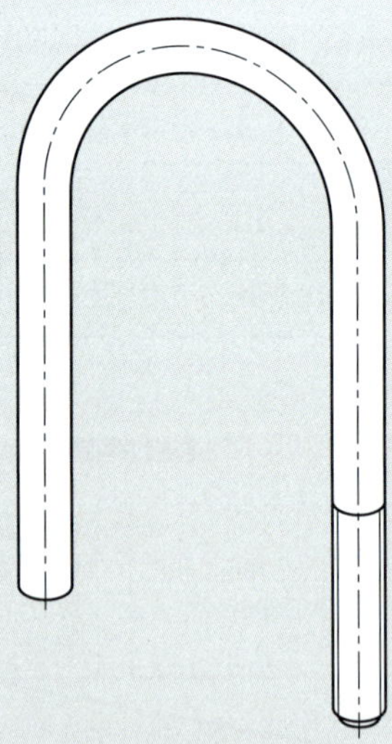

Bügel

Lernfeld 1: Fertigen von Bauelementen mit handgeführten Werkzeugen

Gewähltes Leitprojekt: Schlüsselanhänger

Ziele und Inhalte	Hinweise, Hilfsmittel

Analysieren: Aufgabe und Funktion des Schlüsselanhängers

• **Beschreibung** der Aufgabe und Funktion anhand der vorgegebenen Zeichnungen (Seite 262) • **Grundlagen der Darstellung**: Anforderungen an technische Zeichnungen; Projektionsarten • **Erstellen der Teilzeichnungen,** eventuell nur als Handskizzen; notwendige Bemaßung, einfache Toleranzen • **Auswahl der Normteile,** die für den Schlüsselanhänger benötigt werden • Einfache **Stückliste** erstellen	Prüfen, ob die angebotenen zeichnerischen Darstellungen zum Verständnis ausreichen. Vor- und Nachteile der dimetrischen Projektion diskutieren, ebenso der üblichen zweidimensionalen Teilezeichnungen. Möglichkeit eines einfachen CAD-Programms nutzen. Fachzeichnen-, Tabellen-, Fachkundebuch

Berechnen: Grundlagen

• **Vorhandenes mathematisches Können** der Schüler und **Umgang mit dem Taschenrechner** feststellen und durch Übungen angleichen • **Größen und Einheiten**: Umrechnung und Anwendung • **Formeln und Gleichungen**: Umstellen, Auflösen • **Berechnung**: Längen, Flächen, Volumen und Masse der Bauteile	Der Umgang mit Hilfsmitteln wie Taschenrechner, Fachkunde- und Tabellenbüchern könnte dem 1. Lernfeld auch in einem eigenen Unterrichtsblock vorangestellt werden. Berechnungen immer mit Zahlenwerten und Einheiten ausführen. Fachrechnen- und Tabellenbuch

Werkstoffe

• **Übersicht** über die Werkstoffe • **Werkstoffeigenschaften** • **Bezeichnung** der Stähle; Werkstoffnummern • **Halbzeuge**: Kurzbezeichnungen • **Andere** geeignete Werkstoffe kennenlernen	Auf den Kostenfaktor eingehen. Fachkunde- und Tabellenbuch

Fertigen

• Übersicht über die Fertigungsverfahren • Sägen, Feilen, Bohren[1] und Gewindebohren • Umformen durch Biegen • Arbeitsschritte, Werkzeuge, Spannmöglichkeiten • Geeignete Mess- und Prüfmittel • Arbeitsschutz	Im 1. Ausbildungsjahr werden die Fertigungsverfahren, die sich später wiederholen, nur grundlegend behandelt. [1] Bohren wird hier zum Fertigen mit handgeführten Werkzeugen hinzugenommen, um das 1. Lernfeld interessanter gestalten zu können. Fachkunde- und Tabellenbuch

Prüfen, Bewerten, Dokumentieren, Präsentieren

Prüfen:	Längenmaße, Oberflächenbeschaffenheit, Ebenheit, Rechtwinkligkeit und Funktion
Bewerten:	Einhaltung des Zeitplanes, Teamarbeit
Dokumentieren:	Zeichnungen, Berechnungen, Arbeitspläne
Präsentieren:	Arbeitsvorgänge, Arbeitsergebnisse, Verbesserungsmöglichkeiten

Lernfeld 2: Fertigen von Bauelementen mit Maschinen

Gewähltes Leitprojekt: Spanngerät für runde Werkstücke

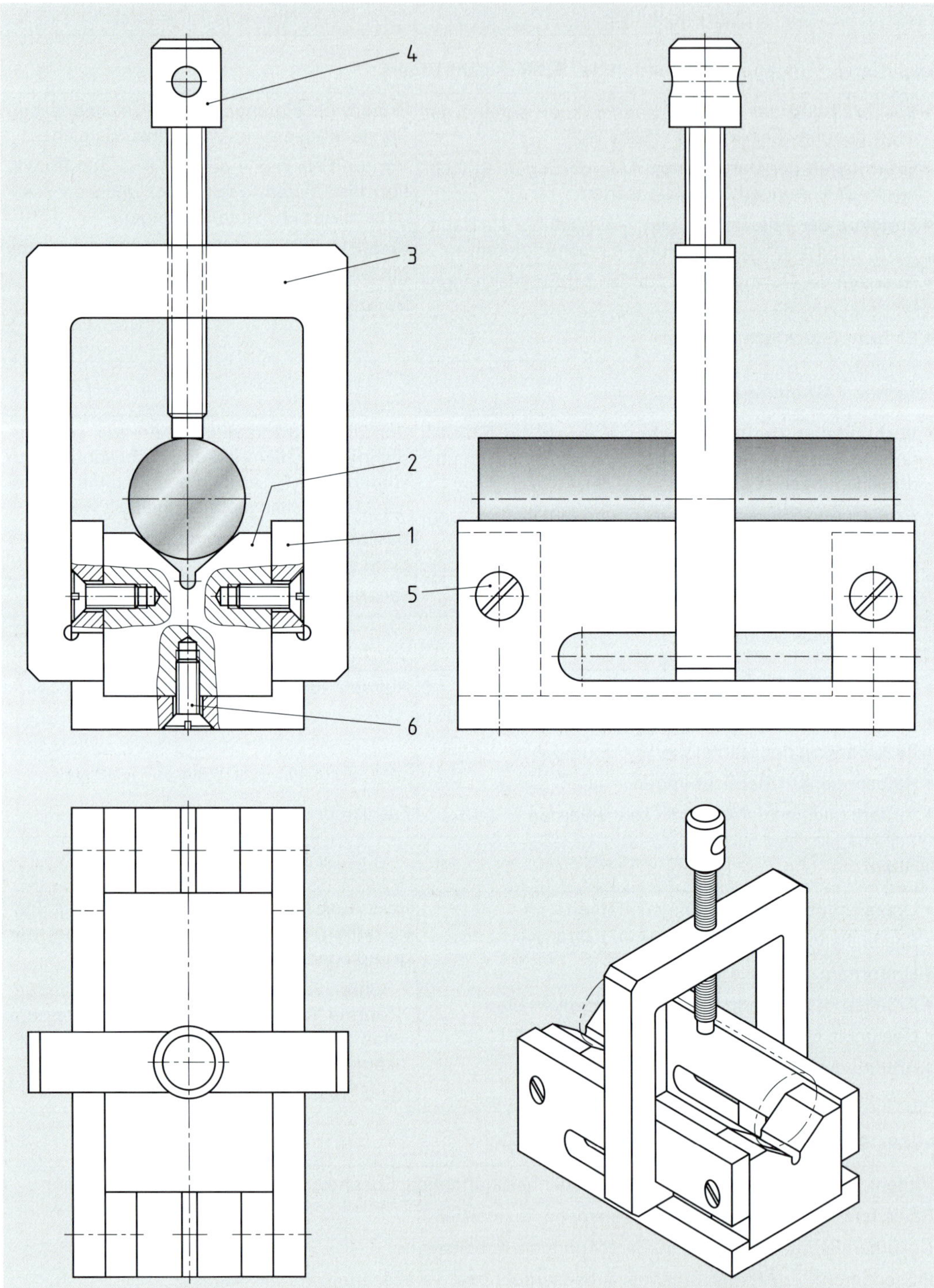

Lernfeld 2: Fertigen von Bauelementen mit Maschinen

Gewähltes Leitprojekt: Spanngerät für runde Werkstücke

Ziele und Inhalte	Hinweise, Hilfsmittel

Analysieren: Aufgabe und Funktion des Spanngerätes

• **Beschreibung** der Aufgabe und Funktion anhand der vorgegebenen Zeichnungen (Seite 264)	Prüfen, welche Vor- und Nachteile die isometrische Darstellung des Spanngerätes hat.
• **Festlegen,** welche Werkstückformen mit dem Spanngerät gespannt werden können	
• **Stückliste** in vereinfachter Form erstellen	Position, Menge, Benennung, Normenbezeichnung und Werkstoff
• **Teilzeichnungen** der zu fertigenden Teile mit allen für die Herstellung nötigen Angaben anfertigen	Maße Toleranzen, Oberflächenangaben, Grundlagen der Passungen
• **Bügel** (Pos. 3) so ändern, dass für die Herstellung der Innenkontur weniger Handarbeit erforderlich ist	

Berechnen

• **Spannkraft** der Spannschraube und ihre Einflussgrößen	Vorteile (z. B. Selbsthemmung) und Nachteile (z. B. geringer Wirkungsgrad) der mechanischen Spannelemente besprechen
• **Zusammenhang** zwischen Durchmesser, Drehzahl und Schnittgeschwindigkeit bei der spanenden Bearbeitung	Zwischen stufenlosen elektrischen Antrieben und gestuften Antrieben für Drehzahlen und Vorschubgeschwindigkeiten unterscheiden
• **Vorschubgeschwindigkeit** beim Bohren und Fräsen	
• **Überschlägige Berechnung** des Gewichtes des fertigen Spanngerätes	Absoluter und prozentualer Werkstoffverlust durch die spanende Bearbeitung

Festlegen geeigneter Werkstoffe, Wärmebehandlung

• **Anforderungen** an die Werkstoffe bestimmen	Normgerechte Werkstoffbezeichnungen, Halbzeuge, Stahlerzeugnisse
• **Wärmebehandlung** erwägen	
• **Überblick** über Wärmebehandlungsverfahren	Möglichkeiten der Härteprüfung
• **Abmessungen der Werkstoffe:** Möglichst genormte und im Betrieb vorhandene Halbzeuge und Erzeugnisse verwenden	Prüfen, ob durch Verwendung von blankgezogenen Profilen die spanende Bearbeitung teilweise eingespart werden kann.

Fertigen bzw. Planen der Fertigung

• **Arbeitsplan** erstellen	
• **Drehen und Fräsen:** Grundlagen	Einteilung der Verfahren; Aufbau der Maschinen
• **Schneidstoffe:** Arten, Eigenschaften, Verwendung	
• **Schnittdaten,** Werkzeuge, Spannmöglichkeiten	Vorgang bei der Zerspanung: Nur Grundlagen, Vertiefung erfolgt bei späteren Lernfeldern
• **Kühlschmierung:** Zweck, Arbeitsregeln	
• **Mess- und Prüfmittel** festlegen	Einfacher Prüfplan
• **Arbeits- und Umweltschutz** beachten	

Prüfen, Bewerten, Dokumentieren, Präsentieren

Lernfeld 3: Herstellen einfacher Baugruppen

Gewähltes Leitprojekt: Bohrständer für Handbohrmaschine

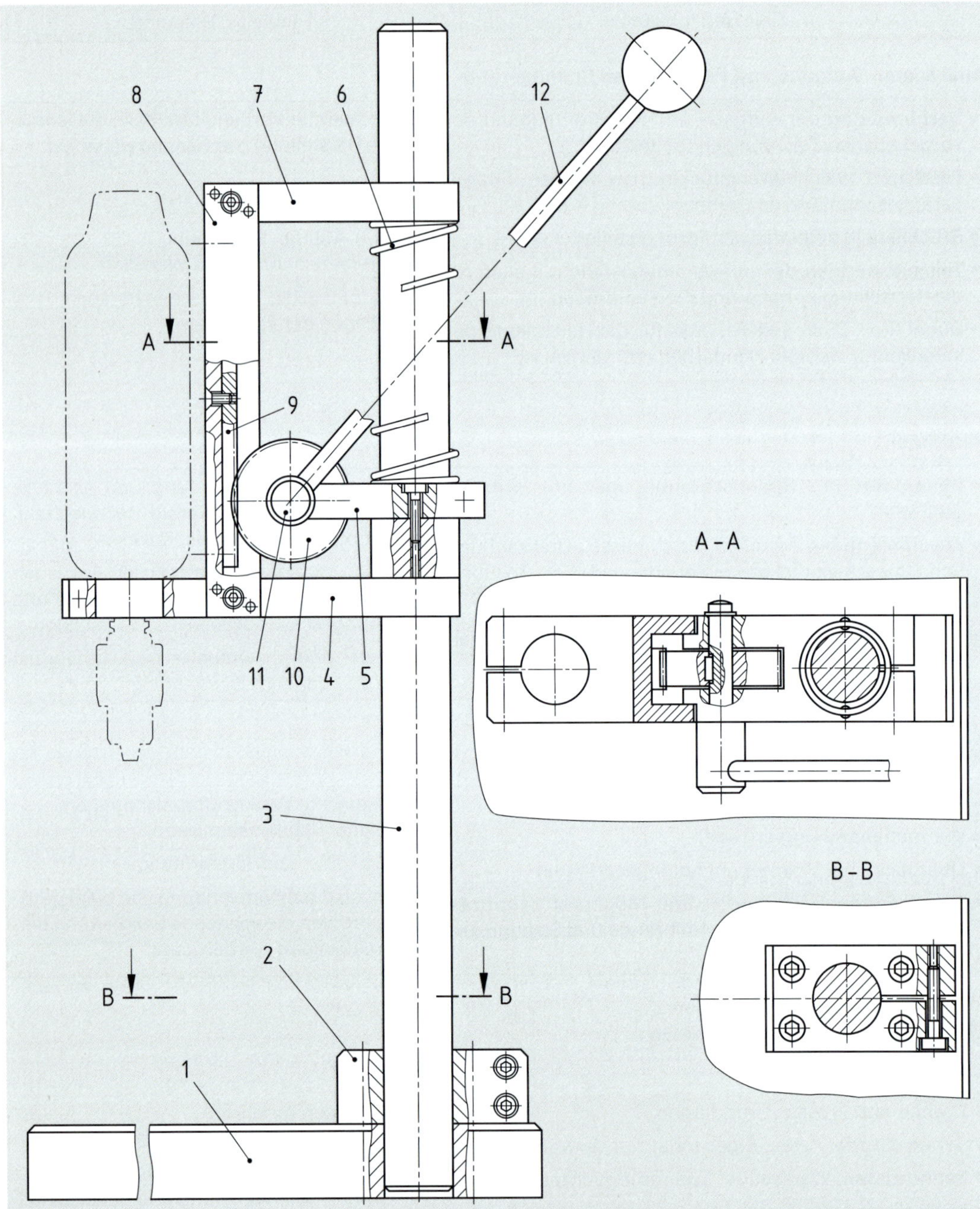

Teileliste (ohne Normteile)							
Pos.	Benennung	Pos.	Benennung	Pos.	Benennung	Pos.	Benennung
1	Grundplatte	4	Bohrmaschinenhalter	7	Führungsplatte	10	Zahnrad
2	Säulenbefestigung	5	Zahnradaufnahme	8	Verbindungsplatte	11	Welle
3	Säule	6	Druckfeder	9	Zahnstange	12	Handhebel

Lernfeld 3: Herstellen einfacher Baugruppen

Gewähltes Leitprojekt: Bohrständer für Handbohrmaschine

Ziele und Inhalte	Hinweise, Hilfsmittel

Analysieren: Funktion des Bohrständers

• **Vorbemerkung:** Der auf der vorigen Seite dargestellte Bohrständer wurde von Auszubildenden des 1. Ausbildungsjahres entwickelt. • **Erfassen** der Fertigungsaufgabe und der Funktion des Bohrständers anhand der Gesamtzeichnung. • **Die Anforderungen** an einen Bohrständer definieren und diskutieren, ob diese mit der vorgesehenen Konstruktion erfüllt werden. • **Den projektierten Bohrständer** mit einem vorhandenen gekauften hinsichtlich Preis und Funktionsfähigkeit vergleichen. • **Teilzeichnungen** der zu fertigenden Teile in Gruppenarbeit erstellen.	Die Bohrständer sollen in größeren Stückzahlen gefertigt und an Betriebsangehörige verkauft werden. Auf einer Kopie der Zeichnung farbliche Kennzeichnung aller Teile, die mit dem Bohrschlitten nach unten bewegt werden. Die Schwachstellen dieser Konstruktion benennen und Verbesserungen vorschlagen. Bezeichnung der wichtigsten Teile auch in Englisch. Betriebsanleitung erstellen.

Berechnen

• **Geradlinige und Drehbewegungen** • **Drehwinkel** des Handhebels für einen bestimmten Hub bzw. Vorschubweg • **Den Zusammenhang** zwischen Drehwinkel und Hub in einem Diagramm darstellen • **Vorschubkraft** mittels Hebelgesetz ermitteln • **Notwendige Vorspannkraft** der Druckfeder bestimmen und die Abmessungen der Druckfeder mit Hilfe einer Tabelle festlegen • Die **Federkennlinie** grafisch darstellen	Grafische Darstellungen: Einführung, Erstellen und Ablesen Schwierige Berechnungen, z.B. einer Druckfeder, durch Ablesen aus Tabellen ersetzen

Festlegen geeigneter Werkstoffe

• Die Werkstoffe der Teile nach den **Anforderungen** an die Teile festlegen • **Vergleich** der gewählten Werkstoffe mit den Werkstoffen des gekauften Bohrständers • **Prüfen** der wichtigsten Werkstoffeigenschaften und Werkstoffkennwerte im Labor	Überblick über Stähle, Gusseisenwerkstoffe und die Kunststoffe Diskussion der Werkstoffwahl beim gekauften Bohrständer Sichtprüfung, einfache Werkstattprüfverfahren

Planen, Fertigen, Prüfen

• **Arbeitsplan** erstellen • **Teile fertigen:** Drehen, Fräsen, Bohren • **Verbindungstechnik:** Überblick über feste und lösbare, form- und kraftschlüssige Verbindungen • **Verbindungen am Bohrständer** festlegen und die zugehörigen Normteile bestimmen • **Teile montieren** und **Funktion prüfen**	Im Labor: Belastung von Schrauben bestimmen; auf ausreichende aber nicht zu große Einschraubtiefen achten Möglichkeit des Schweißens prüfen, um die Anzahl der Teile zu reduzieren und die Stabilität des Ständers zu erhöhen Montageplan für den Zusammenbau

Lernfeld 4: Warten technischer Systeme

Gewähltes Leitprojekt: Warten einer Säulenbohrmaschine

Wartungs- und Pflegeplan

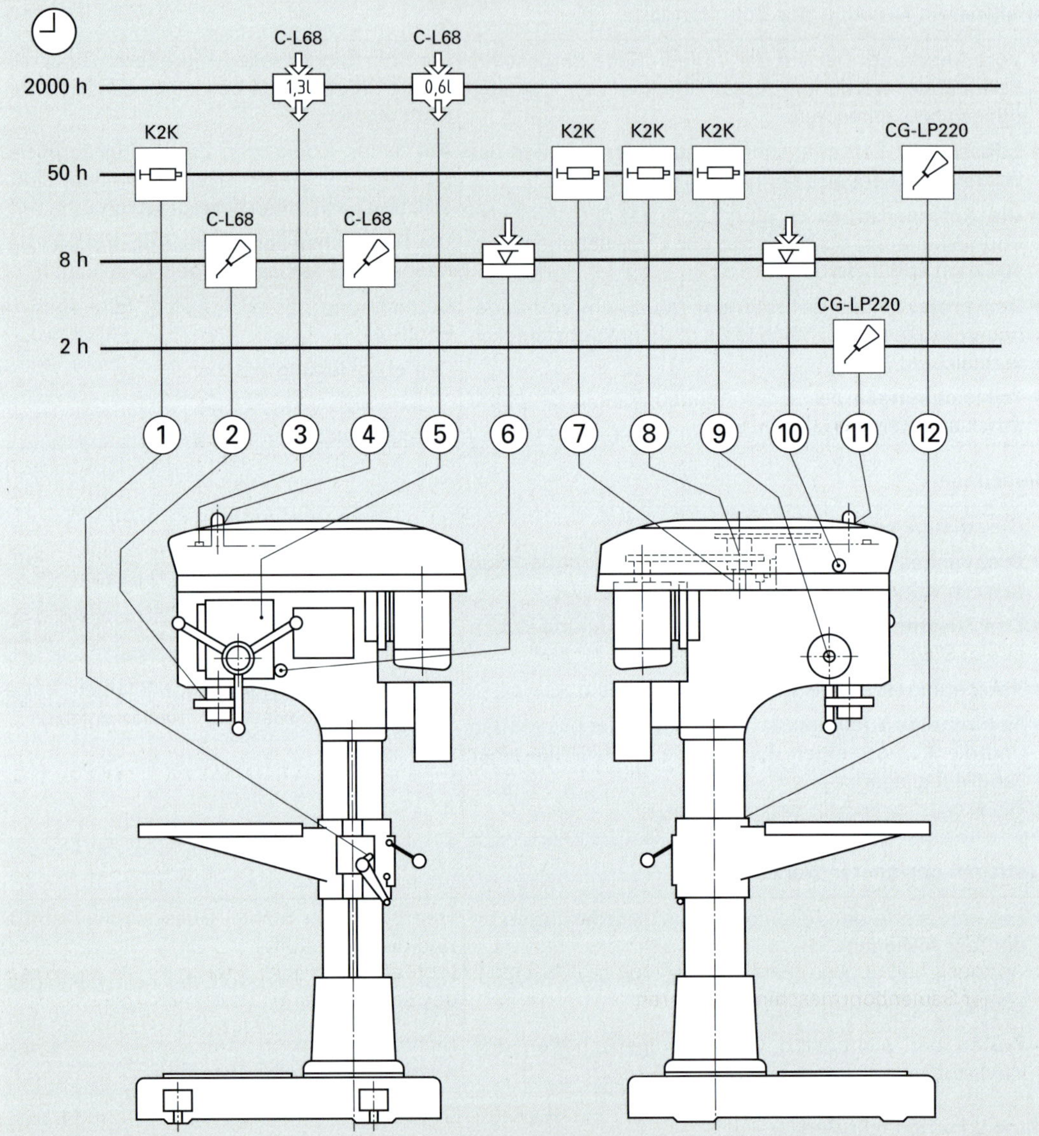

Schmierstellen			Schmierstellensymbole	
1 Tischhubgetriebe	5 Öleinfüllschraube Vorschubgetriebe	9 Vorschubwelle	C-L68 1,3l Auffüllen von 1,3 l Schmieröl C-L68	CG-LP220 Ölen mit Schmieröl CG-LP220
2 Pinole	6 Ölschauglas Vorschubgetriebe	10 Ölschauglas Schaltgetriebe		
3 Öleinfüllstopfen	7 Drehzahlverstellung	11 Leitpatrone	Auffüllen mit Schmieröl auf Markierung	K2K Abschmieren mit Schmierfett K2K
4 Spindelkeilwelle	8 Stufenloser Antrieb	12 Säule		

Lernfeld 4: Warten technischer Systeme

Gewähltes Leitprojekt: Warten einer Säulenbohrmaschine

Ziele und Inhalte	Hinweise, Hilfsmittel

Arbeitsauftrag analysieren

Grundbegriffe der Instandhaltung erörtern: Wartung, Inspektionen, Instandsetzung. Bedeutung der Instandsetzung	Aspekte der Sicherheit, Betriebsbereitschaft, Verfügbarkeit und Wirtschaftlichkeit erörtern

Arbeitsunterlagen besorgen und bereitstellen

Wartungs- und Pflegepläne, Anordnungspläne, Betriebs- und Bedienungsanleitungen Störstellen- und Fehlersuchhilfen Schmiermittelempfehlungen des Maschinenherstellers, Schmiermittelkataloge Verschleißteilelisten Schaltungsunterlagen	Arbeitsunterlagen besorgen bzw. anfordern und bereiststellen: Maschinenhersteller-Unterlagen Schmiermittelherstellerkataloge Unterlagen von Herstellern der Verschleißteile, wie z. B. Kugellager, Dichtringe, Keilriemen Fachkundebuch, Tabellenbuch

Technische Inhalte erarbeiten

Grundlagen der Maschinen- und Gerätetechnik Baugruppen und Funktionseinheiten von Maschinen Maschinenelemente: Lager, Dichtungen, Wellen, Achsen, Kupplungen, Führungen, Zahnräder- und Riemengetriebe Elektrische Versorgung und Verschaltung, Elektrische Bauelemente: Schalter, Sicherungen Elektromotoren Schmiermittel und Kühlschmiermittel Korrosion und Korrosionsschutz	Beteiligte Maschinenelemente kennenlernen, insbesondere solche, die Verschleiß unterliegen und geschmiert werden müssen Möglichkeiten der Vermeidung bzw. Verminderung des Verschleißes besprechen Kataloge und Prospekte von Maschinen- und Elektromotorherstellern Fachkundebuch, Tabellenbuch

Berechnungen durchführen

Drehzahlen, Übersetzungen, Vorschubwege und Vorschubgeschwindigkeiten Spannung und Stromstärke, Ohm'sches Gesetz, Elektrische Arbeit und Leistung Kenndaten von Elektromotoren	Gefahren des elektrischen Stroms besprechen Fachkundebuch, Rechenbuch, Tabellenbuch

Arbeitsauftrag durchführen

Wartungsarbeiten nach Beendigung einer Arbeitsschicht an einer Säulenbohrmaschine ausführen	Im Maschinenlabor oder in den Werkstätten der Schule oder in Zusammenarbeit mit dem Ausbildungsbetrieb durchführen

Arbeits- und Umweltschutz berücksichtigen

Sicherheitsvorschriften, elektrische Schutzmaßnahmen, gesundheitliche Belastung Entsorgung verbrauchter Schmierstoffe und Kühlschmierstoffe	Unterlagen zur Arbeitssicherheit der Berufsgenossenschaften Richtlinie zur Entsorgung von Altölen Fachkundebuch

Projektkontrolle, Dokumentation und Bewertung

Prüfung der durchgeführten Wartungsmaßnahmen Überschlägige Kostenbetrachtung für Arbeitszeit und des Materialverbrauchs Verbesserungsmöglichkeiten erörtern	Diskussion der verschiedenen Wartungsmöglichkeiten und Instandhaltungsstrategien Fachkundebuch

Lernfeld 7: Montieren von technischen Systemen

Gewähltes Leitprojekt: Kegelradgetriebe

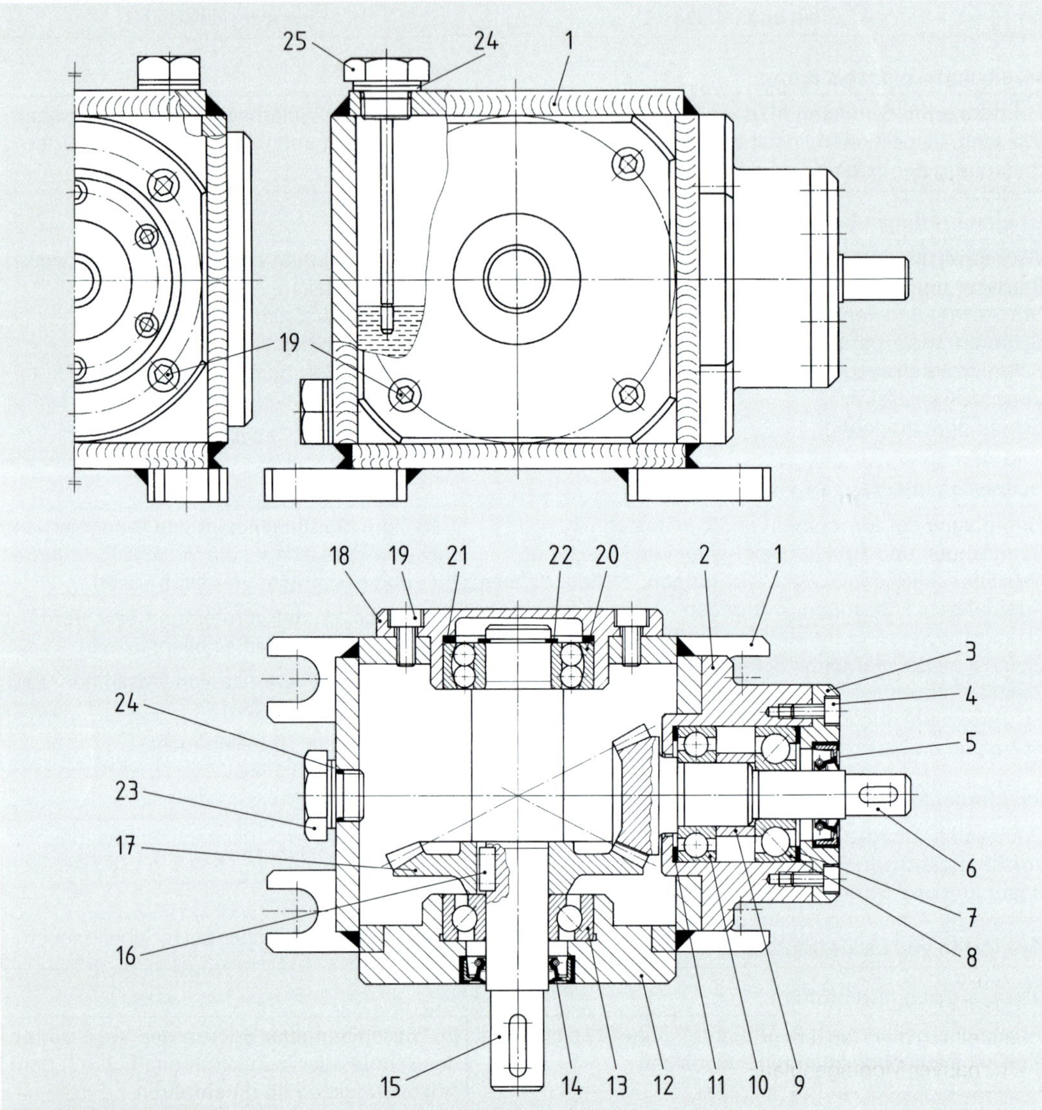

Stückliste: Kegelradgetriebe								
Pos.	Menge	Benennung	Pos.	Menge	Benennung	Pos.	Menge	Benennung
1	1	Getriebegehäuse	10	1	Rillenkugellager	19	12	Zylinderschraube
2	1	Lagergehäuse	11	1	Passscheibe	20	1	Pendelkugellager
3	1	Lagerdeckel	12	1	Lagergehäuse	21	1	Federnde Abstandsscheibe
4	6	Zylinderschraube	13	1	Schrägkugellager			
5	1	Radial-Wellendichtring	14	1	Radial-Wellendichtring	22	1	Sicherungsring
6	1	Kegelradritzel	15	1	Welle	23	1	Verschlussschraube
7	1	Passscheibe	16	1	Passfeder	24	2	Flachdichtring
8	1	Schrägkugellager	17	1	Kegelrad	25	1	Verschlussschraube mit Peilstab
9	1	Abstandsring	18	1	Lagergehäuse			

Lernfeld 7: Montieren von technischen Systemen

Gewähltes Leitprojekt: Kegelradgetriebe

Ziele und Inhalte	Hinweise, Hilfsmittel

Aufgabe des Kegelradgetriebes erkennen, seine Funktion erfassen

• Aufgaben des Kegelradgetriebes • Funktion verwirklicht durch Kegelräder mit unterschiedlichen Zähnezahlen • Getriebe mit anderen Verzahnungen Vergleich des Kegelradgetriebes mit Stirnräder- und Schneckengetrieben	Gesamtzeichnung, Stückliste Fachbücher Evtl. Getriebegehäuse eines vorhandenen Stirnradgetriebes öffnen, Funktion dieses Getriebes erfassen

Maschinenelemente

• Kegelräder (Herstellung, Zahnform) • Schrauben (Festigkeit, Anzugsverfahren) • Lager (Wälzlagerarten, Vor- und Nachteile gegenüber Gleitlagern, Schmierung) • Dichtungen (Arten, Einbaurichtung, flüssige Dichtung, alternative Dichtungen) • Welle-Nabe-Verbindungen (Passfedern, Spannsätze) • Alternative Welle-Nabe-Verbindungen	Fachbücher Tabellenbuch Firmenkataloge (Wälzlager, Dichtungen, Welle-Nabe-Verbindungen)

Berechnungen

• Übersetzungen, Drehmomente, Leistung und Wirkungsgrad, Passungen, Reibung	Tabellenbuch

Montageplanung

• Montageplan erstellen • Montageplatz und Prüfstand für Probelauf reservieren • Bauteile auf Vollständigkeit überprüfen • Montagehilfen und Getriebeöl bereitstellen	Gesamtzeichnung, Stückliste Spindelpresse, Hülsen zur Montage der Wellendichtringe

Baugruppen- und Fertigmontage

• Baugruppen- und Fertigmontage Ablauf begründen • Einstellung des Flankenspiels • Alternativer Montageablauf	Spaltlehren Flachschleifmaschine

Funktionskontrolle

• Prüfung auf Leichtgängigkeit • Probelauf unter Last • Tragbildkontrolle der Kegelradflanken • Ölwechsel nach Probelauf begründen • Prüfprotokoll erstellen	 Temperaturfühler

Demontage (Radial-Wellendichtring muss ersetzt werden)

• Mögliche Ursachen für Verschleiß ermitteln • Verbesserungsvorschläge diskutieren • Demontage nach Plan durchführen	Montagefehler, Bauteil-Oberflächen entsprechen nicht den Anforderungen; Gesamtzeichnung

Lernfeld 8: Programmieren und Fertigen auf numerisch gesteuerten Werkzeugmaschinen

Arbeitsauftrag: Fertigung der Getriebewelle **(Bild 1)** auf einer CNC-Drehmaschine und des Lagerdeckels **(Bild 2)** auf einer CNC-Fräsmaschine

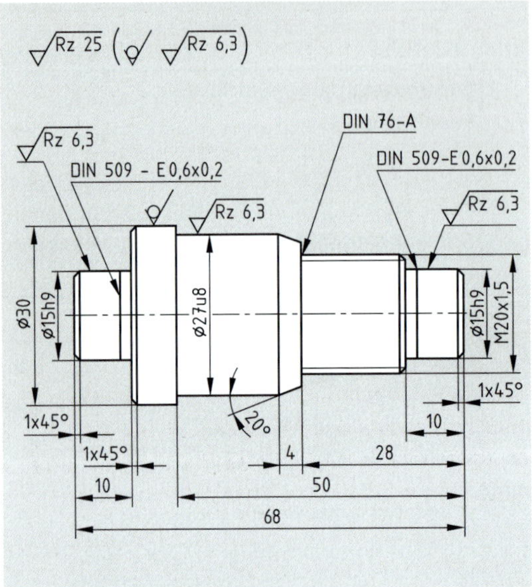

Bild 1: Getriebewelle aus C45

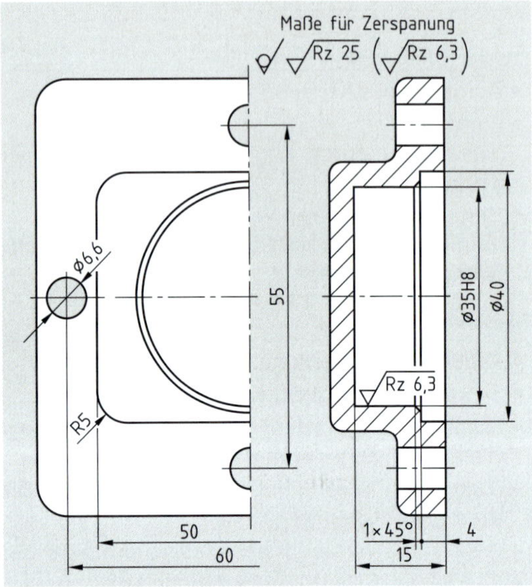

Bild 2: Lagerdeckel aus EN AC-AlSi9

Aufgabenstellung erkennen und in überschaubaren Lernsituationen bearbeiten

Lernsituation 1: Kennenlernen der Baugruppen und Funktion der CNC-Maschine	Ziele, Inhalte	Durchführung, Hinweise
	Aufbau und Funktion von CNC-Maschinen, Koordinatensysteme und Achsen, Bezugspunkte	– Aufbau und Funktion der CNC-Dreh- und -Fräsmaschine im Labor untersuchen und erklären – Referenzpunkt anfahren – Werkstücknullpunkt ermitteln und anfahren

Lernsituation 2: Planen der Wellenfertigung auf der CNC-Drehmaschine	Ziele, Inhalte	Durchführung, Hinweise
	Arbeitsplan, Werkzeugplan, Einrichteblatt, Technologiedaten für das Drehen, Berechnung fehlender geometrischer Daten, Spannskizze	Zunächst Beschränkung auf eine Seite der Welle: Festlegung der Arbeitsfolgen, Auswahl der Werkzeuge, Ermittlung von v_C, f und a_P, Erstellen einer Spannskizze

Lernsituation 3: Planen der Bohr- und Fräsarbeiten des Lagerdeckels auf der CNC-Fräsmaschine	Ziele, Inhalte	Durchführung, Hinweise
	Koordinatenbemaßung, Werkzeugplan, Einrichteblatt, Technologiedaten für das Fräsen und Bohren	Koordinatentabelle erstellen, Technologiedaten ermitteln, Drehzahl und Vorschubgeschwindigkeit berechnen, Einrichteblatt und Spannskizze erstellen

Lernfeld 8: Programmieren und Fertigen auf numerisch gesteuerten Werkzeugmaschinen

Lernsituation 4: CNC-Programmerstellung für das Drehen und Fräsen, Simulation am PC	Ziele, Inhalte	Durchführung, Hinweise
	Programmaufbau, Erstellen der CNC-Programme (auch mit Hilfe grafischer Programmierverfahren, z. B. für die Werkstückkontur), Überprüfung durch Simulation	Grundlagen der Programmierung, Programmierung nach DIN, Anwendung von Zyklen (Gewinde- und Taschenfräszyklus), Erstellen der CNC-Dreh- und Fräsprogramme, Anwendung der vorhandenen Programmiersoftware, Simulation und Behebung von Programmierfelern, Programmspeicherung und -Ausdruck

Lernsituation 5: Fertigung der Werkstücke auf der CNC-Dreh- und CNC-Fräsmaschine	Ziele, Inhalte	Durchführung, Hinweise
	Einrichten der CNC-Dreh- und -Fräsmaschine, Fertigen der Getriebewelle und des Lagerdeckels unter Beachtung des Arbeitsschutzes	Werkzeugvermessung, Eingabe der Werkzeugdaten in den Werkzeugspeicher, Rüsten der CNC-Dreh- und -Fräsmaschine, Eingabe des CNC-Programms (manuell oder online), Probelauf und Fertigung der Werkstücke

Lernsituation 6: Prüfen der Werkstücke und Optimieren des Zerspanungsprozesses	Ziele, Inhalte	Durchführung, Hinweise
	Auswahl der Prüfmittel, Erstellen von Prüfplänen im Hinblick auf die Serienfertigung, Werkzeugkorrekturen, Optimieren der Fertigung im Hinblick auf Maße, Oberflächengüte und Produktivität **(Tabelle 1)**	Festlegung der Prüfmerkmale und der Prüfmittel, Prüfung der gefertigten Werkstücke und Durchführung notnwendiger Korrekturen zur Verbesserung der Qualität und der Produktivität

Tabelle 1: Maßnahmen zur Optimierung der Fertigung

Angestrebtes Ziel	Mögliche Maßnahmen
Korrektur der Fertigungsmaße (Beseitigung von Maßabweichungen oder Korrektur auf Toleranzmitte)	Änderungen der Korrekturmaße im Werkstückspeicher, Änderung der programmierten Koordinatenwerte im CNC-Programm, Überprüfung der Schneidenradius- oder Bahnkorrektur
Verbesserung der Oberflächengüte	Erhöhung der Schnittgeschwindigkeit, Verringerung des Vorschubs, Verwendung von Kühlschmiermitteln, Auswechseln des Werkzeugs bei Verschleiß, Einsatz von Wendeschneidplatten mit anderer Geometrie oder Beschichtung, Auswählen eines anderen Schneidstoffes, Schaffung von stabileren Schnittbedingungen (Werkstück- und Werkzeugspannung)
Erhöhung der Produktivität	Größerer Vorschub beim Vordrehen, Erhöhung der Vorschubgeschwindigkeit beim Fräsen, Erhöhung der Schnittgeschwindigkeit und Verwendung von Kühlschmiermitteln, Verringerung der notwendigen Werkzeugwechsel durch Einsatz anderer Werkzeuge, Programmierung kürzerer Eilgangwege, Vermeidung unnötig großer Anstellwege

Die Autoren und der Verlag danken den folgenden Firmen und Institutionen, die sie bei der Bearbeitung durch Beratung, Bilder und Druckschriften unterstützt haben.

AGA	Hamburg
Aluminium-Zentrale	Düsseldorf
Alusingen	Singen
Alzmetall	Altenmarkt
Atlas Copco	Essen
Aventis	F – Straßburg
BASF	Ludwigshafen
Battenberg	Meinerzhagen
Bauer	Esslingen
Bauer&Schaurte Karcher	Neuss
Bayer	Leverkusen
BMW	München
Bodmer	CH – Küsnacht
Böhler	A – Kapfenberg
Böllhoff	Bielefeld
Bosch	Stuttgart
Braun	Kronberg
Bundesanstalt für Materialforschung	Berlin
Busak & Shamban	Stuttgart
CeramTec	Plochingen
Chemische Werke Hüls	Marl
c-mill technologie	CH – Nidau
Daimler-Chrysler	Stuttgart
Dürr Anlagenbau	Stuttgart
EJOT	Bad Laasphe
Euchner & Co	Leinfelden-Stuttgart
Feldmühle	Plochingen
Fette	Schwarzenbek
Forckhardt	Düsseldorf
FORD-Werke	Köln
Gesamtverband der Aluminiumindustrie	Düsseldorf
Gießerei-Verlag	Düsseldorf
Gildemeister	Bielefeld
Gühring	Albstadt
Hahn & Kolb	Stuttgart
Hainbuch	Marbach
Heller	Nürtingen
Hermle	Gosheim
Hommelwerke	Villingen-Schwenningen
Honsel	Fröndenberg
INDEX Werke	Eßlingen
Informationsstelle Schmiedestücke	Hagen
Institut für Metallkunde Universität Clausthal	Clausthal
ISCAR Hartmetall	Ettlingen

KASTO	Achern
Kennametal-Hertel	Friedrichsdorf
Kerb-Konus	Amberg
Koenig Verbindungstechnik	Illerrieden
Krautkrämer	Hürth
KUKA	Augsburg
LEIPOLD	Wolfach
Leuze Elektronik	Owen/Teck
Liebherr	Kempten
Linde	Höllriegelskreuth
LOCTITE Deutschland	München
Lufthansa	Köln
Mahr	Esslingen/Göttingen
MAPAL	Aalen
Mikron	CH – Lugano/ Fellbach
Mitutoyo	Neuss
Müller-Weingarten	Weingarten
Norsk Hydro Magnesium	Bottrop
Plansee Tizit	A – Reutte
Porsche AG	Weissach
Prototyp	Zell a. H.
SANDVIK Coromant	Düsseldorf
Siemens	Karlsruhe
Siemens Antriebstechnik	Erlangen
Stahl-Informations-Zentrum	Düsseldorf
Steidle	Leverkusen
TESA/Brown & Sharpe	CH – Renens
Texas Instruments	Weingarten
TITEX	Frankfurt a M.
TOX	Weingarten
Ultracoat	Eisenach
Unbrako Schrauben	Koblenz
Wacker Chemie	München
Weiler	Emskirchen
Wemotec	Eggenstein
Widia Valenite	Essen
Wieland-Werke	Ulm
WIKUS	Spangenberg
Zentrale für Gussverwendung	Düsseldorf
Zollern	Herbertingen
Zwick	Ulm

A

B

C

D

E

F

G

H

I

K

L

M

Q

R

S

T

U

V

W

Z